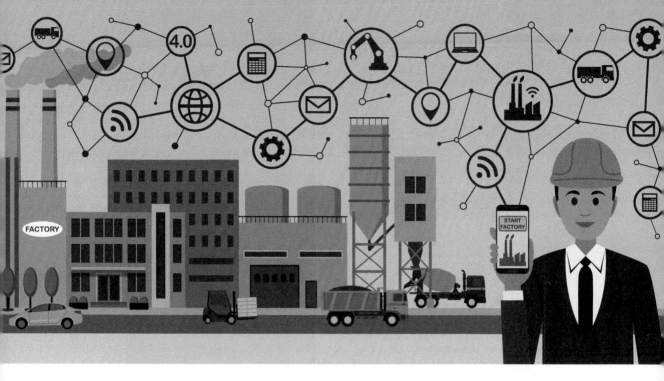

Manual for Production, Design Techniques and Smart-Factory

기업 생존전략과 스마트공장 구축을 위한

생산 · 설계기법과
공장관리 지침

기계기술사 **강구봉** 저

생산시스템의 핵심 기술력

PART 01	PART 02	PART 03
설계기술력	제조기술력	경영기술력
↓	↓	↓
역량강화	수준향상	능력배양

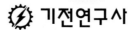 기전연구사

머리말

본 머리말은 책 전체를 요약한 내용으로, 설계 기술력의 중요성과, 현장 경영품질의 수준 향상을 위해서 필수적인 사항들이 요약되어 있습니다.

기계공업 분야의 **생산 제품**들은 세월이 갈수록 고객들이 요구하는 사항이 갈수록 많아지며 까다로워지고 있는 시점에서 제조를 한다는 것이 그리 쉽지 않은 것으로, 고품질에다 감성 품질, **빠른** 개발의 출시, 낮은 원가, 고능률 신형의 설비투자를 요구하며, 또한, 글로벌시대에서 치열한 경쟁에 처해 있고, 여기에서 생산을 하는 회사 입장으로 관리상의 낭비와 헛점, 시행착오, 효율저하 등이 우리기업들의 수익성과 경쟁력을 잃게 하는 관리부재의 요소들이 많은 게 우리의 현실이다.

이러한 여건에서도 **제조업**은 누가 해도 해야 하며, 사명감 없이는 못하는 제조업은 애국하는 것이라 하지만, 하루가 다르게 발전하는 기술 분야에서는 제조를 하는 기업에서 **설계기능**은 제품의 부가가치를 창출하고, 경쟁력에서는 우월성이 따를 것인데, 남들이 해 놓은 설계에 의존한다면 수익도 낮으며, 하청업체에 불가하지 않을까 본다.

한편, 기업의 지속적인 성장과 영속을 위해서는 대표자의 의지와 스케일에 따라 기업규모는 세월이 가면서 선진기업이냐 영세기업이냐로 방향이 나누어질 것이다.

이에, 생산 현장을 중심으로 기존 사고의 틀을 벗어나는 발상으로 제조기술력 향상을 위한 방안을 구상하면서, '스마트공장', '제4차 산업혁명'시대로 가고 있는 시기에서 기업과 기술인은 연관되는 필수 요건들을 꼭 갖추어야 하는 과제를 안고 있다.

이에 따라, 기업이 선진화가 되기 위한 여건으로 필수적인 전략 3가지를 제시하면,

▶ **설계기능과 연구 개발을 하는 조직이 꼭 있어야만 지속성장이 될 것이며,**

▶ **수출을 할 수 있는 우수하고 경쟁력이 있는 명품의 제품을 만들어야 하며,**

▶ **인재를 육성하는 교육·훈련체계가 제대로 되어 있어야만 기술인력 확보가 되어, 미래를 기대할 수 있는 기업이 된다는 것이다.**

이런 연구기능, 브랜드로 내세울 수 있는 경쟁력 있는 제품, 전문가를 키우는 인재육성체계, 대표의 확고한 경영철학 등이 있어야 비전과 미래가 보일 것이니, 이런 조건은 말로는 쉽지만 실천과 결과를 만들어 낸다는 것은 결코 쉽지는 않을 것이다.

그래서 우리는 **기초질서 확립**과 근무환경의 개선과 기본을 잘 지켜나가며, 낭비의 제거, 업무의 효율향상, 각자의 역할과 임무를 충실히 해 나가면서 **제품을 만드는 사상**(思想)과 기본 자세(姿勢)의 원칙이 다음 3가지가 근본 바탕이라 할 수 있다.

① **3현**(現)**주의로 현장에서, 현물을 보고, 당장 개선하라.**　➡ **감성의 IE,**

② **3즉**(卽)**주의로 즉시 실천하며, 즉석에서, 즉응하라.**　➡ **행동의 IE,**

③ **3철**(徹)**주의로 철두, 철미, 철저한 집념을 가져라.**　➡ **집념의 IE,**

이러한 감성, 행동, 집념의 열정이 있다면, 무엇이든 제대로 이루어낼 수 있을 것이다.

또한, 현장을 중심으로 제조 기술력의 향상을 위한 기술적인 면과 작업환경의 조건에서 다음 4가지 요건을 갖추어야 경영품질이 향상되는 것으로, 쉽고도 어려운 것들이다.

① **어느 누가 해도 생산이 잘 될 수 있도록 하는 기술** ➡ **'양산 기술력 제고',**

② **만드는 비용이 싸고, 빠르게 생산될 수 있는 기술** ➡ **'원가 경쟁력 확보',**

③ **도면Spec 요구에 맞게 만들어지도록 하는 기술** ➡ **'품질보증체계 구축',**

④ **다품종생산에서 모델의 교체가 쉽게 될 수 있는 관리기술** ➡ **'작업능율 향상'**

현장의 작업여건을 잘 확보하기 위해서는, 일선 작업자와 실무자로부터 요령이 나오며, 그들의 아이디어와 숙련도가 중요하며, 전사적인 제조기술의 수준을 올리기 위한 혁신활동과 체계적인 관리가 따라야 할 것이다.

이러한 우리의 상황에서 저자가 경험한 기계공업 분야의 기술수준을 선진국들과 비교를 해 보면 우리는 아직 미흡한 부문이 많고, 미래를 기대할 수 있는 희망이 보이지 않으며, 위기에 처해 있는 시기라 생각이 들어서, 사회 전반적으로 제2의 도약을 위한 **산업혁신운동**의 하나로, '**으뜸 제품 만들기**'(저자 제의) 라는 운동을 만들어 각 분야별로 생산현장에서는 '**으뜸 제품**'과 '**으뜸 품질**', 서비스 분야에는 '**으뜸 서비스**', 전문 분야별로 각자는 '**으뜸 기술자**'가 되자는 등의 슬로건을 내걸어, 기업들의 질적인 수준을 올리는 운동으로 각자가 만드는 제품이 수출을 한다는 목표로 품질과 성능을 향상시킨다면 우리의 기술력 향상은 국력 신장으로 이어지는 이 운동이 절실히 필요하다고 보인다.

우리의 살길은 수출인데, 갈수록 치열한 경쟁 속에서 공업 선진국들과 개도국이 세계시장을 석권하고 있는 이유가 알다시피 그것은 바로 'Good Design과 **제조 기술력**'이 뛰어나기 때문이고, 또한 '**우수한 성능**'과 '**원가 경쟁력**'이지 않겠는가.

우리나라도 일부 세계적인 우수 기업들과 명품들이 있지만, 전체적으로 보면 대부분이 중소기업들로 그 현장은 열악한 제조 환경에서 **인력 부족, 설계 기술력 부족, 자금난** 등이니, 해당 기관에서 여러 지원도 있지만, 기업 스스로가 자생의 노력과 혁신을 하면서 전문가들의 정기적인 '**진단, 평가, 지도**'의 지원을 받아야 된다고 보인다.

옛부터 기업을 위한 정부의 지속적인 많은 지원과 연구를 하고 있지만, 그렇다 해도 기계 공업의 전망을 10년을 내다보면 희망보다는 걱정이니, 이런 중요한 시기에 사회 전체가 구심점이 되는 이 운동에 동참하여 기술력의 수준을 한 단계 높이는 개혁이 시작되어야 한다고 본다. 이에 각자의 역할과 임무에 책임을 다 해야만 미래는 희망이 있고, 또 그렇게 가야 할 것이고, 이 시기가 바로 'Golden Time'이 아닐 수 없다.

한편, 미국의 Mckinsey 컨설팅회사는 우리와 미국의 지식격차로, 한국의 생산성이 미국의 2분의 1밖에 되지 않는 이유의 진단 결과를 내 놓은 것은, 지식 부족으로 두 배 많은 자본과 노동력이 투입되어야 한다는 것을 제시하였다. 한국이 외형적으로는 성장이 되어 국제적으로는 조금 앞서 있지만, 지식창조의 축적을 등한시한 것은 유형의 상품 생산에만 몰두한 지식이며, 고비용 저효율이라는 구조를 타파해야 된다는 지적을 한 것에 대하여, 우리는 부끄럽게 생각해야 하고, 새겨들어야 하며, 모순된 사회적 제도의 개선, 기업전략을 당장 개선하지 않고는 무슨 경쟁이 되겠는가를 생각해야 한다.

이러한 여건에서 다짐의 자세로, 우리기업들의 슬로건으로 '① 숙련되고 노련한 솜씨의 기술과, ② 오랜 경험을 바탕으로, ③ 으뜸이 되는 제품을 만들며, ④ 관리의 수준을 한층 선진화시키자'라고 하는 각오로 일에 임한다면, 우리는 달라질 수 있고 충분히 해낼 수 있는 능력이 있다고 보이며, 또한, 이렇게 하지 않고서는 무슨 미래를 기대할 수 있단 말인가!

따라서, 기업에서 중요한 설계 기술력, 생산과 품질관리, 인력양성, 등 많은 관리프로그램들이 많지만, 전부 수록할 수 없어 각 조목별 개념과 키포인트만 서술되어 그 내용이 부족하고 미흡하지만, 조직의 수준에 맞는 프로그램을 재고려하여 관리하면서, 이런 자료들이 참고가 되어 아무쪼록 기업 발전에 기여를 할 수 있는 정보로 활용하고, **인재육성과 혁신활동**에 도움이 되면서, 중견기업의 실정에 맞는 여건으로, 기술력을 발전시켜야 하는 시점에서, 우리기업의 수준이 한 단계 올라가는 촉진제와 현장관리의 지침서가 되시길 바라는 바이다.

또한, 본 서적은 대학졸업 예정자 또는 신입사원들에게 **생산시스템공학**과 관련된 실무에서 **설계기술**에 대한 기본지식의 소개와, 현장을 관리하는 분들에게는 관리 포인트 및 **경영품질**에 관한 내용들을 일부 제시한 것이니, 향후 우리기업을 이끌어 나갈 분들에게는 이러한 기초 지식들이 필요하다고 사료되어 만든 것입니다.

끝으로, 본 서적 출판을 위해 자료의 도움을 주신 분들, 출판 · 인쇄에 수고하신 관계자 분들과, 사랑하는 가족, 집필에 도움을 주신 여러 분들께 깊은 감사를 드립니다.

2019년 4월

저자 강 구 봉

차 례

PART
01
설계 기술력의 역량강화
(The Capability of Design & Development)

PART 02

제조 기술력의 수준 향상
(Level up Competence The Manufacturing Engineering)

chapter 04 제조활동에서 사회적 환경변화에 대응 ···················· 325

PART
03

경영 기술력의 능력 배양
(Realize to Managements Quality & Futurama for the Organization)

설계 기술력의 역량강화

The Capability of Design & Development

창조적 설계기법을 위한 디자인 공학

창의의 영감을 위한 구상과 개발기법

1.1 디자인의 동기와 방법론

1.1.1 창조적 디자인공학의 의미와 중요성

『사람은 왜 디자인을 할까?』이런 물음에 대하여, 세상 많은 사물에 대하여서는 기능과 목적에 따라서 디자인을 당연히 해야 한다. 지금의 사물에서 미래에 필요로 하는 디자인에 있어서는, 참신한 상품(또는, 제품)을 만들기를 계속 요구하고 있으며, 한편, 첨단적인 과학기술 및 제품은 걷잡을 수 없는 중대한 사고를 일으키는 위험성이 있다. 그래서 상품 출현에 부추기게 하는 원천까지 소급하여 의논할 필요가 있다. 대표적인 예를 들자면, 방사성 폐기물처리, 유전자 조작 식품 등은, 제품의 효용과 위험성에 대해서는 허락을 받아야 하는 부문이고, 그래서 그 추측(推測)과 함께, 사회가 상품에 대하여 가치관과 문제의식을 공유하는 것을 요구하고 있다. 사람은 체험한 적이 없는 위험에 대하여 각오할 수 있을까?, 최악의 사고에서는 어떤 일이 벌어지느냐를 체험하지 않고서 그 문제의식을 사회가 공유하는 것은 어려운 것이라 생각된다. 즉, 이 의논은 첨단적인 과학기술뿐만 아니라, 종래형의 과학기술에 대해서도 해당되어 제외가 되지 않는다. 그 하나의 예가 지구온난화 문제이다.

『디자인의 동기로는, 상품에 대하여 감성과 가치관이 없는 문제의식이 생기는 디자인 프로세스의 동인(動因)』으로, 사회가 상품 및 과학기술을 수용하는 과정에서 생기는 동기에 대하여 검토가 필요로 하며, 그러나, 많은 상품에 대하여는 그 디자인의 동기가 뭔지 모르지 않을까 볼 수 있고, 세상에서 이유를 밝혀내지 못하고 존재하는 상품이 많이 있다. 그 대표적인 예가 자동차이다.

디자인의 동기가 어디에 있으며, 특정 지을 수 없는 것은, 그 작업을 게을리 했기 때문이 아니라, 디자인 동기가 원래 특정하기가 어려운 성질이므로, 모든 행동을 예상하는 것은 불가능하기 때문이다.

1.1.2 창조적 디자인 사고의 능력 확보

디자인을 할 때, 개념생성 및 개념설계의 기본원리에 있어서, 각 프로세스가 갖고 있는 자체가 창조적인 구동은 할 수 없어, 디자인하는 숙달과 능력의 습득이 필요로 하고 있다. 이러한 디자인 프로세스에 있어서 믹싱링크(비연속성의 상호관계)를 잘 활용하기 위한 구성적인 사고를 **창조디자인**이라 한다. 이에 필요한 능력에는 다음 4가지 요소가 있다.

1) 사물의 내외 경계를 정하는 능력

개념을 서로 관련시키며 순차적으로 연상을 부풀려 가는 것이, 독창적인 디자인 방안으로 이어진다고 생각하고, 개념생성의 도중에 연상되는 개념은, 최종 디자인안을 직접 구성하는 것은 없어도, 간접적으로는 디자인에 공헌한다고 생각된다. 그러면, 개념이 어떻게 하여 연상이 되어 아이디어 방안에 이어지는 것일까? 그 연상의 범위(경계)는 어떻게 하여 정해지는 것일까? 여기서는 개념설계에 있어서 해답 탐색의 범위는 어떻게 하여 정해지는 것일까? 창조적 디자인 사고의 범위(경계)가 어떻게 하여 정해지는지 생각해 보면 그것은 구조가 있을 것이다. 일반적으로, 경계는 그 외부에서 결정되는 경우와 내부에서 결정되는 경우가 있어, 전자는 설계를 위한 요건과 제약조건 등이 상당하다고 생각한다.

그러면, 디자인에 있어서 사고의 경계가 내부에서 결정되어지는 것은 어떤 것은, 시스템 논(論)의 분야로, 의논되어지는 예로, **『오토포이에시스(Auto poiesis)』**라는 사고방식이 참고가 되는데, 이 내용을 간단히 설명하면, 결과물의 산출(변형과 파괴) 과정의 네트워크로 하여, 유기적으로 구성(유기체로 하는 규정)된 기계이다. 이때 구성요소는 다음 4가지의 특징을 가진다.

① 변환과 상호작용을 통하여, 자기를 산출하는 프로세스(관계)의 네트워크를, 끊임없이 생산하여 실현한다.

② 네트워크(기계)를 공간적으로 구체적인 단위체로 하여 구성하며, 그 공간 내에 있어서 구성요소는 네트워크가 실현하는 위상적인 영역을 특정하는 것에 의해서 스스로 존재한다.

그래서, 오토포이에시스는 ① 자율적이고, ② 개체성을 가지며, ③ 자기산출 프로세스의 내에서 스스로 경계를 결정하며, ④ 입력도 출력도 없다는 성질들이 있다.

여기서, 디자인에 있어서 사고의 경계가 오토포이에시스 기계처럼 일정하여, 다음과 같은 생각으로, 즉, 디자인의 사고에서 개념을 서로 관련하면서 순차적으로 연상을 부풀린다는 프로세스는, 그 프로세스 자체에 의해서 순차적으로 이루어지고, 다음에 무엇을 연상할까는, 지금까지 해 온 프로세스에 의해 결정된다는 것이다. 이것은 『연상(連想)이 연상을 부른다』 는 것으로, 디자인 사고의 하나인 측면이라고 말하는 것이라 생각하며, 이 오토포이에시스의 개념은, 생명시스템의 본질을 조사하기 위해서 제공된 것이며, 그 이후 많은 현상에 적용되고 있다.

2) 사물을 추상화 하는 능력

개념생성과 개념설계에 있어서, 사물을 추상화 하는 프로세스가 중요한 역할을 하며, 일반적으로 추상화는, 어떤 개념에서 그 개념에 포함되는 몇 가지의 속성을 빼내는 것으로, 예로서, 119의 소방차량의 개념은 『화재, 빠르다, 달려야 하는 것』 등의 속성이 나오므로 이른바 특성이다.

한편, 추상이라는 용어에는, 한 가지 더 의미가 있는데, 소위 추상화(그림) 등에 있어서 추상이며, 이것을 『제2 추상』이라 하고 일반적인 추상과는 다른 의미로, 추상화는 사진과 같은 구체적인 모습에 있는 속성을 통해 낸 것은 아니고, 전체 모습을 간략화 한 것도 아니며, 본연의 모습에는 이미 존재하는 문제에서 명확히 추정되어지는 것으로, 이것에서 추구해야 할 미래의 모습으로서, 이상(理想)과 같은 것이라 하였다. 후자가 제2의 추상에 관계하고 있다고 생각된다. 소위 마음을 울리려는 감각이 이상성을 생기게 하는 요인이다. 따라서, 추상화는 결국, 마음에 무언가를 요구한 것이다. 그래서, 자연계에 존재하고 있는 것에서, 속성을 빼내어 생성되는 것은 아니고, 내적인 감성을 의지가 생성되는 것이라고 생각한다. 창조적 디자인 사고에는, 그 중에서도 이 제2의 추상화를 하기 위한 능력이 필요하다고 생각된다.

3) 시간을 앞지르는 능력

믹싱링크에서 시간의 역전현상이 일어나고 있다는 것에 논의한 『기저(基底 : 기초)개념을 어떻게 하여 선택하는가』이라는 과제도, 시간의 역전현상을 포함하고 있다. 기저개념이 타당한지 아닌지는, 그것을 몇 가지인지 짝 지어 보지 않으면 모르기 때문이다. 시간의 역전현상은 디자인 이외에도 많이 보인다. 예를 들어 기하학에 있어서 보조선이 그렇다. 이처럼 보조선을 찾아보면 증명할 수 있다는 설명은 이루어지지만, 왜 그 보조선을 생각했는지는 설명이 없다. 이와 같은 시간의 역전현상을 잘 할 수 있는 사람(시간을 앞지르는 능력을 가진자)이 사회의 요구하는 사이에 빚어지는 차질을 최소한으로 정리하여, 사회에 공헌하는 디자인을 이끈다고 생각한다. 시간의 역전현상은 일반적으로 풀 수는 없겠지만 어떤 조건 아래에서는 접근이 가능하다고 생각되어진다. 그것은 어떤 종류의 시간적 과제가 공간적 과제로 대체되기 때문이다.

이러한 치환의 방법을, 설계의 답을 탐색하는 공간을 설정하는 방법이 연구되고 있어, 디자인 공정은, 답의 탐색문제로 하여 모델화 된 경우가 있다. 이 경우 탐색시간은 무수히 있을 수 있다. 그 중에 우수한 답을 보다 효율 좋게 탐색하는 것이 가능한 공간을 형성하는 것이 답을 효율 좋게 구하는 것이다. 이 연구로는 탐색공간에 있어서 서로 가까이 해(解)보조가 그것을 평가하는 공간에 있어서도 가까운 평가를 받게 되고, 풀이의 근방 탐색에 대하여, 이 생각의 유효성을 시뮬레이션에 의해 나타내고 있다.

4) 내면의 지식(암묵지 : 暗黙知)

창조적 디자인 사고에 필요한 능력은, 형식화 하는 것이 어려워, 이와 같은 능력은 명시적으로 기술이 가능한 것은 없다. 하물며, 컴퓨터에 이식할 수 있는 것은 아닐까, 어떻게 하면 그것은 전달할 수 있을까를, 그것을 검토하기 위해서 참고가 된다고 생각된다.

내면의 지식적인 면에서, 마이클 · 폴라니는 이 부분에 있어서 『우리는 말할 수 있는 것보다 더 많은 것을 알 수 있다.』이 말은 창조 디자인 사고에 필요한 능력에 해당된다고 생각된다. 인간이 얼굴을 인식하는 프로세스를 예(例)에 채택하여, 얼굴 여러 부분을 제1항(근접항)에, 얼굴 전체를 제2항 원극(遠隙)에 정한 후에, 그것에 관계에 의논되고 있어, 다음 3가지의 관계가 있다고 말했다.

① 기능적인 관계로는,『얼굴에 특징적인 외관에 주목하기 위한 우리는, 얼굴 전부분에 있어서 우리가 감지하고 있는 것에 의거하고 있다』는 것이다.

② 현상적 관계로는,『일반적으로는, 우리는 암묵지라는 지각 행위의 접근항을 원격항의 자세 중에서 감지하고 있다』는 것이다.

③ 의미적인 관계로는,『특징적인 전체의 상(相 : 얼굴 전체)으로는, 여러 부분의 의미이다』는 것이다.

이러한 내용으로, 창조적 디자인 사고에 필요한 능력은 내면의 지식의 관점에서 생각한 경우, 어떻게 하여 획득하거나, 전달할 수 있을까에 대하여, 폴라니는『분석에 의해 포괄적 존재가 파괴될 것에 대하여, 많은 경우에 대항책은 여러 세목을 명확히 기술한다는 것이다.』한편, 일반적으로는, 명시적인 통합은 암묵지적인 통합에 의해 달라질 수 없다는 것이며, 인간이 지식을 발견하고, 발견된 지식을 진실이라고 인정하는 것은, 모든 경험을 이렇게 능동적으로 형성, 혹은 통합함으로써 가능하게 되는 것이다. 이 능동적 형성, 혹은 통합이 아니라든가, 지식의 성립에 의해 부족하다고 할 때 위대한 암묵적인 힘이 있다는 것이다. 암묵지의 획득과 전달에 관해서『내면화』와『잠입(潛入)』이라는 용어를 사용하여,『우리는 대상을 구성하고 있는 여러 세목(細目)의 모음을 통합하여, 대상을 하나로 정리한 존재로 이해하지만, 여러 세목의 집합을 신체에 동화시키는 것에 의해, 신체를 세계로 확대시키지 않는 것이고, 우리는 사물의 여러 세목을 내면화 한다.』

『관찰을 하고 있는 사람은, 외부에서 그들 여러 동작에 잠입하려고 힘씀으로써, 그것들을 관계를 짓는다. 또한, 여러 동작을 내면화 하는 것에 의해 그것에 잠입한다.』

따라서, 암묵지 또는 내면의 지식은, 생각대로는 창조적 디자인 사고에 필요한 능력을 획득하거나 전달하기 위해서는『그 능력을 가진 사람의 족적을 능동적으로 더듬어 보든가, 혹은, 경험을 능동적으로 공유하는 것을 통하여 내면화를 하는 것도 좋다』는 것이다.

1.1.3 디자인의 동기와 디자인 사이클의 모델

1) 사회적 동기와 개인적 동기

디자인의 동기에는 사회적 동기와 개인적 동기로, 여기에서는, 디자인을 하는 이유를 디자인 동기(Motive of Design)라 하여, 인간의 행위에는, 그것을 위한 모종의 이유가 있고, 그 이유는 명시화 할 수 있는 경우도 있고, 무의식으로 하는 행위도 있다. 디자인은 사회에 제품을 공급하는 것이 당연하며, 제품은 또한, 사회에 영향을 미친다. 그 영향은 인간의 생활을 풍요롭게도 하지만, 사고를 일으켜 피해를 입히는 경우도 있어, 거기에는 무의식으로 디자인한 것이 있어, 그러면 해결되지 않을 수 있다.

디자인의 동기는 제품에 대하여, 이른바 니즈(Needs)와, 디자인을 하는 경우 요구와 시방의 일이 아니고, 또한, 개개의 엔지니어와 디자이너가 조직과 디자인 발주자에게 받는 대가의 일이 아니다. '왜 니즈가 나왔는가? 왜 그것이 요구하는 시방인가? 왜 그와 같은 대가의 지불이 갈라지는 것인가?'라는 문제들의 답이다.

이러한 중요성과 관계에서 볼 때, 디자인의 동기는『제품에 대하여 감성과 가치관 없는 문제의식에서 생기는 디자인 프로세스의 동인(動因)』이라 말한 바와 같이, 이 속에는『감성』과 『가치관』이 내면에 존재하는 동기에 관여하고 있어『문제의식』이 제품과 그 상황에 맞도록 존재하는 동기에 관여하고 있는 것이라 생각된다. 일반적으로 동기(動機)라는 용어는 개인을 대상으로 쓰이지만, 제품 디자인으로는 명시적 혹은 비명시적으로 사회에 공유되어지고 있다고 볼 수 있어, 감성과 가치관이 없는 문제의식이 중요한 역할을 한다. 따라서, 개인으로 내재하는 동기를 **개인적 동기**(動機)라 부르고, 사회에 공유되는 동기를 **사회적 동기**라 구분한다.

2) 외적인 동기와 내적인 동기

동기에는, 사회적 동기와 개인적 동기의 차이에 첨가하여 그것을 구분하여도 하나의 축에 있는 것이라 보고, 그것은 제품과 이에 바라는 상황의 기본 방향에 기인하는 외발적 동기와, 디자인하는 사람의 마음에 내재하는 자발적인 동기를 구분하는 축이다. 여기에서 전자를 외적 동기, 후자를 내적 동기로 부른다.

외적 동기는, 개인 혹은 사회에 존재하고 있는 문제에 근거를 두고 디자인의 방법에 관계하고 있고, 문제로는,『어떤 특정의 제품과 그것이 사용되는 상황에 있어서 목표와 현상의 차이이다』이고, 한편, 내적 동기는, 현존하는 문제를 해결하는 것이 아닌, 이상적인 자세를 추구하는 디자인에 관계하며, 이 영역의 디자인은 어떠한 이상 상(像)을 그리는 것이 중요시되는 것으로, 공학설계로는 미래의 인공물이 갖추어야 할 이상적인 기능을 고안하는 것과 같은 것으로, 공업디자인으로는 사용자에 이상적인 인상을 주고 받을 수 있는 인터페이스를 고안하는 것과 같은 것으로, 이상 상을 그리기 위해서는 디자이너의 내적 감성과 가치관이 중요한 역할을 만든다고 본다.

표 1-1 디자인 동기의 분류

	외적 동기	내적 동기
개인적 동기	개인적인 외적 동기	개인적인 내적 동기
사회적 동기	사회적인 외적 동기	사회적인 내적 동기

3) 디자인 사이클 모델과 믹싱링크(Mixing Link)

디자인 공정의 분류로, 전(前) 디자인 공정, 디자인 공정, 후(後) 디자인 공정의 3가지의 공정에서 이루어지는 디자인 사이클 모델로, 믹싱링크(비연속성)에 주목하는데 전 디자인 공정은 사회적 동기가 미숙련으로 있어도 디자인이 행해지고, 후 디자인 공정에는 사용자와 제품과의 인터랙션(Interaction : 제품을 실제로 사용한다든가 사고를 체험하는 등)이 없는 상태에도 사회적 동기가 형성되는 것[제품을 받아들이는 것을 합의 하거나, 새로운 제품의 개발에 이어지는 비명시적인 니즈(Needs)가 생성되는 것]이 있어 이 같은 믹싱링크가 2가지의 주제의 본질에 관련되어 있다고 하는 생각들이다. 구체적으로는 각 공정을 연속적, 준연속적, 비연속적의 3가지로 분류하며,『연속적』이란 용어는 각 공정에서, 그 결과를 거의 단숨에 끌어내기 위한 근거가 명시적으로 존재하고 있다는 의미에 쓰인다.『준연속적』이라는 용어는 불확정적이지만(하는 사람에 의해서 다른 결과가 얻어지는 것도 있다) 각 공정에, 그 결과를 이끌어 내기 위한 근거가 비명시적으로 존재하고 있다고 하는 의미로 쓰이고,『비연속적』은 각 공정에 그 결과를 이끌어 내기 위한 근거가 명시적에도, 비명시적에도, 아직 존재하지 않는다는 의미로 쓰인다.

(1) 전(前) 디자인 공정의 분류

전 디자인 공정으로는, 그 결과로 해서 새로운 제품으로의 요구와 시방이 생성되고, 그러한 요구와 시방이 생성되는 근거로 하여, 디자인의 동기가 되도록 주문을 하고, 디자인의 동기가 사회적 동기가 있거나, 개인적 동기인지의 차이인지, 또한, 명시적인지 비명시적인지 차이에 따라서 전 디자인 공정을 분류한다.

① **연속적인 전 디자인 공정** : 이 공정은 디자인의 사회적 동기가 명시적으로 형성되어 축적되어 갈 때에, 그 사회적 동기를 바탕으로, 제품으로의 새로운 요구와 시방이 생성되어 프로세스를 말한다. 예로, 사용자가 제품을 사용하는 과정으로 얻어진 앙케이트

를 바탕으로, 편리성과 효율의 향상을 꾀하기 위해 요구와 시방을 정할 일이다.

② **준연속적인 전 디자인 공정** : 이 공정은 디자인의 사회적 동기가 명시적으로 형성되어 축적되어 갈 때에, 그 사회적 동기를 바탕으로, 제품으로의 새로운 요구와 시방이 생성된 프로세스를 말한다. 예로, 새로운 제품으로의 잠재 니즈의 발굴 등이 이에 해당된다. 구체적으로는, 시장조사, 아데나숍, 유저 관찰 등의 수법에 의해 새로운 제품의 요구와 시방을 정할 일이다.

③ **비연속적인 전 디자인 공정** : 이 공정은 디자인의 사회적 동기가 명시적으로 형성되어 축적되어 갈 때에, 디자인 하는 사람의 개인적인(내적) 동기에도 관해서 제품으로의 새로운 요구와 시방이 생성되는 프로세스이다. 예로, 전례 없는 신규성이 극히 높은 제품으로의 요구와 시방을 정할 일이다.

(2) 디자인 공정의 분류

① **독자설계(Original Design)** : 같거나 유사한 새로운 역할을 가진 시스템(브랜드, 기계조립 부품)에 있어서 독자의 설계풀이 요소(Solution Principle)를 만드는 활동이다(설계 풀이 요소를 탐색하거나 그것을 조립하는 방법).

② **적응설계(Adaptive Design)** : 설계풀이 요소는 같은 채로, 기지(旣知)시스템을 목적의 다른 역할에 적응시키기 위한 설계이다. 이 경우, 부품과 조립부품에 있어서 독자설계가 필요로 하는 경우가 많다.

③ **유사설계(Variant Design)** : 기능과 설계풀이 요소는 변경하는 것이 아닌, 선택한 시스템에서, 어떤 부품의 치수와 배치를 변환하는 설계로, 이 경우, 재료, 제약조건 혹은 기술상의 팩터를 변경하여도 새로운 문제는 발생하지 않는다.

(3) 후(後) 디자인 공정의 분류

① **연속적인 후 디자인 공정** : 이 공정은 디자인한 사람의 의도에 어긋나지 않는 범위에 있어서, 사용자가 제품과 직접적인 인터랙션 하는 가운데, 그 제품에 대하여 감성과 가치관 없이 문제의식이 사회로 공유하게 되어, 그것이 다음의 제품에 이어지는 프로세스이다. 예를 들어, 가이드북과 매뉴얼을 참조하면서 제품이 사용되든지, 임의의 잘못이 많은 사용자에 의해 지적되고, 그것이 제품을 개량하는 동기가 되는 것이다.

② **준연속적인 후 디자인 공정** : 이 공정은 디자인한 사람의 의도에 어긋나지 않는 범위에 있어서, 사용자가 제품과 간접적인 인터랙션 하는(타인이 제품을 사용한 경우 체험담

과 보는 사이에), 그 제품에 대하여 감성과 가치관 없이 문제의식이 사회로 공유하게 되어, 그것이 다음의 제품의 개발로 이어지는 것이다. 구체적으로는, 패션과 정보기기의 유행이 넓은 가운데 새로운 제품의 이미지가 사회에 벌리는 것이다.

③ 비연속적인 후 디자인 공정 : 이 공정은 사용자와 제품과의 인터랙션(제품의 사용과 생각을 직접적, 간접적으로든 경험하는 것이 없는)이, 그 제품에 대하여 감성과 가치관이 없이 문제의식이 사회로 공유하게 되는 프로세스를 말하며, 혹은, 디자인한 사람의 의도를 초월한 사용 방법을 사용자에게 보여, 그것이 사회에 벌리는 것이다. 보통, 첨단기술이 실장(實裝)되고 있어, 극히 위험성이 높은 제품은 피해가 커서 사고를 넘는 것을 허락하지 않는다. 사고가 발생하지 않는다는 것은, 제품의 위험성이 사용자에 의해 실감되는 것이 아닌, 그 제품에 관한 감성과 가치관 없이 문제의식이 형성되는 것을 의미한다.

예를 들어, 그 제품의 전문가가 아직 사회가 경험하지 못한 리스크에 있어서, 그림을 이용하거나, 혹은 통계적 수법을 쓰거나 하여 쉽게 설명하고, 그 결과, 아직 아무도 본 적도 없는 제품을 사회가 보다 받아들이기로 합의하는 것이다. 한편, 디자인한 사람의 예상을 넘어서 제품이 사용된 경우에는, 그 사용 방법이 입소문을 타면서 넓게, 새로운 디자인의 동기로 되어, 다음 제품의 개발에 이어지는 것이다. 단지, 디자인한 사람이 예상하지 않던 사용법은, 위험이 따르는 경우가 있어 금지되기도 한다.

디자인 사이클 모델의 여러 상(相)으로, 전 디자인, 디자인 공정, 후 디자인공정에 있어서, 여러 가지 연속적, 준연속적, 비연속적의 관점에서 검토된 결과를 표 1-2에 정리를 하였다.

표 1-2 디자인 공정의 분류

	전(前) 디자인 공정	디자인 공정	후(後) 디자인 공정
연속적	디자인의 사회적 동기가 명시적으로 형성되어 축적되고 있다.	유사설계(기능과 설계풀이 요소는 변경하지 않고서 치수와 배치를 변경한다.)	디자인한 사람의 의도에 저버리지 않는 범위에 있어서 사용자도 제품의 직접적인 상호작용
준연속적	디자인의 사회적 동기가 비명시적으로 형성되어 축적되고 있다.	적응설계(설계풀이 요소는 유용하다.)	디자인한 사람의 의도에 저버리지 않는 범위에 있어서 사용자도 제품의 간접적인 상호작용
비연속적	디자인의 사회적 동기가 명시적으로도 비명시적으로도 형성되어 축적되고 있지 않다.	독자설계(독자의 설계풀이 요소를 만든다.)	사용자와 제품의 상호작용이 없고, 혹은 디자인한 사람의 의도를 넘어선 사용법

(4) 연속적인 디자인 사이클과 비연속적인 디자인 사이클

디자인 사이클에 있어서, 연속적인 공정과 준연속적인 공정을 여러 가지 연결한 것을 연속적인 디자인 사이클로 부른다[그림 1-1 (a)]. 여기에서는, 어떤 디자인의 동기를 바탕으로 새로운 제품의 양상에 이끌려, 그것을 바탕으로 제품이 만들어지고, 이 제품을 실제로 사용하는 경험을 통해서 새로운 동기가 생긴다. 이 사이클을 돌리기 위해서는 디자인의 동기와, 신제품이 요구하는 시방과, 만들어진 제품의 사용 방법을 여러 가지 분석을 하면 좋다. 디자인의 동기를 분석에 의해 제품의 요구와 시방이 이끌어 그 요구와 시방을 분석하는 것으로 제품을 실제로 만들 수 있고, 사용 방법 등을 분석하면 새로운 동기가 추출되어진다. 이와 같이 연속적인 디자인 사이클로는 이미 존재하고 있는 동기, 요구시방(Spec) 등이 없을 때 제품을 실제로 사용한 경험을 분석하면 더욱 좋을 것이다.

한편, 연속적이지 않고, 즉, 전 디자인 공정, 디자인 공정, 후 디자인 공정의 어느 쪽 하나가(전체도 좋음) 비연속적으로 되어 있는 것을 비연속적인 디자인 사이클로 읽기도 하는 그림 (b)이다. 거기에서는, 신제품이 가진 시방을 이끌어 내야 할 디자인의 사회적 동기가 미숙련으로 되어 있다든가, 제품을 생성하기 위한 요구와 시방이 구체적으로 표시되어 있지 않다든가, 디자인의 사회적 동기로 될 것, 제품과 그 사용자와의 인터렉션이 없어지고, 비연속적 디자인 사이클을 돌리기 위해서는, 사회적인 동기가 성숙되지 않은 단계로 요구와 시방을 정한다든가, 요구 시방이 추상적으로 밖에 명시되지 않는 단계로 제품을 만든다든지, 또한, 제품이 사용되고 있지 않은 단계로 사회적 동기가 생성되어야 한다. 그러기 때문에 분석적인 수법만으로는 대응이 안된다.

그림 1-1 (a) 연속적인 디자인 사이클과 (b) 비연속적인 디자인 사이클

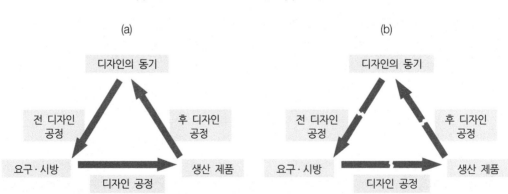

1.1.4 디자인의 원칙과 조언

1) 저명한 인물의 조언

'습관의 힘'이라는 책의 저자인 찰스 두히그는 창의란 새로운 아이디어를 내지 말고 현재 익숙해 있는 것을 색다르게 엮어 새로운 것으로 만드는 것이 더 효과적이라 하였다.

그는 다음 5가지로 창의적인 활동에 대한 필요한 습관을 강조하였다.

(1) 기존 개념을 독창적으로 결합하는 습관

창의성의 중요한 것은 경쟁력으로 이어지는데, 그 창의성을 높이는 다른 방법이 있긴 하지만 완전히 새로운 것을 시도하는 것보다 기존에 있던 것들을 새로운 방식으로 결합하거나 변형을 주어 만들어 내는 것이 훨씬 쉽고 빠른 방법이라 볼 수 있다.

시도해 보지도 않은 것에 도전한다는 것은 시행착오나 위험을 감수해야 하는 면과, 처음부터 검증도 해야 하는 면도 있어 불리할 수도 있다는 것이다.

(2) 조직의 팀원을 배려하는 습관

창의성과 생산성을 높이려면 좋은 팀을 만나는 것과 팀원들에게 배려를 하여 일에 대한 올바른 피드백을 제공하는 팀원들이 있다면 더 좋은 성과를 낼 수 있으며, 어떻게 운영하느냐에 따라 결과는 달라지는 것은 상식적인 이론이다.

좋은 조직에 있는 공통된 속성은 '심리적인 안정감'이라 한다. 심리적 안정감을 구축하는 최상의 방법은 그 리더의 실천적인 행동이 무엇보다도 중요하다고 본다.

이러한 팀원에 대한 배려와 리더가 솔선수범하는 조직에서는 좋은 아이디어와 창의적인 발상을 많이 할 수 있다는 것이다.

(3) 스토리(Story)를 상상하는 습관

일을 하는 데는 집중력이 중요한 포인트인데 시간이 부족해 깊이 있게 접근하지 못하여 일반적이며 근성으로 처리하는 경향이 있다. 어떤 조직에서 생산적인 직원들의 습관을 조사해보니 출근할 때 개인적으로 스마트폰을 사용하지 않고, 머릿속에서 일의 진행 과정, 연관된 일의 파생된 일까지 그려보는 습관을 갖고 있었다는 것이 조사되어, 어떤 일이 일어나도 항상 대응할 수 있는 준비가 되어 있다는 것이니, 심성모형은 바쁜 상황 속에서도 집중할 곳을 찾는 데 큰 도움이 되고 항상 무엇에 집중하고, 무엇을 무시해야 하는지 잘 판단하려면 본인의 할 일을 이야기로 풀어낼 수 있을 정도로 구체적으로 떠올리는 습관을 들여야 한다는 것이다.

(4) 정보를 가공(加工)하는 습관

일을 하다 정보가 필요하여 찾아보면 양적으로는 많은데, 막상 어떤 정보를 활용할지 몰라 당황하는 때가 있는데, 요즘은 마음만 먹으면 인터넷을 통해서 언제라도 충분한 정보를 확보할 수 있다. 보통 정보의 양이 많을수록 결정의 질은 나아지지만 어느 지점을 넘어서면 두뇌는 한계점에 이르고, 철저하게 분석, 점검을 하지 않고 결정을 내리는 경우도 있다. 그래서 필요한 것이 **정보의 가공**인데 이를 '**비틀기**'라고 부르는 이도 있다.

실례로, 강의를 들으며 손으로 필기하는 사람과 노트북을 사용하는 사람의 성적을 비교해보니 손으로 필기한 쪽이 훨씬 좋았다는 것은, 새로운 정보를 만나면 그 정보를 터득하고 내 것으로 만드는 **가공**을 해야 한다는 것이다.

그래서 머릿속에서 정보를 정리하고, 이해하면 올바르게 활용할 수가 있을 것이다.

(5) 작은 목표를 세우는 습관

실천 가능한 목표를 세워 차근히 실행해 가는 것이 기본 정석인데, 많은 사람들이 항상 목표만 세우며 할 일을 쭉 적어는 놓고 이를 달성하지 못한 사례들이 많고, 또한 본인이 생각하는 것보다 훨씬 못 미치는 결과들이 나오곤 한다.

이때는 큰 목표를 세운 후 이 목표에 따른 필요한 **단기적인 목표를** 따로 세워보자는 것이며, 실천 방법상에는 혁신적인 방법을 동원하면서 이행한다면 목표달성 가능성이 있고 좋은 결과를 얻을 수 있을 것이다.

2) 각 기능별 담당자와의 공존과 개발기획

디자인적으로 생각하는 사람이 신뢰성과 타당성의 위치와, 생산적으로 타당성을 추구하며 직관적으로 생각하는 사람들 모두와 함께 일하는 관계로 구성할 때 효율적으로 도움되는 다섯 가지를 제시하면,

① 극단적인 시각을 창조성을 발휘할 기회로 재 규정하라.
② 양극단에 선 동료들과 공감하도록 노력하라.
③ 신뢰성과 타당성의 언어를 모두 구사할 수 있도록 준비하라.
④ 낯선 개념을 익숙한 용어로 전환하라.
⑤ 미래를 과거로 전환할 수 있는 가능성을 창출하라.

3) 기타 특징

정기적 교육·훈련과 자극을 받으며, 기술인의 역할과 의무, 인성교육, IoT의 응용(사물인 터넷, 유비쿼터스), 신제품 개발, 생체모방 응용기술, 벤치마킹으로 비교분석, 미래지향적인 사고 등으로 항상 연관을 시키는 연구가 따라야 한다.

창의에 의한 개발에서 성능과 기능을 고려할 때에는 자연(동식물)을 관찰하여 응용하면 그 효율, 성능이 향상되는 경우가 많고, 특허 등록의 부산물도 출현될 수도 있다. 하지만 창 조에서는 마법은 없고 **인내와 절제의 몰입**으로 가야 새로운 아이디어가 나오듯이, 다음 몇 가지의 기본적인 자세가 되어 있어야 한다.

① 최신 정보의 입수 채널을 가져라.

② 효과적으로 입수하는 방법을 가져라.

③ 혁신과 창조는 세끼 식사처럼 습관화를 해야 한다.

④ 혁신과 창조는 실행하고, 실행하고, 또 실행하라(지속적인 개선).

⑤ 구성원들에게 신념을 갖게 하라.

⑥ 구성원들에게 좋은 인생관을 갖게 하라(행복은 탁월성에 따른 이성의 활동이다).

또한, 디자인이란 기술과 감성을 융합시킬 수 있는 창조적 매개체로서, 소비자 중심으로 시장 환경이 변화하고, 기술과 품질이 평준화됨에 따라 기존의 제품 및 서비스에 미적인 감 각을 통해 편의성과 독창성을 추구하려는 과정 또는 기술, 제품디자인기술, 시각디자인기술, 디지털디자인기술, 산업공예디자인기술, 서비스디자인기술, 공간/환경디자인기술, UI/UX디 자인기술, 디자인기반(디자인 인프라)기술, 감성기술디자인 등을 포함한다.

디자인적으로 생각하는 사람들의 사고와 지식의 예를 들면,

① 근본적인 태도는 훌륭한 디자이너는 꼼꼼하고, 섬세하다.

② 핵심 도구로는 깊이 있게 관찰하고, 상상하며, 구성한다.

③ 경험을 의식적으로 이용하고, 숙련과 독창성의 균형을 이룬다.

한편, 설계와 디자인이 받는 인상이 조금 다르다. 일반적으로 설계라고 하는 말을 사용하 는 쪽이 많은데, 설계를 하는 것도 **작도**(Drafting) 이미지가 지우기가 어렵고, 설계에 관한 연구는 설계공학으로 불리며, 여기에 시스템공학이라는 것이 추가가 되어, 기업이나 대학에 서도 설계공학의 중요성이 인식되어, 연구 활동이 본격화되고 있다. 그러면서 설계공학은 제조 활동에 있어서, 하나의 지원기술로, 그 자체의 성과를 가시화하는 것이 용이하지 않기

때문에, 설계공학 연구를 계속적으로 하는 것은, 불굴의 정신과 강한 끈기가 필요로 하고, 설계의 중요함은 누구나 알지만, 그 실천이 어려운 점은, 많은 공학을 묶은 학문으로 하는 리더를 할 입장이기 때문이다. 그럼에도 불구하고 지금 하나의 정체감이 부정할 수 없는 것은 그 정의가 애매한 일에도, 기인하는 것이 아닌가 생각하고 있다.

따라서, 설계의 정의는 설계공학이 목표로 하는 적당한 말에 있어서는 논의가 되고 있지만, 결론은 없으며, 그 상위의 개념으로 디자인의 정의를 하여, 앞으로는 제조활동의 체계화로 하여, 설계공학에서 하나의 지침으로 보는 것이 옳다고 본다. 설계와 디자인의 개념 차이를 다음 표 1-3과 같이 구분할 수 있다.

표 1-3 설계와 디자인의 개념차이

	설 계	디자인
정 의	주어진 시방(Spec)에 기초로 만드는 행위	시방을 정하여, 제품에 만들어 넣는 행위
목 표	성능의 최대화	가치의 최대화
특 징	목표로 하는 것은 한결 같다.	말하기는 쉬우나, 행하기는 어려움

1.2 창의와 디자인의 연결

창의성에서는 외부 세계로부터 주어지는 아이디어들이나 무의식의 세계로부터 나오는 아이디어를 들을 수 있는 힘이며, 보통 자기의 개성 있는 주체성을 자기의 생각과 다른 사람들과 잘 조화가 되도록 통합된 형태를 표현하고, 실현시키며, 형태를 만들어 내는 것으로, "어떤 개인의 독창성에서 나오는 내부의 힘으로써, 그 사람에게 가치가 있는 새로운 생각이나 참신한 통찰들을 산출하는 것"으로 의미를 갖고 있다.

창의성을 이루는 내부의 영역으로, ① 창의적 사고와 관련된 성향(性向), ② 사고 자료로서의 개인의 경험, ③ 창의적으로 사고하는 기술(Skill), ④ 사고와 관련 지식이나, 창의성 관련 지식들이 있다.

또한, 구성적인 방법에 공통이 되는 것은, 사람이 개념을 조작하는 프로세스에 주목한다는 것이다. 한편, 이것의 개념 조작의 프로세스를 구동하기 위한 능력으로서,

① 사물마다 내부와 외부의 경계를 정하는 능력

② 사물마다 추상화를 하는 능력

③ 시간을 앞지르는 능력

이 3가지로 기술할 수 있는 것에서, 사회와 차질이 없는 혁신적인 제품을 사람이 디자인
할 수 있는 것은, 위 3가지의 능력 갖고, 3가지의 각 공정에 있어서, 믹싱링크를 하여 역할을
잘한 총체는, 더욱이 비연속적인 디자인 사이클을 창조적으로 구동하기 위해서 『디자인 힘』
을 읽어서 잘된 것으로 보인다.

그림 1-2 디자인 힘의 이미지

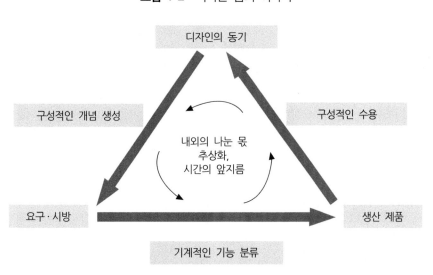

즉, 구성적 방법에 대하여, 분석적인 방법도 존재를 한다는 것이고, 그것도 긴요하며, 디
자인을 하기 위해서는 중요한 역할을 부리고 있는 것을 보충하고자 한다.

1.2.1 새로운 구상을 할 수 있는 자세와 환경

기존 제품에 대한 새로운 아이디어 발상은 즐기면서 몰두하는 것으로, 창조적 사고 또는
창조적 능력을 말하며, 결과물을 이야기하는 경우이고, 창조적 사고에 관한 연구에서 길포드
라는 사람은 6가지의 창조성으로 구분하여, ① 문제의 감수성, ② 유창성, ③ 유연성, ④ 독
창성, ⑤ 재정의(再定義), ⑥ 추고력(推考力)으로 나눈다. 여기에서 유창성과 유연성이, 창의
성의 2가지 요소이다.

　유연한 사고는 어떤 물건의 용도에 대하여 상식을 벗어난 엉뚱한 생각을 해내는 능력으로 측정하는 것으로, 상황에 따라 여러 가지 용도로 쓸 수 있다는 유연한 사고를 한다고 할 수 있다.

　자기의 창의력을 테스트하는 면에서 다음 항목 중 자기에 적합하다고 생각되는 것에 체크하여 밸런스차트로 창의력의 6가지를 확인한다.

1) 문제의식

　① 언제나 문제의식 보유, ② 호기심이 강해서 자기/타인/환경에 대한 감수성이 예민, ③ 현 상태에서 만족하지 않음, ④ 항상 목표나 목적을 가지고 행동함, ⑤ 언제나 새로운 것을 추구함.

2) 독창성

　① 의외성 보유, ② 독자성 보유, ③ 마음을 끌어 당기는 매력 보유, ④ 유머, 농담 보유, ⑤ 남의 말에 쉽게 빠짐.

3) 지각의 폭

　① 여러 일에 여러 관점에서 받아들임, ② 감동하고 공감함, ③ 겉모습에 구애되지 않고 사물의 본질에서 봄, ④ 있는 그대로 관찰함, ⑤ 타인이 못 본 것을 알아차림.

4) 유연성

　① 선입관을 갖지 않음, ② 옳고 그름을 끝까지 밝힘, ③ 고집하지 않고 상황에 맞춤, ④ 다른 가치관, 생각을 수용, ⑤ 타인의 의견을 경청함.

5) 연상력

　① 많이 생각함, ② 즉시 생각해 냄, ③ 다양한 표현이 가능함, ④ 가공, 연구함, ⑤ 발상을 점차 전개함.

6) 의욕

　① 끈기를 보유, ② 꺾이지 않고 포기하지 않음, ③ 집중이 가능, ④ 여러 번 생각함, ⑤

도중에 타협하지 않음.

등의 능력과 착안으로 새로운 것을 창의하는 것이다.

그림 1-3 창조성의 6가지 요소 체크

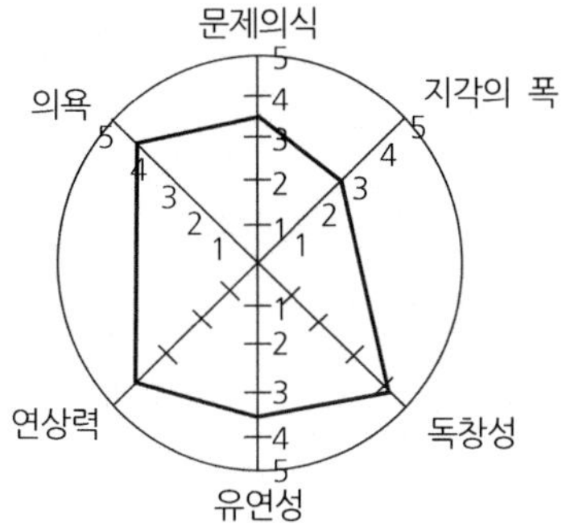

[각 항목별로 점수에 따라 연결하여 밸런스를 확인한다]

1.2.2 창의성의 조직을 갖춤

현대를 살아가는 모든 성공적 혁신은 독창적인 아이디어에서 시작되어, 기업의 독창성 제고는 기술경영을 위한 기본적인 아이디어 창출과 기초연구자들의 독창성을 어떻게 향상시키느냐 달려 있어, 독창성은 연구자의 의식에서 오는 '자기세계관 확립'과 '철저한 진리의 추구' 기존의 이론을 재검토하여 연구자 자기의 두뇌로 새로운 이론을 모색해 가는 창의적인 과정으로 파악해야 할 것이다. 따라서, 필요한 그 특성을 요약하면,

① 독창적인 활동에서 이론적으로 나타내는 현실적 정보를 경험에 비추어 기존의 이론으로 설명이 어려운 면이 있어, 이 의문을 문제시 하여 창의의 주제로 삼는다.

② 새로운 현실과 사고 간의 부조화는 새로운 이론체계로의 비약에 기폭제가 될 수 있어, 연구자의 이론체계와의 차이에 따라 정보나 경험은 예상 밖의 실험결과로 나타나 독창적인 업적의 기초와 원천이 될 수 있다.

③ 새로운 개발을 목표로 하는 연구가는 자기의 문제의식, 이념, 기존의 이론적인 체계, 알고 있는 상식 등에 사로잡혀 있어, 새로운 문제에 대한 도전보다는 보다 확실한 문제에 대하여 몰두를 해야 한다.

④ 스스로가 발견한 문제에 대하여, 기존에는 이론이 없는 관계로 새로운 이론의 정립에

는 인내심이 따라야 하며, 강한 문제의식과 이념에 대한 주관이 있어야 하고, 이러한 과정을 통하여 새로운 이론이 나오게 되고, 여기에는 연구자의 개인적인 발상, 능력, 우연 등이 작용하고 있다.

또한, 아이디어의 착상을 위한 개인이 갖추어야 할 능력으로 다음 12가지를 들 수 있다.

① **착상력(기획능력)** : 아이디어를 내는 능력으로, 독창적일수록 가치가 높아짐.

② **코디네이트 능력** : 일이나 사물을 종합적으로 정리하는 능력, 착상의 성패를 결정함.

③ **다양성** : 폭 넓게 발상하는 원동력으로, 얼마만큼 많은 관점에서 사물을 볼 수 있나.

④ **전략성** : 장기적으로 유리하게 진행하는 능력으로, 전략 없이는 착상은 성공하지 못함.

⑤ **선견성** : 미래를 보는 능력과 예측으로, 신기술과 사회정세를 읽어 좋은 착상을 만듦.

⑥ **정보력** : 정보와의 관련된 것을 신속하게 분석하는 능력으로, 지혜화된 것을 활용함.

⑦ **리더십** : 조직의 목표를 향해 발휘하는 힘의 통솔력으로, 균형감각을 겸비해야 됨.

⑧ **판단력** : 기회를 잘 포착하는 능력으로, 중요한 일에 정보력이나 결단력이 필요함.

⑨ **절충과 교섭력** : 상대에게 인정받고 자기에 유리하도록 결과를 만들어 내는 능력.

⑩ **토론력** : 의논에 의해 상대에게 자기의 주장을 인정받는 능력, 협의와 의논으로 연마.

⑪ **행동력** : 일을 실현시키는 능력, 일의 진보나 발전의 결과를 만드는 기반과 원동력.

⑫ **의지력** : 일 추진의 결과나 성과를 만들어 내는 자세, 일의 순서에 따라 생각하는 힘.

등이 필요로 한다.

한편, 어떤 이는, "미래를 예측하는 최선의 방법은 미래를 창조하는 것"이라 하였다.

1.2.3 제품의 디자인에서 기술의 디자인

1) 과학기술과 디자인의 관계

과학기술과 사회기술을 중개되고 있다는 것에 의해, 그 가교 역할을 하기 위해서는 몇몇의 창의연구가 요구되고 있어, 먼저, 과학기술을 제품에 내장되는 면에서는 연구가 필요로 하고, 물리현상은 실험실에서 관측할 뿐, 그 행동이 모두 파악될 수는 없는 것이다. 실제로, 제품에 내장되어도, 실험실에서 관측되지 않은 행위가 일어날 수 있다. 그래서 실제로 사용되는 필드에서는, 의도대로 제품에 내장되는 것처럼, 제어하기 위한 연구가 필요로 한다.

기술이라는 용어는 물리현상의 기본적인 원리를 응용하기 위해 지식과 기능에 대하여 이용되는 경우가 있다. 이와 같은 지식과 기능은 『좁은 의미의 기술』이고, 과학기술을 제품에 내장하기까지 확장된 범위를 기술이라고 불렀으면 좋겠고, 여기에 제품에 내장된 과학기술은 사회에 있어서, 사용자와 관련되어 이해관계를 가지게 되고, 그 이해관계는 효율적이고, 원활하며, 매력적인 것을 원하지만, 그래서 다시 창의의 연구가 필요로 해지는 것이다. 거기에는 더욱더 제품과 사회와의 얽히는 법까지 확장된 범위를 『넓은 의미의 기술』로 읽어지기도 한다.

근래 과학기술의 발전은 눈을 놀라게 할 정도로, 짧은 기간에 급속히 발달하여, 그 제품이 사회 전반에 걸쳐 과학기술을 **첨단적인 과학기술**이라 불리기도 한다. 한편, 이미 체계화된 과학기술을 **종래형 과학기술**이라 하며, 전자의 예로는, 유전자 조작기술, 원자력 관련 과학기술, 후자의 예로는, 고전역학의 토대로 증기기관차와 자동차 등이 있다.

종래형 과학기술을 바탕으로 한 디자인과, 첨단적인 과학기술을 바탕으로 한 디자인은, 과학기술과 제품에 따라서 여러 가지 관계(거리)로 차이가 있다고 생각된다.

그림 1-4 첨단적인 과학기술에 바탕을 둔 디자인의 구도

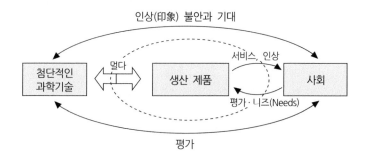

2) 과학기술 및 그 제품의 사회와의 얽히는 형태

과학기술이 적용된 제품은, 후 디자인 공정에 있어서, 사회와 관련하여 이해관계가 있어 제품은 효용과 만족감 등의 서비스를 사회에 제공하여, 그 결과 반드시 사회를 풍족하게 할 뿐만 아니라 사고를 일으키는 것도 있어 반성도 해야 한다. 제품이 수용된 결과로 하여 사회에 형성된 명시적 또는 비명시적인 감성과 가치관 없는 문제의식이 다음의 제품과 디자인을 하기 위해 사회적 동기로 이어진다고 여겨진다. 또한, 제품이 실제로 사용되고 있는가 아닌가를 표면적인 현상만 보는 게 아니라, 보다 깊은 레벨에 있어서 사회와 이해관계가 있다는 관점을 둘 필요가 있다고 생각되어, 구체적으로 다음 3가지를 제시한다.

① 과학기술이 문화 예술로 침투하고 있는가?

② 과학기술의 마이너스(−) 측면에 대처하기 위한 사회제도가 정비되고 있는가?

③ 과학기술의 원리가 넓은 의미로 어떻게 인지되고 있는가?

이런 내용이 주된 관점으로 된다고 생각되어진다.

3) 분석적인 수용과 구성적인 수용

과학기술과 그 제품이 사회에 수용(受容)되기 위해서는 사용자가 제품을 사용한다는 경험이 중요한 역할을 부리며, 그 경험의 경과로, 사회는 과학기술과 그 제품의 효용(效用)을 받아드리며, 또, 문화예술로 음미하여 해석한다. 한편, 그 경험에는 사고(事故)도 포함된다. 사고의 경험을 근거로, 제품의 신뢰성이 높아지도록, 또한, 그 마이너스(負) 측면에 대처하기 위한 사회제도가 정비되기도 한다. 이렇게 제품과의 관계를 근거로, 사회가 과학기술 및 그 제품을 수용하게 되는 것을 **분석적인 수용**이라 부르고, 제품과의 이해관계가 있다면, 면밀히 분석하여 그 제품에 대한 감성과 가치관 내지 문제의식을 공유할 수 있다.

한편, 최근의 첨단적인 과학기술은 걷잡을 수 없이 심대(甚大)한 손해를 끼칠 가능성이 있고, 사고를 일으키는 것을 허락하지 않는다. 이 같은 경우는 제품의 위험성이 실감되어지지 않고, 사회가 그것을 수용하게 되고, 게다가, 아직 존재하지 않는 제품에 대해서는 그것을 수용해야 할 것인지 판단에 배울 수가 있다. 예로, 방사성 폐기물처리, 유전자 변형 식품 등이다.

지금까지 그 제품이 존재하지 않는 단계와 사용해 본 경험을 안 거친 단계로 사회가 수용하게 되는 것을 **구성적인 수용**이라 할 수 있다. 구상적 수용으로는, 그 제품의 효용과 위험성을 생각하지 않으면 안 된다. 그 바탕으로 사회가 그 제품에 대하여 감성과 가치관 내지 문제의식을 공유하는 것이 요구되고, 이것은 지극히 어려운 것이다. 왜냐하면 사전에 제품의 행동을 모두 예상하는 것은 불가능한 것으로, 예상 외의 것이 일어나면 피할 수 없는 것도 있어, 사람은 실제 체험을 한 게 없는 것에 대하여 좀처럼 나타났다고 생각할 수 없기 때문이다.

4) 기술의 디자인

기술의 디자인이라 생각을 이끌어 낼 수 있다는 것이, 다음 그림 1-5와 같은 체계에서 이루어진다. 종래에는 디자인의 주된 관심은 제품이 갖고 있는 그대로이고, 어떻게 하여 제품의 실현하는가에 주안점이 되었고, 이것에 대하여 기술의 디자인이란 그 관점을『과학기술과 사회의 관계』에 확장하는 것이고, 거기에서는 제품은 수단이 되는 것이다. 그래서 디자인의 역할을『제품의 생성을 통하여, 깊은 레벨로 과학기술과 사회 간을 연결하는 것』이며, 또한, 과학기술과 그 제품이 문화예술과로 하여 사회에 침투시키며, 직접적으로 느낄 수 없는 물리적 현상과 시간 스케일을 간접적으로 인지하든가, 부(負)의 측면에 대처하기 위해서 사회제도가 정비되는 것도 의논의 대상에 포함되는 것이다.

따라서, 디자인의 정의를 표현하면『기술의 디자인은, 미래를 향해서 기술과 사회의 바람직한 관계를, 문화예술과 사회제도를 시야에 두어 다면적인 구성을 하는 것이다.』

그림 1-5 기술의 디자인에서의 관계되는 분야

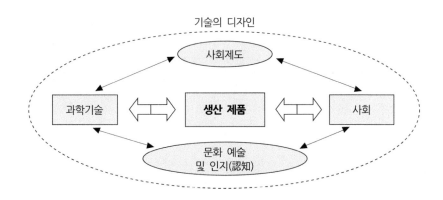

1.3 디자인에서 개념 생성의 기본원리

개념 생성의 기본원리는 층별 구조로 하는 정리로 그 계층은,『동인(動因)레벨』,『관점(觀点)레벨』,『연상(連想)레벨』,『개념 조작레벨』,『개념 생성레벨』,『생성된 개념의 신규성 레벨』의 6개의 레벨로 정리할 수 있어, 설명을 하자면 다음과 같다.

① 동인레벨이란, 어떤 동기에서는 개념 생성을 하든가, 이러한 것을 논점(論点)이라는 레벨이고, 외적 동기와 내적 동기로 구분된다.

② 관점레벨(視点레벨)이란, 어떤 것들의 시각 아래의 개념 생성을 하든가, 이러한 것을 논점(論点)이라는 레벨이고, 유사성에 주목하는 것이며, 혹은, 차이성에 주목하는 지에

구분된다.

③ **연상레벨이란**, 어떻게 개념을 조작이 넓다는 것을 논점으로 하는 레벨이며, 여기에서 나타낸 사고의 폭이 넓고 연속성이 더해져서, 개념을 생성하는 프로세스의 네트워크 구조로 이어지는 복잡한 요인으로 된다.

④ **개념 조작레벨이란**, 어떤 것들의 개념을 조작한다는 것을 논점으로 하는 레벨로, 추상 ↔ 구체(추상화와 구체화)로, 전체 ↔ 부분(합성과 분해)의 조작이 필요로 한다.

⑤ **개념 생성레벨이란**, 최종적으로, 어떻게 해야 하는 개념이 생성되는가를 논점으로 하는 레벨이며, 은유법에 의한 개념 생성과 합성되어, 주제적 관계에 의한 개념 생성으로 구분된다.

⑥ **생성되는 개념의 신규성의 레벨은**, 생성된 개념이 기존의 범주(카테고리)에서 아종(亞種)으로 있는가, 혹은, 새로운 범주의 것으로 있는지에 의해 구분되는 레벨이다.

이상의 구분을 하는 것으로, 다음 그림 1-6과 같이 1차의 개념 생성과 고차(高次)의 개념 생성의 관계를 정리할 수 있다.

그림 1-6 개념 생성의 기본원리

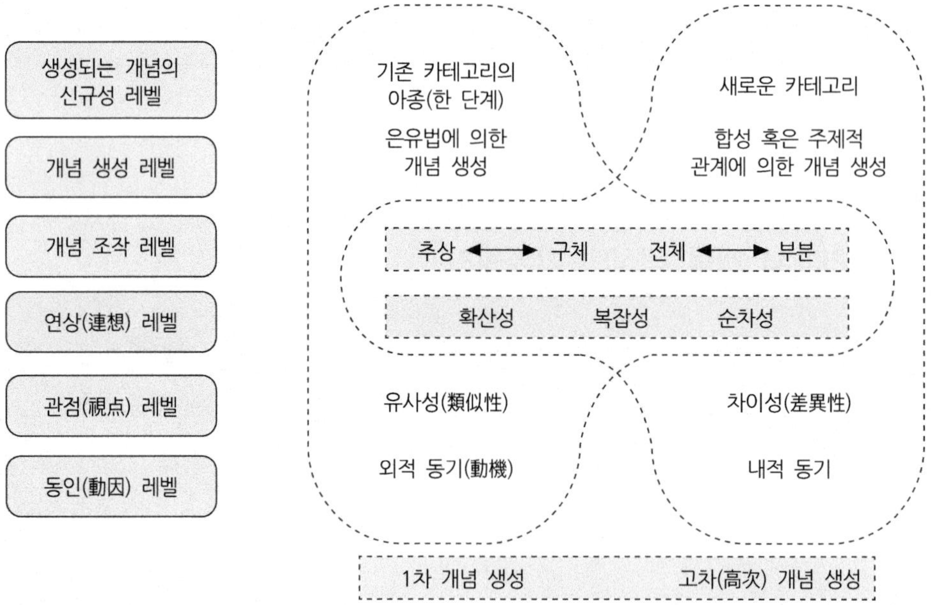

일차의 개념 생성으로는, 외적 동기와 동인로 하여, 유사성에 관점을 두고, 순차적이고 복잡한 연상을 부풀리며(확산시킴), 추상 ↔ 구체와, 전체 ↔ 부분의 조작을 반복하며, 은유법에 의한 개념 생성을 하는 것이다. 그 결과로 생성된 개념은 기존의 범주에서 아종(亞種 : 세분화 한 단계)이다. 한편으로, 고차의 개념 생성이란, 내적 동기와 동인으로, 차등성에 관점을 두고, 순차적으로 복잡하게 연상을 부풀리며, 추상 ↔ 구체와, 전체 ↔ 부분의 조작을 반복하며, 합성이 아닌 주체적 관계에 의한 개념 생성을 하는 것이다. 그 결과로, 새로운 범주의 개념이 생성된다.

여기에서, 문제가 명확하게 회사적 동기가 성숙되어 있을 때 열리고, 개념 생성을 분석적인 **개념 생성**으로 되며, 그렇지 않으면 개념 생성을 구성적인 **개념 생성**으로 된다. 그래서, 일차 개념 생성은 전자의 하나의 방법이 되고, 고차의 개념 생성은 후자에서의 하나의 방법으로 된다. 이러한 여건에 따라, 잠재 기능과, 잠재장(潛在場)을 추론하는 것도, 구성적인 개념 생성에 유효한 방법이라고 할 수 있다.

1.4 설계의 수법과 목적

1.4.1 설계공학의 분류

1) 설계 지식기술
(1) 설계론에 관한 것

설계 전반에 공통이 되는 이론으로, 일반 설계론, 공리적 설계가 대표적이고, 설계를 이론화 하려는 시도로, 현시점에서 성공하고 있다고는 하지만, 혼돈되는 설계라는 행위를 체계화 하는 것은 중요하다.

(2) 발상지원 수법, 제품기획에 관한 것

새로운 제품을 기획하는 경우, 참고가 되는 수법, 생각, 대표적으로 러시아의 발명의 아이디어이론에서 나온 TRIZ(Teoriya Resheniya Izobretatelskih Zadach : Application for Inventive Thinking in the Design Phase VE)는, 설계 VE의 효율적인 아이디어발상을 위한 TRIZ의 활용방안이 있고, 이 영역의 설계 수법은 여러 요인도 있어 오해되고 있다. 최대의 오해는 수법을 적용하면 무엇이나 될 것으로 생각하고 있다. 이 원인은 수법의 제공 측, 받는 측의 쌍방에 있고, 자주 보는 논리는 잘된 제품개발을 수법으로 설명할 수 있으므로, 설계에 적용할 수 있는 것이다. 100개에서 하나가 잘 설명되었다 하여, 나머지 99개가 설명 가능하다는 것은 아니다.

(3) 지식정보처리, 조직지식의 기술 전승(傳承)에 관한 것

설계 정보의 지식화(形式知化), 설계 정보의 재이용에 관한 틀, 수법으로, 지식 매니지먼트, 지식 데이터베이스가 있다.

설계를 하는 데에는, 과거의 설계지식(노하우 등)을 활용하든가, 또한, 현재 하고 있는 설계의 내용을 어떻게 제3자에게 이해가 될 수 있도록 기틀로 만들어 전하는가/나머지 어떤 것이 중요한 것인지를 구분한다.

(4) 감성과, 디자인은 인간공학에 관한 것

제품은 성능만이 아닌, 마음에 와닿는 감성, 겉보기 좋게, 사용이 쉬움(인간공학)도 중요하다. 성능은 CAE 등으로 정량화, 수치화가 가능하다. 그래서 감성, 디자인, 인간공학을 설계에 집어넣어 같은 단일체로 평가하는 것이 필요로 하고, 이에 관계되는 정보를 정량화, 수치화하여 실현 가능한 것으로 발전시켜야 한다.

(5) 의사결정수법, 설계 가시화에 관한 것

의사결정은 설계자가 이행하는 것으로, 이 의사결정을 효율적이고, 바르게 하기 위하여 사고방식, 지원수법이 있다. 설계의 가시화는 설계를 제3자가 판단 가능한 형으로 표현하는 것으로, 제품개발의 여러 가지 국면으로의 의사결정을 지원한다. 따라서, '설계'라는 것을 가시화 하고, 바른 의사결정과 지원이 필요로 한다.

2) 설계 기반기술
(1) 롬(ROM)적인 수법, 상류수법 지원에 관련되는 것

초기 상류 설계로, 많은 선택 사항에 대하여 마크로(거시적) 평가가 필요하고, 이것을 구체화 하는 생각과 수법이다.

상류 설계 단계로는, 많은 설계 해답을 평가하고, 이 중에서 최고로 좋은 답을 선택하는 것은 제품개발 전체를 생각할 때 상당히 중요한 것이다. 그러나 설계의 상류 단계에는 정보가 적고, 정보의 정도가 낮은 등의 과제가 있다. 여기서 대상으로 하고 있는 기기, 현상의 본질을 정확히 추출하고, 간이(簡易)가 너무 없을 정도로 간이로 표현하는 것이 중요하다.

(2) CAD/CAM/CAE/시뮬레이션, RP, CG의 활용

제품 이미지, 성능을 표현하기 위한 수법의 도구로, 이것들을 어떻게 하여 설계에 효율적으로 취급하는가가 포인트이다.

CAD/CAM/CAE는 최고로 보급되어 있는 도구로, 그렇지만, 설계라는 작업에 지원하는 것보다는 설계된 것을 제3자가 이해가 되도록 표현하고, 설계한 기기의 성능을 예측·확인, 형상 데이터를 제조 측에 이해 가능하도록 하고, 변환하여 제조가 원하는 데로 진행이 되도록 하는 것이다.

(3) 최적화 수법에 관한 것

목적함수, 제약조건 아래 설계파라미터를 최적화하는 수법으로, 설계에 최적화 수법을 넣는다면, 수법 그것뿐만 아니라, 목적함수, 제약조건 등을 선택하는 것이 중요하다. 최적화 수법을 설계에 살리기에는 설계프로세스와의 관련이 중요하고, 특히 상류 설계 단계로는, 애민한 정보 중에, 원가, 감성, 기능을 합한 총합적인 최적화가 요구되어진다.

(4) 통계적 품질설계 수법에 관한 것(DFSS, 튼튼한 설계, VE에 관한 것)

설계의 평가 지표의 하나로 품질이 있다. 품질은 제품의 차이를 최소한으로 한다는 뜻이고, 품질평가를 위한 통계적인 수법을 사용한다. 그래서, 데이터관리에서 공차의 개념이 쉽게 되어 있는가, 원가, 스케줄, 성능 등에 관한 정의가 곤란하게 되어 있지 않는가, 정의한 바 현재의 통계적 수법으로 이것을 취급할 수 있는 것은 적다.

(5) 전산기술(하드/소프트), 설계인프라에 관한 것

설계를 할 때 계산기(하드, OS) 상에서 사용하는 소프트웨어, 그 밖에 인프라 등으로 운용되기 위한 방안, 수법들, 계산기기술, 설계인프라 등이 구축되어 있어야 설계수법이 능숙하게 진행된다.

3) 시스템 설계기술

(1) 협조설계, 시스템수법에 관한 것

실제의 설계로는, 상류/하류, 메이커/전기/소프트 등 여러 국면(phase), 여러 부문이 혼재일체로 되어 진행되고, 이것을 효율적으로 하기 위한 생각, 수법이다. 이러한 요소들은 설계 정보의 입도, 계산기 언어가 다르고, 또한 많은 이종 분야의 설계자가 관계하는 경우, 소위 '전언(傳言)게임' 현상의 발생이 우려된다. 이 전언게임 현상은 종사하는 설계자의 증가와 함께 지수함수적인 그 기회가 증가하여, 이 같은 상황 하에 협조설계를 효율적으로 하는 데에는, 분야를 초월한 공통으로 묶는 언어가 필요하다.

(2) 프로세스와 모델링의 표현법, 제품 데이터관리에 관한 것(PDM, PLM)

프로세스의 가시화, 모델링의 표기 방법, 제품 데이터를 통일 관리하는 틀이 된다. 제품 설계관리, 수명관리라는 말로 대표로 나타내는 영역으로, PDM이 제품개발 프로세스의 어떤 영역에 특화하여 있는 것에 대하여, PLM은 제품개발 프로세스 전체를 대상으로 하고 있다.

(3) DfX(DfM, DfE, DfV, DfA, …), 통합 모듈설계에 관한 것들

제품개발은 통합적으로 이행하는 생각이 있으며, DfX는 제조설계를 프런트 로딩하는 생각, 여러 수법을 사용하며, 제품가치의 다양화, 제품개발에 있어서 전략의 중요성에서, DfX의 생각은 하류 설계의 프런트 로딩에 머무르지 않고, 고객요구, 개발전략, 재이용 등 제품개발 프로세스 전체를 고려한 설계의 방법이다.

(4) 조직론, 프로젝트관리, 공정관리에 관한 것

설계(제품개발)를 하는 경우, 구성의 최적화, 제품개발의 진도관리에 관한 방법, 수법으로, 개개의 능력이 높아도 이것을 활용하는 구조가 존재하지 않으면 잘 되지 않고, 개개인의 능력을 활성화 하여 조직과의 힘을 최대화 하는 생각(조직론), 운용 방법(프로젝트관리, 공정관리)이 중요하다.

(5) 원가, 경제성지표, 조달에 관한 것들(Supply Chain Management) 지표

어떻게 하던 좋은 제품이 있어도 원가의 관점을 무시하면 성립이 되지 않고, 원가의 평가, 경제성 평가, 코스트를 최소화 하기 위해서 조달법에 관한 생각과 수법이다.

원가, 경제성 예측, 조달방법은 가능한 개발 초기에서 고려하여 두는 것이 좋으며, 개발 초기에는 방향성을 판별하기 위한 원가의 예측, 조달계획, 개발의 진도에 맞추어 이것을 구체화하여 가는 것이 미시에서 거시까지 끊임없이 이어지는 관리가 요망된다.

(6) 리스크 예측, 리스크관리에 관한 것

제품이 시장에 출하되어, 트러블이 발생하는 리스크의 예측, 발생했을 때 대응 순서에 관한 방법과 순서로, 리스크가 없는 제품개발은 없으며, 리스크와 개발기간, 원가 등과의 트레이드 오프(Trade-off)를 제품개발의 기축(機軸)에 설치를 하는 것과 같이, 전략적인 제품개발이 초기에 가능하게 된다.

그림 1-7 설계공학의 삼위일체

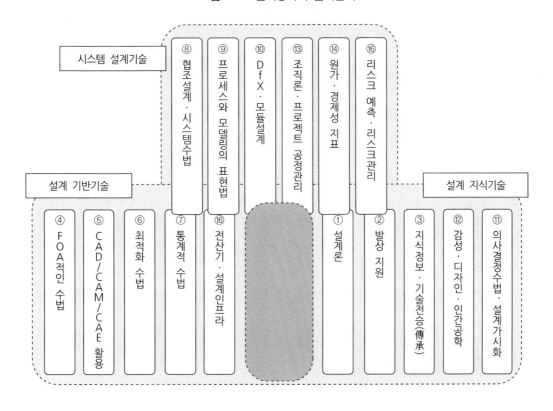

1.4.2 설계공학의 현상분석

① **설계 지식기술** : 설계를 생각할 때에는 최고로 중요한 기초 지식의 기술로, 설계에 관한 여러 정보 이용과 적용을 한 요소들로, 설계공학의 코어(Core : 핵심)로, 기초 제품가치를 최대화시키는 기술이다.

② **설계 기반기술** : 설계에 관한 인프라를 활용하여 구체화하고, 진행 효율을 높이는 요소로, 기술의 저변 확대가 필요로 하며, 새로운 기술을 개발해야 하는 도전적인 면이 있다.

③ **시스템 설계기술** : 설계에서 유기적인 관계가 있는 부문으로, 타 부문의 협조사항, 조직

관리와 제조방법관리, 여러 모듈을 활용한 설계, 결과적으로 필요한 원가, 경제성 분석, 제품에 대한 리스크예측 등이 해당된다.

그림 1-8 설계공학 삼위일체의 현상분석

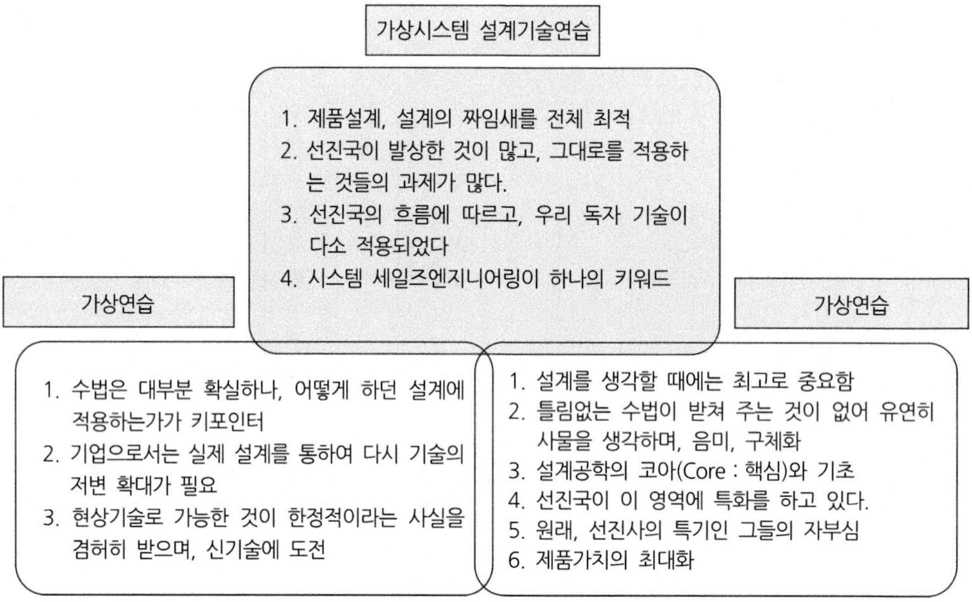

가상시스템 설계기술연습

1. 제품설계, 설계의 짜임새를 전체 최적
2. 선진국이 발상한 것이 많고, 그대로를 적용하는 것들의 과제가 많다.
3. 선진국의 흐름에 따르고, 우리 독자 기술이 다소 적용되었다
4. 시스템 세일즈엔지니어링이 하나의 키워드

가상연습

1. 수법은 대부분 확실하나, 어떻게 하던 설계에 적용하는가가 키포인터
2. 기업으로서는 실제 설계를 통하여 다시 기술의 저변 확대가 필요
3. 현상기술로 가능한 것이 한정적이라는 사실을 겸허히 받으며, 신기술에 도전

가상연습

1. 설계를 생각할 때에는 최고로 중요함
2. 틀림없는 수법이 받쳐 주는 것이 없어 유연히 사물을 생각하며, 음미, 구체화
3. 설계공학의 코아(Core : 핵심)와 기초
4. 선진국이 이 영역에 특화를 하고 있다.
5. 원래, 선진사의 특기인 그들의 자부심
6. 제품가치의 최대화

1.5 디자인 능력의 개발과 발휘

1) 탁월한 창의적 직관을 보여주는 사람치고 자기의 일에 미친 듯이 몰입하지 않은 사람은 없다

동기부여 이론(Motivation Theories)에 따르면, 사람들을 움직일 수 있는 동인(動因)은 크게 외적 보상과 내적 보상의 2가지로 나누어질 수 있다. 먼저 외적 보상이란 자기의 성취에 대해 돈, 권력, 명예, 칭찬과 인정 등 외부로부터 얻어지는 모든 심리적 · 물적 보상을 말하며, 이것은 사람들로부터 특정한 행동을 이끌어 내는 데는 효과적이다. 예컨대 A라는 특정 행동에 대해 보상을 주면 사람들은 A라는 행동을 더욱 많이 하게 된다. 그렇기에 체계화된 기계적 · 반복적인 업무가 중요한 경우에는 외적 보상을 통해 사람들의 성과를 높일 수 있다. 하지만 외적 보상은 새로운 발견을 통한 창의적인 결과물을 얻는 데는 부정적으로 작용

할 수 있다.

2) 지겨울 정도로 끊임없는 반복(Reiteration)의 고통을 견뎌낸 사람이 창의적인 결과물을 얻는다

'세상에는 마법은 없다'는 말에서 인내와 절제의 몰입, 필요한 탁월한 창의적 직관을 보여 주는 사람치고 자기의 일에 미친 듯이 몰입하지 않은 사람은 없다.

유명한 애플의 스티브 잡스, 페이스북의 마크 저커버그, 구글의 래리 페이지 등 사업의 경쟁 구도를 뒤흔드는 유명한 리더들치고 자기의 일에 미치지 않은 사람은 없다. 이에 대해 인텔의 전임 회장인 앤디 그로브는 "편집광들만 살아 남는다"라고 표현할 정도다. 예전에 없던 새로운 시각과 기술로 시장 판도를 뒤집는 사람들이 기존의 방어적인 플레이어들에 비해 더욱 공격적이고도 치열하게 고민한다는 사실은 당연하기까지 하다.

많은 사람들이 '천재'와 같은 표현을 좋아하지만, 최근 연구결과들에 따르면 IQ 등의 지적 능력보다는 한 눈 팔지 않는 몰입이 창의적 사고 발휘에 더 중요하며, 행운조차도 노력하는 사람의 것이기 마련이다. 이러한 몰입은 무엇보다 인내를 필요로 한다. 흔히들 몰입이라고 하면 즐거움이 끊이지 않는 작업으로 생각하곤 한다. 즉 정신적으로 고양된 상태에서 신들린 듯이 수행하는 작업일 것이라고 생각한다. 그렇지 않은 몰입은 지겨운 작업이 될 수 있다.

스탠포드 비즈니스 매거진은 성공한 기업가들과의 인터뷰에서 "위대한 성공은 끊임없는 반복(Constant Reiteration)에서 나온다"라는 결론을 얻었다. 지겨운 반복이라는 고통을 견뎌 낸 사람이 창의적인 결과물을 얻어 낼 수 있다. 또한 효과적인 몰입을 위해서는 절제가 필요하다. 즉 지혜로운 시간관리가 필요하여 이를 위해서는 먼저 선택과 집중을 통해 적절한 일의 구조(Work Structure)를 만들 수 있어야 한다는 것이다.

3) 새로운 생각이나 아이디어에 대한 사람들의 첫 반응은 비웃음일 수도 있다. 비범한 주장은 비범한 증거를 필요로 한다

많은 사람들이 자기의 아이디어는 혁신적이고 창의적이며 반드시 성공할 것이라고 믿지만, 다른 사람들의 마음이 전부 내 마음 같지는 않은 법이다. 오랜 친구나 동료, 상사 등 깊은 관계를 나누어 온 사람들은 관계에 기반해서 지지해 줄 수도 있지만 마땅한 증거(evidence)가 없다면 그러한 지지는 오래 지속되지 않는다. 한 과학자의 말처럼 비범한 주장은 비범한 증거를 필요로 하기 마련이다.

또한, 순간적으로 떠오르는 반짝 직관을 경계해야 하는데, 꿈을 쫓아가다 보면 순간순간 떠오르는 아이디어들이 있기 마련이다. 많은 사람들은 어느 날 갑자기 찾아오는 번뜩이는 영감을 기대하고 반기지만, 오히려 이런 순간에 경계의 눈초리로 자기의 생각을 점검해야 한다. 다음 두 가지 이유 때문이다.

첫째, 반짝 떠오르는 직관은 자기의 오랜 과거 경험과 습관의 결과일 수 있다.

사람들의 직관적 사고는 두 단계로 진행된다. 사람들은 먼저 패턴 인지형 직관을 사용한다. 과거의 축적된 경험을 통해 자기의 머릿속에 각인된 여러 가지 문제 해결 패턴 중 가장 적합한 하나가 즉각적이고도 자동적으로 제시된다.

둘째, 반짝 직관을 주의해야 하는 또 다른 이유는 사람들의 인지적인 오류 때문이다. 이것은 의사결정을 하는 가운데 무심결에 저지르는 판단 상의 실수다. 예컨대 체력이 판단 능력을 흐려 놓기도 하는데, 피곤할 때와 피곤하지 않을 때 결정이 달라져 피곤할수록 사람들은 편의적인 의사결정을 한다. 또 무의식이 판단에 적지 않은 영향을 주기도 한다.

4) 디자이너의 5가지 역할

① 디자이너들은 지도자(Leader)이다.
② 디자이너들은 예지력이 있는 사람(Visionary)들이다.
③ 디자이너들은 개시인(Initiator : 발기인)들이다.
④ 디자이너들은 코디네이터(Coordinator)들이다.
⑤ 디자이너들은 합작자(Collaborator)들이다.

5) 디자인의 진행과 결과의 원칙

① 정보의 교환은 무조건 용이하게 한다.
② 상품 · 서비스 교환은 사용자가 편리하도록 한다.
③ 관심, 명성, 영향력, 평판도, 교환이 가능하도록 한다.
④ 핵심 상호작용의 디자인을 위한 내용이 되어야 한다.

그림 1-9는 제품별 설계 구분을 의미하며, 이 그림에서 Better설계, Must설계, Delight설계의 3가지의 설계로 분류하여, 설계와 데이터를 여기에 맞추어, Better설계가 성능 품질

그림 1-9 제품 특성별 3가지의 설계 구분

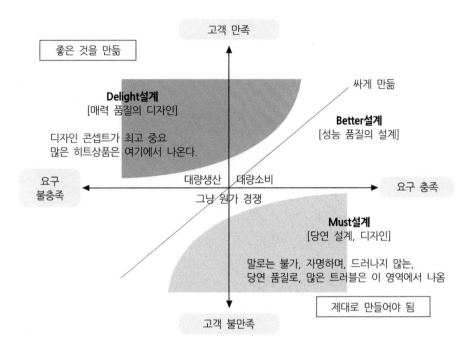

설계에서, Must설계는 당연 설계와 디자인, Delight설계가 디자인에 상당하며, Better설계는 매력 품질로, 좋은 제품을 빨리, 싸게 시장에 제공하는 것이 목표이고, Must설계는 트러블이 프리(Free)가 목표이다. 이것을 달성하는 수단은 무한하고, 이 중에서 현 시점으로 최선의 답을 도출하는 하는 것이며, Must설계에서의 디자인이다. Delight설계는 최종적으로는 사람이 Delight(매력적)하다고 생각하는 제품을 만드는 것이며, 다양한 사람을 목표로 설정하고, 그 사람이 매력을 느끼면 상응의 돈을 내는 가치이며, 제품을 생각하는 것이 바로 디자인이다.

1.6 발명의 원리와 모순 매트릭스

1.6.1 TRIZ에 의한 발명의 원리

1) TRIZ의 의미와 해결책

어떤 어려운 문제에 대해서는 해결책으로 '신속한' 제시가 요구되어, 이를 위한 '참신한'

아이디어의 발상이 요구되어, 개인의 지식, 식견뿐만 아니라, 스스로나 회사에 있어서 기존의 지식을 모아도 글로벌한 경쟁에서 이길만한 해결책과, 아이디어를 얻을 수 없는 것이 많다. 이런 경우에 신속한 해결책과 참신한 아이디어를 얻기 위해 자기들이 알지 못하는 영역의 지식 · 지혜를 짜 내어 아이디어를 나오게 하는 방법은 결국은,

- 평범한 창조사고에서 탈피,
- 과학적인 창조적 사고방법의 회득(會得 : 만난 이득)이 필요로 하고,

이에 따라서,

① 확실함 또는, 아집에서(TRIZ에서는 이것을 『심리적 타성』이라 함) 탈피하는, 즉, 과제의 본질을 파악하는 것과, 과제의 해결책을 넓은 시야에서 구해야 하며,

② 자기의 전문 분야에 구애 받지 않고, 타 분야의 지식 · 정보를 넓게 보면서 이용한다.

결국, 올바른 방향으로 과제 해결을 하며, 또 시행착오의 반복으로 시간을 낭비하지 않도록, 짧은 시간에 확실한 해결책을 이끌어 낼 수 있는 방법이 필요로 한다.

TRIZ는 본래 구소련 해군 특허심사관인 G.알트슐러가 고안한 것으로, 좋은 발명에는 일정한 법칙이 있다는 것을 발견하면서, 여기에 많은 특허를 분석하고, 과제를 해결하기 위한 방법을 체계화 한 것이 TRIZ이다.

Т е о р и я (Theory = 이론)

Р е ш е н и я (Solving = 해결)

И з о б р т а т е д ь с к и х (Inventive = 발명적)

З а д а ч (Problem = 문제)

여기에는 '발명'으로 되어 있지만, 새로운 기술과 상품의 개발과, 혁신뿐만 아니라, 일을 추진하는 중에서, 개선 · 개량도 포함되어 있다.

2) TRIZ식 구성과 내용

해결해야 할 과제를 다룰 때, 그 과제를 파악하는 관점에 의해 다양한 단면으로 파악이 가능한데, 하나의 단면은 모순이 되고, 눈앞에 있는 과제를 해결하고자 할 때, 그 시스템의 각 부분으로 사정이 생긴다. 저쪽을 멈추면 이쪽이 멈추지 않는 상태로 빠지게 되어, 각각의 단면은, 시스템 구성 요소의 과부족으로 된다. 현재 시스템의 구성 요소가 부족하거나, 구성

요소가 하고 있는 역할이 불충분 하여, 경우에 따라서는 안 되는 것을 하기 때문에 과제를 일으킨다. 게다가, 별개의 단면은 이용하는 기술 자체가 미완성 혹은 미숙한 단계에 있기 때문에 과제(課題)가 발생한다.

(1) 기술적 모순 해결법(기술모순 매트릭스와 발명원리)

공학적 모순이라고 하는 데에서, 어떤 특징과 파라미터(매개변수 또는, 母數)에 개선·개량을 해야 하는 경우에, 그 엔지니어링시스템의 다른 특징과, 파라미터에 지장이 되는(악화) 상황(모순)에 있어서, Trade-off대책을 채용함이 없이 모순문제를 해결 기술하는 기법으로, 개선하고 싶은 특성(39개 파라미터)과, 악화하는 특성(39개 파라미터)을 취급할 때는, Trade-off 없이 그 모순을 해결하기 위해 쓰이는 방법(40개의 발명원리)이 준비되어 있다.

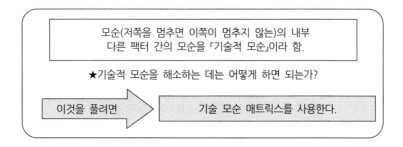

(2) 물리적 모순 해결법(분리의 법칙)

이러한 기술적 모순 중에서, 개선하고 싶은 특성과, 악화하는 특성이 같이 있을 때 적용하는 것으로, 예를 들어, 『크게 되는 것이 좋기는 한데, (있을 경우) 작은 게 좋다』라고 한 '크기'라는 같은 팩터의 모순을 『물리적인 모순』이며, 다음 표 1-4의 설명과 같이 분리의 법칙을 사용한다.

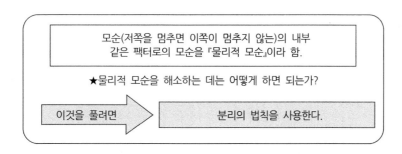

표 1-4 분리의 법칙

분리의 법칙	내 용
① 시간에 의한 분리(다른 시간 상으로 분리한다)	• 특성이, 어떤 때에는 커지고, 다른 때에는 짧아진다. • 특성이, 어떤 때에는 존재하다가, 다른 때에는 존재하지 않는다.
② 공간에 의한 분리(다른 공간 상으로 분리한다)	• 특성이, 어떤 장소에는 크게 되고, 다른 장소에서는 작게 된다. • 특성이, 어떤 장소에는 존재하다가, 다른 장소에서는 없어진다.
③ 부분과 전체의 분리(부분과 전체를 분리한다)	• 시스템의 레벨로는 특성이 하나의 가치를 갖고, 부분(부품)의 레벨로는 반대의 가치를 가진다. • 시스템의 레벨로는 특성이 존재하다가, 부분(부품)의 레벨로는 특성이 존재하지 않는다.
④ 상황에 따라 분리(다른 상황으로 분리한다)	• 특성이, 어떤 상황에는 높다가, 다른 상황이 되면 낮아진다. • 특성이, 어떤 장소에는 존재하다가, 다른 장소에서는 없어진다.

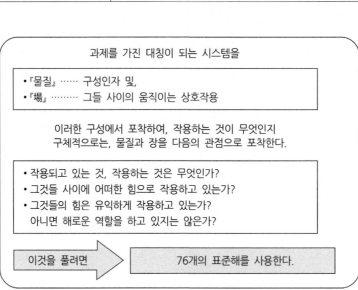

(3) 물질(物質) – 장(場 : Field)분석 방법과 표준 해(解)

과제를 가진 대상의 시스템을 구상하고 있는 것(구성인자)을 열거하여, 구성인자 중에서, 작용되고 있는 것과, 작용하는 것 사이에서 어떤 것이 움직이고 있는가를 생각한다. 이 힘의 과부족에서 과제(課題)가 발생하는 것으로, 그 힘이 충분한가, 부족한가, 나쁜 작용을 안 하는지, 여기에, 이들의 구성인자 자체가 부족하지 않는가, 불필요한 구성인자가 포함되어 있지 않는지 등을 생각한다면, 과제가 발생하는 개소가 명확해진다. 앞 쪽의 설명이 『물질–장(場 : Field)분석』 요령을 나타낸다.

(4) 진화(進化)의 법칙

TRIZ의 이론은, 기술은 무작위 개선으로 되는 것이 아니고, 생물학적·사회시스템과 같아서, 특정의 패턴에 따라 『진화』하고 있다는 것을 찾아냈다. 즉, 기술의 파라미터로 하여 기능을 확보하여, 기술이 가능한 최초의 시간이 '발생기'이고, 서서히 기능이 충실하여 '성장기'에 이르고, 단련이 되어 가는 '성숙전기(前期)', 성숙이 멈춰 가는 '성숙후기(後期)'이며, 다음이 시스템의 다른 부분의 개량에 따라가, 기능이 제어되어 버리는 시기가 '쇠퇴기'로 되는 패턴이다. 이러한 과정이 TRIZ의 진화의 법칙을 이용하는 것으로, 현재의 기술의 미발달 부분을 알뿐 아니라, 미래의 진화 방향을 먼저 읽어, 선수를 치는 것이 가능하다.

진화의 패턴으로는,

① 이상성(理想性) 증가의 법칙

② 시스템파트 완전성의 법칙

③ 에너지 전달의 법칙

④ 리줌(Resume : 요약, 개요) 조화성 향상의 법칙

⑤ 시스템 요소의 불균등한 진화의 법칙

⑥ 상위 시스템으로의 이행(移行)의 법칙

⑦ 마크로(巨視)에서 미크로(微視)의 천이(遷移)의 법칙

⑧ 물질(物質)-장(場 : Field)의 완성도 증가의 법칙

등을 들 수 있다.

(5) 효과(Effects)

연구개발 분야에서는 문제 해결을 위해 폭 넓은 분야의 과학지식의 필요성을 느껴, 다양한 과학과 공학 지식을 사용하기 쉽도록 체계화하여 지식기반을 구성하여 이것이 TRIZ에서 말하는 효과이다. 지식기반으로써 수많은 특허와 과학기술 원리들을 응용하기 쉽게 분류하여 사용하기 편리하게 만들었다는 것이다.

(6) 최종 이상해(理想解, IFR : Ideal Final Results)

TRIZ의 중요한 기본 개념 중의 하나로 이상(理想)성은 유용한 기능의 합/유해한 기능의 합으로 계산된다는 것으로, 유용한 기능은 시스템 기능의 모든 가치 있는 것들을 포함하며, 유해한 기능은 시스템의 비용, 공간, 소음, 에너지와 같은 것을 포함하고, 이러한 개념을 분자

인 유용한 기능은 증가시키고, 분모인 유해한 기능을 감소시킴으로써 목적을 달성할 수 있다는 것으로 이러한 등식의 극대 값을 IFR이라고 한다.

(7) SLP(Smart Little People : 작은 현인)

앞 (6)항의 최종 이상해(IFR), 즉 이상을 추구에서 전개 방법에 접근하기 위해서, 문제가 일어나고 있는 부분에 있어서 문제가 일어나지 않는 이상 상태를 먼저 생각하며, 여기에서 해결책을 갑자기 생각하는 것이 아니고, 문제를 막을 힘, 즉, 이상 상태를 유지하는 것을 먼저 생각한다. 따라서, 최종 이상해(IFR)는 이상에서 현실을 보며, 그 차이를 메꾸고, 다음에 혁신된 시스템에 현재 포착되는 과제를 해결하고, 현재 시스템도 지원한다.

3) TRIZ의 사고방식

다음 그림 1-10은 TRIZ의 해결법을 여러 가지 진행 방법은, 시행착오를 반복하며 자기의 과제에 대하여 갑자기 구체적인 해결책을 『맞추면 같다』가 아니고, 과제를 일단 추상화(일반화)하여, 그것에 대하여 추상화 답(일반해)을 얻어, 그 일반해에 자기의 과제를 끼워 맞추면서 자기의 답을 얻는다. 이와 같은 공통의 사고방식으로 파악할 수 있다.

그림 1-10 TRIZ의 구성 모듈의 전체 상(像)

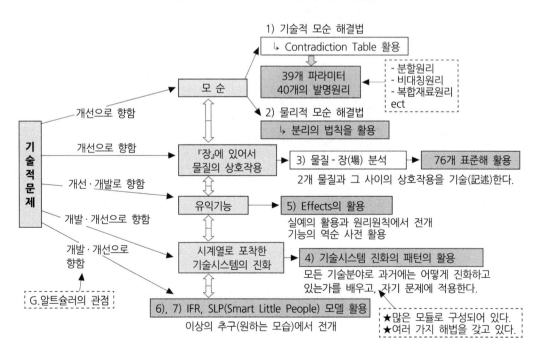

4) 39개 파라미터(모수)와 40개의 발명원리 및 모순 매트릭스

기술적인 모순의 해결 방법으로는, 어떤 특징과 파라미터의 개선·개량을 한 결과, 그 기술시스템의 다른 특징과 파라미터에 지장이 되는(악화되는) 상황(『기술적 모순』)에 있어서, Trad-off대책을 채용하는 일이 없이 문제를 해결하는 기법이다.

표 1-5 39개의 파라미터

1	움직이는 물체의 무게	14	강도	27	신뢰성
2	정지 물체의 무게	15	움직이는 물체의 동작시간	28	측정의 정확도
3	움직이는 물체의 길이	16	정지 물체의 작용 지속 시간	29	제조의 정밀도
4	정지 물체의 길이	17	온도	30	물체가 받는 유해요인
5	움직이는 물체의 면적	18	밝기(조도)	31	물체가 생성한 유해요인
6	정지 물체의 면적	19	움직이는 물체의 에너지 소비	32	제조의 편의성
7	움직이는 물체의 부피	20	정지 물체의 에너지 소비	33	사용(작용)의 편이성
8	정지 물체의 부피	21	동력(출력)	34	유지 보수의 편이성
9	속도	22	에너지 손실	35	적용성 또는 다양성
10	힘 또는 강도	23	물질의 손실	36	장치의 복잡성
11	응력 또는 압력	24	정보의 손실	37	검지 및 측정의 난이성
12	형상	25	시간의 손실	38	자동화의 범위
13	물체 구성요소의 안정성	26	물질의 양	39	생산성

표 1-6 40개의 발명원리

1	분리/분할원리	15	역동성(다이나밍)원리	28	기계적인 시스템의 대체원리
2	추출원리	16	부분적 또는 과도한 동작원리	29	유체 활용원리
3	국소 품질원리	17	새로운 차원으로 이동원리	30	유연한 막/얇은 필름원리
4	비대칭원리	18	기계적 진동원리	31	다공 소재의 사용원리
5	결합원리	19	주기적 동작원리	32	색 변경원리
6	보편성원리	20	유용한 동작으로 지속성원리	33	동질성원리
7	포개기원리	21	돌진(고속실행)원리	34	부품을 제거하고 재생원리
8	경량화원리	22	유해성을 이점으로 변경원리	35	파라미터 변경원리
9	사전대응 반작용원리	23	귀환(피드백)원리	36	상태 변형원리
10	사전대응 작용원리	24	중개원리	37	열팽창원리
11	사전 완충시킴	25	셀프 서비스원리	38	고농도 산소 이용원리
12	등가성(포텐셜원리)	26	대체원리	39	비활성 환경원리
13	역발상원리	27	싸고 수명 짧은 것 사용원리	40	복합소재원리
14	구면원리				

대상으로 하는 과제를 가진 시스템을 생각하기 때문에, 개량하고 싶은 특성과, 악화하는 특성(『39개의 파라미터』)이 표 1-5에 있으며, 그 모순을 해결하는데 쓰이는 방법이 『40개 발명의 원리』 표 1-6에 있다.

표 1-7에는 개선하고자 하는 특성을 종축에, 악화되는 특성을 횡축에 나타내어 있으며, 『기술모순 해결법』 혹은 『기술모순 매트릭스(Contradiction Table)』라 불리는 것이다.

자기가 갖고 있는 시스템에 있어서, 어떤 특성을 개선하고자 한다면, 그 때에 악화하여 버리는 특성을 선택하고, 그 교차점에 있는 숫자를 얻어, 이 표 중에 숫자(1∼40)가 40의 발명 원리의 번호에 대응하는 것으로, 그것이 해결하는 방법이 되고, 무분별하게 해결책을 모색하는 게 아니고, 생각하는 시점(視點)을 명시해 주고 있는 것으로, 그 관점에서 기초로 하여 생각하면 좋다.

각각의 발명원리에는 몇 개의 서브원리가 준비되어 있고, 발명원리 및 서브원리의 시점(視點)이 해결책을 생각하는 지표로 된다. 예를 들어 발명원리 1의 『분리원리』의 서브원리에는 다음과 같은 항목이 포함되어 있다.

① 하나의 물체를 각각의 부분으로 분할한다.

② 물체를 용이하게 분해할 수 있도록 한다.

③ 물체의 분해와 분열의 정도를 높이기 위함(최소의 부분 단위로 분할한다).

발명원리 1의 '분할'에는 『분할한다』만이 아닌, 『용이하게 분해 가능하도록 한다』와 『분해의 정도 · 한도를 크게 한다』라는 것이 포함되어 있다.

그림 1-11과 1-12는 최종 이상해(풀이) 모순 해결 아이디어 발상의 관점에서 이율배반(한쪽을 추구하면 다른 한쪽을 희생해야 하는 모순점)을 해소를 위한, 유익기능(UFi : 개선으로 늘려야 하는 요소(+)과, 유해기능(−) (HEi : 개선으로 없애야 하는 요소)을 전부 더하여, 개선점을 검토하며 찾아 가서, 모순점을 해결하는, 이상성의 향상을 위한 아이디어 발상을 하는 기본적인 관점의 틀이다.

현실의 장면(場面)으로, 유익기능을 향상시키면, 유해기능도 악화되어 버리는 경우도 많다. 따라서, 상대적으로 이상성을 향상하는 것으로 되는 허용하려는 Trad-off의 사고가 기초로 하여 만들어진 것이다.

표 1-7 TRIZ의 『기술모순 매트릭스(Contradiction Table)』 (1/2)

NO	Improving Feature \ Worsening ⇒	Weight of moving object (1)	Weight of stationary object (2)	Length of moving object (3)	Length of stationary object (4)	Area of moving object (5)	Area of stationary object (6)	Volume of moving object (7)	Volume of stationary object (8)	Speed (9)	Force(Intensity) (10)	Stress or pressure (11)	Shape (12)	Stability of object's composition (13)	Strength (14)	Duration of action of moving object (15)	Duration of action of stationary object (16)	Temperature (17)	Illumination intensity (18)	Use of Energy by moving object (19)	Use of energy by stationary object (20)
1	움직이는 물체의 무게	+	-	15,8 29,34		29 17	+	29,2 40,28	+	2,8 15,35	8,10 18,37	10 38	10,14	1,35 10,30	28 27	5,34 31,35	-	6,29 4,38	19,1 32	35 12	-
2	움직이지 않는 물체의 무게	-	+	-	10,1 29,35	-	35 30	-	5,35 14,2		8,10 19,35	13 29	13,10	28 39,1	28,2 10,27	+	2,27 19,8	28 19	19 32,35	-	18 19
3	움직이는 물체의 길이	8,15 29,34	-	+	-	15 17,4	-	7,17 4,35	+	13,4 8	17 10,4	1,8 35	1,8 10,29	1,8 15,34	8,35 29,34	19	-	10,15 .19	32	8,35 24	-
4	움직이지 않는 물체의 길이		35 28	-	+	-	17,7 10,40	-	35,8 2,14		28,10	1,14 35	13 14	39 37,35	15 14	-	1,10. 35	3,35 38,18	3,25	-	
5	움직이는 물체의 면적	2,17 29,4	-	14, 15.	-	+	-	7,14 17,4	-	29 30,4	19 30	10 15	5,34 29,4	11,2 13,39	3,15 40,14	5,3	-	2,15 18	15 32	19,32	-
6	움직이지 않는 물체의 면적	-	30,2 14,18	-	28,7 9,39	-	+	-			1,18 35,38	10 15		2,38	40	-	2,10 19,30	35,39 .38		-	
7	움직이는 물체의 부피	2,26 29,40	-	1,7 4,35	-	1,7 4,17	-	+	-	29,4 38,34	15 35	0,35 38,37	1,15 29,4	28 10,1	9,14 15,7	6,35 4	-	34 39	2,13 10	35	
8	움직이지 않는 물체의 부피	-	35,10 .	19,14	35,8 2,14	-		-	+	-	2,18 37	24,35	7,2 35	34 28	9,14 17,15	-	35 34,38	35,6 4	-		
9	속도	2,28 13,38	-	13 14,8		29 30,34	-	7,29 34	-	+	13 28	6,18 38,40	35 15	28 33,1	8,3 26,14	3,19 35,5	-	28, 30.	10, 13,19	8,15, 35,38	
10	힘 또는 강도	8,1 37,18	18 13,1	17 19,9	28,10	19 10,15	1,18 38,37	15,9 12,37	2,36 18,37	13 28	+	18 21,11	10 35	35 10,21	35 10	19,2		35 10,21		19 17,10	1,10 38,37
11	응력 또는 압력	10 38	13,29	35,10 .36	35,1 14,16	10 15	10 15	0,35 10	35,24	0,35 38	38 35,21	+	35,4 15,10	35 33,2	9,18 3,40	19,3 27		35 39		14 24	
12	형상	8,10 29,40	15 10	29 34,5	13 14	5,34 4,10		14,4 15,22	7,2 35	35 15	35 10	34 15	+	33,1 18,4	30 14	14, 26,9		22 14	13 15,32	2,8 34,14	
13	물체 구성요소의 안정성	21 35,2	28 39,1	13 15,1	37	2,11 13	39	28 10	34 28	33 15	10 35	2,35 40	22,1 18,4	+	17,9 15	13 27	39,3 35,23	35,1 32	32,3 274,1 8	13,19	27,4 29,18
14	강도	1,8 40,15	40 28	1,15 8,35	15 14	3,34 40,29	9,40 28	10 15	9,14 17,15	8,13 28,15	10 18,3	10,3 18,40	10 30	13 17,35	+	27,3 28		30 10,40	35,19	19 35,10	35
15	움직이는 물체의 작용 지속 시간	19,5 34,31	-	2,19 9	-	3,17 19	-	10,2 19,30	-	3,35 5	19,2 27	19,3 27	14, 25	13,3. 35	27,3. 10	+	-	19 35,39	2,19 4,35	28,8 35,18	
16	움직이지 않는 물체의 작용 지속 시간	-	6,27 19,16	-	1,40 35	-		-	35 34,38					39,3 35,23		-	+	19 18		-	
17	온도	36,22 6,38	22 35,32	15 19,9	15 19,9	3,35 39,18	35,38	34 39	35,6 4	2,28 38,30	35 10,3	35 39	14 22	1,35 32	10 30	19 13,39	19 18	+	32 30	19 15,3	
18	밝기(조도)	19,1 32	2,35 30	19 32,16		19 32,28		2,13 10		10, 13,19	26 19,6		32,30	32,3 27	35,19	2,19 6		32 35,19	+	32,1 19	32 35,1
19	움직이는 물체에 의해 사용된 에너지	12,18 28,31	-	12,28	-	15 19,25		35 13,18	-	8,35 35	18 26	23, 14,25	12,2 29	19 13	5,19 8,35	28 35,6	-	19 24,3	2,15 19	+	-
20	움직이지 않는 물체의 사용된 에너지		19,9 6,27	-	-	-	-	-	-	-	38,37			27,4 29,18	35				19,2 35,32	-	+

NO	Improving Feature ⇓ / Worsening ⇒	Weight of moving object (1)	Weight of stationary object (2)	Length of moving object (3)	Length of stationary object (4)	Area of moving object (5)	Area of stationary object (6)	Volume of moving object (7)	Volume of stationary object (8)	Speed (9)	Force(Intensity) (10)	Stress or pressure (11)	Shape (12)	Stability of object's composition (13)	Strength (14)	Duration of action of moving object (15)	Duration of action of stationary object (16)	Temperature (17)	Illumination intensity (18)	so of Energy by moving object (19)	Use of energy by stationary object (20)
21	동력	8,36 38,31	19 26	1,10 35,37		19,38	17 32	35,6 38	30,6 25	15 35,2	26,2 38,35	22 10,35	29 14,2	35 32	26 10,28	19 35	16	2,14 17,25	18,8 19	18,8 19,37	
22	에너지 손실	15,6 19,28	19,8 18,9	7,2 6,13	8,38 7	15 26	17,7 30,18	7,18 23	7	10,8 35,38	36,38			14,2 39,6	26			19,3 8,74	1,13 32,15		
23	물질의 손실	5,6 23,40	35,6 22,32	14 29	10 28,24	35,2 10,31	10 18	1,29 30,38	3,39 18,31	10 13	14 15	3,36 37,10	29 35,3	2,14 30,40	35 28	26 27,3	27 15	21,36	1,6 13	35 18	28 27
24	정보의 손실	10 24,35	10 35,5	1,28	28	30,28	30,18		2,22	28,32						10	10	19			
25	시간의 손실	10 20	10 20	15,2 29	30 24	28,4 5,16	10 35	2,5 34,10	35 18		10 37	37,38 0,4	4,10 34,17	35,3 22,5	29,3 28,18	20 10	28 20	35 29	1,19 28,17	35 38	1
26	물질의 양	35,8 18,31	27 28	29 14		15 14,29	2,18 40,4	15 20,29		35 29	35 14,3	10 38	35,14	15,2 17,40	14 35	3,35 10,40	3,35 31	3,173 39		34 29	3,35 31
27	신뢰성	3,8 10,40	3,10 8,28	15,9 14,4	15 29	17 10	32 35	3,10 14,25	2,35 24	21 35	8,28 10,3	10 24	35,1 16,11		11,28	2,35 3,25	34 27,6	3,35 10	11,31 13	21 11	38,23
28	측정의 정확도	32 35	28 35	28 26,5	32 28,3	28 28	26 28	32 13,6		28 13	32,2	6,28 32	6,28 32	32 35,13	28,8 32	26,6 32	10 26,24	6,19 28,24	6,1 32	3,8 32	
29	제조의 정밀도	28 32	28 35	10 28	2,32 10	28 33	2,29 18,36	32 23,2	25 10,35	10 28,32	28 19	3,35	32 30,40	30,18	3,27	3,27 40		19,28	3,32	32,2	
30	물체가 영향 받는 유해요소	22 21	2,22 13,24	17,1 39,4	1,18	22,1 33,28	27,2 39,35	22 23	34 39	21 22	13 35	22,2 37	22,1 3,35	35 24	18 35	22 15	17,1 40,33	22 33	1,19 32,13	1,24 8,27	10,2 22,37
31	물체가 생성한 유해요소	19 22	35 22,1	17 15		17,2 18,39	22,1 40	17,2 40	30 18	35 28,3	35 28,1	2,33 27,18	35,1	35 40	15 35	15 22	21 39	22 35,2	19 24	2,35 6	19 22,18
32	제조의 편의성	28 29	1,27 38,13	1,29 13,17	15 17,27	13,1 26,12	16,40	13 29,1	35	35 13,8.	35,12	35 19,1	1,28 13,27	11 13,1	1,3 10,32	27,1 4	35,18	27 26,18	28 24	28 26	1,4
33	사용(작용)의 편이성	25,2 13,15	6,13 1,25	1,17 13,12		1,17 13,16	18 16	1,16 35,15	4,18 39,31	18 13,34	26,13 35	2,32 12	15 34	32 35,30	32 40,3	29,3 6,25	1,18 25	26 27,13	13 17,1	1,13 24	
34	유지 보수의 편이성	2,27 34,11	2,27 35,11	1,26 10,25	3,16 31	15 13,32	16,25	25,2 35,11	1	34,9	1,11 10	13	1,13 2,4	2,35	11,1 2,9	11 29	1	4,10	15,1 13	15,1 28,16	
35	적용성 또는 다양성	1,6 15,8	19 15	35,1 29,2	1,35 10	35 30	15,16	15 35,29		35 10,14	15 17,20	35,10	15 37,1	35 30,14	35,3 32,6	13,1 35	2,18	27,2 3,35	6,22 20,1	19 35	
36	장치의 복잡성	26 30	2,28 35,39	1,19 20,24	26	14,1 13,18	8,36	34 26,8	1,18	34 10,28	28,16	19,1 35	29 13	2,22 17,19	2,13 28	10,4 28,15		2,17 13	24 17,13	27,2 29,28	
37	장치 및 측정의 난이성	27 26	6,13 28,1	16 17	26	2,13 16,17	2,39 30,18	20,1 4,16	2,18 28,31	3,4 18,35	30 28	35 36	27 13,1	11 22	27,3 15,28	19 29	25 34,6	3,27 35,18	2,24 28	35,38	19,3 5,16
38	자동화의 확장 (자동화 정도)	26 20	28 26	14 13	23	17 14,13		35 13,16		28,10	2,35	13,35	15 32,1	18,1	25,13	6,9		28,2 19	8,32 19	2,32 13	
39	생산성	35 26	28 27	18,4 28,38	30,7 14,28	10 26	10 20	2,6 34,10	35 37		28 15	10 37,14	14 10	35,3 22,39	29 26	35 10,2	20 10	35 21	26 17	35 10	

표 1-7 TRIZ의 『기술모순 매트릭스(Contradiction Table)』 (2/2)

NO	Improving Feature ↓	Power 21	Loss of Energy 22	Loss of Substance 23	Loss of information 24	Loss of Time 25	Quantity of substance 26	Reliability 27	Measurement accuracy 28	Manufacturing precision 29	Object affected harmful factors 30	Object-generated harmful factors 31	Easy of manufacture 32	Easy of operation 33	Easy of repair 34	Adaptability or versatility 35	Device complexity 36	Difficulty of detecting and measuring 37	Extent of automation 38	Productivity 39
1	움직이는 물체의 무게	12 / 38	6,2 / 34,19	5,35 / 3,31	10 / 24,35	10 / 35	3,28 / 18,31	1,3 / 11,27	28 / 27	28 / 35	22 / 21	22 / 35	27 / 28,1	35,3 / 2,24	2,27 / 28,11	29,5 / 15,8	28 / 30	28 / 29	28,35 / 18,19	35,3 / 24,37
2	움직이지 않는 물체의 무게	15 / 19	18 / 19	5,8 / 13,30	10 / 15,35	10 / 20	19,6 / 18,28	10 / 28,8	18 / 20,28	10,1 / 35,17	2,19 / 22,37	35 / 22,1	28,1 / 9	6,13 / 1,32	2,27 / 28,11	19 / 15,29	1,10 / 26,38	25 / 28	2,28 / 35	1,28 / 15,35
3	움직이는 물체의 길이	1,35	7,2 / 35,39	4,29 / 23,10	1,24	15,2 / 29	29,35		10 / 14	28 / 32,4	10 / 28	1,15 / 17,24	17,15	1,29 / 17	15 / 29	1,28 / 10	14 / 15,1	1,19 / 26,24	35,1 / 28,24	17 / 24	14,4 / 28,29
4	움직이지 않는 물체의 길이	12,8	6,28	10 / 28	24 / 28	30 / 29,14		15 / 29,28	32 / 28,3	2,32 / 10	1,18		15 / 17,27	2,25	3	1,35	1,28	28		30 / 14,7
5	움직이는 물체의 면적	19 / 10	15 / 17	10 / 35,2	30,28	28,4	29 / 30,8	29,9	28 / 28	2,32	22 / 33	17,2 / 18,39	13,1 / 26,24	15 / 17	15 / 13	15,30	14,1 / 13	2,36 / 28,18	14 / 30	10 / 28
6	움직이지 않는 물체의 면적	17,32	17,7 / 30	10 / 14	30,16	10 / 35,4	2,18 / 40,4	32 / 35	26 / 28	2,29 / 18,36	27,2 / 39,35	22,1 / 40	40,18	16,4	18	15,18	1,18 / 38	2,35 / 30,18	23	10 / 15
7	움직이는 물체의 부피	35,6 / 13,18	7,15 / 13,16	36 / 39	2,22	2,6 / 34,10	29 / 30,7	14,1 / 40,11	25 / 26,28	25 / 28,2	22 / 21	17,2 / 40,1	29,1 / 40	15 / 13	10	15,29	26,1	29 / 26,4	36 / 34	10,6 / 2,34
8	움직이지 않는 물체의 부피	30,6		10 / 39		35 / 16,32	35,3	2,35 / 16		35 / 10,25	34 / 39	30 / 18	35		1		1,31	2,17 / 28		35 / 37
9	속도	19 / 35	14 / 20	10 / 13	13,28		10 / 19	11 / 35	28 / 32,1	10 / 28	1,28 / 35,23	2,24 / 35,21	35 / 13,8	32 / 25	34,2 / 28,27	15 / 10,28	10 / 28,4	3,34 / 27,16	10,18	
10	힘 또는 강도	19 / 35	14,15	8,35 / 40,5		10 / 37,36	14 / 29	3,35 / 13,21	35 / 10	28 / 29	1,35 / 40,18	13,3 / 36,24	15 / 37	1,28 / 3,25	15,1 / 11	15 / 17	28 / 37	38 / 37	2,35	3,28 / 35,37
11	응력 또는 압력	10 / 35,14	2,36 / 25	10 / 38,3		37 / 36,4	10 / 14,38	10 / 13	6,28 / 25	3,35	22,2 / 37	2,33 / 27,18	1,35 / 16	11	2	35	19,1 / 35	2,38 / 37	35,24	10 / 14
12	형상	4,6 / 2	14	35 / 28,3		14 / 10	36,22	10 / 40,18	28 / 32,1	32 / 30,40	22,1 / 2,35	35,1	1,32 / 17,26	32 / 15,20	2,13 / 1	1,15 / 29	16 / 29,1	15 / 13,39	15,1 / 32	17 / 26
13	물체 구성요소의 안정성	32 / 35	14,2 / 38,6	2,14 / 30,40		35,27	15 / 32,35		13	18	35 / 24	35 / 40	35,19	32 / 35,30	2,35 / 10,18	35 / 30	2,35 / 22,26	35 / 22	1,8 / 35	23 / 35
14	강도	10 / 28	35	35 / 28		29,3 / 28,10	29 / 10,27	11,3	3,27 / 16	3,27	18 / 35	15 / 35	11,3 / 10,32	32 / 40	27 / 11,3	15,3 / 32	2,13 / 25,28	27,3 / 15,40	15	29 / 35
15	움직이는 물체의 작용 지속 시간	19 / 10		28 / 27,3	10	20 / 10	3,35 / 10,40	11,2 / 13	3	3,27 / 16,40	21 / 15	27,1 / 4	12,27	29 / 10,27	1,35 / 13	10,4 / 29,15	19 / 28	6,10		35 / 17
16	움직이지 않는 물체의 작용 지속 시간	18		27 / 16	10	28 / 20	3,35 / 31	34 / 27,6	10 / 28,24		17,1 / 40,33	22	35,10	1	1	2		25 / 34,6	1	20 / 10
17	온도	2,14 / 17,25	21 / 17	21 / 36		35 / 28	3,17 / 30,39	19 / 35,3	32 / 18,24	24	22 / 33	22 / 35,2	26,27	26,27	4,10 / 18	2,18 / 27	2,17 / 16	3,27 / 35,31	26,2 / 19,18	15 / 28,35
18	밝기(조도)	32	13 / 16,1	13,1	1,6	19,1 / 26,17	1,19		11 / 15,32	3,32	15,19	35 / 19	18 / 35	28 / 28,19	15 / 17	15,1 / 18	6,32 / 13	32,15	2,28 / 10	2,25 / 16
19	움직이는 물체에 의해 사용된 에너지	6,19 / 37,18	12 / 22	35 / 24		35 / 38	34 / 23	19 / 21	3,1 / 32		1,35 / 6,27	2,35 / 6	28 / 26,30	19,35	1,15 / 17,28	15 / 17	2,29 / 27,28	35,38	32,2	12 / 28,35
20	움직이지 않는 물체의 사용된 에너지			28 / 27			3,35 / 31	10 / 38,23	1		10,2 / 22,37	19 / 22,18	1,4					19 / 35		1,6

NO	Improving Feature ⇩ / Worsening ⇒	Power 21	Loss of Energy 22	Loss of Substance 23	Loss of information 24	Loss of Time 25	Quantity of substance 26	Rollability 27	Measurement accuracy 28	Manufacturing precision 29	Object affected harmful factors 30	Object-generated harmful factors 31	Easy of manufacture 32	Easy of operation 33	Easy of repair 34	Adaptability or versatility 35	Device complexity 36	Difficulty of detecting and measuring 37	Extent of automation 38	Productivity 39
21	동력	+	10 35,38	28 27	10,16	35 20	4,34 19	19 24	32 15,2	32,2	19 22	2,35 18	28 10,34	26 35,10	35,2 10,34	19 17,34	20 19	19 35,10	28,2 17	28 35,34
22	에너지 손실	3,38	+	35 27,2	19,10	10 18	7,18 25	11 10,35	32		21 22	21 35,2		35 32,1	2,19		7,23	35,3 15,23	2	28 10
23	물질의 손실	28 27	35 27,2	+		15 18	6,3 10,24	10 29	16 34	35 10	33 22	10,1 34,29	15 34,33	32 28,2	2,35 34,27	15 10,2	35 10	35 18	35 10,18	28 35
24	정보의 손실	10,19	19,10		+	24,26	24,28 35	10 28,23			22 10,1	10 21,22	32	27,22				35,33	35	13 23,15
25	시간의 손실	35 20	10,5 18,32	35 18	24,28	+	35 38	10 30,4	24 34	24 26	35 18,34	35 22	35 28	4,28 10,34	32,1 10	35,28	6,28	18 28	24 28	
26	물질의 양	35	7,18 25	6,3 10,24	24,26 35	35 38	+	18,3 26,40	13,2 28	33,30	35 33	3,35 40,39	29,1 35,27	35 29	2,32 10,25	15,3 29	3,13 27,10	3,27 29,18	8,35	13 29,3
27	신뢰성	21 11	10 11,35	10 35	10,28	10 30,4	21 28	+	32,3 11,23	11,32 1	27 35,2	35,2 40,26		27 17,40	1,11	13 35,8	13 35,1	27 40,28	11 13,27	1,35 28,38
28	측정의 정확도	3,0 32	26 32,27	10 10		24 34	2,6 32	5,11 1,23	+		28 24	3,33 39,10	6,35 25,18	1,13 17,34	1,32 13,11	13 35,2	27 35	28 24	28,2 10,34	10 34
29	제조의 정밀도	32,2	13 32,2	35 31		32 26	32,30	11 32,1		+	26 28	4,17 34,26		1,32 35,23	25,10		26,2 18		26 28	10 18
30	물체가 영향 받는 유해요소	19 22	21 22	33 22	22 10,2	35 18,34	35 33	27 24,2	28 33	28 28	+		24 35,2	2,25 28,39	35 10,2	35 11	22 19	22 19	33,3 34	22 35
31	물체가 생성한 유해요소	2,35 18	21 35,2	10,1 34	10 21,29	1,22	3,24 39,1	24,2 40,39	3,33 26	4,17		+					19,1 31	2,21 27,1	2	22 35
32	제조의 편의성	27,1 12,24	19,35	15 34,33	32 24	35 28	35 23,1		1,35 12,18		24,2		+	2,5 13,16	35,1 11,9	2,13 15	27 26,1	6,28 11,1	8,28 1	35,1 10,28
33	사용(작용)의 편이성	35 34,2	2,19 13	28 32,2	4,10 27,22	4,28 10,34	12,35	17 27,8	25 13,2	1,32 35,23	2,25 28,39		2,5 12	+	12 26,1	15 34,1	32 28		1,34 12,3	15,1 28
34	유지 보수의 편이성	15 10	15,1 32,19	2,35 34,27		32,1 10,25	2,28 1025	11 10,1	10,2 13	25,10	35 10,2		1,35 11,10	1,12 26,15	+	7,1 4,18	35,1 13,11		34 35,7	1,32 10
35	적용성 또는 다양성	19,1 29	18 15,1	15 10,2		35,28	3,35 15	35 13,8	35,5 1,10		35 11		1,13 31	15 34,1	1,16 7,4	+	15 29	1	27 34,35	35 28,8
36	장치의 복잡성	20 19	10 35	35 10		0,29	13,3 27,10	13,35 1	2,28 10,34	28 24,32	22 19	19,1	27 26,1	27,9 26,24	1,13	29 15	+	15 10	15,1 24	12 17,28
37	장치 및 측정의 난이성	187,1 16,10	35,3 15,19	1,18 10,2	35 33	18 28	3,27 29,18	27 40	26 24		22 18	2,21	5,28 11,29	2,5	12,28	1,15	15 10	+	34,21	35,18
38	자동화의 확장 (자동화 정도)	28,2 27	23,28	35 10	35,33	24 28	35,13	11 27,32	28 26	28 20	2,33	2	1,28 13	1,12 34,3	1,35 13	27,4 1,35	15 24,10	34 27,25	+	5,12 35,28
39	생산성	35 20,10	28 10	28 10	13 15,23		35,38	1,35 10,38	1,10 34,28	16 10	22 35	35 22	35 28,2	1,28 7,10	1,32 10,25	1,35 28,37	12 17	35 18	5,12 35,26	+

그림 1-11 TRIZ에 의한 모순 해결 아이디어 발상의 관점

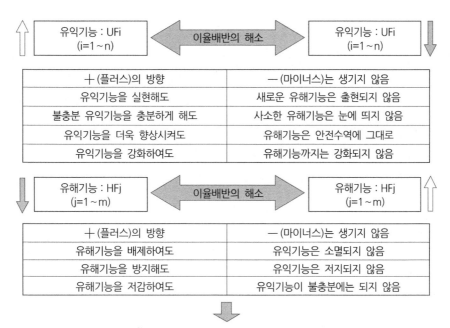

TRIZ에서는 "이율배반"이라는 모순의 해결이 중요하다

그림 1-12 이상성 향상을 목표로 하는 TRIZ

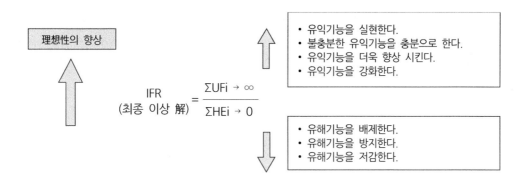

과제 해결의 기본적인 사고는 기술적인 대립점(對立点)인 모순을, 1차 해결안으로, 이상형의 향상을 목표로 하며, 모순의 해결을 목표로, 보유 자원을 유효하게 활용하여, 혁신적 과제를 해결로 향한 탐구 방향으로 가서, 2차 해결안으로 개선점을 추구하여, **최종 이상해 IFR**(IFR : Ideal Final Results)로 가는 발상법이다.

1.6.2 신모순 매트릭스의 활용 Flow

신모순 매트릭스의 2단 활용에 있어서, 2가지 형의『신모순 매트릭스』를 활용하기 위해서는 이 2가지의 매트릭스를 사용에서 나누어지는 판단에서 출발하여, 적절한 통합발명원리를 이끌 때까지의 일련의 작업 프로세스를, 평범하지 않고, 합리성을 추구한 사고로 진행해 가며, 2가지 타입의『신모순 매트릭스』를 효과적으로 활용하기 위한 흐름을 다음 그림에 나타낸다. 여기에 표현된 활용흐름을 항상 의식하며, 보다 합리적인 사고로 효율적인 아이디어 발상을 유의하는 것이 중요하다. 즉, 활용흐름을 이용하면, 보다 효과적이고 부드럽게 여러 가지의 매트릭스를 쓰지 않고, 2가지 타입의『신모순 매트릭스』의 각각 파라미터의 특성에 있어서, 마크로(거시)적인 관점에서, 각 매트릭스와의 체계화 한 것으로 활용하면 좋다.

그림 1-13 『신모순 매트릭스』 활용도

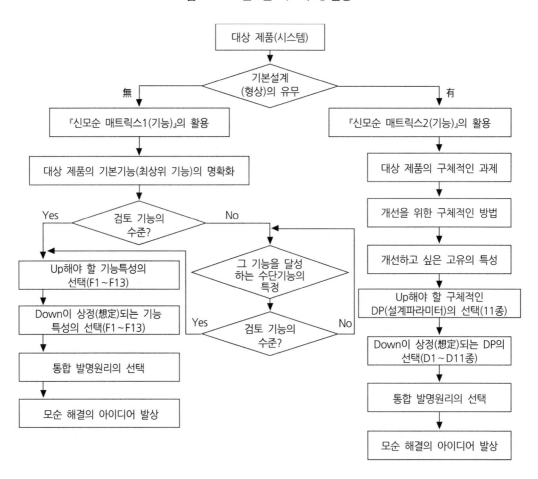

표 1-8 기능 파라미터(매개변수, 母數)의 이용 가이드

분류	기능파라미터		공통	기계적	전기적	Soft(정보시스템)적	화학적	비즈니스적
신뢰성/정밀도	신뢰성	F1	의도한 기능을 의도된 처리로 실행(기능한 능력). 장기간의 실행 성능을 포함. 시스템과 재료의 안정성/불안정성	고장이 적음, 동작의 차이가 적음	내(耐)노이즈성, 오동작이 적음	버그가 적음, 안정성, 인정된 데이터처리	재료의 안정성/불안정성	안정성, 납기준수
	정밀도	F2	정확도의 정도, 시스템이 요구하고 있는 지 정도, 가공정밀도의 측정의 정도, 오차가 작은지/편차 안정성	가공정밀도, 측정정밀성, 조립정밀도	전기적 처리오차의 적음	데이터처리 오차의 적음	부수적인 작용으로 (剛)반응	스케줄링 견적의 정확
유해성/안전성	유해성/안전성	F3	시스템 내부 또는 외부에서 유해한 영향을 받기 쉬움. 시스템이 외부에 유해한 영향을 받는 정도, 환경에 문제를 포함. 나쁜 부작용, 재료에서 발생하는 유해물질	발열, 경음, 측정정밀도, 조립정밀도	감전, 전자(電磁) 노이즈 발생, 인체의 악영향	데이터처리 미스, 작음/적음, 외부 공격에 대한 내성, 처리 관련 타 피해	온도, 환경에 유해성, 폐기에 따른 환경오염 재료의 유해물질	타사 특허에 대한 대응, 침해 공해, 불만 및 사고의 억지
	조작의 용이성	F4	사용자의 사용하기 편리함, 인간의 조작 기능을 다 하는 자동화의 정도와 범위	사용 용이, 간단 조작, 직관으로 알기쉬운 조작	기본 레이아웃	UI 풀이가 쉬움 입력 조작의 수	표면처리 등의 처리가 쉬움	다루기 쉬움
	제어의 복잡성	F5	목적을 출력, 상태로 만들기 위해서 복잡성, 표면처리 등의 처리의 복잡성	공작기계 등으로 준비교체가 작업이 많음	처리속도의 빠름	간단한 알고리즘, 작은 시스템처리수	반응시 온도시간 표면처리 등 처리 복잡성	방침의 구현화에 있어 서 절차의 간편
조작성/내구성	보수/수리의 용이성	F6	시스템의 복잡성과 처리의 용이성, 요소·부품의 수, 요소·부품 간의 상호작용 횟수를 포함, 정비의 정도, 복잡 되기 쉬움	시스템의 복잡성 구성 부품수, 분해성·교환성, 간단성, 정비성 용이	시스템 복잡성, 구성 부품의 수, 분해 교환이 좋음	버그 대응이 쉬움 IO 파라미터의 수 모듈수의 독립성	세척(洗滌) 등 용이성, 부착, 입착이 용이	고객대응 창구, 또는 구조의 유효성
	작업성·응용성/융통성	F7	주어 환경과 인접물과의 작용성, 실제로 일어 날 수 있는 조건의 차이, 변화에 대하여 기능 역할을 하는 것	외적요인에 대한 추종성, 다품종에 대한 작용성 능동	입력신호의 범위에 대한 대응성, 독립 폭을 넓게 다룰 때 독립성	조건변경이 작용성 사용조건이 다를 때 구조의 정도	주변과 인접성의 작음 용이성	타사와 시장 요구의 대응, 기타 구조의 유효성
	내구성	F8	시스템이 고장 나기까지 의 시간, 장기간에 걸쳐서 변화 하는 조건에 대하여 안정 성(견고성), 외적 요인에 대하여 안정	시스템이 고장나기까지 시간, 외적 요인에 대한 안정성	시스템고장까지 시간, 외적 요인에 대한 작동	고장까지의 시간 장시간에 걸쳐 변화 하는 사용조건 변화시 내성(耐性)	재료의 작열성 영화되기 쉬운 정도	비즈니스의 정기적인 진전 참가 정벌의 높이 사업/기업 지속성
제조성	제조의 용이성/생산성	F9	제조의 용이성 및 시간당의 실행하는 기능의 정도, 조립이 쉬움	시스템 만들기 쉬움 생산물당 저렴가 자원(?), 적은 인력 소요	기반레이아웃, 적은 수 조립성	모듈의 조립이 용이, 프로그램하기 쉬운 알고리즘	재료의 작열성 만들기 쉬움	인가(허가)에 대한 장벽
	물품의 양(손실)	F10	제조하는 유효성 및 시간당의 실행하는 유효한 기능의 양 도, 조립이 쉬움	시스템 구성의 요소, 부품의 수량 또는 손실과 냄비	전자 전기의 부품수	필요한 리소스의 양(resource)	구성화합물의 종류와 수, 농도의 양과 변화	필요한 인력, 해당 작업자
	정보의 양(손실)	F11	받는 신호의 양 또는 손실 냄비, 필요한 리소스의 양, 냄비, 동작의 양과 변화	기계의 구성의 부품수	전류와 전압의 리소스의 양 디지털 회로의 대응속도	모듈의 조립성 용이 프로그램하기 쉬운 알고리즘	색상의 변화 광투과성의 정도	정보의 양 정보의 소실
양(손실)	시간의 양(손실)	F12	동작시간 및 비효율성(대기시간 등), 기동까지의 시간, 시스템의 시작시간의 기시간, 생산택타임	시스템의 동작시간 시스템, 기동시간 지연 대기시간, 기동시간의 지연 시간	전기신호까지 지연 시간	데이터 처리시간	고화와 입정성의 충분한 양의 조립까지 시	판단, 실행에 필요한 시간
	에너지 양(손실)	F13	시스템 또는 요소가 유효한 작용을 할 때 사용하는 에너지와 그 때 이용효율이 양을중요물이 에너지의 손실	시스템내의 에너지의 소비량과 에너지의 변환효율 및 변환효율 비동작시 변환효율 발생과 에너지의 손실	일력전류에서 감색 변환효율	리소스가 소비되는 에너지와 그 효율	시스템 내 에너지 비동작 변환효율 발생호 빛/산소 부족 효율	업무에 필요전력, 연료 등 에너지(소비량)과 효율

『신모순 매트릭스 1(기능)』의 기능적인 특성으로는, 먼저 신뢰성/정밀도, 유해성/안전성, 조작성/내구성, 제조성, 양/손실의 5가지로 분류하여, 또 그것들의 분류를 F1~F13에 전개한 구조로 되어 있다. 표 1-8에 부문별로 설명이 되어 있다.

1.7 창의를 위한 뇌의 훈련

1.7.1 창의성 발달을 위한 뇌의 기능

평소 운동을 하여 근력을 좋아지게 하듯이, 뇌를 많이 쓰면 쓸수록 그 기능이 향상된다. 또한, 훈련을 통해 뇌세포 활동이 많아지면 뇌세포에서 나뭇가지처럼 신경줄기의 수상돌기들이 풍부하게 자란다고 한다. 이 수상돌기를 통한 정보 전달이 초진되고 새로운 신경망이 형성되어 뇌의 기능이 좋아진다. 또한, 뇌발달에 좋은 영양소 공급도 필수적이며, 혈액순환의 자극, 정기적인 휴식, 숙면 등 뇌의 각 부분을 골고루 자극과 운동이 따라야 발달이 된다는 것이다.

1) 좌뇌

말하기, 읽기, 글쓰기 등의 언어적인 능력과, 계산능력을 주로 담당하는 하므로, 이를 발달시키기 위해서는, 평소에 신문, 잡지, 책, 보고서 등을 요약하여 말하는 것을 연습하며, 암산, 외우기, 일에 대한 구상과 브리핑 등의 표현을 자주해야 한다.

2) 우뇌

시간과 공간의 사고능력과, 감정을 담당하는 기관으로 새로운 것을 창의하는 예술적인 활동을 하므로, 설계적인 창의를 하는 면에서는, 평소 노래의 가사를 외우고 부르면 좌뇌와 동시에 쓰이므로 건강에도 좋다.

3) 앞쪽 뇌

운동을 하는 영역과 동기부여, 일에 대한 의욕과 실행 의지와 판단을 담당한다. 활성화를 위해서는 정기적인 신체의 운동과, 손을 많이 쓰는 일을 하면 대뇌 운동 피질의 약 30%를 차지할 정도로 넓다.

4) 뒤쪽 뇌

시각 정보를 처리하고 저장하는 역할로, 3차원적인 구상과 창의를 하는 면에서는 직접 연관이 되므로, 활성화를 위해서는 많은 사람들과의 친목회로 교류, 대화, 전시회의 관람 등이 신경회로를 다양하게 하고, 신경망을 보존시키는데 도움이 된다.

1.7.2 인간 뇌의 활성화

전두엽(인지기능의 뇌 앞쪽 부위)의 기능별 10가지의 활성법으로, 전문기관에서 나온 자료들이다.

1) 내측 전두엽은 동기 · 추진센터

① 선(先)공부 후(後)놀이(즐거움에 대한 기대로 의무를 이행)

② 꿈을 찾기(뇌 전체에 불을 밝히는 효과)

③ 정기적인 운동(추진력 실행력 증진)

2) 하측 전두엽 충동조절 · 사회센터

④ 화를 참고, 화나는 이유를 생각한다(인내와 끈기가 창조의 원천).

⑤ 주변 사람을 소중히 여김(조화로운 개발, 전두엽이 손상되면 타인과 충동)

⑥ 뒤쪽 뇌를 자주 닫기(명상, 기도, 사색 등이 뇌세팅)

3) 외측 전두엽 창의 · 기획센터

⑦ 단기 · 장기 목표를 분명히 세움(5,000억 개 뇌세포는 목표가 있어야 작동)

⑧ 남의 의견을 듣기 전에 나만의 고유의 답을 찾는다(창의성, 독창성 유도).

⑨ 작은 일을 반드시 마무리한다(자기감과 성취욕 유발).

⑩ 외국어 공부하기(새로운 학습 자극, 넓은 세상으로 인도)

4) 이런 활성법에 의해서, 전두엽을 발달시켰을 때 효과로는,

① 모방에서 벗어나 독창성이 증가하고,

② 자기가 주도적으로 문제를 해결하며,

③ 전체를 보는 안목이 증가하며,

④ 충동을 억제하는 능력을 증진시키며,

⑤ 외부 자극에 의연하게 반응을 한다.

5) 인식의 틀을 전환하여 테스트를 하면 전두엽 중앙이 활성화가 되어,

다양한 무늬와 색깔, 숫자 담긴 120장 카드 짝짓기(인식의 틀 전환 테스트)로, 약 7초 후 전두엽 중앙 아래 부위가 활성화로 창의력, 독창성이 전두엽 중심에서 기원한다는 증거가 나타난다. (자료 : 국제학술지 네이쳐 아메리카)

그림 1-14 뇌의 각부 기능과 역할

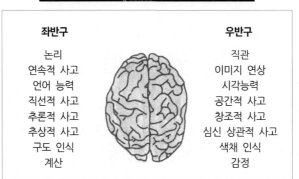

좌반구	우반구
논리	직관
연속적 사고	이미지 연상
언어 능력	시각능력
직선적 사고	공간적 사고
추론적 사고	창조적 사고
추상적 사고	심신 상관적 사고
구도 인식	색채 인식
계산	감정

① **좌뇌(좌뇌인)의 기능과 역할** : 사실중시, 분석적, 단계적, 계열적, 연속적 사고, 직선적 사고, 분석적 사고, 추론적 사고, 구도 인식, 합리적 사고로 계산, 과학, 말하기, 쓰기, 언어 능력, 논리 등을 담당하고,

② 우뇌(우뇌인)의 기능과 역할 : 통찰력, 이미지 연상, 개념중심, 종합력, 병렬적, 소리에 민감, 움직임 반응 등으로, 시각 능력, 음악, 미술, 무용감상, 예술, 지각, 공간감각, 심신 상관적 사고, 감정 등을 담당한다.

1.7.3 뇌의 활성화를 위한 영양공급과 휴식

1) 영양공급

세계적으로 알려져 있는 10대 슈퍼푸드로 선정된 음식으로,

① 호두 속에는 칼슘, 마그네슘, 인이 풍부해 뇌신경 세포의 파괴를 예방하고 기억력 향상에 도움을 준다. 또한, 불포화지방산은 뇌신경 세포를 활성화하며, 비타민E는 뇌의 혈류량을 늘리고 뇌신경 세포 간의 물질 전달을 원활히 해서 뇌의 활성화를 돕는다.

② 완두콩은 뇌에 좋은 음식으로 꾸준하게 섭취하면 뇌 건강에 도움이 되고, 완두콩 속에 함유된 레시틴 성분은 두뇌 노화를 촉진하는 과산화 지질 생성을 억제하며, 치매 예방에 효과적이며, 완두콩의 콜린이라는 성분은 두뇌 안에 건강한 콜레스테롤 함유량을 높여주므로 기억력 향상과 뇌 기능을 증진시키며, 또한, 비타민B1과 식물성 오메가3 지방산이 풍부해 활발한 두뇌활동을 돕는다고 한다.

③ 등 푸른 생선은 오메가3 지방산은 두뇌 건강에 도움을 주는 성분으로 체내에서 생성되지 않는 불포화지방산이므로 반드시 음식으로 섭취해야 한다. 오메가3 지방산이 많이 함유된 것이 등 푸른 생선이다. 이런 생선에는 오메가 3지방산을 구성하는 DHA와 EPA가 풍부하다. DHA성분은 뇌와 신경조직을 구성하며 EPA성분은 콜레스테롤 수치를 낮춰 뇌의 혈행(혈류)개선에 도움을 준다. 또한, 뇌세포 생성에 도움을 주는 단백질, 루신, 라이신, 아르기닌 등 풍부한 영양소가 함유되어 있다.

④ 연어는 오메가3 지방산이 풍부한 생선으로, 고등어보다 더 많은 양의 오메가3 지방산을 함유하고 있어, 뇌 기능 저하를 방지하고 기억력을 높이는데 큰 도움을 준다. 또한, 오메가3 지방산을 구성하는 고도 불포화지방산 DHA 함유량이 풍부해 뇌 신경 기능 활성에 효과적이며, 치매 예방에 도움이 된다.

⑤ 브로콜리에 함유된 성분은 뇌 발달과 치매 예방에 도움이 되며, 뇌 혈류 속 콜레스테롤을 낮추는 효능이 있는 콜린이라는 성분이 있어 뇌 신경계 건강에 도움이 된다. 또 치매 예방에 좋은 엽산이 풍부하며, 비타민K가 인지력 향상을 돕는다. 브로콜리에 함유

된 강력한 항산화제 설포라판은 DNA까지 변화시켜 뇌신경에 관여하는 단백질 분비를 촉진해 치매나 자폐증 같은 신경계 질환 예방과 치료에 도움을 준다고 한다.

⑥ 달걀을 하루에 한 개씩 꾸준히 섭취하는 것만으로도 두뇌 건강에 도움이 된다. 달걀노른자 속 콜린은 아세틸콜린의 구성 성분으로 생성을 돕는다. 아세틸콜린이 많을수록 두뇌 활동을 증진하고 학습능력, 주의력, 집중력에 향상에 효과적이다. 또 달걀은 레시틴이 가장 많이 함유된 음식이다. 레시틴은 뇌를 구성하는 전체 뇌의 30%에 달하는 중요한 성분으로 기억력 증진과 뇌 건강에 큰 도움을 준다.

⑦ 가지로 뇌는 포도당을 많이 쓰는 곳으로 활성산소로 인해 산화되기 쉽다. 따라서 이를 방지하기 위해서 항산화 물질을 섭취하는 것이 중요한데, 가지의 껍질에는 나수닌이라는 강력한 항산화 물질이 들어있다. 이는 뇌 건강과 신경 건강에 도움을 준다. 가지에 함유된 안토시아닌은 혈관 속에 노폐물이 쌓이는 것을 막아 뇌졸중을 위험을 감소시켜 뇌출혈을 예방하는 효과까지 있다.

⑧ 토마토는 다양한 효능을 지니고 있어 두뇌 건강에도 효과적인 음식이다. 토마토의 붉은색을 띠는 성분인 리코펜은 강력한 항산화 물질로 이것은 두뇌와 신경계를 보호하는 데 효과적이다. 두뇌 능력을 높이고 신경 전달 물질을 생성하며, 미네랄과 비타민B가 함유되어 있어 두뇌 건강에 도움 된다. 또한, 활성산소의 공격으로 산화되기 쉬운 두뇌를 보호하고 손상된 세포의 회복을 돕는다.

⑨ 시금치는 깜빡하는 기억력이 걱정된다면 플라보노이드가 풍부한 시금치를 추천한다. 항산화 영양소인 플라보노이드는 뇌로 흘러 들어가는 혈액이 원활하게 순환할 수 있도록 돕고, 뇌졸중이나 심장마비를 예방한다. 또한, 파킨슨병 환자에게 영향을 미치는 뇌세포 손실을 보호한다. 또 시금치의 푸른 잎 속에는 엽산이 풍부하다. 엽산은 기억력 감퇴와 뇌졸중 발병과 관련이 있는 호모시스테인의 수치를 낮추며, 뇌의 10대 슈퍼푸드로 선정된 아보카도가 항산화작용, 피부미용, 혈관건강 개선뿐만 아니라 두뇌건강에 좋은 음식으로 주목받고 있다.

⑩ 아보카도에 함유된 불포화지방산인 리놀산은 콜레스테롤의 산화와 분해를 막아 뇌의 원활한 혈액순환을 돕고, 스트레스에 지친 뇌를 완화하는 데 도움이 된다. 또 풍부한 불포화지방산이 기억력을 개선한다.

또한, 우리가 상식적으로 알고 있는, 한약재로 쓰이는 구기자, 영지버섯 등을 오차로 즐겨

마시면 뇌의 활동을 원활하게 하며, 머리가 맑아진다.

2) 휴식과 수면

뭐니해도 뇌의 활성화와 건강을 위해서는 정기적인 휴식과, 매일 취하는 편한 수면이다. 전문가들의 의견으로, 뇌도 일을 하지 않아야 진짜 휴식에 들어가며, 잠들고 초기 90분간 수면이 중요하고, 뇌의 피로가 해결되지 않으면 질환에도 잘 걸린다 한다. 또한, 뇌 전체 에너지 소비량의 60% 내지 80%를 뇌정상회로(DMN)가 소모를 한다고 한다.

따라서, 뇌의 휴식을 위하여 잠들기 전 41℃의 따뜻한 물로 10분간 목욕과, 기상시간을 일정하게 유지하며, 아침에 햇볕을 쬐며 가볍게 산책하기, 생체리듬을 고려하여 낮잠을 20분 정도를 취하는 것이 좋다 한다. 여기에 마음의 명상을 하면 더욱 효과적이라 한다.

제2절 기계설계 고도화에 대응하는 요령과 연계성

2.1 기계설계의 위치와 특징

2.1.1 기계설계의 위치

먼저 기계의 다양한 기능인 여러 가지의 목적으로, 작업을 보다 능률적으로 하기 위한 것으로 사람의 힘보다 더 큰 힘을 만들어 내는 기능으로 그 역할이 다양하여,

① 작업을 능률적으로 하기 위한 기계
② 생활을 편리하고 쾌적하게 하는 기계
③ 정보수집, 정보처리를 하는 기계
④ 기계를 만들기 위한 기계

등이 있는데, 이들의 기계를 만들어 가는 흐름은 다음의 절차로, 발상, 설계, 제도, 제작, 성능평가로 일련의 흐름이다. 이 과정에 역학을 중심으로 하여 기초지식은 물론 기계를 능률이 좋게 개발하기 위한 요소 기술과 제도, 가공에 관한 폭 넓은 지식도 필요로 한다.

이러한 조건으로, 설계는 '생각하는 과정'으로 구체적으로는 기계의 구조, 볼트의 위치, 치수, 베어링의 형식, 재료 등을 선정하는 과정이다.

한편, 제도는 설계자에서 제작자로의 '정보전달수단'으로 설계와 제도라는 것은 기계를 만드는 것에서 일련의 가교 역할이며, 양자는 밀접한 관계가 있어 서로 다르다고 할 수 없다.

그림 1-15 기계를 만드는 기본 절차   **그림 1-16** 설계와 제도의 차이

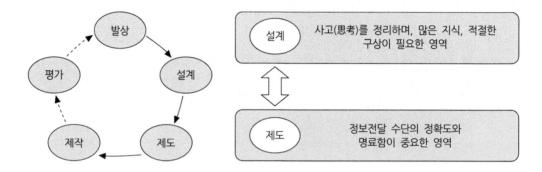

2.1.2 소프트웨어 설계의 제약조건

제약조건들 중에 9가지에서, 소프트웨어를 제작하는 면에서 꼭 고려해야 할 요건으로, 여기에서는 제약조건이라 불리며, 이 조건들을 고려하여 실제로 인터페이스 데이터로 구성하고, 알고리즘이 결정되고, 제약조건으로 최고 중요한 것은, 소프트웨어가 작동하는 하드웨어 환경과 비기능 요구에서 오는 제약조건으로, 소프트웨어설계에 대한 주된 제약을 다음 표 1-9에 나타낸다.

표 1-9 소프트웨어 설계에 있어서의 제약조건

제약조건	주요 내용
1. 견고성(강도에 상당)	소프트웨어를 구성하는 부품모듈로 발생하는 예외를 전부 추출하여, 적절한 예외처리를 진행하고, 메모리와 디스크 용량 등의 시스템자원이, 예외처리의 반복과 처리요구를 무제한으로 받아들임으로써 부족하지 않도록 한다.
2. 메모리 공간(공간과 중량에 상당)	메모리의 사용량과 처리의 효율성의 Trad-off를 생각한다.
3. 실행 명령수	데이터 구조를 검토하고, 효율 좋은 알고리즘을 고려한다.
4. 프로그래밍 가능성(가공에 상당)	표준적인 프로그래밍언어로 표현되는 알고리즘을 고려한다.

제약조건	주요 내용
5. 통합 · 보수성이 좋음	모듈화를 하여, 부분결합으로 독립성이 높고, 재이용성이 있는 프로그래밍을 한다.
6. 조작성이 좋음	명령 명칭과 화면 구성 등, 사람이 직관적으로 이해가 되도록 용이하게 조작되도록 순서를 고려한다.
7. 가용성(可用性)이 있다.	이용 장면(場面)을 고려하고, 가동률을 적절히 설정한다.
8. 안전성이 있다.	데이터의 완전성과 기밀성을 지니게 하고, 잘못 조작에 의한 오동작을 방지하고, 소프트웨어 부품의 신뢰성을 높인다. 고장이 나도 안전 측면에는 Fail safe기구를 준비
9. 표준 · 법률 · 규칙을 준수	기술표준에 따르고, 법규를 만족하는 설계를 한다.

2.1.3 설계 수치계산의 필요성

기계설계로는 공학적인 생각이 중요하여, 부서지지 않도록 하는 형상을 어떻게 하는지, 싼 원가로, 구조로는 어떻게 하는지, 만들기가 쉬운 형상인지, 고성능을 위한 방법 등을 기계를 만드는 관점에서 적절히 판단해야 하는 것이다.

기계설계라 하면 전자계산기에서 치수나 강도를 계산하는 것과 같이 만들어 내는 것이 있는지 몰라도, 공학적 사고가 적절하다면 기계설계에 있어서는 반드시 설계계산이 중요하다고 말할 수는 없다. 단지 기계부품의 치수와 형상을 결정하는 경우에는 적어도 명확한 근거 또는 이유가 필요하므로 설계계산이 필요로 하는 것이다. 또한, 기계의 최적화와 고성능화를 지향할 경우는 보다 상세한 설계계산과 컴퓨터 시뮬레이션이 필요로 한다.

2.2 기계요소의 기능별 분류

2.2.1 기계요소별 구성과 기능

기계는 일반적으로, 각각의 기능을 다하는 기구(Mechanism)를 조합한 것으로 볼 수 있는 것으로, 예를 들어, 자동차는 보디, 엔진, 파워트레인, 서스펜션, 스티어링 등의 기구를 조합되어 있고, 여기에 각각의 부품이 분해할 수 있어, 이와 같은 부품을 기계요소라 부르며, 기계요소는 기계를 구성하는 최소 단위이다. 여러 군데 사용처로 공통적인 역할을 하고 있다. 다음 표 1-10에 분류가 되어 있으며, 기계설계를 할 때, 기계의 각부의 기능과 역할에서, 요소의 시방이 적정하게 설계가 되어야 만이 문제가 일어나지 않을 것이다.

표 1-10 기계요소별 기능의 분류

기계요소의 기능	요소명
1. 체결하는 요소, 요소와 유닛을 고정하는 것들	나사 부품(볼트, 너트 등), 리벳, 키, 핀 등
2. 제동, 완충, 에너지를 흡수하는 요소	브레이크, 클러치, 스프링, 댐퍼 등
3. 동력, 토크, 회전수를 전달하는 요소	축, 베어링, 커플링, 기어, 전동장치
4. 움직임을 변환하는 요소, 기구	나사, 링, 캠, 피스톤 크랭크기구 등
5. 회전과 직선운동을 안내하는 요소	베어링(미끄럼/굴럼), 슬라이드 유닛
6. 유체를 전달하고, 제어하는 유닛	관, 관이음, 밸브 등
7. 밀봉하는 요소	축 밀봉장치, 오링, 가스킷 등
8. 기계를 움직이는 구동원(장치)	원동기(엔진, 모터, 유체기계 등) 유압실린더
9. 기계요소를 지지하는 부분	프레임, 지지대(Support), 링크
10. 기계를 제어하는 요소	컴퓨터, 인터페이스, 제어프로그램, 릴레이 등

설계 잘못으로 인하여, 주위에 사고가 발생하는 사례를 빈번이 볼 수가 있어, 안전성에 있어서 충분한 주의가 필요로 하며, 중요한 기계들은 법규와 규격(KS, 국제안전규격 등)에 맞는 것이 적용되어야 한다.

참고로, '3.2항의 **부품의 파괴 원인과 안전율의 고려**'에 상세한 내용이 있다.

2.2.2 친근함이 있는 구조설계

기계를 고성능화 하는 것만이 기계설계의 고도화 하는 것이 아니고, 기계를 완성시키기 위해서는, 발상, 설계, 제도를 하여 제작이라는 연결 작업이 진행되어, 그를 위해, 항상 기계를 만들기 쉽도록 생각해 가면서 설계를 해야 한다. 완성시킨 기계를 사용하는 것도 생각한 설계가 중요하다.

1) 사용자에 친근한 구조

(1) 기계의 조작성

종래의 기계설계는 기계적 강도나 기능에 착안하여 만든 것이었으나, 최근에는 사용자의 취급 용이성을 고려한 설계가 필요로 하고 있다. 즉, 소비자가 기계제품을 실수를 안하고 사용하기 위해서, 조작하기 쉽도록 하여 설계를 해야 한다.

(2) 다양한 기능

고령자와 장애자가 기계를 사용한 경우에 방해가 되는 여러 가지 장벽을 없앤다는 배리어 프리(Barrier free : 장벽 제거)도 중요하며, 건축설계 분야에서는 서서히 확립되어 가고 있으나, 기계설계에 있어서는 아직 충분히 확립되었다고 생각하지 않는 게 현상이다.

(3) 유니버설디자인

모든 사람들에게 사용하기 쉽도록 하기 위해서, 기계부품과 건축물 등을 설계(디자인)하는 방법을 유니버설로 표현되어, **유니버설디자인**은 장벽 제거의 생각도 다르고, 특정의 사용자를 위한 특별한 설계를 필요로 하는 것은 없다. 따라서, 지금부터 설계는, 장벽을 제거하고, 유니버설디자인을 고려한 것을 받아 드리는 것이 필요하다.

2) 환경에 친근한 설계

(1) 기계와 환경

기계는 인간의 생활을 편리하게 하기 위한 것인데, 그러나 기계를 만들 때, 혹은, 사용하는 것에 의해 지구환경이 악화되는 것을 부정할 수 없다. 항상 이용하고 있는 자동차, 선박, 항공기 등은 생활에 편리하지만 그 엔진에서 배출되는 유해가스는 지구환경을 서서히 악화시키고 있는 것이 분명하다. 이러한 문제를 해결하기 위한 방법이 있지만, 이제부터는 기계 설계자의 과제이다.

(2) 리사이클 설계

현재, 자원과 에너지의 유효한 이용한 관점에서, 기계부품의 재활용을 고려한 설계가 필요로 하고 있다. 현재 쓰다 버린 자동차와 가전제품, 기타 공업 제품의 불법 투기가 큰 사회적 문제가 되고 있어, 지금부터 기계는 에너지의 유효 이용과 환경 보존을 위한 것, 폐기물을 가능한 적게 나오는 기계설계가 필요로 하고 있다.

① 제품의 분해와 부품의 탈부착이 용이한 구조로 한다.

② 리사이클을 위한 대단한 비용이 필요로 하고, 산업·사업으로 구성되지 못하고, 리사이클을 위한 시간을 절감할 수 있는 설계를 한다.

③ 제품을 완성시키기까지의 필요한 자원 소비량을 될 수 있는 한 적게 하는 것이 중요하다.

④ 사용될 제품에서 발생하는 폐기물을 될 수 있는 한 적게 하는 설계가 필요하다.

3) 라이프사이클 악세스먼트(LCA) (1.3항에 자세한 설명)

광범위한 환경으로의 영향을 평가하기 위해, LCA라 불리는 해석 수법의 이용이 진행되고 있다. 이것은 원료 조달에서 제조, 유통, 사용, 폐기, 리사이클까지의 제품의 흐름을 대상으로 하는 환경 평가 수법이다. 각 단계로 투입된 자원과 에너지를 예상으로, 환경과 자원 고갈 등으로 영향을 평가하는 것에 의해서, 환경개선을 목표로 하는 것이다.

지금까지 기계설계는, 이와 같은 해석수법을 활용하여, 기계부품의 평가와 환경에 미치는 영향을 확실하게 해 둘 필요가 있다.

2.3 국가직무능력표준화(NCS)의 활용(기계설계 부문)

국가직무능력표준(NCS : National Competency Standards)은 산업현장에서 직무를 수행하기 위해 요구되는 지식 · 기술 · 소양 등의 내용을 국가가 산업부문별 · 수준별로 체계화한 것으로, 산업현장의 직무를 성공적으로 수행하기 위해 필요한 능력(지식, 기술, 태도)을 국가적 차원에서 표준화한 것을 의미한다.

그간 직업교육 · 훈련-자격이 연계되지 않은 상태로 산업현장에서 요구하는 직무수행능력과 괴리되어 실시됨에 따라 인적자원개발이 비효율적이라는 비판을 해소하기 위해 NCS를 도입한 것이다.

그림 1-17 국가직무능력표준 개념도

2.3.1 NCS의 대분류

이 표준화시스템은 각 분야별로 직무를 세분화하여 현재 900여 종이 등록되어 있고, 계속 추가하여 등재될 예정이다. 전 산업 분야에서 각각의 분야별로 코드로 구분한 것이다.

01. 사업관리, 02. 경영 · 회계 · 사무, 03. 금융/보험, 04. 교육/자연, 05. 법률/경찰, 06. 보건/의료, 07. 사회복지 · 종교, 08. 문화예술 · 디자인, 09. 운전 · 운송, 10. 영업판매, 11. 경비 · 청소, 12. 숙박 · 여행 · 오락, 13. 음식서비스, 14. 건설, 15. 기계, 16. 재료, 17. 화학, 18. 섬유 · 의복, 19. 전기전자, 20. 정보통신, 21. 식품가공, 22. 인쇄 · 목재 · 가구 · 공예, 23. 환경 · 에너지, 24. 농림어업

각 분야별로 상세하게 분류를 보면,
① **대분류**, ② **중분류**, ③ **소분류**, ④ **세분류(직무)**, ⑤ **능력단위**, ⑥ **요소**로 나누어진다. 예를 들어, 위 01의 대분류 01. **사업관리**에서 중분류는 사업관리, 소분류는 01. 프로젝트관리 02. 해외관리로 되어 있고, 위 01의 프로젝트관리를 **세분류**하면, 01. 공적자원개발, 02. 프로젝트관리, 03. 산학협력 관리로 되고, 다시 02의 해외관리를 예를 들면, **세분류**로 하면, 01. 해외법인설립관리, 02. 해외취업 관리로 분류된다. 이런 식으로 대분류에서 세분류로 상세하게 나열된다.

따라서, 본 서적과 직접 연관이 되는 대분류 15의 기계 분야에서, **중분류(대분류 기계분야에서)** 총 10개 부문으로, 01. 기계설계, 02. 기계가공, 03. 기계조립 · 관리, 04. 기계품질관리, 05. 기계장치설치, 06. 자동차제조로 분류가 되고, **소분류(01. 기계설계에서)** 총 29개 부문으로 01. 설계기획, 02. 기계설계로 세분화 된다.

▶세분류(01. 설계기획에서) 총 115개 부문으로 01. 기계설계기획, 02. 기계개발기획, 03. 기계조달 04. 기계마케팅으로 분류가 된다.

▶세분류(02. 기계설계의 소분류에서) 01. 기계요소설계, 02. 기계시스템설계, 03. 구조해석설계, 04. 기계제어설계로 구분된다.

소분류(02. 기계가공에서 소분류는) 01. 절삭가공, 02. 특수가공, 03. 금형으로 분류가 되고, ▶절삭가공 (01)의 세분류는 01. 선반가공, 02. 밀링가공, 03. 연삭가공, 04. CAM, 05. 측정, 06. 성형가공, ▶특수가공(02)의 세분류는 01. 방전가공, 02. 레이저가공, 03. 워터젯가

공, 04. 플라즈마 가공, ▶금형(03)의 **세분류**는 01. 사출금형설계, 02. 사출금형제작, 03. 사출금형품질관리, 04. 사출금형조립, 05. 프레스금형 설계, 06. 프레스금형제작, 07. 프레스금형품질관리, 08. 프레스 금형조립으로 분류되고, 03. **기계조립 · 관리**에서 **소분류**는 01. 기계조립, 02. 기계생산관리, ▶**기계조립의 세분류**는 01. 기계수동조립, 02. 기계소프트웨어설계, 03. 기계하드웨어개발, 04. 기계펌웨어개발, ▶**기계생산관리의 세분류**는 01. 기계생산관리계획, 02. 기계자재관리, 03. 기계공정관리, 04. 기계생산성관리, 05. 기계작업감독, ▶04. **기계품질관리**에서 **소분류**는 01. 기계품질관리, 02. **소분류,** 01. 기계품질관리

　▶05. 기계장치설치에서 소분류는 01. 기계장비설치 · 정비, 02. 냉동공조설비, ▶기계장비 설치 · 정비의 세분류는 01. 운반하역기계설치 · 정비, 02. 건설광산기계설치 · 정비, 03. 섬유기계설치 · 정비, 04. 공작기계설치 · 정비, 05. 고무프라스틱기계설치 · 정비, 06. 농업용기계설치 · 정비, 07. 승강기설치 · 정비, ▶냉동공조설비의 세분류는 01. 냉동공조설계, 02. 냉동공조설치, 03. 냉동공조유지보수관리로 구분되어 있고,

　▶자동차제조에서 소분류는 01. 자동차설계, 02. 자동차제작, 03. 자동차정비, 04. 자동차정비관리, 05. 자동차관리, ▶07. **철도차량제작 소분류**는 01. 철도차량설계 · 제작, 02. 철도차량유지보수, ▶08. **조선 소분류**는 01. 선박설계, 02. 선체건조, 03. 선체의장생산, 04. 선박품질관리, 05. 선박생산관리, 06. 시운전, 07. 선박정비, ▶09. **항공기제작 소분류**는 01. 항공기설계, 02. 항공기정비, 03. 항공장비관리, …….

표 1-11　국가직무능력표준 분류체계 세부 분류기준

분 류	분류 기준
대분류	직능유형이 유사한 분야(한국고용직업분류 참조)
중분류	대분류 내에서 직능유형이 유사한 분야 대분류 내에서 산업이 유사한 분야 대분류 내에서 노동시장이 독립적으로 형성되거나 경력개발경로가 유사한 분야 중분류 수준에서 산업별인적자원개발협의체(SC)가 존재하는 분야
소분류	중분류 내에서 직능유형이 유사한 분야 소분류 수준에서 산업별인적자원개발협의체(SC)가 존재하는 분야
세분류	소분류 내에서 직능유형이 유사한 분야 한국고용직업분류의 직업 중 대표 직무

이와 같이 각 분야별 세분화하여 직무 수행을 하는데 필요한 지식, 기술들을 수준별로 구분하여 만든 교육훈련 지침의 하나이다.

표 1-12 국가직무능력표준 분류체계도(예시)

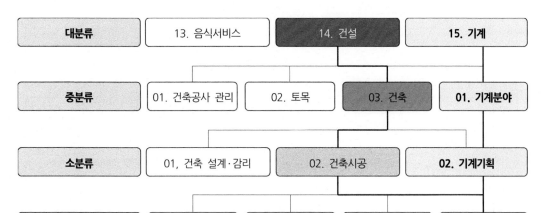

그림 1-18 국가직무능력표준 분류체계도

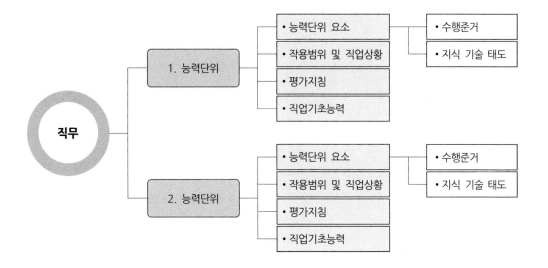

표 1-13 기계설계분야 핵심역량별 구분과 교육훈련 수요

수준/유형	기계설계 공통	설계기획	기계요소설계	기계시스템설계	기계제어설계		구조해석설계
4 Level		경제성평가 3.0					
	업무협의 1.0	사업개요분석 2.1					
	설계관리 2.3	설계조건 및 방식결정 5.2					
3 Level	신뢰성평가 4.1			동력전달 시스템설계 7.0	계측제어 설계 5.2	제어사양 작성 1.6	설계 최적화 14.0
	모델링종합평가 1.5			유압시스템 설계 12.7	제어방법 선정 -	공정흐름도 작성 9.9	구조해석 검증평가 -
	품질문제대응 3.0	설계원가산정 8.7		요소부품 제작성검토 16.3	제어성능 시험평가 26.0	제어로직 설계 19.5	구조해석 검증평가 8.1
	교육훈련 0.6	설계종합계획 수립 8.3	기구해석 25.9	레이아웃 설계 7.4	제어시물 레이션 9.5	제어인터페이스 1.6	해석용 모델링 7.3
	기술지원제공 1.4	기계형식인증검토 10.4	설계검증 27.0	매커니즘 구성 18.3			
2 Level	설계도서작성 11.0						
	품질관리 20.9						
	복합형상 모델링 5.8						
	도면해독 2.0						
	설계관련 정보 수집 및 분석 5.6						정역학 해석 16.0
	성능시험 7.4	특허관련 정보파악 6.6	설계계산 11.6	치공구설계 5.4			동역학 해석 13.3
	기술자료작성 0.6	요구사항분석 44.0	동력전달 요소설계 23.6	요소부품 설계검토 23.8	제어성검토 17.9		열/유체 해석 15.7
	설계관련 표준화제공 2.2	프리젠테이션 11.9	유압요소 설계 11.9	요소부품 재질검토 9.1	제어프로그램 작성 8.7		진동/소음해 석 25.5
1 Level	설계도면작성 19.0						
	단순형상 모델링 10.8						

출처 : 기계설계분야 교육훈련 수요조사(2009년, 한국기계산업진흥회)

2.3.2 능력단위의 구분

능력단위분류번호, 능력단위정의, 능력단위요소(수행준거, 지식·기술·태도), 적용범위 및 작업상황, 평가지침, 직업기초능력으로 구성능력단위는 능력단위분류번호, 능력단위정의, 능력단위요소(수행준거, 지식·기술·태도), 적용범위 및 작업상황, 평가지침, 직업기초능력 으로 구성되어 있다.

2.3.3 수준체계의 구분

국가직무능력표준의 수준체계는 산업현장 직무의 수준을 체계화한 것으로, '산업현장-교 육훈련-자격' 연계, 평생학습능력 성취 단계 제시, 자격의 수준체계 구성에서 활용하며, 국 가직무능력표준을 개발할 때 8단계의 수준체계에 따라 능력단위 및 능력단위요소별 수준을 평정하여 제시한다.

표 1-14 능력단위, 능력단위별 정의

구성 항목	내 용
01. 능력단위분류번호 (Competency unit code)	- 능력단위를 구분하기 위하여 부여되는 일련번호로서 14자리로 표현
02. 능력단위명칭 (Competency unit title)	- 능력단위의 명칭을 기입한 것
03. 능력단위정의 (Competency unit description)	- 능력단위의 목적, 업무수행 및 활용범위를 개략적으로 기술
04. 능력단위요소 (Competency unit element)	- 능력단위를 구성하는 중요한 핵심 하위능력을 기술
05. 수행준거 (Performance criteria)	- 능력단위요소별로 성취여부를 판단하기 위하여 개인이 도달해야 하는 수행의 기준을 제시
06. 지식·기술·태도(KSA)	- 능력단위요소를 수행하는 데 필요한 지식·기술·태도
07. 적용범위 및 작업상황 (Range of variable)	- 능력단위를 수행하는데 있어 관련되는 범위와 물리적 혹은 환경적 조건 - 능력단위를 수행하는 데 있어 관련되는 자료, 서류, 장비, 도구, 재료
08. 평가지침 (Guide of assessment)	- 능력단위의 성취여부를 평가하는 방법과 평가시 고려되어야 할 사항
09. 직업기초능력 (Key competency)	- 능력단위별로 업무 수행을 위해 기본적으로 갖추어야할 직업능력

2.3.4 기계설계 직종의 정의

① **설계기획** : 기계설계를 목적으로 경제성, 기술성을 분석하고, 설계의 적합성과 기능 구현방법을 검토하여 설계기획을 수립하는 직종이다.

② **기계시스템설계** : 요구되는 기계의 성능을 실현하기 위해 메커니즘 설정, 역학적 분석, 기계요소의 통합적 구성관계 및 동작방법 검토 및 결정하고 설계하는 직종이다.

③ **기계요소설계** : 기계를 구성하고 있는 기본요소단위를 설계하기 위하여 기능품의 선정과 제조방법을 고려한 요소의 강도, 형상, 구조를 결정하여 적합한 규격을 검토 및 설계하는 직종이다.

④ **기계제어설계** : 기계장비나 설비 및 시스템의 구동을 위해, 제어대상 및 인터페이스를 설계하고, 제어계를 구성 설계하는 직종이다.

⑤ **구조해석설계** : 기계의 성능, 안정성 및 신뢰성 확인을 위해 이론적 계산, 컴퓨터응용 해석을 통한 역학적 해석으로 설계를 검증하는 직종이다.

2.3.5 기계설계 직종의 정의

① **4수준** : 최고의 숙련으로 광범위한 기술적 감독을 수행하고 다른 작업자를 통솔하거나, 지시, 감독하며, 전반적인 조직 운영의 차원에서 조직 내 주요 기능들을 통합 조정하는 업무를 수행할 수 있다.

② **3수준** : 폭 넓은 훈련과 개발을 통하여 습득된 기법, 실무 및 이론의 적용을 필요로 하고, 전반적인 조직운영의 차원에서 조직 내 주요 기능들을 단독 또는 보조자를 지도하여 수행하며, 특성과 목표가 동질적인 활동들을 단독 수행할 수 있다.

③ **2수준** : 비교적 고도의 숙련도와 기능을 갖고 나름대로 축적된 전문적인 기술을 필요로 하며, 특성과 목표가 비교적 동질적인 활동들을 단독 또는 보조자를 지도하여 수행할 수 있다.

④ **1수준** : 지시에 따라 기본적인 읽기/쓰기 능력과 수리능력을 사용하는 단순/반복적인 기계조작 또는, 기본적인 설계도면을 이해하고 간단한 측정을 하고, 관련된 활동들에 대한 일반적인 인식하에, 구체적인 목표와 내용을 가진 활동들을 수행할 수 있다.

2.3.6 직급별 직무능력 수준

직능 유형별과 직급수준에 따라서, 담당하는 직급에 따른 직무의 상세한 설명과 직무수행의 능력을 구분한다.

표 1-15 직급별 직무능력수준

직능유형	직급수준	직급명	설명	직무수행 능력
기계설계 공통	4	팀장(임원)관리 책임자	• 최고의 숙련으로 광범위한 기술감독 가능 • 조직운영 차원에서 주요 기능 통합, 조정	• 업무협의, 설계관리
	3	부장(차장)/ 전문가	• 실무 및 이론의 적용을 통하여 주요 기능 수행 • 조직운영차원에서 동질적 활동 단독 수행 가능	• 신뢰성, 모델링평가 교육 훈련, 기술지원 등
	2	대리(과장)/ 숙련자	• 비교적 고도의 숙련도와 기능을 갖춘 단계 • 전문적 기술로 보조자의 지도 및 수행 가능	• 도면해독, 자료작성, 품질관리 등
	1	사원/입직자(신입)	• 단순반복 기계조작 • 설계도 이해 및 측정 등 일반적 활동	• 단순형상 모델링, 설계도면작성
설계기획	4	팀장(임원)관리 책임자	• 최고의 숙련으로 광범위한 기술감독 가능 • 조직운영 차원에서 주요 기능 통합, 조정	• 경제성 평가, 사업개요 분석, 설계조건 및 방식 결정
	3	부장(차장)/ 전문가	• 실무 및 이론의 적용을 통하여 주요 기능 수행 • 조직운영차원에서 동질적 활동 단독 수행 가능	• 원가산정, 기계형식 인증 검토, 설계계획수립 등
	2	대리(과장)/ 숙련자	• 비교적 고도의 숙련도와 기능을 갖춘 단계 • 전문적 기술로 보조자의 지도 및 수행 가능	• 프레젠테이션, 요구사항 분석, 정보파악 등
	1	사원/입직자 (신입)	• 단순반복 기계조작 • 설계도 이해 및 측정 등 일반적 활동	• 설계기획관련 기본 정보 수집 등
기계 시스템 설계	4	팀장(임원)관리 책임자	• 최고의 숙련으로 광범위한 기술감독 가능 • 조직운영 차원에서 주요 기능 통합, 조정	• 시스템설계 총괄/감독
	3	부장(차장)/ 전문가	• 실무 및 이론의 적용을 통하여 주요 기능 수행 • 조직운영차원에서 동질적 활동 단독 수행 가능	• 기구해석, 설계 검증 등
	2	대리(과장)/ 숙련자	• 비교적 고도의 숙련도와 기능을 갖춘 단계 • 전문적 기술로 보조자의 지도 및 수행 가능	• 설계계산, 요소설계 등
	1	사원/입직자 (신입)	• 단순반복 기계조작 • 설계도 이해 및 측정 등 일반적 활동	• 시스템설계 지원 기본

직능유형	직급수준	직급명	설명	직무수행 능력
기계요소설계	4	팀장(임원)관리책임자	• 최고의 숙련으로 광범위한 기술감독 가능 • 조직운영 차원에서 주요 기능 통합, 조정	• 시스템설계 총괄/감독
	3	부장(차장)/전문가	• 실무 및 이론의 적용을 통하여 주요 기능 수행 • 조직운영 차원에서 동질적 활동 단독 수행 가능	• 유압시스템, 레이아웃, 메커니즘 구성 등
	2	대리(과장)/숙련자	• 비교적 고도의 숙련도와 기능을 갖춘 단계 • 전문적 기술로 보조자의 지도 및 수행 가능	• 요소부품설계(재질)검토
	1	사원/입직자(신입)	• 단순반복 기계조작 • 설계도 이해 및 측정 등 일반적 활동	• 요소설계 기본지원
기계제어설계	4	팀장(임원)관리책임자	• 최고의 숙련으로 광범위한 기술감독 가능 • 조직운영 차원에서 주요 기능 통합, 조정	• 기계제어설계 총괄/감독
	3	부장(차장)/전문가	• 실무 및 이론의 적용을 통하여 주요 기능 수행 • 조직운영 차원에서 동질적 활동 단독 수행 가능	• 제어인터페이스, 로직설계 및 사양서 작성 등
	2	대리(과장)/숙련자	• 비교적 고도의 숙련도와 기능을 갖춘 단계 • 전문적 기술로 보조자의 지도 및 수행 가능	• 제어성 검토 및 프로그램 작성
	1	사원/입직자(신입)	• 단순반복 기계조작 • 설계도 이해 및 측정 등 일반적 활동	• 프로그램 작성 기본
구조해석설계	4	팀장(임원)관리책임자	• 최고의 숙련으로 광범위한 기술감독 가능 • 조직운영 차원에서 주요 기능 통합, 조정	• 구조해석설계 총괄/감독
	3	부장(차장)/전문가	• 실무 및 이론의 적용을 통하여 주요 기능 수행 • 조직운영 차원에서 동질적 활동 단독 수행 가능	• 설계최적화, 평가, 안전대책수립 등
	2	대리(과장)/숙련자	• 비교적 고도의 숙련도와 기능을 갖춘 단계 • 전문적 기술로 보조자의 지도 및 수행 가능	• 정역학/동역학 해석 • 열/유체/진동/소음 해석
	1	사원/입직자(신입)	• 단순반복 기계조작 • 설계도 이해 및 측정 등 일반적 활동	• 구조해석 설계 기본

표 1-16 개발 시 8단계의 수준체계에 따라 능력단위 및 능력단위 요소별 수준

수 준	항 목	내 용
8수준	정의	- 해당 분야에 대한 최고도의 이론 및 지식을 활용하여 새로운 이론을 창조할 수 있고, 최고도의 숙련으로 광범위한 기술적 작업을 수행할 수 있으며 조직 및 업무 전반에 대한 권한과 책임이 부여된 수준
	지식기술	- 해당 분야에 대한 최고도의 이론 및 지식을 활용하여 새로운 이론을 창조할 수 있는 수준 - 최고도의 숙련으로 광범위한 기술적 작업을 수행할 수 있는 수준
	역량	- 조직 및 업무 전반에 대한 권한과 책임이 부여된 수준
	경력	- 수준 7에서 2~4년 정도의 계속 업무 후 도달 가능한 수준
7수준	정의	- 해당 분야의 전문화된 이론 및 지식을 활용하여, 고도의 숙련으로 광범위한 작업을 수행할 수 있으며 타인의 결과에 대하여 의무와 책임이 필요한 수준
	지식기술	- 해당분야의 전문화된 이론 및 지식을 활용할 수 있으며, 근접 분야의 이론 및 지식을 사용할 수 있는 수준 - 고도의 숙련으로 광범위한 작업을 수행하는 수준
	역량	- 타인의 결과에 대하여 의무와 책임이 필요한 수준
	경력	- 수준 6에서 2~4년 정도의 계속 업무 후 도달 가능한 수준
6수준	정의	- 독립적인 권한 내에서 해당분야의 이론 및 지식을 자유롭게 활용하고, 일반적인 숙련으로 다양한 과업을 수행하고, 타인에게 해당분야의 지식 및 노하우를 전달할 수 있는 수준
	지식기술	- 해당분야의 이론 및 지식을 자유롭게 활용할 수 있는 수준 - 일반적인 숙련으로 다양한 과업을 수행할 수 있는 수준
	역량	- 타인에게 해당분야의 지식 및 노하우를 전달할 수 있는 수준 - 독립적인 권한 내에서 과업을 수행할 수 있는 수준
	경력	- 수준 5에서 1~3년 정도의 계속 업무 후 도달 가능한 수준
5수준	정의	- 포괄적인 권한 내에서 해당 분야의 이론 및 지식을 사용하여 매우 복잡하고 비일상적인 과업을 수행하고, 타인에게 해당 분야의 지식을 전달할 수 있는 수준
	지식기술	- 해당 분야의 이론 및 지식을 사용할 수 있는 수준 - 매우 복잡하고 비일상적인 과업을 수행할 수 있는 수준
	역량	- 타인에게 해당 분야의 지식을 전달할 수 있는 수준 - 포괄적인 권한 내에서 과업을 수행할 수 있는 수준
	경력	- 수준 4에서 1~3년 정도의 계속 업무 후 도달 가능한 수준
4수준	정의	- 일반적인 권한 내에서 해당분야의 이론 및 지식을 제한적으로 사용하여 복잡하고 다양한 과업을 수행하는 수준
	지식기술	- 해당분야의 이론 및 지식을 제한적으로 사용할 수 있는 수준 - 복잡하고 다양한 과업을 수행할 수 있는 수준
	역량	- 일반적인 권한 내에서 과업을 수행할 수 있는 수준
	경력	- 수준 3에서 1~4년 정도의 계속 업무 후 도달 가능한 수준

수 준	항 목	내 용
3수준	정의	- 제한된 권한 내에서 해당분야의 기초 이론 및 일반 지식을 사용하여 다소 복잡한 과업을 수행하는 수준
	지식기술	- 해당 분야의 기초이론 및 일반 지식을 사용할 수 있는 수준 - 다소 복잡한 과업을 수행하는 수준
	역량	- 제한된 권한 내에서 과업을 수행하는 수준
	경력	- 수준 2에서 1~3년 정도의 계속 업무 후 도달 가능한 수준
2수준	정의	- 일반적인 지시 및 감독 하에 해당분야의 일반 지식을 사용하여 절차화 되고 일상적인 과업을 수행하는 수준
	지식기술	- 해당분야의 일반 지식을 사용할 수 있는 수준 - 절차화 되고 일상적인 과업을 수행하는 수준
	역량	- 일반적인 지시 및 감독 하에 과업을 수행하는 수준
	경력	- 수준 1에서 6~12개월 정도의 계속 업무 후 도달 가능한 수준
1수준	정의	- 구체적인 지시 및 철저한 감독 하에 문자이해, 계산능력 등 기초적인 일반지식을 사용하여 단순하고 반복적인 과업을 수행하는 수준
	지식기술	- 문자이해, 계산능력 등 기초적인 일반 지식을 사용할 수 있는 수준 - 단순하고 반복적인 과업을 수행하는 수준
	역량	- 구체적인 지시 및 철저한 감독 하에 과업을 수행하는 수준

2.4 설계 데이터관리와 Soft Ware의 구성

2.4.1 설계 Data관리시스템(PDM : Product Data Management)

CAD에 의해 설계데이터 관리가 중요하게 되어, 데이터의 보존만 아니라, 과거의 데이터를 효율적으로 검색하고, 활용하는 것이 중요하다. 특히, 네트워크를 매개로 하여 CAD를 운용하는 기술정보시스템에서는, 제품 데이터를 한꺼번에 관리하는 것이 불가피하게 되었다.

설계데이터의 관리레벨을 다음 그림 1-19와 같이, 최고로 하위에는 상용 CAD의 초기 단계에서 채용되고 있는 것이, **도면관리시스템**이라는 것이고, 이 시스템의 기본이 되는 기능은 파일관리로 백업(Back up)이지만, 그 위의 도면파일 데이터의 설계 정보를 관리하는 기능이 있고, 이것에 의해 다양한 속성의 Key(도번, 작성일자, 설계자 등)에 의해서 도면 검색이 가능해지고, 여기에 도면을 중심으로 한 설계프로세스관리 기능으로 한 작업 도면(Raster데이터로 변환)과, CAD도면과 문서의 총합관리, 부품 정보시스템과의 링크 연결, 네트워크를 매개로 한 설계데이터의 활용, 복수의 CAD 애플리케이션의 대응 등이 가능하게 된다. 이것이

도면관리와 설계데이터관리를 복합적으로 관리하는 시스템이다.

　최상위의 **설계데이터관리시스템**은, PDM(Product Data Management system)이다. PDM은
제품 데이터관리시스템이라 말하는 것과 같이, 도면 등의 형상 데이터에는 말로 할 수 없는
기술정보 등의 관리, 제품 구성정보, 프로세스관리 등 제품에 관한 전부의 데이터(제품데이
터·Product데이터)를 관리하는 시스템이다. 이것들에 의해 기술정보시스템의 핵심으로 하
는 CAD의 위치 연결할 수 있게 하여, **관리정보시스템**과의 연결도 가능해진다.

　도면관리시스템, 설계데이터관리시스템, 제품데이터관리시스템의 구축에는, 크게 2가지
방법으로, 하나는 특정 CAD의 애플리케이션 소프트로 하여 제공되는 관리시스템을 활용하
는 방법이 있고, 다른 하나는 독립된 데이터베이스시스템을 채용하는 방법이다. 모두 릴레
이셔널(Relational) 데이터베이스(RDB)를 사용하여, PDM으로는 목적 지향을 도입한 시스템
도 많이 있다.

그림 1-19　설계 데이터 관리시스템의 레벨

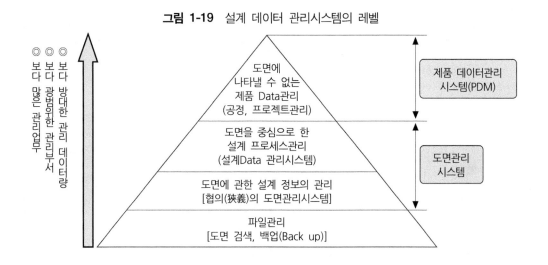

　다음 그림 1-20은 설계프로세스에서 관련된 부문이 적용되어져야 할 요소로, 과정별 회의
를 통해서 Spec을 결정해야 하는데, 기본 시방서에 있는 주어진 제약조건들이 하드웨어와
소프트웨어 부문으로, 설계기술의 기본 사항과, 요구사항을 만족하기 위한 사전 검토와 협의
가 이루어져야 한다.

그림 1-20 설계과정에서 연관되는 부분의 사고(思考)

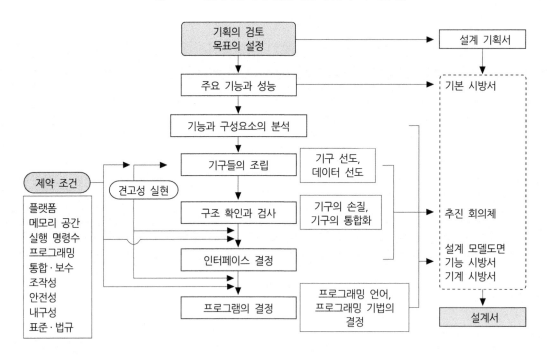

2.4.2 구조화 데이터의 종류와 관리

데이터들을 표시하는 방법에는 실제로 프로그램으로 사용하기 위해서는, 어떤 언어로 기술해야 할 필요가 있고, 그 기능은 보통 **모델링언어, 프로그래밍언어, 데이터기술언어** 등이 제공되고 있다. 여기서는, 이것을 사용하기 위해서 필요로 하는 부분을 설명한다.

① 형타입 : 데이터를 구체적으로 언어로 표현하기 위한 기본은 "형(Type)이라 생각한다" 예로, '홍길동'이라는 속성은 값으로 하여, 무엇으로 취할 수 있는가, 한자, 알파벳, 특수문자, 기호 등도 데이터에는 취할 수 있는 값의 종류와 범위라는 것이며, 이것을 형(型)이라 하며, 엄밀하게는 종류, 범위도 속성에 의해 여러 가지이며, 소프트웨어로서 기술(記述) 가능한 종류, 범위에 한계가 있어, 보통은 가능한 한 가까운 종류, 범위로 기술하게 된다.

② 기본형 : 문자, 문자열, 정수(整數) 등 최고 기본적이라 생각되는 형으로, 이것은 이름, 연령 등 하나 하나의 속성이라는 값을 취할 것인가를 표현할 때 사용한다.

③ 배열형 : 같은 데이터형을 반복하여 늘어 놓고서, 그것을 번호로 액세스할 수 있도록 하는 것으로, 기본 데이터를 생각한다면, 문자배열과 정수배열 등으로 표현하는 것이

가능하다.

④ 열거형 : 유한집합의 개념을 기술하기 위한 것으로, 예를 들어, 트럼프카드의 종류는 조카를 제외하고, 스페이드, 하트, 클로버, 다이아몬드의 4종 밖에 없어, 이와 같은 경우에는 카드 종류가, 이 4가지만 취하지 않기를 표현하기 위해서는 유효한 방법이다.

⑤ 포인트형 : 데이터를 지시하기 위한 것으로, 이 방법은 데이터의 관계를 직접적으로 꾸미는 경우에 유리하다. 데이터의 관계가 복잡한 경우, 동적으로 추가하여, 데이터의 중복을 배제하고 싶을 때 사용하고, 데이터 영역이 연속 영역에 있지 않아도 적용이 가능한 방법이다.

⑥ 구조체 : 복수의 데이터를 조합시켜 묶을 때 사용하며, 문자열, 수치, 논리치, 포인트 등의 데이터형을 가진 속성들로, 센스와 액추에이터를 제어하고 짜 넣는 시스템이며, 하드웨어의 자원을 관리하는 미들웨어(Middle ware) 등도 있다. 물론, 중간에 문자 배열과 수치배열 등이 포함되어 있을 수 있고, 이것들의 구조체를 **제어표(컨트롤러테이블)**로 부른다. 제어표는 다양한 하드웨어와 시스템의 이름, 상태, 관계 등을 보유하거

그림 1-21 데이터의 종류와 구조

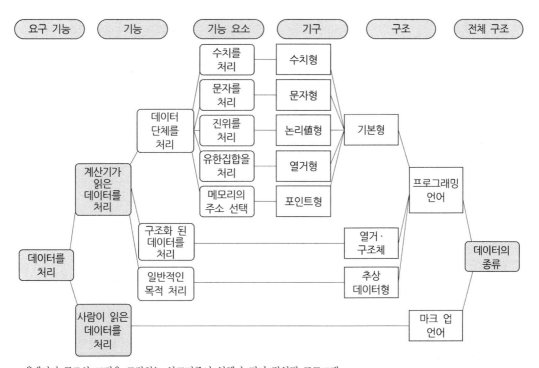

*데이터 구조와 그것을 조작하는 알고리즘이 일체가 되어 정의된 프로그램

나, 그 체계는 폭을 관리하기 위한 대상의 관계성을 나타내게 된다.

⑦ 추상 데이터(abstract data)형 : 더 넓은 범용성을 가진 생각을 추상데이터이라 부르고, 이 생각은 데이터를 구조화 하는 것만 아니고, 구조를 취급하기 위한 기능도 같이 정의되며, 묶어 취급되어 진다. 이것을 일반적으로는 오브젝트(object)로 불리며, 이 생각은 일관화된 모델링수법을 **오브젝트지향모델링**, 프로그래밍수법을 **오브젝트지향프로그래밍**이라 한다.

⑧ 마크업(mark up)형 : 이 방법은 전체 메모리 상의 데이터영역의 구조화에 관한 방법이었으며, CPU로 연산하기 위한 데이터의 구조화가 아닌, 축적 · 이용하기 위한 데이터 구조화가 이 방법이다. 메모리 상의 구조화 된 데이터는 그대로 이나, 어떠한 구조를 하고 있는가를 판별은 되지 않는다. 기술된 데이터의 읽어 드림을 올리려고 하며, 데이터 구조 그 자체를 아는 정보와 함께 데이터를 저장하여 둘 필요가 있다. 이를 가능하게 하는 것이 태그(Tag) 부착 문서이다. 이러한 수치를 같이 기술하는 것으로, 이것을 기술 가능하도록 하는 언어를 XML(eXtended Markup Language)라 한다.

⑨ 별명(alias) : 데이터를 구조화 할 때, 여러 가지의 데이터항목에 이름을 붙이거나, 어떤 프로그램에서 A라고 하는 이름, 별도의 프로그램에서는 X라는 이름으로 액세스하고자 할 경우가 있을 때, 이것에 대응하기 위해서 프로그래밍언어로 별명을 붙이기 위해 기술방법을 준비하는 게 있다.

별명은 언뜻 편리한 방법으로 생각되지만, 만약, 같은 영역에 별도의 이름이 별도의 의미로 붙여져 있어, 한 쪽의 프로그램에서 요구로 영역을 확장하거나 변경할 필요가 있을 경우 대처 방법이 상당히 곤란하게 되는 경우가 있어 주의가 필요로 하고, 데이터 항목의 이름은 한 사람, 한 마디의 원칙을 지키는 것이 보수성을 좋게 하는 것도 있다.

2.4.3 소프트웨어의 구성

소프트웨어에 관한 기본적인 기능에서는, 만들어야 하는 소프트웨어가 가져야 할 필요한 기능을 생각하고, 이들의 기능을 만족하도록 기구와 구조를 구상하는 데는, 소프트웨어가 갖고 있는 기능은 다양하기 때문이고, 그 중에는 공통으로 되는 기능이 꾀 있다. 기본적인 기능과 구조에 대한 5가지를 다음과 같이 구분된다.

① 데이터를 입출력하는 기능, ② 데이터를 연산하는 기능, ③ 데이터를 관리하는 기능,

④ 데이터영역을 관리하는 기능, ⑤ 데이터처리의 흐름을 제어하는 기능이 있다.

또한, 이들의 기본기능에서 파생하는 기능을 포함된 것을 다음 그림 1-22에 나타낸다.

그림 1-22 소프트웨어의 기본 기능

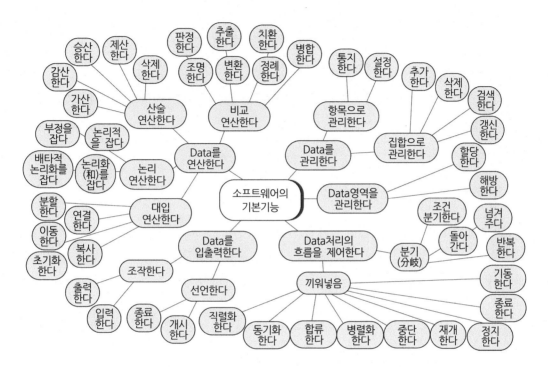

1) 전제가 되는 소프트웨어의 지식

소프트웨어의 기능을 이해하기 전에, 먼저, 개인PC의 기본적인 하드웨어의 구성과 설명으로, 현재 갖춘 PC의 5가지 기능들이 왜 필요한지 설명하고, 수중에 내부를 관찰할 수 있는 PC가 있을 경우, 꼭 확인해야 한다.

2) 데이터의 흐름과 소프트웨어의 기능

소프트웨어를 생각할 때 필요로 하는 것으로, 소프트웨어는 실행되기까지는 2차 기억장치 중에 저장되지만, 실행 때에는 주기억장치에 전송이 되고, 프로그램되어 실행이 된다. 이것은 CPU가 주기억장치에서 대상 밖에 일을 할 수 없기 때문이고, 또한, 주기억장치는 휘발성이지만, 2차 기억장치는 불휘발성이다.

3) 하드웨어기능과 소프트웨어기능의 관계

하드웨어가 제공되는 기능은 CPU가 제공하는 하드웨어 명령, 또는 입출력 장치의 명령으로서 실장(實裝)되어 지고, 소프트웨어는 그것들의 기능을 구사하여 실행되어진다. 아무리 고도화되어 있어도 전체 소프트웨어기능은 그것들을 분해하면 하드웨어명령을 조합되어 표현할 수 있는 것이다.

4) 대칭성과 안전성

이것은 중요한 기능의 대칭성과 안전성으로, 무엇을 입출력을 시작하면 최후에는 종료를 하므로, 데이터를 읽을 것이 있으면, 쓸 필요가 생길 수 있다는 것이다. 이 같은 기능을 설계할 때에는 대칭적인 기능을 고려해야 할 게 많이 있다.

5) 데이터의 표현방법

소프트웨어의 기능을 이해하는 데에서, 최고 기본적인 것의 하나로, 데이터를 보기위해서는 입력하는 곳에 데이터영역과, 내용으로는 데이터를 구별할 필요가 있고, 단위는 비트로 하여 ON경우는 1, OFF는 2로 2진수로 표기한다.

6) 예외와 예외처리

이것은 각각의 기능을 보는 것으로, 제약조건을 동시에 고려해야만 되고, 조건에 안 맞는 것은 예외로 분리하며, 이것을 처리하는 것을 캐치로 표시한다.

7) 기능을 보는 시점(視点)

소프트의 기능을 이해하기 위해서는 기본적으로 하드웨어의 동작을 동시에 이해해야 하며, 각각의 기능을 보면, 결국, 입력을 하고, 제어에 의해 나오고, 그 결과가 출력이 되며, 이상한 것이 있으면 예외로 구분되어 출력이 된다.

2.4.4 소프트웨어 설계의 제약조건

소프트웨어를 제작하는 데에는 필수적으로 고려해야 하는 점들이 있어, 이것을 제약조건이라 하며, 실제의 인터페이스와 데이터구조, 알고리즘을 정할 수 있다. 제약조건으로써 최고 중요한 것은 소프트웨어가 작동하는 하드웨어의 환경과 비기능 요구에서 오는 제약조건으로 다음 표에는 설계에 관한 제약조건을 나타낸다.

표 1-17 소프트웨어 설계에 관한 제약조건

제약 조건	주요 내용
1. 견고성	소프트웨어를 구성하는 부품 모듈에서 발생하는 예외를 전부 추출하여 적절한 예외 처리를 하고, 메모리와 디스크 용량 등의 시스템 자원이 예외처리의 반복과 처리요구를 무제한으로 받아드리는 것에 부족하지 않도록 한다.
2. 메모리 공간	메모리의 용량과 처리의 효율성의 교환(trade-off)을 고려한다.
3. 실행 명령수	데이터 구조를 연구하여 효율이 좋은 알고리즘을 고려한다.
4. 프로그래밍 가능성	표준적인 프로그램 언어로 기술될 수 있도록 알고리즘을 고려한다.
5. 통합·보수성의 용이성	모듈화를 하여 소결합(疎結合)으로 독립성이 높고, 재이용성이 있는 프로그램을 한다.
6. 조작성의 용이점	명령 명칭과 양면 구성 등, 사람이 직관적으로 이해가 되고, 용이하게 조작이 되도록 순서를 고려한다.
7. 가용성의 기능	이용 장면(場面)을 고려하여 가동률을 적절히 설정한다.
8. 안전성의 확보	데이터에는 완전성과 기밀성이 있어야 하며, 잘못 조작에 의한 오작동을 방지한다. 소프트웨어 부품의 신뢰성을 높이고, 고장이 났을 때에도 안전 측면에는 Fail·Safe기구를 갖춘다.
9. 표준·법률·규칙의 수용	기술 표준에 준하며, 법규를 만족하는 설계를 해야 한다.

2.4.5 시스템과 소프트웨어의 모델

표 1-18 소프트웨어로 취급하는 모델과 목적

모 델	목 적	설명·그림
Use Case(사용자 측) 모델	시스템의 이용 장면을 물음으로(시나리오) 하여 표현 또한, 시스템이 제공하는 이용자에게 기능을 표현한다.	- 유저 시나리오 - 유저 캐이스 도면
Architecture(건축) 모델	전체 구조의 계층관계와 각 계층 간의 기능적 교환을 표현한다.	- 계층 구조도 - 컨포넌트 도면(UML)
기구·구조 모델	유저 케이스 모델에서 추출된 요구 기능을 분석한 기능 기능요소에 대하여 그것들을 표현하는 기구를 사진으로 만든 구조로 정리하여 표현한다.	- 사고(思考) 전개도 - 글래스(유리)도면(UML)
상태(狀態) 모델	시스템의 취할 수 있는 상태로 그 천이(遷移)를 표현한다.	- 상태 천이도 - 상태 천이표 - 상태도
Sequence(순차) 모델	각 요소가 어떠한 순서로 동작하여 되는지를 표현하고 또한 그 알고리즘을 표현한다.	- 시퀀스 도면 - 플로우 차트 - 라다그래프(사다리형)

제3절 설계작업 프로세스의 승인과 검증

3.1 분석적이고 구상적인 개념생성

3.1.1 개념설계 시스템의 순서와 필요성

일반적으로 기계설계에서 요구사양의 이해를 시작으로 하여 다음과 같이 진행된다.

① **개념설계**는 착상의 모색과 결정으로, 제품 개요의 구상, 정합(整合)모델을 작성하여,

② **구상설계** 또는 **기본설계**는 구체적으로 구조화하여 기능 · 성능 검토를 하는 과정이며,

③ **상세설계**는 요소별 계산과 부분적인 실험을 하여 구조를 더 상세하게 하는 과정으로, 재료의 선택, 구조의 결정에 따른 작용하는 하중에 대한 강도와 변형 등 기술적 계산과 해석이 실시되고, 최종결과는 제도라는 작업에 의해 도면과 사양서의 형태로 나타낸다.

④ **제도화**는 컴퓨터로 그려 도면화 하는 CAD작업으로, 검도를 하여 기계의 형상을 도면으로 볼 수 있는 과정이다.

이와 같은 순서로 설계를 진행하면서 설계조건에는 사양(시방), 설계개념과 설계지침 등의 제약과 발상이 따른다. 그래서, 기계설계를 완성시키기 위해서는 기계의 구성요소의 지식이 필요로 하며, 물론 각각의 항목을 꼼꼼히 검토할 필요가 있다는 것은 말할 것도 없다.

그림 1-23 시스템설계의 순서의 기본

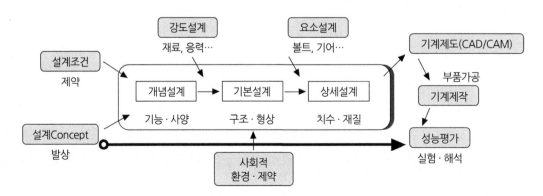

또한, 기계시스템 전체를 적당한 균형(밸런스)을 유지하는 것이 중요하고, 설계자는 항상 기계개발의 흐름과 주위의 환경을 전망하며 진행을 해야 한다는 것이다.

3.1.2 개념설계 시스템에 필요한 지식

기계설계에서는 기계를 만드는 과정에 있어서 『생각하는 작업』으로, 설계자가 여러 가지 새로운 발상을 갖고, 창조적인 진행이 중요하고, 동시에 기초적인 지식을 이용해야 한다. 기계공학적으로 재료역학, 열역학, 유체역학, 기계역학 (진동, 소음), 기구학, 계측과 제어공학, 기계재료학, 기계가공(절삭, 소성 등) 등의 기초과목과 실무지식을 배워야 한다.

실제로, 기계설계로는 위 과목들의 일부 또는 전체가 이용되고 있는데, 예를 들어 자동차의 엔진설계에서는 열역학, 기계역학 및 기구학의 지식이 기본이고, 전기·전자와의 메카트로닉스 기능들이 들어간 복합된 기술의 결정체이다.

따라서, 기계설계는 설계의 대상을 시스템적인 면을 파악하면서 진행을 해야 한다.

그림 1-24 시스템설계의 기본 관점

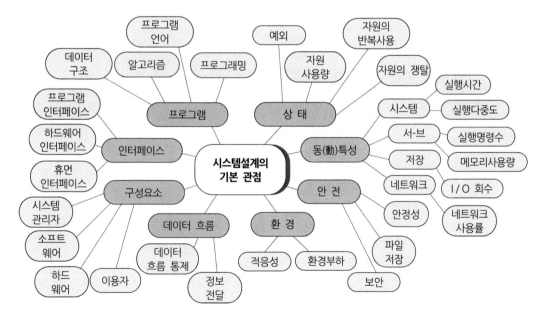

그림 1-25 시스템과 현상을 파악하는 관점

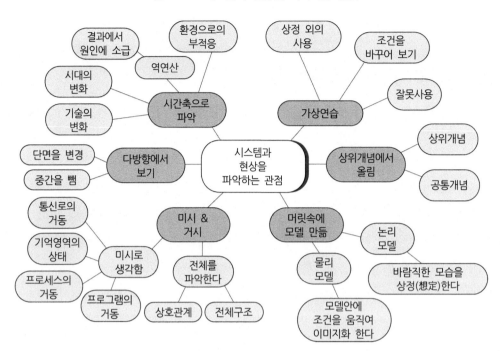

표 1-19 설계 요건과 제약 조건을 고려해야 할 사항

	주요 항목	상세 요소 예
1	기하 형상	크기(높이, 폭, 길이, 직경), 소요 공간, 수량, 배치, 연결, 신장 등
2	운동학	운동의 종류, 운동 · 속도 · 가속도의 방향
3	힘	힘의 방향, 힘의 크기, 주파수, 중량, 하중, 변형, 강성, 탄성, 관성력, 공진
4	에너지	출력, 효율, 손실, 마찰, 환기, 상태(狀態), 압력, 온도, 가열, 냉각, 공급, 저장, 용량, 변환
5	물질	물질(재료)의 흐름과 운반, 초기 제품과 최종 제품의 물리적 및 화학적 성질, 보조적 재료, 규제 재료(식품 규제 등)
6	신호	입력과 출력, 형태, 표시, 제어장치
7	안전	직접적 보호시스템, 조작 상의 안전과 환경에 대한 안전
8	인간공학	Man & Machine 관계, 조작의 종류, 조작 위치의 높이, 배치의 정확도, 편안한 자세, 조명, 형상 적합성
9	생산	공장의 제약, 최대 가능 크기, 우선하는 생산방식, 생산 수단, 달성 가능한 품질과 공차, 폐기물 발생
10	품질관리	시험과 계측의 가능성, 특정의 규제와 표준 규격의 적용
11	조립	특정의 규제, 설치하기, 입지, 기초공사
12	수송	리프트장치에 의한 제약, 빈 장소, 수송 수단(높이와 중량), 발송의 종류와 조건

주요 항목		상세 요소 예
13	조작	정숙함, 청정도, 작업복, 특수 이용, 시장구역, 도착지(예 ; 현지의 분위기, 열대성 환경의 상황)
14	보전	서비스 간격, 점검, 부품 교환과 수리, 페인트 도장, 청소
15	원가	최대 허용 가능한 제조원가, 공구의 비용, 투자와 감가, 대금 결재조건
16	일정관리	개발의 최종 기한, 프로젝트의 기획과 관리, 발송 일자 등

설비나 기계의 사용조건에 따라 위 표의 16가지의 많은 검토사항이 따른다. 또한 사용 목적에 따라 성능, 효율, 내구성, 생산성, 품질보증, 활용의 용이성, 생산 상의 원가절감, 사후관리, 향후 연계성(추가 제작 등)이 들어가 있으며, 고객만족을 위한 기술적인 우수성의 제공과, 담당 엔지니어의 자부심, 회사의 수익성, 향후 영업적인 고객관리 등, 보이지 않는 요소들도 포함되어 있다.

3.2 설계기획과 구상설계(제1단계)

3.2.1 구상설계의 의미

기능을 명확히 하여 실현하는 방법을 검토하는 단계로, 개발기간을 단축하는 동시처리기술(Concurrent Engineering)을 실현할 수 있다는 의미로, 구상설계는 기획부문 및 고객이 요구하는 것에 대하여 기능을 명확히 하며, 그 기능을 어떻게 하여 실현하기를 구체적으로 검토하는 과정이다. 구상설계에 의해 작성하는 도면을 구상도라 하고, 작성 전에 될 수 있는 한 많은 안(案)을 회의에 붙여 협의를 한다. 그렇게 함으로써 자기의 생각을 집계하고, 요구되는 기능을 확실히 해둘 수 있고, 많은 생각을 한 아이디어 중에 최고 안을 바탕으로, CAD 도면에는 치수가 명확하게 되고, 실현 가능에 보다 판단이 쉽게 된다.

3.2.2 구상설계의 검토 항목

구상도 작성에 검토해야 할 항목으로, 이 단계에서는 전체를 상세히 결정할 필요는 없지만, 실현할 만한 것들에 대해서는 짚어 보는 것이 중요하다.

그림 1-26 설계 방법론의 개요

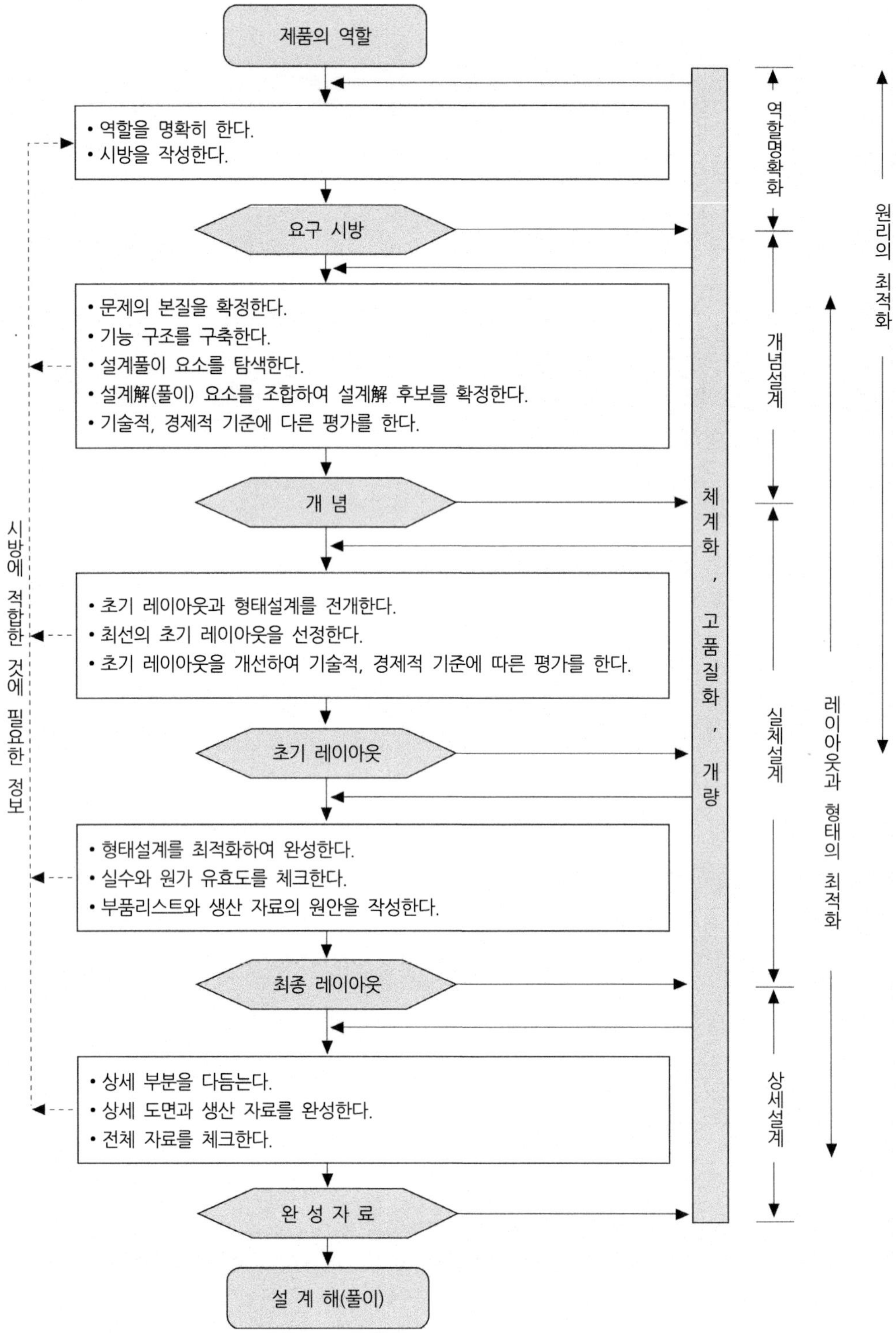

제품의 역할

- 역할을 명확히 한다.
- 시방을 작성한다.

요구 시방

- 문제의 본질을 확정한다.
- 기능 구조를 구축한다.
- 설계풀이 요소를 탐색한다.
- 설계解(풀이) 요소를 조합하여 설계解 후보를 확정한다.
- 기술적, 경제적 기준에 다른 평가를 한다.

개 념

- 초기 레이아웃과 형태설계를 전개한다.
- 최선의 초기 레이아웃을 선정한다.
- 초기 레이아웃을 개선하여 기술적, 경제적 기준에 따른 평가를 한다.

초기 레이아웃

- 형태설계를 최적화하여 완성한다.
- 실수와 원가 유효도를 체크한다.
- 부품리스트와 생산 자료의 원안을 작성한다.

최종 레이아웃

- 상세 부분을 다듬는다.
- 상세 도면과 생산 자료를 완성한다.
- 전체 자료를 체크한다.

완 성 자 료

설 계 해(풀이)

시방에 적합한 것에 필요한 정보

체계화, 고품질화, 개량

역할명확화

개념설계

실체설계

상세설계

원리의 최적화

레이아웃과 형태의 최적화

① 기획에 대하여 기능이 충분한가?

② 어떠한 기구, 구조로 하여 어떠한 기계요소를 쓰는가?

③ 구동방법, 동력 전단방법, 동작과 위치를 감지하는 방법은 어떻게 하는가?

④ 기계의 강도는 충분한가?

⑤ 동작할 때 모순과 간섭은 없는가?

⑥ 원가, 일정관리, 설치를 할 때 공간은 만족하는가?

구상도는 3차원 CAD에 의해 모델링하여 고객, 또는 요구하는 측의 관계자의 이해를 쉽게 되도록 하고, 앞뒤 공정에 피드백을 하고, 또한, 영업, 개발설계, 제조, 서비스부문 등에서도 검토를 동시에 병행해 나가며, 개발기간을 단축하는 **동시처리기술**(Concurrent Engineering)을 실행하여 나간다.

3.3 설계모델의 도면화(제2단계)

3.3.1 기본설계

제품의 기본적인 성능과 구조를 검토하는 과정으로, 설계계산과 해석, 시뮬레이션으로 사전 확인과, 앞 단계에 되돌리는 재검토를 하는 것도 필요로 하는 과정이다.

기본설계는 기계설계에 있어서 상당히 중요한 검토과정으로, 이 기본설계의 가능한 방식에 의해 기계의 완성도를 높이는 것도 전체의 비용과 일정에 큰 영향을 미치고, 구상설계와 시방서에 의해 밝혀진 기계의 기능과 성능, 시방에 대해서는 상세함까지 구체적인 검토를 하여 실현 가능한 것이 된다.

기본설계에 의해 작성하는 도면을 본 설계도로 하며, 이 검토는 다음에 열거한 내용을 전부 명확하게 할 필요가 있고, 이것을 다음 공정의 상세설계로 조립도, 부품도를 작성되는 것이 된다. 따라서, 결정적인 내용들이 다음 6가지이다.

① 기계의 구조와 기구를 적용하는 기계요소와 기계부품의 결정과 배치(보다 구체적인 치수, 정밀도, 재질 등을 결정한다)

② 액추에이터와 센스 등의 메카트로부품의 선정과 배치, 기타 배선과 제어방식을 결정

③ 기계의 강성과 밸런스 등의 정적인 강도와 가속도 때의 관성과 진동, 소음 등의 동적인

특성을 확인(설계계산, 해석, 시뮬레이션, 간섭체크, 등)

④ 다음 공정의 가공과 조립과 분해방법

⑤ 메인터넌스방법

⑥ 평가기준과 평가방법

등으로, 이것들을 검토하는 과정에서 초기의 예상보다 빗나가 구상설계와 시방서의 내용을 바꾸지 않으면 안 될 경우도 생길 수 있다. 이때는 앞 단계로 돌아가 기획 자체와 시방서를 수정해야 하는 것이니 상당이 중요한 사항이다.

기본설계 과정에서 상세 검토도(檢討圖)의 부문으로는,

① 기계 구성부품의 결정과 배치

② 구상설계 기계시방(Spec)의 수정

③ 강도해석(强度解析)

④ 조립방법과 분해방법

⑤ 메인터넌스방법의 검토

⑥ 평가방법과 평가기준

⑦ 간섭체크

⑧ 메카트로닉스 제어계의 검토

3.3.2 상세설계

부품의 제작과 조립작업을 수치화 하고, 부품마다의 분해하고 치수와 공차를 부가하며, 가공방법, 조립작업을 형상에 반영하는 단계로, 앞 공정의 기본설계로는 제품의 기능을 만족하기 위한 구체적인 구조와 배치, 주요 치수가 결정되고, 상세설계에서는 기본설계로 작성된 검토도와 함께 부품의 제조 및 조립작업이 될 수 있도록 조립도와 부품도를 작성하게 된다.

보통 조립도를 완성시켜 거기에서 전체 제작부품의 도면을 작성한다. 차이가 없음을 확인하고, 즉, 나사 스프링 등 표준품과 센스와 모터 등의 구입품은 품번을 만들어 작성을 해야 한다. 그 외 조립에 필요한 정보가 있을 경우에 그 자료도 제공한다. 조립도는 조립공정 혹은 유닛마다 작성하여, 주된 다음 3점을 기재한다.

① 조립되는 전체의 부품과 그 명칭 및 품번, 수량

② 조립할 때 필요한 지시내용, 제작 치수공차

③ 부품의 일부를 변형시켜 조립공정에는 그 가공부품의 치수와 공차를 확인해야 되며,

부품도에 기재하는 내용은 다음 6가지로,
① 부품의 명칭, ② 기준면(기능과 가공방법, 조립작업을 고려), ③ 부품을 제작하는 것에 필요한 전부의 치수와 공차[기능(機能)과 가공방법, 조립작업도 고려], ④ 재료명과 Grade, ⑤ 표면조도, ⑥ 표면처리(도장을 포함)와 열처리방식(경도 요구)이 해당되며,

조립도와 부품도가 결정되면 제품의 성능이 결정되는 것은 아니고, 제품원가와 조립공수에도 큰 영향을 미치므로 이 때문에 기계설계자는 도면을 완성시키면서, Q(품질), C(원가), D(납기)의 밸런스의 배려가 매우 중요하고, 부품도의 작성에서 체크를 해야 하는 중요 사항으로,
① 외형 제약의 확인에서 각 부품의 간섭이 있는지 체크한다.
② 공차의 범위 내에서 간섭이 일어나지 않는가, 최악 공차의 조립으로 기능이 되는가.
③ 외형 제약에 따른 다듬질이 되어 있는가.
④ 전체 치수들의 공차 지정과, 부품, 단품으로서 강도 확인도 필수이다.

3.4 디자인리뷰(Design Review)

3.4.1 디자인리뷰의 의미와 목적

디자인리뷰(DR)는 『설계 심사』라고 하는데, 설계자와 그 외 부문으로 제조부문, 영업부문, 품질보증부문 등의 전문가와 책임자가 모여서, 여러 가지 입장에서 품질과 평가를 하고, 제조 상의 트러블을 예견하면서 설계 부적합을 발견하여 필요하다고 생각되면 처리를 제안하는 것으로, 구체적으로 『품질에 관한 심사』, 『제조에 관계되는 심사』로 크게 구분되고 의논하는 것으로, 주 목적은 다음과 같다.
① 설계상의 트러블을 빠른 단계에서 발견한다.
② 트러블의 대책을 강구하며, 설계 후속처리와 트러블을 미연에 방지하는 것.
③ 품질보증을 확보하여 업무의 효율을 높이기 위함이다.

디자인리뷰(DR)에서 중요한 것은 설계에서 행한 트러블을 다음 공정(과정)으로 흘려 보내

지 않도록 하는 것으로, 이에 확실한 지적과 판단을, 지식과 경험을 많이 한 베테랑인 심사원이 필요하다는 것이다.

3.4.2 디자인리뷰의 구분과 검증(檢證) 사항

디자인리뷰(DR)는 설계과정의 검증에는, 기계의 기능, 성능, 안전성, 신뢰성, 조작성, 디자인, 생산성, 보전성, 폐기성, 메인터넌스, 원가, 법규규제, 납기, A/S 등이 검증되어야 하는데, **디자인리뷰의 영역은** 고객이 요구하는 사양에서부터, 설계 In put, 설계계발, 설계 Out put, 제품 완성에 이르기까지이며, **테스트 검증은** 설계 In put에서 Out put의 과정이며, **타당성 검증은** 위의 전체 과정이라 볼 수 있고, 지적사항의 예를 몇 가지 들어보면,

① 규격이 만족되게 되어 있는가?
② 제품 실현(생산)에 문제가 없는가?
③ 고객이 요구하는 사항을 만족하고 있는가?
④ 위험과 고장은 없는가?
⑤ 사용하기 쉬운가?
⑥ 환경에 영향을 주는 것은 없는가?
⑦ 코스트(원가)는 경감되게 되어 있는가?

3.5 설계 검증과 설계 품질

3.5.1 제품기능과 품질수준

많은 사람들이 회사에서, 『될 수 있는 한 기능을 짜라』든가, 『품질에 기여하라』라고 말한 것이 생각날 것이다. 그러면 이 기능과 품질이란 대체 무엇일까? 평소 잘 쓰고 있는 말치고는 이해가 어려운 것으로 생각한다.

기능이란 물체의 움직임과 역할, 작용하는 것이다. 기능은 '**명사**'+'**동사**' 표현되는 것이 맞다. 예를 들어, 볼펜의 기능은 『필적을 남김』이며, 『글자 쓰기』라고 해도 좋을 것이다. 이 글의 주어는 나와 당신 등 인칭이 주어로 되는 것으로, 바른 것은 볼펜의 기능을 표현하는 것만 아니고, 물체뿐만 아니라, 서비스업도 같은 기능을 정의할 수 있다.

표 1-20 디자인리뷰(DR)의 구역별 정의

구분	디자인리뷰	테스트 검증	타당성
정의 (ISO 9001)	의문스런 부분은 없는가	기준에 맞는 결과인가	목적대로 된 기능인가
	보다 좋은 제품을 목표로 하는 설계에 있어서 적절성·타당성·유효성을 객관적으로 판단하고 개선을 도모할 것	성과물을 실제 테스트에 의해서, 요구시방을 만족하고 있는지 어떤지를 명확하게 할 것	제품과 테스트 등의 증거를 표시하고, 특정으로 의도된 용도, 요구사항을 만족하고 있는지를 확인하여 맞출 것
목적 (ISO 9001)	㉠ 설계가 요구시방을 만족 하고 있는 것을 각 전문가의 눈 높이로 평가하며, ㉡ 설계의 협의점과 부적합부에 대하여 설계자는 처리방법을 서류로 제출	설계개발을 하는 도중 Out put 과 설계개발 때 반영된 In put 를 비교하여 요구가 만족되는지 담당 전문가와 같이 확인한다.	기준에 관계없이 결과로 얻은 제품이 지정된 용도 또는 용도에 맞는 요구사항을 만족하고 있는지, 설계의 타당성을 검증한다.
판정	㉠ 및 ㉡의 결과를 제품에 피드백하든지 다음의 설계에 넣는다.	시작품을 측정, 평가하여 시방서를 만족하고 있는지를 판정한다. 예로, 구동계 부품의 내구성, 스펙성능 등을 체크한다.	시작품을 고객과 같이 사용 조건으로 평가하여, 만족하고 있는가 판단한다. 예로, 사용하기 쉬운 정비성 등에 대하여 체크를 한다.
심사 멤버	설계, 제조, 검사, 적용 및 각 부문의 전문가들	담당 기술자	기계에 관련되는 관계자

또한, 기계설계의 기능에 대하여 물어 본다면, 『기계 시방을 설계하고 확정하여, 완성품을 인증(認証)한다』로 된다. 물체의 기능을 표현하는 연습은, 본질을 지켜보는 트레이닝이다. 여러분들도 꼭 주변의 것과, 자신의 업무 기능을 표현해 보면서 일하고, 그리고 일의 목적과 목표를 명확히 하는 것도 중요한 것이다.

다음이 품질인데, 품질이란 물체와 서비스 기능의 움직임 상태를 결정하기 위해서, 평가 대상이 되는 성질과 성능인 것이다. 볼펜의 품질에 대하여 들어보면, 『잉크의 내용(耐用)시간』, 『휴대 쉬움』, 『문자의 크기와 색깔』, 『환경으로의 배려』, 『4판매 금액』 등이 해당되며, 제품에 필요로 하는 요소를 열거하여, 여러 가지 품질요소에 요구하는 레벨을 결정해 가는 작업이 **품질에 기여**하는 것이다.

품질에는 **결과품질**과 **과정품질**이 있는데, 전자는 성과물에 대한 품질이고, 과정품질은, 제조업에서는 알기 힘든 것이지만, 성과물을 만들어 내는 과정에서의 품질이다. 이런 과정들이 눈에 보이도록 하며, 표준화가 되고, 풀푸루프 등의 공정품질을 보장할 수 있는 여건을 갖추는 것이 고객에게도 어필하는 것으로 대단히 중요하다.

3.5.2 제품품질은 설계품질에서 시작

제품의 품질이란, 만들어지는 과정에서의 부품 제조의 질적인 품질과, 결과물에 대하여 설계가 요구한 허용 범위 내에서의 정밀도, 기능, 성능의 완성품 품질을 말할 수 있으며, 이 2가지의 품질은 최초 설계 수준에 의해 만들어지므로 설계과정이 아주 중요하다. 이에 따라, 설계 단계에서 전체 항목들이 6가지가 있고, 각 단원별로 상세한 설명이 되어 있다.

1) 기계설계의 기본 준수

설계 과정에서 기본적인 순서로는 5가지를 제시할 수 있다.

(1) 시방의 결정

요구사항은 설계의 기본적인 사항으로, 사용목적, 성능, 구동방식, 크기, 질량, 원가 등이 있고, 시방(Spec)의 결정에서는, 기계의 기구와 구조 등의 구상을 하여, 설계조건을 정리하고, 이 조건을 디자인시방(Spec)이며, 설계로 중요한 것은, 기존의 기술만이 아니고, 설계자의 창조성의 의욕을 더해가는 것이다.

(2) 총합적인 검토 사항

시방을 기초로, 기계의 구조와 기구, 요소의 조합, 이 때 부품이 바른 기능인가, 조립 · 분해 · 조정 · 정비에 문제가 없는가, 부품의 배치와 형상을 변경하거나, 수정을 하여, 이 변경 · 수정의 도면을 **계획도**(Scheme Drawing)라 한다.

기계의 기본에 관한 것으로 하여,

① 안전 · 안심에 대응 한 설계인가?

② 환경에 악영향이 있는 재료를 쓰지 않았는가?

③ 효율이 좋고, 성력화 에너지로 유지비가 싼가?

④ 조작이 쉬운가?

⑤ 디자인과 색채가 세련되어 있는가?

기계의 구조에 관한 것으로 하여,

⑥ 내구성이 있고, 수명이 긴가?

⑦ 경량 · 소형으로 설치 면적이 작은가?

⑧ 부품수가 적은가?

가공 · 조립 · 정비에 관한 것으로 하여,

⑨ 가공하기 쉬운 재료와, 이용 가능한 가공법으로 되어 있는가?

⑩ 조립 · 조정 · 정비가 용이한 구조인가?

⑪ 호환성이 있는 부품을 쓰고 있는가?

위의 모두를 만족하기는 어려워, 기계의 목적과 사용 환경에 대응한 중요도가 높은 항목을 골라내어, 그것에 대응하는 설계를 하는 것이 요망된다.

① **구동원** : 범용의 3상 모터, 단상 모터, 등

② **구동원의 성능** : 동력, 회전 속도, 등

③ **운동 · 동력의 전달방법** : 벨트, 체인, 커플링, 등

④ **부하의 종류** : 정하중, 반복되는 하중, 등

⑤ **기구** : 베어링과 씰, 링크, 등

⑥ **강도 · 강성 · 수명** : 재료, 안전율, 허용응력, 위험속도, 등

⑦ **환경** : 부식, 소음, 진동, 등

⑧ **분해 · 조립 · 운반** : 운반 용이한 용적과 질량, 정밀도의 재현성, 조정, 등

⑨ **정비** : 체결방법, 부품의 배치, 등

(3) 해석 및 검토

① **재료의 선정** : 강도, 무게, 쉬운 가공, 염가, 폐기 리사이클 가능, 내마모성 재료

② **형상 · 치수의 결정** : 부품의 형상과 치수 결정의 프로세스는 선배의 지혜와 경험을 이용하든가, 재료의 허용응력과, 종탄성계수, 횡탄성계수 등에서 모의시험에 의한 강도와 강성, 진동 등을 체크하여, 충분히 안전하게 되었는지 확인한다.

③ **가공의 검토** : 부품은 가능한 쉽게 가공할 수 있는 형상과 치수이어야 하며, 기능 상으로 복잡한 형상에는 전용 공구, 치구, 등이 필요하고, 부품의 정밀도 검사(치수와 형상, 표면조도의 측정)에 대한 여건도 고려해야 한다.

④ **부품의 검토** : 리드타임(Lead time)의 단축이 요구되는 오늘날에 기계의 성능을 떨어지지 않게 조립 · 분해를 쉽게 하는 부품의 설계에서는, 가공의 능률화가 요구되고 있어, 이 리더타임은 제조 시작에서 완료까지의 걸리는 시간으로, 제거 공정(선삭/밀링/드릴링/보링 등 깎는 가공)은, 각 공정의 소요 공수가 합산이 되어 전체 리더타임이 된다. 또한, 부품의 기능인 기계적인 강도 유지와 성능 발휘 등이 만족되는 구조설계가 되어

야 한다.

(4) 평가와 최적화

기계의 강도(强度), 강성(剛性), 위치결정, 진동, 소음특성, 기계 제어특성 등을 실험을 하며, 컴퓨터에 의해 시뮬레이션 확인으로 시방을 만족하는지를 판단한다. 이 작업을 **평가**라 하며, 해석과 **총합** 단계의 평가에 의해서, 시방 결정의 단계를 거쳐 작업을 고치는 것을 **최적화**라 한다.

(5) 설계해석과 도면 점검

평가 · 최적화의 단계에서 문제가 없다고 판단된 설계결과를 **설계해**(解, 풀이)라 하고, 이 풀이를 설계서와 도면으로 묶어서 필요로 하는 곳에 전하여, 다음 작업이 진행되게 하는데, 설계자가 생각한 기계를 평면상으로 그린 도면에 의해 전달하기 위한 것에는, 국제적인 공통된 제도의 약속을 지켜야 하며, 부품과 기계 제조의 국제 분업화가 되는 요즘, 언어와 문화, 관습이 다른 각각의 정확한 설계정보를 전달하는 데는 중요한 요건으로, **도면 해석의 일관성**이 있다. 이 일관성을 위한 규격이 ISO를 바탕으로 제정되어 있다.

① **투영도** : KS 규정에 나와 있으며, 기계설계 부문에서 일반적으로 많이 사용하는 제3각법이 있고, 건축 분야와 유럽 일부 나라는 제1각법을 사용하고 있다(4.2항 참조).

② **척도** : 실제 크기에 대하여 확대 · 축소의 크기의 비를 말한다.

③ **선의 모양** : 외형을 나타내는 선, 중심선 등 용도별로 선의 종류가 규정되어 있다.

④ **도형의 표시 방법** : 정면도, 보조투영도, 간략도 등과 전체 도면, 부분 단면도 등

⑤ **치수** : 치수의 단위, 치수선, 치수보조선, 치수 기입방법 외, 직경 · 반경 등을 나타내는 치수 보조기호가 정해져 있다.

⑥ **치수공차 · 기하공차** : 치수는 허용되는 치수공차의 표시, 기하학적인 형상과 위치, 자세를 규정하는 기하공차를 나타내는 도면기호가 규정되어 있고, 그 외 각각의 공차 지시가 없는 보통공차도 표제란과 'NOTE 또는, 특기사항'란에 기재를 한다.

⑦ **표면성상** : 가공된 부품 표면의 미세한 요철(凹凸)의 정도, 흠집 등을 **표면조도**라 하고, 표면조도에 표시 기호에 의해 지시한다.

2) 설계 지원기술

컴퓨터에 의한 지원기술이 넓게 이용되고 있는 것은, CAD의 개념으로, 대상으로 하는 기

계의 형상과 치수를 입력하여, 과거의 설계 데이터가 필요하면, 데이터베이스에서 불러내어 활용하고, 설계된 기계가 시방을 만족하는지 여부에 따라 부품의 간섭·강도와, 강성·진동·수명은 충분한지 등을 시뮬레이션과 CAE에 의해 확인한다.

3) 기계의 수명 검토

기계는 시간이 경과하면 기계는 고장이 나는데, 얼마의 시간이 경과 한 때에는 정상적인 작용을 하고 있어, 구성부품(그 수를 **잔존수**라 함) 다음 단위시간(예로, 1시간)으로 고장날 수 있는 확률을 **고장률**(Failure Rate)이라 하고, 기계를 사용한 시간과 고장율의 관계는 다음 그림과 같이 되고, 이것을 고장률곡선이라 한다. 이 곡선을 Bathtub Curve라 부른다.

그림 1-27 고장률 곡선(Bathtub Curve)

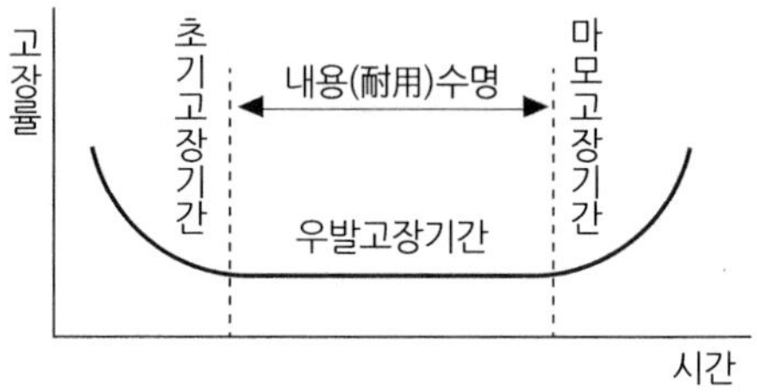

(1) 초기고장기간

기계사용 초기에는 고장률이 높지만, 시간이 지나면 감소한다. 이것을 **초기고장기간**이라 하고, 이 기간은 설계와 제조상의 실수, 윤활면과 미끄럼면의 길들임 부족 등으로 일어나서 고장이 발생하는 기간이다. 이 고장을 줄이기 위해서, 미리 길들이기 운전과 **환경부하시험**을 한다.

(2) 우연고장기간

얼마의 시간이 경과하여도, 고장률이 낮아지면, 이것을 **우발고장기간**이라 하고, 이 기간에서는 설계 때에 예측 못했던 환경의 변화와, 조작 실수 등에 의한 우발적인 고장이 나면, 고장율은 상당히 떨어진다. 우발고장기간은 기계가 안정되어 가동하는 것으로, **내용(耐用)수명**으로도 불린다.

(3) 마모고장기간

우발고장기간이 지나면, 장기간 사용에 의해 마모와 재료의 노화 등에 의해서 고장이 다발한다. 이 기간은 **마모고장기간**이라 하고, 기계의 내용수명이 종료가 되는 것이다.

4) 안전 · 안심 · 환경에 배려한 설계

(1) 신뢰성설계

신뢰성이란, 어떤 아이템에 대하여 주어진 조건으로, 규정의 기간 중 요구된 기능을 다하는 성질이라 할 수 있고, **신뢰도**란 주어진 조건으로, 규정의 기간 중 요구된 기능을 다하는 확률이라 정의할 수 있다. 아이템이란 시스템 · 기기 · 유닛 · 부품소자 등이며, **기능**이란 요구사항에 따른 기계의 작동을 하는 것으로, 다시 말해, 신뢰성이란 기계가 그 시방의 따른 보통 사용되는 쓰임새로 말하면, 요구된 기간 혹은 약속된 기간에서 기능을 상하지 않는 것으로, 신뢰도란 어떤 비율로 신뢰성을 보증하는 것을 말하고, 신뢰도를 고려한 설계를 **신뢰성설계**(Reliability design)라 한다.

신뢰성설계에서 중요한 설계 수법은 페일세이프설계, 풀푸루프설계, 용장성설계가 있는데, 이들은 『완전히 안전한 기계는 존재하지 않는다』는 전제로, 고장을 없앨 수는 없고, 고장을 적게 하여 신뢰도를 높이도록 하는 설계수법이다.

① **페일세이프설계**(Fail safe design) :『**고장은 꼭 일어난다**』라고 생각하며, 손해를 최소한으로 차단하는 예방적인 조치를 강구한 설계를 **페일세이프설계**라고 하고, 파손에 의한 피해가 클 경우와 인명에 관련된 경우에는 필히 고려해야 하는 설계수법이다.

② **풀푸루프설계**(Fool proof design) :『**인간은 꼭 실수를 범한다**』라고 생각하고, 사람이 잘못 조작하여 기계가 움직이지 않는 것에 대비한 설계를 **풀푸루프설계**라 하는데, 위험한 작업조건에서 실수가 일어날 수 있는 작업 공간 내에 사람 손이 들어가면 센스가 감지되어 멈추거나, 잘못 작업이 되는 것을 예방하는 것을 위한 설계수법이다.

③ **용장성설계**(Redundancy Design) : 기계는 많은 부품으로 구성되어 있어, 하나의 부품에 결함이 생겨 기계 전체가 움직이지 않는 경우가 있어, 이를 위한 예비의 부품과 유닛을 준비하여, 문제가 생겼을 때 예비품으로 즉시 교체하여 기계 운전이 계속되도록 하는 구조나 시스템을 갖추는 설계를 **용장성설계**라 한다.

(2) 안전성을 배려한 설계

페일세이프설계, 풀푸루프설계, 용장성설계는 안전성을 높이기 위해서 필요한 설계로, 이것들에 더하는 것이 위험의 격리(隔離), 경고의 발신에도 배려하는 측면에서의 설계로, 위험성이 있으면 적색 점등, 경고음 발신, 센스에 의한 작동 멈춤 등의 안전장치를 갖추는 구조 설계를 말한다.

(3) 유니버설디자인(Universal Design)

많은 사람들이 사용하기 쉬운 설비와 기기를 설계하는 것에 유니버설디자인이라는 것은, 어떤 사람들이 사용하는 데에도 불편함이 없는 구조의 기계설계로, 언어 · 문화가 달라도 쉽게 사용할 수 있는 구조와 안내 등의 설계로, 예를 들어, 타기 쉬운 저상의 버스, 저소음의 전차 등이 있다.

(4) 라이프사이클설계(Life cycle Design)

기계의 사용기간을 분석하여, 한정된 지구의 자원을 유효하게 이용하고, 환경에 배려하는 설계가 강하게 요구되고 있어, 공업 제품의 제조에서 폐기까지의 일생을 고려한 설계를 말하며, 3R로, 리듀스(Reduce), 리유즈(Reuse), 리사이클(Recycle)을 위한 설계이다. (2.4항의 3R 설계, 참조)

3.5.3 Q(품질), F(기능), D(전개)에 의한 연계

고객의 소리를 모아서, 정량화 하여, 설계에 연계시키는 수법이 있는데, QFD는 품질 (Quality), 기능(Function), 전개(Deployment)의 약자로, 고객의 소리를 제품 개발의 의사결정에 반영하는 것을 목적으로 하고 있다. 기획 단계로 고객의 목소리는 측정 가능한 기능과 관련되어 반영하는 것이다. 더욱이, 설계 단계로는 기능은 제품에 연관되는 것으로, 이 프로세스를 경유하여, 고객 요구도에서 본 부품의 중요도를 평가할 수 있는 과정이다.

마찬가지로, 생산관리, 제조로 고객의 목소리가 반영된다. 종래에는 선호하는 고객의 소리를 가치로 나타내는 것과, 제품 라이프사이클을 통해서 고객 요구를 정확히 전달하는 것이 가능했다.

QFD 적용 예를, 그림 1-28에서 들어 보면,

Step 1 : 기획 단계로, ① 고객의 목소리로,

Step 2 : 설계 단계로, ② 기능, ③ 부품

Step 3 : 생산관리 단계로, ③ 부품, ④ 제조 방법은 생산관리로, 출하, 조립 조정, 서비스, 보수, 회수, 재생과 전개를 하여, 최종적으로는, 고객의 소리로 이어진다. 이와 같이 QFD의 이점은 고객의 소리를 제품 개발의 각 부문의 의사결정에 반영하는 점이 있다.

그림 1-28 QFD의 제품 개발의 적용의 예

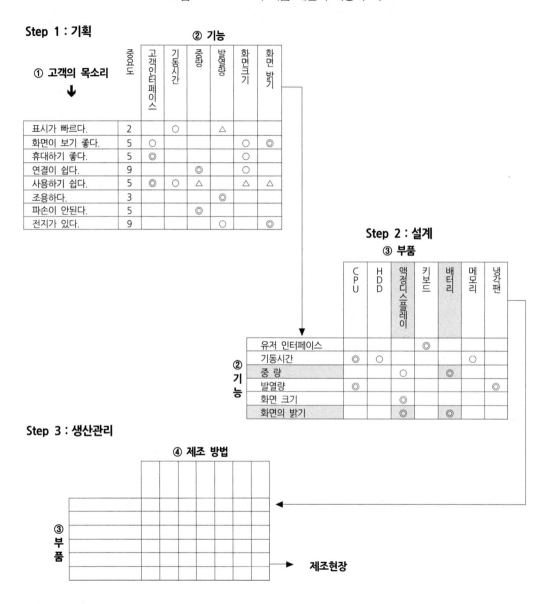

QFD를 실제 사용할 때의 문제는, 고객의 소리, 기능, 부품의 각 항목을 어떻게 선택하느냐가 있고, 이것에 대하여 확실한 방법이 있는 것은 아니고, 기본적으로는 설계자의 기량에 맡겨지고 있다. 한 가지 방법을 다음 그림 1-29에 예를 들어 놓은 것으로, 고객의 소리를 기

점으로, 기능, 부품과의 관련을 맵(Map)상으로 표시하고 있다. 이에 따라, 자유로이 항목을 선정하여 사용하는데, 서로의 관련성에 의해 시행착오를 일으킬 수 있고, 여기서 부품과 하드웨어뿐만 아니고, 소프트웨어, 서비스 등도 주목할 필요가 있다. 또한, 이 그림에서 각 항목을 어떻게 선정하느냐에 관해서도 역시 설계자의 기량에 의한 것이 크다.

QFD는 수법으로서의 단순함에서, 많은 설계자가 사용한 경험이 있다고 생각하고, 그 효과에 대하여 의문을 가진 설계자도 많다고 본다. QFD 자체가 새로운 솔루션을 하고 주는 것은 아니다. 자신의 머릿속을 정리하는 수법이고, 프로젝트멤버 간의 정보의 가시화 수법이라 생각해야 할 것이다. 설계 프로세스가 QFD를 통하여 밝혀지는 것에 의해서, 설계자의 판단을 효율적이면서 정확히 하는 것이다.

그림 1-29 고객 요구, 기능, 부품구조 관련 맵(Map)의 예

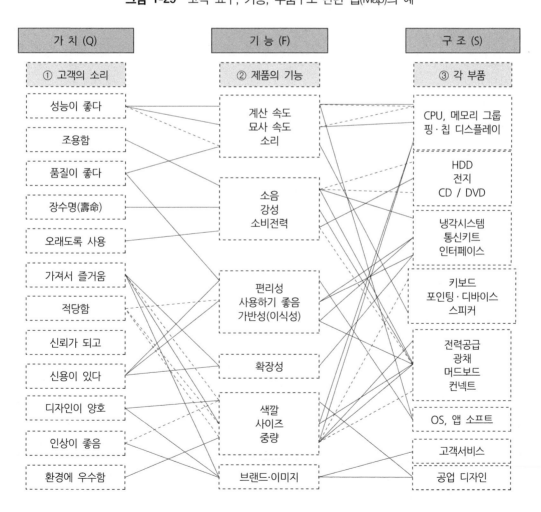

제4절 설계용 주요 CAD 도구와 참고 규격집의 활용

4.1 CAD 및 소프트웨어의 특성과 종류

4.1.1 미래의 CAD/CAE/CAM 전망

공업 분야를 비롯하여 현대사회에서는 업무의 기획에서부터 설계, 시스템 구상, 일정관리, 사후관리까지 컴퓨터를 응용한 프로그램으로, CAD/CAM시스템은 생산성의 극대화를 위하여 새로운 기술과 주변기술과의 접목과 지원으로 시스템 활용이 잘 전개되고 있다. 기능적으로 정밀도가 높은 솔리드 기반 위에 서비스를 추가하는 형식으로 발전되고 있으며, 또한 주변기기와 인터페이스 기능, 시스템사이에 연결, 제품 형상에 따른 Tool Path와 전문가의 가공 데이터 시스템의 적용, 사용자의 능력에 따라 편리한 시스템이 되어가고 있다. 이는 컴퓨터의 윈도우 기반에 다양한 기능, 인터페이스, 빠른 처리속도로 시스템이 발전되고 있는데, 지능화 되고, 호환성 있는 시스템, 웹 환경과의 연결, 작업상태를 인터넷상에서 확인할 수 있는 시스템으로 발전이 되어 있다.

4.1.2 CAD시스템의 목적과 효과

1) CAD시스템의 목적

컴퓨터의 특성을 이용한 많은 기능을 활용하는 것에 의해, 여러 가지의 효과가 기대되며, 보통 CAD시스템의 목적은 다음과 같이 쓰이고 있다.

① 기계적 작업의 효율화와, ② 높은 도면의 품질을 만들며, ③ 설계 변경과 수정의 효율을 올리며, ④ 제품 제작공정의 단축과, ⑤ 전산 데이터화에 의한 보존과 통신의 효율 향상, ⑥ 기타 활용에 있다.

또한, 제조 공정에 들어가기 전에, 미리 설계 제원의 체크, 부품간의 간섭과 상태 체크, 공작기계와 각종 처리의 사전준비교체의 체크가 가능하면서, 설계미스의 조기 발견, 작업단축이 가능하며, CAD에 의한 대상물을 수치 Data화 하여 CNC 공작기계에 적용하여 설계에서 제조 공정까지를 자동화하는 가공의 CAM으로, FA(공장자동화)시스템이 이용 가능하게 되었고, 이러한 수치 데이터를 중심으로, 제조에 필요한 부재 매입에서 설계, 제조, 물류에 이르

기까지 PDM(제품데이터관리)라 불리는 시스템에 의해서, 효율화를 높이고, 특히 3차원 CAD
에 의해 작성된 데이터는 가공과, CAE 외에도 각종 시험, 공정관리 등, 넓은 범위로 유용이
가능하다.

또한, 3차원 CAD시스템의 우수한 특징으로, 기계계열 분야에서 최고 넓게 이용되고 있어,
이것의 특징으로, ① 퓨처(설계意圖)를 편성한 모델링이 가능하고, 설계 변경에도 효율적인
작업이 가능하며, ② 관점 위치를 바꾸는 데에, 임의의 각도, 시점(視點)에서 설계 중의 형상
을 확인할 수 있고, ③ 설계자가 생각하여 그린 이미지대로 입체적인 제품을 재빨리 데이터
화를 할 수 있고, ④ 부품과 부품의 맞춤상태와 간섭을 입체적으로 확인 가능하며, ⑤ 2차원
의 도면데이터로 출력도 가능하다.

동시처리 엔지니어링(Concurrent Engineering)에 있어서는, 복수의 업무를 동시에 진행시
키는 것으로, 개발기간과 납기의 단축 등의 효율화를 진행하는 수법에서 유용하게 사용되며,
기획, 제도, 제조, 시험, 해석, 생산관리, 공업디자인 등 다양하게 이용할 수 있다.

2) CAD소프트웨어의 메이커별 종류와 특징

분야별 CAD의 종류로는, 기계계 CAD, 건축계 CAD, 토목계 CAD, 전기계 CAD, 전자계
CAD, 기타로 의류업계, 과학분야, 시설관리 등이 있다. 다음 표는 CAD를 만든 회사별 적용
분야별 특성을 나타낸 종류이다.

표 1-21 산업용 CAD 소프트웨어의 종류

종 류	특징	적용 분야	개발국, 적용 업무
ADAMS	CAE	운동하는 물체의 기구/동력학 해석	미국 Mechanical Dynamic Inc
ADINA	CAE	구조해석, 열전달 해석, 전자기 및 유체 해석	미국 ADINA R&D, Inc.
AutoCAD	CAD	2D, 3D 설계	미국 AutoCAD사
CAMEX	CAD	CAM, 정밀금형 5축 지원	미국 CAMEX사
CATIA	CAD	CAM, 상품기획에서 생산까지를 일괄 처리	프랑스 DASSAULT사 (공급IBM)
CIMATRON	CAD	CAM, 3D 모델링 및 고속가공, 금형설계/제작	이스라엘 CLAL Computer & Technologies사
CIMLINC CAD/CAM	CAD	CAM, 디자인 설계제조분야	미국 CIMLINC사
FEMAP	CAE	구조해석	미국 ESP사

종 류	특징	적용 분야	개발국, 적용 업무
Gibbs CAM	CAM	2D, 3D 모델링 및 가공	미국 Gibbs & Associates사
IDEAS	CAD/CAE	CAM, 설계 가공, 해석	미국 SDRC사
MOLDFLOW	CAE	사출금형설계해석	호주 MOLDFLOW사
MSC/NASTRAN	CAE	구조적 · 동적해석	미국 MSC사
PAM-STAMP	CAE	자동차 박판해석	미국 ESI Group사
PATRAN	CAE	범용 해석	미국 PDA Engineering사
Power SHAPE	CAD	CAM, 제품설계, 개발, 금형제작	영국 DELCAM사
Pro CAM	CAD	CAM, 2D, 3D모델링 및 가공	미국 Alanilam사
Pro Engineering	CAD/CAE	CAM, 모델링 및 기구개발, 해석	미국 P.T.C사
Solid Works	CAD	기계부품설계, Data저장/관리	미국 Solid Works사
Speed+	CAM	2D, 3D모델링 및 가공	한국 터보테크사
SYSWELD	CAE	용접구조물해석	프랑스 FRANASOFT사
Think Design	CAD	3D설계	이태리 Think사
Unigraphics(UG)	CAD	CAM, 제품설계가공	미국 Unigraphics Solutions사
Z-STAMP	CAE	자동차 박판해석	한국 큐빅테크사

그 외 CAD 프로그램이 전 세계적으로 소프트웨어가 현재 많이 출현되어 사용되고 있으나 사용하는 조직의 선호도 또는 업무의 특성에 따라 다양하다.

4.2 AutoCAD, CATIA 최신형의 특징

4.2.1 AutoCAD

AutoCAD 설계 소프트웨어는 CAD설계를 도입이 되면서부터 널리 보급된 도구로, 오토캐드사는 그동안 많은 버전업을 하여 왔으며, 최근 LT 2019의 최신 버전을 출시하여 사용자가 제품에 포함된 7개의 전문화 툴셋을 사용하여 75만 개 이상의 객체, 스타일, 기호 등을 선택할 수 있어, 높아져 가는 다양한 비즈니스 요구에 대응, 작업 속도 향상과 효율성 증대를 기대할 수 있게 되었다.

다음 7가지의 전문화된 툴셋의 사용 환경으로는 윈도우 7 SP1, 윈도우 8.1, 10용으로, 시스템 사양으로 3GHz 이상의 프로세스, 최대 해상도 3,840×2,160 지원, 4GB 그래픽 메모리, 106GB/s 대역폭 및 Direct×11호환, 6.0GB 디스크의 조건들이다.

주요 특징으로는 단일 오토캐드로 7가지 산업군별 전문화 기능을 모두 사용 가능하며 모바일 앱 및 웹앱이 포함된다.

① 아키텍처 툴셋(Architecture Toolset) : 전문 건축 설계 기능과 8천 개 이상의 지능형 건축 객체 및 스타일을 사용해 건축 도안 및 문서작성 시간을 단축한다.

② 메케니컬 툴셋(Mechanical Toolset) : 전문 기계 설계 기능 및 70만 개 이상의 지능형 제조 부품, 기능 및 기호 등을 사용해 제품 설계시간을 앞당길 수 있다.

③ 일렉트리컬 툴셋(Electrical Toolset) : 전문 전기 설계 기능 및 6만 5천여 개의 지능형 전기 기호로 전기 제어 시스템의 생성, 수정, 문서화에 필요한 생산성을 높여준다.

④ MEP 툴셋(MEP Toolset) : 전문 MEP 엔지니어링 기능 및 1만 5천 개 이상의 지능형 기계, 전기 및 배관 객체를 사용해 빌딩 시스템의 초안, 설계, 문서화 수행에 유리하다.

⑤ 플랜트 3D 툴셋(Plant 3D Toolset) : 전문 공장 설계 및 엔지니어링 툴셋을 사용해 P&ID를 효율적으로 생산한 뒤, 3D 공장 설계 모델로 통합한다.

⑥ 맵 3D 툴셋(Map 3D Toolset) : 전문 매칭 기능으로 GIS(지리정보시스템) 및 CAD데이터를 통합하여 기획, 설계 및 데이터 관리를 지원하고, 파일, 데이터베이스, 웹서비스 등에 저장된 공간 데이터의 활용, 사용자 오토캐드 설계 데이터와의 통합이 가능한 기능이다.

⑦ 레스터 디자인 툴셋(Raster Design Toolset) : 래스터-백터 변환 툴을 사용해 스캔된 도안을 편집하고 래스터 이미지를 도면(DRW) 객체로 변환할 수 있는 기능이다.

통합 솔루션의 새로운 이 버전은 사용자가 7가지 전문화 툴셋으로 75만 개 이상의 객체, 스타일, 부품, 특징, 기호를 선택하여 사용할 수 있고, 설계자는 익숙한 오토캐드 인터페이스에서 작업을 하면서 도면을 자동화하고, 파이핑, 공장 장비, 전기 패널 도면 등을 신속하게 그릴 수 있다. 또한 GIS(지리정보시스템) 데이터의 기획 과정 통합, 스캔된 도안의 편집 및 래스터 이미지의 도면 객체 전환 등을 수행할 수 있다.

따라서, 신속하고 효율적인 작업 진행을 할 수 있으며, 온라인 상에서 웹과 모바일 앱으로도 사용이 가능하다고 한다.

4.2.2 CATIA(V5)

CATIA V5를 사용하는 환경은 그 범주가 더욱 더 넓어지고 전문성은 더 깊어지고 있다. 이런 현상은 CATIA V5에 대한 수많은 정보들이 제공되고 3D 데이터로 형상 모델링을 하는 영역에서 품질, 개발, 생산기술, 생산관리 등 많은 분야에서 사용되고 있기 때문이다. 특히, 자동차메이커에서는 CATIA V5를 사용하지 않으면 제품연구 및 개발을 할 수 없는 상황이고 사용이 필수적이다.

CATIA V5가 널리 보급되면서 기본적인 기초 기능에 대한 이해도는 높아졌다. 그리고 더 빠르고 정확한 작업을 하기 위한 수준 높은 방법론이 요구되고 실제로 실무에서 적용되고 있다. 모델링을 하면서 반복적인 작업으로 소요시간이 많아지고 힘든 작업으로 피로도가 높아질 수 있기 때문에 더 쉽게 사용하기 위하여 파워카피(POWER COPY)기능과 템플릿을 사용하는 경향이 더 많아지고 있다. 이제는 CATIA V5를 사용한다면 일반적인 툴 기능보다 더욱 효율적인 기능을 사용하기 위한 방향으로 흐름이 전개되고 있다. CATIA의 주요 기능은 3차원 디지털 공간에서 형상을 만들고 그 형상을 실제 기능을 부여하여 결과를 시뮬레이션 하기도 한다. 그 중에서 가장 기본적인 것은 디지털 공간에서 형상을 만드는 모델링 작업이 될 것이다. 이 모델링 작업물이 없다면 후속으로 시뮬레이션과 다른 작업을 할 수 없기 때문이다. 여전히 효율성 높은 CATIA 사용의 이면에는 기초적인 모델링의 중요성이 강조되고 있다.

4.3 Solidworks의 다양한 기능

4.3.1 Solidworks의 기본 기능과 성능

SOLIDWORKS는 솔리드 모델링(Solid modeling)을 기반으로 하는 가장 널리 사용되는 3D CAD 소프트웨어 중 하나이다. 이 SOLIDWORKS는 CAD/CAE/CAM에 이르는 병렬적 기법이 통합된 CAD 툴(tool)이며, 다른 3차원 CAD에 비해서 배우기 쉽고, 사용하기도 편리하고, 설계 효율성이 아주 우수하다.

그림 1-30 솔리드웍스에서의 다양한 기능

 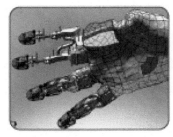 

SOLIDWORKS PDM Standard
모든 엔지니어링 데이터 및 관련
파일 저장소의 중앙 집중화

리버스엔지니어링(Scan To 3D)
스캔된 3D 데이터를 SOLIDWORKS
CAD 데이터로 변환하여 역설계에
활용

고급 실사 이미지
설계 데이터를 활용하여 실사적
이미지 및 애니메이션 렌더링

그림 1-31 솔리드웍스의 설계해석에서 각 부문별 해석기능의 예

1) Professional Spec.

Static구조해석   Thermal 열해석   Drop Test 낙하/충돌해석   Optimize 최적화해석

 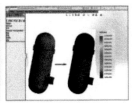  

Buckling 좌굴해석   Pressure Vessel 압력용기   Frequency 고유진동수   Motion 모션해석

2) Standard Spec.

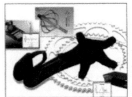 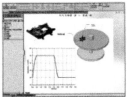  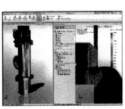

Simulation   Motion   Fatigue 피로해석   Trender Tracker

4.3.2 Solidworks(2019)의 신버전 기능

(1) 어셈블리 파일을 멀티 보디 파트로 저장하는 기능을 개선

솔리드웍스에는 어셈블리 파일을 멀티 보디 파트로 저장하는 기능으로, 3D 설계 데이터를 외부 협력 업체에 전달할 때 외부 형상만 유지한 채 전달할 수 있는 기능을 개선하여 슬라이드 바를 이용하여 쉽게 내부 부품을 제거할 수 있고, 사용자가 경계 상자를 생성하고 크기를 조정하여 개별 부품을 포함 또는 제외시킬 수 있고, 한 번의 선택으로 툴 박스에 포함된 모든 부품을 제외할 수도 있는 기능이다.

(2) 멀티 보디 파트 간섭 체크

멀티 보디 파트 간 간섭 체크 기능이 추가되어 기존에 어셈블리 파일에서만 가능했던 기능을 멀티 보디 파트에서도 사용할 수 있게 되었고, 용접 구조물 파트에 대해서도 지원이 되어 설계 검토 때 유용하게 쓸 수 있다.

(3) 외부 참조 UI 개선

솔리드웍스 신 버전에서는 외부 참조 목록에 대하여 피처 레벨에서 연결이 끊겼거나 잠겨 있는 피처에 대해서 하이라이트가 가능해졌고, 피처 매니저 상에서 동적 참조 도구를 활용하여 외부 참조 목록을 분리 또는 잠글 수 있게 되어, 전보다 간편하게 외부 참조 목록을 제어할 수 있어서 톱다운(Top-Down)설계 및 참조 설계가 보다 용이해졌다.

(4) 솔리드웍스 비주얼라이즈의 디노이저 기능

이 비주얼라이즈 2019(SolidWorks Visualize 2019)에서는 디노이즈(DeNoise)란 기능이 추가 되어 보다 선명한 화질의 랜더링 이미지를 생성할 수 있게 되었고, 이 기능은 엔비디아의 새로운 AI 기술을 통해 노이즈를 자동으로 찾아 제거하는 기능이며, 모든 랜더링 제품들의 숙제인 성능을 기존보다 10배 정도 개선되어 빠른 실사와 같은 랜더링 이미지를 생성할 수 있게 되었다.

(5) 3D 텍스처 보디

3D 텍스처 보디라는 기능이 추가되어 솔리드 보디에 텍스처를 활용해서 오프셋 메시 보디를 생성할 수 있어 텍스처 디자인을 즉각적으로 메시 보디로 만들어 주어 손쉽게 다양한 표현이 가능한 기능이다.

(6) 부분 모따기/필렛

작업 중 모따기 및 필렛으로 에러가 자주 발생하는 경우도 있어 간섭 때문에 일부분에만 모따기/필렛을 줘야하는 것을, 본 기능에 추가되어 이 도구를 사용하여 거리, 시작점/끝점 드래그를 통해 모따기와 필렛을 줄 수 있다.

(7) 서피스 다이얼 지원

기존 것에는 터치 모드라는 신기능을 통해 터치린이 지원되는 장비에서 팬으로 스케치를 하여 설계를 할 수 있고, 휴대폰과 같이 손가락으로 여러 가지 기능으로 3D 모델을 검토할 수 있었고, 신 기능은 마이크로소프트의 서피스 다이얼(Surface Dial)을 지원하여 다이얼로 3D 모델을 회전, 이동, 줌 인/아웃을 할 수 있게 3D 모델을 검토할 수 있는 기능이다.

(8) 스케치 스플라인 제스처 기능

기존 2018부터는 펜을 이용하여 스케치를 하고 설계를 진행할 수 있고, 2019에서는 펜 스케치를 스플라인 커브로 자동으로 변환시켜 주어 보다 섬세한 곡선을 생성하고 조절할 수 있게 되었다.

(9) 스케치 슬롯 제스처

펜 스케치로 그린 형상으로 슬롯 형상으로 인식하여 슬롯 스케치로 자동으로 변환시켜 주는 기능도 추가 되었다.

(10) 3D 마크업 기능

터치 디바이스에 손으로 직접 노트를 적을 수 있어 그렇게 작성한 노트를 모델에 저장할 수 있게 되고, 디자인 리뷰 미팅 시에 나온 여러 가지 내용들을 실제로 모델에 작성할 수 있고 저장할 수 있어서 보다 효율적인 디자인 리뷰 미팅을 할 수 있다.

(11) VR 지원

4차 산업혁명 시대에 핵심 기술이라고 할 수 있는 가상현실(VR)을 이제는 e드로잉(e-Drawing)에서도 지원하며, VR 장비와 이 드로잉스를 연동하여 3D 모델을 가상환경에서 경험하고 리뷰해 볼 수 있게 된다.

(12) 위상 스터디 기능 개선

시뮬레이션 2018에 새롭게 추가된 위상 스터디의 기능이 개선된 것은, 2018까지는 구속

조건을 무게에 대해서만 부여할 수 있었는데, 2019에서는 응력, 안전계수, 진동수를 구속 조건으로 주어 사용자들에게 다양한 옵션을 제공하여 좀 더 최적화된 설계 가이드를 준다.

(13) 메시 슬라이싱 기능

위상 스터디를 통해 도출된 최적화된 형상 데이터를 파라메트릭 모델로 설계하는 것은 번거로운 작업이었는데, 2019는 이 부분이 개선되어, 사용자가 원하는 지점에 메시 바디를 교차하는 스케치를 자동으로 생성할 수 있게 이 스케치를 통해 보다 쉽게 모델링이 가능하게 되었다.

(14) 상태에 따른 메이트 그룹화

어셈블리 파일은 수많은 메이트로 구성되는 것을 설계 변경에 따라 메이트 에러가 많이 발생하게 되고, 이런 수많은 메이트가 그룹화되어 있지 않아 불편한 점이 많아, 2019에서는 에러 발생 메이트, 억제된 메이트, 초과 정의된 메이트, 비활성화된 메이트 등으로 그룹화되어 설계자가 직관적으로 메이트들을 확인할 수 있고, 효율적으로 어셈블리 파일을 관리할 수 있게 되었다.

(15) 부품 미리보기 창 개선

부품 밀보기 창 개선을 통해 한 개의 부품이 아닌 여러 개의 부품을 미리보기 창에서 확인할 수 있고, 메인 화면과 회전, 이동 등이 동기화되어 같이 움직일 수 있는 등의 기능이 개선되었다.

(16) 디피처 기능 개선

솔리드웍스에는 디피처(Defeature)라는 기능을 통해 협력업체에 3D 데이터를 공유할 때 상세한 설계 향상을 숨기고, 회사의 지적 재산권을 보호할 수 있는 기능을 제공한다. 이 기능이 개선되어 어셈블리 파일의 단순화를 보다 쉽고 정밀하게 조정할 수 있게 된다.

표 1-22 솔리드웍스 CAD의 기능과 툴별 구분

No	솔리드웍스 3D 매트릭스(기능)	솔리드웍스 스탠다드	솔리드웍스 프로페셔널	솔리드웍스 프리미엄
1	사용 편의성	☑	☑	☑
2	파트 및 어셈블리 모델링	☑	☑	☑
3	2D 도면	☑	☑	☑
4	설계 재사용 및 자동화	☑	☑	☑
5	애니메이션 및 시각화	☑	☑	☑
6	간섭 확인	☑	☑	☑
7	협업 및 CAD 데이터 공유	☑	☑	☑
8	고급 CAD 파일 가져오기	☑	☑	☑
9	기본 해석 도구	☑	☑	☑
10	생산성 도구	☑	☑	☑
11	제조를 위한 설계	☑	☑	☑
12	CAD 라이브러리	☑	☑	☑
13	자동작업 예약 및 일괄처리	☑	☑	☑
14	비용 절감 및 비용 산정을 위한 설계		☑	☑
15	ECAD/MCAD 협업 (CircuitWorks TM)		☑	☑
16	고급 실사 이미지 렌더링(포토뷰360)		☑	☑
17	CAD 표준검사		☑	☑
18	자동화된 공차 누적 해석(Tolanalyst)		☑	☑
19	솔리드웍스 파일관리		☑	☑
20	리버스 엔지니어링(Scan To 3D)		☑	☑
21	eDrawings® 프로페셔널		☑	☑
22	모션 해석			☑
23	구조용 파트 및 어셈블리 해석			☑
24	환경영향 라이프사이클 평가 솔리드웍스 Sustainability		☑	
25	파이프 및 튜브 배선			☑
26	전기 케이블 및 와이어 하네스 배선			☑
27	사각형 및 기타 단면 배치			☑
28	고급 곡면 전개			☑
29	어셈블리 레벨 비용 산정			☑

표 1-23 솔리드웍스 시뮬레이션 매트릭스의 기능과 툴별 구분

No	솔리드웍스 시뮬레이션 매트릭스	시뮬레이션 스탠다드	시뮬레이션 프로페셔널	시뮬레이션 프리미엄
1	사용 편의성/직관성	☑	☑	☑
2	동시 엔지니어링	☑	☑	☑
3	유한요소 해석	☑	☑	☑
4	접촉 및 커넥터	☑	☑	☑
5	후처리	☑	☑	☑
6	통신	☑		☑
7	어셈블리에 대한 선형 정적 시뮬레이션	☑	☑	☑
8	시간 기반 메커니즘 모션 시뮬레이션	☑	☑	☑
9	자동화	☑	☑	☑
10	설계 비교 연구	☑	☑	☑
11	경향 분석기	☑	☑	☑
12	피로도 시뮬레이션		☑	☑
13	구속되지 않는 바디 감지		☑	☑
14	수식으로 도출한 결과		☑	☑
15	설계 최적화(시뮬레이션 데이터기준)		☑	☑
16	고급 접촉 및 커넥터		☑	☑
17	이벤트 기반 모션 시뮬레이션		☑	☑
18	진동수 시뮬레이션		☑	☑
19	좌굴 또는 수축 시뮬레이션		☑	☑
20	구조 및 열 시뮬레이션		☑	☑
21	낙하 테스트 시뮬레이션		☑	☑
22	압력용기 설계 시뮬레이션		☑	☑
23	하위 모델링 시뮬레이션		☑	☑
24	2D 단순화		☑	
25	케이스 관리자 모드			☑
26	비선형 시뮬레이션			☑
27	동적 시뮬레이션			☑
28	복합 부품 시뮬레이션			☑
29	컴퓨팅			☑

표 1-24 설계 데이터관리 솔루션의 구분

범주	주요 기능	PDM 스텐다드	PDM 프로패셔널	비고
Basic	eDrawings Preview	☑	☑	기본 미리보기
	CAD Editor Client	☑	☑	솔리드웍스 통합
	Contributor Client	☑	☑	윈도우 탐색기
	Viewer Client	☑	☑	윈도우 탐색기
	Serial Numbers		☑	스탠다드는 솔리드웍스 시리얼에 그대로 따라감
	Active Director, LDAP Login		☑	EPDM의 추가적인 방법
	Menu & Toolbar Customization		☑	UI 사용자화
Data Base	SQL Express Support	☑		스탠다드는 SQL Express 만을 지원
	SQL Standard Support		☑	프로패셔널은 SQL, 스텐다드 이상만을 지원
Data Reuse	Intergrated Search Tool	☑	☑	-
	Dedicated Search Tool		☑	-
	Search Favorites		☑	검색 즐겨찾기 등록
	Content Search(Indexing)		☑	솔리드웍스 파일, MS 오피스 내부 내용 검색
	Paste Shared Links		☑	참조 붙여넣기
	Report Generator		☑	SQL Query를 이용한 보고서 작성하기

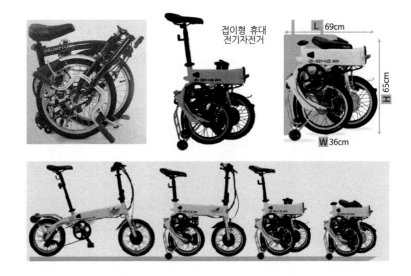

4.4 기타, 설계용 소프트웨어류의 특징

4.4.1 CIMATRON

1) 시마트론의 특성

시마트론 소프트웨어는 금형설계에 적합한 설계도구로, 이스라엘에서 만든 소프트웨어이며, 3차원 설계도구로 구성 Solid-Face기법들이 통합된 단일 Modeling 환경으로, 원활한 조직 및 새로운 제품 형상의 개념설계 작업 및 CNC 부분에서의 탁월한 가공 방법 및 사용자를 고려한 매뉴얼 설명과, 고품질의 CNC Tool path 산출 등의 설계업무를 용이하게 수행할 수 있게끔 해주는 CAD/CAM Soft Ware이다.

시마트론 엘리트의 특징은, CAD/CAM 환경은 Tooling 산업의 전반적인 요구를 염두에 두고 개발한 소프트로, Die와 Mold 설계자는 전반적인 Tooling 공정을 통하여 각 공정을 신속하고 유연하게 지원하는 새로운 차원의 제반 기능들을 사용함으로써 충분한 생산성 향상을 기대할 수 있으며, 이 소프트는 사용이 간편하고 탁월한 성능의 3차원 설계도구들로 구성되어 있으며, 통합된 Solid-Surface-Wire frame 모델링 환경은 사용자로 하여금 외부로부터 입수된 형상이거나 새로운 작업에 의한 형상 정의 등에 관계없이 똑같이 쉽게 조작할 수 있도록 한다.

특히, 모델링 공정 전반에 걸쳐서 이 소프트는 2.5축에서부터 5축 가공에 이르기까지 CNC Programming시간 및 가공시간을 획기적으로 줄여 주는 고속가공, Stock 잔량 자동인식 및 Template기능 등을 지원해 주는 설계 전용 소프트웨어이다.

2) 개요와 메뉴의 내용(실제 작업하는 메뉴)

① 시마트론 E의 개요

② 파트 17가지의 그리기

③ 조립(Assembly)

④ 드로잉(Drawing)

⑤ NC의 개요

⑥ 몰드 프로젝트(금형설계)

4.4.2 유니그래픽스(Unigraphics : UG)

유니그래픽스(Unigraphics) CAD소프트는 모델링, CAM System, 금형설계 등의 전문 소프트로, 메뉴의 내용으로(실제 작업하는 메뉴)

① 유니그래픽스 첫걸음하기
② 스케치 방법 익히기
③ 스케치 연습 및 대화상자 익히기
④ Form Feature 체험하기
⑤ Drafting 방법 배우기
⑥ Solid Model 만들기
⑦ CAM System
⑧ 제품 모델링 연습하기
⑨ 금형설계하기
⑩ Assembly 및 Sequence 재생

4.4.3 Creo 5.0[ProE]

PTC사의 크레오(Creo 5.0)는 3D CAD 소프트웨어의 최신버전 솔루션으로, 사용자가 단일 설계 환경에서 콘셉트 검토 과정에서 제조 검증 단계에 이르는 전체 업무를 이어 나갈 수 있도록 지원하는 Creo의 이 버전은 빠르게 변화하는 제품 설계 트렌드를 지원하기 위한 기능으로 모듈 제품과 생산성 강화를 위한 다양한 기능들이 추가 되었으며, 특히 본 솔루션은 기획 단계의 콘셉트를 스마트 컨넥티드 제품으로 변화시키기 위해 제품의 면면에 증강현실(AR)을 적용하여 물리적 세계와 디지털 세계를 연결하고 위상 최적화, 적층 제조, 전산유체역학(CFD), CAM에 대한 기능이 강화 되었다.

1) 위상 최적화

제품 설계는 기존 설계의 경험에 의해 최적화가 제한되는 경우가 많아, 새롭게 추가된 이 위상 최적화 기능은 설계 제약 조건과 강도, 중량 최적화 등 설계목적에 의해 일련의 셋을 기반으로 최적화 설계를 자동으로 생성, 지원함으로써 설계하는 사람은 효율적으로 시간을 절감하고 혁신을 가속화할 수 있다는 것이다.

2) 적층 제조

3D 프린팅 기술을 활용함에 있어 사용자가 여러 가지의 소프트웨어를 다룰 필요가 없이 하나의 제품 내에서 설계 및 최적화하고, 본 화면에서 3D 프린트 체크 및 적층 제조에 이르는 과정을 지원하며, 적층 제조 프로세스를 간소화하고 설계 모델을 다시 변환할 필요가 없어 사용자가 집중을 할 수 있다는 것이다. 또한, 머터리얼라이즈(Materialise)의 3D 프린팅 전문 소프트웨어인 '적층 제조 플러스 익스텐션'기능이 추가되어 부품에도 적층 제조 기능을 적응할 수 있다는 것이다. 이와 함께 새롭게 추가된 '크레오 몰드 가공'기능은 금형 가공을 위한 전용 고속 가공 기능이 추가되어 3축 및 5면(3 + 2)가공을 지원할 수 있다.

3) 크레오 유동 해석

전산 유체역학(CFD) 솔루션 '크레오 유동해석'은 설계자 및 전문 해석 담당자가 유체 흐름을 시뮬레이션을 할 수 있도록 지원하며 CAD와 CFD 간 워크플로가 매끄럽게 연동되어 초기 설계 단계에서부터 유동 특성 및 성능을 확인할 수 있어, 사용이 간편하며, 크레오와 통합되어 정확하고 빠르게 유동 해석 결과물을 확인할 수 있도록 지원된다.

4) 생산성 향상

크레오 5.0은 빠르게 변화하는 제품 설계 환경을 지원하기 위해 개선된 사용자 인터페이스를 적용하였으며, 또한, 스케치 영역을 사용한 지오메트리(형상) 생성 및 볼륨 헬리컹 스윕과 같이 생산성 관련 기능이 추가되었고, 이와 함께 면 생성작업(Surfacing), 판금 설계, 라운드가 포함된 드래프트 적용 등 다수 기능이 추가되어 생산성 향상에 기여를 할 수 있다. 실물 뷰와 유사한 원근법 디스플레이 모드를 유지하면서 설계가 가능하도록 지원이 되었다.

이와 함께 기존에 지원하던 카티아, NX, 솔리드웍스뿐만 아니라 추가로 오토데스크 인버터에 대해서도 멀티캐드 협업 환경의 지원이 된다.

4.5 설계 참조용 규격들

4.5.1 설계 규격의 종류와 특성

KS규격, 기계설계편람, ISO 규격, 전문 부품 및 재료 부문에는, 기업체의 전문 규격집, 또는, 전문 메이커의 브로슈어(카탈로그) 등이 있어 설계에 많은 도움이 되지만, 한편으로는, 그 제품을 적용해야만 하는 면도 있다. 요즘에는 부품들이 전문화 되어, 표준화, 상품화가 되어 있어, 쉽게 구입하여 적용 할 수 있다. 또한, 이들 부품들은 전문적 제조를 하는 기업 이므로, 더 정밀하고, 값싸게 만들기 때문에 기계를 제작하는 입장에는, 결과적으로 유리하고, 수익성이 있다고 본다.

1) KS 규격집

표준 기계설계의 KS 규격의 주요 내용으로, 설계 작업에 필요한 25가지의 기본 요소를 소개하면 다음과 같다.

① 치수공차와 끼워 맞춤, ② 일반 공차와 보통 공차, ③ 기하공차와 도시방법, ④ 나사 규격, ⑤ 볼트와 자리파기, ⑥ 너트, ⑦ 와샤, ⑧ 핀류, ⑨ 축 관계, ⑩ 키 및 스프라인, ⑪ 멈춤링, ⑫ 벨트와 풀리, ⑬ 기어 제도법, ⑭ 체인과 스프로킷, ⑮ 치공구(지그 및 고정구) 요소, ⑯ 오링의 규격과 설계 적용, ⑰ 오일 실 및 패킹, ⑱ 스프링의 규격과 설계 적용, ⑲ 베어링의 규격과 끼워 맞춤, ⑳ T홈 및 더브테일, ㉑ 널링, ㉒ 주서 작성 및 검도법, ㉓ 기계 금속 재료, ㉔ 기계 재료 표시 기호, ㉕ 가공 방법 기호. 기타 기술 부록이 수록되어 있다.

2) 기계설계편람의 활용

『기계설계편람』의 주요 분류로는, 7개의 그룹으로 나누고, 각 그룹에서 상세한 항목이 1장부터 27장까지 전문 분야별로, 설계에 필요한 기술 자료들, 표준치, 실험 결과의 참고 자료 등이 수록되어 있어 설계를 하기 전에 필요한 기본 지식과, 고려해야 할 기준, 설계 도중에도 참조를 해야 하는 상세한 수치 등은 많은 자료가 될 수 있다. 이러한 다방면의 항목들은 공학적인 계산에 의한 근거로 만들어졌기 때문에 체계적이고, 전문가들에 의해 검토되고, 검증이 된 자료라 볼 수 있다.

기계 설계 편람의 상세한 목차는 다음과 같다.

Ⅰ부 - 총론(기계 설계 총론)에는,

1장 : 기계 설계 총론으로, 1) 기계설계의 기초, 2) 설계에 있어서의 기본사항, 3) 설계기획, 설계상의 유의점이 서술되어 있고,

Ⅱ부 - 재료와 강도에 대한 내용으로,

2장 : 금속재료의 1) 총론, 2) 구조상 철강 재료, 3) 비철금속재료, 4) 내열합금, 5) 내식합금, 6) 스프링강의 재료, 7) 주조재료, 8) 소결재료, 9) 전기 자기 재료, 10) 특수 금속 재료가 있고,

3장 : 비금속 재료로, 1) 총론, 2) 플라스틱, 3) 고무 및 고무 복합재료, 4) 접착제, 5) 도료(페인트), 6) 글래스, 7) 세라믹스, 8) 내열·단열용 세라믹스, 9) 연삭재, 숫돌(지석), 10) 복합재료가 수록되어 있고,

4장 : 부식·방식·표면처리 부문으로, 1) 부식, 2) 방식, 3) 표면처리가 있으며,

5장 : 파손, 파괴 및 크리프에 대한 것으로, 1) 파손 및 파괴의 형식, 2) 항복 및 소성 붕괴, 3) 노치의 응력 집중 계수, 4) 균열의 응력 확대 계수, 5) 고사이클 피로, 6) 저사이클 피로, 7) 열응력, 열피로 및 열충격, 8) 충격 파괴, 9) 취성 파괴, 10) 크리프 파괴,

Ⅲ부 – 기계 구조물과 강도 계산으로,

6장 : 보·축·주 및 판으로, 1) 보(대들보), 2) 굽은 보, 3) 축의 토션, 4) 주, 5) 평판, 6) 회전 원판, 회전 실린더,

7장 : 용기 및 구조물 부문으로, 1) 실린더, 2) 배관/만곡판, 3) 골조구조, 4) 박판구조,

8장 : 용접으로, 1) 용접 구조 해설, 2) 재료와 용접방법, 3) 용접이음의 설계, 4) 용접 생산의 시스템화,

9장 : 진동부문으로, 1) 진동제 수치 환산 및 진동평가, 2) 스프링 상수, 감쇄계수, 3) 고유 진동수와 위험속도, 4) 고유 진동수 계산 도표, 5) 응답해석, 6) 안전판별, 7) 불규칙 진동, 8) 비선형 진동, 9) 진동절연, 완충, 10) 흡진장치, 11) 균형, 12) 소음, 방음이 수록되어 있다.

Ⅳ부 – 기계 요소와 기구에는,

10장 : 나사 및 나사 체결체로 1) 나사 및 나사 부품, 2) 나사의 역학, 3) 나사의 강도, 4) 나사 체결의 분류, 5) 나사 체결체의 강도설계, 6) 나사 체결체의 설계(응용),

11장 : 축 및 축이음으로, 1) 축의 기본 설계 공식, 2) 축 재료와 축지름, 3) 베어링 간 거리, 4) 크랭크 축, 5) 키, 코터, 핀 및 막음 링, 6) 스플라인, 7) 기계식 축이음, 8) 클러치, 9)변속장치,

12장 : 베어링 부문으로, 1) 베어링의 종류와 선택, 2) 슬라이드 베어링, 3) 롤링 베어링,

13장 : 스프링 및 방진고무로, 1) 코일 스프링, 2) 겹판 스프링, 3) 그 밖의 스프링, 4) 방진

고무, 5) 공기 스프링,

14장 : **기어** 부문으로, 1) 기어의 종류와 용어, 2) 원통기어, 3) 기어의 강도설계, 4) 베벨기어, 5) 웜기어, 6) 기어의 정밀도, 7) 기어 장치,

15장 : **벨트, 체인 및 로프** 부문으로, 1) 벨트 전동, 2) 체인전동, 3) 와이어로프,

16장 : **캠 및 이송나사**로, 1) 캠, 2) 이송나사,

17장 : **기구와 로봇**로, 1) 등속 회전기구, 2) 부등속 회전기구, 3) 변속기구, 4) 왕복 운동기구, 5) 로크기구, 6) 이송기구, 7) 곡선 운동기구, 8) 계산기구, 9) 로봇 기구,

18장 : **트라이볼로지**(Tribology : 기계의 윤활, 마모, 내구성 등에 대한 기술로, 종합적인 윤활기술, 마찰에 대한 기술) 부문으로, 1) 접속과 마찰, 2) 윤활기구, 3) 윤활제, 윤활법, 4) 마찰면의 손상, 5) 저마찰, 내마모 재료가 있으며,

V부 – **흐름 및 열** 부문으로,

19장 : **흐름**(유체 등)으로, 1) 유체의 물리적 성질, 2) 유체 중의 물체에 작용하는 힘, 3) 날개와 익력, 4) 유로 손실, 5) 2상 유통, 6) 분류, 7) 캐비테이션, 8) 비정상 유체 현상,

20장 : **배관 및 유체기기** 부문으로, 1) 관, 2) 관이음, 3) 밸브와 코크, 4) 안전밸브, 5) 트랩 및 액접 분리기, 6) 누설 방지장치, 7) 배관, 8) 터보 기계의 형식과 특성, 9) 유압기기, 10) 공기압 기기, 11) 유체 전도장치, 12) 진공 펌프,

21장 : **열전열 및 연소** 부문으로, 1) 물질의 열·유체적 성질 2) 전열(열전달), 3) 열 교환기, 단열·축열법과 그 선택법, 4) 열적 기계 요소와 그 선택법, 5) 연소 및 연소장치,

22장 : **동력** 부문으로, 1) 전동기, 2) 열기관에 대한 내용이며,

VI부 – **가공법과 제도** 부문으로,

23장 : **가공법 및 치수·공차** 부문으로, 1) 기계 설계를 위한 가공법, 2) 소형재의 제작법, 3) 외형 가공법, 4) 조립분해, 검사, 5) 초정밀 가공, 6) 기계 생산 시스템, 7) 공차 및 끼워맞춤이 있고,

24장 : **제도** 부문으로, 1) 제도와 설계 정보처리, 2) 기계제도, 3) CAD/CAM 시스템으로 하는 제도, 4) 도면 정보의 관리

VII부 – **상수·공식 및 수치 계산법** 부문으로,

25장 : 단위의 환산 및 물리 상수로, 1) 단위 및 단위의 환산, 2) 물리상수,

26장 : 평면도형과 입체공식으로, 1) 평면도형, 2) 입체 부문이 있으며,

27장 : 수치 계산법으로, 1) 선형계산, 2) 비선형 방정식, 3) 근사, 보간, 적분, 4) 상미분
　　　방정식, 5) 편미분 방정식, 6) 데이터 분석으로, 구분되어 있다.

4.5.2 각 단체 및 기업체의 전문 규격집 활용

어느 기업체이든 표준화 된 제품의 소개(브로슈어, 카탈로그)에 나와 있는 규격집이 있다. 이들도 제품의 품질보증을 위해서 여러 시험과 검증을 거쳐서 신뢰할 수 있으며, 단체 표준, 지역 표준, 국제 표준은 각 국가 간의 협의로 만들어진 것으로, 공업 선진국들이 주축으로 쌓아 온 경험, 자료들을 토대로 하여 만든 규격이다.

① **사내표준**으로, 기업체 내에서 자체적으로 사용하는 규정집,

② **단체표준**으로, 단체가 합의하여 만든 표준(예 ; ASTM, UL 등)

③ **국가표준**으로, 국가표준화기관이 채택한 규격(KS, DIN, JIS 등)

④ **지역표준**으로, 특정 지역의 국가 간 합의로 만든 표준(예 ; EN 등)

⑤ **국제표준**으로, 국제표준화기구에서 제정하여 만든 규격(예 ; ISO, IEC, ITU 등)

또한, 강제력에 의한 표준ㆍ법규의 구조에서는, ㉠ **법령에 기초로 한 표준**과, ㉡ **법령에서 인용된 표준** 등이 있다(노동기준법ㆍ고압가스ㆍ보일러 구조규격ㆍ보안관리 크레인 안전 등).

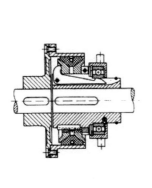
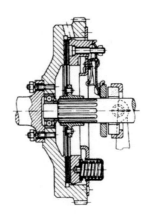

CHAPTER 02

설계기법 역량 강화를 위한 부문별 전문지식

제1절 설계조건을 만족하기 위한 검토사항과 설계 환경의 여건

1.1 기계설계 개요와 요점

1.1.1 기계설계의 의미

기계설계는 여러 가지 지식과 경험을 구사하여 검토를 하고, 요구되는 시방에 맞춘 기계를 창조하는 것이다. 사용자가 요구하는 시방이라는 것은, 기계의 기능, 성능, 적용범위를 나타내며, 구조, 동작, 취급 설명 또는 주의점 등을 명확히 한 것이다. 하나의 기계라 해도 여러 가지의 다양한 역할을 가진 것이고, 이것을 탁상의 이미지의 상태에서, 기계라는 실물을 만들어야 할 과정 전부가 설계라 할 수 있다.

기계설계의 검토를 하기 위해서는 재료역학, 기구학, 기계역학, 열공학, 유체공학 등의 공학계의 학문과 기계제도의 수법, 기계요소기술, 그밖에 기계재료와 가공, 조립 등 제조에 관한 지식이 필요로 한다. 게다가 규격과 법령, 각종 설계도구와 수법에도 정통이 필요로 한다. 또한, 여러 경험에서 얻어진 노하우와, 최적의 설계를 하는 센스도 중요하다.

한편, 최근에 여러 가지 요구되고 있는 고성능, 고정밀도, 고속화를 실현하기 위해서, 메카트로닉스기술이 필수가 되고 있다. 고도화 된 센스에 의해 모든 상태가 정확히 파악할 수 있도록 되고, 복잡한 제어를 가능하게 하는 액추에이터(Actuator)에 의해 여러 가지 동작이 실현되고, 이를 위해 메카트로닉스기술을 숙지하고, 다루는 스킬도 필요로 한다.

또한, 기계설계를 진행시키는 데에는 시방을 정확히 파악하는 것은 물론이고, 비용 절감과 일정관리를 해 나가는 것도 중요하다. 기타 환경성, 안전성, 신뢰성, 분해성, 보수성, 내구성 등을 향상시키고, 소형 · 경량화를 하며, 게다가, 진동과 소음이 없어지도록 하는 것을, 검토해야 하는 것은 상당히 광범위하고 다양하다.

따라서, 기계설계라는 것을 정의(定義)한다면 『여러 가지의 지식과 경험을 구사하여, 요구하는 시방에 맞추어 기계를 창조하는 것이다.』

1.1.2 공학에서 설계라는 의미

『기계를 설계한다』할 때 『설계』라고 하는 것은, 일반적으로 공학설계이다. 이는 제품으로 생산하기 위함이 기본이고, 그림 2-1과 같이 형상과 외관을 추구하는 예술의 세계에서, 쓰이는 원리를 체계화 한 것으로, 자연과학, 제품의 가치와 의미를 부여하는 철학과 경제학으로 세계 전체에 관계하고 있다. 그래서, 설계가 잘되었든 못되었든 간에 제품의 기능만 아니라, 사용자의 쾌적감을 좌우하는 디자인센스의 좋고 덜 좋은 점을 평가 받고, 사회의 기술수준, 사회에 기여(사회 공헌)하는 자세 등의 판단에도 사용되는 가능성이 있다.

그림 2-1 공학 설계의 위치

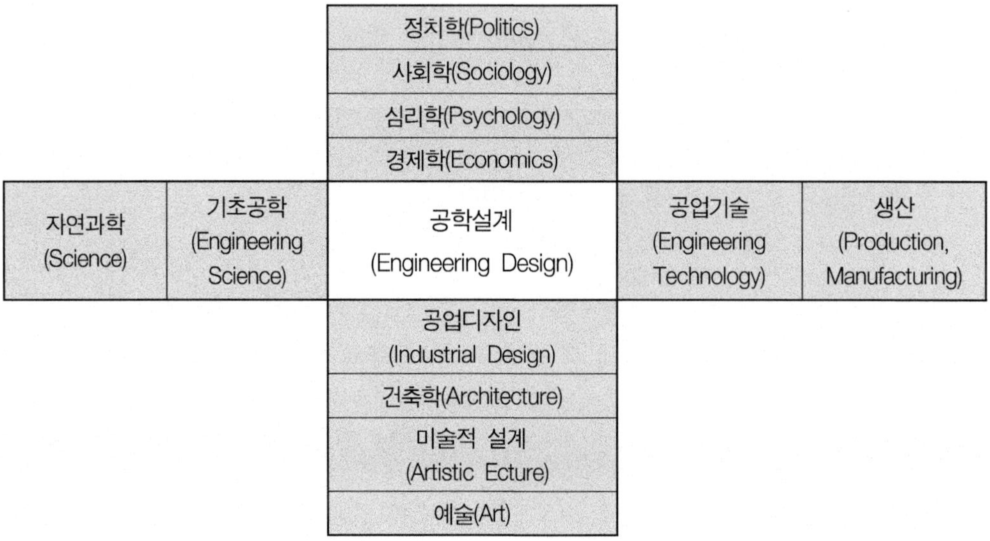

		정치학(Politics)		
		사회학(Sociology)		
		심리학(Psychology)		
		경제학(Economics)		
자연과학 (Science)	기초공학 (Engineering Science)	공학설계 (Engineering Design)	공업기술 (Engineering Technology)	생산 (Production, Manufacturing)
		공업디자인 (Industrial Design)		
		건축학(Architecture)		
		미술적 설계 (Artistic Ecture)		
		예술(Art)		

기계를 설계한다는 것은 단순히 형상과 치수를 정하는 것뿐만 아니라, 이들을 모두 짊어지게 되고, 설계자는 윤리관을 갖고서, 좋은 회사의 방침을 이해한 설계사상으로 그 사상을 담지 않고서는 안 된다. 동시에 설계에 사용되고 있는 원리를 정리할 필요가 있다고 보여진다.

또한, 언제나 안테나를 높이 세워서 많은 정보를 얻어 놓는 것도 중요하다. 제조활동을 하는 방법에는, 여건이 시시각각 변화하므로, 적절하고 확실한 정보를 활용할 수 있도록 준비하는 것이 필요하다.

여기에, 필요한 지식은 그림 2-2에 재료역학, 기계역학, 열역학, 유체역학으로 한, 4가지의 역학과 가공과 제도의 지식이 필요하게 되고, 기계설계는 총합기술이며, 광범위한 지식으로, 설계에는 생산설계, 공정관리, 품질공학, 인간공학, 시장조사, 기획, 지적재산, 공업의장, 감성공학, 각종 법규 등이 연관되어 있는 기술이다.

또한, 설계자 개인의 독창성, 신규성, 독자성도 요구되고 있으며, 여기에 많은 전문가와 작업자와의 제휴가 불가피하며, 스스로가 설계기술의 단련은 물론이고, 많은 사람들의 의견과 요망 사항을 듣고, 협조를 하면서 나갈 필요가 있는 것이다.

그림 2-2 설계에 필요로 하는 지식들

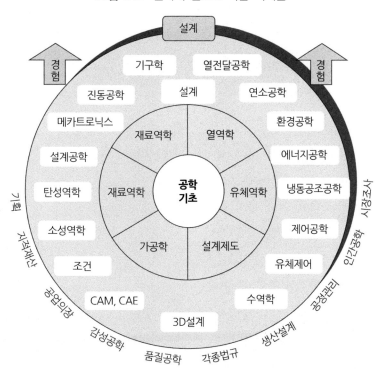

1.2 기계설계의 역할과 업무범위

기계설계자가 맡아야 할 역할은, 독창적인 아이디어를 구현하는 주도적인 역할로, 안전과 신뢰를 바탕으로 권리를 지키는 것으로, 과거에 경험에 의해 쌓아 올린 풍부한 기술과 논리적인 사고를 기초로 하여, 기계와 전기 · 전자 컴퓨터의 기능과 성능을 잘 이해한 다음 최고로 좋은 방법으로, 더 좋은 생각으로 합리적인 기계를 만들어 내는 것이다. 설계자는 간단히 요구 시방을 만족되게 하는 것만 아니라, 부가가치가 높은 제품을 만들 수 있어야 하며, 여기에는 품질, 비용, 납기 등의 많은 하드 룰(Rule)을 정리하며, 풍부한 설계를 다루는 능력이 요구된다.

설계자는 제품의 형상, 치수, 재질 등을 총합적으로 검토하기 위해서는 3차원 시뮬레이션과 해석 툴을 유효하게 활용해야 하며, 이용 가능한 기계요소와 부품 소재 등의 특징을 감미하며, 아이디어와 노하우를 결집한 도면 작성이 진행되어야 하고, 목적의 동작을 달성하는 데에는, 잘못되고 준비가 안 된 것이 있는지 등의 평가, 검증을 쌓으며, 안전과 신뢰의 확보가 되어야 하며, 게다가, 구체적인 조작 방법과 순서를 표시한 취급설명서의 작성과, 기계의 권리를 지키기 위한 특허 출원도 중요한 역할이다.

이러한 기계의 구조, 전자제어 등의 융합화가 되어 메카트로닉스로 만들어져야 하고, 이런 기계설계기술은 경제성, 안정성, 편리성을 고려한 고부가가치의 기계개발은 사회의 발전에 크게 기여를 할 것으로 여겨진다.

1.2.1 기계설계의 역할

① 고객의 요구사항과 협의를 하여 설계에 반영한다.
② 아이디어를 구체화하는 시방을 만든다.
③ 시뮬레이션과 해석에 의한 아이디어를 검증한다.
④ CDA에 의한 제도의 입력작업을 한다.
⑤ 시험 제작품(프롯, 파이롯)을 평가한다.
⑥ 위험요소와 잘못된 부분을 추출한다.
⑦ 트러블이 발생에 대한 원인 규명과 대책을 수립한다.
⑧ 도면의 출도 일정, 진척 상황을 주기적으로 관리한다.

⑨ 가공 현장에서의 진행 확인을 진도에 따라 관리한다.

⑩ 구입품의 선정 및 외주 제작처와의 시방을 협의한다.

⑪ 사내 구매부로 부품 조달을 의뢰하고, 협의한다.

⑫ 클레임 발생 시 고객 측의 상황 확인과 조사를 보고한다.

⑬ 사용설명서(Manual)와 각 부분(기계/전기 · 전자/유 · 공압 등)의 회로도를 작성한다.

⑭ 특허, 실용신안 등의 지적재산권을 출원한다.

⑮ 타 부문의 설계자와 관계자와의 상세 협의를 한다.

⑯ 설계 단계별 프레젠테이션(Presentation)을 한다.

이와 같이 설계업무의 진행은 **계획(P)**, **실행하고(D)**, **점검 · 평가하며(C)**, **결과처리와 개선(A)**으로 대별하여 관리한다.

1.2.2 기계설계의 업무범위

설계의 업무 범위는 상당히 광범위하며 다양한 것으로, 설계Tool을 사용하여 도면을 그리고 검토하며, 평가 결과에 의해 다시 수정하고 대책을 세우는 것으로, 설계의 중심적인 업무는 CAD작업이며, 이것은 구상설계, 기본설계, 상세설계의 단계로, 지식과 경험을 구사한 **창조적인 작업**이므로 각 단계별 단락은 디자인리뷰(DR)를 하며, 여기에 요구되는 스펙(Spec)과 조작방법, 제약조건 등의 시방서가 취급설명서를 취합되어야 한다.

최근에 메카트로닉스기술의 발달로, 센스와 액추에이터의 선정은 보통 기계설계에 적용되면서, 그 시스템을 구성하는 최적의 이 기구들이 채택하고 있다.

기계 완성 후에는 시방에 따라 원하는 대로 되는지 평가하고 확인하는 것도 기계설계의 중요한 업무이다. 어떤 평가 방법과 평가 기준으로 해야 하는지를 생각하며, 최적의 측정, 확인 방법에 의해, 최종적인 결론을 낸다.

실제의 평가는 평가 전문가 또는 부서와 복수의 기술자와의 협력을 받으며, 동작의 체크리스트로 확인해 나가면서, 결과에 대해서는 설계자 자신이 책임을 갖도록 하며, 자신이 설계한 것을 자신이 실제 눈으로 확인하는 것이니, 기계설계자의 입장으로는 상당한 관심이며, 개선이 필요한 경우에는 원인을 규명하고, 재차 설계를 수정하며 대책이 될 것이다.

설계의 주요 범위로, ① 도면의 검토, ② 디자인리뷰(심사와 점검), ③ 상세 시방의 검토, ④ 기계요소와 구입품의 검토, ⑤ 메카트로닉스(기계 · 전기 · 전자)의 검토, ⑥ 출도관리,

⑦ 제작관리, ⑧ 시험평가, 과정을 담당한다.

1.2.3 기계설계 프로그램과 업무의 흐름

1) 프로그램을 결정하는 시점(視點)

구성요소의 기능을 가구와 구조로 하여 실현하는 것이 프로그램의 역할이다. 프로그램설계로는 구성 요소의 인터페이스에서 얻어지는 입력 데이터를 바탕으로 하며, 출력 데이터를 만들기 위한 처리 순서를 결정한다. 그래서, 어떤 예외가 있는지를 정리해서 자신이 출력하

그림 2-3 기계설계에 있어서 업무와 흐름의 예

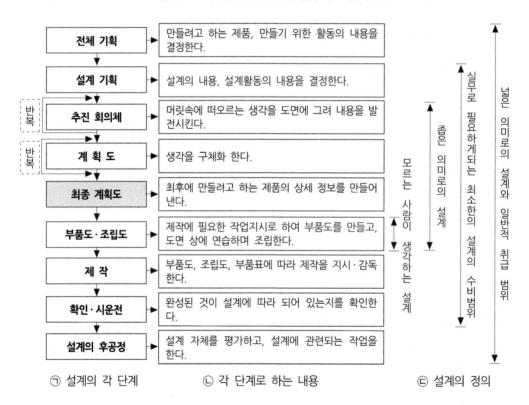

ㄱ 설계의 각 단계   ㄴ 각 단계로 하는 내용   ㄷ 설계의 정의

기는 예외로 하고, 내부로 호출하고 있는 프로그램에서 출력되고 있는 예외를 파악하며, 이 것들에 대응하는 예외처리를 결정해 간다. 여기서 결정되는 데이터의 처리 순서를 알고리즘이라 부른다. 또한, 알고리즘을 실현하기 위해서는 내부에 그 알고리즘에 답한 적절한 데이터 구조가 필요로 하게 된다. 이것이 설계로 최종적으로 결정해야 한다. 그래서 이것이, 프

로그램＝데이터 구조＋알고리즘이라는 이유이다. 프로그램을 정하는 것마다 구성 요소의 구체적인 행동이 확정한다.

소프트웨어 설계에서, 프로그램이라고 생각하는 사람이 있지만, 그것은 설계의 최종 단계의 극히 일부로 지나지 않고, 지금까지 보아 온, 시스템설계로 시스템의 구성 요소를 분해한 후, 그 소프트웨어로 하고 실현하면서 정한다면, 그 구성 요소를 분해하여 기능, 기구, 구조를 정하면서 순서를 지켜야 한다.

2) 프로그램언어와 프로그램시점(視點)

프로그램 내부의 데이터 구조와 알고리즘을 구체적으로 나타내기 위해 기호체계를 프로그래밍언어라 부른다. 그래서 프로그래밍언어를 사용하여 프로그램을 하며, 프로그램소스의 기술(記述)량, 시스템 응답시간, 프로그램의 보수성·생산성 등의 시점(視點)으로 선택할 필요가 있다. 프로그램언어의 사양과 사용방법을 중심으로 많은 프로그램의 지침서가 있다. 그러나, 설계에서 결정해야 하는 것은 프로그램 데이터 구조와 알고리즘 데이터이고, 프로그램언어는 그것을 실현하기 위한 소재이고, 여기에서는 프로그래밍은 소프트웨어 부품을 만들기 위한 가공법이라 생각한다. 그래서, 데이터 구조와 알고리즘을 세련되게 하는 주의가 요망된다고 보이며, 알고리즘은 데이터를 처리하는 순서가 있고, 아주 단순한 쪽이 좋으며, 단순화 되는 데이터 구조도 단순화 하는 경향이 있다.

1.2.4 설계기술의 위치

설계기술로 하여 최고 보급되고 있는 CAD/CAE는 설계결과의 가시화를 하는 도구로, 다음 그림 2-4와 같이 설계 관련 주변 기술이다. 중요한 설계 프로세스의 가시화 등의 코어(Core)기술이다. 오해하고 원하는 것은 그림의 설계 주변 기술이 중요하지 않다고 말할 수 없고, 중요한 것은 효과를 최대화 하는 것이 디자인으로 해야 한다는 것이다.

한 예로서, 음(音)의 시뮬레이션도 음의 디자인이라는 가치 척도가 있어 처음 의미를 가지고 있어 시뮬레이션 자체로의 요구 시방도 명확하게 되고, 단지 범용 시뮬레이션 소프트를 블랙박스(Black Box)적으로 사용하여도 효과를 기대할 수 없는 것은 명확하다. 또한, 설계기술도 주변에서 코어에 가는 만큼, 이미지가 불확실하게 되어 있다. 이것은 아래 그림에서 코어기술이 분류되어 있는 설계기술이 너무 일반론으로 하여 연구되고 있는 것이다.

그림 2-4 설계기술에서 적용기법과 관리시스템의 위치 매김

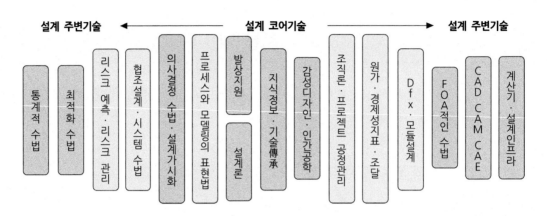

그림 2-5 프로그래밍 기법 요점의 예

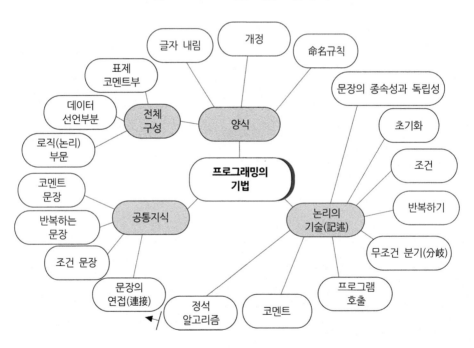

한편, 디자인과 설계의 관계에서는, 디자인으로 요구 시방을 정해서, 설계로 구체화 하는 것이라 볼 수 있다. 그런데, 여기에서는 『설계에서 디자인으로』에 대하여 기술하며, 『디자인 사고를 추천한다』로, 그래서 디자인 사고는 어렵다든가 아주 간단한 것이라 할 수 있다.

1.2.5 프로그래밍의 기법

프로그래밍언어에 의해 프로그램을 기술하는 예로서, 일반적인 절차형 언어, 오브젝트(목적)지향 언어, 스크립트형 언어 등을 넣어 설명한다.

1.3 제품 Life Cycle과 채산성 있는 설계

1.3.1 제품 라이프사이클과 설계수법

제품의 라이프사이클은, 다음의 그림과 같이, 설계라고 하는 것은 그 초기에 해당되는 것으로, 기획구상, 개념설계, 상세설계가 이에 상당한다. 제품은 설계를 한 후에, 시험 조달, 제조 조립을 그쳐 제품이라고 하는 형태가 되어, 출하가 되어 설치를 하고, 사용하면서 서비스, 보수는 고객 측의 장소에서 이행하여지고, 수명이 다한 제품은 회수되어 다음의 제품 개발로 이어지게 된다. 제품 개발 초기 단계에 있는 설계 단계로는, 제품 라이프사이클 전체를 고려한 설계를 하는 것이 바람직하다.

그림 2-6 제품 라이프사이클과 설계의 적용

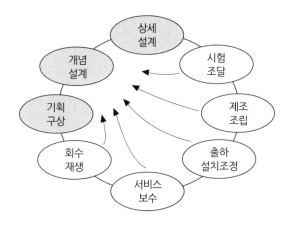

그림 2-7　제품 라이프사이클에서 설계프로세스와 설계수법의 관계

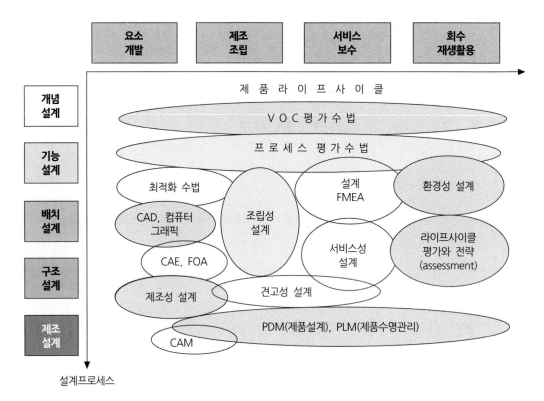

1.3.2 채산성을 고려한 제품수명 관련 설계

　제품의 수명주기는 도입기, 성장기, 성숙기, 쇠퇴기로 구분하는데, 성숙기에는 이익이 극대화가 되도록 제조 설비를 정비하면서, 기획에서 생산까지 이른바, 설계의 상류에서 하류까지 타이밍을 잘 이끌어갈 필요가 있고, 제품화에서 채산성이 나올 때까지의 관리시스템을 고려해야 하고, 매출액과 생산 대수를 적절히 견주어 보며, 개발에 들어간 자금을 회수한 시점(A)에 이익이 나오게 된다. 이 시점에 라이프사이클의 쇠퇴기가 되면 손실이 발생하게 되어, 설계 담당자는 무엇이 요구되고 있는지 예측을 하는 힘도 필요로 하게 된다. 또한, 기계 수명과 연관하여 설계상의 수명의 정도(程度)를 조정하는 구조적 강도설계를 고려하는 것도 경제성을 생각하는 것이라 본다. 이렇게 해서 얻어지는 이익은 기술자의 보수뿐만 아니라, 다음의 새로운 제품을 창출하는 양식(糧食)과 비슷한 것이다.

1.3.3 제품 설계시스템의 방향성

정보통신을 활용한 설계환경으로, 현재 이루어지고 있는 과제와, 향후 방향성에 대하여, 제조업에 있어서는 영업·상품기획에서, 설계, 제조를 거쳐, 서비스에 이르기까지 제조업의 프로세스의 흐름을 표현하고 있는 것으로, 여기에서 강조하고자 하는 것은, IT를 활용한 이상의 모습을 실현하기 위해서는, 사람의 두뇌를 전부 활용하는 것이 필수적이라, 정보를 입력하는 상자로 하여 IT시스템은 풍부하게 판매되고 있지만, 현실 세계의 업무와 제품을 모델화 하여 IT에 접목하는 것은 사람의 지적활동이며, 여기에 있어서는 주로 설계, 제조프로세스에 초점을 맞추는 물리현상 모델, 즉 설계대상의 제품의 모델화의 중요성에 대하여 나타내어 왔지만, 그 외의 프로세스도, 고객의 상품 사용과 자기회사의 업무 등으로 일어나고 있는 현상을 어떻게 모델화 할 것인지, IT 활용뿐만 아니라, 제조업의 사업을 바르고 효율적으로 경영하기 위한 주축이 필요로 한다.

1) 영업·상품기획 프로세스

고객리스트에 의해 자기회사 제품을 어떻게 생각하는지를 프로세스에 활용하고, 뉴스케이스 정보를 데이터베이스로 저장하여, 제품설계 프로세스에 전달하는 것이 필요하며, 보통 기업에서는, 고객리스트와 기본정보, 상담의 정보를 체계적이고 구체화 하고, 상세하게 축적하여 활용하기까지는 이르지 않는 것이 실정이다.

2) 제품설계 프로세스

제품기획 프로세스에서 전달된 고객뉴스의 정보를 사고 전개로 전개한 요구 기능과 구성은, 결국 사고 전개도로 기능을 전개한 트리(Tree)로 연관된 상태로 부품 구성, 즉 사고 전개도인 제품설계로 기구·구조를 데이터베이스를 하여 두는 것이 필요로 하지만, 설계 의도의 전달이 충분히 되지 않는 게 현실이다.

3) 제조 프로세스

제조 공정의 공정명과 순서를 공정모델(일반적으로 M-BOM : 제조 기준표)로 하여 데이터베이스화 한 뒤에, 각 공정의 제조 지시도면·CAM모델·CNC데이터 등을 연결하여 관리·운영하는 것이 필요하다. 공정 관리자에게 배부된 정보를 현장에 배부한 PC로 열람하며 작업이 진행되고, 모든 정보를 공유하고 있는 기업이 증가하고 있다.

4) 서비스 프로세스

고객이 제품을 사용한 경우의 평가와, 사용시간 등 데이터를 수집하거나, 고객한테 의존하는 문제점, 클레임, 정기점검 등의 정보를 보관하여 제품 설계 등의 위 프로세스에 피드백하는 것이 필요하고, 지금부터 보다 능동적으로 이러한 정보를 고객한테서 얻어, 신제품 개발에 피드백하는 것이 중요하다.

5) 프로세스 간의 정보교류(제휴)

설계 · 제조 등 각각의 공정 IT 툴(CAD/CAM 등)의 정보 부문과 사회 전체 레벨로 효율적인 관리와, 일의 흐름에 따른 정보제휴와 재이용을 실현하기 위한 IT시스템의 지원을 받아야 한다.

그림 2-8 제품 개발에서 채산화 시기의 관계

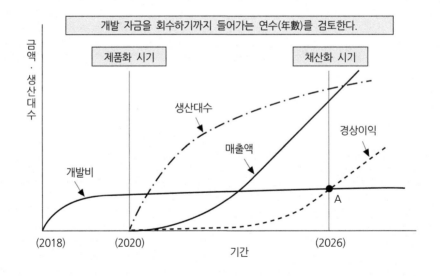

그림 2-9 제품지식 · 모델과 IT Tool / 시스템 전체의 상(像)

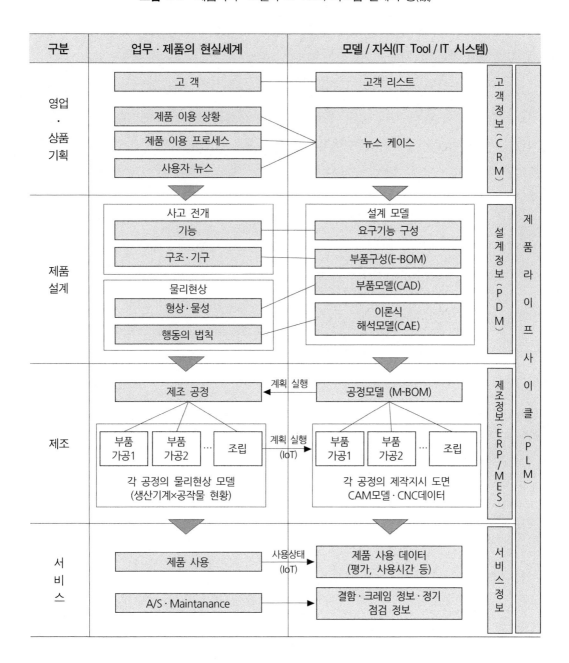

1.4 설계자에 요구되는 기본 관점

1.4.1 설계 개념의 기본

기계를 제작함에 있어서는 먼저 가장 유효하게 작용하는 기구를 선정하고, 다음에 각 기계요소 등에 대한 외력, 관성, 진동 등을 생각하여 내력과 변형율의 크기를 계산하고 이에 적합한 재료를 골라서 기계가 안전하고 확실하게 요소의 성능을 발휘할 수 있도록 형상과 치수를 정한다. 이 밖에 경험적인 요소도 아울러 생각하고, 제작의 공작 등을 고려하여 설계를 해야 한다.

설계사상의 개념(Concept)은 기존의 기술들을 모아, 브레인스토밍의 새로운 아이디어로 하여, 법규 등에 위배되지 않고, 환경적인 리사이클이 가능하도록 하며, 사용자가 좋아할 것을 생각하면서 디자인하며, 조작이 쉽고, 망가지지 않고 문제점이 적으며, 소음과 진동이 없고, 원가와 사용 퍼포먼스(Performance)가 높아야 하는 등의 조건이 따라야 한다.

설계의 아이디어는 설계자가 단독으로 발안(發案)할 필요는 없고, 주위 선배 설계자에게 과거의 성공과 실패를 미루어 보거나, 팀플레이를 실시하면서 노하우와 식견을 감안한 아이디어들이 설계 수준의 발전이 될 수 있다. 여기에 전문잡지, 전문서적에서 얻는 사례와, 공개된 특허 등의 정보 등은 설계를 하는데 유효한 것이 된다.

1.4.2 설계에 필요한 기본 지식들

기계요소에 작용하는 응력 상태, 형상, 재료 및 제작법에 대한 지식을 종합적으로 알고 있어야 되며, 기계설계에 필요한 기초지식과 전문지식은 다음과 같다.

1) 기초지식

① **기구학적 지식** : 기계 각 부의 상호운동 및 메커니즘에 대한 관계
② **기계 역학적 지식** : 기계 각 부에 작용하는 힘의 관계
③ **재료 역학적 지식** : 재료 또는 부품의 내력 및 변형에 대한 관계
④ **재료 과학적 지식** : 재료의 선정 및 물리 · 화학적 물성을 고려한 관계
⑤ **기계 요소적 지식** : 기계요소의 성질과 특성에 대한 관계
⑥ **기계 공작적 지식** : 기계를 제작하는 방법상에 대한 관계

2) 전문지식

① **유체역학적 지식** : 유체역학, 유체기계에 대한 해석과 설계기술

② **열역학적 지식** : 열역학, 열전달, 성력화 에너지활용, 내연기관, 터빈 등

③ **기타** : 제작기계에 따라 검토되어야 할 원가관리, 수익성 등의 전문지식이 필요로 하고 있다.

1.4.3 심플하고 균형 잡힌 설계

기계설계를 하는 사람은, 요구된 시방을 기초로 하여 기능, 구조, 원가, 크기, 디자인, 조작성, 정비성, 신뢰성 등 여러 가지 검토 내용에는 정해진 해답이 없으며, 검토한 것의 완성도에는 설계자의 기술력과 센스에 의해 차이가 생긴다. 그 때문에 한편으로 마음의 상처를 받는 경우도 있으므로 설계를 하는 것은 상당히 중요한 것이다.

『심플하고, 쉬우며, 최고로』라는 압박이 있으므로, 심플한 기계는 낮은 원가로, 고장도 적어 좋고, 또한, 사용자 측이 조작도 용이하고, 메인터넌스도 쉽고 경제적이다.

이에 비해 복잡한 기계는 사용자가 숙지하기까지 많은 시간이 걸리고, 고장의 발생률도 높으며, 정비를 하는 면에서도 어려운 점이 있다. 기계를 심플하게 하는 데는 합리적인 설계를 하는 것이 필요로 하다. 욕심을 내어 스펙을 부풀리거나 여분의 기능을 부가하는 것에 중점 항목으로 초점을 두며, 필요 최소한으로 축소를 꾀하는 의식을 가지는 게 중요하다.

구체적으로는, 기능의 겸용, 부품수의 줄임, 부품 형상의 간소화와 간단화 등으로 하면 유효할 것이다. 또한, 바라본 눈이 직감적으로 아름다운 기계는 일반적으로 성능과 효율이 좋고, 사용하기도 좋은 기계이다. 그래서 미관으로 우수한 것은 시대를 초월해 관심이 이어지는 경향이 있다. 감각적으로 우수하므로 그 가치가 있는 것으로써 보편적으로 사람의 마음을 끄는 것이다. 아름다운 기계를 만드는 데에는 『밸런스』와 『안정감』의 두 가지를 얻는 것이 포인트이고, 밸런스가 덜 좋은 기계는 『헛일, 무리, 낭비』가 혼재하거나 많은 문제를 발생시키며, 보는 것도 불안정과 공포를 주어서, 어떻게 하면 심플하게, 밸런스가 잘된 설계를 해 가는 것이 최종적으로는 문제 발생이 적고, 사용자의 만족도가 높아지는 기계로 설계되어지는 것이다.

따라서, 기계설계는 간단하게 해결되지 않는 문제의 대책에, 전례가 없는 다른 곳에서도 없는 것을 창출을 하고자 하는 것에서, 이와 같은 준비로, 여러 가지의 경험을 쌓아 올리며,

기술의 폭을 넓게 하고, 정신력을 다질 필요가 있다. 이를 위해 하루하루 설계업무를 한발 한발 확실히 쌓아가는 것이 필요로 한다.

1.4.4 최적화를 위한 구성과 수법

1) 문제의 구성

첫째로, 파라메타(매개변수, 모수) 최적화와, 위상(Topology) 최적화에 있어서는, 설계 문제로는, 그냥 파라메타의 최적화뿐만 아니라, 설계 공간과 설계 대상물의 특성과 위상(구성)에도 임의성을 허락하는 문제도 많다(예를 들어, 트러스의 구성, 링크기구의 구성, 제어 회로의 구성 등). 이러한 범주의 문제가 되든지, 현상으로는, 실용 레벨로 이 같은 문제를 직접 풀기는 당장 어렵고, 풀기 쉬운 문제에는 변환하여 처리하는 것이 쉬운 방법이며, 현실적이다.

둘째로, 탐색 범위를 좁혀 가는 방법으로, 효율을 좋게 답을 얻기 위해서는 탐색 범위를 합리적으로 좁혀가는 것이 필요하여, 구체적인 순서를 다음과 같이 나타낸다.

① 설계 변수의 개수(설계 공간의 차원)를 줄인다.

② 등식 제약조건을 적용하여 종속변수에 있는 설계변수를 소거한다.

③ 목적함수에 대하여 기여하는 비율이 작은 설계변수를 정수(定數)로 한다.

④ 설계변수의 정의역(域)을 좁게 한다[상 · 하한치 변경, 이수(離數)의 경우 요소수의 삭감].

⑤ 목적 함수에 대한 제약조건을 부가(최소화 하는 목적함수에 대한 상한치 제약 부가)

⑥ 다목적 최적화에 있어서, 트레이드오프(Trade-off) 함수에 없는(正의 상관관계) 목적함수로 소거한다.

⑦ 문제를 더 작은 문제로 분할할 수 있을 경우(독립, 또는 독립으로 볼 때)는 문제를 분해하여 풀고, 최초를 최적화 문제를 구성하는 것만 아니라, 최적화 문제를 푸는 과정으로 순차적으로 변경하여 가는 경우도 포함된다.

셋째로, 제약조건에 의한 목적함수를 구분지어 사용하는 면에서는, 설계 목표는 목적함수 또는(부등식) 제약조건으로 나타내는 경우가 많아, 예로서, 한계까지 경량화하고 싶어(목적함수 : 최소화), 질량을 한 값 이하로 줄이고 싶고, 또한, 한계까지 최적화 하지 않고 어떤 수준까지 개선이 진행되면 그것으로 좋다. 만족하는 정도는 평가 기준치를 제대로 결정되지 경우도 있다. 예로, 그 평가치를 당초는 최적화 할 목적함수로 하여, 검토가 어느 정도 진행된 단계에서 제약 조건으로 변경하는 것도 유용하다.

넷째로, 최적화에 있어서 시뮬레이션을 이용하는 면에서는, 최적화에 대상으로 하는 현상과 설계 작업을 컴퓨터 시뮬레이션이 가능한 것이 거의 대부분이다. 여기서 입력에 대하여출력이 계산되면 좋은 것이며, 물리적 현상을 모의하는 CAE 등의 상세한 시뮬레이션뿐만아니라 비물리적 관계식, 경험식, 근사식 등도 그 모의시험에 해당된다.

최적화하는 대상이 부품 레벨에서, 시스템과 레벨로 오르고, 그 시뮬레이션도 대규모화되고 복잡하다. 또한, 제품의 성능을 추구하는 것에 따라, 대상으로 하는 현상이 많은 영역에 해당되며, 그래서, 계산량의 최적화를 위한 시뮬레이션은 빠른 최적해를 얻기 위해서, 될수 있는 한 계산 부하가 가벼운 것이 바람직하다.

다섯째로, 설계 정보 모델의 피드백에서는, 최적화를 위한 모델이 실제의 제품의 설계 정보 모델(예로, 3D CAD모델)에서 어떤 변환과 모델링을 시켜 구축하는 경우(예로, 유한요소법에 의한 모델)는 모델에 의해서, 표현된 최적화된 결과를 초기 제품의 설계 모델에 반영시켜서 수정하는 것이 필요하다.

2) 최적화의 위치 매김

설계를 하는데 있어서 최적화는, 설계 대상의 특성·특질을 아는 게 중요한 수단의 하나로, 다음 6가지를 소개한다.

(1) 우수한 설계 솔루션(해답)의 도출

최적화 수법은 엄밀한 수치해석기술과 조합하여, 상세설계에 있어서 최적의 파라메타 값의 탐색수법으로 이용되어 왔다. 또한, 단일 목적함수의 최적화가 쓰여진 적이 많았다. 이와같이, 최적화 수법 적용의 일차적인 목적은, 최적으로 된 설계 파라메타 값을 얻는 것에 의해, 우수한 설계 해답을 얻는 데 있다.

(2) 실행 가능한 솔루션의 탐색

실제 제품개발/설계에 있어서는, 요구 시방을 만족하기 위하여, 설계 해답을 찾아보기가어렵고, 자주 일어난다. 이 경우에 최적화 수법을 구해(求解)수법하여 실행 가능한 값을 탐색하는 도구로 사용되고 있다.

(3) 다양한 설계 값의 도출

포괄적 최적화에 적합한 최적화 수법을 쓰면서, 설계 변수의 정의역(正義域)을 의미 있는 범위로 가능하게 넓게 설정 등에 의해서, 최대한으로 다양한 설계 값을 얻어지도록 탐색 도구적인 사용 방법이 가능하다.

(4) 설계 한계의 파악

예로, 상정(想定)된 방식에 의해 원리적으로 어디까지 성능이 나올 듯한 설계 한계를 파악하는 방법도 있다. 다목적 최적화에 있어서 파랫트 최적의 해답도, 보는 방식도 바꾸면 설계 한계를 나타내고 있다.

(5) 설계 조건의 타당성 검토

얻어진 최적의 값이 인위적인 제약조건에 의해 규정되어져 있는 경우, 그 제약조건을 변경한 경우의 해답을 처음의 값과 비교하는 것에 의해서, 그 제약 조건이 나타나는 설계조건과 설계시방의 타당성을 재검토하는 것이 가능하다.

(6) 설계 지침의 추출

얻어진 최적의 값에 있어서 목적함수와 설계변수와 제약 조건과의 관련을 조사함으로써, 설계지침을 얻는 것이 가능하게 된다. 예로, 다목적 최적화에 있어서 파랫트 최적해로, 어떤 제약 조건이 활성으로 되는 경우가 많다. 그래서, 파랫트 최적해 집합(선, 면 등) 위에서 설계변수의 값과 제약조건의 평가치 등의 분포에서, 설계변수의 값 변경의 방향과 고려해야 할 제약 조건을 알 수가 있고, 설계지침이 명백해진다. 또한, 설계의 보틀넥(Bottle neck)의 파악 등에도 유리하다.

1.4.5 기계설계 기술자들에게 당부 말씀[※]

기계설계를 하고 있는 분들과, 설계를 하겠다는 사람들에게 먼저 존경을 뜻을 표하면서, 우리나라 기계공업 분야에서 약한 부문이라 할 수 있는 것을 발전시키겠다는 것은 대단하고 찬사를 보내며, 한편으로, 요즘 젊은 사람은 머리 아프고 힘든 일은 하지 않으려 하니, 앞으로 이 중요한 역할을 누가 맡는단 말인가! 설계기술이 진짜 기술력인데 말이다.

설계를 할 줄 아는 사람들에게 『야! 굉장하다』, 『재미있는 거다』라는 의문과 호기심에서, 제품을 만들거나 도구를 사용하는 데에는 상당히 적극적이어야 하고, 게다가, 기술력을 기르고, 경험을 쌓으면 기계설계의 능력에 자신감을 가지게 된다. 스스로가 시작한 제품이 시장에 나가서 평가를 받고 있을 때, 사람의 역할에 멈춰 있다고 느끼며, 어떤 일도 바꿀 수 없다는 희열과 달성감을 얻게 되고, 더욱더 설계가 좋아진다. 한편으로, 이것에 못 미친 수준에 있는 기술의 세계는 아주 엄격한 것으로, 최대한의 노력을 하여도 잘 된다고는 할 수 없다. 하려고 해도 안 될 때가 상당히 많은 게 세상이다. 그래서 설계자는 실패하고, 생각하고, 개선하여, 또 실패하며, 이와 같이 시행착오를 반복하며, 의도와 근본적 처리, 이유 등을 보다 깊이 있게 생각할 때마다 기계설계의 능력이 향상되어진다. 분명히 그 순간의 반복되는 낭비로 생각될지 모르지만, 달성하겠다는 강한 의지로, 기술적인 노하우가 축적되고, 설계 센스가 길러진다. 그 밖에 선배 기술자의 지식과 경험, 과거의 실패 사례의 예, 실적이 있는 것의 참조, 또한, 일반에 공개되고 있는 특허 등도 설계기술력에 도움이 되는 정보가 된다.

종래의 생산시스템으로『3D』로, 더럽고(Dirty), 어렵고(Difficult), 위험(Dangerous)하다고 불리던 노동여건을 피할 수 없게 되고, 설계도 3D 중의 하나로 알고 있으나, 생산 근로자의 작업 부담을 경감시키기 위해 종종 기계기술이 도입되어, 이들에 기초기술은 광범위하게 보급되고 있다. 앞으로는 사람과 공존하는 기계와 개인용 로봇을 대하면서, 의료복지, 간호지원 등,『인간과의 나눔』을 돈독히 한 새로운 타입의 기계가 기대되고 있어, 이러한 제품 개발의 중심적인 역할을 담당하는 것까지도 말할 것도 없이 기계설계인 것이다.

현재, 제품을 만들어 세계시장에 수출하면서 기술과 가격경쟁이 더욱 거세지고, 신기술의 개발에 의해 제품의 수명도 짧아지고 있어, 결국, 심도 있는 기술혁명이 요구되고 있다. 이처럼 기계설계자가 기계 분야만을 이해하고, 실천하고 있는 것만으로는 따라가는 것이 아니고, 여기에는 타 분야도 포함하여 의문과 호기심을 가지고,『그래! 한 번 해보자』라고 움직일 수 있는 기술자가 되길 바라고 있다. 실패를 두려워하지 않고, 크게 즐기는 심경으로 일에 임하는 것이 중요하다고 할 수 있다.

1.5 설계의 실패요인 분석

설계의 능력과 조건이 충분히 다듬어지지 않고, 제품을 제조할 때 작업성이 나쁘거나, 원가가 상승된다는 문제를 일으키는 것만 아니라, 큰 사고로 이어질 수도 있다.

설계자의 실패로 이어지는 요인을 살펴보면, 여러 가지가 있는데, 다음 표 2-1에 주요 원인을 공학 프로세스에 한하여 정리가 되어 있다고 본다.

표 2-1 설계자의 실패로 이어지는 일반 요인

설계자의 실패 원인	일어나게 되는 사고와 현상	해결 방도(方道)
1. 지식 부족	사고, 품질 수준 저하	원리 · 원칙의 복습 공학지식의 습득
2. 기술 부족	사고, 안전사고 품질 수준 저하	설계계산의 정확성 향상 해석력 향상 CAE의 바른 사용방법 습득 등
3. 경험 부족	일반사고, 원가 상승	현장 경험 쌓기 경험자에 가르침 받기 등
4. 태만	유용 설계 때의 문제점 품질 수준 저하	원칙에 입각한 확인 계산 초기 목적의 설계 의도를 이해
5. 독선적인 생각	잘못된 설계 우월주의, 품질 수준 저하	현장을 다니며 익히기 현장을 경험하기
6. 배려의 결여	작업성의 악화, 품질 수준 저하	현장과 소통하기 관련 세미나, 전시회 등 참가하기
7. 표준화 의식의 결여	원가 상승, 납기의 장기화	현장을 다니며 익히기 표준화 의식을 갖는다

『지식부족』, 『기술부족』, 『경험부족』에 관해서는, 예를 들어 회전기계에 있어서 축에 걸리는 하중계산을 잘못한다든가, 또는, CAE를 사용한 해석 결과에 있어서, 독해력 처리에서 잘못 이해하여 끝내는 등에서 제품의 사고를 유발시키는 경우가 있다.

또한, 설계자는 그 제품을 쓰는 사람이 있다는 것을 잘 인식해서, 책임을 갖고 설계하는 자세가 필요하며, 그 때 필요한 기초지식을 총복습하는 것이 필요하며, 자신이 보유하고 있는 지식과 경험 등이 모자란다고 자각하고, 그 밖에 더 좋은 방법이 없는가에 대하여 탐구하는 노력이 필요로 한다.

1.5.1 설계자 측의 입장 고려

1) 설계자의 아집

회사에서 선배로서, 사내 권한(authority)이 많다는 것으로, 이럴 때 가르쳐야 할 필요도 있을 것이며, 표 2-1에 있는 『태만』은, 예를 들어 과거의 제품 설계를 유용하여 그것을 개조하는 것으로, 새로운 제품을 설계하는 **유용설계**의 경우가 있을 수 있고, 자칫하면 상세한 확

인 계산과 설계 검토를 게을리 하기 때문이다.

이때에 사고가 발생할 수 있고, 제품의 조립공정으로, 어떻게 해도 조립치수 공차가 설정되어 있는 공차 영역에는 없다는 것으로, 현장에서 고전을 하는 경우가 있다. 예를 들어 도면에 3가지의 부품을 조립도에 표시하는 조립 치수공차 범위로, 조립이 된다고 해도 어려운 일이 있다.

이것은 조립 치수공차와 각 부분의 치수공차가 누적이 될 때, 공차영역이 모순되어 있기 때문이고, 설계자가 공차의 누적을 확인한다면 회피할 것이며, 이것이 『독선적』이라는 말을 듣는 요인이다. 설계상(이론상) 확인이 이루고 있으니까 잘 만들지 못하면, 제조현장의 책임으로 생각하는 경우가 있다.

무리한 공차 설정과, 곤란한 검사요구, 특수공구를 쓰지 않으면 안되는 지시 등 열거하자면 많을 수 있고, 현장과 잘 소통하여 어디까지 도전할 것인가를 결정할 필요가 있다.

2) 작업자에게 배려

『배려의 결여』도 마찬가지 문제로, 보다 간단히 조립하는 것이 되도록 하며, 작업자가 잘 잡히고, 상하 좌우 등의 부품의 방향이 틀리지 않도록 스티커 등을 붙이는 등 작은 수고로 작업성을 대폭 개선하는 경우가 있다. 이러한, 작업자에게 배려는 정말 중요한 것이며, 표준화 의식 결여는 부품점수가 증가하거나, 같은 기능이 있어도 얽힌다. 시방이 다른 부품이 다수 있는 대로 작업성이 나쁘게 되든지, 원가가 증가하는 등 문제를 일으킬 수 있다.

3) 설계력과 제조 현장의 제휴(提携)

실패 설계의 해결을 위해서는, 높은 기술력과 깊은 지식이 뒷받침된 설계력과 동시에 제조 현장과의 제휴가 중요하다. 여러 가지 요인에 공통으로 한 것에는, 『현장』, 『현실』, 『현물』, 『원리』, 『원칙』을 잘 보는 것이 실패 해결에 이어진다는 것이다. 이 3현과 2원의 5가지를 잊지 않고 설계를 한다는 것은 긴요한 것이다.

1.5.2 실패 요인의 분석의 시나리오

실패 형태의 분류는 다음 표와 같이, Type I 의 요구 기능(FR : Functional Requirement) 미달됨과, Type II 의 요구 기능(FR : Functional Requirement) 간섭됨과, Type III 의 요구

기능(FR : Functional Requirement) 복잡함으로 구분을 할 수 있어, 이들에 대한 기술적, 조직적 내용으로 세분화 할 수 있어 이에 대한 대책을 세우면 해결 방안이 나올 수 있다.

표 2-2 설계와 관련된 실패의 시나리오군(群)

	기술적	조직적
Type I 요구 기능 (FR : Functional Requirement) 미달됨	장기간(經年)으로 열화 ① 취성파괴 : 경도가 높거나 약해 깨짐 ② 피로파괴 : 누적된 응력에 파괴 ③ 부식 : 녹이 쓸어 문제가 생김(재질) ④ 응력부식 크랙 : 힘과 녹으로 갈라짐 ⑤ 고분자 재료열화 : 특수재질의 열화 ⑥ 절록열화 : 상태가 단절되어 약해짐 ⑦ 풀림(이완)발생 : 나사 등이 풀림 기본적인 설계미숙 ① 밸런스불량 : 동적, 정적 무게 균형 ② 기초불량 : 기계설치 사양·공사 미흡 ③ 좌굴 : 축방향 하중, 응력/단면적 값 ④ 공진 : 진동계의 진폭이 급속히 생김 ⑤ 유체진동 : 유체흐름에 의한 진동 ⑥ 케비테이션 : 유체, 기체의 와류현상 ⑦ 충격 : 외부의 갑작스런 큰 힘을 받음 ⑧ 강풍 : 태풍, 외부 기체의 압력	깜박하는 실수 ① 유지인화 : 기름류에 의한 화재 ② 화재 피난 : 부주의에 의한 화재 ③ 입력미스 : 사람의 실수 ④ 배선작업미스 : 전기선의 연결 등 실수 ⑤ 배관작업미스 : 물, 기름관 연결 실수 ⑥ 안전장치 해제 : 보호구, 장치 미사용 ⑦ 소홀한 작업 : 신경이 덜 쓰인 곳 ⑧ 매뉴얼 무시 : 사용 설명서를 무시함 ⑨ 무사고(無思考)상태 : 생각없는 행동 예상 외의 미스 ① 천재피난 : 천재지변 대응력 부족 ② 공감부족 : 목적, 목표의식 부족 ③ 비즈니스 환경변화 : 변화 인식부족
Type II 요구 기능 (FR : Functional Requirement) 간섭됨	설계미스(부수적인 요구기능의 간섭) ① 이상마찰 : 예상 외의 접속, 마찰력 ② 특수사용 : 용도상 예외의 기능 ③ 낙하물·부착물 : 예상 밖의 간섭 ④ 역류 : 반대 흐름으로 문제 발생 가능 ⑤ 먼지·동물 : 예상 외의 이물질 등 ⑥ 오차축적 : 각 부분의 공차는 누적됨 ⑦ 취약구조 : 조건에 따라 약한 부문 ⑧ 피드백계(系) 폭주 : 잘못됨의 복귀제어 ⑨ 실패 세이프 불량 : 원위치 복귀불량 ⑩ 대기계(系) 불량 : 예비 게이지류 불량 ⑪ 자동제어미스 : 제어시스템 불안정 ⑫ 유용(流用)설계 : 다른 데로 돌려 씀 ⑬ 과부하 지나침 : 센스 불량으로 미검출 ⑭ 냉각부족·과열 : 센스 불량으로 미검출 ⑮ 오조작 발생 : 잘못 조작(작업자) ⑯ 숨겨진 기능 간섭 : 보이지 않는 것 ⑰ 개선이 역효과 : 잘못된 개선, 손해	의사소통이 불완전 ① 속임 운전 : 조건을 비정상으로 운전 ② 의사소통 부족 : 소통이 잘 안됨 ③ 조직 간의 차질 : 이견과 견해차이 ④ OJT 미실시

	기술적	조직적
Type Ⅲ 요구 기능 (FR : Functional Requirement) 복잡함	시스템의 폭주 ① 화학반응 폭주 : 다른 요소와 반응 ② 세균번식 : 조건악화로 세균 발생 ③ 시스템 다운 : 정전 또는 전산사고 발생	구조 및 상황의 피로 ① 산업연관 : 다른 분야 악화로 영향 ② 위법행위 : 비원칙적인 범법행위 ③ 기획변경의 부작위 : 조건변경에 부동 ④ 윤리문제 : 비윤리적인 모든 행동 ⑤ 테러 : 적대국의 공격적 행동 ⑥ 예상 외의 고객반응 : 생각 못한 결과 ⑦ 요건 정의 부족 : 필요조건에서 누락 ⑧ 신기술로의 도전이 역효과 : 손해 ⑨ 사회구조의 피로 : 정치적, 규제 원인 ⑩ 사고훈련 부족 : 평소 미실시, 등한시

1.5.3 실패하지 않는 설계 방법의 예

하나의 설계 값이 두 개의 요구 기능을 만족할 경우에 '1인 2역'은 설계로는 좋은 편이 아니고, 요구 기능의 조건이 변경되었을 때 조정이 되지 않는 것으로, 실은 이 문제의 실패가 상당히 많다. 게다가 요구 기능이 많고, 여기저기 간섭이 일어나고, 설계자의 머리 속에서는 최적의 답이 나오지 않는다. 이것이 복잡한 설계의 실패이며, '현대병(病)'이며, 컴퓨터의 발전으로 인한 중증화(重症化)가 되고 있다.

간섭설계보다도 독립설계 쪽이 실패를 하지 않는 면에서는, 미국 MIT공대의 N.P. Suh 교수의 주장으로, 공리적 설계(Axiomatic Design)을 이용해서 설계로, 『공리적 설계-복잡한 시스템의 단순화 설계』로, 공리로는 증명되지 않는 것도 좋은 진리가 있고, 설계에는 2가지가 존재한다는 것이다. 결국 『요구 기능이 간섭되지 않고, 서로 독립된 설계가 더 낫는 설계이다』이라면 '**독립공리(獨立公理)**'와 『요구 기능의 성공률이 높고(필요한 정보량이 적지 않음) 설계가 좋은 설계이다.』 이게 '**정보정리(情報定理)**'이다.

설계 방정식으로 설계를 구분하며, 독립공리를 다음과 같이 설명한다. 요구기능(Functional Requirement, FR)과, 설계해[Design Parameter(母數) : DP]를 벡터로 관계를 설계 행렬로 나타내는 설계방정식이다.

① 독립설계(공리적 설계의 독립공리로는 좋은 설계로 간주)

$$
\begin{vmatrix} FR_1 \\ FR_2 \\ FR_3 \\ \vdots \\ FR_n \end{vmatrix}
=
\begin{vmatrix} X & & \\ & X & 0 \\ & X & \\ & 0 & \cdots \\ & & X \end{vmatrix}
\begin{vmatrix} DP_1 \\ DP_2 \\ DP_3 \\ \vdots \\ DP_n \end{vmatrix}
$$

요구기능   대각행렬   설계값의
벡터   설계행렬   벡터값

각 행마다에
DP_1, DP_2, ……, DP_n
이 각각으로 푼다.

② 준독립설계

$$
\begin{vmatrix} FR_1 \\ FR_2 \\ FR_3 \\ \vdots \\ FR_n \end{vmatrix}
=
\begin{vmatrix} X & & \\ XX & 0 & \\ XXX & & \\ \vdots & \cdots & \\ XXX & \cdots & X \end{vmatrix}
\begin{vmatrix} DP_1 \\ DP_2 \\ DP_3 \\ \vdots \\ DP_n \end{vmatrix}
$$

삼각행렬

위 식에서 순번에
DP_1, DP_2, ……, DP_n
와 간단히 푼다.

③ 간섭설계(조합한 설계)

$$
\begin{vmatrix} FR_1 \\ FR_2 \\ FR_3 \\ \vdots \\ FR_n \end{vmatrix}
=
\begin{vmatrix} XXX & & X \\ XXX & \cdots & X \\ XXX & & X \\ \vdots & \cdots & \\ XXX & \cdots & X \end{vmatrix}
\begin{vmatrix} DP_1 \\ DP_2 \\ DP_3 \\ \vdots \\ DP_n \end{vmatrix}
$$

간접행렬

$|FR| = A \cdot |DP|$ 이므로
$|DP| = A^{-1} \cdot |FR|$ 로 푼다.

즉, $\begin{vmatrix} y_1 \\ y_2 \end{vmatrix} = \begin{vmatrix} a & b \\ c & d \end{vmatrix} \begin{vmatrix} x_1 \\ x_2 \end{vmatrix}$ 은 방정식 $\begin{vmatrix} y_1 = ax_1 + bx_2 \\ y_2 = cx_1 + dx_2 \end{vmatrix}$ 로 나타낸다.

따라서, 간섭설계에서 원가절감과 버전 업을 적용하는 하나의 설계의 값을 바꾼다면 요구 기능에 영향이 오고, 설계 값을 수정한 별도의 요구 기능에 영향을 준다.

그래서, 간섭설계보다 독립설계 쪽이 실패를 하지 않으며, 답변은 "예"이다. 특히, 설계를 개선할 때와 원가절감을 할 때 새로운 패션을 적용할 때 압도적으로 실패를 줄일 수 있다.

1.6 설계작업의 여건

설계를 담당하는 사람들의 필요한 성격상의 품성과, 설계작업에 필요한 환경과, 설계작업의 조건으로, 3가지의 여건이 맞아야 질적으로 좋은 결과가 나올 수 있다.

1.6.1 설계자의 품성

1) 창의적 사고(思考)로 설계와 관련된 성향

① **호기심** : 항상 주변의 사물에 대하여 의문을 갖고 끊임없는 질문 제기의 성향

② **탐구성** : 의문을 갖게 되는 대상에 대하여 끊임없이 탐구하는 태도와 자세

③ **자신감** : 관심을 가지고 해당되는 문제 상황에서 갖는 자기의 신뢰감

④ **자발성** : 문제 상황에 따라 적극적으로 대처하고, 타인의 요구 강요에 의하지 않고 자신의 내적 동기에 의해 필요한 아이디어를 산출하거나, 행동적인 성향이나 태도

⑤ **개방성** : 모든 것이 변화함에 따라 자신이 이 변화에 선두에 있어야 한다는 믿음

⑥ **독자성** : 자신의 아이디어에 대한 가치를 인정하고, 타인의 평가에 구애받지 않으려는 성향이나 태도

⑦ **집중성** : 특정한 주제나 상황에 집중하고, 문제가 해결될 때까지 끈기 있는 태도

2) 창의적 사고의 기능

창의적인 사고를 할 수 있게 하는 능력적 측면의 기초가 기능인데, 사고에서의 기능은 『무엇을 할 수 있다는 힘』과 『그 힘의 숙달된 상태』를 말하며, 창의적 사고 기능은 숙달된 상태가 아닌 힘에 한정된다. 이러한 힘을 숙달시켜 창의적 사고를 가능하게 하는 노력은 창의성 교육의 영역이다. 이에 따른 사고의 기능은, 민감성, 유추성, 유창성, 융통성, 독창성, 정교성, 상상력 등을 키워 나가는 것이다.

3) 지식의 학습과 축적

설계에 필요한 기초 지식은 학교에서 기초를 닦고, 직장에서 설계를 하는 부서에서 일을 해야 전문 지식과 창의의 설계지식을 습득해 나갈 것이다. 이 과정에서 전문 교육과정을 이수하고, 실무경험에 의해 지식이 축적되어 간다.

따라서, 기초 과목의 지식, 실무의 기초지식, 실무의 전문지식, 창의적이고 독창적인 전문 지식으로 쌓여져 간다(7장 1절 1.4항의 표 7-2 기술수준향상을 위한 비교표 참조).

1.6.2 설계작업의 환경

① 설계를 할 수 있는 장소, 즉 외부와 차단된 방, 아이디어를 낼 수 있는 조용한 환경을 만드는 것으로, 옛말의 '炯色靜中生(형색정중생)' 연기의 색깔은 조용한 가운데 생긴다 라는 뜻으로, 작업 환경조성이 아주 중요하다.

② 실물을 전시하여, 과거, 현재, 미래의 대상 제품을 항상 볼 수 있는 환경을 조성하여 분위기를 조성한다(전시장, 박물관 조성).

③ 선진사, 선진국의 기술력을 터득하기 위한 기회로, 설계 능력 배양을 위한 활동이 경쟁 사회에서 꼭 필요한 과제이다. 이는 벤치마킹 차원에서 더 나은 조건과 비교하여 새로 운 제품의 계획을 만드는 일이다.

1.6.3 설계작업의 조건(관심사)

어떤 것이 새로운 것이며, 설계 대상인가 하는 면에서 다음 몇 가지는 새로운 운지를 알려 주는 척도로 사용할 수 있다.

① 최근에 등장한 기술이며, 개발되어진 것인가?

② 잠시라도 만들어졌거나 사용한 적이 있었던가?

③ 새로 만들어진 것이며 쓰인 적이 있는가?

④ 이미 사용 중에 있는 것이며, 유사제품과 차별성이 있는가?

⑤ 품질이 뛰어나고, 까다로운 면이 있는가?

제2절 설계에 필요한 역학적인 기초 지식들의 숙지

2.1 뉴턴의 3가지 법칙 인지

기계의 운동을 생각하는 데 도움이 되는 기본 원리가 뉴턴의 법칙이며, 이 법칙을 재확인 할 필요가 있으며, 제1법칙은 **관성의 법칙**이라 불리는데, 물체가 현재의 운동 상태를 유지하 려는 성질을 관성이라 하고, 움직이고 있는 물체는 계속해서 움직이려 하고, 정지해 있는 물 체는 계속 정지하려는 성질을 말한다.

제2법칙은 **운동의 법칙**으로는, 물체에 힘이 가해지면, 물체는 운동을 시작하고, 이 때 물 체에 작용하는 힘은, 물체의 질량과 물체의 가속도의 제곱에 동일하게 된다.

작용 · 반작용의 법칙이라는 제3법칙은, 물체에 힘을 가하면, 역방향에 같은 크기의 힘을 받는다. 예로, 주차하고 있는 자동차에는, 도로를 누르는 중력과 도로가 자동차를 미는 반발 력이 작용한다. 이 때 크기는 같으며 방향은 반대이다.

① 제1법칙 : 관성의 법칙으로, 물체가 정지하고 있는 것은 정지를 계속하고, 움직이고 있 는 물체는 계속 정지하고 있는 성질을 말한다.

② 제2법칙 : 운동의 법칙으로, 물체에 작용하는 힘은 질량과 가속도의 관계로,

힘 F = [물체의 질량 m(kg)] × [물체의 가속도 a(m/s^2)]

③ 제3법칙 : 작용 · 반작용의 법칙으로, 물체에 힘을 가할 때, 같은 크기의 힘이 역방향에 서 반발력이 생기는 것으로, 중력과 반발력에 의한 것으로, 작용과 반작용의 원리이다.

뉴턴의 법칙은, 물체의 운동과 정지의 관계에서, 이러한 법칙으로 적용되어지는 것은, 물 체의 운동을 생각하는 것이, 기계설계에는 유용한 것이다. 물체가 정지되어 있는 있을 때, 물체에 작용하는 힘이 균형을 잡아 주는 기초 이론이라고 말할 수 있다.

2.2 강체에 작용하는 힘과 운동의 특성

2.2.1 부재(部材)에 걸리는 힘

부품에 작용하는 힘을 외력과 하중이라고 하는데, 외력에 의해 재료 내부에 생기는 힘을 내력이라 하고, 재료의 강도를 검토하는 데에는, 어떤 하중이 작용하는지를 알아야 하는데, 하중이 가해지는 힘의 종류에 따라 다음 4가지가 있다.

① 축하중 : 힘의 작용 방향이 축선과 일치하게 하중(W)을 축하중이라 하고, 여기에는 인장하중과 압축하중이 있다.

② 굽힘하중 : 벤딩 모멘트(M)을 발생시키는 하중을 굽힘하중(Bending Load)이라 하고, 벤딩 모멘트의 방향에 따라 정(+), 부(−)로 구분한다.

③ 전단하중 : 하중 방향과 같은 방향의 부재 내부에 가상면에 걸리는 평행하중을 전단하중(Shearing Load)이라 한다.

④ 비틀림하중 : 환봉과 같은 재료에 비틀림 모멘트(Tortional Load ; T)가 발생되는 하중을 말한다.

2.2.2 정하중과 동하중

① 정하중(Static Load) : 시간에 대하여 변동하지 않는 하중이 극히 조금씩 변동하는 하중을 말한다.

② 동하중(Dynamic Load) : 변동하는 하중으로, 다음 3가지로 구분이 된다.

  ㉠ 반복 하중 : 편측 반복 하중과 양측 반복 하중으로, 교번(交番)하중이라 한다.

  ㉡ 변동 하중 : 크기가 불규칙하고, 랜덤하게 변동하는 하중을 말한다.

  ㉢ 충격하중 : 순간적으로 외부에서 작용하는 하중을 말한다.

2.2.3 응력 집중

부품이나 일부분의 형상이 빨리 변화하는 부분으로, 국소적으로 응력을 크게 받는 현상을 응력집중(Stress Concentration)이라고 하며, 또한, 형상이 갑자기 변화하는 부분으로, 구석진 부분의 파괴를 노치(Notch)현상이라 하며, 노치에 의한 응력집중이 발생하는 것을 노치

효과라 하며, 마찬가지로, 전단력이 발생하는 곳에 생긴다. 노치현상에서 생기는 최대응력 σ_{max}를 집중응력이라 하고, 노치가 없는 평균응력(기준응력) σ_n으로 한 것을, 다음 식으로 계산하여 응력집중계수(α)라 한다.

$$\alpha = \frac{\sigma_{max}\,(\text{또는}\ \tau_{max})}{\sigma_n\,(\text{또는}\ \tau_n)}$$

2.2.4 피로 파괴

$S-N$곡선이란 오랜 기간에 걸쳐 재료가 반복하중을 받아서, 극한강도 강도보다 훨씬 작은 하중으로 파괴되는 것이 있어, 이와 같은 파괴를 피로 파괴(Fatigue Fracture)라 한다.

재료의 피로에 대한 강도는, 반복하중이 걸리는 피로시험에 의해 구해지는데, 교번하중에 의한 응력의 진폭 σ와 재료가 파괴되기까지 반복하는 수 $N(10^4 \sim 10^7)$ 관계로, $S-N$곡선($S-N$ Curve)이라 하고, S는 Stress(응력)이다.

강재에서는, $10^6 \sim 10^7$ 이상 반복하는 수로 $S-N$곡선이 거의 수평으로 되고, 낮은 응력은 반복하는 수가 증가해도 파괴는 일어나지 않는다. 이런 수평으로 간주되는 응력을 피로한도라 하고, 동하중을 받는 기계에는 부재(部材)에 작용하는 응력이 피로한도 이하로 되도록 하여 설계한다.

2.2.5 좌굴

기다란 부재를 조립한 것을 골조구조(骨組構造)라 하여, 송전선의 철탑, 철교, 크레인 등에 골조구조가 사용되고 있어, 긴 부재를 장주(Long Column)라 하고, 장주의 축 방향에 압축하중이 가해지거나, 하중이 증가하지 않는 경우는, 장주가 횡방향으로 크게 휘어져 파괴하는 현상을 좌굴(buckling)이라 한다. 장주가 받는 하중이 쏠리거나, 재료가 불균질할 경우 등이 좌굴의 원인이 될 수 있다.

2.2.6 기타 원인

(1) 환경 온도

재료는 사용 환경의 온도에 의해서 기계적 성질이 변화하는데, 온도 변화에 의한 철강의 기계적 성질이 변화하는데, 인장강도는 250℃ 전후로 고온이 되면 저하되고, 항복점은 온도가 높아질수록 낮아진다.

(2) 환경 피로

염수나 가스가 있는 환경에는 재료의 표면이 부식이 되든지 가스의 성분이 재료 내부에 침투하여 재료의 피로강도가 떨어지는 현상을 환경피로라 한다.

(3) 크리프(Creep)

재료에 장시간 일정 하중을 가하면, 변형이 시간에 따라 증가하는 현상을 크리프라 하고, 이 변형을 **크리프변형**이라 한다.

(4) 표면의 미세 요철

가공에 의해서 생긴 표면의 미세한 요철이 크면, 요철의 골이 절흠효과를 지니기 때문에 피로강도는 떨어진다. 예를 들어, 도금 전에 표면을 다듬어 매끈하게 한 표면의 부품은 절삭을 한 것보다 피로강도는 강하게 된다.

(5) 치수효과

치수의 크기에 의해 재료의 인장강도와 피로강도가 변화하는데, 이것을 재료의 **치수효과**(Size Effect)라 하고, 일반적으로, 카본 파이버와 글라스 파이버와 같이 파이버의 직경이 작은 만큼 강도가 증가한다. 이것은 재료의 결함이 적어지기 때문이라 본다.

2.3 열 · 유체의 특성 및 응용(열역학 법칙)

열관리는 온도와 열을 주제로 하여, 효율적인 에너지 이용과 성력화(省力化) 에너지는 설계 단계에서 계획하는데, 기계설계와 제작에서 직접 연관이 되는 요소로 거론되지 않는 것이 없을 정도로 중요한 요소이다.

2.3.1 열역학의 4가지 법칙과 열의 전달

열역학은 제0법칙에서 제3법칙까지 4개의 기본원리 상에서 체계화하여 열은 기계설계자가 보면 눈에 보이지는 않고, 처음부터 어려운 부문으로 여길지 모른다. 그러나 정해진 에너지를 어떻게 효율적으로 사용할 것인지를 설계 단계에서 생각해 두는 것은 기계설계자의 사명이라 할 수 있다. 열역학의 응용으로는 증기의 유용한 이용, 열기관의 사이클론에 기초로 열효율 향상, 열전달, 연소 등이 거론되고 있다. 여기에 많은 기계설계자가 직면하는 열전달 문제에 간단히 소개하면 열전달공학은 열의 이동현상을 취급하는 기술로, **열전달(傳導)**, **대류(對流)**, **복사(輻射)** · 방사의 3가지 현상에서 실제로는 단독으로 열전달을 하고 있다는 것은 드물며, 3가지 현상이 공존하는 것이 일반적이다. 이것을 기계 공학적으로 응용을 하는 예로는, 열교환기의 설계에서는, 보온, 보냉재의 두께를 계산하는 것들이다.

열교환기의 설계로는, 열전달 면적을 구하는 것이 최종의 목표로 되고, 이 열전달 면적은 필요 교환 열량과 총괄 열전달계수, 대수 평균 온도차를 안다면 계산으로 구할 수가 있다. 필요한 열교환 열량과 대수평균온도차는, 그 열교환기의 사용조건에 따라 결정이 되고, 총괄

표 2-3 열역학의 4가지 법칙과 열전달 현상

열역학의 4가지 법칙	
제 0 법칙	두 개의 물체 A와 B의 온도를 같은 온도계로 측정한 때에 온도계의 값이 같게 나오면 물체 A와 B의 온도는 같다는 것이다.
제 1 법칙	열과 일은 함께 에너지의 하나이며, 서로 변환이 가능하여 즉, 에너지 보존측이 성립하기 위해서는 에너지를 보급하지 않고 영구히 옮겨가는[이것을 제1종의 영구 기관(機關)이라 불림] 실현은 불가능하다는 것이다.
제 2 법칙	열과 일의 상호 변화에는 일정한 방향성이 있다. 예를 들어, 열은 온도가 높은 곳에서 낮은 곳으로 흐르지만 역방향으로는 흐르지 못하고, 받은 열을 전부 일로 바꾸면서도 원래 상태로 돌아가는 반복 운전이 되고, 저온체를 필요로 하지 않는 기관(이것을 제2종의 영구 기관이라 불림)의 실현은 불가능하다.
제 3 법칙	물체의 온도는 절대 영도 이하로는 내려가지 않는다. 즉, 순수 물질의 온도가 열역학적인 평형을 유지하면서 0에 가까워지면서, 그 물질의 엔트로피(entropy : 밀도 · 온도 · 압력의 함수로서 표시되는 열역학적인 양)도 0에 가까워진다.
열전달의 3가지 현상	
열전달(전도)	같은 물질 내에서 또는 서로 접하고 있는 물체 사이에 온도차가 있는 경우는 열은 온도가 높은 곳에서 낮은 곳으로 흐르는 현상, 분자의 열운동이 주위의 분자에도 그 에너지를 주는 것으로 열이 전해진다.
대류 열전달	고체 표면과 이와 접하여 이동하는 유체와의 사이로 옮겨지는 열이동 현상, 실제의 열교환기 등의 설계로 이 열전달의 응용이 지배적이다.
열방사(복사)	전자파에 의해 전달되는 현상으로, 열을 전달하는 물질이 없어도 열이 전해지는 것으로, 예로 태양의 에너지는 진공에도 지구까지 도달하여 따뜻하게 한다. 또한, 복사가 되어 전달되는 예로, 아스팔트의 복사열, 렌즈에 의한 전달 등이다.

열전달계수를 정확히 계산하는 것이 일반적으로는 어려우며, 이 총괄 열전달계수는 열전달과 대류 열전달의 조합으로 결정되며, 실험식과 경험식으로도 보고되고 있다. 과거의 데이터들의 축적과, 설계 경험이 필요로 하고 있으며, 근래에는 CAE에 의한 시뮬레이션으로 사전 검토를 정확히 알 수 있는 프로그램들이 있어 설계를 하는데 많은 도움을 준다.

2.3.2 유체의 특성과 응용

유체의 특성에서, 임계 레이놀즈數의 앞뒤로 흐르는 현상을 해석하여, 베르누이의 정리는 유체에 있어서 에너지 보존 측면으로 해석하면 다음과 같은 식으로, **운동에너지＋압력에너지＋위치에너지＝일정**하다는 것을 나타낼 수 있음에 따라, 기계에 효율적인 적용을 위하여, 유체공학은 흐르는 현상을 해석하여 유체에 작용하는 힘의 평형과 운동을 취급하는 기술이다.

유체의 성질을 나타내는 지표의 하나로 점도(점성계수)라고 하는 것이 있는데, 유체의 점성을 나타내는 표시로, 이 수치가 클수록 흐름이 어렵다는 것이고, 액체로서는 온도가 높게 되면 점도는 감소하며, 기체로는 증가하여 간다. 이것은 분자의 응집력의 작용의 결과이다.

점도에 의한 동점도(動粘度)라는 것은 점도를 유체의 밀도로 나눈 것으로, 유체의 관성력에 대하여 점도의 비를 표시하며, 유체 자체의 흐르기 쉬움의 즉, 묽기의 정도를 나타낸 것이라 볼 수 있다. 여기에 유체의 흐름의 상황을 비교하기 위한 수치로는 레이놀즈수가 있는데 이 수가 크면 난류가 크게 되고, 층류(層流)에서 난류(亂流)로 이동하는 영역을 **임계레이놀즈수**로 불리고, 그 수치가 2,320 이하로 되면 점성에 의해 난류가 소실되고, 2,320 이상이면 난류로 되어 관성력이 크게 되어 흐름이 증폭된다.

베르누이정리는 유체에 있어서 에너지 보존 측에 상당하는 운동에너지, 압력에너지와 위치에너지의 합이 일정하다는 것을 나타내고 있다. 단지, 이 식은 유선(流線)에 따라 성립되는 식이 되고, 마찰 등에 의한 에너지 손실을 무시한 비압축성 유체이고 비점성유체로 되는 것이 전제이다.

2.4 환경관리를 고려한 3R 설계

2.4.1 3R(Reduce, Reuse, Recycle)의 적용

설계과정에서 환경을 고려하여 모든 분야에, 3R이 해당되는 조건에서, 사용을 억제할 수 있는 방안으로『Reduce』, 재이용할 수 있는 방안으로『Reuse』, 재활용을 할 수 있는 방안으로『Recycle』이 적용된 설계가 되어야 한다는 것과, 부가가치를 높이기 위한 3R을 고려해야 한다는 면은 환경문제에 도움과 흥미를 가져 보자는 의미이다.

따라서, 원재료의 사용량을 줄이며, 제품이 폐기물로 되는 것을 억제하며(Reduce), 불필요하게 폐기하는 경우에는 원재료와 부품을 재이용(Reuse), 그래도 재이용이 안 될 것은 재생하여 이용하는 Recycle로 하는 것으로, 이것을 촉진하는 것이 순환형 사회 형성이며 추진법이 정해져 있다.

기계설계자로서는 계획과 설계의 빠른 단계에서 적용해야 할 의무 사항인 것으로,

① 부품수와 재료를 줄이기

② 회수한 부품을 재활용하기

③ 사용 후에 부품을 회수하여 원재료와 에너지의 재생 이용하기

를 염두에 두고 설계를 하지 않으면 안 되며, 환경보존이 지구 전체적인 문제와 연관이 되므로, 지금에서 기계설계자들의 역할은 단지 기계와 장치를 설계하는 것만은 아닌 것이다. 우리나라도 선진국으로 가는 입장에서 이에 동참하지 않으면 안 된다.

2.4.2 ISO 14001의 환경경영관리시스템의 요건

기계설계에서 초기 개념설계에서 부품의 상세설계에 이르기까지, 그 기계가 폐기할 때까지 환경오염에 해당되는 물질을 적용해서는 안 되는 개념으로, 오염 물질이 발생되지 않는 부품을 사용해야 하는, ISO 14001 환경경영시스템을 소개 하자면, 다음 4항부터 10항까지가 실현의 주된 내용이다(앞 부분 1항부터 3항은 안내, 일반사항이라 설명을 제외하였다).

ISO 14001(2015) 환경경영시스템의 요건 항목들의 내용으로,

4.1항 조직 및 조직의 이해의 내용

1) ISO 9001(2015)과 유사하나 기업의 환경 여건이 추가된다.

2) 결정된 이슈는 다음 요구 사항에서 함께 활용한다.

 - 환경경영시스템 범위 결정(4.3), 환경방침수립(5.2), 환경경영시스템기획(6.1),

4.2항 이해 관계자 니즈 및 기대의 이해

1) ISO 9001(2015)와 유사하며, "조직의 준수 의무사항"이 되는 니즈 및 기대

4.3항 환경경영시스템 적용 범위의 결정으로는,

1) 환경경영시스템에 대한 적용 범위를 결정 시 고려해야 할 사항을 구체적으로 명시,

2) 적용 범위가 이해 관계자에게 가용하여야 함을 요구한다.

4.4항 환경경영시스템 및 그 프로세스

1) 환경경영시스템 수립 시 프로세스 접근방법의 적용을 명시한다.

2) 파악된 조직의 상황에 대한 지식을 시스템 수립 시 고려해야 한다.

5.1항 리더십 및 공약 : 조직 내의 리더의 의지 및 공약을 표명한다.

5.2항 환경방침의 내용

1) 부속서 A에서 언급한 환경보호, 조직이 준수 의무사항에 적합 및 지속적 개선이라는 3가지 기본공약을 환경방침에 명확하게 제시해야 한다.

5.3항 조직의 역할, 책임 및 권한

1) ISO 9001 (2015)와 유사함 : 품질 대신 환경

 - 환경경영시스템 관련 역할, 책임 및 권한과 관련된 사항을 해당 인원에게 배정하고, 적정한 형태로 문서화 하는 것이 바람직하다.

6.1항 리스크 및 기회를 다루기 위한 조치의 내용

6.2항 환경목표 및 목표달성을 위한 기획의 내용

7.5항 문서화 된 정보, 유지(Maintain)해야 할 문서화 된 정보 : 문서

 *개정 표준 문서화 요구사항과 조직의 문서화 된 시스템과의 GAP파악 결과에 따라 전환을 위한 추가 제·개정이 필요로 한다.

8.1항 운영기획 및 관리,

8.2항 비상사태 대비 및 대응의 내용

 *POINT : 외주 프로세스의 보완(외주처리 되고 있는 제품, 서비스의 잠재적 영향 고려)

9.1항 모니터링, 측정, 분석 및 평가 다음에 대한 요구사항의 추가 및 강화한다.

9.2항 내부심사,

9.3항 경영검토입력의 내용

　　1) 내부와 외부 이슈를 포함한 변경사항(4가지)과 자원의 충족성 등의 경영검토 입력 정보가 추가된다.

10.1항 일반사항,

10.2항 부적합 및 시정조치의 내용

10.3항 지속적 개선의 내용

따라서, ISO 14001의 환경경영시스템은 4항부터 10항까지의 내용이 적용 대상이다.

2.5 인간 공학적인 구조의 설계 개념

공학설계에서, 설계의 동기부여로 문제가 해결되어지는 것은 중요하며, 소망의 기능을 갖고, 적절한 가격 설정이 가능할 필요가 있다. 여기에, 신뢰성과 내구성이 확보되어 있는 것이 필요로 한다.

공학적인 검토에서는, 기구의 검토, 재료의 검토, 구조의 검토가 기본이며, 또한, 유체기계의 경우에는 가해지는 압력 등의 검토, 열기관의 경우에는 열전달과 열효율 등의 검토가 필요로 한다. 여기에 제조의 용이성과 품질보증의 검토를 하며, 내구시험과 소음, 진동 등도 이행한다. 이와 같이, 공학적인 검토 사항이 있고, 도면에 나타내지만, 다양한 배려도 필요로 한다.

기계설계로 인간공학의 응용으로, 인간 특성, 심리 특성, 생리 특성, 신체 특성을 기본으로 하여, 상세한 측면에서 기계설계에서 갖추어야 하는 조건으로는,

① 니즈(Needs)가 있는 것(일)

② 기능을 하는 것

③ 인간공학적으로 만들어져야 하고

④ 외관이 좋아야 하며

⑤ 저비용으로 될 수 있어야 할 것

⑥ 내구성이 좋을 것

⑦ 안전성이 좋을 것

⑧ 리사이클성, 폐기성이 좋아야 한다.

이러한 조건들로, **사용하기 쉬움, 사용 상의 쾌적성, 사용의 효율성**이 좋아야 한다.

또한, 최근에는 장애의 유무에 관계없이, 모든 사람에게도 사용하기 쉽도록 의도하여 만든다면 '유니버설디자인'이 된다.

① 이동(보행) : 도로면과 바닥의 단차와 凹凸을 없앤다.

② 착석(앉기) : 화장실의 용기 양식

③ 시간 : 자동도어를 천천히 닫히게 하고, 횡단보도의 청신호를 길게 한다.

④ 감각 : 전화기의 벨소리에 램프가 발광되게 한다.

⑤ 동작 : 스위치와 버튼을 크게 한다.

⑥ 사고·판단 : 버전 업을 해도, 조작 방법이 변하지 않도록 만든다.

이러한 조건을 설계에 반영한다면, 사용자는 편리하게 쓸 수 있고, 메이커를 기억할 것이다.

제3절 기계부품의 강도 계산과 재료의 선택 요령

3.1 강도설계 계산의 기초

3.1.1 공학적 설계의 의미와 절차

1) 기계요소설계

공학설계에 있어서 구조물이나 시스템을 상세히 형상화하기 위해서 공학적 방법을 적용하는 기계요소설계 과정의 핵심은 구조의 일부 또는 전체가 파괴되지 않도록 주어진 하중을 유지하면서 그 기능을 발휘할 수 있도록 그 형상과 크기, 재료 및 재질을 결정하는 것이라 할 있다. 기계설계는 원하는 목적을 달성하기 위해서, 새로운 구조나 고안을 하는 구조설계에서는 일반적으로 부품의 구조, 시스템의 구조가 요구에 만족되도록 것이 공학이며, 이러한 설계기술은 공학의 본질로, 최적의 설계가 되면 기능과 가격, 안전성을 만족시킬 수 있다.

또한, 설계 최적화의 효율은 최소 중량, 최소 체적, 최소 가격, 관리가 쉬운 조건 등이 설계 최상의 답이라 할 수 있다.

2) 설계의 절차

기계 부품이나 일부의 파손을 예상할 수 있는 것을 평가하는 시뮬레이션이 필요로 하며, 힘이 작용하는 부문에서 하중과 응력에 대한 관계를 파악하고, 파손이 일어날 수 있는 응력이나, 변형의 최대 허용치를 예측하는 설계능력이 큰 영향을 미치므로 각종 파손이론에 관한 공식을 활용하여 계산을 해야 한다. 따라서, 허용응력과 안전계수를 계산하는 기본적인 식이 다음과 같이, 안전계수(n_S)는,

$$n_S = \frac{\text{파손하중}}{\text{허용하중}}, \text{ 또한, } n_S = \frac{\text{재료강도}}{\text{허용응력}} \text{로 나타낸다.}$$

여기에서, 안전계수 $n_S = 1.25 \sim 2$를 사용하는 경우, 재료의 성질을 잘 알고 신뢰할 수 있는 재료가 제어 가능한 하중을 받고 있는 상태에서 신뢰할 수 있는 수준의 응력을 계산하는 경우이며, $n_S = 2 \sim 3$을 적용하는 일반적인 재료로, 보통의 환경 조건에서 하중이 작용하는 상태의 응력을 계산하는 경우이며, $n_S = 3 \sim 4$를 적용하는 경우는 일반적인 재료를 사용하며, 불확실한 사용 환경 조건에서 응력을 계산하는 경우에 적용한다.

3.1.2 역학적 강도 설계

1) 허용응력과 안전율

재료가 파괴되지 않도록 충분히 안전하게 사용할 수 있는 최대응력을 허용응력 σ_a이라 하고, 허용응력 σ_a는 과거의 경험과 많은 실험에 의해서 만들어 졌다고 보여지고, 전체 재료에 대하여 허용응력을 준비하고 대응하는 것은 어렵다. 또한, 부품에 작용하는 힘이 생각보다 크거나, 재료의 기계적 성질에 차이가 있다. 이 때문에 재료의 강도에 여유를 지니도록 하는 안전율 S를 고려한 허용응력 σ_a를 구한다.

$$\text{안전율}(\sigma_a) = \frac{\text{기준강도}}{\text{안전율 } S}$$

재료의 기준강도는 표 2-4에 나타내고, 피로강도의 경우는 기준강도의 안전율 S는 $1.3 \sim 2.0$정도이며, 허용 전단응력 τ_a는 최대전단응력설(Maximum Shear Stress Hypothesis)에 따

라 연성재료로는 $\tau_a \fallingdotseq 0.5\sigma_a$로 된다.

표 2-4 안전율 S의 예

재료	정하중	동(動)하중		
		편 진동하중	양 진동하중	충격하중
강재	3	5	8	12
주철	4	6	10	15

표 2-5 철강재의 허용응력(단위 : MPa)

응력	부하	연강	경강	주철	주강	니켈강
인장	I	90~120	120~180	30	60~120	120~180
	II	54~70	70~108	18	30~72	80~120
	III	48~60	60~90	15	30~60	40~60
압축	I	90~120	120~180	90	90~150	120~180
	II	54~70	70~108	50	54~90	80~120
굽힘	I	90~120	120~180	45	72~120	120~180
	II	54~70	70~108	27	45~72	80~120
	III	45~60	60~90	19	37~60	40~60
전단	I	72~100	100~144	30	48~96	96~144
	II	43~56	60~86	18	29~58	64~96
	III	36~48	48~72	18	24~48	32~48
비틀림	I	60~100	100~144	30	48~96	90~144
	II	36~56	60~86	18	29~58	60~96
	III	30~48	48~72	15	24~48	30~48

(Note) I은 정부하(靜負荷) 조건, II는 가벼운 동부하(動負荷) 또는, 편측 진동 반복하중, III은 충격하중 · 강도의 변동(變動) 하중 · 양측 진동 반복하중의 경우임.

2) 안전설계의 목적

재료의 강도의 차이와 하중의 애매한 불확정한 인자에 대해서는 안전성을 확보하기 위해서 안전율이 도입되었고, 그러나, 안전율을 크게 하여 안전성을 높이면 기계의 질량이 증가하여 재료가 낭비되기 때문에, 그 때문에 인명(人命)에 관계되는 항공기 등에서는 부품의 파괴까지의 시간(수명)을 예측하거나, 정기 점검으로 피로균열이 보여지면 그 부품은 교환하는 등의 파손안전설계로 생각해야 한다.

3) 파괴 역학설계 개요

균열이 존재하는 것으로 하여 구조를 설계하는 것을 파괴역학설계(Fracture Mechanics

Design)라 하여, 미세한 균열은 끝이 예리하고, 계산에 의한 응력집중계수는 지나치게 커지고 이용할 수 없게 된다. 이 때문에 균열 끝단 부근의 응력에 주목한 응력확대계수 K (Stress Intensity Factor)가 적용되고 있다. 응력확대계수 K는 다음 식으로 된다.

$$K = \alpha \sigma \sqrt{\pi \alpha}$$

여기에서, α는 시험편의 형상과 균열의 크기 등에는 관계되는 계수, α는 균열의 길이, σ는, 먼 위치에서 인장력으로 생기는 하나의 응력이다

3.2 부품의 파괴 원인과 안전율의 고려

3.2.1 재료의 파손

재료의 파손은 큰 응력이 발생하여 2개 이상으로 분리되는 것을 **파단**(Rupture)이라 하고, 재료가 소성 변형을 일으켜 균열(Crack)이 생겨 계속 진행이 되어 파단이 되면 이것을 **파괴** (Fracture)라 하고, 연성 재료가 어떤 변형을 일으켜 파괴에까지 이르지 않는 상태를 **파손** (Failure)이라고, 재료 역학적으로 이렇게 표현을 한다.

재료의 파손 원인을 일반적으로 분석해 보면, **국제 안전규격 ISO/IEC 가이드 51**의 규격 분류로는,

① **A 규격** : 기본 안전규격, 전체 규격에 공통으로 적용되는 기본 개념(설계 원칙 포함)
② **B 규격** : 그룹 안전규격, 많은 기계류에 공통으로 이용할 수 있는 안전장치 포함 규격
③ **C 규격** : 특정의 기계에 대하여 상세한 안전 요건을 규정된 제품 또는 서비스 등에 대한 규격으로 분류한다.

3.2.2 기본적인 안전원칙

기계설계를 할 때 매우 중요한 요소 중의 하나가 안전율에 대한 계산이다. 이에 따라 기계가 실제의 사용 상태를 정확히 파악하고, 그때 발생하는 응력을 확인 후 안전을 보장할 수 있는 사용 재료와 그 치수를 결정해야 한다. 기계를 오랜 시간을 운전하거나 사용 상태에 있을 때 각 재료에 작용하고 있는 응력을 사용 응력(Working Stress)이라 하고, 안전하게 여

유를 두고 제한한 탄성 한도 이하의 응력으로 사용을 허용할 수 있는 최대 응력을 허용 응력(Allowable Stress)이라 한다. 따라서, 관계식으로 표현을 하면,

$$\text{허용 응력}(\sigma_a) \geqq \text{사용 응력 } (\sigma_w)$$

안전을 고려한 조건에서, 사용 응력은 허용 응력보다 작든지 최소한 같아야 한다.

여기에서, 인장(극한)강도 > 항복점 > 탄성 한도 > 허용 응력 ≧ 사용 응력의 관계가 성립된다. 또한, 허용 응력(σ_a)=기준 강도(σ_B) / 안전율(S)로 되고, 다시 안전율(S)의 식은

$$\text{안전율}(S) = \frac{\text{기준 강도}}{\text{허용 응력}} > 1 \text{ 로 된다.}$$

안전율을 고려한 기준 강도의 선정은 재료 역학적인 면에서 부품의 재질, 사용조건, 수명, 등을 고려하는 값을 정한다.

① 정하중이 작용하는 연강과 같은 연성 재료는 항복점을 기준 강도로 한다.
② 정하중이 작용하는 주철과 같은 취성 재료는 극한강도를 기준 강도로 한다.
③ 반복하중이 작용하면 피로한도를 기준 강도로 한다.
④ 고온에서 정하중이 작용할 때에는 크리프(Creep)한도를 기준 강도로 한다.
⑤ 좌굴하중이 예상되는 긴 기둥에서는 좌굴응력을 기준 강도로 한다.

기타, 안전과 연관된 사항으로 고려할 원칙이 다음과 같은 것이 있다.

① 적당한 재질의 사용(예 ; 온도, 마찰과의 관련)
② 올바른 치수 설정, 구성(예 ; 응력, 피로, 표면조도)
③ 구성요소, 시스템의 적당한 선택, 조합
④ 움직이지 않게 적절히 잡아 주는 잠금장치(예 ; 적절한 나사 체결의 선택)
⑤ 과(過)하중의 제한(브레이크 핀 등)
⑥ 속도의 제한, 속도의 감속
⑦ 힘의 제한, 힘의 절감
⑧ 동작온도의 제한 범위
⑨ 절환(切換)시간의 제한 범위
⑩ 히스테리시스(hysteresis) : 이력(履歷)현상의 적절한 제한(예 ; 틈새, 마찰 등)

3.2.3 용도에 관한 안전의 원칙

ISO 12100의 안전규정에 용도에 관계없는 원칙과, 용도에 의한 원칙으로 구분되어 있다.

1) 용도에 관계 없는 원칙

① 적절한 재질, ② 과대 치수 설정, ③ 충분히 음미된 구성요소, 시스템, ④ 충분히 음미된 잠금장치, ⑤ 축적된 에너지의 방산(放散), ⑥ 양측 안전운전.

2) 용도에 의한 원칙

① ON의 힘에 대하여 과대한 OFF의 힘, ② 능동적 기계동작, ③ 例 : 스프링과 나사 증가에 의한 상해(傷害)의 영향 완화, ④ '안전한' 스프링(안전계수, 설계구성), ⑤ 충분히 감안된 과하중 제한, ⑥ 충분히 감안된 속도 제한, 감속, ⑦ 충분히 감안된 힘의 제한, 힘의 저감, ⑧ 충분히 감안된 동작 온도의 제한 범위로 구분할 수 있다.

그림 2-10 설계할 때 고려해야 할 기계와 안전에 관한 전체 모습(像)

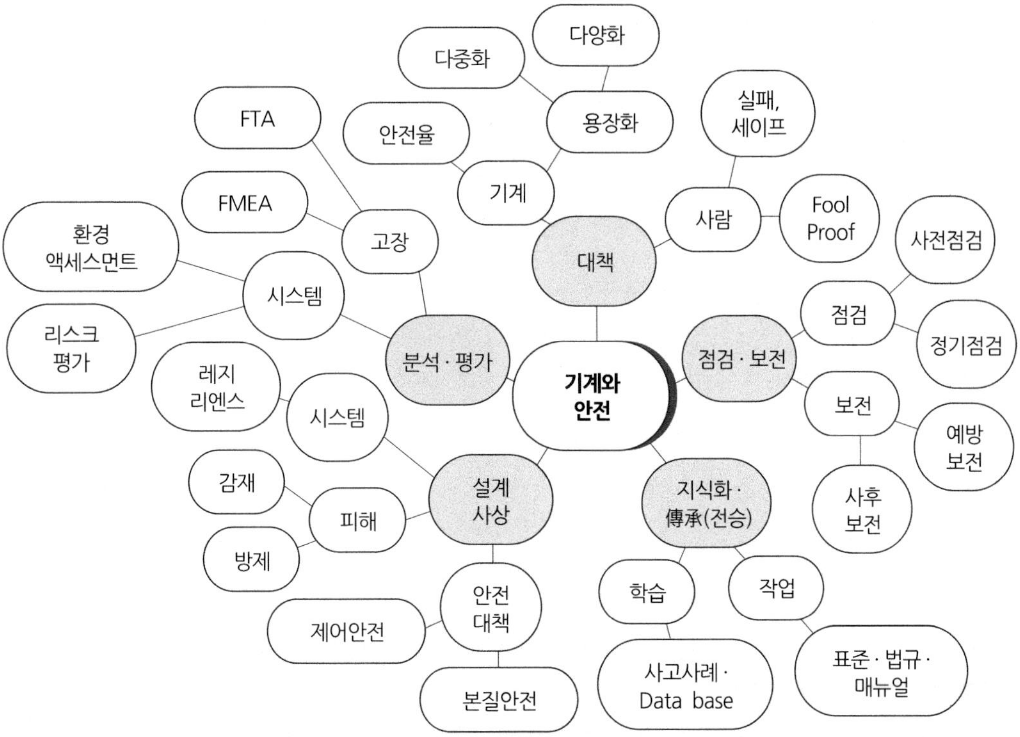

그림 2-10은 설계를 할 때 고려해야 할 사항으로, 기계와 안전에 관한 전체적인 모습(像)이다.

3.3 부품 재료(재질)의 선정 요령

기계설계에 있어서 재료 선정을 하는 순서는 그 기계의 특성에 의해 다르거나 원하는 기능을 만족하는 것이 필수이다. 재료 선정의 체크포인트에서 기계요소 부품과 체결(조립)을 하는 것에 의해 설계의 방법을 제시하는 것으로, 용접 또는 나사체결, 부싱(bushing) 등의 조립을 하는 방식에 따라 설계 시방에서는 기계의 특성에 의해 여러 가지로 구분이 된다.

용접이 되는 곳의 재료는 탄소 함유량이 많으면 용접이 어려워지므로 이음작업의 방법도 고려를 해야 하고, 재료의 가공성과 내열성, 기계를 사용 중에 생기는 마모성, 부식성을 충분히 고려해야 하는 점이 있고, 열처리 표면처리를 해야 할 때의 조건에 따라 재료가 검토되어야 하고, 최종적으로, 조달이 쉽고 원가가 낮은 재료를 택해야 한다.

그림 2-11과 2-12는 부품의 재료(재질)를 선정할 때 검토해야 할 사항이며, 표 2-6은 주요 재료의 특성을 비교한 것이며, 그림 2-13은 기계부품 재료의 선택을 위한 절차에 대한 설명이다.

그림 2-11 재료 선정에서 고려해야 할 항목

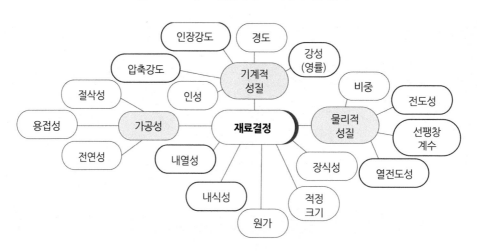

그림 2-12 재료 선정의 체크 포인트

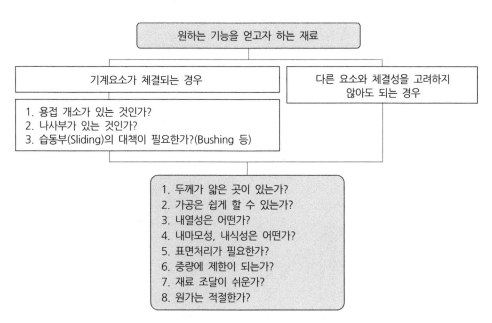

표 2-6 주요 재료의 특성비교

		금속재료			비금속재료	
		철(鐵)	알루미늄	강(鋼)	플라스틱	세라믹
밀도(g/cm^2)		7.87	2.7	8.9	1~2	3~4
기계특성	인장강도	◎	○	△	△	△
	압축강도	◎	○	△	△	◎
	인성	◎	◎	◎	△	×
	경도	◎	○	△	×	◎
내식성		×	○	○	○	◎
열전달성		○	○	◎	×	○
전기전도성		○	◎	◎	절록체	절록체
주요 특성		탄소량, 합금 화, 열처리로 필요 성질 부여, 기계 의 대부분 철계 재료	경량이 최대 특 징, 내식성 우수 전연성 풍부, 각 종 형상 성형성 쉽다.	전기전도성, 열전 도성 우수, 기계 재료로 넓게 사 용되고 있다.	여러 특성을 활 용, 슬라이드부, 투명부품, 케이 스, 사출 성형 가공성이 양호	내마모성, 내식 성, 내열성 아주 우수, 난삭재, 단 품 사용은 부적 합 하다.

◎ : 아주 우수, ○ : 우수, △ : 보통, × : 못함(실용적이지 못함)

그림 2-13 기계부품 재료의 선택을 위한 절차

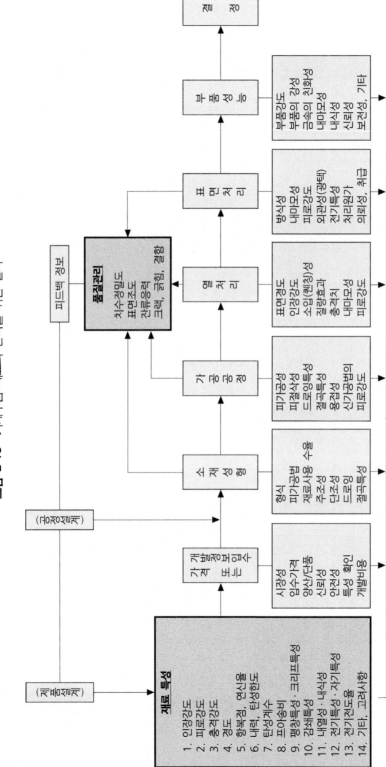

① 설계부품에 요구되는 특성과 기능을 고려하되 사정 등은, 확보하기 쉬운 표준 부품과 일반 부품을 선택한다.

② 재료의 열처리와 가공법, 표면처리 등, 부품의 제작에 맞는 재료를 선택한다.

③ 마모와 녹 발생 등의 경년 변화(經年)적인 노화를 고려하여 선택한다.

대표적인 재료에는, 연마봉, 기계구조용탄소강, 크롬강, 크롬몰리브덴강, 니켈크롬몰리브덴강, 일반구조용연강, 스테인리스강, 스테인리스주강, 신동(伸銅)강, 알루미늄합금 전신(展伸)관 등이 각 계열별로 인장강도에 따라 다양하게 구분되어 있다.

3.4 부품의 열처리와 표면처리

3.4.1 강(鋼)의 열처리 기본적인 4가지

1) 풀림[annealing : 소둔(燒鈍)]

강은 고온에서 연(軟)하고 가공이 용이하나, 산화가 쉽고 또한 정확한 치수로 가공이 어려우므로 냉간가공을 하거나, 냉간가공을 하면 가공경화를 일으켜 가공이 어렵게 된다. 이와 같이 가공으로 생긴 조직변화나 내부 변형을 해소하기 위해 강을 적당한 온도에서 가열하여 충분히 유지 후 노내(爐內)에서 서서히 냉각시키는 것을 풀림이라 한다.

2) 담금질[quenching : 소입(燒入)]

강을 경화시켜 강도를 증대시키기 위해서 Austenite조직까지 가열시킨 후 물 또는 기름 등에 급냉시키는 것을 담금질이라 한다. 담금질로 강의 조직은 Martensite로 되고, 담금질 후 강의 특성은 담금질 온도, 냉각액, 강재의 크기 등에 따라 다르며, 냉각액인 물 또는 기름을 비교하면, 물은 기름보다 냉각속도가 빠르므로 Martensite조직으로 되기 쉬우나 담금질 균열이 발생하기가 쉽다. 강재의 크기와 열처리 후의 경화 깊이와는 밀접한 관계가 있고, 또한 강재의 지름이나 두께의 차이에 따라 냉각 속도의 차이가 있으므로 경화 깊이 차이가 생기는 것이다. 이것을 질량효과라 하고, 경도 측정으로는 로크웰C스케일(HRc)을 많이 적용한다.

3) 불림[normalizing : 소준(燒準)]

가공으로 생긴 강의 조직을 표준조직으로 개선하기 위해서, 강을 일정 온도로 가열하여 Austenite조직으로 충분한 시간을 유지 후 공기 중에서 서서히 냉각시키는 것을 불림이라 한다. 이 열처리를 하면 결정립이 미세한 층상의 소르바이트(sorbite)조직으로 된다.

4) 뜨임[tempering : 소려(燒戻)]

담금질된 강은 급냉으로 내부에 무리한 힘(잔류응력)이 남아있고, 대단히 경하고 취약하므로 적절한 온도에서 재가열 및 내부에 남아있는 응력을 제거하여 적절한 강인성을 부여하는 것을 뜨임이라 한다. 뜨임은 온도가 높을수록 강도, 경도는 감소하므로 내마모성을 필요로 하는 경우 비교적 낮은 온도에서 뜨임을 한다. 강인한 성질이 필요한 경우는 비교적 높은 온도에서 뜨임을 한다. 자동차의 기능부품 및 정밀기계 부품은 대부분 탄소강, 특수강을 담금질 후 뜨임 처리하여 제작하며, 현장에서는 **QT처리**, 또는 **조질처리**라 부른다.

또한, 각 열처리 과정에서 방법상의 종류와 기술도 다양하다. 열처리와 표면처리는 기계부품의 표면경도와 전체적으로 강도가 필요로 할 때 조직에 변화를 주어 주로 경화를 시키는 작업이다. 먼저 표면처리의 개질(改質 : 경화)에 분류와 방법을 구분하면, 재료의 표면에 어떤 원소를 확산 침투시켜 경화하는 침탄처리, 질화처리, 침유처리, 금속침수 등이 있고, 전기도금, 용사가 있고, 다른 성분의 물질을 표면에 입혀 표면을 경화하는 화학증착(CVD), 물리증착(PVD) 등이 있다.

표 2-7 철강재의 경도 환산표

로크웰 C스케일 150kgf (HR)	비커스 50kgf (HV)	브리넬경도 HB 10/3,000		로크웰(HR)			로크웰 슈퍼핏셜			쇼아 반발 경도 (HS)	인장강도 MPa (kg/mm²)	로크웰 C스케일 150kgf (HR)
		표준 구(球)	텅그스텐 카바이드	A 60kgf	B 1/16볼 100kgf	D 100kgf	15-N 15kgf	30-N 30kgf	45-N 45kgf			
68	940	-	-	85.6	-	76.9	93.2	84.4	75.4	-	-	68
67	900	-	-	85.0	-	76.1	92.9	83.6	74.2	95.2	-	67
66	865	-	-	84.5	-	75.4	92.5	82.8	73.3	93.1	-	66
65	832	-	(739)	83.9	-	74.5	92.2	81.9	72.0	91.0	-	65
64	800	-	(722)	83.4	-	73.8	91.8	81.1	71.0	88.9	-	64
63	772	-	(705)	82.8	-	73.0	91.4	80.1	69.9	87.0	-	63
62	746	-	(688)	82.3	-	72.2	91.1	79.3	68.8	85.2	-	62
61	720	-	(670)	81.8	-	71.5	90.7	78.4	67.7	83.3	-	61
60	697	-	(654)	81.2	-	70.7	90.2	77.5	66.6	81.6	-	60
59	674	-	(634)	80.7	-	69.9	89.8	76.6	65.5	79.9	-	59
58	653	-	615	80.1	-	69.2	89.3	75.7	64.3	78.2	-	58
57	633	-	595	79.6	-	68.5	88.9	74.8	63.2	76.6	-	57
56	613	-	577	79.0	-	67.7	88.3	73.9	62.0	75.0	-	56
55	595	-	560	78.5	-	66.9	87.9	73.0	60.9	73.5	2075(212)	55
54	577	-	543	78.0	-	66.1	87.4	72.0	59.8	71.9	2015(205)	54
53	560	-	525	77.4	-	65.4	86.9	71.2	58.6	70.4	1950(199)	53
52	544	(500)	512	76.8	-	64.6	86.4	70.2	57.4	69.0	1880(192)	52
51	528	(487)	496	76.3	-	63.8	85.9	69.4	56.1	67.6	1820(186)	51
50	513	(475)	481	75.9	-	63.1	85.5	68.5	55.0	66.2	1760(179)	50
49	498	(464)	469	75.2	-	62.1	85.0	67.6	53.8	64.7	1695(173)	49
48	484	451	455	74.7	-	61.4	84.5	66.7	52.5	63.4	1635(167)	48
47	471	442	443	74.1	-	60.8	83.9	65.8	51.4	62.1	1580(161)	47
46	458	432	432	73.6	-	60.0	83.5	64.8	50.3	60.8	1530(156)	46
45	446	421	421	73.1	-	59.2	83.0	64.0	49.0	59.6	1480(151)	45
44	434	409	409	72.5	-	58.5	82.5	63.1	47.8	58.4	1435(146)	44
43	423	400	400	72.0	-	57.7	82.0	62.2	46.7	57.2	1385(141)	43
42	412	390	390	71.5	-	56.9	81.5	61.3	45.5	56.1	1340(136)	42
41	402	381	381	70.9	-	56.2	80.9	60.4	44.3	55.0	1295(132)	41
40	392	371	371	70.4	-	55.4	80.4	59.5	43.1	53.9	1250(127)	40
39	382	362	362	69.9	-	54.6	79.9	58.6	41.9	52.9	1215(124)	39
38	372	353	353	69.4	-	53.8	79.4	57.7	40.8	51.8	1180(120)	38
37	363	344	344	68.9	-	53.1	78.8	56.8	39.6	50.7	1160(118)	37
36	354	336	336	68.4	(109.0)	52.3	78.3	55.9	38.4	49.7	1115(114)	36

로크웰 C스케일 150kgf (HR)	비커스 50kgf (HV)	브리넬경도 HB 10/3,000		로크웰(HR)			로크웰 슈퍼핏셜			쇼아 반발 경도 (HS)	인장강도 MPa (kg/mm²)	로크웰 C스케일 150kgf (HR)
		표준 구(球)	텅그스텐 카바이드	A 60kgf	B 1/16볼 100kgf	D 100kgf	15-N 15kgf	30-N 30kgf	45-N 45kgf			
35	345	327	327	67.9	(108.5)	(108.5)	77.7	55.0	37.2	48.7	1080(110)	35
34	336	319	319	67.4	(108.0)	(108.0)	77.2	54.2	36.1	47.7	1055(108)	34
33	327	311	311	66.8	(107.5)	(107.5)	76.6	53.3	34.9	46.6	1025(105)	33
32	318	301	301	66.3	(107.0)	(107.0)	76.1	52.1	33.7	45.6	1000(102)	32
31	310	294	294	65.8	(106.0)	(106.0)	75.6	51.3	32.5	44.6	980(100)	31
30	302	286	286	65.3	(105.5)	47.7	75.0	50.4	31.3	43.6	950(97)	30
29	294	279	279	64.6	(104.5)	47.0	74.5	49.5	30.1	42.7	930(95)	29
28	286	271	271	64.3	(104.0)	46.1	73.9	48.6	28.9	41.7	910(93)	28
27	279	264	264	63.8	(103.0)	45.2	73.3	47.7	27.8	40.8	880(90)	27
26	272	258	258	63.3	(102.5)	44.6	72.8	46.8	26.7	39.9	860(88)	26
25	266	253	253	62.8	(101.5)	43.8	72.2	45.9	25.5	39.2	840(86)	25
24	260	247	247	62.4	(101.0)	43.1	71.6	45.0	24.3	38.4	825(84)	24
23	254	243	243	62.0	100.0	42.1	71.0	44.0	23.1	37.7	805(82)	23
22	248	237	237	61.5	99.0	41.6	70.5	43.2	22.0	36.9	785(80)	22
21	243	231	231	61.0	98.5	40.9	69.9	42.3	20.7	36.3	770(79)	21
20	238	226	226	60.5	97.8	40.1	69.4	41.5	19.6	35.6	760(77)	20
(18)	230	219	219	-	96.7	-	-	-	-	34.6	730(75)	(18)
(16)	222	212	212	-	95.5	-	-	-	-	33.5	705(72)	(16)
(14)	213	203	203	-	93.9	-	-	-	-	32.3	675(69)	(14)
(12)	204	194	194	-	92.3	-	-	-	-	31.1	650(66)	(12)
(10)	196	196	187	-	90.7	-	-	-	-	30.0	620(63)	(10)
(8)	188	188	179	-	89.5	-	-	-	-	-	600(61)	(8)
(6)	180	180	171	-	87.1	-	-	-	-	-	580(59)	(6)
(4)	173	173	165	-	85.5	-	-	-	-	-	550(56)	(4)
(2)	166	166	158	-	83.5	-	-	-	-	-	530(54)	(2)
(0)	160	160	152	-	81.7	-	-	-	-	-	515(53)	(0)

표 2-8 열처리 공정별 특성변화와 효과

열처리명	특성 변화와 효과	
	강(steel)	비철(nonferrous)
담금질 [Quenching : 소입(燒入)]	경도 향상, 인성 증가	공석(共析)변태에 의한 특성 개선
뜨임 [Tempering : 소려(燒戾)]	담금질 후의 조직안정화, 경도향상(고탄소강), 인장강도 향상	석출(析出)경화에 의한 특성개선(베리륨강)
풀림 [Annealing : 소둔(燒鈍)]	경도 저하, 피삭성 향상, 냉간가공의 영향제거, 잔류응력 제거, 피로균열 발생 방지자성(磁性)향상	잔류응력 제거(황동), 탄성향상
불림 [Normalizing : 소준(燒準)]	금속조직의 균일화, 미세화, 이방성(異方性)의 저하, 기계적 성질 개선	결정 편석(偏析)의 제거

열처리를 하는 탄소강의 변태에서 결품(結品)구조의 변화에서, 면심입방격자는 단위격자의 각 면에 원자가 배치되어 있는데, 열처리에 의해 체심입방격자로 바뀌면서, 단위격자의 중심에 원자가 배치하게 된다.

따라서, 열처리는 기계 부품을 가열과 냉각으로 기계적 성질을 개선하며, 부품 가공과 사용상의 조직변화를 위한 중요한 공정의 하나이다.

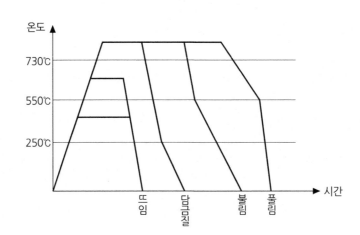

그림 2-14 강의 열처리 조건의 기본 개념

3.4.2 표면처리와 경화방법

① 기본 재료의 표면에 화학조성은 완전히 변화되지 않아 조직변화에 의해 표면을 경화
하는 **표면담금질**(燒入)이 있고, 그 중 하나가 고주파담금질로 탄소량이 0.3% 이상의
탄소강에 대하여, 표면만을 경화시켜 표면으로의 압축 잔류응력의 부여로, 내마모성과
내피로성을 향상시킨다.

② 기본 재료에서 표면에 다른 원소를 확산 침투시켜 표면을 경화하는 방법으로, **침탄**(浸
炭)**처리, 질화**(窒化)**처리, 침유**(浸硫)**처리, 침붕**(浸硼)**처리, 금속침투**(浸透) 등이 있다.

많이 적용하는, 침탄처리는 탄소량 0.3% 이하의 저탄소강에 대하여, 표면만 경화하여,
표면에 압축잔류응력의 부여로, 내마모성과 내피로성을 향상시킨다.

질화처리는, 알루미늄과 크롬을 함유한 탄소강에 대하여, 표면만을 경화하여 내마모성
의 향상과, 담금질이 필요 없어 변형이 없으며, **연질화처리는 탑트라이드**라고도 한다.

③ 기본 재료에 서로 다른 물질이 표면을 입혀 표면을 경화하는 방법으로, **전기도금, 무전
해도금, 용사, 물리증착**이 있다.

④ 기본 재료에 서로 다른 물질이 표면을 입히고, 여기에 기본 재료와의 계면(界面)으로
확산 침투하여 표면을 경화시키는 처리 방법으로, **화학적 증착법**(CVD)**과 물리적 증착
법**(PVD)**이 대표적이다. 탄화물 · 산화물 · 질화물의 피복처리를 한 대표적인 제품이 절

삭공구인 인서트 팁(throw away)이다.

따라서, 설계 개발 과정에서, 표면처리에서 **표면도 부품의 하나라는 인식**으로, 설계에 반영을 해야 하는 조건이므로, 중요한 과정 중의 하나가 다음 그림 2-15이다.

그림 2-15 표면 열처리 및 코팅처리의 분류

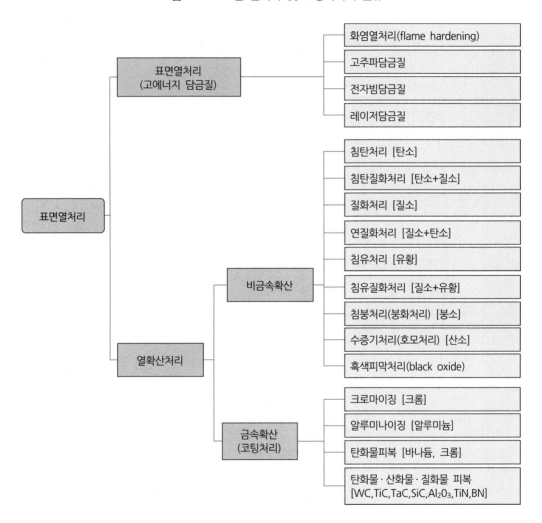

3.4.3 기계 부품의 용도별 재질

기계재료의 종류에는, 금속재료와 **비금속재료**로 구분되어 있고, 이는 탄소 함유량에 따라 구분된다. 재료에는 **주강재료**에서는 순철, 강(탄소강, 합금강, 공구강, 특수용도강), 주강(탄

소강주강품, 합금강주강품), 주철(회주철, 구상흑연주철, 흑심가단주철), 비금속재료에는 동
또는 동합금, 알루미늄 및 알루미늄합금, 니켈 및 니켈합금, 기타, 비금속재료에는 플라스틱류
목재, 고무, 기타 시멘트, 접착제, 도료 등이 있다.

표 2-9 철강 재료의 종류와 용도

규격 (KS D)	명 칭	구 분	기 호		용도와 특징
3503	일반구조용 압연강재		SS 330~SS 590		강판, 봉강 및 형강, 건축, 교량, 선박, 철도, 차량, 기타 구조물
3507	배관용 탄소강관	일반 배관용	SPP	흑관	아연 도금을 하지 않은 관
				백관	아연 도금을 한 관
3510	경강 선재	A종~C종	SW-A~SW-C		철선, 스프링
3512	냉간압연 강판 및 강대	1종~3종	SPCC, SPCD, SPCE, SPCF, SPCG		드로잉 및 딥드로잉용 (deep drawing)
3515	용접 구조용 압연 강재	1종~5종	SM 400A~SM 570		강판, 강대, 형강 및 평강
3522	고속도 공구강 강재		SKH 2~SKH 59		일반 절삭용, 고속 절삭용, 기타
3517	기계 구조용 탄소 강판	11종~20종	STKM 11A~ STKM 20A		인쇄용 롤러, 배기 파이프, 자전거 프레임, 스티어링시스템, 프로펠러 샤프트, 중공축, 유압 실린더
3556	피아노 선	1종~3종	PW 1~PW 3		스프링 용 선재
3597	스프링용 냉간압연 강대		S50C-CSP~S95C SUP10-CSP		박판 스프링용, 강철 스프링용
3710	탄소강 단강품(단조)		SF 340A~SF590A		각종 단조용 소재
3751	탄소 공구 강재		STC 140~STC 60		드릴, 면도날, 쇠톱, 탭&다이스, 게이지, 칼
3752	기계 구조용 탄소강 강재	열처리용 기계부품	SM 12C~SM 58C		열간 압연, 열간 단조 가공으로 제조 재 단조, 절삭 등의 가공과 열처리, 기계 구조용 부품
		절삭용공구용	STS 11, 21, 5, 7, 8		드릴, 다이스, 톱날류, 줄
3753	합금 공구 강재	내충격공구강	STS 4, 41, 43, 44		끌, 펀치, 칼날, 착암기 피스톤
		냉간금형용	STS 3, 31, 93~95 STD 1~12		게이지, 절단기, 칼날, 프레스형틀
		열간금형용	STD 4~8, STF 3~6		압출용 다이스, 압출 공구류
3867	기계구조용 합금강재 (크롬강)	기계부품	SCr 415~ SCr 445		열간압연, 열간단조로 가공으로 재단조, 절삭 등 가공과 열처리, 기계구조용(부품 포함)
	기계구조용 합금강재 (니켈크롬강)	표면경화용	SNC 236~ SNC 836		열간압연, 열간단조로 가공하여 재단조, 절삭 등 가공과 열처리, 기계구조용(부품 포함)

규격 (KS D)	명 칭	구 분	기 호	용도와 특징
3867	기계구조용 합금강재 (니켈몰리브뎀강)	표면경화용	SNCM 220~815	열간압연, 열간단조로 가공하여 재단조, 절삭 등 가공과 열처리, 기계구조용(부품 포함)
	기계구조용 합금강재 (크롬몰리브뎀강)	표면경화용	SCM 415~822	열간압연, 열간단조로 가공하여 재단조, 절삭 등 가공과 열처리, 기계구조용(부품 포함)
	기계구조용 합금강재 (망간강)	망간강강재	SMn 420~443	열간압연, 열간단조로 가공하여 재단조, 절삭 등 가공과 열처리, 기계구조용(부품 포함)
	기계구조용 합금강재 (망간크롬강)	망간크롬강 강재	SMnC 420~443	
4114	크롬 몰라브뎀강 단강품	축상 단강품	SFCM 590S~ 980S	축계, 크랭크 축, 피니언 기어, 플랜지, 링, 휠
4117	니켈크롬 몰라브뎀강 단강품	축상 단강품	SFNCM 690S~ 1030	축계, 크랭크 축, 피니언 기어, 플랜지, 링, 휠
4101	탄소강 주강품		SC 360~480	일반구조용, 전동기 부품용
4301	회 주철품	1종~6종	GC 100~350	편상 흑연을 함유한 주철품 (응력제거, 어닐링 후 열처리 가능)
4302	구상흑연 주철품	기계부품	GCD 350-22~ 800-2	응력 제거를 위해 어닐링하고 열처리 가능

제4절 설계 도면 작성 요령과 기술 자료 만들기

4.1 제도의 역할과 도면관리

4.1.1 제도에 관한 약속사항

제도라는 것은, 그 도면을 작성하는 것으로, 취급하는 대상물과 목적에 의해 여러 가지 종류가 있다. 일반적으로 기계에 관한 제도를 기계제도라 하며, 이것은 대체로 『설계자』에 의해서 작도(作圖)되고, 『제작자』에 의해 기계가 만들어지고, 경우에 따라 『사용자』에 의해서, 그 기계를 사용하는 경우에도 활용되고 있다. 그래서 설계자의 생각이 정확하고, 명료하게 표현이 되어야 할 필요가 있다.

더욱이, 최근의 정밀 제조에서는 CAD로 그린 도면을 기획부문과 영업부문까지 이르러,

제조활동의 원청에서부터 최하위까지 넓게 활용이 되고, 사용할 기회도 많이 있다.

그래서, 제도에는 그것을 이용하는 부문과 작업자에 대하여 『세심한 배려』와 『신속한 출도』가 요구되고 있다. 이것을 실천하기 위해서는 제도에 관한 약속을 이해할 필요가 있다.

4.1.2 도면관리와 종류

최신의 도면을 사용하여 작업을 하고 있는지와, 과거 변경 이력은 남아 있는지를 관리하는 것으로, 도면관리에서는 중요한 것으로 관련 부서가 같이 최신으로 작성한 도면으로 작업을 한 것이 공유되고 있느냐 하는 것이며, 과거의 변경 이력이 도면에 남아 있느냐 하는 두 가지가 중요한 관리 사항이다.

전자의 경우로 최신 도면으로 작업한 내용에서, 만일 설계부문에서 타 부문으로 넘어간 도면이 최신판으로 되어 있지 않는 경우, 제작된 제품이 혹시 장치가 설계자의 의도에서 빗나간 것으로 되어 버린다는 것이다. 이것은 제품의 트러블을 발생하는 경우가 종종 있어 결과적으로는 『다시 고치기』로 되어 헛일의 작업으로 될 때, 시간의 낭비와 관련된 원가가 들어가며, 필요 없는 업무를 발생시킨다는 것이다. 관계자가 최신의 도면에 있어서도 접속이 가능하도록 환경 만들기에 유의해야 한다. 특히, 설계자는 도면의 변경 이력관리에 마음을 두며 체계화를 해야 한다.

후자의 경우에는, 과거의 변경 이력이 남아 있는지의 여부는, 관계자의 알림과 관리상에서 접근이 필요로 하며, 설계 중에는 양산체제로 넘겨 제품이 시장으로 출시한 후에도 『누가』, 『언제』, 『왜 변경 했는지』에 있어 파악하여 둘 필요가 있다. 특히 설계변경에 있어서는, 어떤 설계사상의 변경과 의사결정이 일하고 있기 때문으로, 설계를 할 때의 역할이 중요한 정보라 할 수 있다. 이들의 정보는 사내의 기술축적과 인재교육이라는 관점에서도 중요한 기술자료가 되는 것이다.

또한, 최근에는 전자파일로 취급에 의해 공유 폴더 위에 관리되도록 되어 있으며, 이를 위해 도면과 관련된 기술자료와 데이터가 뿔뿔이 흩어져 있지 않도록 하기 위해 보존 장소와 취급방법을 정해서, 최신의 정보를 확인하고 공유가 되도록 환경을 만들어 놓아야 한다.

1) 설계 데이터의 유효활용

설계 데이터의 관리와 운용은, 간단한 제품 개발기간의 단축화를 위한 것이 아니고, 사업

전략을 짜는데 위에서부터 중요한 정보가 되고, 그 관리 방법을 충분히 이해하여, 유효하게 활용할 필요가 있다. 도면에 관해서는 2D, 3D CAD의 전자 데이터화에 의해 관리되어 있어 편리한 것도 있다.

2) 설계 데이터의 관리와 운용 표준화

CAD로 작성된 전자데이터를 효율이 좋게 관리 · 적용하기 위해서는 이에 관련하는 표준화가 필요하여, 사내에서 표준화를 만들어 두는 것이 수정 또는 도면마다 프린트 등의 인쇄 장치에 맞는 용지를 설정하는데 필요로 하고, 표준화에 의해서, 설계 정보를 정확하고, 신속히 전달하는 것이 가능하며, 표준화할 기본 항목에는 다음과 같은 것이 있다.

① **적절한 도면 사이즈** : 도면 출력에서 사용할 용지의 크기는, A1 A2, A3, A4의 4종류로 하는 등, 통일된 것으로 활용하면 작업자의 실수와 혼란을 감소할 수 있다.

② **외곽 사이즈** : 도면을 용지로 출력하는 프린터와 플로터 등의 기기로, 출도 가능 범위가 다를 수 있어, 같은 용지 크기도 출력 가능한 크기가 출력장치의 메이커에 따라 다를 경우가 있어, 사내에 구입된 출력기기의 시방을 검토하여, 통일된 도면 외곽의 크기를 설정할 필요가 있다.

③ **표제란(부품란)** : 작성된 도면에 표제란이 우측 하단과 우측 상단에 배치하여, 도면 활용하는데 작업자는 보기 좋고, 실수의 원인과 혼란이 있을 수 있어, 우측 하단에 설정하는 것이 보통 방식이며, 표제란에 들어가는 정보는 도면을 파일로 정리할 때 중요한 역할을 하여, 기재 내용을 등록하는 소프트도 많고, 표시하는 파일명, 도면명, 도면번호, 작성자 이름, 축적, 작성일자, 변경일자, 용지정보, 수정이력 등 도면의 정보를 등록하여 두고, 등록 데이터를 도면 검색과 도면 데이터베이스화에 활용할 수가 있다.

④ **선의 종류** : 보통 CAD는 선의 크기와 종류, 색깔로 한 설정치를 초기치로 하여 컴퓨터에 등록할 수가 있고, 선의 크기는 일반적으로, 펜(Pen)번호와 플로터 측의 설정, 혹은 펜 색깔과 크기(도트와 mm지정)의 설정으로 되고, CAD시스템을 담당자가 서로 이용하여, 다른 CAD로 작성된 도면을 출력하는 등에 배치하여, 통일된 시방을 설정한다.

다음 표 2-10은 주요 도면의 종류와 용도별, 표현 방법별, 내용들로 구분할 수가 있고, 사용 목적에 따라 그 내용이 각각 다르다.

표 2-10 도면의 종류와 쓰임새

	도면의 종류		정 의
용도에 의한 분류	계획도		설계의 의도, 계획을 표시한 도면
	시작(試作)도		제품 또는 부품의 시험 제작을 목적으로 한 도면
	제작도		보통 설계데이터를 기초로 하여 확립되고, 제조에 필요한 전체의 정보를 표시하는 도면
		공정도	제작 공정 도중의 상태 또는 공정 전체를 표하는 제작도
		설치도	하나의 아이템의 외관형상과 그에 조합되는 구조 또는 관련되는 아이템에 붙여서 설치하기 위해 필요한 정보를 표시한 도면
		시공도	현장 시공을 대상으로 하여 그린 제작도(건축부문)
		상세도	구조물, 구성재의 일부분에 있어서 그 형태, 구조 또는 조립·결합의 상세를 표시한 도면
		검사도	검사에 필요한 사항을 기입한 공정도
	주문도		주문서에 첨부하여 제품의 크기, 형상, 공차, 기술정보 등 주문 내용을 나타낸 도면
	견적도		견적서에 첨부하여 의뢰자에 견적 내용을 나타낸 도면
	승인용 도면		주문서 등의 내용 승인을 얻고자 하기 위한 도면
		승인도	주문자, 사용자가 내용을 승인한 도면
	설명도		구조, 기능, 성능 등을 설명하기 위한 도면
	기록도		부지(敷地), 구조, 구성 조립품, 부자재의 형상·재료·상태 등이 완성되기까지의 상세를 기록하기 위한 도면
표현에 의한 분류	일반도		구조물의 평면도·입체도·단면도 등에 의해 그 형상·일반 구조를 나타내는 도면(토목부문, 건축부문)
	외관도		포장, 운송, 설치 조건을 결정하는 경우에 필요로 하는 대상물의 외관 형상, 전체 치수, 무게를 표시하는 도면
	전개도		대상물을 구성하는 면을 평면으로 전개한 도면
	곡면선도		선체(船體), 자동차의 차체 등의 복잡한 곡면을 선군(線群)으로 나타낸 도면
	선도 (線圖)	다이야 프레임	도면기호 사용, 시스템의 구성 부분의 기능 및 그에 관계를 나타내는 도면
		계통, 선(線)도 (배관도,계장도, 배선도 등)	급수, 배수, 전력 등의 계통을 나타내는 선도
	입체도		축측(軸測)투영, 사투영법 또는 투시 투영법에 의한 도면의 총칭
	스케치도		프리핸드로 그리고, 꼭 척도에 따르지 않아도 되는 도면
내용별 분류	부품도		부품을 정의하는 필요한 전체의 정보를 포함하고, 이 이상 분해가 되지 않는 단일 부품을 표시한 도면
	조립도		부품의 상대적인 위치 관계, 조립되어 진 부품의 형상 등을 나타내는 도면
		총 조립도	완성품 전체의 부분 조립품과 부품을 나타낸 조립도
		부분 조립도	한정된 복수의 부품 또는 부품의 집합체만을 나타낸 부분적인 구조를 나타낸 조립도
	주조 모형도		나무, 금속 또는 기타 재료로 만드는 주조용의 모형을 그린 도면
	축조도(軸組圖)		철골 부재 등의 설치, 조립 위치, 부재의 형상, 치수 등을 나타낸 구조도
	배치도(Lay out)		지역 내의 건물의 위치, 기계 등의 설치 위치의 상세한 정보를 나타낸 도면

4.2 제도작업에서 공차의 적용

4.2.1 제도작업의 기본

1) 도면 그리기의 기본

제품의 형상과 크기를 최고로 편리한 수단으로, 도면을 그리고자 하는 마음가짐에서 제도의 중요성은, **정확**하고, **명료**하며, 신속해야 하는 3요소로 이루어져야 한다. 도면을 그릴 때 형상의 표시 방법 등, 그리는 사람에 따라 차이가 있어 읽는 것이 혼란하여 그때마다 설명이 필요하여, 그래서 설계자는 결정된 규격과 소정의 양식에 따라 제품의 형상, 치수, 재료, 다듬의 정도, 공정, 질량 등의 정보를 전부 도면에 명확히 명기할 필요가 있다. 거기에는 제도에 있어서 여러 가지 규칙을 알아야 한다. 그 룰(Rule)의 하나가 규격이다. 우리의 KS규격의 표준화가 되어 있다. 또한, 제도를 그리는 데에는 필요한 기본적인 내용이 다음과 같다.

① 제도 용지의 크기는 A4, A3, A2, A1, A0, ② 척도는 축적, 현척(동일 크기), 배척, ③ 사용 문자는 한글, 숫자(아라비아), 영문, 특수기호, 로마자가 있고, ④ 선의 종류에는 실선, 파단 선, 일점쇄선, 2점쇄선, 외형선, 은선, 절단선, 중심선, 치수보조선이 있고, ⑤ 투영법과 투영도에는 정면도, 평면도, 측면도가 있으며, 기계설계에서는 3각법으로 그려져 있는가, 도면을 그리는 룰(Rule)을 숙지해야 한다.

또한, 제도에서 중요한 일은, ① 정확히 그려져 있는가, ② 손으로 그린 것을 제도로 변환할 수 있는가, ③ 명확히 그려져 있는가, ④ 신속히 그려져 있는가 등이다.

그림 2-16 투상법의 분류(KS A 3007)

2) 투상법

투상법이란 모든 물체의 모양, 크기 위치 등을 평면의 종이 위에 정확히 표현하는 방법으로, KS A 3007에서는 그리는 방법과 보는 방법에 따라 위 그림 2-16과 같이 분류한다.

대표적인 투상법 3가지의 용도로는,

① **정투상도** : 모양을 엄밀하고 정확하게 나내는 방식으로, 제작용의 도면

② **등각투상도** : 하나의 그림으로 정육면체의 세 개의 면을 동시에 나타낼 수 있는 도면

③ **사투상도** : 하나의 그림으로 정육면체의 세 개의 면 중에서 한 개의 면 만을 중심적으로 엄밀하고, 정확하게 나타낼 수 있는 설계용 도면을 말한다.

일반 도면의 표기된 투상법은

① **3각법** : 투상 공식은 **눈(目)** ⇨ **투상면** ⇨ **물체(본뜨기 하는 방법)** (3각법)
주로 사용 국가는 한국/미국/캐나다/일본이 많이 사용, 도면 표제난에 위와 같은 기호로 표시하고,

② **1각법** : 투상 공식은 **눈(目)** ⇨ **물체** ⇨ **투상면(도장을 찍는 원리)** (1각법)
유럽의 독일/프랑스/스위스에 사용하며, 건축 도면에는 1각법을 사용하며, 위와 같이 표기한다.

4.2.2 치수공차와 기하학적 공차의 표기

1) 적절한 공차의 설정

공차에는 치수공차와 기하공차가 있어, 제작 부품의 기능에 의해 공차가 설정되는데, 이들의 공차 설정에 의해 큰 영향을 받는다. 공차 설정은 원가와 납기에도 영향이 미친다.

기준치와 허용되는 범위의 최대치와 최소치와의 **허용차**, 실제 가공 또는 조립 때에 생기는 불균형의 폭을 **공차**라 하며, 또는, 치수의 차이 폭이 어느 정도까지 허용되는지의 차이를 **치수공차**, 위치의 관계에 있어서는 공차를 **기하공차**라 한다.

엄격한 공차 설정과, 기하공차의 설정이 중복되거나, 공차 설정의 논리에 모순이 있어도 제작할 때 큰 장애가 되고, 적절한 공차 설정은 설계 과정에서 중요한 요소이다.

2) 치수공차의 결정

부품에 적용하는 공차는 제품의 성능, 가공방법, 경제성이 직결되기 때문에 신중하게 검토 후에 그 크기를 정해야 한다. 표면이 깨끗하게 다듬어 보기는 좋으나 가공 공정, 비용은 더 들어갈 것이다. 이에 따라 제작원가가 직접 연관이 되므로 경제성에 영향을 미친다. 따라서, **제품의 용도, 기능**을 고려하여 형상공차, 정밀도 상의 공차의 크기, 표면조도가 신중히 결정되어야 한다.

3) 기하학적 공차의 적용과 표기

① 기본 용어

ㄱ **형체** : 기하공차를 적용할 대상이 되는 선, 축선, 면, 중심 면을 말한다.

ㄴ **공차 범위** : 형체가 기하학적으로 정확한 기준에서 어긋나도 되는 영역 한계, 그 값.

ㄷ **데이텀** : 형체의 자세, 위치, 흔들림의 편차 값을 정하기 위해 설정된 정확한 기준.

ㄹ **단독형체** : 기하학적 기준이 되는 데이텀 없이 단독으로 기하편차의 허용 값이 정해지는 형체.

ㅁ **관련 형체** : 기준이 되는 데이텀을 바탕으로 허용 값이 정해지는 형체.

ㅂ **데이텀 형체** : 평행도, 직각도 등 관련 형체에 기하공차를 지정하기 위해 필요한 데이텀으로 부품 표면, 구멍 등 대상물의 실제의 형체.

ㅅ **실용 데이텀 형체** : 데이텀으로 설정된 부분을 접촉시켜 기하편차를 측정할 경우에 사용하는 충분히 정밀한 모양을 갖는 실제의 표면을 말함.

ㅇ **데이텀 표적** : 데이텀을 설정하기 위해 가공, 측정 및 검사장치, 기구 등에 대상물 위의 점, 선, 한정된 영역을 말한다.

ㅈ **직선형체** : 기능상 직선이 되도록 지정한 형체

ㅋ **축선** : 직선 형체 중 원통 또는 직육면체가 되도록 지정된 대상 면의 각 횡단면에 있어서의 단면 윤곽선의 중심을 연결하는 선.

ㅌ **중심 면** : 평면 형체 중 서로 면대칭이어야 할 2개의 면 위에서 대응하는 2개의 점을 연결하는 직선의 중심을 포함하는 면

ㅍ **면의 윤곽** : 정해진 모양을 갖도록 지정된 표면을 말한다.

ㅎ **선의 윤곽** : 정해진 모양을 갖도록 지정된 표면의 요소로서의 외형선을 말하며, 하나의 표면에 여러 개의 선의 윤곽을 지정할 수 있다.

② 기하공차의 정의 및 종류별 구분

앞쪽의 표 2-11은 ISO 규격의 기하공차 종류와 해설에 자세한 설명이 그룹별로 분류되어 있다. ㉠ 형상공차, ㉡ 자세공차, ㉢ 위치공차, ㉣ 흔들림공차로 구분된다.

표 2-11 ISO 규격 기하공차의 종류와 해설

기하공차의 종류		기호	정의	데이텀 지시
형상공차	진직도	—	직선 형태, 축 또는 회전체 표면에 적용하는 이론 직선으로 부터의 편차(허용치)	부(否)
	평면도	▱	평면형체의 기하학적으로 올바른 이상 평면으로부터의 편차	부
	진원도	○	원형형체의 기하학적으로 올바른 이상 원으로부터의 편차	부
	원통도	⌀	원통형의 기하학적으로 올바른 이상 원통으로부터의 편차	부
	선의 윤곽도	⌒	이론적으로 정확한 치수에 의해 정해진 기하학적 윤곽에서 선의 윤곽 차이의 허용치	부
	면의 윤곽도	⌓	이론적으로 정확한 치수에 의해 정해진 기하학적 윤곽에서 면의 윤곽 차이의 허용치	부
자세공차	평행도	//	데이텀 직선 또는 데이텀 평면에 대하여 평행한 기하학적인 직선 또는 기하학적 평면에서, 평행으로 올바른 직선형체 또는 평면형체의 올바른 허용치	요(要)
	직각도	⊥	데이텀 직선 또는 데이텀 평면에 대하여 직각인 기하학적인 직선 또는 기하학적 평면에서, 직각으로 올바른 직선형체 또는 평면형체 차이의 허용치	요
	경사도	∠	데이텀직선 또는 데이텀평면에 대하여 이론적으로 정확한 각도를 가진 기하학적 직선 또는 기하학적 평면에서 이론적으로 정확한 각도를 가져야 할 직선형체 또는 평면형체 차이의 허용치	요
	선의 윤곽도	⌒	이론적으로 정확한 치수에 의해 정해진 기하학적 윤곽에서 선의 윤곽 차이의 허용치	요
	면의 윤곽도	⌓	이론적으로 정확한 치수에 의해 정해진 기하학적 윤곽에서 면의 윤곽 차이의 허용치	요
위치공차	정위치도	⊕	데이텀 또는 다른 형체에 관련하여 정해진 이론적으로 정확한 위치에서의 점, 직선형체 또는 평면형체 차이의 허용치	요 · 부
	동심도	◎	동심도 공차는 데이텀원의 중심에 대하여 다른 원형형체의 중심의 위치차이의 허용치	요
	동축도	◎	동축도 공차는 데이텀 축직선과 동일 직선 상에 올바른 축선의 데이텀축직선에서 차이의 허용치	요
	대칭도	═	데이텀 축직선 또는 데이텀 중심평면에 관해서 서로 대칭으로 올바른 형체의 대칭위치에서 차이의 허용치	요

기하공차의 종류		기호	정의	데이텀 지시
위치 공차	선의 윤곽도	⌒	이론적으로 정확한 치수에 의해 정해진 기하학적 윤곽에서 선의 윤곽 차이의 허용치	요
	면의 윤곽도	⌓	이론적으로 정확한 치수에 의해 정해진 기하학적 윤곽에서 면의 윤곽 차이의 허용치	요
흔들림 공차	원주 흔들림	↗	데이텀 축직선을 축으로 하는 회전체를 데이텀 축직선의 주위를 회전했을 때 그 표면이 지정한 위치 또는 임의의 위치에 있어서 지정된 방향에 변위하는(흔들림) 허용치	요
	전체 흔드림	↗↗	데이텀 축직선을 축으로 하는 회전체를 데이텀 축직선 전체 주위를 회전했을 때 그 표면이 지정한 방향에 변위하는(전 흔들림) 허용치	요

4.2.3 부품의 표면 거칠기 적용

1) 최대높이거칠기 Rmax(μm)

일반적으로 많이 적용하는 거칠기 표기로, 최대높이(골밑과 봉우리의 높이) Rmax로 표시한다.

2) 중심선평균거칠기 Ra(μm)

산술평균거칠기라고도 하며, 중심선 가로 방향을 X축, 세로 방향을 Y축으로, 거칠기 곡선 y=f(x)로 표시한다(Rmax의 약 1/4의 값으로 나타남).

3) 십점평균거칠기 Rz(μm)

중심선을 가로 방향, X축이라 하고, 세로 비율 Y축에서, 위쪽의 높은 5개의 봉우리와, 아래쪽에 낮은 5개의 골밑의 높이를 절대치의 평균값과의 합의 값을 말한다.

실제 도면에 많이 적용되고 있는 표면거칠기 표기의 종류를 편집하여, 표 2-12에 표면거칠기(Surface Roughness) 비교표를 만들어, 가공 공정별로 나타나는 거칠기를 비교하여 만들었다.

국제적으로 사용하는 ISO 규격, 유럽, 아시아 지역에서는 각기 다른 규격을 사용하고 있어, 적용하는 규정이나 도면에 따라 대응할 수 있는 기본 자료이다.

표 2-12 표면거칠기(Surface Roughness) 비교표(Data비교 편집)

최대높이거칠기 Rmax(μm)	200S	100s	50s	25s	12.5s	6.3s	3.2s	1.6s	0.8s	0.4s	0.2s	0.1s
중심선평균거칠기 Ra(μm)	50a	25a	12.5a	6.3a	3.2a	1.6a	0.8a	0.4a	0.2a	0.1a	.05a	.025a
중심선평균거칠기 Ra(μin) 인치	2000	1000	500	250	125	63	32	16	8	4	2	1
ISO 1302 (유럽)	N12	N11	N10	N9	N8	N7	N6	N5	N4	N3	N2	N1
다듬 기호 (한국, 일본)		▽		▽▽		▽▽▽			▽▽▽▽			

공정별 거칠기 범위:

화염절단
샤어링
톱 절단
프레나 & 세이핑

드릴링
화학밀링
방전가공
밀링가공

브로칭
리밍
보링, 선삭
베럴가공

전해연마
롤러버니싱
연마
호닝

폴리싱
래핑, 버핑
슈퍼피니싱

사금형(주조)
열간압연
단조
영구몰드주조

정밀주조
압출
냉간드로잉
다이캐스팅

▬ : 보편적으로 얻는 거칠기   ▨ : 경우에 따라 얻는 거칠기, μ : 1/1,000mm, μin : 1/100,000inch

* Rz(10점 평균거칠기)는 Rmax와 거의 동일함

4.3 도면의 검도(檢圖)와 이력관리

4.3.1 도면의 상세 검도

제도를 끝내고, 도면을 출도하기 전에 검도의 중요성은 제도상의 미스와 누락과 미비점을 한 번 더 체크하는 작업을 말하며, 검도에는 자신이 먼저 체크를 하고, 그 다음이 주로 상급자 등의 제3자에게 받는 최종 검도가 있고, 제3자에 의한 검도는 설계자의 **아집**과 **착각**을 방지하기 위함으로 중요한 작업으로 미스와 불안전성을 배제하는 역할을 한다.

따라서, 제품이나 부품의 설계내용 검사는 주로 작동, 기능, 구조, 모양(디자인)과, 회사의 설비, 제조장비, 측정과 검사장비의 적용 여부, 기술자의 숙련도, 소비자의 욕구 충족도, 판매가격과 소비자 부담 가격, 등이 만족될 수 있도록 그려져 있는지를 승인을 받아 생산현장, 외주 제작업체에 배포하게 된다.

이렇게 하여 설계자의 의도가 확실히 반영되어 있는지 등의 체크를 하는 것이다. 이와 같이 제도를 한 사람으로, 최후의 관문인 최종 체크를 상위자에 의뢰한다. 이때 다소의 미스가 있어도 어차피 제3자가 체크되어지므로 자신이 하는 검도를 경시하고, 설계스킬은 향상되지 않는다.

검도는 될 수 있는 한 중복을 시켜 효율 좋게 실시할 수 있도록 하는 데에는, 체크리스트 등을 만들어 사용하고, 그 다음은 차근히 빠짐없이 확인하고, 체크리스트 내용으로 다음과 같은 내용을 제시한다.

또한, 도면이 작성된 내용을 점검하는 측면에서, 보통, 도면 표제난에는 『설계』, 『**심사 또는, 검토**』, 『**승인**』의 난이 만들어져 있다. 실제로 도면을 그린 인물이 누구인지, 그것을 체크한 인물(검도)가 누구인지, 최종적으로 그것을 승인한 인물은 누구인지 쉽게 알 수 있도록 하며, 담당 책무를 표시한다. 일반적으로 검도를 하는 사람은 상사, 선배 등이 상위자로 되고, 지금까지의 기술과 경험을 토대로 설계상의 미비점을 찾아낸다는 것이다.

① 부품난, 표제난에 정보가 바르게 기재되어 있는가?

② 올바른 표현 방법, 위치에 그려져 있는가? 삼각법, 척도, KS, ISO 규격인가?

③ 치수, 수치는 과부족하지 않게 기입되어 있는가?

　치수공차가 불필요하게 기입되어 제조원가에 영향을 주지 않는가?

④ 끼워 맞춤부의 치수공차는 기입되어 있는가? 표면처리, 재료의 낭비는 없는가?

부품의 기능발휘와 작동에서 설계 요구사항을 충족하고, 수명보장이 되는가?

⑤ 표면조도(거칠기)는 과부족하고, 과잉 다듬을 요구하지 않았는가?

⑥ 조립과 가공은 가능한 작업인가?

⑦ 사람과 접촉하는 모서리부 등에 면취, 또는 날카로운 부위에 처리가 되어 있는가?

⑧ 리싸이클과 폐기를 생각한 재료를 적용 했는가?

⑨ 기타, 제품 특성에 따른 설계 내용, 조직상의 필요로 하는 확인 등을 체크한다.

예를 들어, 제작을 하는 현장 작업자들의 이해를 돕기 위한 쉬운 표현으로, 제품 형상의 이해가 쉽도록 하고, 전문 용어의 쉬운 표현, 제작 과정의 기본 절차, 등이 도면 작성에 필요로 하는 부분이다.

4.3.2 도면의 이력관리(설계변경관리)

설계변경의 이력관리에서, 도면 기본 양식에는 표제난이 있고, 변경된 이력관리(Revison history)난이 우측 상단 또는 좌측 상단/하단에 변경된 내용들이 상세하게 순위, 변경 내용 (재질, 치수, Spec의 상세 내용, 개선 등)일자, 승인한 담당자 싸인 관리가 되었는가 말하는 데, 상식적인 내용이지만 기록으로 남겨 두고 관리하자는 의미이다.

4.4 설계 과정별 프레젠테이션

설계가 진행되는 과정이나 완료가 되었을 때, 프레젠테이션 준비에서 완성된 설계안 또는 도면상의 구조를 관계자들에 내용을 소개 또는 이해를 시키는 과정에서 전달하고 확인을 받는 과정으로, 다음과 같이 3단계로 구분한다.

4.4.1 발표 준비하기

효과적인 발표시간 및 매체 활용, 범위를 계획하여, 설계의 내용과 구조를 간결하고 체계적으로 계획하며, 쉬운 용어와 문장으로 작성하여, 발표 공간과 도구는 발표 효과를 극대화 하도록 준비한다.

4.4.2 프레젠테이션하기

발표에 적합한 태도를 취함으로써, 전달하고자 하는 내용을 명확히 전달하며, 발표의 상황에 따라 발표계획을 즉각적으로 변경하여 적용하며, 소프트웨어 또는 장비를 사용하여 정확하게 전달한다.

4.4.3 의견 수렴과 반영

발표 대상자들이 충분한 이해와 공감이 가도록 하며, 발표의 전 과정에서 진행상의 주도권을 계속적으로 유지하고, 프레젠테이션 과정에서 나온 지적사항, 의견을 정리하여 반영 될 수 있는지 검토하여 설계안에 적용한다.

설계의 시방은, 조직상의 결재를 받는 면과, 고객 요구에 만족을 주기 위한 사전 설명으로, 이해가 잘 될 수 있도록 내용을 표현해야 한다.

① 사용자 측의 요구사항의 정리
② 요구사항의 실행 가능성 검토와 피드백
③ 추가 내용이 제작 원가에 반영될 수 있는지 여부
④ 기타, 요구 및 지적사항이 설계와 제작이 가능한 Spec인지 피드백한다.

제5절 설계의 기본 해석과 3D(Dimension) 스케닝의 응용

5.1 구조해석의 기초이론

5.1.1 구조해석의 목적

제품설계에서 구조해석은 컴퓨터의 성능향상에 따라서, 그 중요성을 최근에 높아지며, 다음과 같은 목적을 갖고 있다.

① 설계조건의 검증 : 소정의 설계조건을 만족하는지 실험을 통해 구조해석으로 확인한다.
② 제품의 개선개량 : 결함 또는 무리가 없는 합리적인 설계를 겨냥한 최적화를 실현한다.

③ 문제의 원인 규명 : 사고 파손 등에 대하여 원인 조건을 규명하여 대응책을 검토한다.

구조물의 안전성을 평가하기 위해 역학적인 작동을 평가하는 경우에 이론적인 분석이 어렵고 복잡한 조건과 형상일 경우, 실험적인 평가에 많은 비용이 필요한 경우와, 특히 수치계산에 의한 구조해석은 이론분석과 실험평가를 보완하는 큰 역할을 갖고 있다. 여기에 효율적인 제품설계에는 설계 변경의 대응과 작업시간의 단축 등이 필요하게 되며, 구조해석은 이것을 실현하기 위해서는 불가결한 중요 기술로 기대되고 있다. 최근에는 설계기간의 단축화를 실현하기 위해서, 설계의 상류 공정의 중요성이 주목되고 있고, 실제로 시작품을 만들기 전에 구조해석을 하여 검증하는 것이 일반적으로 이루어지고 있다.

이런 목적에 의한 구조해석은 기계분야와 건축분야 등에 널리 제품설계 · 제작에 불가결한 기반기술로 되어 있고, 관련 학과의 학생, 신입생들에게 필수 학습사항이다.

여기에서, 이론, 실험, 해석의 3가지의 기반기술을 배우는 입장에서, 제품의 제작 현장에 있어서 각 산업 분야의 전문 기술자로 활약하는 것이 가능하게 된다.

5.1.2 구조해석의 준비

구조해석에 관한 일을 하는 사람들은 기업기술자를 가정하여, 필요한 기초지식은 설명과 연습의 진전에 대하여 해설하면, 보다 정확한 이해를 얻기 위해서는 다음과 같은 분야의 예비지식이 있어야 하며, 여기에 포함한 유한요소법에 대한 예비지식을 전체적으로 배워야 할 것이다.

① 수학 – 선형대수 : 매트릭스와 백터의 기본적인 성질과 연습의 방법
　　　　　　연립방정식 : 병렬 표현으로의 가우스의 소거법 등의 기본적인 해법
② 물리 – 에너지의 원리 : 에너지 균형식의 기본이 되는 보존 법칙 등의 기초이론
　　　　　　훅크의 법칙 : 스프링에 있어서 힘과 변형에 걸리는 기본적인 역학
③ 구조 – 구조역학 : 전문분야에 있어서 구조물의 역학적 작동의 기초지식, 기구학 등
　　　　　　재료역학 : 구조물을 구성하는 재료의 미소체(微小体)의 역학적 분석으로,

연구개발에서 고도의 구조해석을 하는 경우 포트란(Fortran), 피톤(Python) 등의 프로그래밍 언어에 의해 소비자 등에 의한 개량이 가능하고, 또한, 교육 목적으로 특화한 마이크로소프트엑셀의 VBA(Visual Basic for Application)이 쓰이고 있으며, 유한요소법에 의한 해석용 전용 프로그램을 사용하는 경우도 있다.

구조역학은 각 분야별로 사용하는 용어의 정의가 다를 수 있어,『응력』은 건축분야는 지지보의 봉재의 단면에 생기는 축력 · 전단력 · 굽힘모멘트가 되고, 기계분야에서는 단면 등의 미소(微小)면에 작용하는 단위 면적당의 힘을 표시한다.

단지, 단위계는 SI단위(국제단위계)를 쓰고 있는 것으로,『힘』의 단위는『N(뉴톤)』으로 한다. 즉, N은 조립 단위로 되어 있어, 기본 단위로 나타내는 질량(kg)과 길이(m), 시간(s)를 쓰며,『$1N = 1kg \cdot m/s^2$』로 된다. 또한 종래 사용한 중력 단위계로 kgf을 힘의 단위로 하고, 이것을 중력가속도 $9.8kg \cdot m/s^2$을 기초로 하여, 단위환산으로 하면 1kgf = 9.8N이 된다.

5.1.3 구조해석시스템의 구축

구조해석시스템에서 중요한 역할을 하는 것이 CAE(Computer Aided Engineering; 컴퓨터 지원공학)시스템과 그 구성체계, 프리처리(전처리)의 역할, 솔버(수치계산)역할, 포스트처리 (후처리)의 역할, 계산환경의 선택, 실천적인 해석시스템으로의 전개, 시스템개발을 지향하기 위한 전략 등이 있다.

1) 구조해석시스템 CAE시스템의 종류

구조해석에 있어서는 첨단적인 연구개발을 제외하고 자작CAE에 의한 연구개발의 단계를 끝내어 상용CAE의 이용이 일반이지만, 최근으로는 양자의 특징을 겸비하여『오픈CAE』에 관심이 집중되고 있다.

표 2-13 각종 CAE시스템

명 칭	자작 CAE	상용 CAE	오픈 CAE
개요	개발자 자신이 이용하거나 특정의 문제가 대상	개발자가 이용자에 상품으로 개발하여 판매	개발자를 포함 컴뮤니티에 대한 공개
특징	- 한정된 문제가 대상 - 소스코드는 한정 이용 - 범위 한정으로 무상이용 - 노하우는 사적(私的)승계 - 지원Tool은 한정적 이용	- 광범위한 문제에 대응 - 소스코드는 비공개 - 상품으로서 유상이용 - 서포트와 자료가 완비 - 충실한 지원Tool 완비	- 폭넓게 문제에 대응 - 소스코드가 일반공개 - 재배포 포함 무상이용 - 부분적인 설명자료 공개 - 다른 Tool의 제휴로 대응

2) 구조해석 CAE시스템의 구성

구조해석의 유한요소법의 순서는 연립방정식의 해법을 중심으로 하는 수치계산(솔버)의 부분으로, 문제 해결을 실현하는 데에는 이것에 더해지는 전처리(푸리)와 후처리(포스트)가 필요로 하여, 3가지의 단계를 거친 구조해석에 의해 CAE가 실현된다.

표 2-14 CAE의 푸리 · 솔버 · 포스트의 개요

	처 리	내 용
전처리(푸리)	형상작성 ⇨ 격자생성 ⇨ 경계조건	CAD모델링과 맷시(그물형 구분) 생성
수치계산(솔버)	⇨ 해석조건 설정 ⇨ 해석실행	구조해석을 실행, 결과 정보를 출력
후처리(포스트)	⇨ 해석결과 제도 ⇨ 평가 분석	정보를 추출, 평가하여 결과를 판단

3) 푸리처리(전처리)의 역할

① 구조해석의 대상이 되는 구조물의 형상을 3차원 CAD 등으로 작성한다.

② 형상모델을 유한요소에 분할하는 맷슈의 조건을 설정하여 자동 작성한다.

③ 하중과 고정 등의 경계조건에 있어서는 대상의 장소(면, 선, 점)와 내용을 지정한다.

④ 재료특성과 해석조건 등을 설정하여 수치해석에 필요한 정보를 정리한다.

4) 솔버(수치계산)의 역할

구조해석의 유한요소법의 중심적인 처리를 하는 것이 수치계산으로, 복잡한 구조물에 대하여 충분히 해석정밀도를 얻기 위한 많은 절점을 가지는 맷시를 작성하여, 다수의 자유도를 가진 전체 지배방정식을 연립방정식으로 풀어서 계산결과를 얻는다.

현재의 일반적인 PC도 복수코아의 CPU를 탑재하고 있는 것으로 병열처리를 전제로 하고, 본 해석시스템도 병열처리에 대응하고 있지만, 해석연습의 고도화에 대하여 병열처리를 도입해 간다.

5) 포스트처리(후처리)의 역할

① 유한요소해석의 결과에서, 보조적인 지표의 계산과 주목되는 결과를 추출한다.

② 수치로 출력된 위의 결과에서, 분포도와 변형도등을 가시화한 표현을 한다.

③ 주목하는 단면과 위치의 결과를 추출하고, 분석 대상으로 되는 도표를 작성한다.

이 순서로 진행하면 CAE로 나타난 해석결과로 분포도와 변형도가 표시되어, 정성적인 변형상태와 응력분포상태를 감각적으로 파악하는 것이 가능하다. 그러나 구조해석의 목적은

구조물의 안전성 평가이며, 정량적인 수치의 분포에 있어서는 주목하는 수치의 의미와 CAE의 특성 · 제한을 충분히 이해하여 평가를 할 필요가 있다. 특히 불충분한 해석조건 설정으로 극단적인 응력집중과 해석오차가 나올 수가 있고, 이론해와 경험치 등을 고려한 타당성의 검정이 필수적이다.

6) 계산기계 환경의 선택

컴퓨터에서 활용되고 있는 해석시스템은 윈도우즈(Windows), 리눅스(Linux) 등 어떤 것이든 똑같이 동시 조작방법으로 구조해석을 진행하는 것이 가능하고, 계산 성능에 있어서는 큰 차이는 없다. 따라서, 윈도우즈에서는 시스템명의 예로 DEXCS WinXistr가 있는데, 구축방법으로 각종 툴을 개별로 수동 설치를 하고, Windows 7, 10으로 검증을 한다.

리눅스(Linux)의 경우에는 가상 환경 조건으로 작동되기 때문에 Windows상에서 해석환경을 구축하는 경우에 비하여 메모리를 많이 필요로 하여 CPU도 높은 성능의 것이 필요하고, Ubuntu 14, 04로 구축한다.

그림 2-17 원점적 설계 과정에 있어서 성능 품질의 적용의 예

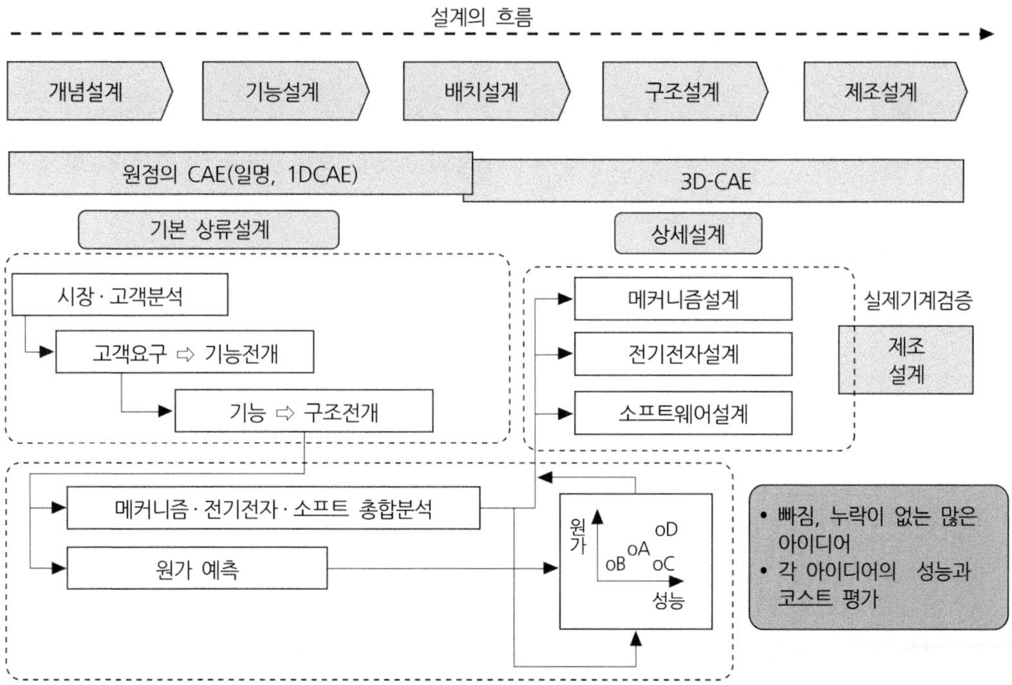

그림 2-17은 Better설계의 성능설계를 적용한 흐름을 나타낸 것으로, 원점 부분으로는 시장 · 고객 분석에 의해 고객 요구를 추출하고, 다시 기능에서 구조로 전개를 하여, 이 부분에서 본질적인 코스트절감의 아이디어를 복수 창출하여, 창출된 복수의 아이디어에 대하여 기능설계를 실시하고, 성능 예측의 메커니즘 · 전기전자 · 소프트 통합해석 등을 실시하며, 동시에 원가 예측도 함에 따라, 설계 원천(上流)의 성능, 원가 트레이드오프(Trade off)문제를 이끌었다. 여기에서 얻어진 복수의 안(案)에서 성능/원가비의 높은 안을 선정하여, 그 제품 시방을 바탕으로 상세설계/개별설계로 발전시킨다. 이 생각과 수법에 의해 종래 설계법에서 얻지 못한 새로운 콘셉도 생기게 된다. 그림과 같은 운용에 의해서 40% 정도 비용 삭감을 실현할 수도 있다는 것이다.

5.2 응력해석의 기본과 목적

5.2.1 응력해석의 목적과 기본 조작

『응력』과 『변형』에 관한 문제에 있어서, 모든 구조물은 어떤 목적을 갖고 설계가 되어지는데 그 기능을 실현하기 위해서는 설계조건을 만족할 필요가 있다.

이 설계의 검증에서 『조건』이 되는 『하중』을 받게 되는 경우에 구조물이 어떻게 하여 『변형』에 얼마의 『응력』이 생기는가를 조사하는 것이 가장 기본이 되는 작업이다.

이 『응력』과 『변형』에 대하여, 『한계치』와 『허용치』가 정해져 있던가, 이것에 의해서 『구조물』의 『내구성』과 『안전성』이 확인된다.

설계하는 구조물은 실제로는 복잡한 구성으로 되는 것이 많고, 기능을 하는 상황은 복잡한 조건으로 되어 있고, 때문에 완전히 그 상태로 『수치해석』을 하는 것이 어려운 경우가 보통이다. 이 경우에는 어떻게 간략화하는 모델화하든가, 설계자의 기능에 의해, 『CAE』도 기술과 지식을 바탕으로 생활하는 것으로, 효율적으로 효과적인 설계 지원 툴로 되어진다.

『CAE』의 이용 목적으로, 『구조해석』의 『응력해석』은 보다 넓게 필요한 해석이다.

단적으로 말하자면, 소정의 조건에 의해 하중이 작용하는 경우는, 많은 부품으로 응력의 허용치를 밑도는 것을 확인된다면 파괴와 손상이 생기지 않도록 하는 것이 확인될 수 있다. 또한, 허용치를 초월한 부품으로는 보강을 하는 설계 변경으로 안전한 구조물을 실현한다. 역으로 생각하여, 허용치를 만들어 밑도는 부분은 불필요한 재료가 사용되고 있다든가, 효율적인 설계를 지향하는 데는 치수의 조정등을 하면, 합리적인 설계가 실현되어진다.

제품 설계·제작에 대한 응력해석의 목적으로

① 설계조건에 대한 확인으로, 소정의 하중으로 구조물이 기능을 표현하는 것을 설계 단계로 실험을 하지 않고 수치제어로 하여 확인하며,

② 최적화된 설계의 실현으로는, 소정의 조건으로 구조물이 구성이 과잉으로 되어 부분을 확인하고, 효율적인 설계를 실현한다.

③ 파손 원인의 규명과 대책으로는, 서로 책망하는 상황에서 구조물이 파손된 경우에는 응력과 변형의 상태에서 역으로 파손 원인을 규명한다.

이에 따른 응력해석에서는, 단품 부품을 대상, 구조재료는 탄성, 변형은 미소범위, 하중은 표면 압력이 해당된다.

『응력해석』을 다루는 것에서는, 위와 같이 제품 설계, 제작에 기본이 되는 응력해석은 실제로는 상당히 복잡하여 다양한 조건의 역학적 현상의 분석으로 된다.

여기에, 대상이 되는 『구조물』의 종류도 『기계구조』만이 아닌 『건축구조』와 『지반구조』에도 대응하고 있다.

또한, 해석의 조건으로는,

① 단체 부품을 대상 : 유니트(Sub Assembly)의 부품 해석에서 연습을 시작하여, 구조 재료는 한 종류로 하고, 구조물은 『조립품』이 아닌 『유니트』(Sub Assembly)로 한다.

② 구조 재료는 탄성 : 응력의 허용치 범위내로 하여, 구조 재료는 탄성 상태를 갖고서, 『하중』이 제거한다면 구조물이 원상태로 돌아가는 현상을 다룬다.

③ 변형은 미소 범위 : 구조물은 하중이 작용하여 변형이 가든가, 이 변형은 선형이론으로 취급하는 범위로 아주 작은 부분으로 하고, 『좌굴』현상은 적용하지 않는다.

④ 하중은 표면 압력 : 최고 단순한 하중으로 하여, 구조물의 지정 면에 등분포로 법선방향(축에 직각)에 작용하는 압력을 취급한다.

5.2.2 탄성응력해석의 목적과 조건

1) 구조설계와 구조역학과 구조해석의 관계

구조해석의 최고 기본이 되는 목적은, 안전한 구조물을 설계하고자 하는 것이다. 그 때문에 여러 기술이 필요로 하고 있고, 공학 분야에 의한 용어와 목적, 대상 등이 다른 것도 일

연의 구조해석의 기본으로 되는 개념은 공통적이다.

(1) 구조설계와의 관계

기계 구조물과 건설 구조물은 규모와 재료가 다른 것으로, 회사의 목적으로 설계되고 제작된다. 이 목적을 실현하기 위한 전제 조건이 설계시방과 설계도면이 되고, 이들의 정보를 명확히 기술하는 것이 구조물 설계이다. 설계도면으로 대상으로 되는 구조물의 형상 등을 표현하여, 설계사양으로 하는 목적이 되고 성능과 제한이 되는 조건을 정량적으로 제시하는 것이다.

(2) 구조역학과의 관계

설계조건 중에 안전을 확보하기 위해서는, 구조물을 구성하는 재료의 강도를 고려할 필요가 있고, 구조물의 대상과 형식에 의해 요소로 되는 비교적 단순한 형상으로 분해하여 그것들의 역학적 작동을 분석하는 기술이 구조역학이라 한다. 재료역학의 지식도 활용하여 다양한 공식(公式) 등이 만들어 졌고, 문제 해결의 기본으로 되는 정보로 활용되어진다.

(3) 구조해석과의 관계

단순한 형상의 이상적인 조건으로 되어 있다면 구조역학의 공식(公式) 등이 역학적 작동의 분석이 가능하게 되며, 실제 구조물은 복잡한 형상이며, 복합적인 조건에 있어서는 안전성을 확보하는 것이 필요로 한다. 그래서 수치해석의 기술에 의해 구조설계의 판단에 필요한 역학적 정보를 얻는 수단이 구조해석이다. 현재는 컴퓨터의 발달에 의해 적용 범위가 많이 확장되고 있다.

구조해석으로 위와 같이 3가지의 기술을 습득해야 하며, 구조해석으로는 다음 4가지로 나타내는 검증을 해야 한다.

① 기본이 되는 검증은 탄성의 정적 탄성응력해석

현실의 구조물에 대하여 하중은 시간 경과 중에 작용할 때, 순간적으로 짧은 시간에 충격현상에서 장기간에 걸친 크리프(Creep)현상까지를 넓은 의미로는 동적(動的)현상이 된다. 그러나 한정된 시간 범위에 있어서는 하중에 대한 응답의 변화가 크지 않고, 가정된 하중에 대하여 변형 등이 일정하다고 볼 수 있는 정상현상으로 되는 현상에 정적인 시간으로 여겨진다. 게다가 설계 대상의 구조물은 설계조건의 하중에 대하여 변형과 응력 등의 응답을 예상 범위 내로 잡는 것이 필요하며, 보통 재료의 탄성 범위로 구조물의 목적을 실현 가능하도록 한다. 이에 정적 탄성력해석이 실제 구조물의 설정에 있어서 최고 기본적인 검증이 된다.

② **구조해석으로 설계조건의 검증이 주 목적**

실제 지구상에 구조물들은 공기와 해수 등의 유체 속에 존재하고 있어, 이에 구조물의 작동은 유체 안에서 생기게 된다. 엄밀히 말해 유체해석과 구조해석이 관련이 되는 문제로 된다. 그러나 구조물의 변형이 충분히 지연되는 경우와 유체의 저항이 아주 작을 경우에는 유체를 무시하여 구조해석만을 실행하는 것으로 작동 분석하는 것이 가능하게 된다. 여기서 유체해석으로는 성능의 추구가 목표로 되는 경우가 많든가, 구조설계를 위한 구조 해석으로는 위와 같이 유체해석과 독립하여 설계조건의 검증만을 주 목적으로 하여 진행을 할 수 있다.

③ **단순한 모델에 의한 개산(槪算) 검증이 필수**

구조해석의 결과에서 구조설계를 하는 경우에는, 그 결과의 타당성은 절대적인 조건으로 되고, 입력 데이터의 설정작업으로 오해와 오기(誤記)로 헷갈려 해답을 잘못 얻는 때도 있다. 여기서 주의가 필요하여 포스트처리(후처리)의 형상변형도는 확대 표시된 실변형 양으로 하지 않고, 변형 모드로 하여 표현이 되기도 하거나, 응력 분포도는 최대와 최소를 색깔로 구분한 상대 표시로 나타내고 있다. 그 때문에 구조설계로 불가결하게 되는 정량적 평가의 수치를 오해하는 가능성이 있다. 그래서 구조해석에 처음 취급하는 검토 대상에 있어서는 공식(公式)이 게시되고 있는 단순한 구조물에 치환하여 하중과 재료를 합한 조건으로 변형의 자릿수를 개산(槪算)하여 검증하는 것이 필요하다.

④ **파손, 고장에 대한 원인과 대책의 검증도 필요**

구조설계로 많은 경우로 탄성응력해석으로, 대응이 가능하지만, 파손과 고장에 대한 원인의 규명과 대책의 검증에 있어서는 실제 문제의 상황을 정확히 재현할 필요가 있기 때문에 재료의 탄성특성과 하중의 시간적 영향을 고려한 동적 해석과 복수부품을 조합한 접촉 조건 등을 고려할 필요가 있다. 따라서, 이에 관련되는 구조해석의 내용을 기본으로 하고, 더욱 고도의 조건을 복합적으로 고려한 해석에 의해 문제 해결을 하게 된다.

2) 구조해석의 조건

구조해석의 설정에 관한 조건을 항목마다 다음과 요약한 것으로 용어의 의미를 확인하 여 설정 작업을 하는 것으로 참고 정보로 한다.

(1) 선형특성과 탄성특성

재료의 특성으로서, 하중과 변위의 관계가 직선으로 나타내는 경우를 선형특성이라 한다 면, 탄성특성으로는 양자의 관계가 직선이 아닌 곡선이지만 하나의 관계로 나타내어진다. 결국 하중이 증가할 때와 감소할 때로 하중과 변위의 관계가 하나로 되는 경우를 탄성이 라 는 것이다. 구조재료로 하는 알루미늄 등의 연한 재료로는 명시적으로 상태의 변화가 없이 선형특성에서 떨어진 곡선으로 되든가, 탄성특성을 유지하고 있는 경우가 있다.

이 해석시스템의 탄성재료로 하는 선형특성을 전제를 해서 초기의 강성만을 설정하기 위 해서는 하중레벨에 의해서는 주의가 필요로 한다.

(2) 탄성재료와 탄소성재료

본 해석시스템으로는, 탄성재료로 하는 선형특성을 가정하여, 초기 탄성만을 설정하는 것 에 대하여 탄소성재료로 선형탄성이 끝나 탄소성특성을 제시하는 복잡한 상태가 되어 복수 의 직선을 잡고 표현한다. 따라서 구조재료의 인장시험 등에 의한 정확한 응력도와 왜도(歪 度)의 관계를 확인하는 것으로, 정확한 탄소성특성을 설정하는 것이 가능하다.

본 해석시스템으로는 대표적인 구조재료의 탄성특성으로서는 초기의 강성치(剛性値)가 준 비되어 있던가, 탄소성특성에 있어서는 이용자가 설정이 되어 있어, 어떤 형태로든 정보가 필요로 한다.

(3) 등방성(等方性) 재료와 이방성(異方性) 재료

구조재료의 특성으로, 금속처럼 미소한 입자로 구성되어 있든가, 하중이 작용하는 방향 에 의해 특성이 변화하지 않는 재료를 등방향성 재료라 부르고, 목재와 같이 섬유결 방향에 대한 각도에 의해 큰 특성으로 변화하는 재료를 이방성 재료라 불린다.

현재로는 탄소섬유재료에 의한 섬유상에 의한 이방성 재료도 있지만 복수 포함한 전체로 하여 등방성에 가깝게 하는 것으로 한다.

(4) 미소변형과 대변형

하중을 받은 구조물이 변형이 되는 경우, 비교적 작은 하중에 있어서는 근소한 변형을 미소 변형으로 불리고, 구조물의 변형이 눈으로 확인될 정도로 큰 변형을 대변형 또는 유한변형(有限變形)이라 부른다. 이것은 기하학적 비선형성으로서 변위와 왜도(歪度)와의 관계식의 비선형 항(項)의 유무에 의해 구분이 된다. 간단한 예를 들면, 외팔보의 굽힘변형의 처짐에 있어서 변형이 큰 축방향의 변화를 고려하는 경우가 큰 변형이 되고, 축에 직각방향의 처짐을 고려하는 것이 미소변형으로 된다.

(5) 정적해석과 동적해석

구조물의 해석에서, 하중 등의 조건이 시간에 의존하지 않는 정상상태의 경우를 정적 해석으로 하여 처리하고, 시간에 의존하여 변화하는 경우의 구조물의 응답을 구할 때를 동적해석이라 한다. 예를 들어 시각에 의해 불규칙하게 변화하는 진동을 하중으로 하는 경우와, 지극히 짧은 시간으로 작용하는 충돌현상의 경우에는 충격력을 하중으로 받아 지는 동적해석이 필요로 하게 된다. 단지 실제의 설계의 경우는 간이(簡易)적인 동등한 효과를 주는 정적하중에 치환하여 설정하는 경우도 있다.

(6) 음해법(陰解法)과 양해법(陽解法)

구조해석의 기본 방정식으로, 훅크(Hook)법칙에서 강성(剛性) K와, 변형 U에서 만들어진 힘 F의 평행식 $F = KU$를 바탕으로, 변위를 미지수로 하여 연립방정식을 푸는 방법에 쓰이며, 이것을 음해법이라 부르고, 주로 정적해석에 쓰이고 있다. 하나 더 기본 방정식에 고려하는 뉴톤의 운동방정식에 기초로 한 것이다. 즉, 질량 M과 가속도 A에서 만들어진 힘 F의 평행식 $F = MA$를 기본으로 감쇄 C와 강성 K를 합한 식을 사용하여, 연립방정식을 답이 없는 해석수단이며, 이것을 양해법이라 한다.

5.3 CAE 해석과 응용

5.3.1 설계에 있어서 CAD의 활용

CAD 모델링 대상에 해석 · 평가를 하는 공정을 CAE라 불리는 것은 이미 알고 있어, CAD가 드로잉, 드랩팅(Drafting)에서 진짜 설계에 활용 가능하도록 한 것도 3차원 모델링의 실용화와 함께 CAE의 활용에 의해 공헌이 크다고 본다.

CAD 모델에 대하여 해석 내용을 해석 소프트인 어널라이즈(Analyzer)라는 것이 표 2-15

에 있으며, 이것들을 크게 나누면 3가지로 분류된다.

① CAD로 구축한 형상 모델을 그대로 활용하는 경우로는, 체적, 중량, 중심, 부력, 관성모멘트, 단면모멘트 등의 대량 생산에 쓰이는 것이 있고,

② CAE를 위한 해석 모델을 필요로 하는 경우로는, 구조해석, 소성해석, 열해석, 유동해석, 진동해석, 자기해석 등이 있고,

③ 운동을 위한 해석으로는, 기구운동해석, 간섭체크, 로봇의 동작시뮬레이션 등이 있다.

이 중에 ②에 관한 엔지니어링해석을 CAE가 대부분이다. 다음 표에서, 탄성 · 소성해석, 유체특성해석, 열특성해석이 이 분야에 해당된다. 여기에서는 해석을 위한 FEM(유한요소법)과 BEM(경계요소법) 등의 범용 분석기를 사용한다.

표 2-15 CAD로 처리되는 해석의 종류

종 류	내 용	방 법
그래픽스 분석기(analyzer)	선도 - 투시도, 사시도, 확대. 축소, 회전, 이동 삼면도(三面圖), 단면도, 삭제, 추가의 기능을 말하며, 면도(面圖) - 적층도, 농담(濃淡 : 색깔 명암)을 포함	엄밀해법, 평면 근사법, B-스플라인 근사법, 페널티법
기하특성 분석기	간섭 체크(간섭의 비존재, 간섭 위치의 특정)	
대량 생산 분석기	체적, 중량, 중심, 관성모멘트, 단면2차 모멘트, 단면계수	구분 구적법, 몬테카를로법
탄성 · 소성 분석기	응력, 뒤틀림, 변형	FEM(유한요소법) (BEM : 경계요소법)
유체특성 분석기	유선(流線), 압력 분포, 유속 분포, 유량	FEM(BEM)
열특성 분석기	온도 분포, 열응력, 열팽창, 열량	FEM, BEM
FMS 분석기	프로세스 플래닝, CNC데이터 작성, 충돌 체크	
로보틱스 분석기	동작 시뮬레이션, 간섭 체크	

CAE에 의한 해석은 CAD가 실용화된 이전에서 컴퓨터를 사용해 실시된 것이지만, CAE로는 형상 모델을 인터페이스하여, CAD의 형상처리와 해석기능이 일체화 되고 있는 점이 특징이다. 다음 그림 2-18에 나타내며, CAD 측에는 해석 모델의 생성기능(프리포세서 : processor)로, 해석 결과를 형상 모델로 표시하는 기능(포스트 프로세서)이 준비되어 있다.

그림 2-18 CAD 컴퓨터에 있어서 FEM(유한요소법) 해석의 프로세스

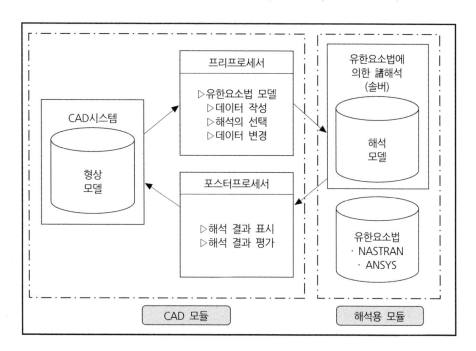

5.3.2 CAE의 의미

CAE(Computer Aided Engineering)는 설계, 개발, 연구 등의 업무 중에서, 컴퓨터에 의한 해석 시뮬레이션에 의해 생산성, 품질의 향상을 꾀하는 기술로서, 현대의 기계공업에서는 필수적인 컴퓨터에 의한 해석 도구로,

1) 품질과 생산성 향상에 효과

최근 제조업에서는, 제품의 기획에서 설계, 시작품의 평가에 이르기까지, 최종적으로 만들어지기까지의 기간의 단축화, 원가의 줄임이 강하게 요구되고 있어, 이를 위한 3차원 CAD로 작성된 모델데이터를 이용하여, 설계를 검증하고, 평가하는 CAE로, 유효한 설계도구이다.

CAE는 컴퓨터기술의 놀라운 발전에 따라서, 유한요소법, 경계요소법, 차분법 등의 계산방법과 컴퓨터 그래핑기법에 의해, 가시화하는 수법이 보급된 점에서, 넓게 쓰이고 있다.

주요 해석을 하는 부분의 종류로는 다음 몇 가지가 있으나, CAE의 응용과 활용은 넓다.

① 구조해석(선형해석, 비선형해석), ② 기구해석, ③ 열유체해석, ④ 음진동해석, ⑤ 기타 [자기(磁氣)해석, 수지유동해석, 등]

또한, 제품기획, 제조, 판매, 보수 등 제품의 라이프사이클 전반에 있어서 정보를 컴퓨터로 취급하여, PDM(제품설계관리) 등 정보기술을 활용하여, 업무 효율의 향상을 꾀하는 것도 CAE에 의해 진행되고 있다.

설계분야에 있어서는 CAE는 해석을 하는 대상물을 모델화하여, 대상물의 구조 특성도도 운동과 현상을 수치계산을 하는 방법이며, 그 덕분에 지금까지 파악이 곤란이 되었던 대상물의 거동(擧動)을, 사전에 얻을 수 있게 되었다. CAE를 설계에 유용하게 활용하는 것이 품질과 생산성의 향상에 큰 효과가 얻어지고 있다. CAE의 주요 해석의 종류는 다방면으로 걸치고 있다. 또한, 이것을 조합하여 해석을 진행하는 연성해석(連成解析)도 이루어지고 있다.

2) CAE의 종류

① **차분법**(FDM : Finite Difference Method) : 해석을 실행하려는 대상물의 거동을 미분방정식으로 표현하여, 수치 계산하는 방식이고,

② **유한요소법**(FEM : Finite Element Method) : 에너지원리를 기초로 하여, 계산을 하는 수치계산방법이다. 하기 경계요소법도 유사한 방법이다.

③ **경계요소법**(BEM : Boundary Element Method) : 최근에 이 밖에도 다각요소법, 경계고정법, GFD법 등의 수치계산 방법이 이루어지고 있다.

3) 모델 CAE와 동시처리(Concurrent)시스템

동시처리 엔지니어링(Concurrent Engineering)이란, 최근에 기계를 만들 때 프로세스의 효율화를 꾀하기 위한 목적으로, 이 기법이 실천되고 있다. 제품 제조의 각 공정을 서로 관련시키며, 동시에 병행하여 진행해 나가는데, 각 공정을 하나씩 순서대로 진행하는 방법이었지만, 각 공정이 동시에 나아감으로서 효율적 제조 진도관리가 될 수 있게 된다.

구체적으로, 기획의 단계에서 3차원 CAD에 의한 모델링을 하여, 이 3차원 CAD데이터를 각 공정부문으로 공유하여, 설계와 제조, 검사, 해석 등에 활용하며, 생산 리드타임의 단축, 문제점 조기발견, 작업효율 향상, 품질수준을 유지하면서, 많은 성력화를 할 수 있는 프로젝트관리 기법의 하나다. 그림 2-19는 시리얼 생산과 동시처리의 생산 방식으로 구분한 것으로, 전자는 하나씩 순차적으로 진행하는 것이고, 후자는 연관된 업무들이 동시에 진행되는 방식으로, 처리하는 기간에서 보다 효과적이라 할 수 있다.

그림 2-19 동시처리시스템의 개념

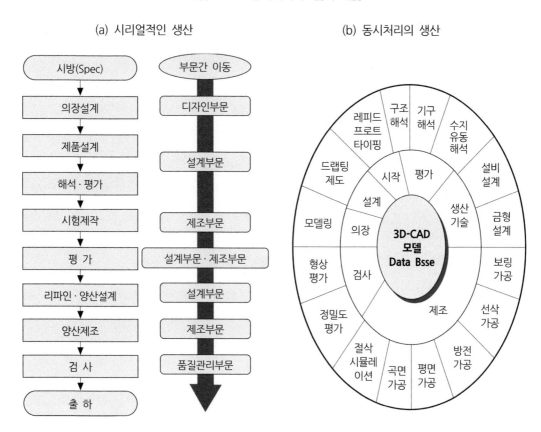

(a) 시리얼적인 생산

시방(Spec)

의장설계

제품설계

해석 · 평가

시험제작

평 가

리파인 · 양산설계

양산제조

검 사

출 하

부문간 이동

디자인부문

설계부문

제조부문

설계부문 · 제조부문

설계부문

제조부문

품질관리부문

(b) 동시처리의 생산

레피드 프로트 타이핑 / 구조 해석 / 기구 해석 / 수지 유동 해석

드랩팅 제도 / 시작 / 평가 / 설비 설계

설계

모델링 / 의장 / 생산 기술 / 금형 설계

3D-CAD 모델 Data Bsse

형상 평가 / 검사 / 보링 가공

제조

정밀도 평가 / 선삭 가공

절삭 시뮬레 이션 / 곡면 가공 / 평면 가공 / 방전 가공

5.4 3D(Dimension) 스케닝과 3D 프린팅(적층 생산)

5.4.1 3D 스케닝의 방법

스케닝을 하는 방법에는, 일반적으로 3가지가 사용되고 있는데, ① 모델(또는, 패턴)을 만들거나, 기존의 모델을 3차원 측정기에서 형상을 읽어, 그 모델을 3차원 도면으로 완성하는 방법이 근래까지 해 온 방식이며, ② 앞의 방식과 같은 모델을 비접촉식으로 센스에 의해 형상을 읽어 데이터화 하여 형상 전체를 도면화 하는 방법이 신방식의 스케닝 방식이다. ③ 나머지 방법이 CAD 상에서 형상을 디자인하여, CAM으로 연결시켜 샘플 또는, 제품을 만드는 방법이 일반적이다.

5.4.2 3D 프린팅(적층 생산)

3D 프린터가 시제품 제작을 넘어 맞춤형 소량 생산 제품이나 복잡한 디자인을 요구하는 제품 제작에 제한적으로 활용되고 있다. 아직까지 3D 프린터의 성능, 소재, 제품 디자인, 품질 관리 측면에서 많은 과제가 남아 있지만, 이 문제들이 한 단계씩 해결되어 가면서 3D 프린팅 방식으로 생산하는 제품은 더욱 확대될 것이다.

3D 프린팅이 특정 영역에서는 고객가치 창출과 제조 경쟁 우위를 갖춘 제조 기술로 자리 매김 할 전망이며, 3D 프린팅은 제3차 산업혁명을 이끌 무한한 가능성을 지닌 기술로 각광을 받았다. 지금 상황은 다소 실망스럽다. 제조업체들은 3D 프린터를 시제품 제작에 주로 활용할 뿐, 상용 제품 생산에는 좀처럼 활용하지 못하고 있기 때문이다. 아직 3D 프린팅의 성능이 미흡하기도 하지만, 전문 지식이 부족해 3D 프린팅을 활용하기 어렵다고 제조업체들은 말한다.

현재 상용화 되고 있는 3D 프린팅 기술은 맞춤형으로, 예로, 치과용 의료기기 등이 일상 생활에서 실제로 사용되고 있는 제품을 만들고 있으며, 특히 신제품 개발 단계에서 디자인 하는 과정에서 쓰이고 있다. 또한, 3D 프린터의의 성능도 실물과 차이가 없는 색상과 질감을 구현할 수 있는 수준으로 발전하고 있다.

3차원의 인쇄에서 컴퓨터 프로그램으로 만든 제품 형상이나 설계 도면을 바탕으로 플라스틱, 합성수지, 금속 등 재료를 쌓거나 굳혀 3차원의 물체로 만드는 것으로 다양한 소재로 두께가 있는 물체로 찍어내는 제조 방법이다. 이 방법의 발전 속도는 너무 빨라 이 분야 산업 성장이 연간 30%씩 증가 추세이며, 앞으로 바이오 프린팅 시대에는 인체세포를 프린팅용 잉크로 만든 다음 신체 촬영정보를 기반으로 장기 · 팔 · 다리 등의 맞춤형의 생산도 가능해질 것이다.

1) 3D 프린팅(적층 생산)의 방식

① 압출식 적층 조형(FDM)은 미국의 스트라타시스社가 1988년에 특허로, 대표적인 소재압식 3D 프린팅 기술로, 열에 녹는 플라스틱 등 재료를 반고체 상태로 만들어 층층이 쌓아 원하는 형태로 만드는 방식으로 가장 대중적인 것이며, 완성된 제품의 측면에는 쌓는 과정에서 생긴 선의 자국이 보여 후가공의 피니싱작업을 해야 한다.

② 광중합식으로 미국의 3D시스템이 1986년에 개발한 '광경화성 수지 조형(SLA)'기술로

빛에 반응하는 물질을 액체 상태로 만든 다음 레이저를 쏘아 도면대로 재료를 굳이는 방식으로, 부피가 큰 산업용 제품을 만드는 데 적합하다. 제품 표면이 깔끔해서 치과 치료용 제품이나 보석 등 섬세하고 미려한 제품을 만드는 데도 활용한다.

③ **분말 소결식**으로, 가루 형태로 만든 재료에 레이저를 쏘아 모양을 만든 다음 로러로 누르고, 그 위에 다시 재료를 쌓는 방식이다. 1980년대 중반 미국 텍사스대학 연구팀이 개발한 '선택적 레이저 소결(SLS)' 기술이다. 나일론, 세라믹, 알루미늄, 스테인리스 등 다양한 소재를 활용할 수 있고 남은 분말은 재사용할 수 있으나, 3D 프린팅 자체의 가격이 높은 편이다.

④ **소재 분사식**은 잉크젯 프린터와 같은 원리로, 가는 관으로 재료를 방울방을 떨어뜨려 쌓은 다음 자외선으로 굳힌다. 이런 기술을 활용한 3D 프린터를 **폴리젯**(Polyjet)이라 부른다.

⑤ **결합재 분사식**은 가루 형태인 주 재료에 액체 상태인 결합재를 쏘아 원하는 모양으로 만드는 방식으로, 미국 MIT공대에서 1993년에 개발한 것이다.

⑥ **판재 적층식**으로는, 얇은 판 형태로 만든 종이, 금속, 합성수지 등 재료에 초음파를 쏘아 용접한 다음, 컴퓨터수치제어 시스템으로 원하는 모양대로 만드는 발식이다.

⑦ **직접 용착식**은 첨단 철강 산업에서 주로 사용하는 방식으로, 금속 분말이나 금속 선재에 레이저나 프라즈마 등으로 열을 가하여 녹인 다음, 로봇 팔을 이용해 원하는 형태로 만들어 굳혀 만드는 방식이다.

3D 프린팅 확산을 위한 선결 과제로, 3D 프린팅은 전통적인 제조 방식을 완전히 대체하기보다는 개인 맞춤형 제품이나 복잡한 디자인의 제품 생산에 제한적으로 활용될 가능성이 크다. 시제품 제작에서 한 단계 진화한 셈이다. 그렇지만 3D 프린팅이 특정 영역에서 자리 잡기까지 아직 극복해야 할 난관이 많다.

① 3D 프린터의 성능 개선

② 소재의 다양성 및 가격 경쟁력 확보

③ 품질관리 비용 축소

④ 최적 디자인 확보를 통한 고객가치 제고 등의 문제가 있다.

따라서, 3D 프린팅 활용의 미래는, 3D 프린팅은 시제품 제작을 넘어 상용 제품 제작 기술로 진화하고 있다. 기존 제조 방식을 완전히 대체하기 보다는 3D 프린팅이 강점을 가진 소량의 맞춤형 제품 생산과 복잡한 디자인 제품 생산 영역에서 새로운 가치창출 수단으로 활용될 것이다.

5.4.3 역설계방식(Revers Engineering)

기술정보시스템의 흐름은, 3차원 CAD 모델이 출발점으로 하여, 이 데이터를 바탕으로 하여 CAM에 의한 제품 (실제로 어떤 물리적 모델)을 제작하는 것이다. 그러나 초기에는 실체가 있는 경우도 아직 많이 존재를 한다. 예를 들어, 스타일링 디자인 등의 의장설계의 단계로는, 스케치와 그래이 모델(점토 세공) 등의 아날로그 모델이 넓게 쓰이고 있다.

또한, 도면이 존재하지 않는 기존의 제품과 똑같은 것을 만들겠다는 때에도, 제조를 시점은 물리적 모델이라는 것이 된다. 최후까지 아날로그처리로, 양산 제품의 제작이 가능하다면 문제가 없는 것으로, 제조 공정에는 CNC 공작기계 등 디지털화가 불가결함으로써 여기에 아날로그 모델에서 디지털(CAD모델)로 만들어야 하는 필요성이 생기게 된다.

CAD/CAM이 CAD모델에서 제품을 만드는 것에 대하여, 이 공정을 역으로 하는 것이 역설계 즉, 리버스(Revers)엔지니어링이라 부른다.

리버스엔지니어링은 물리 모델의 표면 형상의 데이터를 컴퓨터에 입력에서 시작되어, 데이터를 채취 방법에는 접촉식과 비접촉식이 있고, 접촉식은 기존의 물리 모델 프로브(탐촉

그림 2-20 3D 스캐닝(포터블형) 작업이미지

자)를 접촉시켜 그 점의 좌표치로 있는 이산(離散) 데이터를 입력하는 방법으로 그림 2-20과 같은 3차원 디지타이저(센스)라 불리는 기기를 사용하여, 이것에 의해 입력된 점들의 데이터들이 컴퓨터 내로 스무스하게 연속하는 자유 곡선을 만든다. 작성된 데이터를 조합시켜 (곡선 네트워크) 면을 작성하여 3차원의 사용자 모델을 구축하게 된다. 그 후 필요하다면 솔리드 모델로 변환한다. 이 같은 비접촉 또는 접촉은, 주로 수작업에 의해 진행되므로, 데이터 채취를 위해서는 정밀도가 필요하므로 숙련이 요구된다. 또한, 물리 모델(샘플)에 상처가 날수 있어 각별히 탐촉자를 조심히 다루어야 한다.

5.5 고성능 컴퓨터(HPC)를 이용한 설계와 시뮬레이션

5.5.1 제품 개발에 활용되는 HPC(High Performance Computing)

HPC는 높은 연산 성능을 바탕으로 복잡한 계산 문제를 푸는데 하드웨어 또는, 이를 포함한 인프라 전반을 가리키며, 최근에는 인공지능이나 머신러닝, 빅데이터 등의 IT 기술이 접목되면서 HPC 기능성을 넓히며, 제품의 설계와 해석 등 엔지니어링 영역에서도 인공지능과 HPC를 활용해 개발 프로세스를 한 단계 향상시키려는 시도가 이루어지고 있다.

1) 딥러닝과 HPC와의 연계

딥러닝이란 인공지능 분야의 기계학습 알고리즘 중의 하나로, 실제 사람이 생각하는 방식을 모형으로 한 심층 신경망(Deep Neural Network: DNN)모델을 통하여 사전에 준비된 여러 데이터를 컴퓨터가 스스로 학습을 하여, 이후에 사람이 기준을 정해 주지 않는 문제도 빠르게 풀 수 있도록 해 주는 기술이다.

(1) R&D 클라우드 기술

현재까지 연구개발 환경마다 다양한 응용 특성이 있기 때 문에 중앙에 통합된 HPC시스템 구축에 어려움이 있었으나 근래에 와서 IT 중심으로 발전 되어 온 다양한 클라우드 기술에 다양한 'R&D 응용 서비스술'기이 접목되어, 'R&D 클라우드 서비스 운영환경' 구현이 가능해졌고, 이에 따라, 개인/팀/부서별로 분산된 'R&D 인프라와 데이터'를 연구 조직 전체 단위로 통합 운영하는 것이 가능하여 자연스럽게 데이터가 중앙에 수집되고 관리되는 환경이 만들어지는 것이다.

이렇게, 클라우드 인프라에서 접목된 주요 R&D 운영 서비스 기술들이 다음과 같다.

① 다양한 응용(구조, 유동)소프트웨어에 대한 해석 작업 제출 및 관리 기술 : 편리한 HPC 해석 작업 제출

② 고성능 원격 3D 그래픽 화면 처리 기술 : 고속 그래픽 처리를 요구하는 설계 및 후처리 작업 수행

③ 통합연구 데이터관리 기술 : 대용량의 연구 데이터를 중앙 스토리지에 통합관리

④ 라이선스 통합관리 기술 : 다양한 연구용 응용 소프트웨어의 라이선스를 중앙 라이선스 서버로 통합, 관리

⑤ 프로젝트(연구과제)별 자원 및 데이터관리 기술

⑥ R&D 자원(응용 소프트웨어, 라이선스, 해석 서버, 연구 데이터) 이용율 모니터링 및 통계 분석 기술

⑦ 연구 데이터 공유 및 설계 작업 화면 협업관리 기술

(2) GPC 연산처리 기술

이 기술은 컴퓨팅 서버에 장착된 그래픽 카드의 GPU(Graphic Processing Unit)를 대규모 계산 처리에 이용하는 기술로, 현재 다양한 과학, 공학, 산업분야에서 기존의 CPU 계산 능력을 가속시켜주는 역할로 많이 활용되고 있다.

(3) 빅데이터 기술

지금까지는 무의미하게 보관하거나 삭제해 버렸던 거대한 비정형 데이터(수십~수백 테라바이트)를 효과적으로 '수집 ⇨ 정렬 ⇨ 가공 ⇨ 분석'하여 의미 있는 정보로 추출(가시화)하는 기술의 집합이라고 보면 된다. 이러한 다양한 빅데이터 기술로 기본의 거대한 시뮬레이션 데이터들을 딥러닝에서 필요한 학습데이터 형태로 변환하는 것이 가능해졌다.

2) 기타, HPC(고성능 컴퓨팅)의 활용분야

① 공학, 산업 분야 : 각종 기계(CAE), 반도체(EDA), 재료, 원자력, 전기, 바이오 생명 등 다양한 공학과 산업 제조 연구 분야에서 구조해석, 유동해석, 회로 시뮬레이션, 분자동력학, 전자기, 유전자분석, 등의 시뮬레이션 작업에 HPC가 많이 사용된다. 특히 유동해석인 CFD분야에서 HPC의 병렬처리계산 효과는 매우 우수하다.

유동 해석 소프트웨어, 구조 해석 소프트웨어, 재료 해석 소프트웨어가 대표적이다.

② **지질자원탐사** : 지상에서 지하로 일정한 간격 충격파를 발사하여 돌아오는 파동을 분석하여 지층의 구조를 시뮬레이션하는데 주로 HPC를 사용하여, 이렇게 분석된 지층 구조 데이터는 지하자원이 매장을 유리한 구조의 지층을 선별하는데 주로 사용된다.

③ **대기/기상/해양** : 대기 과학, 기상 기후 예측, 해양 모델링과 같이 다양한 지구 환경 과학 분야에서 HPC를 주로 사용하며, 대기나 해양 모델링의 경우 수십 년간 축적된 전 지구의 대기와 해양 데이터 변화를 모아 앞으로 지구환경의 기후가 어떻게 변화될지를 예측하는 것이고, 가상의 경우 수시간~수일의 대기/해양 측정 데이터를 분석하여 앞으로의 일기, 기상 예보에 HPC시스템이 사용되고 있는 일종의 슈퍼컴퓨터이다.

④ **영상 미디어** : 방송, 영화 및 산업의 제품 시연 등 다양한 문화와 영상 콘텐츠 제작 시 이미지와 3D 그래픽 랜더링 분야에서 많은 HPC시스템이 사용된다.

5.5.2 CAE 해석과 시뮬레이션 기능

제품 개발에 근간에 적용되는 제너레이티브 설계(Generative Design)와 입자해석, 빅데이터, 인공지능 등 다양한 기술들이 접목되고 있어 이들 기술들은 설계와 해석 프로세스를 한 단계 향상시킬 수 있는 기술로 주목받는 한편으로 더욱 높은 컴퓨팅 성능을 필요로 하고 있다. 이에 따라 설계, 해석 영역에서 HPC에 관심과 도입이 많아질 것으로 전망되고, 하드웨어뿐 아니라 소프트웨어에서 HPC 인프라를 효과적으로 활용하고 성능을 최대화할 수 있는 다양한 시도가 진행되고 있다.

1) 제품 개발의 시뮬레이션에서의 HPC(고성능 컴퓨팅)의 활용

HPC에서 유동해석이 적용되기 시작되면서 구조해석, 전자기해석 등으로 확산되는 추세로, CAE의 해석에서 HPC는 해석의 속도와 정확도를 높이는데서 그치지 않고 강건 설계(Robust Design)에 활용도 되고 있어, 제품이 쓰이는 환경은 다양하고, 실제 시험으로 예측할 수 있는 조건에는 한계가 있어 이에 대응하기 위해 CAE에서 다양한 시나리오에 대하여 설계변수를 바꾸어 가면서 여러 번의 해석을 하게 되는데, 이에 따른 해석시간 및 전체 개발 일정을 줄이는데 HPC가 쓰이는 것이다.

중요한 것은 HPC에 필요한 하드웨어 성능과 소프트웨어 라이선스이다. 여러 대의 장비가 연결된 클러스터(Cluster) 형태의 HPC 환경에서는 개별 CPU를 사용하는 환경에 적합한 소프트웨어 라이선스도 필요하다.

또한, HPC의 성능 극대화를 위한 하드웨어 및 소프트웨어의 활용법에서는 코어당 최적의 퍼포먼스를 내는 것은 해석분야에 따라 최적 수치가 달라서 이를 고려한 고성능의 통신 기술인 인피니밴드(InfiniBand)도 필요하다.

한편, 시뮬레이션의 가능성을 넓히는 데에는, CAE의 궁극적 목표는 해석으로 제품의 성능을 예측하고 이를 바탕으로 제품을 개발하는 '시뮬레이션 중심의 제품 개발(Simulation-Driven Product Development)'이다. 이를 실현하려면 가상 모델의 퍼포먼스를 실제 제품 수준으로 정확하게 측정을 해야 하고, 이러한 정밀한 해석은 그만큼 시간이 많이 들지만, 정해진 제품 개발 기간 안에 빠른 계산을 통해서 개발 방향을 결정하는데 HPC가 핵심 역할을 한다는 것이다.

2) CAE 해석에 의한 최적의 제품 개발

메모리 및 CPU 성능이 높은 HPC 인프라에서 일반적인 PC/워크스테이션보다 높은 리소스를 사용할 수 있으므로 일반 PC 또는 워크스테이션에서는 실행할 수 없거나 장시간 걸리는 것을 해결할 수 있다.

명확한 해석 목적과 알맞은 해석 방법으로 HPC 성능 극대화에서도 복수의 해석을 여러 개의 가용 자원을 이용해서 동시에 진행할 수 있는 장점이 있고, HPC를 활용한 해석을 진행한다면 명확한 해석의 수립과 더불어 해석 전에 실험계획법(DOE : Design of Experiment)에 근사한 해석 조건을 입력해야 복수의 결과를 빠른 시간 내에 판독하고 현장에 적용할 수 있게 된다는 것이다.

또한, CAE 해석의 병렬 연산에서 CPU 내에서 OpenMP, 랙과 랙을 연결해서 수행하는 MPI, 그래픽 카드의 코어를 이용한 GPU가 있으며, 또한, 동시 적용하는 방식(Hybrid parallel computing)도 있어 사용자가 해석 소프트웨어에서 지원되는 병렬화 연산의 종류를 파악하고 있다면 HPC를 이용한 해석 수행에서 각 경우에 적절한 하드웨어 자원 배분을 통해서 더욱 빠른 시간에 해석을 할 수 있는 실제의 예를 들어보면,

공정 최적화해석 수행에서 제품의 불량치수 발생에서 안정성 확보와, 불량방지를 위한 작업 조건 예로,

[조건 가정 : 금형 온도의 편차를 최소화+수지 특성에 따른 온도 제어 최적화]

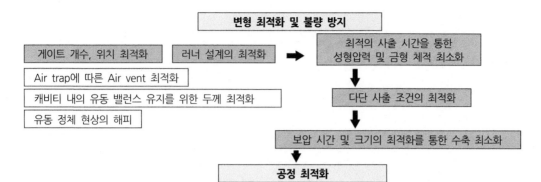

따라서, CAE 소프트웨어 향상과 함께 HPC 활용이 보편화 된다고 예측할 수 있어, 개발 기한 및 비용 단축과 더불어 고품질의 제품을 생산하기 위해 모든 산업 분야에서 해석의 비중이 높아지고 있어, 이와 함께 각 해석 소프트웨어 개발회사는 더욱 높은 정확도를 확보하고, 해석 시간을 단축하기 위해서 개발 역량을 투입하고 있다.

이에 HPC 리소스를 최대한 활용할 수 있도록 소프트웨어를 개선할 것으로 예측하고, 산업 현장 역시 기존보다 해석이 용이하고 필요한 아이템이 증가됨에 따라서 현재의 워크스테이션 환경에서의 해석보다는 HPC를 통한 해석 환경 위주로 교체될 것으로 판단이 된다.

제6절 설계고장모드와 영향해석(DFMEA)에 의한 분석이론과 고장 방지책(Design Failure Modes & Effects Analysis)

6.1 설계FMEA의 도입과 적용

① 설계FMEA는 가능한 범위까지 잠재적 고장 형태와 이와 연관된 원인/메커니즘을 분석하는 수단으로 설계 엔지니어 또는 팀에 의해 우선적으로 활용 되어지는 분석적 기법으로,

② 모든 연관된 시스템 반제품 구성품과 더불어 완제품까지 평가되어야 하며 설계 개념마

무리 시점 또는 그 이전에 시작되어야 한다.

③ 설계FMEA는 가장 가혹한 상태에서 구성품, 서브시스템, 시스템이 설계될 때 엔지니어와 팀의 사고(思考)를 종합한 것이며, 과거 경험과 사례에 근거하여 잘못될 수 있는 항목의 분석을 포함하며,

④ 설계FMEA는 시스템적 접근 방법으로써 설계 과정에서 엔지니어가 수행하는 지적인 원칙을 수평화, 정형화 및 문서화 하는 것을 말한다.

6.2 설계FMEA 활동과 리스크(Risk) 대처 방안

6.2.1 설계FMEA 활동

설계FMEA는 다음의 실패 위험을 감소시키는데 있어서 설계 과정을 지원한다.

① 설계 요구사항과 설계 대안의 객관적인 평가를 하여,

② 제조 및 조립 요구 사항에 대한 초기 설계에 대하여,

③ 잠재적 고장 형태와 그 영향이 설계/개발 과정에서 고려되어질 가능성에 증가할 때와,

④ 철저하고 효율적인 설계 시험과 개발 프로그램의 계획에 있어서 지원하는 추가 정보의 제공을 하여,

⑤ '고객'에게 영향을 미치는 정도에 따라 등급이 매겨진 잠재적 고장 형태의 목록 개발과 그에 따른 설계 개선과 개발 시험에 대한 우선 순위를 체계 수립하기 위함으로,

⑥ 위험 감소 조치를 권장하고, 추적하기 위한 공개적 문제 제기에 서식을 제공한다.

⑦ 고객 불만사항 분석, 설계 변경 사항 평가 및 향상된 설계를 지원하기 위한 미래의 참고 자료를 제공한다.

6.2.2 설계FMEA에서 생각되는 리스크 대처 방안

FMEA는 원래, 설계와 공정계획의 구상단계로 일어날 수 있는 문제의 원인을 사전에 예측하여, 문제를 미연에 방지하는 관리수법으로, 고장모드 영향해석으로 해석되고 있다. 여기에서는, 제품 개발의 각 단계에서 발생이 예측되는 리스크를 추출, 정량화 하여, 대책 후의 리스크 절감을 확인하는 수법으로 FMEA를 생각한다. 다음 3가지의 기능이 있다.

① 무엇이 나쁜 것인가?

② 무엇이 원인인가?

③ 어떻게 하면 개선될 수 있는가?

FMEA의 순서를 다음 그림 2-21과 같은 순서로 전개할 수 있는데, 먼저, 고장모드, 원인, 영향을 특정하고, 다음에 발생빈도(Occurrence), 발생한 경우의 심각도(Serverity), 예측 곤란도(Detection)의 곱으로 리스크를 정량화 한다(경우에 따라, 이들 세 항목에, 1항목 내지 2항목을 쓰는 경우도 있음). 높은 리스크 항목에 관해서, 설계/프로세스의 개선을 하고, 개선 후의 리스크를 정량화 하여, 충분히 리스크가 개선되는지를 확인한다.

그림 2-21 설계FMEA의 전개 순서

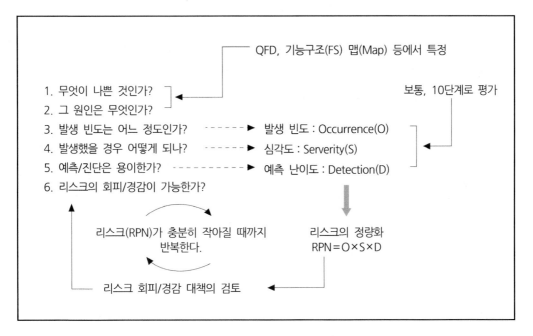

이와 같이, FMEA는 문제점을 추출하는 것에서 시작하고, 이것을 QFD의 항목 추출과 같이 하지만, 만능의 방법이 있는 것이 아니고, 설계자가 어느 대상으로 하여 설계과제를 이해하고 있는가에 의존하며, 문제점을 추출하고, 기능(Function)과 구조(Structure)의 관계를 나타내는 FS맵(Map)이 활용할 수 있고, 추출된 항목마다 발생도, 심각도, 예측 곤란도를 수치화 하여 각각을 곱하는 것이, RPN=O×S×D로 계산하는데 각 항목을 최대 10으로 하여 전

체 최대값(RPN)이 1,000이 되므로, 이 값을 500 이하로 개선하여 나가는 것이 타당하다고 본다. 여기에서 중요한 것은 리스크를 어디까지 허용하는가 목표치를 정하는 것이다.

6.3 설계FMEA Team구성 및 활동

설계FMEA는 MDT(또는 CFT) 책임으로 개발 및 유지를 위해 팀 구성원은 주제에 요구되는 지식을 보유하여 FMEA 프로세스에 대한 진행 능력이 있어야 한다.

① 책임 있는 엔지니어로, 모든 부문의 직접적이고 실질적인 대표자가 포함되어야 한다.
  - 설계 책임부문, 조립, 제조, 자재, 품질, 서비스, 협력업체 등
② DFMEA는 영향을 받는 관련 기능 부문들 사이에서 아이디어의 상호 교환을 촉진시키고, 팀 활동을 장려하는 촉매 역할을 해야 한다.
③ "The Design DFMEA is a living document"
④ 설계 개념(Design Concept)의 마무리 시점이나 그 이전에 시작해야 하며, 변경사항이 발생하거나 제품 개발 단계를 통하여 추가 정보가 얻어질 때 계속해서 갱신되어야 한다.
⑤ 설계FMEA는 양산도면이 금형 및 치공구 준비를 위해 배포되기 전에 완료되어야 하고,
⑥ 제조성과 조립성에 대한 요구가 포함된 설계FMEA 활동은 요구되는 제조성과 조립성을 반영하는 것이며, 이때의 설계는 공정이 지정된 설계 의도대로 제조 또는 조립될 것이라고 가정한다.
⑦ 제조나 조립 공정 중에 발생할 수 있는 잠재적 고장 형태와 원인, 매커니즘은 PFMEA(공정FMEA)에서 다루게 되지만 DFMEA에서도 포함될 수 있다.
⑧ DFMEA는 설계의 잠재적 취약성 극복을 공정관리에 의존하지 않는다. 그러나, 제조/조립공정의 기술적이고, 물리적 한계를 고려한다.

6.4 설계FMEA의 사전 준비 단계

적용 범위와 규정에서, 무엇이 포함되고, 제외되는지를 사전에 파악한다.
① 대상 시스템의 정의는 해석하려는 대상 시스템에 대한 정보수집(정보원)으로,

㉠ 기술개발계획, ㉡ 시스템의 Specification 및 기능 설명서, ㉢ 설계Data와 도면, ㉣ 설계 변경 요청서, A/S기록 및 기타 품질기록, ㉤ 유사 품목을 포함하는 과거의 FMEA 및 품질사고 Data Base를 확인한다.

② 설계 의도(Design Intent) 파악으로, 설계 과정에서 무엇이 수행되기를 기대하고 무엇이 수행되지 않기를 기대하는가의 목록을 개발한다.

③ 품질기능전개(Quality Function Deployment)에서는 고객의 희망과 요구사항을 파악한다.

④ 제품 요구사항과 관련된 문서를 파악한다.

⑤ 제조, 조립 공정의 요구사항을 파악한다.

⑥ 블록다이어그램(Block Diagram) 분석(또는 논리도 작성)

㉠ 설계FMEA는 분석되어야 할 시스템으로, 서브시스템 및 구성품에 대한 블록다이어그램 분석에서부터 시작된다.

㉡ 블록다이어그램은 서로 다른 블록과의 관계를 나타낼 수 있으며, 어떤 구성품(블록)이 주어진 단계에서 분석의 초점이 되는지를 나타낸다.

㉢ 블록다이어그램은 정보, 에너지, 힘, 유체(Fluid) 등의 흐름을 가리킨다. 이것의 목적은 블록에 입력되는 것으로(Input), 블록에서 실행되는 과정(기능)과 블록으로부터 출력될 수 있는 것(Output)을 이해하는 것이다.

㉣ 블록다이어그램은 분석 시 포함된 항목 사이의 초기 관계를 설명하고, 분석에 대한 논리적 순서를 수립한다.

㉤ 논리도의 작성은 시스템 요소간 기능 상실의 영향의 전파를 쉽게 조사할 수 있도록 해 준다.

㉥ 블록다이어그램은 FMEA 문서와 함께 관리 되도록 한다.

6.5 설계FMEA Key-Process

① 기능 요구사항의 이해와 파악 : 설계의도와 공정을 목적으로 하여,

② 잠재적 고장 형태 파악 : 설계의도, 공정 요구사항의 불충족 상태의 의미를 이해하여,

③ 잠재적 영향 파악 : 고객에 인식된 고장 형태의 영향과 그 심각성을 확인하여,

④ 잠재적 영향 파악 : 시정과 관리 기능, 다수의 원인은 개별적으로 분석한다.

⑤ 현재의 관리 파악 : 고장 원인 및 고장 형태를 예방하거나 검출하는 활동으로,

⑥ 위험파악 및 평가 : 심각도/발생도/검출 위험평가를 위해 고객 요구사항 이해하여,

⑦ 권고 조치사항 : 고장형태가 현실화될 가능성을 줄이는 의도, 책임 완료 예정을 목표로,

⑧ 결과 갱신 : 위험 재평가 결과를 갱신한다.

6.6 설계FMEA 작성방법

다음 표 2-16의 양식에서 순서대로 [1]에서 [23]까지의 내용을 기록하고, 해당 분야별 결과 수치를 계산한다.

표 2-16 설계과정의 잠재적 고장형태의 영향분석

잠재적 고장형태 및 영향분석 [Design FMEA]											FMEA 번호 [1]						
											페이지 1 of 1						
항목 [2]			설계책임 [3]								작성자 [4]						
모델년도/기종 [5]			완료예정일 [6]								FMEA 최초작성일 최근개정일 [7]						
핵심팀 [8]																	
항목/기능(목적) [9]	요구사항 [9]	잠재적 고장형태 [10]	고장의 잠재적 영향 [11]	심각도 [14]	분류 [19]	고장의 잠재적 원인 [12]	발생도 [15]	현재 설계관리 [13]	검출도 [16]	S·O [17]	위험우선순위 [18]	권고 조치사항 [20]	책임 및 목표 완료예정일 [21]	조치 내용 [22]	조치결과[23]		
															심각도	발생도	검출도 · 위험우선순위
						예방 검출											

표 2-18의 심각도 기준과 영향을 주는 요소를 파악하여, 조치 결과 [23]의 위험우선순위의 수치를 계산한다.

(1) FMEA 번호

FMEA의 문서 번호로서 문서 추적에 이용될 수 있다.

(2) 항목

분석되어야 할 시스템, 하위 시스템 또는 구성품의 이름 및 번호를 기입한다.

(3) 설계 책임

OEM, 부서, 부문 등을 기입, 또한, 알고 있다면 공급자 이름을 기입한다.

(4) 작성자

FMEA 작성 책임자의 이름, 전화 번호, 회사명을 기입한다.

(5) 모델 연도/모델(제품)명

분석된 설계/공정에 의해 이용되거나 영향을 받는 모델 연도와 모델(제품)명을 기입한다.

(6) 완료 예정일

계획된 양산 시작일(SOP)을 초과 하지 않는 초기의 FMEA 완료 예정일을 기입한다. 비고-공급자의 경우, 초기 FMEA의 완료 예정일자는 고객이 요구한 ISIR 제출일자를 초과되지 않아야 할 것.

(7) FMEA 최초 작성일, 최근 개정일

최초의 FMEA 작성 일자와 최근 개정일자를 기입한다.

(8) 핵심팀

임무의 파악과 수행에 권한을 가진 책임있는 인원과 부서의 이름을 기입한다(모든 팀원 이름, 부서, 전화번호, 주소 등이 배포 List에 포함할 것을 권장한다).

(9) 품명(Item), 기능(Function), 요구사항(Requirements)

① 분석하고자 하는 부품 이름 및 도면번호
- 도면에 표시된 것과 동일한 용어를 사용
- 최초 배포 전에는 임시번호를 사용

② 설계자의 의도된 부품의 기능을 요약 기록 ➪ 필수기능＋부가기능
- 시스템의 작동과 관련된 환경정보를 포함
- 온도, 압력, 습도 등의 사용 범위

③ 한 가지 이상의 기능을 갖는 경우에는 모든 기능을 분리하여 나열
- 필수 기능 우선＋보조기능＋인터페이스기능＋On/Off-Line기능

④ 요구사항은 고장 형태의 분석을 좀 더 세밀하게 구분하기 위해 덧붙여질 수 있고, 각 기능에 요구사항을 입력한다.

(10) 잠재적 고장형태(Potential Failure Mode)

① 시스템, 서브시스템, 구성품(Component)이 잠재적으로 설계 의도를 만족시킬 수 없는 상태

② 특정 부품과 부품 기능에 대한 각각의 잠재적 고장 형태를 나열

③ 과거의 실패 사례, 결함 보고서 등을 '브레인스토밍'에 의하여 검토

④ 특정 작동 조건(덥고, 춥고, 건조하고, 먼지나는), 사용조건(평균 운행거리초과, 거친 지형, 시내 주행용 등)에서만 발생될 수 있는 잠재적 고장 형태 고려한다.

⑤ 고객이 감지하는 증상이 아닌 "물리적" 또는 "기술적" 용어로 표현하는데,
- 균열, 고착, 변형, 전기적 단락(short circuited), 느슨함(Loosened), 산화(녹), 누수, 누유, 파손 등

(11) 잠재적 고장영향(Potential Effects of Failure)

① 잠재적 고장 형태가 기능에 영향을 줌으로 인하여 고객(내/외부)이 인지하는 것

② 고객이 눈치 채거나 경험하거나 기억해 내는 관점에서 고장의 영향을 기술

③ 안전이나 법규에 만족되지 않을 수 있으면 명확히 명시하는 것

④ 분석하고자 하는 특정한 시스템, 서브시스템, 구성품의 관점에서 기술하며,

⑤ 고장 영향의 예 : 소음, 거칠음, 불규칙한 작동, 작동 불능, 조잡한 외관, 불쾌한 냄새, 불안정성, 작동 저하, 간헐적인 작동 등이 해당된다.

(12) 잠재적 고장원인/메커니즘(Potential Causes/Mechanism(s) of Failure)

① 잠재적 고장 형태의 잠재적 고장 원인 및 메커니즘
- 원인은 고장 메커니즘을 유발하거나 활성화시키는 상황이다.

② 고장 형태에 대한 생각할 수 있는 모든 고장 원인과 고장 메커니즘을 가능한 범위 (1차원 인계)까지 나열

③ 고장의 잠재적 원인의 기입 시에는 기술적인 검토가 가능 하도록 기입한다.

④ 고장 원인의 예 ; 잘못된 재료 사양, 부적절한 설계 수명 추정, 과부하, 불충분한 윤활 능력, 부적절한 보전지침, 사용 환경에 대한 불충분한 고려, 잘못된 연산방식 등

⑤ 고장 메커니즘의 예 ; 휘어짐, 늘어짐, 피로(Fatigue), 마모(Wear), 재료의 불안정성 (Material Instability), 부식(Corrosion) 등

(13) 현재의 설계관리 방법(Current Design Control)

① 잠재적 고장원인, 메커니즘에 대한 설계의 적절성을 보장할 수 있는 예방, 유효성 확인, 검증활동의 방법

② 현재의 관리 방법 예 ; 주행시험, 설계검토, 시험, 가속시험, 수학적 연구 등.

③ 동일 또는 유사설계에 사용되었거나 사용되고 있는 것

④ 고려되어야 할 설계관리 유형

  - 유형(1) : 원인, 메커니즘이나 고장 형태, 영향의 발생을 예방하거나 발생률을 줄인다.

  - 유형(2) : 원인, 메커니즘을 찾아내고 시정조치를 이끌어 낸다.

  - 유형(3) : 고장 형태를 찾아낸다.

(14) 심각도(S : Severity)

① 만일 발생할 경우 잠재적 고장 형태가 그 다음의 시스템, 서브시스템, 구성품 또는 고객에게 미치는 영향의 정도

② 심각도는 단지 고장 영향에만 적용

③ 각각의 영향 중 가장 엄격도가 높은 등급을 평가

④ 심각도 등급의 감소는 오직 설계 변경으로만 가능

⑤ 설계FMEA의 등급은 공정FMEA에서도 동일하여야 한다.

  - 평가 기준과 등급체계는 팀의 의견 일치를 보아야 하며, 일관성이 있어야 한다.

  - 등급 9와 10은 기준을 변경하는 것을 권고하지 않는다. 심각도 1등급은 더 이상 분석해서는 안 될 것이다.

(15) 발생도(O : Occurrence)

① 잠재적 고장 원인, 메커니즘의 제거, 관리를 위한 설계변경으로만 가능

② 발생도 등급의 감소는 고장 원인, 메커니즘의 제거관리를 위한 설계 변경으로만 가능

③ 발생도 추정 시 고려사항

  - 유사품이거나 서브시스템의 서비스 이력사례는 무엇인가?

  - 구성품이 이관(Carryover)품인가, 아니면 이전의 구성품 또는 서브시스템과 유사한가?

  - 이전의 서브시스템 또는 구성품에서 중요한 변경이 있었는가?

  - 구성품이 이전의 수준의 구성품과 판이하게 다른가?

- 구성품이 완전히 새로운가?

- 구성품의 적용이 바뀌었는가?

- 환경의 변화는 무엇인가?

- 발생률을 추정하기 위한 기술적 분석이 이용 되었는가?

④ 발생도 등급은 상대적 의미를 갖는다(발생도 등급은 순위 부여에만 관련되고 실제 발생 가능성을 반영한 것은 아님).

(16) 검출도(D : Diction)

① 잠재적 고장 원인, 메커니즘을 시스템, 서브시스템, 구성품이 양산을 위해 배포 이전에 현재의 관리방법으로 발견될 가능성의 정도

② 여러 가지 관리 방법이 있을 경우 가장 낮은 등급을 선정

③ 검출 등급의 감소는 계획된 설계관리(예방 유효성 확인 검증활동)가 개선되어야 가능
⇨ 현재 관리방법의 개선

(17) 심각도*발생도(S*O)

잠재적 고장 형태별로 [최대 심각도] * [최대 발생 빈도]를 계산하여 S*O란에 기입한다.

(18) 위험 우선 순위(RPN : Risk Priority Number)

① 설계위험에 대한 추정치이며,

② 설계 시 고려하여야 할 우선순위의 결정 시 사용하며,

③ 위험우선순위 (RPN)＝심각도(S)×발생도(O)×검출도(D)로 계산되며,

④ 높은 RPN에 대하여서는 팀이 위험을 줄이기 위한 노력이 필요하다.
- RPN 결과와 관계없이 심각도(S)가 높을 때에는 특별한 주의가 필요하다.

⑤ 조치의 필요성을 결정하기 위한 실행으로는 RPN 분계점(threshold)의 사용을 권고하지 않는다.

(19) 분류(Classification)

① 높은 우선 순위의 고장 형태 및 그와 관련된 원인을 강조하기 위해 사용하며,

② 분류란에 적당한 특성이나 기호로서 파악 되어야 한다.

③ 특별특성으로 파악된 사항에 대하여는 권고 개선 사항이 검토된다.
심각도(S)>8, 8≥심각도(S)≥5 and 발생도(O)≥4인 것 ⇨ 특별특성관리

④ 설계FMEA에 의하여 특별특성으로 분류된 사항에 대하여는 공정FMEA에 의하여 평가
되어야 한다.

(20) 권고 조치사항(Recommended Actions)

① 개선의 우선 순위가 결정 되었을 때의 설계 위험을 줄이기 위한 노력이 필요하며,

② 권고 개선 활동의 고려사항 ⇨ 위험의 실제에 대한 확인 or 검증/ 위험저감

- 실험계획법 시험계획의 개정 시험계획의 개정, -설계 변경, - 재질변경,

③ 개선 우선 순위

심각도(S) >8, 8≥심각도(S) ≥5 and 발생도(O) ≥4인 것 ⇨ **특별특성**

심각도(S)가 높은 것 ⇨ 심각도(S) * 발생도(O)가 높은 것 ⇨ 위험 우선 순위(RPN)가
높은 것.

(21) 담당자(Responsibility)/완료 예정일(Target Completion Date)

① 권고 조치 사항에 대한 활동 책임자 이름 및 부서명

② 권고 개선 활동의 완료 및 목표 예정일

- 권고 개선활동의 최초 완료는 양산 도면 배포 전에 이루어져야 한다.

(22) 조치 내역(Action Taken)

① 시정조치가 수행된 후 시정조치의 간략한 설명과 적용 일자를 기입한다.

(23) 조치 결과(Action Results)

① 개선활동이 완료 후 심각도, 발생도, 검출도의 평가 결과

② 개선활동 완료 후 RPN 값

- 개선활동이 이루어지지 않으면 공란

- 추가 개선 조치의 고려 필요 시에는 권고 개선 사항부터의 단계를 반복 실시

- 입증 또는 실증을 토대로 등급 변경 → 조치 없는 등급 변경 가능한지?

③ 변경된 등급의 검토

- 조치만으로 문제가 해결 됐다고 보장할 수 없어, 따라서, 검증으로서, 적절한 분석이
나 시험을 완료해야 한다.

그림 2-22 설계 실패의 유형과 RPN(위험우선순위) 계산 결과

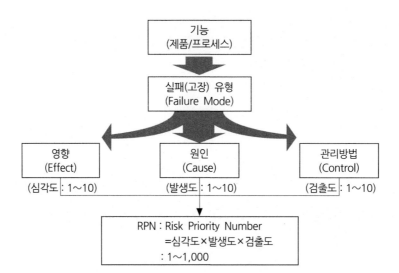

표 2-17 DFMEA 전개순서 요약정리

전개 절차	내 용
1. System 및 구성품 기능 확인	• 완제품 ⇨ System ⇨ Sub system ⇨ 구성품 ⇨ 부품 단위로 기능 및 구성 정도 확인한다.
2. 분석 Level 결정	• 완제품 System 분해/해석하여 DFMEA 전개 대상 수준을 명확히 결정
3. Block Diagram 작성	• System을 이루고 있는 구성품목 간의 기능 Block도를 작성하며 System, Sub system, 구성품, 조립품 Level로 세분화
4. 고장 Mode 예측	• System, Sub system 중 구성 요소에서 설계 의도를 만족시키지 못하는 고장 형태 예, • 특정한 사용조건(평균거리, 거친 지형, 시내 운행 등)에서 발생할 수 있는 고장을 고려한다.
5. 고장 영향 추측	• 고객이 고장 형태를 알거나 경험할 관점에서 기술(記述)
6. 현재관리 방법기입	• 예방설계, 안전검증(주행시험, 설계검토, 불량방지 장치, 시작 시험 등) 활동을 기술한다.
7. 정량분석 심각도(S)/발생도(O)/검출도(D)	• 고장 발생 시 고객에게 미치는 심각성을 1(낮음)~10(높음) 규모로 예측 하여 기술한다. • 고장 발생 가능성을 1(낮음)~10(높음) 규모로 예측하여 기술함. • 고장 발생시 발견할 가능성을 1(확실)~10(불가) 규모로 예측하여 기술
8. RPN 산출	• 위험 우선도(Risk Priority Number) 산출(1~1,000) RPN=S×O×D
9. 대책 수립	• RPN이 높은 항목별 대책 수립(RPN 분계점 사용 권고 안함) • 심각도가 높으면 RPN에 관계 없이 대책 수립
10. 조치 내용 Follow-up	• 대책 추진 결과를 확인한다.
11. 조치 후 2차 RPN 산출	• 대책/조치 결과에 따른 S, O, D를 재평가하여 RPN 재 산출한다.
12. 설계 적용/고객 품질정보비교	• DFMEA 결과의 설계를 반영하며, 품질정보 업무를 비교한다.

표 2-18 설계FMEA의 작성방법 상의 심각도 기준과 영향을 주는 구분

심각도 등급	영향	기준 : 영향의 심각도 (고객의 영향)	기준 : 영향의 심각도 (제조/조립에 영향)	고장 확률 (Failure Probability)	PPM : 백만 개당 불량 부품수	발생예시 (Example)	CpK : 공정 능력
10	경고 없는 위험	• 잠재적 고장 형태가 사전 경고 없이 자동차 운행에 영향을 미치거나 정부법규에 대해 불일치 사항이 포함될 때의 매우 높은 심각도 등급	• 작업자(기계 또는 조립)에게 사전 경고 없이 위험을 줄 수 있음	매우 높음 Very High	> 500,000		> 0.33
9	경고 있는 위험	• 잠재적 고장 형태가 사전 경고를 가지고 안전 운행에 영향을 미치거나 정부법규에 대해 불일치 사항이 포함될 때의 매우 높은 심각도 등급	• 작업자(기계 또는 조립)에게 사전 경고를 가지고 위험을 줄 수 있음.	매우 높음 Very High	333,333		> 0.33
8	매우 높음	• 자동차/부품의 작동 불능 (주요 기능의 상실)	• 제품의 100%가 폐기됨, 또는 수리실에서 수리 시 1시간 이상 소요됨	높음 High	125,000		> 0.51
7	높음	• 자동차/부품이 작동하지만, 성능이 떨어짐. 고객 매우 불만족스러움 수리 시 30분에서 1시간이 소요됨.	• 제품이 분리되고 일부(100% 미만)가 폐기됨, 또는 수리실에서 수리 시 30분에서 1시간이 소요됨	높음 High	50,000		> 0.67
6	보통	• 자동차/부품이 작동하지만, 편의성 부품의 작동불능(고객 불만족)	• 제품의 일부(100% 미만)가 분리 없이 폐기됨, 또는 수리실에서 수리 시 30분 이하가 소요됨	보통 Moderate	12,500		> 0.83
5	낮음	• 자동차/부품이 작동하지만, 편의성 부품이 작동은 하나 성능이 떨어짐.	• 제품의 100%가 재작업 되어야 함, 또는 Off-Line에서 수리되어야 함 (단, 수리실에서 할 필요는 없음).	보통 Moderate	2,500	1시간당 1개	> 1.00
4	매우 낮음	• Fit & Finish/Squeak & Rattle 항목이 부적합 함. 대부분의 고객에 의해 인지되는 결함(75% 이상)	• 제품이 분리 되어야 하고 폐기 없이 일부(100% 미만)가 재작업 되어야 함	보통 Moderate	500	1교대당 1개	> 1.17
3	경미	• Fit & Finish/Squeak & Rattle 항목이 부적합 함. 고객의 50%에 의해 인지되는 결함.	• 제품의 일부(100% 미만)가 폐기없이 작업장 밖에서 On-Line 중에 재작업될 수 있음	낮음 Low	67	1주당 1개	> 1.33
2	매우 경미	• Fit & Finish/Squeak & Rattle 항목이 부적합 함. 예민한 고객에 의해 인지되는 결함(25% 미만)	• 제품의 일부(100% 미만)가 폐기 없이 밖으로 빼내지 않고 작업장 내에서 On-Line 중에 재작업 될 수 있음	매우 낮음 Very Low	7	1월간 1개	> 1.50
1	없음	• 인지할 수 있는 영향 없음	• 재작업 시 작업장 및 작업자에게 약간의 불편을 주나 영향은 없음	희박함 Remote	> 1	1년간 1개	> 1.67

그림 2-23 설계FMEA의 작성의 사례

(부록B)

시스템	
하위시스템	
구성품	01.30/Body Closures
모델년도/차종	198x/ Lion 4dr/Wagon

핵심팀 혁신자-연구소, 개발자-시험실, 공정중-생산, 공정자-성산기술, 기술자-성산, 검사자-구매부, 검사자-QA

잠재적 고장형태 및 영향분석 (설계 FMEA)

설계책임 기발한	FMEA번호 R&D 2349 PP
완료예정일 '18. 11. 25	페이지 1
	작성자 홍길동
	FMEA최초 작성일 '18. 7. 25 최근개정일 '18. 8.25

부품/기능 (9)	잠재적 고장형태 (10)	고장의 잠재적 영향 (11)	심각도 (12)	등급 (13)	고장의 잠재적 원인/구조 (14)	현 설계관리 (15)	발생도 (16)	검출도 (17)	위험우선수 (18)	권고조치사항 (19)	책임자 및 목표 완료예정일 (20)	조치 내용 (21)	심각도	발생도	검출도	위험우선수 (22)
Front Door L.H., H8RX-0000-A 차실을 완전히 싸는 것, 내부로 습기나 젖 부운 유 환경으로부터 승객보호, 창과 기능도면의 지지체, 핸드장치, 화장화거울, 윈도우레귤레이터, 도어록 레버 및 내부도어 마무리 하드웨어 지지, 창유리의 적절한 표면 제공 등 도어류	내부 하단도어 패널부식	도어의 열화가 다음을 초래한다. · 시간경과에 따른 외관 이상. · 내부도어 기능이 불만족 하거나 하여 도어의 내부 기능에 가능이 손상된다.	7		상부 모서리 밀랍처리 왁스가 너무 두꺼워 와서 규격이 너무 크다.	차량일반내구시험 veh. T-111 T-109 T-301	6	7	294	염분함유 가속부식 시험추가	개발자, Body Engineer T.2688	시험결과에 근거하며 (Test No. 1156) 모서리의 도포 spec'을 125㎜로 증가	7	2	2	28
					화실두께에 규정 불충분	차량일반내구시험 -상기 시험과 동일	4	7	196	염분함유 가속부식 시험추가	모서리에 도포를 위한 화실수준 중율 W/Test	시험결과(Test No. 1156) 규정보다 두께가 적정하다는 것을 보여줌	7	2	2	28
					왁스 배합률의 부적합	물리적 및 화학적 연구실 시험 -본보고서 No. 1078	2	2	28	왁스두께에 대한 최소 수준 평가	개발자, Body Engineer T.2688	결과 설계 변경 왁스두께를 25% 상승토록 규정변경				
					적절한 충당률/증류량의 화실수준 연구부족	염수 스프레이 연구실 시험 및 설계개발 연구	5	8	280	없음	Body Eng & Ass'y Ops T.2688 & 2299		7	1	3	21
					화실도포 및 조건가능 되게하여 도어	화실누수 최악하의 결과방지 Test 진행	3	1	21	없음						
					스프레이 헤드 전근 부족으로 스프레이 헤드 사이의 밀랍방수 여유공간이 불충분	설계 aid buck과 스프레이 헤드 이용가능 여부 평가	4	4	112	염수 스프레이 이용한 평가 추가	Body Eng & Ass'y Ops T.2688 & 2299	테스트를 근거하여 영향하에 3개의 Vent 추가. 평가결과 불 적정한 것으로 증가용해 밀랍방수 가능한 것으로 나타났음, 도어 도면상의...	7	1	1	7

SAMPLE

제7절 설계 결과에 대한 평가

설계가 완료된 후의 전문성이 있는 제3자가 보는 관점에서, 설비의 효율성, 계속성, 사용자가 알기 쉬움, 외관의 아름다움, 추상성, 독립성, 연결성 등, 설비의 전반적인 면에 대한 평가를 할 필요가 있다.

이것은 고객 또는 사용자의 입장을 사전에 검토를 해 보는 의미도 있으므로 중요한 항목이라 볼 수 있다.

그림 2-24 설계 평가의 다양한 시각

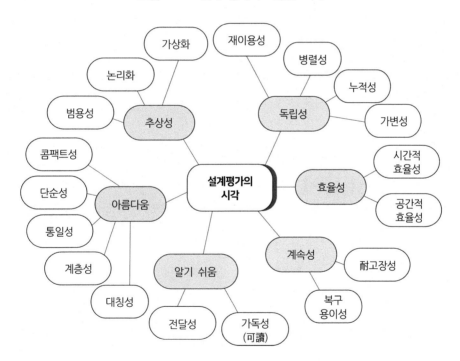

7.1 기계 외관 및 추상성 평가

7.1.1 미적 평가

설계에는 아름다움이 필요한데, 여기에서 아름다움이란 설계되어 만들어진 것이 충분히 기능을 발휘하는 것으로, 이용자에게 만족감과 친근함을 감지되는 것을 말하며, 이것을 **기능미(機能美)**라 부른다. 설계의 아름다움은 설계를 할 때 여러 가지 다양한 결정에 큰 영향을 미치며, 여기에서 대표적인 것에 대하여 다음과 같이 설명한다.

1) 대칭성

아름다움 중에도 대칭성에 대해서는, 최고 많은 의논이 되는 관점으로, 설계의 대칭성에는 시간적 대칭성과 공간의 대칭성이 있다.

① **시간적 대칭성** : 기능의 설계와 프로그램의 동작을 결정할 때 문제가 될 수 있는 것으로, 예를 들어, 어떤 파일 이용을 『시작하는 기능』을 생각하면, 그 종료를 선언하기 위해 『끝내는 기능』을 생각하고, 프로그램데이터 영역을 『Lock하는 기능』을 사용하고 있다면, 어딘가에서 『Unloading하는 기능』을 사용하고 있을 것으로, 같은 기능으로, 이 이들은 시간을 쫓고 보, 꼭 대칭으로 되어야 할 필요가 있다. 만약 그렇게 되고 있다면, 사용한 파일이 열린 채로 있게 되었다든가, 데이터 영역이 록(Lock)된 상태로 있다든가, 다른 프로그램이 사용할 수 없다든가, 결함의 원인으로 되는 것이 많기 때문이다.

② **공간적 대칭성** : 이것은 소프트웨어의 구조를 전망했을 때 문제가 되는 것으로, 예로, 어떤 컴포넌트(Components)에는, 상당히 고기능의 모듈을 개수만을 생각한다고 보며, 다른 컴포넌트로는, 그것에 상당하는 고기능인 모듈을 더욱 상세히 분해하여, 단기능인 모듈화를 하고 있다고 보며, 이와 같은 경우, 고기능인 모듈인 모듈을 단기능인 모듈에 비교하여 입도가 크다고 한다.

만약, 이 2개의 컴포넌트가 연결하여 작동할 필요가 있을 경우, 그것을 제공하는 인터페이스는 실장(實裝)하는 기능이 다르므로, 대칭적으로 되지 않는다. 그러면 각 모듈이 각각의 서버에 배치되어 작동하는 일이 일어난 경우, 입도의 큰 모듈에 배치하는 서버의 부하만이 높게 되는 가능성이 있다.

소프트웨어의 이론에서 볼 때, 공간적 대칭성의 필요성은 없지만 실제로 동작될 때에는 그것이 문제로 되는 것이 있어 주의가 필요로 한다.

2) 계층성

소프트웨어의 설계로는 피할 수 없는 것으로, 실현하겠다는 생각의 일에는, 다양한 개념이 포함되고, 그러한 개념에는 필히 계층적인 관계성이 있다. 소프트웨어의 설계로는 이러한 개념의 관계를 기술하여, 그 동작을 정해 가는 것이 주된 작업으로, 계층성을 어떻게 설계하는 것은 큰 문제로 되는 것이다.

3) 통일성

설계의 주축이 되는 시점으로, 설계의 결정사항에 통일성이 없는 것에는 아름답지 않다고 할 뿐 아니라, 혼동이 되고, 문제점도 많으며, 효율도 떨어진다는 것이 경험적인 것이다. 설계자가 설정하는 룰이 통일성이 되게 하는 것이 큰 역할을 하는 것이다.

4) 단순성

소프트웨어의 알고리즘을 결정해 나가는 데에 문제가 되는 것으로, 이미 기술한 것과 같이, 알고리즘은 문제에 대하여 해결책으로, 그 해법은 일반적으로 복수 존재로, 그 중에서 어느 해결을 선택하는 것이 어떠한 기준이 되는 것이 단순성이다. 그것을 기준으로 하는 이유는 알기 쉽고, 효율성에 통하는 것이 있기 때문이다. 단순한 알고리즘으로 문제가 해결될 수 있도록 하는 것은 그 이론의 타당성을 증명하는 데에도 필요한 수고와 시간이 적게 들어가, 프로그램의 규모는 작아지고, 효율도 좋게 된다.

5) 콤팩트성

같은 기능을 달성하기 위해서 보다 작은 프로그램 스텝의 수보다 작은 메모리 공간 · 데이터 양으로 될 수 있도록 하는 의미이며, 일반적으로 콤팩트하게 하는 것과 효율성에는 상관이 있는 부분이다. 또한, 겉보기가 콤팩트하게 되어 있다는 것은 알기 쉽고, 사용하는데 편리한 구조가 된다는 것이다.

7.1.2 추상성 평가

추상성은 소프트웨어의 수명과 밀접한 관계가 있고, 소프트웨어 취급 개념의 추상성이 높으면 높은 만큼, 보다 광범위한 문제에 적용 가능하게 된다. 구체적으로 되어 있으면 있는 만큼, 개별의 문제에만 적용할 수 있게 되고, 여기서는 추상성 중에도 최고 중요한 범용성, 논리화, 가상화를 다루는 것이다.

1) 범용성

소프트웨어의 범용성에는, 그 소프트웨어의 다양한 문제에 적용 가능한 것을 말하며, 반의어(反意語)라는 전문성으로, 범용성 · 전문성의 구별은 상대적으로 되어 있는 것을 알아둘 필요가 있다. 또한, 범용성이란 어떤 분야에서, 누가 하는지를 정하지 않는 한 평가할 수가 없다. 그래서 범용성 · 전용성의 좋고 나쁨을 한 마디로 말할 수 없고, 어느 정도 범용성이 높아도 불필요한 것이 많이 들어가 있어, 결코 좋은 소프트웨어라고는 할 수 없다.

결국, 범용성 · 전용성의 평가는 어떻게 이용하느냐 하는 조건에 따라 결정하는 것이 필요한 것이다. 그래서, 이용 조건 이외로 사용한다면, 대개 이용자에서 불평 · 불만이 나오는 것도 각오를 해야 하며, 새겨들어야 할 필요가 있다.

2) 논리화

물리적으로 몇 개 있는 것을, 소프트웨어로 해서, 논리적으로 1개 보이는 것을 말하며, 이것을 추상화로 불리고 넓게 파악할 수도 있지만, 여기에서는 논리적으로 1개 보이는 것을 강조하여 논리화라고 말한다. 이것은 기계 등에는 없는 소프트웨어 특유의 생각이다. 논리화에는 어떤 개념에 의해서, 그 실장(實裝)을 은폐하는 기능이 있고, 이것을 편리하게 잘 이용함으로써, 소프트웨어의 재이용성은 비약적으로 높아지고 있다.

3) 가상화

물리적으로는 존재하지 않는 것을 소프트웨어로 존재하여 보이도록 하는 말로, 이것도 논리화와 같이 기계에는 없는 소프트웨어의 생각이다.

최근에는 하나의 PC와 서브로 복수의 OS를 동시에 작동시키는 소프트웨어가 화제가 되고 있다. 이것을 **가상화 소프트웨어**라 부른다. 이 소프트웨어는 하나밖에 없는 물리적인 컴퓨터(CPU, 스토레이지, 네트워크)를 마치 복수의 컴퓨터용 가상계산기(假想머신)이라 한다. 가상화란, 더 넓고 현실 세계에 적용하여, 실현 세계에는 존재하지 않고, 공간과 사람을 계산기계상으로 만들거나 나타낼 수가 있는 것으로, 이것을 **가상실현**이라 부른다.

이와 같이 가상화의 개념은 지금까지 물리적인 현실 세계에 있는 상황을 만들고 나타나게 하는 것이며, 또한, 가상기계와 클라우딩 컴퓨터에 의해, 기계 리소스의 효율적인 이용을 한다는 점에서도 뛰어난 것이다.

7.2 요소별 독립성과 효율성

7.2.1 독립성

소프트웨어의 수명과 큰 관계가 있으며, 독립성이 높은 프로그램은 재이용도 높게 되고, 병렬로 동작되어도 서로 간섭되지 않는 좋은 성질을 갖고 있다. 게다가 독립성은 몇 번 실행을 해도 결과가 변하지 않는 누승(累乘)의 특성이라는 의미로 사용되고 있다. 그래서 독립성이 높은 프로그램을 조합한 소프트웨어는 외부의 요구에 대하여 유연하게 변화되어 가는 것에, 가변성과의 관계가 있다. 여기에서, 재이용성, 병렬성, 누승성(累乘性 ; 거듭제곱), 가변성에 대하여 간략하게 설명한다.

(1) 재이용성

소프트웨어의 소스프로그램 자체는 재활용하는 것이 가능하여, 재활용성이 높은 프로그램 부품의 수명은, 30~40년 정도인데, 소프트웨어 부품에는 단계성이 있어, 하드웨어에 가까운 드라이브 프로그램이라 것은 하드 부분의 변화와 함께 바꿀 필요가 있다. 소프트웨어 부품에는 계층성을 갖게 하는 것이 기능체계가 정리되어, 실현하는 기구와 구조의 독립성이 높아지고, 이것에 의해 소프트웨어의 재이용성을 좋게 할 수 있다.

(2) 병렬성

소프트웨어 부품과 부품 간에 독립성으로 야기되어, 프로그램의 동작으로는 서로 제휴하면서 작동시키는 일도 자주 있어, 서러 간섭 없이 병렬적으로 동작하는 쪽이 하드웨어의 자원의 효율성이 좋게 된다.

(3) 누적성

멱등 법칙성으로, 숫자로는 '누승(累乘)'이라는 말로, 숫자와 문자를 몇 번 곱하는 의미로, 몇 번 기능을 적용해도 결과가 변화지 않는 것에는 기능이 앞의 상태에 의존하지 않고, 서로 간섭하지 않는다는 의미이다. 그래서, 이 기능이 있으면 성능이 부족할 때 그 기능이 동작하고 있는 서브를 단순히 덧붙이거나, 처리가 중단되어도, 몇 번이고 수정할 수 있다는 것이 된다.

(4) 가변성

가변성도 소프트웨어의 수명과 밀접한 관계가 있어, 소프트는 하드와 달리 물리 · 화학적인 경년 노화는 발생하지 않고, 그러나 소프트웨어에 대하여 요구 측이 변화하기 때문에 소프트웨어는 상대적으로 사용하기 어렵게 요구에 따르지 못하게 되어, 그 때문에 소프트웨어의 보수라 말하고, 하드웨어와 같이 기능을 유지하기 위해 부품의 교환은 하지 않고 기능의 요구에 대응하기 위해 추가 개발로 이어지고, 항상 변화하는 것이 요구되는 것이다.

7.2.2 효율성

효율성은 어느 시대든 요구되고 있어, 최근에는 하드웨어의 가격이 내려가는 영향을 받아, 효율을 생각하지 않아도 좋아졌다는 논란이 이루어지는 것이 있어, 하드웨어가 싸게 되어지는 동시에, 요구되는 기능도 고도화 효율을 생각하지 않아도 좋아졌다는 논란이 이루어지는 것으로, 효율성은 상당히 요구되고 있다. 효율에는 시간적 효율과 공간적 효율이 있다.

① **시간적 효율** : 같은 하드웨어를 사용했을 때, 어느 정도 시간으로 문제가 해결되느냐 하는 것으로, 이것이 좋다는 것은 단위 시간당 해결하는 문제가 많다는 것이며, 이것을 스루 풋(Through put)이라 하고, 이것을 응답 성능을 나타내는 반응(Response)시간과 달리, 이것만 동시에 일을 해낼 수 있느냐 하는 것을 나타낸다.

② **공간적 효율** : 이 효율은 같은 문제를 해결하는 데에, 메모리와 디스크 등의 기억구역을 어느 것만 필요로 하는 것인가로, 보다 적은 양의 기억 영역으로 처리할 수 있는가 하는 것이 효율이 좋게 되어지는 것이다. 하드웨어 가격의 저가에 의해 소프트웨어로 처리 가능한 메모리와 디스크의 용량은 엄청나게 커지고 있다.

7.3 설계의 연속성과 인터페이스

7.3.1 연속성

계속성에는 2가지의 생각으로, 하나는 소프트웨어의 고장 자체를 일어나지 않게 하는 내고장성이며, 하나는 고장을 발생하는 것을 전제로 하여, 거기서 얼마나 빨리 복구를 쉽게 하느냐를 말하며,

① **내(耐)고장성** : 시스템의 가용성과 밀접성에 관하는 것으로, 소프트의 내공장성을 높이

기 위한 것으로, 소프트웨어가 취할 수 있는 상태의 수를 줄이는 것이다. 예외를 누락 없이 파악하여, 그 전부를 예외로 적절한 처리를 한다는 것을 설계방침으로 할 필요가 있다.

② 복구 용이성 : 내고장성을 넘어선 개념으로, 어느 정도 내고장성을 높여도, 하드웨어가 고장난 경우에, 소프트웨어는 전부 무력화 되고, 그 경우에는 고장은 발생하는 것이라 고 인정하고, 고장에서 어떻든 빨리 복구하는 것으로 설계방침을 만드는 것이 필요로 한다.

7.3.2 인터페이스

1) 네트워크 연결 방식

네트워크의 인터페이스에서 여러 대의 컴퓨터 시스템들이 연결하는 방식을 다음과 같이 구분한다.

① Local-Area Network(LAN) : 컴퓨터들이 거리상으로 가까이 있는 네트워크를 말하며,

② Wide-Area Network(WAN) : 컴퓨터들이 멀리 떨어져 있고, 전화선이나 라디오 주파 수를 이용해 연결하는 경우에 해당되며,

③ Toplogy : 컴퓨터 시스템들을 기하학적으로 어떻게 배열하는가를 말하며, Star, Bus, Ring 방식들이 있다.

④ Protocol : 프로토콜이란 컴퓨터들이 네트워크 상에서 통신할 수 있도록 이용하는 일반 적인 일련의 통신규칙과 신호를 말한다. LAN 프로토콜 중 가장 일반적인 것은 Ether-net이며, IBM token-ring 네트워크 방식도 많이 사용되는 프로토콜이다.

⑤ Media : 디바이스들은 Twisted-pair wire, Coaxial cable, Fiber optic cable들을 이용 해 연결하고, 라디오 주파수를 이용해 통신할 수 있다. 또한, 네트워크상에 있는 컴퓨 터들은 노드(node)라고 불리우며, 네트워크상에서 자원을 할당하는 데에 쓰이는 컴퓨 터와 디바이스는 서버라고 부른다.

2) 네트워크 연결방법의 종류

① 별 모양 네트워크, ② 나뭇가지형 네트워크, ③ 그물망형 네트워크, ④ 원형 네트워크 로 각각의 형태로 배치, 구성되어 있다. 기본적인 LAN시스템의 구성방식에서는, 다음 그림

그림 2-25 구성인자별 LAN의 분류

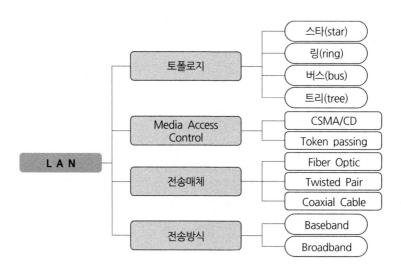

그림 2-26 유 · 무선 보안 이중화시스템 구성도의 예(AC/T社)

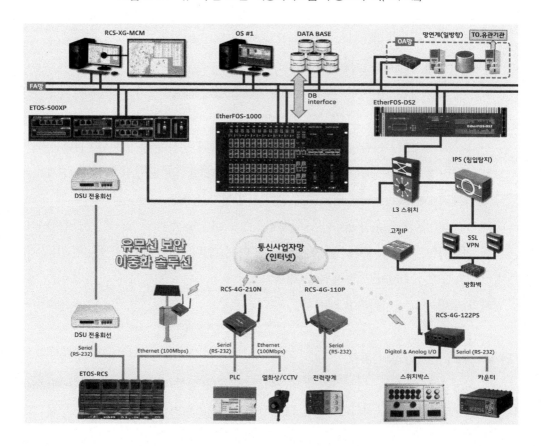

과 같이 대표적인 4종류가 있고, 최근에는 유무선과 인터넷으로 확인 및 지시가 가능한 시스템(솔류션)이 공급되고 있다.

7.3.3 기타, 정보 활용

알기 쉽도록 하는 데에는, 소프트웨어 설계에 항상 요구되고 있고, 이를 위한 설계메모리 도면 등의 각종 설계서, 프로그램의 소스Code 등에서, 얼마나 틀리지 않게 설계 정보를 읽어낼 수 있느냐가 **가독성**(可讀性 : 읽어 낼 수 있는 정도)이며, 이를 높이기 위해서는 수단을 기입할 때에는, 꼭 목적을 같이 기술해야 하며, 특히 소스코드의 코멘트로, 『A를 B에 대입한다』든가, 『X에 Y를 더한다』 등의 코드 이동은 프로그램 언어의 시방에서 밝혀지는 것으로 변수의 의미를 잘 표시해야 하며, 그것을 그룹과 관계자에 얼마나 틀리지 않게 전달할 수 있느냐가 **전달성**으로, 설계사상과 설계지침을 어떻게 기술(記述)하여 두는 관계로, 명확하게 해 두는 것이 중요하다. 이것을 **소프트웨어 건축**(Architecture)이라 하며, 그래서, 이것을 다른 사람에게 설계를 이해하여 주도록 하기 위한 최고로 필요로 하는 정보이다.

제8절 설계 · 개발과정의 사전원가관리와 설비계획

8.1 개발단계의 사전원가관리

8.1.1 신제품 개발 단계의 원가관리

무한 경제시대에서, 원가 부문의 정밀 원가계산으로 협력들과의 상생시대에 맞추면서, 사회적 배경으로는, 숙련이 된 원가계산 경력자의 퇴임으로 경력자의 공동화 현상과 인력 의고임금화로 경영자의 부담이 가중되고, 기술 인력의 편중화 등의 우려와, 시스템적인 배경으로는, 고도화가 된 사전원가 자료의 요구로, 논리적이고 체계화된 원가자료의 생성 지원의 요구이지만, 현실은 수작업으로 인한 지연, 누락에 의한 부정확성 등이 있으므로, 전산화의 시스템 운용이 불가피한 실정이다.

다음 그림 2-27은 모든 제품들은, 원가는 각 부문별 기술들과 연관되어 있는 관계이며, 그림 2-28과 2-29와 같이 각 단계별 원가에 대한 계획이 설정되어 상품화 시기를 대비하여 준비하여, 상품기획 때의 **목표원가**, 기본설계와 상세설계 후의 설계에서 **사전원가**, 양산시점의

그림 2-27 원가와 연관된 각 부문별 기술들(예시)

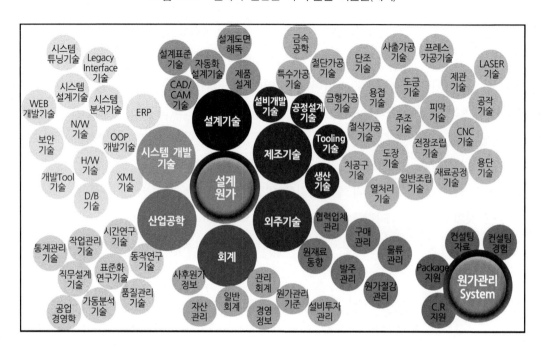

그림 2-28 신제품 개발 단계에 사전 원가관리의 예

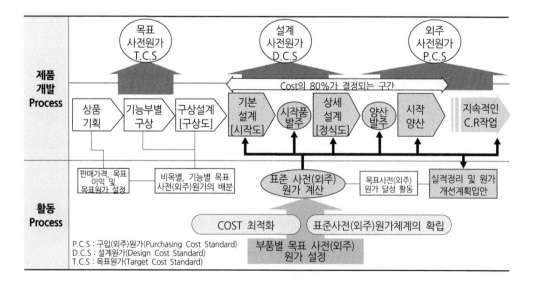

그림 2-29 원가계산 Program을 응용한 최적설계 구현의 예

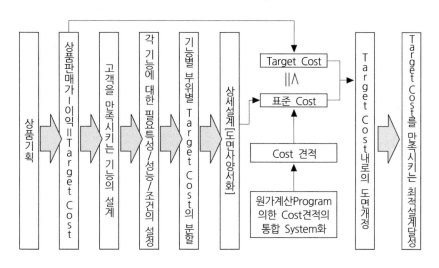

외주 사전원가로 구분을 하며, 이때 실적정리 및 원가계산 계획입안으로 지속적으로 관리를 해야 한다.

8.1.2 외주원가와 목표원가

비체계적인 조건에서의 원가계산의 문제점으로 다음 몇 가지가 있다.

① 자체 사전원가 계산 기준이 상세히 정비되어 있지 않아 명확한 제조비용의 산출이 불가능하다.

② 신제품 개발 시에 제조원가를 사전에 알 수 없어 판매가격 결정, 적정 이익의 산정 등 신속한 의사 결정이 불가능하다.

③ 제품의 설계 단계에서 설계 도면이 목표원가를 충족시키는지 알 수 없어 제품 생산 후에 적자 상품이 되는 경우가 있다.

④ 현재 공정에 대한 표준시간이 설정되지 않아 생산 효율이 떨어지고 생산성 향상을 기대할 수 없다.

⑤ 재료 여유율, 가공시간, 준비교체시간 등이 과도하게 책정되어 이익률 향상을 꾀할 수 없다.

⑥ 기존 발주품이나 신규 외주품의 경우 어떠한 제조 공정에서 얼마의 비용이 발생하는지 알 수 없어 원가절감이 불가능하다.

⑦ 원가부문은 많은 인원이 단순 원가계산에 시간을 허비하고 있으며, 구매부문은 명확한 원가 기준이 없어 가격 결정시 주먹구구식 Nego에 의존하고 있어, 구매정책 입안, 협력업체 지도 등이 잘 되지 않고 있는 실정도 있다.

8.2 전문 원가관리프로그램 구축과 관리

8.2.1 생산 제품과 관련되는 원가의 관계

생산되는 제품의 원가는 각 부문별로 관계가, 기획, 설계, 시스템개발, 제조기술, 산업공학, 재무 · 회계관리, 외주기술, 영업관리 등의 기술과 과정에 연관이 되는데 이러한 복잡한 관계에서 수작업에 의해 빠짐이 없도록 하기 위해서는 전산시스템에 의한 전문 프로그램이 필요로 하여 정확하게 계산이 되어야 하고, 추가 또는 변화에 따라서 관리가 용이할뿐더러 투명성 있는 관리를 위하며, 최종적인 수익이 정확하게 얼마인가를 알 수 있을 것이다.

8.2.2 전문 원가관리프로그램 구축과 관리

그림 2-30과 같이 전문 사전원가시스템을 구축하여 원재료비에서부터 임률계수까지 적용하여, 전문가에 의한 계산 지원과 같은 결과를 내어, ① 사용 용이성의 증대, ② 원가 불일치

그림 2-30 사전원가관리시스템 구축의 기본 체계의 예

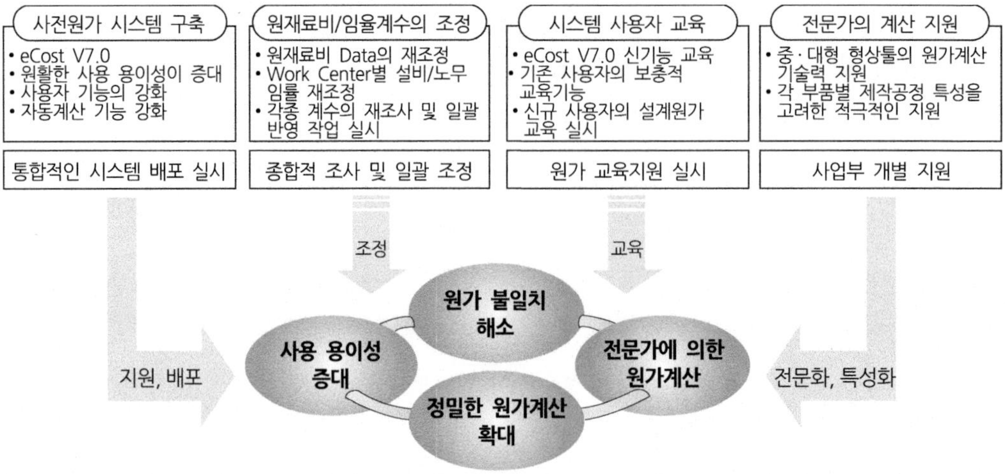

의 해소, ③ 정밀한 원가계산 확대, ④ 전문화에 의한 특성화로 신속·정확한 대응이 가능한 관리가 된다.

8.3 생산라인 구축의 설비계획과 외주처리 업무

8.3.1 신규 프로젝트의 정의와 관리

프로젝트란 고유한 제품 또는 서비스를 만들기 위한 한시적인 노력이다. 즉, 목표를 달성하기 위해 구체적인 시간 계획을 가지고, 상호 연관된 활동들을 잘 조정하면서 체계적인 프로세스로 접근하여 기대성과를 만들어 내는 활동이다.

따라서, 유일한 제품 또는 서비스 또는 결과를 창출하기 위하여 수행하는 일시적인 노력이라 할 수 있다. 따라서, 프로젝트의 특징은,

① 반드시 명확한 목표를 지향하고 있다.

② 시작, 종료일이 정해져 있다. 즉, 한시적(限時的)이다.

③ 프로젝트는 반복적이지 않고, 단 한번 수행되는 것이다.

④ 일반적으로 프로젝트 종료 시 해산하는 임시 조직에 의해 수행된다.

⑤ 예산이 제한되어 있고, 이 범위 안에서 자원(돈, 인력, 장비 등)을 소모한다.

⑥ 잘 정의된 역할에 따라 여러 부서로부터 선정된 인력들이 업무를 수행한다.

⑦ 서로 연관된 활동을 조화롭게 수행하게 된다.

이에 따른 조건으로, 명확한 목표, 한시적 노력, 고유한 제품, 점진적 구현이 되어야 한다. 또한, 프로젝트의 진행은, 외부 고객의 요구에 의해서, 내부에 필요로 하는 사람(경영진)의 요구나 지시에 의해, 기타, 미래의 사업을 위한 펼쳐 나가기 위함으로 구분할 수 있다.

8.3.2 설비계획(프로젝트관리)의 주요 포인트

① **기본계획** : Project의 의한 실무 추진의 전제 조건과 기본 방침을 명확히 하여, 전사 적인 공통 인식을 도모하는 동시에, 이후의 구체적인 업무의 지표가 되도록 계획한다.

② **공정계획** : 설계 도면에 기입되어 있는 설계 품질을 제품에 실현하기 위하여, 어떠한

공정으로, 어떠한 설비를 사용하여, 어떻게 생산하는 것이 최적인가를 검토하여 설정
한다.

③ **일정계획** : 관계 부서가 Factor를 합쳐 Project를 계획대로 달성하기 위하여, 이에 관한
업무의 내용을 시기별로 명확히 하여 업무의 진척관리를 한다.

④ **설비 시방서 작성** : 시방서를 기본으로 설비 업체, 또는 제작 부서에 대하여, 빠짐없도
록 요구 사항의 설명을 하고, 견적 범위 · 제출 기한 · 제출 자료 · 견적서의 기재 내용
을 명확히 하여 견적을 의뢰한다.

⑤ **견적 조회, 업체 결정** : 설비 업체 또는 제작 부서로 부터 제출 받은 견적서 등에 따라
요구 사항 · 가격 및 제안 등의 타당성을 비교 검토하고, 이들의 우세함을 종합적으로
검토하는 것과 동시에 사정 가격을 기입하여 채용 희망 업체와 희망 가격을 제시한다.

⑥ **발주 협의** : 당사의 요구 사항에 대하여 설비 업체가 합의하여 계약을 체결한다.

⑦ **제작 및 중간검사** : 구입 사양서 및 견적 사양서에 의거하여, 설계에 넣기 위하여 필요
한 상세 사양에 대한 확인 및 검토를 하고, 제작 과정에서 중간검사를 체크시트에 의
해 실시한다.

⑧ **설치, 시운전** : 설비 설치 후, 설비가 사양대로인가를 확인하여, 문제가 있으면 신속히
처리하여 계획 일정대로 양산하기 위하여 검수를 한다. 설비 시운전 종료 후, 기계 정
밀도 · 성능 등을 확인하며, 연속 작업에서의 품질 · 작업성 · 설비사양을 확인하는 것
과 동시에 작업 숙련을 개시한다.

8.3.3 외주 제작 시방의 조건

1) 견적 및 발주를 위한 제작 시방서(Spec)

생산하고자 하는 제품의 수량 규모, 제품 도면, 설비 제작용 기술 시방서의 내용 등을 외
주 제작회사에 견적조회를 제시하기 위한 제반 자료들로, 설비의 요구 사항이 포함한 내용
으로, 생산 가능한 능력을 제시한다.

여기에서, 양산에 필요한 금형, 치공구, 측정기기 등의 장치도 고려해야 한다.

2) 설치할 공장의 환경 조건 요구

① 전원(Power Supply) : 220 Volt, (또는 440 Volt)×60Hz×3상

② 온도 : −20℃∼45℃(하절기, 동절기의 사용 조건)

③ 습도 : 90% 미만(연간 조건)

④ 유틸리티(Utility) 조건

ㄱ 용수(Water Pressure) : 1∼1.5 Kg/cm^2

ㄴ 압축 공기압(Air Pressure) : 5∼6 Kg/cm^2

ㄷ 산소가스 압력 : 5∼6 Kg/cm^2

ㄹ CO2 가스 : 3∼4 Kg/cm^2 (또는, 사용 가스의 압력)

ㅁ 기타, 가스류 압력 : 사용 조건 제시[전용 용기(Bomb)의 사용 압력]

3) 설비 제작에 따른 조건(발주)

① 부품 규격 : 모든 규격은 KS, JIS, ISO의 해당 규격에 준한다.

② 도장 조건

ㄱ 색상은 국제표준 규격인 MUNSELL No로 지정해 주며, 샘플을 제공한다.

ㄴ 도장 부위는 녹 또는 이물질이 없어야 하며, 샌드브라스팅 또는 숏트브라스팅을 한 후에 실시한다(Sanding : Sa 2급 정도).

ㄷ 전기 판넬, 위험요소, 등의 중요한 곳은 황색, 적색으로 표시하되, KS규정에 의거

③ 설비검사 성적서 및 성능 시험 결과서

④ 설치용 기초공사의 시방서 제시

⑤ 시운전 및 품질보증 조건 제시

⑥ 기타, 발주 측과, 제작 측과의 계약적인 사항 등이 포함된다.

4) 제출 요구 서류 리스트의 예

① 기계 부문의 설계도면 및 사용 매뉴얼

② 전기·전자 부문의 설계도면 및 기술자료

③ 유·공압 부문의 회로도

④ 급유 기준서

⑤ 치구, 공기구류의 리스트와 도면

⑥ 장비 소모품 리스트와 도면

⑦ 기타, 설비 발주 및 계약에 따른 서류 및 기술 자료들을 제시하는데, 해외 업체에서 제작을 할 경우 제작에 관련된 계약을 확실히 해야 한다.

표 2-19 외주 제작 설비에 대한 요구 서류 리스트

구 분	상세 내용	요구 부수	비 고
기계 부분	1) 설비 매뉴얼	3부	운전 및 정비 요령 안내
	2) 기계 전체 Lay out 도면	3부	
	3) 유니트별 조립도면	3부	
	4) 부품 상세도	3부	정기적 보수 필요 부분
	5) 주유 장소 안내도	3부	기름 종류별 Spec, 주기
	6) 설치 시방 및 기초공사 도면	3부	
전기·전자 부분	1) 전기·전자 회로도	3부	
	2) 전기·전자 Flow Chart	3부	
	3) 제어 판넬 상세도	3부	
	4) Lader Graph 관련 상세도	3부	Parameter 등 체크용
	5) CNC, PLC 등 제어 매뉴얼	3부	프로그램 응용 설명용
	6) 기타, 설비 연결용 도면	3부	Interface 관련 조건
유압·공압 부분	1) 유압 부문 회로도	3부	정비 요령 안내
	2) 공압 부문 회로도	3부	
	3) 유·공압 부품 리스트	3부	정비 때 부품 구입용
기타 서류 부분	1) 제작/설치/시운전 일정계획	1부	
	2) 검사 성적서(정밀도 등)	3부	성능 Test 결과 포함
	3) 서브(부품) 제작처 리스트	3부	
	4) Spare Parts List	3부	
	5) 구입 부품 카탈로그	3부	정비 때 부품 구입용
	6) 설비 보증서	3부	

8.3.4 개발 타당성 검토와 확인 항목

고려사항으로 타당성 평가를 위한 주요 항목만 언급한 것이다. 여기서 제공된 데이터는 규정된 모든 요구 조건을 만족하기 위한 제안이나 설명이 있어야 한다. 필요시 별도의 첨부물을 사용하여 충분한 설명이 되도록 해야 한다.

① 도면과 사양대로 제품이 제조될 수 있는가?

　- 제조 표준에 허용된 호환사양(Compatibility of Specification)

　- 수용할 수 있는 누적 공차

- 특수 장비 요구조건

② 시험 요구 조건을 만족시킬 수 있는가?

③ 고객의 품질 요구 조건을 만족할 수 있는가?

- 공정 능력(Cp)은 얼마 정도인가?

- 특별 특성은 파악되고 있는가?

- 품질유지 능력이 있는가?

④ 기존의 기술 및 장비로 고객이 요구하는 개발 일정을 만족시킬 수 있는가?

⑤ 추가 비용(설비, 금형 등) 발생 없이 제조 가능한가?

- 제품 개선 제안

- 원가 절감 대안

⑥ 가능(Possible) – 변경 없이 요구대로 제조 가능한가?

⑦ 변경 필요(Changes Required) – 요구 사양대로 제조하기 위해서는 설계 변경이 필요

⑧ 변경 권유(Changes Recommended) – 변경 시 개선 혹은 가격 절감이 기대

⑨ 신제품 품질계획의 체크 사항은, 다음 표 2-20과 같이 신제품의 품질계획을 확인하는 체크시트를 만들어 사용한다.

표 2-20 신제품 품질계획 체크시트

단계	업무 항목	해당 유무	주관부서, 담당자	완료 예정일	완료 확인	비 고
품질 계획	사전 정보 분석					
	제품 / 공정 벤치마킹					
	품질목표					
	원가견적					
	경영자 지원					
제품 설계 및 개발	시작관리 계획서 작성					
	금형 · 치구 내 · 외작 검토					
	시작품 제작					
	신규장비, 금형 및 설비 요구사항 파악, 검토					
	게이지 / 시험장비 요구사항 파악					
	특별제품 및 공정특성 개발					
	팀타당성 확인					
	경영자 지원					

단계	업무 항목	해당 유무	주관부서, 담당자	완료 예정일	완료 확인	비 고
공정 설계 및 개발	포장규격 검토					
	제품 / 공정품질 시스템 검토					
	제조 공정도 작성					
	Lay-Out작성					
	공정FMEA 개발 및 검토					
	양산 전 관리계획 작성					
	작업표준서 작성					
	측정시스템분석 계획					
	초기공정능력조사 계획					
	자주검사					
	포장사양					
	경영자 지원					
제품 및 공정 유효성 확인	양산 시험 가동					
	측정시스템 가동					
	양산부품 승인					
	양산 유효성 확인 및 양산 이관회의					
	포장평가					
	양산관리 계획					
	품질계획 종료 및 보고					

제조 기술력의 수준 향상

Level up the Manufacturing Engineering

CHAPTER 03

제조 현장의 합리화를 위한 기본 관리

제1절 현장에서 지켜야 할 기본과 낭비제거활동

1.1 3정 5행(S) 활동의 기본 사고

1.1.1 3정의 개념과 기본 자세

3정(定)은 눈으로 보는 관리를 위한 수단이며 물건이 ① 정해진 위치(어디에), ② 정한 용기(어떻게), ③ 정한 수량(얼마만큼)이 있는지를 누구라도 쉽게 알 수 있도록 하고 관리하는 것이다. 생산현장에서 기본적으로 실행되어야 하는 정리 · 정돈 · 청소 · 청결 · 습관화(마음가짐) 등의 5가지의 필수적인 기초 개선활동으로, 기본 사고로는 다음과 같다.

1) 정한 위치(位置)
① 장소는 작업상 적절한 위치로 결정해야 한다.
② 선입선출이 되어야 한다.
③ 눈으로 보는 관리가 가능하도록 해야 한다.

2) 정한 용기(容器)

① 담기 쉽고 꺼내기 쉬워야 한다.

② 상하차 및 운반 방법에 합당해야 한다.

③ 가급적 소형화 하여야 한다.

④ 가공부터 조립까지 한 용기를 사용해야 한다.

⑤ 가볍고 튼튼해야 한다.

3) 정한 양(量)

① 수량은 손 운반 14Kg, 대차운반 150Kg 이내라야 한다.

② 개수가 용이하게 정수비로 담아야 한다.

③ 한 종류 혹은 Lot 단위로 담아야 한다.

④ 적재 높이는 150cm 이내로 건너편이 보이도록 하여야 한다.

⑤ 제품은 바닥에 놓지 말고, 반드시 규정된 파레트에 놓아야 한다.

1.1.2 5S(정리, 정돈, 청소, 청결, 습관화)의 기본 사고

5S의 원래 의미는 일본에서 만들어진 것으로 5가지 정리(Seiri), 정돈(Seiton), 청소(Seiso), 청결(Seiketsu), 습관화(또는 마음가짐 : Shitsuke)의 각각 발음이 S로 시작되기 때문에 5S이며, 여기에 관리의 철학을 넣어 현장관리의 도구로 만들어 사용하는 것으로, 누구나 잘 아는 말이지만 실천하고 습관화를 하기가 힘든 것이다. 그 기본적인 사고방식으로 실천을 잘 한다면 다음 10가지의 향상된 현장의 조건으로 바뀔 수 있는 최고 기초가 되는 관리방법이다.

① 생산활동의 기초가 된다.

② 모든 낭비와 불량 발생을 사전에 방지한다.

③ 전원 참가와 전원 실천이 필수 요건이다.

④ 넓은 활동 공간을 만들어낸다.

⑤ 품질향상을 도모하고 불량제로를 달성한다.

⑥ 원가절감과 납기준수를 가능하게 한다.

⑦ 안전사고를 방지하고 고장을 감소시킨다.

⑧ 인간관계를 원만하게 하고 근무의욕도 향상시킨다.

그림 3-1 5S활동의 효과

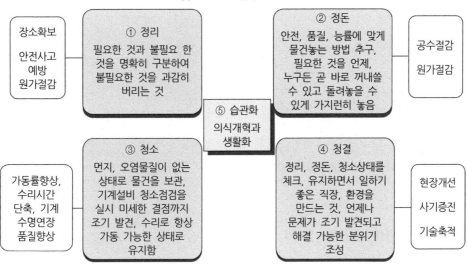

그림 3-2 5S활동의 연관 업무

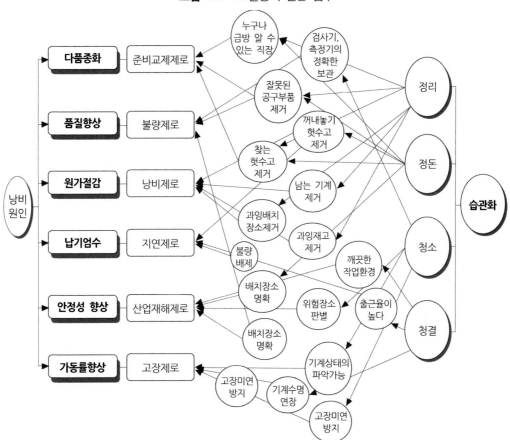

⑨ 작은 개선에서 큰 개선으로 이어지는 성과의 개념이다.

⑩ 작업환경을 개선시키고, 생산성 향상에 도움을 주는 관리도구이다.

왜 5S를 해야 하는가는, 공장은 사람과 같이 주기적으로 목욕이 필요하듯 다음과 같은 문제 해결을 위함으로, ① 지금 필요하지 않은 재고가 있고, ② 사용하지 않지만 버리기 아까운 기계나 설비, 장치들, ③ 공간─창문을 막아 버린 공장 벽에 쌓아 놓은 빈 상자들─사무공간, 개인사물 공개(문방구류, 서류, 파일 등), ④ 의식─서류를 찾지 못할 정도의 무질서한 상태, 필요 없는 자료의 작성 등이 개선된다.

1.2 현장의 낭비와 허점 개선

1.2.1 생산성에 저해되는 낭비들

현장 문제들의 종류와, 해결을 위한 활동을 다음과 같이 구분할 수 있다.

품질, 원가, 납기와 직접 연관이 되는 **작업생산성, 공정생산성, 설비생산성, 안전유지, 인원관리** 등이 있는데, 이들의 문제를 해결하거나, 또는 문제발생을 사전에 예방하여 생산 관리를 원활하게 하는 것은 물론이고, 언젠가 닥쳐올지도 모르는 문제를 예상하고 대비 하는 일도 게을리 해서는 안 될 것이다.

① **작업생산성** : 쓸데 없는 일 안하기, 이중 일 안하기, 찾고 묻고 걷는 일 줄이기, 처음부터 잘하기, 작업 범위 동작범위 줄이기

② **공정생산성** : 작업연결 잘하기, 재고 없이 영업하기, 공장 내에 재공품 적게 운영하기, 납기 줄이기

③ **품질안정** : 불량을 출하되지 않도록 하기, 불량을 뒷 공정으로 안보내기, 불량을 만들지 않도록 하기, 처음부터 잘하기, 품질비용 줄이기

④ **설비생산성** : 닦고 조이고 기름치기, 고장 없애기, 모델체인지 시간 줄이기, 설비능력 100% 가동하기, 순간트러블 없애기, 설비로 인한 불량 없애기, 수율 높이기, 설비 제대로 동작하기

⑤ **기술자들의 숙명적인 과제** : 만성 불량 해결하기, 만성 설비트러블 해결하기

⑥ **인간실수** : 잊음, 오해, 잘못 봄, 미숙련, 고집, 부주의, 판단지연, 감독소홀, 놀람, 방심

⑦ 인원관리 : 사원들의 건강관리, 개인 일정의 사전계획, 결원에 대한 대체계획, 인력양성을 위한 연간 교육·훈련계획 등이 항상 따라야 한다.

그림 3-3 5S활동의 행동과 조건

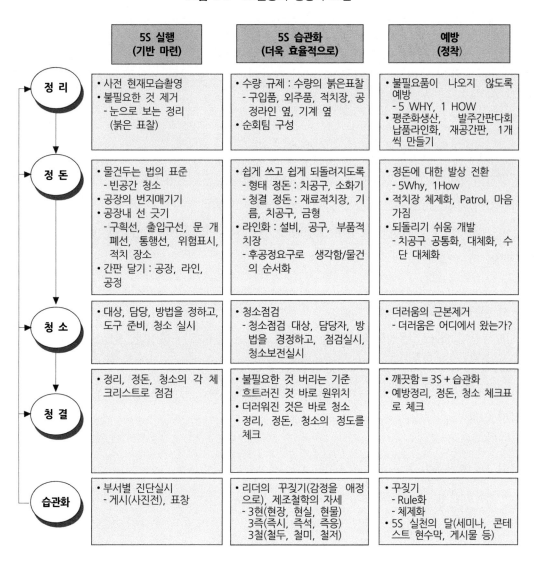

	5S 실행 (기반 마련)	5S 습관화 (더욱 효율적으로)	예방 (정착)
정리	• 사전 현재모습촬영 • 불필요한 것 제거 - 눈으로 보는 정리 (붉은 표찰)	• 수량 규제 : 수량의 붉은표찰 - 구입품, 외주품, 적치장, 공정라인 옆, 기계 옆 • 순회팀 구성	• 불필요품이 나오지 않도록 예방 - 5 WHY, 1 HOW • 평준화생산, 발주간판다회 납품라인화, 재공간판, 1개씩 만들기
정돈	• 물건두는 법의 표준 - 빈공간 청소 • 공장의 번지매기기 • 공장내 선 긋기 - 구획선, 출입구선, 문 개폐선, 통행선, 위험표시, 적치 장소 • 간판 달기 : 공장, 라인, 공정	• 쉽게 쓰고 쉽게 되돌려지도록 - 형태 정돈 : 치공구, 소화기 - 청결 정돈 : 재료적치장, 기름, 치공구, 금형 • 라인화 : 설비, 공구, 부품적치장 - 후공정요구로 생각함/물건의 순서화	• 정돈에 대한 발상 전환 - 5Why, 1How • 적치장 체제화, Patrol, 마음가짐 • 되돌리기 쉬움 개발 - 치공구 공통화, 대체화, 수단 대체화
청소	• 대상, 담당, 방법을 정하고, 도구 준비, 청소 실시	• 청소점검 - 청소점검 대상, 담당자, 방법을 경정하고, 점검실시, 청소보전실시	• 더러움의 근본제거 - 더러움은 어디에서 왔는가?
청결	• 정리, 정돈, 청소의 각 체크리스트로 점검	• 불필요한 것 버리는 기준 • 흐트러진 것 바로 원위치 • 더러워진 것은 바로 청소 • 정리, 정돈, 청소의 정도를 체크	• 깨끗함 = 3S + 습관화 • 예방정리, 정돈, 청소 체크표로 체크

습관화	• 부서별 진단실시
	 - 게시(사진전), 표창
		• 리더의 꾸짖기(감정을 애정으로), 제조철학의 자세
		 - 3현(현장, 현실, 현물)
		  3즉(즉시, 즉석, 즉응)
		  3철(철두, 철미, 철저)
			• 꾸짖기
			 - Rule화
			 - 체제화
			• 5S 실천의 달(세미나, 콘테스트 현수막, 게시물 등)

1.2.2 현장의 8가지 낭비

1) 불량을 만들어 수정하는 낭비

실수로 만든 불량 제품을 수정하고 손질하는 것으로 품질을 저하시키고, 원가를 높게 만드는 것이며, 언제까지 불량이 나오지 않게 할 수 있는가, 제조의 기본은 『합격품을 100％로 만든다』라는 자세가 되어 있어야 한다.

2) 여유분을 더 만드는 낭비

당장 필요하지 않는 여유분을 만드는 것은, 처음 재료의 투입에서 여유분은, 불량분을 생각하여 더 많이 만드는 것으로, 이것은 생산에 들어가는 에너지비용, 인건비, 보관을 위한 장소, 관리 등의 낭비가 생기므로, JIT생산 방식인, 『필요한 것을, 필요로 할 때, 필요한 만큼』 만들고, 팔리지 않는 것은 만들지도 않는다.

3) 제품 가공 요구사양 이상으로 하는 낭비

공정의 진행과 가공 정밀도에 무관한 불필요한 가공으로, 제품의 요구사양 이상의 것을 만들지 말자는 의미이고, 예술품을 만들지 말자는 것이다.

지금하고 있는 습관적인 행동이 최선이라 생각하는 것에 낭비가 있고, 보다 좋은 방법을 찾으려 하지 않는 것도 낭비이다.

4) 운반과 기다림의 낭비

JIT생산에 필요한 운반에 관계되는 운반의 과정은 필요로는 하지만, 불필요한 이동, 필요 없이 긴 거리의 운반, 제품 취급, 적재하기, 공정 간의 연결 등은 제품의 이동하기만이 아니고, 정보의 운반도 포함이 된다. 정보의 전달이 잘못되었을 때 많은 낭비를 발생시키는 것도 적지 않다.

5) 재고의 낭비

각 공정 간의 재공품(또는 반제품)이 필요 이상으로 있다든가, 공정 투입에서부터 완성품이 많을 경우, 문제점을 은폐시키는 요인이며, 재고가 줄어 들게 하는 문제점이 보이게끔 하는 가시화 관리도 필요로 한다.

6) 불필요한 동작의 낭비

부가가치를 발생하지 않는 사람의 모든 움직임과, 기계설비의 움직임도 이에 속한다.

7) 작업자의 작업 중 손을 놓고 있는 낭비

기계나 설비가 자동으로 작동되고 있을 때 옆에서 바라보고만 있는 행동, 작업을 잠시 정지하고 기다리는 행동 등이 낭비이다(다음 작업을 위한 준비를 해야 한다).

8) 산업폐기물 발생의 낭비

재료, 소재, 포장재, 사용하지 않는 용기 등을 리사이클(재사용)이 불가한 폐기품의 발생이 낭비이다.

이러한 몇 가지 낭비들이 발생하면 왜 나오는지 진의와 원인을 파악하여, 『낭비제거』 등 개선의 목적은 낭비를 줄여 코스트를 낮추고, 경쟁력을 높이는 것이 목적이지만, 많은 사람들이 『원가절감 5% 낮추기』, 『생산성을 10% 향상』을 말로 하며, 생산현장을 이미지로 한다면 허술함이 있다. 이는 간접부문의 경비를 합산하는 고려를 하지 않으면 진짜 경쟁력은 올라가지 않는다. 말로만 한다면 반발을 초래할 수 있다. 간접부문이 솔선하여 개선에 동참해야 해야 한다.

9) 관리부문의 불합리함의 개선

생산 현장 이외의 낭비제거로, '간접부문의 낭비가 직접부문에 낭비를 만든다'는 측면에서 『작성하는 데에 일이 많다』, 『결재 받는 곳이 많다』, 『전표가 많다』, 『서류를 찾는데 시간이 많이 걸린다』, 『결재 서류가 정체된다』, 『쓸데 없는 것까지 복사해 배포한다』, 『활용하지 않는 데이터를 계속 쓰고 있다』, 『계획만 세우고 실행을 하지 않는다』, 『기타, 헛일들이 산재되어 있다』.

1.2.3 현장의 체계적인 개선활동의 분석법

① 아이디어 도출 : 품질개선을 위한 아이디어를 모으는 여러 기법의 도출과 조언으로 다음 몇 가지를 들 수 있다.

ⓐ 혁신적 개선방안 도출은 팀의 창조적 사고와 분석적 사고를 조화롭게 활용하는 능력에 달려 있다.

ⓑ 고객이 "기꺼이 지불/구매"하려는 신제품/서비스를 개발하는 데에는 새로운 아이디어가 필수적이다.

ⓒ 개선프로세스의 경우 벤치마킹의 대상은 현재의 성능 수준이 아니라, 미래의 수준

에 기준에 두고 있어야 한다.

㉣ 일반적인 분석적 사고는 상대적으로 쉽게 나올 수 있으나, 창조적 사고는 쉽지 않다.

㉤ 제품이나 서비스 품질의 개선에 있어서 중요한 포인트는 현재의 수준을 넘을 수 있는 아이디어가 있느냐/없느냐이다.

㉥ 창조적 사고는 학습과 연습을 통해서 향상될 수 있으므로, 어려운 일이라도 인내심과 노력을 기울이면 진정한 해결 방안을 만들 수 있다.

㉦ 팀의 목표는 산포를 발생시키는 각각의 근본원인이 제거되거나 근본 원인의 영향을 감소할 수 있는 많은 수의 개선방안을 내놓는 것이다.

㉧ 어떤 개선 아이디어는 하나 이상의 근본원인에 영향을 미칠 수 있지만 이것은 개의치 않아도 된다.

㉨ 이런 근본원인들의 영향 및 효과 여부는 각각의 아이디어가 평가될 때 명확해진다.

㉩ 한 번에 하나의 참원인(근본원인)에 집중하는 것이 매우 중요하다.

㉪ 따라서, 개선의 기회에 가장 큰 영향을 미치는 것으로 판단되어진 진짜 원인으로부터 시작된다.

② SCAMPER기법 : 개선 아이디어를 구체화하기 위한 기법의 하나로, 오스본의 창조성 활성화를 위한 기법으로, 7가지의 질문에 의한 아이디어 구상법이 다음과 같다.

S = 대체(Substitute)할 수 없는가?

C = 합칠(Combine) 수 없는가?

A = 적용(Adapt)할 수 있는가?

M = 수정(Modify)할 수 있는가? 혹은 크게(Magnify) 할 수 있는가?

P = 다른 용도로 사용할 수 있는가(Put to other uses)?

E = 제거(Eliminate) 또는, 작게(Minimize) 할 수 있는가?

R = 반대(Reverse)로 할 수 있는가? 혹은, 다시 정리(Rearrange)

한편, 문제 해결의 개선노력의 방법으로, 3가지로 요약하면, **창의적 발상**으로는, 업무나 기술적 지식과 경험을 바탕으로 개선 아이디어를 도출하는 방법과, **공정의 재설계**에서는, 주요 업무나, 공정 진행의 절차, 규칙 등을 변경하여, 처리시간의 단축을 목표로 하며, **실험계획에 의한 최적화**로, 최적 조건을 목적으로 하여 해법을 찾아내는 방안도 있다.

그림 3-4 개선아이디어 도출기법 사례

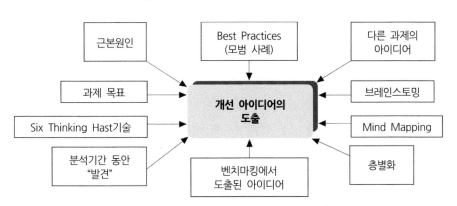

표 3-1 현장 개선 과제 선정관리를 위한 매트릭스의 예

일자 : 20   년   월   일   팀명 :   파트 :   ◎ : 5점, ○ : 3점, △ : 1점

생산성	품질	원가절감	회사 측면	현장 분임조 측면	시급성	참여도	해결가능성	합계	체택여부	개선 담당자	완료목표일
2	3	3	가 중 치		3	2	3				
			후보 주체 대상								
◎	○	○	Ⅰ. 생산준비, 생산관리								
			1) 생산 정보 사전 예시로 리드타임 단축		◎	○	◎	13	채택		
			2) 4M 관련 개선사항		○	△	△	5	기각		
◎	○	○	Ⅱ. 제조 Process(4M에 의한 분석)								
			1) ○○기종 변경 손실시간 감소로 생산성		◎	○	◎	13	채택		
			2) 금형교환시간 절감으로 생산량 증대								
○	◎	○	Ⅲ. 공정검사								
			1) ○○공정용 검사Gauge 제작과 적용		◎	○	◎	13	채택		
			2) ○○불량방지를 위한 F/Proof장치 적용								
○	◎	○	Ⅳ. 최종검사								
			1) 복합검사ㅈ4용 Gauge적용		◎	○	◎	13	채택		
			2) 조립상태검사, 성능검사, 등								
○	○	◎	Ⅴ. 기타(구입품, 외주 공정)								
			1) 검사성적서 요구(외주 자체검사)		◎	○	◎	13	채택		
			2) 외주 작업 공정의 기술지도								

1.3 VPM(가치성과관리 : Value Performance Management)의 과제

경영혁신을 위한 VPM은 가치성과관리의 과제로, 회사의 전반적인 개선 사항들이다.

우리는 이것들의 잘못된 관리체계에 묻혀서 일을 하고 있으며, 비합리적인 면이 눈에 보이지 않고, 또한 알면서도 그냥 넘어가고 있는 실정이다.

다음과 같은 과제별로 수준향상과, 합리적으로 바꾸어 나가야 하는 6가지의 측면을 개선의 대상으로 개선 목표를 수립하여 실행과제로 삼아야 한다.

1.3.1 경쟁력 과제[I]

◎ Loss(낭비)가 없는 제조현장과 '강한 현장'으로 만들어 나간다.

① 현장의 7대 Loss를 배제함 : 과잉생산, 재고, 정체, 운반불량, 동작, 가공자체, 불량 생산의 축소 및 배제를 한다.

② 업무의 7대 Loss를 배제함 : 속도, 중복, 순서, 불필요, 부정확, 수작업, 실수업무의 축소 및 배제를 한다.

1.3.2 경쟁력 과제[II]

◎ 변화에 대한 대응력이 강한 회사를 만들어 나간다.

① 6대 변화 : 고객, 시장, 제품, 의식, 경쟁조건, 구매조건 변화에 대응하여 다품종소량, 소 Lot, 짧은 납기, 계획변경 등에 대응한다.

② 생산 및 업무의 리드타임을 단축하여 기동성, 변신력, 상황 적응력을 높여 나간다.

1.3.3 경쟁력 과제[III]

◎ 간접 Cost(원가)를 최소화시켜 나간다.

① 현장의 문제점을 가시화하여 문제 조기발견과 대응을 하며, 관리가 불필요한 공장을 만들어 나간다.

② 일일 결산제도를 통하여 목표관리와 문제점 중심관리체제를 정착시켜 관리비용을 최소화 한다.

1.3.4 경쟁력 과제[IV]

◎ 全종업원을 활력화를 시켜나간다.

① 회사 비전을 만들어 계층 간의 목표를 명확히 하고, VPM(가치성과관리) 혁신운동을 통하여 개인별 역할과 임무를 다한다.

② 단위 조직별 관리제도를 정착시켜 全종업원의 관리자화, 혁신팀化를 통하여 주인의식과 성과관리(KPI)목표를 설정한다.

1.3.5 경쟁력 과제[V]

◎ 고부가가치의 제품, 고효율의 경영체질로 바꾸면서 설계와 제작에 역점을 두며, 계획적인 인재육성에 항상 비중을 둔다.

- 현장을 단위 조직별로 고부가가치 생산성을 관리할 수 있는 구조로 바꾸어(BPR 등), '원가로써 자신의 일을 평가'할 수 있도록 한다.

1.3.6 경쟁력 과제[VI]

◎ 우리 회사에 맞는 기업문화를 만들며 경영혁신으로 바꾸어 나아간다.

- 본 가치성과관리(VPM)는 '신바람과 위기의식'을 기초로 한 자율적이면서 '자주적인 경영혁신의 방법론'이다.

1.4 안전사고 예방을 위한 대책

1.4.1 기계류의 안전사고예방

기계의 안전사고 예방을 위한 기본적인 안전원칙으로 2가지 측면으로, 현장에서는 사고예방을 위한 안전규정을 잘 지키는 일이며, 다음이 원천적으로 설계 부문에서 결정짓는 시방으로, 기본적인 안전의 원칙의 상세한 요구사항으로, ① 적당한 재료의 사용(예 ; 온도, 마찰 관련), ② 바른 치수 설정과 구성(응력, 피로, 표면조도), ③ 구성요소와 시스템의 적절한 선택, 조합, ④ 적절한 구성부품 선정(적절한 나사체결의 선택), ⑤ 과하중의 제한, ⑥ 속도의 제한, 적절한 속도의 적용, ⑦ 힘의 제한, 힘의 저감, ⑧ 동작온도의 제한범위, ⑨ 절환시간의 제한범위, ⑩ 히스테리시스(Hysteresis)의 적절한 제한(예 ; 틈새, 마찰 등에 의한 부분)으로 구분된다.

1.4.2 리스크 어세스먼트(Risk Assessment : 위험 평가)

리스크 어세스먼트라는 것은, 국제표준화규격 ISO 12100(2010)에 "기계류의 안전성 − 기본개념, 설계의 일반 원칙"으로 정의하고 있는 기계의 안전(Safety)으로, "수용 불가능한 리스크가 없을 것(Freedom from Unacceptable Risk)"으로 되어, 위험원의 분류, 리스크의 예견, 리스크 평가로 정의되고 있다. 즉 위험원이 어디에 있는가, 그 위험원이 어떻게 되어 리스크에 미치는가, 그래서 리스크를 허용 가능한지의 여부를 판단하기까지 프로세스를 나타낸다.

리스크는 위해(危害)의 크기로 발생되는 확률의 구분을 4단계의 레벨로 분리되어 있고, 레벨 Ⅳ가 최고 심대한 상정(想定)피해이고, 레벨 Ⅰ은 수용 가능한 것이다. 위 ISO 규정 중에 안전이란 『전체 리스크 레벨이 Ⅰ 까지는 Ⅱ로 된 상태』로의 의미를 갖고 있다. 이 때문에 리스크 레벨이 Ⅲ 및 Ⅳ의 항목에 있어서, 리스크 해소책을 강구해야 한다.

표 3-2 위험의 분류와 현상과 위험 레벨의 판단기준

구 분	해당 사항
1. 기계적 위험	파괴, 틈새 끼임, 충돌, 전단, 딸려 들어감, 접활, 절단, 충격 등
2. 전기적 위험	충전부와의 접촉, 절연 불량, 정전기 등
3. 열적 위험	화재, 폭발, 방사열, 화상 등
4. 소음에 의한 위험	청력 저하, 이명 등
5. 진동에 의한 위험	손, 팔, 어깨, 허리 전신의 운동 기능저하
6. 방사선에 의한 위험	저주파, 고주파, 자외선, 적외선, X선 등
7. 재료에 의한 위험	유해물질, 자극물, 분진, 폭발물 등
8. 인간공학 원칙의 간과에 의한 위험	불건강한 자세, 휴먼에러 등
9. 기계 사용 환경과 연관된 위험	안전대책의 미준비, 설치 미스, 기계의 고장, 기계부품의 파손 등
10. 조합에 의한 위험	위 1~9번까지 복수 요인의 조합
리스크 레벨과 판단 기준	
리스크 레벨	판단 기준
Ⅳ	수용할 수 없는 중대한 리스크
Ⅲ	허용할 수 없는 중 정도의 리스크
Ⅱ	리스크 절감 비용이 개선 효과를 초월할 때 허용 가능한 경미한 리스크
Ⅰ	수용 가능한 미세한 리스크

이 허용되지 않는 리스크에 대하여 해소를 하는 방안은 본질적 안전설계, 안전방호, 사용상의 정보로 3가지로 분류된다.

첫째로, **본질적인 안전설계**는 위험원을 제거하기 위해 대체 수단의 채용과 보호 구조에 의해 위험원으로의 폭로(暴露), 회피(回避)를 표시한 것으로, 이것은 본질적 안전설계가 최고로 리스크 절감효과가 높으므로, 기계설계 시에는 꼭 검토되어야 한다.

다음이, **안전방호**로, 위험원의 제거와 회피는 하지 않는 것으로, 센스 등의 감지장치를 사용하는 것으로 위험원으로의 폭로 빈도를 절감하는 것을 말한다.

나머지 하나는, 사용상의 정보로는, 문서, 라벨 등 리스크를 알려주는 방법으로, 작업자의 시각, 청취에 호소하는 수단이다. 알기 쉬운 표시와 경고음이 나오도록 할 필요가 있다. 기계설계자는 리스크 악세스먼트 결과에 대해서는 안전을 높이기 위해 설계를 변경하는 것으로 되어 있다.

1.4.3 안전사고의 4대 위험

① **고에너지에 의한 위험** : 빠른 속도(운동에너지), 무거운 물체(운동·위치에너지), 높은 에너지를 가진 물체(핵, 화학, 각종 에너지)를 잘못 취급과 관리부재로 인한 안전사고의 유형

② **사람과 기계의 간섭에 의한 위험** : 부딪치고, 틈새에 끼고, 떨어지고, 갇혀 버리는 등의 잘못에 의한 안전사고

③ **기계가 부서지면서 위험** : 발산의 조건이 될 때, 불안정계로 장치가 무너지거나, 부식이 일어나 한계가 넘을 때, 기계적 피로가 일어나 무너질 때, 물체가 물러서 일어나는 붕괴될 때에 일어날 수 있는 안전사고

④ **사고(思考)정지가 될 때 일어나는 위험** : 외부 영향에 의한 충격 등으로 누수(유체, 가스 등의 위험물)에 의한 사고, 인간의 실수에 의한 사고(Human Error), 매뉴얼·지시·법률에 따르지 않아 발생되는 사고, 제어 안전이 있어 안전하다는 맹신(盲信), 주변 기기는 중요하다고 생각하지 않아 생기는 사고, 수리 후에 확인을 태만하여 생기는 사고, 트러블을 대단한 것으로 생각하지 않는다는 생각으로 생기는 사고, 정격 구역 이외로 대수롭지 않게 여겨 일어나는 사고 등이 있고, 무엇보다도, 안전 불감증의 자세가 문제이다.

그림 3-5 리스크 평가와 줄임의 반복 프로세스의 순서(ISO/IEC 가이드51)

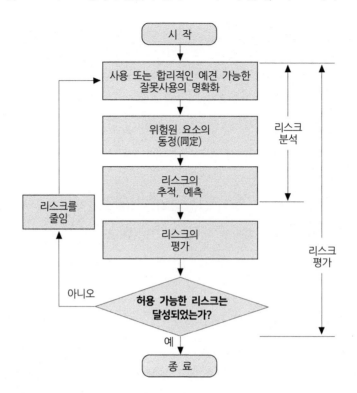

1.4.4 고령화에 따른 신체적 점검과 안전관리

생산 인력의 고령화 진전으로 갈수록 빨라지고 있어, 현장에 적용하는 대책이 따라야 하는 관리가 필요로 하고 있다. 예를 들어, 노약자를 위한 안전장치의 설치, 실수방지를 위한 풀푸루프장치, 조직 전체를 위한 아침마다 하는 건강체조, 스트레칭동작 등의 관리 체계가 되어 있는 기업은 안전사고가 없으며, 작업분위기와 근무환경이 더욱 좋을 것으로 보여진다.

이에, 고령자의 신체는 갈수록 약해지므로 요소별 기능으로, 정보처리 기능의 저하, 감각능력의 저하, 호흡기 · 순환기 계통의 기능저하, 고령화에 따른 능력 확대, 성격의 변화, 운동기능의 저하, 능력(能力)의 저하 등의 약점이 따를 수밖에 없다.

이에 따른 상세한 기능 저하는 그림 3-6에 나타낸다.

이러한 신체적 취약함에 따라 사고예방 차원으로, 적절한 직무배치와, 개인과 조직의 안전을 위하는 측면에서 정기적으로 적성검사와 훈련을 하는 것도 바람직하다.

그림 3-6 고령화에 따른 생체기능의 변화

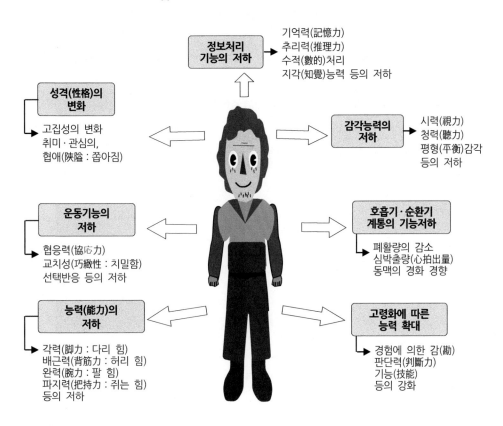

정보처리
기능의 저하

기억력(記憶力)
추리력(推理力)
수적(數的)처리
지각(知覺)능력 등의 저하

성격(性格)의
변화

고집성의 변화
취미·관심의,
협애(陝隘 : 좁아짐)

감각능력의
저하

시력(視力)
청력(聽力)
평형(平衡)감각
등의 저하

운동기능의
저하

협응력(協応力)
교치성(巧緻性 : 치밀함)
선택반응 등의 저하

호흡기·순환기
계통의 기능저하

폐활량의 감소
심박출량(心拍出量)
동맥의 경화 경향

능력(能力)의
저하

각력(脚力 : 다리 힘)
배근력(背筋力 : 허리 힘)
완력(腕力 : 팔 힘)
파지력(把持力 : 쥐는 힘)
등의 저하

고령화에 따른
능력 확대

경험에 의한 감(勘)
판단력(判斷力)
기능(技能)
등의 강화

제2절 작업능률 향상을 위한 현장의 기본관리

2.1 생산성의 종류와 의미

생산은 사람, 재료, 기계, 정보를 경제적으로 활용하고 효율적으로 운영하여 소비자가 기대하는 좋은 품질의 물건을 보다 싼 가격으로 소정의 시일까지 만들어 납품하는 것으로, 생산품목수와 생산량의 흐름의 변화에서는 다음과 같이 달라지고 있다.

<u>소종다량생산</u> ⇨ <u>다종소량생산</u> ⇨ <u>변종변량생산</u>

↘ 혼류생산

생산성에는 크게는 3가지로 **노동생산성, 제품생산성, 설비생산성**과, 기타, **부가가치생산성, 자본생산성**으로 구분이 된다.

이것은 생산에 투입된 재화에 대한 산출된 재화의 비율을 나타내는 것이다.

2.1.1 노동생산성

제품 생산이나 서비스 제공과정에서 노동량 투입 대비 생산력을 보여주는 지표로, 노동생산성 향상이란 같은 노동량을 투입하여 이전보다 많은 생산량을 산출하거 나 이전보다 적은 생산량을 투입해 동일한 산출물을 생산하는 것을 의미한다. 현 시대에 서 국내 노동비용이 급증하여 노동생산성은 기업 생존을 좌우하는 핵심적인 상수가 되어지고 있다.

생산성의 측도를 나타내는 **작업편성효율**이란 생산라인에 필요한 표준인원을 실제 투입 인원으로 나누어 생산성이 얼마나 높은지를 나타내는 지표를 말한다.

한국의 노동생산성 비교에서, 경제협력개발기구(OECD : 32개국) 중 주요 회원국에서, 연도에 따라 약간의 차이는 있으나, 한국의 노동생산성은 OECD 회원국 평균의 54% 수준이다.

① **근로시간당 노동생산성 비교**(단위 : 달러),   ② **취업자 1인당 연간노동생산성**(단위 : 달러)

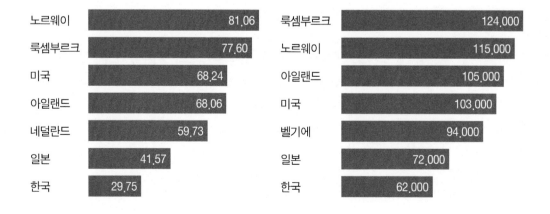

따라서, 한국의 양적인 면에서는 GDP 대비 제조업 비중 30.5%로 양호한 편이나. 질적인 측면으로는 OECD회원국 중 시간당 노동생산성은 54%로 취약한 편이다.

이에 따라, 각 노동생산성을 향상을 위한 방안으로, 작업효율 향상, 기술혁신, 제조기술력 제고, 기술 인력을 양성하고, 근무환경 개선 및 자세강화 등의 혁신이 따라야 한다.

노동 생산성의 계산식은 산출량÷노동투입량(임금문제와 직결)로 계산하며,

$$= 산출량÷자본×자본÷노동투입량$$

$$= 자본생산성×노동장비율로도 \ 계산된다(장비의 \ 가동율).$$

부가가치노동 생산성 = 부가가치액÷노동투입량 = 매출액−외부조달가치÷노동투입량

$$= 부가가치액÷매출액×매출액÷고정자산×고정자산÷노동투입량$$

$$= 부가가치율×고정자산회전율×노동장비율$$

여기에서, 외부구입(조달)가치는 원자재, 동력, 연료, 외주가공비, 감가상각이며, 부가가치 액은 매출에서 외부 구입 가치를 뺀 것으로, 임금, 주주배당, 세금, 금리, 사내적립금, 이익 등 관계자에게 배분해 줄 자원이다.

2.1.2 생산 제품과 설비 생산성

① **원재료 생산성**은, 산출량÷원재료 투입량으로 계산되며,
② **설비 생산성**은 산출량 대비 설비 투입량을 나눈 값으로,
③ **물적 생산성**은, 산출량을 물량으로 표시, 능률이나 기술수준 파악에 적합하며,
④ **가치 생산성**은, 산출량을 화폐 단위로 표시하며, 다른 업종(회사)과 비교에 유효하고,
⑤ **노동 생산성**은, 산출량(생산금액, 판매액, 부가가치)을 노동 투입량(종업원 수, 작업시간) 으로 나눈 것으로, 임금문제와 직결이 된다.
⑥ **자본 생산성**은, 산출량(생산금액, 판매액, 부가가치)÷설비금액(설비대수 등)로 나눈 것으로, 기업 유지와 발전을 좌우하는 부문이다.

2.1.3 부가가치 노동생산성

부가가치 총액÷종업원 총인원수로, 계산되는 다음 그림 3-7과 같이 생산 금액에서 외부 구입된 비용(직접재료비, 매입부품비, 외주비, 간접재료비 등)을 뺀 금액이다.

그림 3-7 부가가치의 개념

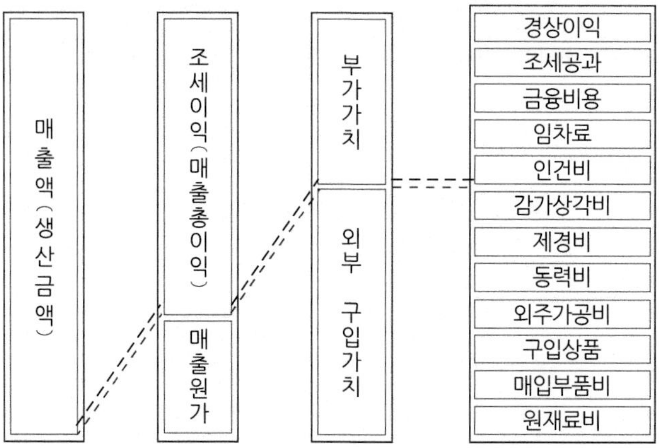

매출액(생산금액)	조세이익(매출총이익) / 매출원가	부가가치 / 외부 구입가치	
	조세이익(매출총이익)	부가가치	경상이익
			조세공과
매출액(생산금액)			금융비용
			임차료
			인건비
			감가상각비
	매출원가	외부 구입가치	제경비
			동력비
			외주가공비
			구입상품
			매입부품비
			원재료비

2.1.4 자본생산성

자본생산성은 산출금액÷자본투자(기업유지와 발전을 좌우)

또한, 생산성의 3가지 측면에서 효율적인 면에서

노동생산성 = 산출량/투입노동량 = {산출량/실투입시간}×{실투입시간/근무시간}

= {산출량/표준시간}×{표준시간/실투입시간}×{실투입시간/근무시간}

↓ ↓ ↓

유효율 (가치효율×방법효율)	실시효율 (종합효율)	
1) 제품설계 로스(가치효율) 2) 제조방식 로스(방법효율)	1) 작업성과(능률) 2) 제조수행도 : 퍼포먼스 로스	1) 유효이용(가동률) 2) 제조수행도 : 관리 로스
1) 표준시간 단축도 2) 작업방법(Method) 3) 개선에 의해 공수절감	1) 표준시간의 달성도 2) 작업태도(Performance) 3) 작업능력, 노력부족의 손실	1) 공수의 유효활용도(Utilization) 2) 작업설계, 통제미흡 손실
제품설계(VE), 생산기술자(IE) 영역(설비, 공구, Lay out개선 등)	주로 작업자, 감독자의 영역 (능률관리 : PAC System.)	주로, 경영, 관리, 감독자의 영역(계획/관리/재고/보전)

그림 3-8 노동생산성 향상의 종합적·다면적인 대책의 예

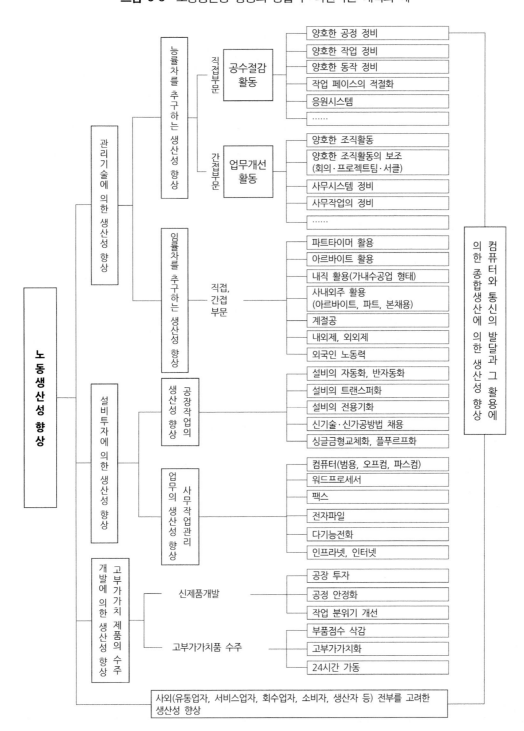

2.2 능률 저해 요소의 제거

① VE적인 면 : 제품 설계의 의한 로스로 제품 목적에 불필요한 설계가 되었을 때,
② IE적인 접근 : 제조방법로스로 공정, 설비, 작업방법의 불충분한 조건으로 진행될 때,
③ 설계(설비, 레이아웃, 편성/작업방법)에 의한 공수 계산의 미흡,
④ 관리로스 : 예측치 못한 생산의 중단에 의한 공수, 지연, 작업대기 등,
⑤ 작업자 로스 : 작업자의 능력, 의욕 부족에 의한 공수. 작업자 부주의로 인한 불량, 페이스다운, 미소한 작업 중단 등의 작업조건 [생산량×표준지수(원단위)]

따라서, 생산성의 관리지표는

종합노동효율＝유효율×실시효율＝표준시간의 단축도×공수유효활용도 표준시간의 달성도＝가치효율×방법효율×가동률×능률
(설계)　(생산기술)　(관리자) (작업자)

로 계산이 된다.

2.3 작업설계와 일상관리의 기본사항

2.3.1 작업설계

작업 내용과 순서를 설계단계에서 작업을 빠르고 안정되게 하기 위해서는 다음 5가지의 기본을 갖추어 작업을 시키고, 그 내용을 이해를 하고 실행을 해야 한다.

(1) 공정마다 작업 내용의 설정

규정된 제품품질을 만들기 위하여 작업내용을 설정하고, 품질을 확보하는 데에는 중요한 작업사항을 명확히 한다. 작업순서에 의한 공정상의 작업범위, 아웃풋(Out Put) 등이 분리되도록 하고, 작업상 문제가 있을 시 기록하여 실현 가능성을 검증한다.

실현 가능성이 낮은 작업조건에는 조정, 교체 또는 개선한다.

① 작업표준의 준수와 중요 작업부위 이해, 작업프로그램(CNC 등) 확인
② 설비의 사용 조건으로, 온도/압력/유 · 공압/각종 센서/중요 작동부 등을 점검

③ 작업에 필요로 하는 금형/치공구/부수장치의 사용조건(정밀도), 수명상태를 확인

④ 품질검사와 생산량을 기재, 문제가 있을 시 보고(작업일보 및 개선사항 메모)

(2) 작업순서의 설계와 개선

설정된 작업내용과 아웃풋(Out Put)을 분리한 작업시간 이내에 실시하기 위해서 순서를 설정하고, 표준작업 3가지 표를 사용하고, 목표시간 내에 끝내도록 개선을 반복하고, 순서를 설정한다. 개선을 통해서 얻어진 작업의 요령을 작업기준서에 명기하고 공유한다.

(3) 작업 포인트의 명확화

규정된 작업 스피드로 담당 작업자에게 시켜서 실수가 나오기 쉬운 곳을 찾아내며, 작업 중에 특히, 조심하지 않으면 안 될 곳에는 『Q Point, 또는 급소관리』를 표시하여 경각심을 갖게 한다.

(4) 이상처리 방법과 명확화

공정FMEA 등의 분석, 실제 작업 경험에서 발생되는 문제를 찾아 이상처리 방법을 검토하여 작업기준서에 명기한다. 이상처리는 그 피해가 확대 또는, 2차 피해를 방지하기 위해 『멈춤다, 호출한다, 기다린다, 해결한다』를 기본원칙으로 관리한다.

(5) 품질확인 사항의 설정

적절한 작업이 실시된 것을 확인하기 위해 품질확인 사항을 명확히 하여, 작업순서에 명기하고 확인하도록 해야 한다. 품질의 확인 항목은 QC공정도에 의한 규정된 항목으로 작업 준비, 제품품질이 적절한가를 확인하는 현장 확인을 하는 항목이다. 이는 공정검사로 자주 검사 기록지, 품질 확인 체크시트 등이 있다.

2.3.2 생산 현장의 일상관리 비결

① 작업이 시작되기 전에 해당되는 것을 미리 준비 : 생산준비 및 생산의 예고한다.

② 업무 시작과 종료의 관리 : 체조, 조회, 종소리(방송) 등 근무시작의 기본 등을 지킨다.

③ 작업의 사전준비 : 계획생산에 따른 사전준비를 한다. 금형/자재(원·부자재)/치공구/ 작업표준/측정도구/프로그램/설비가동 조건 등

④ 제품의 취급 : 취급도구, 장소, 조달 부품(외주)들을 필요 장소에 대기시키며

⑤ 작업의 순서와 요령서 : 작업표준서, 작업기준서, 운전요령을 숙지하고 시작한다.

⑥ 생산관리판 : 생산현황 진도/담당자/고객/납기일(전체가 볼 수 있는 모니터)

⑦ 변화점관리 : 4M(사람, 설비, 자재, 방법)에 의한 변화점을 확인하고 진행한다.

⑧ 안돈 : 작업진행 상의 문제점 알림(燈)으로 문제발생, 호출, 진행 상태 표시한다.

⑨ 설비보수관리 : 평소 관리로, '닦고, 기름치고, 죄인다'의 점검, TPM활동을 한다.

⑩ 가동율과 가동율 : 가(稼)동율=(실적−제외)/실적

$$가(可)동율=동작가능시간/(동작가능시간+동작불능시간)$$

⑪ 생산성과 능률 : 투입 대비 산출, 실적공수 대비 표준공수를 관리한다.

⑫ 일상관리와 개선 : 일선 관리자는 작업 내용이 무엇을, 언제까지, 몇 개를 만들며, 룰(Rule)을 정하고, 가르치며, 각자 역할을 다 하도록 점검한다.

⑬ 낭비(Loss)의 비용과 트리(Tree)와의 개선여지 파악하고, 조치한다.

⑭ 낭비의 가시화 : 헛돈의 비용을 가시화(예로 불량처리, A/S처리 등 비용)

⑮ 보류, 폐기의 코스트(Cost), 이상(異常)발생에 대한 코스트관리

⑯ ABC중요도에 의한 코스트 개선 : 제품 중요도, 고가 순으로 관리

제3절 공정별 작업표준화와 공정 안정화를 위한 조건관리

3.1 공정의 검증과 안정화

3.1.1 공정의 검증

미국의 주란(Juran) 박사의 품질 결론은 "품질은 제품의 영혼이며, 기업의 생명이다. 쉼 없이 늘 최선을 다해야 하는 결승점이 없는 경주다." 또한 품질 상의 문제에서 "원인의 20%가 80%의 결과를 만든다." ['8 : 2의 법칙(파레토의 법칙, 파레토그램 창안자)']

여기에서, 품질의 수준을 결정하는 것이 공정이므로, 공정(Process) 점검의 절차의 예로,

① 어떤 공정이 품질을 좌우하는 핵심 공정인가?

② 누가 의사결정을 하며, 관리하는가?

③ 결과에 대한 의사결정에 필요한 데이터는 누가 제공하는가?

④ 결과에 대한 의사결정을 위한 데이터 분석 도구는 무엇인가?

⑤ 공정 상에서 부서 간 같은 일을 하는 경우는 없는가?

⑥ 단계별로 진행되는 일에 대해 부서 간 책임이 불명확한 곳이 있는가?

⑦ 단계별 일처리에 있어서 시간 지연 요인인 병목(Bottle Neck)공정은 어딘가?

⑧ 지연 요인의 원인은 무엇인가?

⑨ 공정을 담당하는 사람이 꼭 지켜야 할 내용을 지키고, 결과를 모아 보고를 하는가?

⑩ 전체 공정 상에서 각 부서 간의 협력은 잘 이루어지고 있는가?

⑪ 각 단계별 일처리에 있어서 자동화를 통해 생산성이 향상될 수 있는 분야가 있는가?

⑫ 공정의 고도화를 통해 새로운 가치를 창출할 수 있는 요소는 있는가?

3.1.2 생산여건의 검토와 안정화

공정분석과 관리상의 필수 항목들을 다음과 같이 제시할 수 있다.

① 작업이 시작되기 전에 생산준비 및 생산의 예고를 한다.

② 시작과 종료의 시간 관리를 철저히 하며,

③ 작업의 사전준비(금형/자재/치공구/작업표준/설비가동조건과 프로그램) 확인하며,

④ 제품의 취급을 편리하게 하기 위해 적소에 대기한다.

⑤ 작업의 순서와 요령서, 작업표준서, 작업기준서를 확인하고 작업에 임한다.

⑥ 생산관리 현황판 가시화에서 진도/납기일/대상 고객 등의 정보를 사전에 알게 한다.

⑦ 변화점 관리로 4M, 1I [사람, 설비, 자재, 방법, 정보]의거 조치한다.

⑧ 안돈 적용으로 작업진행 상의 문제점 알림(燈)으로 호출한다.

⑨ 설비보수관리는 평소에 '닦고, 기름치고, 죄인다.' (조건관리)

⑩ 일상관리와 개선은 무엇을, 언제까지, 몇 개로 지시, 룰(Rule) 정하고, 각자 역할 다함.

⑪ 낭비의 가시화로 헛돈의 비용을 줄인다.

⑫ 보류, 폐기의 코스트(Cost), 이상(異常)발생에 대한 원가를 항상 가시화한다.

⑬ 기타, 해당 개선사항들을 실시한다.

표 3-3 제조공정심사 Check List [1/2]

구분	중점관리 항목	평가				문제점	비고
		양호	보통	불량	무		
방법	1. 생산지시에 따른 작업이 수행되고 있는가?						
	2. 현재 수행작업 내용의 작업표준과 일치하는가?						
	3. 작업일지, 작업표준서, 관리계획서의 공정명은 일치하는가?						
	4. 일일제작지시서에 기재된 내용과 작업일보의 내용은 일치 하는가?						
	5. 공정에 투입되는 부품은 인식하고 있으며 식별 상태는 양호한가?						
	6. 검사방법, 검사수량은 자주검사 기준을 준수하고 있는가?						
	7. 한도견본 검사기준은 규정되어 있으며 식별방법을 인식하고 있는가?						
	8. 초중종물의 검사는 기준대로 이루어지고 있는가?						
	9. 수정/재작업 지침서에 특별특성이 명기되어 있고 인식하고 있는가?						
사람	1. 작업표준서와 관리계획서의 특별특성 표시는 일치하고 있는가?						
	2. 공정이상 및 부적합품의 기준 및 처리절차를 인식하고 있는가?						
	3. 특별특성을 숙지하고 인식하고 있는가?						
	4. 통계 개념인 산포, 이상 원인, 과잉관리 등의 개념을 이해하고 있는가?						
	5. 관리도 및 자주검사 기록의 허용치 관리는 되고 있는가?						
	6. 자주검사기록과 관리도의 데이터가 신빙성이 있는가?						
	7. 공정담당자의 교육훈련은 적절하게 이루어지고 있는가?						
	8. 관리도의 기본 개념을 숙지하고 있고 관리 한계선을 벗어나는 점에 대한 조치는 취해지고 있는가?						
	9. 수정/재작업품의 식별은 명확히 되고 있으며 수정/재작업기준에 따라 동일하게 시행되고 있는가?						
	10. 수정/재작업 일지가 정리되고 집계가 되고 있으며 중요 불량에 대한 조치가 취해지고 있는가?						

표 3-3 제조공정심사 Check List [2/2]

구분	중점관리 항목	평가				문제점	비고
		양호	보통	불량	무		
설비	1. 일상 점검표는 정확하게 기록하고 있으며 전 항목을 인식하고 있는가?						
	2. 작업표준서에 명기된 계측기는 확보하고 있으며 사용법을 알고 있는가?						
	3. 설비 이상 발생시 응급조치 요령을 인식하고 있는가?						
	4. 치공구의 관리 상태는 양호하며 관리방법이 규정되어 있는가?						
	5. 계측기의 검교정은 되어 있으며 식별 가능한가?						
	6. 낙하품의 분석, 조치가 이루어지고 있는가?						
자재	1. 부적합품의 보관 장소가 지정되어 있으며 혼입의 우려는 없는가?						
	2. 작업일보에 Lot이력이 기록되며 추적이 가능한가?						
	3. 부품 대기장소는 규정되어 있고 부품박스의 식별 상태는 양호한가?						
환경	1. 현장의 조명도는 적절하며 보조 장치는 규정대로 착용하는가?						
	2. 현장 정리정돈 상태는 양호한가?						
	3. Line주위의 현황판은 지속적으로 Up date되고 있는가?						
	4. 안전에 관련된 부적절한 동작 또는 안전 유해사항은 없는가?						
특기	1. (지적사항 개선 요구 및 해결 시기를 약속) 2. 3.						

<u>심사 종합 의견 및 결론 :</u>

1.

2.

3.

점검 일자 : 20 년   월   일

그림 3-9 공정의 검증과 안정화를 위한 절차

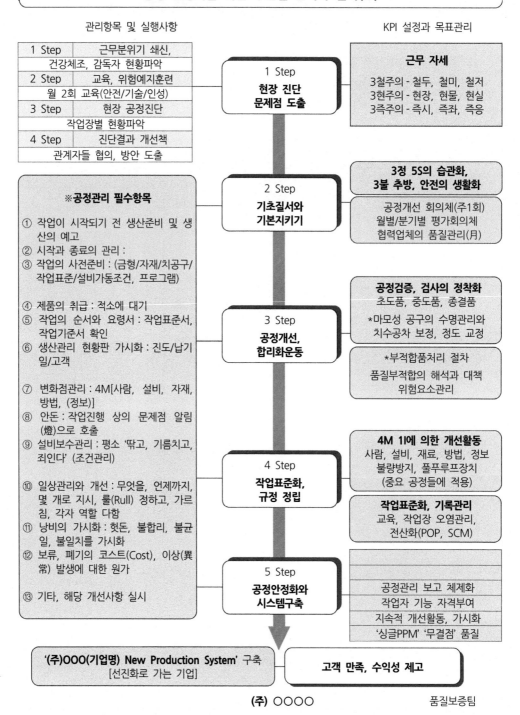

공정 안정화를 위한 부문별 관리와 절차(案)

관리항목 및 실행사항

1 Step	근무분위기 쇄신,
	건강체조, 감독자 현황파악
2 Step	교육, 위험예지훈련
	월 2회 교육(안전/기술/인성)
3 Step	현장 공정진단
	작업장별 현황파악
4 Step	진단결과 개선책
	관계자들 협의, 방안 도출

※공정관리 필수항목

① 작업이 시작되기 전 생산준비 및 생산의 예고
② 시작과 종료의 관리 :
③ 작업의 사전준비 : (금형/자재/치공구/작업표준/설비가동조건, 프로그램)

④ 제품의 취급 : 적소에 대기
⑤ 작업의 순서와 요령서 : 작업표준서, 작업기준서 확인
⑥ 생산관리 현황판 가시화 : 진도/납기일/고객

⑦ 변화점관리 : 4M[사람, 설비, 자재, 방법, (정보)]
⑧ 안돈 : 작업진행 상의 문제점 알림(燈)으로 호출
⑨ 설비보수관리 : 평소 '딲고, 기름치고, 죄인다' (조건관리)

⑩ 일상관리와 개선 : 무엇을, 언제까지, 몇 개로 지시, 룰(Rull) 정하고, 가르침, 각자 역할 다함
⑪ 낭비의 가시화 : 헛돈, 불합리, 불균일, 불일치를 가시화
⑫ 보류, 폐기의 코스트(Cost), 이상(異常) 발생에 대한 원가

⑬ 기타, 해당 개선사항 실시

1 Step
현장 진단
문제점 도출

2 Step
기초질서와
기본지키기

3 Step
공정개선,
합리화운동

4 Step
작업표준화,
규정 정립

5 Step
공정안정화와
시스템구축

KPI 설정과 목표관리

근무 자세

3철주의 - 철두, 철미, 철저
3현주의 - 현장, 현물, 현실
3즉주의 - 즉시, 즉좌, 즉응

3정 5S의 습관화,
3불 추방, 안전의 생활화

공정개선 회의체(주1회)
월별/분기별 평가회의체
협력업체의 품질관리(月)

공정검증, 검사의 정착화
초도품, 중도품, 종결품
*마모성 공구의 수명관리와
치수공차 보정, 정도 교정

*부적합품처리 절차
품질부적합의 해석과 대책
위험요소관리

4M 1I에 의한 개선활동
사람, 설비, 재료, 방법, 정보
불량방지, 풀푸루프장치
(중요 공정들에 적용)

작업표준화, 기록관리
교육, 작업장 오염관리,
전산화(POP, SCM)

공정관리 보고 체제화
작업자 기능 자격부여
지속적 개선활동, 가시화
'싱글PPM' '무결점' 품질

'(주)OOO(기업명) New Production System' 구축
[선진화로 가는 기업]

고객 만족, 수익성 제고

(주) OOOO

품질보증팀

3.2 표준작업의 제정과 실천

3.2.1 표준작업의 의미

작업표준을 모아서 작업자별, 공정별로 생산의 필요한 작업을 표준화 한 것으로,

① 모든 낭비를 제거하고,

② 물품의 흐름을 좁고 빠르게 하여,

③ 필요한 것을, 필요량만큼, 필요시기에 만들어,

④ 사람, 기계, 물품을 가장 효과적으로 조합해서,

⑤ 작업방법을 표준화한 것이다.

3.2.2 표준화의 기본 요건

① 미래 지향성 : 현재의 품질/납기/서비스/안전의 개선과, 니래의 제품이나 업무, 서비스의 복잡화를 방지한다.

② 실행 가능성 : 실행 상의 용이함과 실용성이 있는 것으로,

③ 구체성 : 구체적인 실천 방법으로 치수, 공차 등의 수치화를 명시한다.

④ 객관성 : 보는 사람마다 똑같게 해석하고 이해하는 내용으로,

⑤ 관계자와의 합의 : 사용자의 적극적인 실행을 밑바탕으로 서로 협의한 내용으로,

⑥ 권위 : 표준을 지켜야 한다는 준수의 의무와, 최상의 결과가 된다는 믿음을 준다.

⑦ 다른 표준과의 조화 : 상위 표준에 어긋나지 않고, 타 표준과 일괄성을 유지하며,

⑧ 개선지향 : 최근 기술 발전 추세를 반영하고, 사용자의 아이디어를 지속적으로 반영,

⑨ 업데이터화와 유지관리 : 과거 표준의 신속한 회수와, 개정이 있을 때 신속한 배포, 등을 관리한다.

3.2.3 표준작업의 3대 목표

① 필요 최소한도의 작업자 수에 의한 무리한 동작 없이 효율적으로 작업하여 높은 생산성을 달성하는 것으로,

- 효율적이라는 것은 좋은 품질의 물품을 안전하게, 또한 저렴하게 만들기 위한 일의

　방법이며,

　- 작업자가 수행해야 할 작업의 표준적인 순서(표준 작업순서)가 중요하다.

② 각 공정 간의 동기화를 달성하는 것(생산 타이밍)을 결정하는 부문으로,

　- Tact Time 생산, Target Cycle Time 생산에 맞추어야 하는 것으로 양산작업에서 중요

③ 재공품의 "표준재공"을 최소 수량으로 제한하는 것으로,

　- 표준재공은 각 작업자가 표준작업을 수행하는 데에 필요한 절대 최소 수량으로,

　- 표준재공은 불필요한 재공품 재고를 제거하는 데에 역점을 둔다.

3.2.4 표준의 대상

　표준이란 관련되는 사람들 사이에 이익, 정보가 공정하게 주어지도록 통일, 단순화를 꾀할 목적으로 능력, 배치, 상태, 동작, 순서, 방법, 책임, 의무, 사고방식, 개념 등에 관해서 설정할 규정으로, 글, 그림, 도표, 견본 등으로 상세히 표현한 것을 말한다.

표 3-4 표준화의 대상과 내용

항 목	표 준	항 목	표 준
능력	택트타임, 공정능력표	배치	장소 번지 로케이션
상태	표준작업표, 생산량관리, 페이스메이커, 흐름라인, 5S, 간판	동작	표준작업 조합표
순서	준비교체 순서	방법	안전, 다능공 교육 매뉴얼, Fool Proof장치
책임	생산량관리, 생산량 추이표, 이상관리	의무	낱개(Set화)흐름화, 표준작업 3요소
사고방식	능률, 평준화, 소로트화	개념	CIM, JIT, 동기생산, 물류, 개선정보

　표준작업의 5가지 목적으로는 사람 · 작업 · 방법의 Rule화를 대상으로, 현장작업의 관리기준을 확립하여, 개선의 촉진 및 에러 재발방지를 위하고, 신입사원 및 초보자의 지도서(교육/훈련 교본)로서, 품질수준의 유지와, 생산 양의 달성, 코스트의 관리 등을 위하여 기준을 정하여 그 규정대로 작업을 하기 위함이다.

　표준작업화 하는 착안점으로는

① 정해진 사항을 확실히 지키고, 누구나 한눈에 알아볼 수 있도록 한다.[좋든 나쁘든 Rule대로 하라!]

② 목적은 이상관리이므로 표준 이외는 모두 액션(개선)을 취하라.

③ 개선을 시도한 결과가 좋은 경우는 반드시 책임자(관리, 감독자)가 승인하고, 표준으로 결정하여 실시토록 한다.

④ 표준은 한번 정해졌다고 해서 그것으로 좋다고 해서는 안 된다. 꾸준히 문제점이나 낭비요소를 클로즈업시켜 대책을 세워 표준을 개정해 나가야 한다.

⑤ 표준화는 작업을 개선하는 일이다.

표 3-5 현장 게시 작업 상 기본 준수사항(공통)의 예

	I. 작업표준의 이해와 준수		II. 설비 점검 확인		III. 품질검사 & 생산량 달성
1	중요 작업부 이해 작업표준서 숙지 후	1	작업 전 워밍업(준비) (5분~10분간) 유압/공압/온도/압력	1	초도품 확인 후 양산
2	CNC프로그램 확인	2	중요 작동부의 점검	2	자주검사, 2중 검사
3	치구 상태 확인	3	각 부위를 걸레로 닦고	3	금일 생산목표량 달성
4	공구 상태(수명관리)	4	기름을 친다(주유).	4	불량원인 분석, 줄임⇩
5	게이지(한계) 점검	5	정기 점검하며, 나사를 죈다.	5	검사시트 작성, 제출 ⇨
※	문제점, 개선안 제출 ⇨	※	보완점 사전 신고(보고) ⇨	※	작업일보 제출, 내일작업 준비, 1일 마감정리 ⇨
(주) ○○○ 회사		**"내가 맡은 공정은 내가 보증한다"**			

3.2.5 표준작업의 3가지 전제조건

① **사람동작 중심** : 설비조건에 영향을 받지 않는 작업 동작의 낭비가 없이 일하는 조건이어야 하고,

② **철저한 반복작업은**

ㄱ 택트타임의 반복작업이 개선, 동기화가 가능한 유일한 방책으로, 작성은 현장 담당자가 직접 한다.

ㄴ 감독자가 시범을 보이고 지도하여 준수시킨다.

ㄷ 감독자의 의지가 담겨 있어야 한다.

③ **택트타임**(Tact Time)

ㄱ 정해진 시간 안에 필요한 수량을 생산하기 위해 제품 한 개(부품 1개)를 몇 분 몇 초에 만들어야 하는 시간

ⓛ 산식$=\dfrac{\text{1일 실가동시간(휴식시간 제외)}}{\text{1일 필요 생산량}}$

ⓒ 실가동시간은 기계의 고장, 재료 대기로 인항 유휴시간 수리 등을 예측하여 미리 줄여 잡아서는 안 되며, 필요 생산량은 불량품의 생산에 소요된 시간을 예상하여 미리 크게 정 해서는 안 된다(참고로 사이클 타임(Cycle Time)이란 작업자 한 명이 자기 공정의 작업을 정해진 작업 순서로 1사이클(Cycle) 실행하는데 필요한 시간).

④ **표준작업의 3요소로는, 택트타임**(위 설명), **작업순서**는 작업자가 부품을 가공 · 조립하는 과정에서 시간의 흐름을 맞추어 작업하는 순서이며, **표준 재공** 부문에는, 반복작업을 계속 수행하기 위해서 작업자에게 반드시 필요한 공정에서의 최소 재공 부품수를 말한다.

3.3 공정검사체계와 품질 급소관리(Q-Point)

3.3.1 공정검사 또는 자주검사체계

제조과정에서 품질검사의 중요한 과정은 제품의 작업 전, 작업 중, 작업 후에 과정이나 결과를 요구 사양 또는 공차 범위 내에 들어오는지를 판정하는 기능으로, 작업 결과를 확인하는 것으로,

① 고객 요구 품질에 만족되도록 Spec이 합격 수준에 들어오도록 하며,

② 전용 게이지(Gauge)에 의한 자주검사가 필수이며, 검사기록지, 작업일보 제출,

③ 작업 조건관리(기계 운전조건, 공구수명관리, 사전준비교체, 생산수량 목표달성)

④ 녹 발생(발청)방지는 날씨의 습도에 따라 주의보를 발령하고, 제품 취급에 주의.

표 3-6 양산라인의 품질관리체계 구축 추진 스텝

단계	추진 요령	적용 도구	결과물
[제1단계] 품질검사체계 구축	• 종합 품질관리 검사체계구축 • 출하검사체계 구축 • 공정자주검사체계 구축 • 초/중/종물검사체계 구축 • 공정모니터링체계 구축	• 검사성적서 • 식별관리표 • 자주검사 기록서	• 검사성적서(Data화) • 식별관리표(Data화)

단계	추진 요령	적용 도구	결과물
[제1단계] 품질검사체계 구축	• 롯트관리체계 구축 • 이상관리체계 구축		
[제2단계] 공정품질관리체계 구축	• 관리계획서 재정립 • 제조공정 자주관리 • 사전준비교체관리 체계	• 관리계획서 • 표준정착도 지수	• 관리계획서(Data화) • 표준 정착도 지수향상
[제3단계] 통계적 공정관리	• 롯트 선정 및 대상 파악 • 관리도 유형 선정 • 측정기준 선정 • 샘플크기 선정 • 관리도 및 데이터 수집 양식 설계 • 교육 및 실행	• 공정 불량률 • 공정능력 • 이상처리 기준	• 공정 불량률 향상 • 공정능력 향상 • 이상처리 기준 Data화
[제4단계] 외주품질관리	• 외주 품질관리 실태 진단 • 업체 선정 및 평가 • 부품승인 운영기준 내실화 • 시정, 예방조치 체계 구축	• 4M 변경관리 절차 • 품질뱅크 운영 절차 • 품질회의 운영 절차 • 클레임처리 기준정립	• 4M 변경관리 절차 정착 • 품질뱅크 운영 절차 〃 • 품질회의 운영 절차 〃 • 클레임처리 기준 정립

3.3.2 '품질은 검사가 아닌 공정으로 만든다'

제품의 품질검사의 기능은 중요한 기능이며, 꼭 거쳐야 할 과정이다. 그러나 공정이 안정되어 신뢰가 간다면 무검사까지 갈 수도 있으므로 품질의 수준은 제조과정에서 이루어지는 것이다. 한편, 품질검사를 하는 부서나 조직을 없애면 품질이 좋아진다는 극단적인 표현이 있는데, 이것은 품질에 대한 보증을 제조과정에 일어나는 결정적인 것을 작업자가 책임을 지도록 하면 품질이 더욱 좋게 되고, 정확하게 만들어지게 된다는 의미이다. 따라서, 공정의 안정화가 되어야 하는 면에서 공정기술의 수준과 지원이 중요하다는 것이다.

3.3.3 양산 라인의 검사

1) 초물검사

초기 조건 설정이 작업표준서와 동일 조건으로 작업자가 양산 가능하다고 판단되는 양산의 초기 부품으로, 생산에서는 작업자 또는 공정검사원이 외관, 치수, 경도, 조도검사를 하고, 품질보증팀에서는 외관, 치수, 형상, 경도, 조도검사를 QC 검사원이 하는 검사로, 중물검사, 종물검사도 검사 항목은 동일한 항목이다.

2) 중물검사

원자재 교체 후 양산 진행 중에 원자재의 처음과 끝부분 생산 때의 제품

3) 종물검사

양산 진행 제품의 당일에 최종 생산된 제품을 대상으로 하는 검사

초 · 중 · 종물 관리 방법은, 공정 검사원은 초 · 중 · 종물을 보관대에 보관하고 현장 관리자는 보관대의 샘플이 양품인 경우 앞단 검사품을 라인에 투입한다. 작업 종료 시에 종품은 보관하고 차기 Lot 초품 합격 시에 종품을 라인에 투입한다.

검사의 합부 판정은 검사 기준에 따르고, 불합격 판정 시에는 라인을 정지하고, 관리자의 지시를 받는 것이 원칙이다.

검사 기록지는 사내 표준 양식 또는, 규정된 서식을 이용한다.

3.4 양산품질의 조건과 관리체계 구축

3.4.1 양산 제품의 품질관리의 기본적인 관리항목

자동차 부품 또는 전자제품 등 양산작업을 하는 생산 조건에서, 갖추어 관리를 해야 할 부문을 제시한 것으로, 다음 12가지 관리 요소에 대하여 간단한 설명과, 게시판을 그림 3-10에 소개한다.

① 신속 대응 : 품질사고 또는, 작업장에 문제가 발생 시 빠른 조치와 안정화를 위함.

② 부적합 제품의 관리 : 폐기, Rework, 특채, 특인, 품질요구 사양에 재 고려 등의 관리

③ 공정 검증 : 공정능력지수(Cp값)가 양호한지의 여부와, 품질보증이 검증된 공정

④ 생산현장의 표준화 : 공정에서 작업요령, 작업기준서, 운전요령이 표준화가 된 상태

⑤ 작업자 훈련 : 초보자를 위한 작업의 요령과 터득, 숙달을 위한 습숙과정(OJT 포함)

⑥ 표준작업 : 작업에서 각 동작의 순서(설비조작, 제품로딩/언로딩 등)를 정해 놓음.

⑦ 실수방지 검증 : 초보자가 해도 실수를 못하도록 장치를 만들고, 작업절차를 안내함.

⑧ 계층적 공정검사 : 소재검사부터 각 공정의 자주검사 등이 3자까지 알 수 있도록 함.

⑨ 위험감소절차 : 안전사고에 대한 예방과, 품질사고를 방지하기 위한 방책의 절차 수립

⑩ 오염관리 : 인체에 유해하거나, 환경에 영향을 미치는 요소를 정기적으로 체크, 관리

⑪ 외주업체 공급망관리 : 구입품, 외주제작 부품 또는, 유니트의 품질관리 보증체계관리

⑫ 설비점검과 작업조건 확인 : 설비 상태점검, 개선, 운전조건의 합당여부를 항시 점검

3.4.2 품질문제의 인식구조에 대한 분석

① 긍정적인 인식 : 결과가 좋게 나올 수 있도록 하는 생각과, 조치로, 평소에 각 조건을 관리를 잘 해 나가는 의식과 사고(思考)

② 부정적인 인식 : 평소 관리를 하지 않고 놓아두면 원하지 않는 결과가 나오게 되버리는 현상과, 소극적인 의식과 사고를 가진 조건을,

표 3-7은 긍정적인 의식과 부정적인 의식으로 한 결과를 나타낸 것이다.

표 3-7 품질문제 인식구조의 구분

품질 문제 인식 구조			
		긍정적 의식	
		부정적 의식	
사 람	**자 재**	**설 비**	**작업/검사방법**
사람은 실수를 한다	자재는 불량이 있다	설비는 불량을 낸다	작업자에게 맡긴다
실수하는 것은 어쩔 수 없다 / 사람의 실수를 없애고 싶다	자재 나쁜 것은 어쩔 수 없다 / 자재 불량을 없애고 싶다	불량 내는 것은 어쩔 수 없다 / 불량 내는 것을 없애고 싶다	사람 특성이나 공정의 특성상 어쩔 수 없다 / 정확하게 하고 싶다
생산량과 작업시간만 관리할 수 밖에 없다 / 실수와 불량을 줄이기 위해 개선을 한다	사용 가능하면 투입한다 / 규격 합격품만 투입한다	가동률이 중요하므로 불량 나도 작업한다 / 불량 예상되면 정지시킨다	종전 방식을 고수한다 / 표준화된 작업으로 흐름생산
대책이 없다 / 다기능화 표준 준수	대책이 없다 / 자재 관리 자주 검사	대책이 없다 / 자동화 fool proof	대책이 없다 / 표준 작업 흐름 생산

그림 3-10 양산 제품의 품질관리 체계도의 예

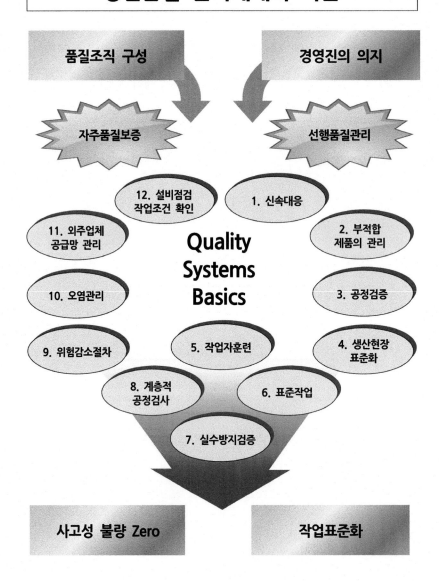

양산품질 관리체계의 기본

품질조직 구성

경영진의 의지

자주품질보증

선행품질관리

12. 설비점검 작업조건 확인

1. 신속대응

11. 외주업체 공급망 관리

Quality Systems Basics

2. 부적합 제품의 관리

10. 오염관리

3. 공정검증

9. 위험감소절차

5. 작업자훈련

4. 생산현장 표준화

8. 계층적 공정검사

6. 표준작업

7. 실수방지검증

사고성 불량 Zero

작업표준화

"즉시한다! 반드시 한다! 될 때까지 한다!"

㈜ ○○○○

제4절 생산 모델 교체에서 '사전준비교체' 관리로 작업능률 향상

사회와 소비자의 요구가 나날이 변화를 가져오고 있는 실정이다. 이에 제조업을 하는 입장에서는 환경의 변화에 적절히 대응하지 않는 기업은 도태되기 때문에 기업은 필사적으로 변화에 대응하는 노력을 계속해야 한다.

그 중에서 소비자의 요구의 다양화, 개성화는 제조분야에 큰 영향을 끼치고 있다. 지금도 양산 지향을 하는 제조에서는 다품종 소량생산, 여기에 변종 변량생산, 혼류생산으로 변하고 있는 실정이다. 이러한 생산방식을 효율적이고 경제적으로 실현하기 위한 기술의 하나로 필요하게 되는 사전준비에 의해 니즈(needs)에 대응하여 제품을 빨리 시장에 공급해야 하는 것이다.

따라서, 준비교체의 시간을 단축하고, 속도를 올려 소로드생산을 실현시켜 생산리드타임을 단축하여 생산효율의 향상과, 경제적인 생산을 실현시키기 위해서 한정된 경영자원을 유효하게 활용하여, 기업 업적을 향상시키고, 공헌하도록 하는 것이다.

4.1 준비교체를 위한 관리 항목

다품종 생산에서는 해당 금형의 준비와 원재료 및 부재료의 준비와, 치공구 및 Attach-ment류의 교환, 가공프로그램에서는 기계의 작업조건을 재세팅하는 조정작업을 거쳐야 다음 모델의 작업 세팅이 완료되는 것이므로 모델이 바뀔 때마다 여러 과정을 확인하고 세팅을 해야 하는 것이다.

이런 작업은 대부분의 기업들이 모델 변경에 따라 준비하는데 거쳐야 하는 과정으로 이 시간이 짧을수록 생산성이 더 오를 것이고, 수익성으로 연결이 된다.

4.1.1 생산 정보에 대한 생산관리 등 관련 부서의 역할

생산 정보에서 제품의 수량, 납기, 모델 선택, 등의 제조 조건들은, 생산관리팀, 품질관리팀, 영업팀, 등 제품 시방과 관련된 각 부서에서 나온 시방, Option, 요구사항 등의 조건을 생산을 담당하는 측에 정확하게 사전 전달이 되어 생산준비에 만전을 기할 수 있도록 하는, 기능과 역할을 말한다.

4.1.2 생산 지원 업무의 사전준비

현장관리 부서에서 조치를 해야 하는 부분으로, 원재료, 부자재, 금형, 치공구, 측정기기, 작업표준서, 품질 체크기록지 등의 사전 점검과 확인을 하는 역할로, 생산의 일정관리로, 리드타임 단축을 위한 면에서 중요한 역할이다. 또한, 고객 또는 발주자 측의 실사 및 중간 점검에 대비하여, 사전준비를 해 두는 역할이기도 하다. 프로젝트성의 일인 관련 부서가 볼 수 있는 '일정관리 및 Flow Chart'도 만들 필요가 있다.

4.1.3 제조 설비의 사전 점검과 조건 조정

제조 관련 설비를 취급하는 부서에서, 해당 설비에서, 그 제품의 적합한 작업조건을 사전에 점검하기 위한 조치로, 생산팀과 설비관리팀이 확인하는 역할로, 프로그램류의 확인, 장비의 정밀도 점검, 마모부의 교환, Spare Parts의 준비, 등을 미리 점검하는 역할이다.

4.2 금형 교환의 사전준비

금형을 이용하여 생산하는 기업에서는, 제품에 직접 연관이 되는 금형은 Die와 Mold이고, 이와 관련되는, 치공구(Jig & Fixture), 측정기기(전용게이지), 작업표준서, 작업프로그램, 검사기록지, 원자재 준비, 작업지시(생산관리), 작업 Option Spec 등에 대한 사전 준비업무로 중요한 업무들이다. 이러한 장치의 사전준비교체에 걸리는 시간에 따라 작업효율이 달라지며, 제조 리드타임의 장단에 따라서, 전체적으로 생산성 향상에 영향을 미친다.

본 장에서는 사전준비교체에서 시간과 관리가 까다로운 금형교환에 대하여 중점적으로 개선책을 설명한다.

'준비교체의 정석'으로
정석1. 준비할 수 있는 것은 모두 미리 준비한다.
정석2. 손은 움직여도 좋지만 발은 가능한 한 적게 움직인다.

정석3. 볼트는 완전히 풀지 않는다.

정석4. 볼트를 보면 쓸 때 없는 일거리라 생각하고 철저히 없앤다.

정석5. 금형이나 치구의 기준은 움직이지 않는다.

정석6. 조정은 낭비, 치공구의 기준부는 움직이지 않는다.

정석7. 눈금을 보면서 하는 조정 작업은, 모두 블록 게이지화 하거나, 정위치에 표시를 해
     둔다.

4.2.1 금형의 사전준비

ECRS 원칙으로 업무개선 및 문제해결하기 위한 원칙으로 다음 4가지 방법이 있다.

① 배제(Eliminate), ② 결합(Combine), ③ 재배열(Re-arrange), ④ 단순화(Simplify)의 4
가지 관점에서 생각하는 기법이다.

1) 배제(Eliminate)

배제는 '그만둘 수 없는가'를 생각하는 것으로 현재의 일을 그만두기 위해서는 그 일을 왜
(또는 무엇을 위해) 하고 있는가라는 업무의 이유, 또는 목적을 철저히 해야 할 것이다.

2) 결합(Combine)

결합은 '함께 할 수 없을까'를 생각하는 것으로 몇 가지 일이나 공정을 함께 할 수 있다면
커다란 개선의 효과를 가져올 수 있다는 것이다. 이를 위해서는 그것은 어떤 일인지, 그 일
은 누가 담당하고 있는지, 그 일은 어디에서, 언제하는지 등을 관점을 바꾸어 생각하고 함께
할 수 있는 가능성을 잘 조사해 본다.

3) 재배열(Re-arrange)

교환은 '순서를 바꿀 수 없는가'를 생각하는 것으로 직렬방식의 가공순서를 병행처리로 바
꾸는 것처럼 가공순서를 바꾸거나 부품과 가공법의 일부를 다른 부품이나 가공법으로 옮겨
놓을 수 없을까 등을 생각하는 것이다.

표 3-8 생산 모델 변경의 소요 시간 측정 Sheet의 예

대상기계 :　　　　생산품목 :　　　　일자 : 20　년　월　일　담당자 : 홍 길 동

순서	작업 내용	작업 시간	누적 시간	개선 방안				기계 (Press)	개선 구분	비고
				E	C	R	S			
1	1호기 프레스금형 내부 칩제거	0:00:18	0:00:18	●				준비	소	
2	1호기 프레스금형 풀어냄	0:00:45	0:01:03		●			교환	소	
3	2호기 프레스금형 풀어냄	0:01:43	0:02:48		●			교환	소	
4	3호기 프레스금형 칩통 이동	0:00:28	0:03:14				●	준비	소	
(중간 생략)										
51	자동 테스트 ALL 1개	0:00:20	0:00:20	●				조정	소	
52	오일 분사 확인	0:00:40	0:01:03	●				조정	중	
53	자동 테스 ALL 2개	0:00:30	0:01:30	●				조정	소	
54	자동 테스 ALL 10개 작업	0:00:35	0:02:05		●			조정	소	
	합 계									
	양산작업 시작									

표 3-9 생산 모델 변경에서 낭비들의 개선계획 일람표

대분류	소분류	소요시간	낭비의 종류	방안 분류	낭비제거 방안		
					小 개선	中 개선	大 개선
준비의 낭비	외 준비	( )분 ( )%	① (불필요한 동작들) ②	준비의 낭비	① ② ③	① ②	①
	내 준비	( )분 ( )%	③ ④				
교환의 낭비	분리작업	( )분 ( )%	① ②	교환의 낭비	① ② ③	① ②	①
	체결작업	( )분 ( )%	③ ④				
조정의 낭비	위치결정	( )분 ( )%	① ②	조정의 낭비	① ② ③	① ②	①
	Try out & 검사	( )분 ( )%	③ ④				
합계		( )분 ( )%					

표 3-10 생산 모델 변경의 작업준비와 개선 포인트의 예

구 분	작업 순서	개선 포인트	작업 구분	비 고
정보 전달	1. 작업 착수 30분(또는 1시간) 전에 관련자에게 정보를 전달하여 2. 현장에서는 준비사항을 챙긴다.	1) 생산계획수립에 의거 작업 착수 3일 전에 예고 2) 전산시스템 이용 모델, 생산량을 표기 3) 금형준비는 3일 전에 지시, 수리 점검을 실시함		정보전달 현황판을 설치한다
준비 작업	1. 다음 세팅 금형을 정해진 위치에 준비시킴 2. 필요한 공구를 준비해서 설비 지정된 장소에 준비 3. 순서대로	1) 자재준비 Stand By는 3시간 전에 자재 투입구에 대기시킴 2) 3) 4)	외준비 (사전준비반)	
교환 작업	1. 핑거 및 셔틀바를 제거한다 (남은 원재료를 제거한다). 2. 금형을 하강 시킨 후 상, 하 클램프를 제거한다.	1) 마지막 재료의 처리를 보조하는 사람 (Set Up Man)과 같이 금형교환을 실시한다. 2) 3)	내준비 (작업자)	
조정 작업	1. 재료를 끝까지 이동 후 피더를 자동으로 전환 후 4-5회 작업을 실시한다. 2. 이상 없을 시 연속으로 작업 후 외관, 치수를 체크게이지로 확인	1) 2) 3) 4)	내준비 (작업자)	

4) 단순화(Simplify)

단순화는 '간단히 할 수 없을까'를 생각하는 것으로 이를 위해 왜 그 부품을 사용하는지, 왜 그런 방법으로 일을 하는지 등을 질문하고 간소화의 가능성을 찾아가는 것이다.

위 4가지의 E, C, R, S원칙은 현상에 낭비가 많다는 것을 전제로 하고 있다. 그러나 관점을 바꾸어 보면 현상에는 무언가 부족한 경우도 있을 수 있다. 이러한 경우에는 '현상에 추가해야 할 것은 없는가'라는 항목을 추가해야 한다. 이와 같이 자기 나름대로의 원리·원칙을 만들어낼 수 있을 때까지 현재의 원리·원칙활용이 요구된다.

5) 프레스의 모델교체 '0'의 조건

① 금형의 표준화

    - 다이 높이(H)

    - 금형의 크기를 3종류로 분류한다(L * W). (대, 중, 소로 가능한 분류를 적게 하는 것

이 좋다.)

　- 금형 체결부의 높이를 일정하게 한다(h1, h2).

　- 금형 체결부위를 동일한 부위로 한다.

② 자립식 체결구를 사용한다.

③ 위치결정 방법이 Fool Proof화 되어야 한다.

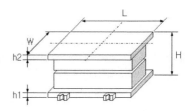

4.2.2 부수장치의 준비(치구 · 공구 · 원/부자재 · 프로그램 · 표준류 등)

① 치공구(Jig, Fixture)

② 측정기구(Gauge, Check Jig)의 사전 점검

③ 원/부자재의 공급준비

④ 작업용 프로그램(CNC)의 사전준비

⑤ 작업 표준류의 사전준비(한도견본)

⑥ 기타, 작업 관련 조치와 정보 등이 있다.

단계별 추진 요령의 그림 3-11과 실례의 그림 3-12, 3-13을 소개한다.

① 작업일보 상의 기계에서 금형교환 횟수를 확인한다(설비별, 월간, 평균 소요시간).

② 향후 수평 전개할 수 있는 설비를 정하여 성공체험을 하므로 자주개선으로 해야 한다.

그림 3-11 금형 교환 사전준비교체의 개선의 실례

구분	준비시간 (31분50초) 24%				교환시간 (72분14초) 24%					조정시간 (28분50초) 21%			투자금액	기계 시간
개선전 (요소동작내용)	슈트제거	핑거해체	바,QDC해체	금형제거	금형,QDC설치	바,핑거설치	터치패널설정	소재장착,세팅	금형이동	금형조정	원재료조정	초품측정의뢰	약 50만원	132분08초 ⬇ 44분 42초
	10	8	5	9	19	20	9	21	3	9	4	15		
개선후	19분42초	16분13초	8분47초	절감시간 87분26초										
주요 활동 내용	1. 업무 재정의(주작업자/보조작업자) 2. 금형교체 순서 재정리/예비알람 실시 3. 금형교체에 필요한 기구개선												최종 목표	29분

③ 현재 기계작업 현황을 파악한다. 투입인원, 사용 공구, 교환 횟수, Tool명, 평균소요 시간, 생산 Lot수(기간은 1주일 단위로)

④ 대상 Model Change를 통해 대표를 비롯한 임원, 관리 감독자가 참관한다. 팀원은 작업자 1대 1로 요소 동작시간을 측정하고, 작업자의 움직임을 중심으로 VCR로 촬영한다.

⑤ 최종 목표 시간을 설정하여 Kick-off 실시하고, 개선활동 보고서를 작성한다.

⑥ 일일 개선 Idea meeting을 하여, Idea공유와, 실행 방법을 추구하며, 기록으로 남긴다.

⑦ 사례 발표회를 통하여 성과 결과, 향후 계획 등을 해당 파트에도 공유한다.

⑧ 개선 결과의 조건을 유지하기 위한 표준화, 사후관리 체계화, 등을 위하여 '자주개선' 활동으로 해당 부서에 수평 전개를 한다.

그림 3-12 프레스기계 작업의 시간 낭비의 개선 절차

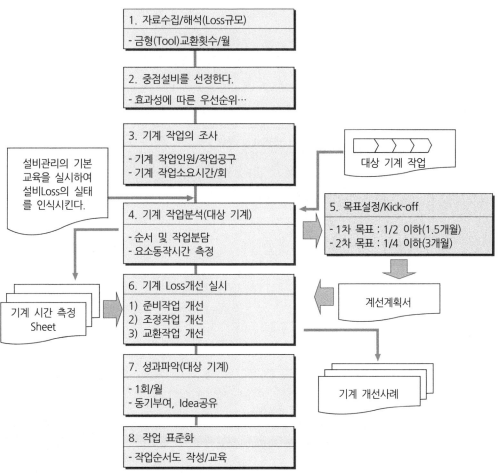

그림 3-13 양산용 금형관리 체계의 예

금형관리의 기본 FLOW

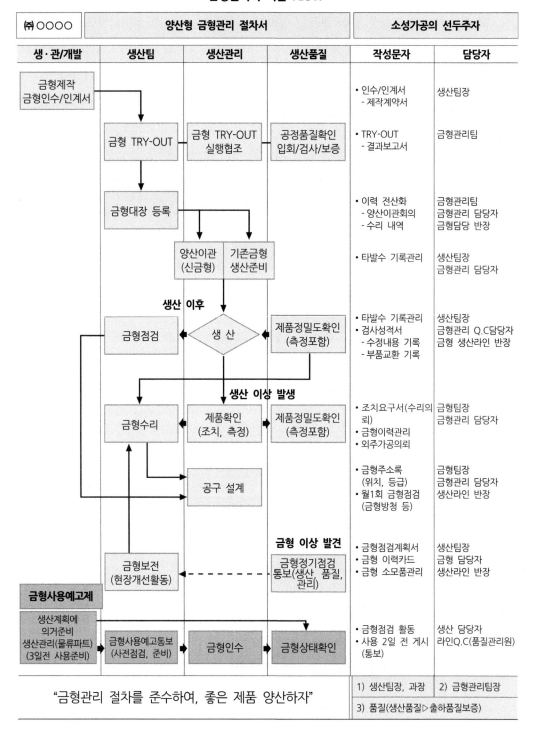

㈜○○○○	양산형 금형관리 절차서			소성가공의 선두주자	
생·관/개발	생산팀	생산관리	생산품질	작성문자	담당자
금형제작 금형인수/인계서				• 인수/인계서 - 제작계약서	생산팀장
	금형 TRY-OUT	금형 TRY-OUT 실행협조	공정품질확인 입회/검사/보증	• TRY-OUT - 결과보고서	금형관리팀
	금형대장 등록			• 이력 전산화 - 양산이관회의 - 수리 내역	금형관리팀 금형관리 담당자 금형담당 반장
		양산이관 (신금형)	기존금형 생산준비	• 타발수 기록관리	생산팀장 금형관리 담당자
생산 이후					
금형점검	생 산		제품정밀도확인 (측정포함)	• 타발수 기록관리 • 검사성적서 - 수정내용 기록 - 부품교환 기록	생산팀장 금형관리 Q.C담당자 금형 생산라인 반장
생산 이상 발생					
금형수리		제품확인 (조치, 측정)	제품정밀도확인 (측정포함)	• 조치요구서(수리의 뢰) • 금형이력관리 • 외주가공의뢰	금형팀장 금형관리 담당자
		공구 설계		• 금형주소록 (위치, 등급) • 월1회 금형점검 (금형방청 등)	금형팀장 금형관리 담당자 생산라인 반장
금형 이상 발견					
	금형보전 (현장개선활동)		금형정기점검 통보(생산 품질, 관리)	• 금형점검계획서 • 금형 이력카드 • 금형 소모품관리	생산팀장 금형 담당자 생산라인 반장
금형사용예고제					
생산계획에 의거준비 생산관리(물류파트) (3일전 사용준비)	금형사용예고통보 (사전점검, 준비)	금형인수	금형상태확인	• 금형점검 활동 • 사용 2일 전 게시 (통보)	생산 담당자 라인Q.C(품질관리원)
"금형관리 절차를 준수하여, 좋은 제품 양산하자"				1) 생산팀장, 과장 2) 금형관리팀장	
				3) 품질(생산품질▷출하품질보증)	

표 3-11 금형교환 시간 단축계획의 예

금형교환시간단축 Master Schedule

THEME : 프레스라인 설비종합효율 향상을 위한 금형교환 개선활동

No	관리부문	문제점 내용	대책 및 개선 방안	담당자	완료 목표	예산, 협조사항
1	기본지키기	1)기초질서 확립	전사적으로 실행	공장장	지속적 실행	
		(작업분위기 쇄신)	제조, 파트별 생산계획, 생산량 달성, 품질수준체크,			
		2)3정 5S 정립	각 팀/파트별 실시 (14부문)	각 과장	8월 완료	
			기 작성된 상세계획서 실행, 오염방지			
		3)정기적 점검, 회의	매주 화요일 오후 15시 40분에 실시	공장장		
			7/25(금)10시 보고-품질부문, 생산성부문, 수율향상			
		4)기타	(지시사항 추가)			
2	생산성향상	1)작업자에게 과중 의뢰	(1)금형 교체 때 1인이 지원체계 도입(Set Up Ma	부장	8월 ~ 9월	
		-금형교체작업	(2)자재셋팅 때 위와 동일			
		-자재교환 작업(셋팅)	(3)초도품 양자 확인, 초도품검사는 Q C에서 실시			
		-조정작업과 초도품 확	(4)양산결정은 관리자가 판단, 지시			
		2)생산지원(생기, 개발)P	생산시작 예고제 도입 (사전에 공지, 준비)	공장장	8월 ~ 9월	
		Q C의 지원상 미비점	전산에 의한 게시, 금형사용 Stand By, 자재준비 OK			
			초도품검사 Stand By, 금형상태 확인(금형담당자)			
		3)양산관리의 시스템화	(1)설비조건관리 => 작업전 확인(3가지 습관	해당 간부	지속적 실행	
			(2)작업자 정기적훈련=>월 1회 실시		"	
			(3)설비의 개선(개조) =>상세 사양 조사		"	
		4)준비교체 (내, 외)	4 M에 의한 ①지원자②금형③자재④검사⑤생산정보		"	
		[금형사용 사전준비]	금형사용 예고제 실시(사용 하루 전까지 Stand l	금형파트장		
3	품질수준향상	1)초도품 검사	금형교환 후 초도품검사 지원(초도작업시간의 소	과장		
		공정검사(자주검사)	초도/중도/끝작업의 품질확인			
		2)양산관리의 시스템화	신속대응, 부적합관리,			
			현장의 표준화, 실수방지장치(P/F)설치			
		3)선행품질 확보를 위한	계층별 공정검사			
4	수율관리 산출물을 극대화 (생산효율)	1)사전준비	재고확인과 자재의 사전준비	준비반		
		2)금형품질의 낙후	금형제작 수리기술력 제고			
		3)시작제품의 수량 감소	초기조건의 확보로 시작제품(품질확인용) 수량 줄임			
5	금형제작기술력 (기량향상을 위한교육, 트레닝을 지속 적 시행)	1)금형제작 기초이론	개인별 지식확보를 위한 기초이론 교육 실시	금형파트장		
			(전문교육 이수 및 지도위원 주관 교육)			
		2)작업환경 개선	3정 5S 활동,			
			구역별 간판부착 식별 용이, 대외적 이미지 개선			
		3)수리제작 기술력	조립의 보증(예; 조립 Torque보증),작업방법 개선			
			부품제작의 정밀도 유지와 보증			
		4)금형수명관리	타발수의 기록관리에 따른 수명판정관리,			
			수리회수에 따른 수명조정관리 (경도, 재질의 고려)			
		5)공구 Regrinding	공구의 재연마관리 (드릴, 커터류 정밀연삭)			
		6)M C T활용 능력 제고	부품수리 및 제작의 작업효율 제고			

프레스의 금형교체 시간단축의 개선 실례로,

1) 주요 개선 포인트

① 보조 작업자(Set up Man) 지원체계로 내준비, 외준비를 하여 셋팅시간을 단축하며,

② 금형교환 관련 요소 작업들의 순서를 정하여 표준화로 만든다(작업순서 게시).

③ 금형교환 전에 지원요청 호출장치로 '예비알림'에 의해 대기시간을 줄인다.

④ 작업에 사용되는 수동 공구들을 전동 공구로 교체, 금형의 셋팅 기준점을 개선한다.

⑤ 기타, 작업 환경개선(작업燈부착, 공구걸이대, 유압 클램프, 초도품 검사방법 등 다수)

2) 개선 성과의 예

① 생산성 향상 측면으로 설비 가동률 53%에서 70%로, 17% 향상(600톤 기준),

② 금형교환시간 단축으로 132분에서 29분으로 대폭 절감(최종 목표 10분대),

③ 원가절감 3,000만원 내외의 생산성, 인건비, 등을 비용으로 계산한 효과,

④ 금형관리 관련 작업표준화 제정으로 관리체계를 정립하였으며,

⑤ 현장 관리상의 합리적인 낭비제거와 전사원들의 의식전환의 게기가 되었다.

따라서, 금형교환의 사전준비교체작업의 개선의 결론은 다음과 같이 요약을 하자면,

(1) 사전준비교체를 위한 조건구비

① 모델이 바뀌기 전에 사전준비에 대한 일들을 전문 작업자(Set up Man)의 지원체계를 갖추면 금형세팅시간을 단축할 수 있어 생산성이 향상된다.

② 금형교환 관련 요소작업들의 순서를 정하여 표준화를 시키면 낭비를 줄일 수 있고, 금형교환 전에 지원요청 호출장치로 '예비알림'에 의해 대기 시간을 줄인다.

③ 교환시간 절감을 위한 요소작업의 개선에는 작업자가 편리하게 사용할 수 있도록 전동 공구로 교체하며, 금형의 세팅 기준점 개선(One touch setting) 등과 공구걸이대, 각종 유압클램프 적용, 작업장 밝기(조도 향상), 초도품 검사방법 지원 등의 개선이 따라야 한다.

(2) 생산관리의 체계화 및 전산시스템의 활용

① 생산 제품의 P-Q(품종-생산량)분석으로 라인 재편성을 추진하여 최적의 생산 패턴을

정해 놓고 관리한다.

② IT기술을 이용한 전산시스템으로 POP, ERP, Bar Code, IC Tag, NC장치 등을 이용하여 계획 생산을 한다.

③ 금형제작 기술력과 관리능력(수명관리/활용능력)을 향상시켜 초도품에서 양품이 나오는 조건으로 재료의 수율 향상이 되도록 한다.

(3) 금형 준비교체작업 전문가의 자질향상과 관련 부서의 유기적 협조

① 준비교체의 전문 작업자(Set up Man)들을 평소에 스킬을 향상시키는 육성이 중요하고, 현장 적소에 배치하여 활용한다.

② 준비교체를 담당하는 생산현장 담당자, 생산기술자, 생산관리 담당자, 품질관리 담당자들은 원활한 양산이 될 수 있도록 상호 협조가 따라야 하며, '기술력 있는 강한 현장'이 될 수 있도록 스킬이 갖춘 현장의 기량이 요구되고 있다.

4.3 제조라인의 합리적인 레이아웃 구성

4.3.1 공정배치와 제조과정의 동선

1) 합리적인 레이아웃의 필요성

생산라인과 공장 내의 설비배치에 대하여 작업자의 이동 경로와 운반 경로, 정보의 전달 경로, 생산 설비류의 준비교체와 메인터넌스에 지장을 초래하는 등, 생산에 악영향을 미칠 경우, 이러한 레이아웃을 꾸미는 방법의 기교로 생산라인과 해당 공장의 생산효율은 크게 달라진다. 그래서 생산라인과 공장 내의 레이아웃 결정에 관해서 생산기술의 담당자는 합리적인 배치계획을 계획·구축하여, 운반을 간소화하기 위해서는 제품의 흐름과 작업자의 이동, 정보의 흐름을 원활하게 하는 한편, 공간의 사용 효율을 높이는 것이 중요하다.

2) 합리적인 공정배치

생산라인에서 제품의 흐름과 작업자의 움직임, 정보의 흐름을 원활하게 하는 데에는 이동 (또는 전달), 경로와 운반 경로 등이 간소화 한 레이아웃으로 만드는 것이 중요하다.

먼저, 일부 현실적인 문제점들의 예를 들어 보면, 다음과 같은 것들이 있다.

① 잦은 생산계획 변경 및 생산 대응이 곤란한 경우도 발생한다.

② 기능 중심의 현장조직 및 Lay out으로 구성되어 있다.

③ 과다한 재공(Work in Progress Stock)을 보유하고 있다.

④ 제조 Lead Time이 과다하게 소요된다(공정 간 대기시간이 길다).

⑤ 공정의 단속(끊김)과 이에 따른 Handling이 과다하게 발생된다.

⑥ 비효율적인 인력계획 및 운용(1인 다기능화 미비, 표준작업화의 미흡)

⑦ 물류의 틀(Control)이 미비하다.

⑧ 무효한 공간(Space)을 사용한다(입체적인 활용이 부족).

⑨ 피할 수 있는 설비의 정지시간이 발생한다.

⑩ 안내를 하는 기능(Pace maker)과 공정관리가 미비하다.

3) 분야별 시스템 레이아웃의 계획과 추진 항목

레이아웃의 구상은 생산라인이 효율적이고, 경제적인 활동이 되도록 계획하는 것으로 각 부문별로 고려하고 추진해야 할 내용들을 다음과 같이 대별하면, 시스템 레이아웃 계획(SLP : Systematic Lay out Planning), 가치흐름체계(VSM : Value Stream Mapping), 공정편성, 작업편성, 생산계획, Material Handling(부품 취급), 생산지원에 관한 Utility부문 등의 업무도 해당이 된다. 이러한 분야별 중점 내용을 다음 표 3-12에 나타낸다.

표 3-12 분야별 레이아웃의 계획과 추진 항목

분 야	추진 항목	중점 추진 내용
시스템 레이아웃 계획 (SLP: Systematic Lay out Planning)	1) 제품분석 2) P-Q 분석 3) 경로 흐름도 분석 4) FTC(From To Chart) 5) Flow Process 6) 관계(Relation Ship)Chart 7) 공간분석(Space Study)	- 제품군별 생산량 분석 - P-Q 분석을 통한 제품별 Focus 및 공정별 Focus Lay-Out 전개를 위한 분석 - 공정의 흐름 및 양에 대한 분석(1) - 공정의 흐름 및 양에 대한 분석(2)
가치흐름체계 (VSM : Value Stream Mapping)	1) Process Focus(As-Is & To-Be) 2) Group Focus(As-IS & To-Be)	- 주요 제품군에 대한 Line화 Lay-Out 검토 - 소량생산 제품군에 따른 공정화 Lay-Out검토 - 저장 디자인(Store Design) - Out Sourcing에 대한 검토

분 야	추진 항목	중점 추진 내용
공정편성	1) 공정속도와 설비능력 분석 2) Buffer 분석	- Line화에 따른 동기화생산 체제구축 - 공정별 속도 및 생산능력에 대한 검토 - 고객의 Order 변경 대응에 따른 Buffer확보 - Neck 공정 및 설비가동에 따른 Buffer 분석 - Buffer 확보 수단의 검토
작업편성	1) Man-Machine(사람-기계) Chart 분석 2) 표준작업 조합표	- 작업대기 감소를 위한 분석 - 작업편성 최적화 검토 - 작업표준의 재설정 - 비 부가가치시간의 제거 및 표준작업 - 적정 인원의 검토 및 산정
생산계획	1) 생산계획 및 생산지시 체계구축 2) 생산 Lot 최적화	- 생산계획 및 지시의 분리 - 공정속도와 생산능력을 고려한 생산지시 - 소 Lot화 - 납품 단위 및 용기에 의한 Lot Sizing검토
Material Handling (부품 취급)	1) 부품공급 Cycle 개선 2) 부품의 적정 운용량 3) 공정별 Rack 합리화 4) Handling체계 구축	- 다회 부품 공급체계 구축 - 공장 내 부품 적정 운용 재고 검토 - Rack 개선을 통한 공장 내 부품 재고 축소 - 소요량 전개 및 Shortage 예방관리체계
생산 지원용 Utility부문	1) 전력 공급(적정 용량) 2) 용수, 가스, 유류, 스팀 등 3) 생산 지원용 소모품류	- 안정적인 공급과 절감방안 - 비상 시 수급대책(예 ; 발전기) - 용량 증설 대책안

4) 레이아웃 구축의 방법과 합리적인 배치 방안의 예

레이아웃 구축을 구상하는 방법은 제품의 흐름과 사람의 움직임, 정보의 흐름을 원활히 하는 것으로 다음과 같은 예를 들 수 있다.

4.3.2 레이아웃 구상과 합리적인 레이아웃

생산 제품에 따라 구상하는 기본 안을 사전 시뮬레이션에서, 각 공정별 문제점, 개선점을 반영하여, 합리적인 레이아웃을 구축하는데, 다음 조건들을 검토하며, 진행한다.

<table>
<tr><td colspan="1">구상의 기본 방안</td></tr>
</table>

구상의 기본 방안

① 제품의 흐름은 한 방향 흐름으로
② 제품의 흐름과 사람의 움직임을 교차시키지 않는다.
③ 생산의 흐름에 즉시 공정을 배치
④ 공정 간 라인 간의 운반을 스무스하게 되도록 배치한다.
⑤ 공정 간 라인 간의 사이를 가깝게 하여 운반 시간을 단축하고, 재공품 등을 놓지 않도록 한다(스토아의 폭은 쫍게).
⑥ 작업자간의 거리를 좁게하여 작업의 도움이 되도록 한다. 등

합리적인 레이아웃의 예

① 라인 사이드에 부품 공급
② 라인 끝에서 출하
③ 관련 제품의 생산라인을 한 개소에 모은다.
④ 공정은 분할하지 않고, 모은다.
⑤ 입구와 출구를 다르게 한다.
⑥ 떨어진 섬으로 만들지 않는다.
⑦ 바구니형으로 만들지 않는다.
⑧ 부품상자를 줄인다.
⑨ 공간을 잘 활용한다. 등

표 3-13 생산 리드타임 단축을 위한 문제점 추출의 예(4M과 요소 공정)

요소공정 생산4M	가공시간	반시간	검사시간	정체시간
사람 (Man)	• 수작업과 관계로 외 준비교체에 착수가 안된다. • 준비교체 때에 현재 소유분 발생	• 작업자에 의해 운반 방법과 운반횟수가 다르다. • 작업자에 의해 운반 룰이 다르다.	• 검사할 대기분이 발생한다. • 측정 숙련에 개인별 차이가 있다. • 기록이 없다.	• 현상을 의문에 무심코 개선이 지연 • 준비교체작업자가 적다.
제품 (Material)	• 소형재(素型材) 치수에 차이가 많아 세팅할 때 시간이 걸린다. • 사용공구의 종류가 많다.	• 형재가 불안정하다. • 활성지수가 낮다. • 운반자세에 낭비가 있다. • 찾는데 시간이 걸림	• 측정 개소가 많다. • 측정하는 장소가 좁아 불안정하다. • 검사구가 없다. • 검사구를 사용할 수 없다.	• 여기저기 보관되어 있다. • 관련 부품 보관 장소를 모른다. • 전체가 모여지지 않아 움직일 수 없다.
설비 (Machine)	• 순간정지, 설비 고장이 잦다. • 준비교체에 부품 등이 많다. • 준비교체공간이 좁고 어렵다.	• 운반구 사용이 어렵다. • 공작물 반송 때 순간정지가 많다. • 반송의 자동화가 지연되고 있다.	• 공정능력이 낮다. • 검사구 정밀도가 낮다. • 바보방지장치 설치가 늦어진다. • 절대 수가 적다.	• 운반구 잡는 것이 많다. • 고장수리에 시간이 걸린다. • 설비 개선이 진행되지 않는다.
방법 (Method)	• 적정 작업조건 설정에 시간 걸린다. • 준비교체작업이 통일되지 않는다.	• 보관 장소가 멀고 여기저기 있다. • 표준화가 되어 있지 않다.	• 전수검사가 많다. • 발취수가 많다. • 검사 방법이 통일되지 않는다.	• 입출고 방법 상 낭비가 있다. • 대상품 찾는 시간이 많다.

4.4 생산 리드타임 단축을 위한 방안

4.4.1 리드타임의 종류와 단축 방안

리드타임에는 몇 가지의 종류가 있는데,

① **생산 리드타임** : 생산 착수에서 완성까지 걸리는 시간,

② **상품 리드타임** : 수주에서 납품까지 걸리는 시간,

③ **개발 리드타임** : 개발에서 납품까지 걸리는 시간으로,

리드타임의 단축은 품질과 같이 경쟁력을 높이는 절대적인 요소로, 현대에서 요구되는 다품종소량생산을 가능하게 되고, 리드타임을 단축하기 위한 다음의 개선을 해야 한다.

① 생산라인을 자세히 손을 보아 빠른 흐름이 되도록 한다.

② 롯드의 축소로, 고객 요구에 따라 한 개씩 흐름화 하는 이상적인 라인을 감안한다.

③ 준비교체의 단축으로, 복수의 품종을 생산하는 경우, 될 수 있는 한 빠르게 한다.

④ 공정에서 낭비를 삭감하여, 라인의 낭비를 개선하여 표준화와 작업훈련을 시킨다.

⑤ 불량품을 만들지 않도록 하고, 양품 100% 생산을 목표로 하여 공정을 개선한다.

⑥ 눈으로 보는 관리로, 계획 대비 실적을 현재 생산량을 확인할 수 있게 하고, 어느 공정이 이상이 있는지 눈으로 알 수 있도록 한다.

또한, 리드타임을 단축하는 포인트로 4가지로 요약을 하면, ① 후공정 인수, ② 필요 수를 택트타임(작업시간)으로 결정, ③ 흐름화 생산, ④ 소롯트 생산으로 관리하는 조건이 있다.

4.4.2 부가가치를 상승시키는 리드타임 단축

생산 분야에 관한 리드타임 단축으로, 다음 그림 3-14에 있는 봐와 같이, 각 파트별 리드타임을 단축시키는 활동으로, 제조활동에서, 준비된 자재 및 부품을 가지고, 설비와 방법을 투입하여 부가가치를 높이는 활동이 제조업의 기본적인 Business Process라고 할 수 있는데, 이 과정에서 효율을 높이기 위해 완벽한 계획과, 낭비를 제거하고, 생산성을 향상시켜 리드타임을 단축시켜 부가가치를 올리자는 전략이 경영에 가치를 더해 주는 요소이다.

① 제조업에서는 상품개발에서부터 생산, 판매에 이르는 전체 Business Process에서 낭비가 발생되고 있으며, 대개 7대 낭비로, 동작, 운반, 대기, 불량, 불필요 작업, 과잉 생

산, 과잉 재고 등으로 분류하여 이 부분을 관리 대상으로 하여 개선해 나간다.

② 생산 활동을 통해 힘들게 만들어 낸 부가가치를 잠식하는 관리 Loss를 배제하고, 부가 가치는 생산성향상을 시킴으로 기업의 요구 부가가치에 접근해야 한다.

③ 부가가치를 내는 업무를 하기 위해서는 철저한 계획수립 ㉠ **리드타임 단축 및 결정과 판단의 신속함**, ㉡ **재고 감축**이 필요하며, 즉 실천 ㉢ **생산성 향상**을 하는 훈련을 통하여 숙련도 및 생산성을 향상시켜야 한다.

④ 따라서, 리드타임을 개선시키는 활동으로, 낭비의 개선, 부가가치의 향상을 위한 개선 활동이 리드타임을 단축(준비의 리드타임, 생산의 리드타임, 배송의 리드타임 등)하며, 또한, 그 조직 자체가 갖고 있는 조직문화도 생산 활동에서 중요한 역할을 하며, 작업 능률 향상에 큰 영향을 미친다.

그림 3-14 리드타임단축 활동으로 부가가치의 상승의 예

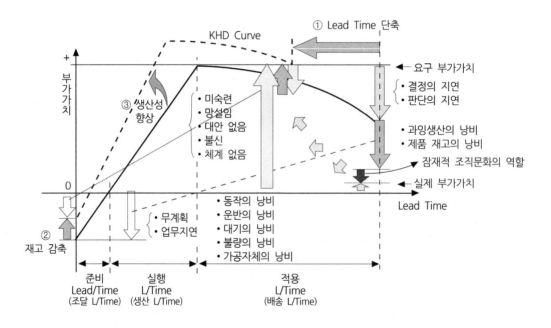

4.4.3 생산 제품의 전용Handling 기구 활용

양산라인 또는 벳치라인에서 수동으로 제품의 로딩/언로딩을 핸들링 하는 다음의 그림과 같은 기구를 활용하면, 시간 소요도 짧고, 제품의 보호, 안전사고예방 등의 효과로 현장에서 긴요하게 쓰일 수 있다. 공작물이 클수록 핸들링을 하기가 쉽지 않으므로, 전용형의 이러한

기구로 현장에 적용을 하면 생산리드타임이 현저히 줄어든다. 즉, 제품을 운반하는데 필요한 전용장치라고 하는 기구들이다.

그림 3-15 공정 간의 제품 핸들링 로봇의 예

(a) CNC선삭가공 공정별 제품 핸들링 로봇

(b) 공정간 이동용 매니플레이트(겐트리 타입)

그림 3-16 생산 부품의 핸들링(공정 간 운반용) 기구들

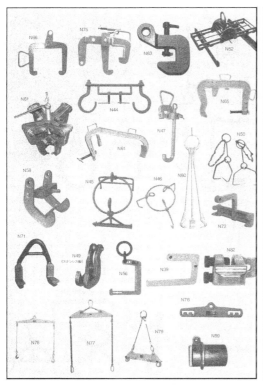

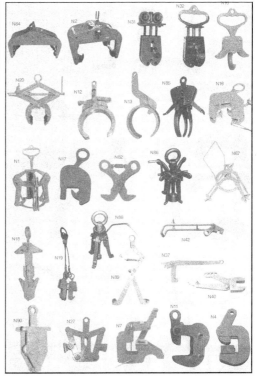

제5절 애로작업에서 실수방지시스템(Fool Proof System)의 적용

5.1 실수방지시스템의 개요

5.1.1 바보방지시스템의 개요

제조공정의 신뢰성을 향상시키는 데에는 품질부적합 제품을 흘리지 않고, 만들지도 않으며, 받지도 않는 Fool Proof장치를 설치하여 실수를 방지하는 것이 중요하여, 이 실수 예방장치로 Fool(바보)과 Proof(방지)를 합쳐 '바보라도 할 수 있는 것으로, 매우 간단하며, 과실방지가 되는 장치'의 의미이다.

① 생산현장에서의 품질보증 수단으로 활용되어 많은 효과를 내고 있으며, 지금은 생산성 향상의 수단으로 적용되고 있다.

② 영어로는 'Fool Proof'로 바보방지, 일본식 표기로는 '포까요께(바보막이)'로 부른다.

③ 실수 또는 에러 제거를 위한 기술 또는 장치로서, 시스템으로 실수하는 것을 불가능하게 만드는(Miss take proofing) 것이며, Poka는 부주의한 실수를 말하며, Yoke는 예방을 의미한다.

④ 제조공정에서의 Fool Proof는 재료나 기계, 장치, 치공구 등을 공정설계의 연구를 통해 전체 공정의 불량 체크가 자연히 되게 하고, 불량 재발방지 장치를 공정 내에 부착하여 즉시 불량을 발견하게 하는 것으로, 작업자가 일정한 작업을 할 때 일으킬 수 있는 실수를 범하지 않도록, 하나하나 신경을 쓰지 않아도 불량을 발견, 파악할 수 있는 장치를 연구하여 공정 내에 설치한 것이다.

예로, 에러(Error)를 일으키지 않도록 하는 장치, 실수 없이 작업할 수 있는 장치, 실수를 범해도 미스가 발생하지 않는 장치 등을 말한다.

또한, 바보방지시스템은 2가지의 의미를 갖고 있는데, 하나는 결과 관리로 불량이 한 개가 나온 시점으로 액션 포인트가 되어, 발생 경보에서 불량 정지까지로 그 실수를 인지시켜 다음 공정으로 흘리지 않게 하는 장치이며, 나머지 하나는 예지관리(豫知管理)로, 만약 불량이 한 개도 나오지 않는 상황으로 경보, 정지, 규제를 하는 것으로, 이것은 작업자와 설비, 장치의 이상한 움직임을 검지하여 정상의 방향으로 수정을 촉구하는 관리이다. 따라서, 예지관리시스템을 구축하는 것으로, 이를 위해서 꼭 표준작업을 정해서 그것을 지키는 것과 설비장치에는 양품을 만들기 위해 조건 정비가 빠뜨리지 않아야 한다.

다음 표는 사람의 성격과 행동에 따라 실수로 나온 결과들이다.

표 3-14 사람의 실수와 불량원인 관련표

조건 \ 결과	기능실수	착각실수	깜박실수	덤벙실수	초보실수	제멋대로실수	뜻밖의실수	둔한실수	방치실수	어?실수
가공 누락	◎	○	◎	○	○	○	◎	○	○	
가공 미스	◎	◎	○	○	◎	◎	◎	◎	◎	
작업배치 미스	○	○	◎	○	○		◎	○	○	
결품	◎	○	○	○	○		◎		○	
이품종 혼입	◎	◎	◎		○	○	◎		◎	
작업 틀림	○	◎	◎	◎	◎	◎	◎		○	
오동작		○					○		○	
조정 미스	○	○	○	◎	○	◎	○	○	○	○
설비 불량		○					◎			◎
치공구 불량		○					◎			○

◎ : 강함 관련, ○ : 일반적 관련

5.1.2 바보방지시스템의 설치 효과

공정 내에 설치하는 것에 의해 작업자의 솜씨가 없어도 가공 대상품을 전수검사 하는 것과 같고, 설치를 하면 여러 가지 이점이 있는 내용들을 다음 그림 3-17에 그 예를 나타낸다. 생산기술의 담당자는 자기가 담당하는 현장 작업자와 협의를 하여 품질불안정 공정에 이 장치를 적용하고, 새로 설치되는 공정에도 적용하여 공정의 신뢰성을 향상시키는 것이 중요하다.

바보방지시스템의 기능으로,

① 품질부적합 제품을 흘리지 않는 Fool Proof
② 품질부적합 제품을 만들지 않는 Fool Proof
③ 품질부적합 제품을 받지 않는 Fool Proof

그림 3-17 Fool Proof System에 의한 부적합 검출 내용

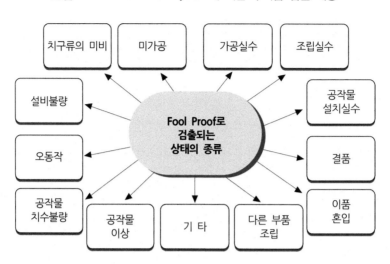

5.1.3 심리적인 실수가 엉뚱한 결과로 이어짐

① 기억력 ⇨ 잊어 버림 ➡ 집중하지 않음으로써 무엇인가를 잊어버리는 경우

② 이해력 ⇨ 오해 ➡ 상황에 익숙해지기 전에 잘못된 판정을 내리는 경우

③ 판단력 ⇨ 오판 ➡ 너무 빨리, 혹은 너무 멀리 보게 됨으로써 상황을 잘못 판단

④ 습득력 ⇨ 미숙련 ➡ 경험의 부족에 의한 실수

⑤ 인내력 ⇨ 고집 ➡ 어떤 상황 하에서 룰(Rule)이니 원칙을 무시하고자 할 때 발생

⑥ 주의력 ⇨ 부주의 ➡ 방심하거나 어떤 일이 일어날지 모르고 하는 실수

⑦ 행동력 ⇨ 지연 ➡ 판단을 유보함으로써 조치가 지연될 때 발생하는 실수

⑧ 집중력 ⇨ 감독 소홀 ➡ 작업지도서나 작업표준이 만족스럽지 못해서 발생하는 실수

⑨ 순발력 ⇨ 놀람 ➡ 장치가 기대했던 것과 다르게 작동될 때 발생하는 실수

⑩ 과시력 ⇨ 고의 ➡ 고의적으로 일으키는 실수, 실수를 빙자한 실수

5.1.4 실수에 의해 품질에 영향을 주는 결과들

현장에서 일어나는 5가지의 중요 고장형태에서 주요 내용의 실례로,

① 33% : 공정 조건 설정(Set up) 오류

② 26% : 노후화 되고 파손된 금형, 치공구, 설비의 결함과 미비

③ 17% : 잘못 조립된 작업

④ 13% : 잘못된 라벨링

⑤ 11% : 공정능력 부족을 초래하는 공정 변경

이런 결과에 대하여 회사의 체계 때문에 우리가 할 수 있는 데는 한계가 있다고 변명을 들어보면, 우리 모두는 핑계를 대고 "할 수 없다"라고 말을 하고 있어,

① 우리에게는 충분한 시간이 없습니다.

② 어떻게 해야 할지 방법을 모릅니다.

③ 우리에게는 실행할 수 있는 수단이 없습니다.

이러한 내용을 Joel Barker의 'Business of Paradigms'에서 "할 수 없다"라고 말하는 사람은 하고자 하는 사람들에게 방해만 될 뿐이다.

5.2 실수방지시스템 종류와 방식

5.2.1 실수방지 적용영역

1) 실수방지가 적합한 곳

① 작업자의 세심한 주의를 요하는 수작업

② 위치 선정을 잘못할 수 있는 곳

③ 조정이 요구되는 곳

④ 통계적 공정관리(SPC)를 적용하기 어렵거나, SPC가 비효율적인 곳

⑤ 측정이 중요하게 특성화되지 않는 곳

⑥ 교육비가 많이 들거나 작업의 이직이 심한 곳

⑦ 혼입(Mixing)이 일어나기 쉬운 곳

⑧ 고객이 실수를 했지만 공급자를 비난하는 곳

⑨ 특별한 원인으로 문제가 재발되기 쉬운 곳

⑩ 외부 실패비용이 내부 실패비용 보다 훨씬 높은 곳

2) 실수방지가 부적절한 곳

① 파괴 테스트를 하는 곳

② 생산 속도가 매우 빠른 곳

③ 변화가 응답하는 속도보다 빠르게 움직이는 곳

④ 관리도(Control Chart)가 효과적으로 쓰이는 곳

5.2.2 실수방지 장치의 적용방식

1) 방식에 의한 분류

① 표시방식은 램프 취부, 색별분리, ② Jig방식은 이품 또는 불량품은 세팅되지 않고, 세팅 실수 때에 작동하지 않는 Jig, ③ 자동화방식은 가공 도중에 이상이 발생하면 설비가 자동 정지되는 구조이다.

2) 착안점

① 작업미스가 있으면 가공물이 치구에 세팅되지 않고, ② 가공물에 이상이 있으면 기계가 작동되지 않는 구조, ③ 작업/동작의 미스를 자연스럽게 수정하고 가공을 진행시키며, ④ 앞 공정의 이상을 후 공정에서 찾아내어 불량을 막고, ⑤ 공정의 점프가 발생되면 다음 공정이 시작되지 않는 구조이다.

3) 품목 특징방식

① 형상방식은 구멍, 홈, 각, 구부러짐, 돌기 등 재료나 부품 형상의 특징을 이용하여 양품의 기준을 설정하고 이것과의 차이에 의해 판별하는 방식과, ② 치수방식은 종, 횡, 높이, 두께, 지름 등 치수의 기준을 설정하고, 이 기준과의 차이에 따라 판별하는 방식과, ③ 중량방식은 양품의 중량 기준을 설정하여 판별하는 방식으로 좌우 중량의 밸런스에 의해서도 판별되는 구조이다.

4) 동작 Step방식

① 일련의 작업이 하나라도 누락되면 다음으로 진행되지 않는 방식과, ② 공정 내 Sequence(연속)방식은 공정 내의 작업자의 동작이나 설비와의 연합동작이 기준으로 설정된 작업순서와 일치하지 않는 경우에 그 이후의 작업이 불가능한 방식, ③ 공정 간 Sequence방식은 일련의 공정 중에서 정규 공정순서에 따르지 않고, 공정누락이 발생한 경우에는 작업

이 불가능한 방식이 있다.

5) 정수방식

① 작업의 횟수, 부품의 개수, 시간 등 미리 수치가 정해진 경우에 이와의 차이에 의해 양/부를 구분하는 방식, ② 카운터방식으로는 작업의 횟수나 부품의 개수 등을 미리 수가 정해진 경우에 이를 기준으로 하여 편차를 비교하여 이상을 검출하는 방식, ③ 잔량수방식은 몇 개의 부품을 조(組)로 해서 1세트씩 갖춘 경우에 각 부품을 준비하여 세팅 완료 후 부품의 잔량에 따라 이상을 확인 하는 방식, ④ 정수검출방식은 압력, 온도, 시간, 전류 등 미리 정해진 수치를 검출하고, 그 수치를 넘어서면 작업을 할 수 없는 방식이 있다.

6) Fool Proof의 검지기기의 분류

① 접촉식 기구로 마이크로스위치, 리밋트스위치가 가장 많이 사용되고, 차동 트랜스는 접촉량의 정도를 자력선의 변화로 검출되며, 기타 다이얼 게이지를 응용한 트리미트론 게이지, 터치 스위치 등이 널리 이용된다. ② 비접촉식 기구로는 광전스위치, 근접스위치, 위치 결정센서, 외경/폭센서, 변위센서, 금속 통과센서, 컬러마크센서, 진동센서, 이송센서 등이 있다.

5.3 작업실수와 인간에러(Human Error)의 박멸

인간은 잘 잊어 버려서 실수를 종종한다. 공장에서는 불량을 만들지 않게 하기 위해서 '표준작업', '자주검사', '전수검사'를 철저히 해도, 종종 불량이 0으로는 되지 않는다. 사람은 때로는 멍청하고, 무심코 실수 등의 휴먼에러(Human Error)를 피하기 어려운 성질을 내포하고 있다.

이러한 작업의 실수를 없애기 위한 효과적인 접근을 8단계로 나눌 수 있다. 먼저 과거에 발생한 시장크레임이 최우선 과제로 하여, 다음이 과거 3개월에서 6개월 사이 회사 내에서 발생한 공정 내 불량의 상황 조사를 파악하는 것으로, 목표를 설정에 있어서는 내용에도 접근하는 것이 3개월 단위로 현행의 1/5이 기준이 된다.

불량 현상의 파악으로 중요한 것은 불량의 현상을 정확하게 알아내는 것이며, 불량 발생에 경향(傾向)이 없는지를 조사하고, 원인을 찾아내는 것이 확실한지, 혹은 원인의 초점을 좁힐 수 있도록 하는 것이 4단계와 5단계에 있다. 여기에서 꼭 검토해 주기를 바라는 것이 품질 파래트보드의 적용이다.

따라서, 각 제조라인 단위로 이 시스템을 도입하여 불량의 현물을 보며 관계 부서와의 협의와 원인을 밝히는 대책을 구체화하여, 현장, 현물, 현상의 3현주의로 원인을 추구하는 것이 중요하다. 품질의 파래트보드를 기초로, 현장에 가서, 현물을 보고, 확실한 작업을 보며, 그 불량의 현상이 일어나고 추측되는 요인을 리스트한다. 또한, 현장에서 관찰 조사할 때 '왜? 왜? 분석'을 납득이 갈 때까지 반복하며 원인을 찾아낸다.

작업실수를 일로 억제하는 데에는 다음 그림 3-18의 8가지의 처방의 접근으로 하여, 발생에서 시작하여 품질 파래트보드에 있는 내용들을 매일 정한 시간에 결정권과 실행력이 있는 멤버가 현장에서 현실적으로 현물 앞에서 회의하는 프로세스가 일이라 본다.

불량의 원인을 분석하여 진짜 원인을 추구하기 위해서 조건이 작업실수 박멸 16개조이다. 좋은 장치를 했어도 이 기본 항목들이 되지 않으면 또 실수가 일어난다. 사람에 기인하는 작업실수에 대하여 중요한 것은, 표준작업 조합표를 만들어 이것을 지키는 것이다. 그래서,

그림 3-18 작업실수 박멸의 효과적인 접근 요령

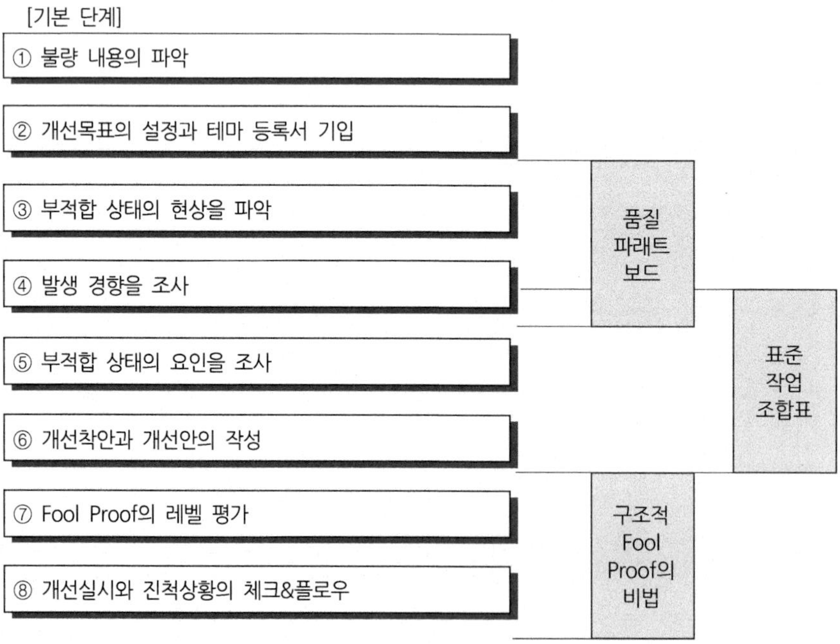

공정으로 품질에 기여하기 위해서는 필요한 것으로, 결과적으로 Fool Proof의 8가지 비법이 도움이 될 것이다.

5.4 실수방지를 위한 비법

실수의 진짜 원인으로는 인지, 확인미스, 판단미스, 기억미스, 동작 & 조작미스 등이 사람이 범하는 과실의 원인은 작업공간의 갖추지 못함과 환경조건, 과도한 부하와 나쁜 작업조건, 능력과 훈련의 부족, 의욕이 떨어진 개인적 요인, 기계와 장치의 인간공학적인 배려의 부족, 운동과 보전에 필요한 기술적 데이터 등 시스템의 부적합에서 기인하는 시스템요인으로 분류가 된다. 그래서 작업실수(Human Error)를 방지하는 데에는 3가지가 필요로 하는데, 환경부문, 작업조건, 관리시스템이다.

5.4.1 실수발생 원인과 구분

① 설비, 환경요인에 관계되는 대책(환경), ② 인적 요인에 관한 대책(작업), ③ 매니지먼트 요인에 관한 대책(관리시스템)이 필요로 하고, 부끄럽게도 관리 감독자의 일부는 무심코 다른 사람(작업자)의 책임이라 할 것인가, 그 결과 작업자에 더 확실한 지시를 한다든가 모두 모아서 표준작업이 중요함을 교육하든가, 또는 출하검사를 강화하는 등으로 끝내고 마는 것인지, 원칙은 진짜 원인을 추구하여 재발방지까지 실시해야 한다.

사람은 실수를 범하면, 이것을 보완할 수 있고, 그것에는 '**품질을 공정으로 기여**'로 하여, 자공정의 품질은 책임을 지고 전수 공정으로 체크를 하여, 후 공정에는 절대로 불량품을 흘

표 3-15 바보방지장치의 종류와 방식

구 분	종 류	내용 설명
설계부문이 책임을 지고 실시	① 중량 Fool proof	양품의 중량기준을 설정하고 이에 의해 불량품을 찾는다. 좌우의 중량밸런스에 의해 불량을 판별한다. 예) 중량 체크게이트
	② 치수 Fool proof	가로·세로·높이·두께·직경 등의 사이즈를 기준으로 하여 그 차이에 의한 불량을 판별한다. 예) 치수 불량방지
	③ 형상 Fool proof	구멍·각도·돌기·요면(凹面)·휨 등 재료나 공구의 형상 특성을 이용해서 기준으로 그 차이에 의해 불량 판정 예지 규제를 한다. 예) 프레스용 부품 척게이트

구 분	종 류	내용 설명
생산부문이 책임을 지고 실시	④ 연합동작 Fool proof	작업자의 동작이나 설비장치의 연합 동작이 작업기준으로 결정된 작업순서에 따르지 않았을 경우에 그 이후의 작업이 불가능하다. 예) 볼트체결 누락 검지
	⑤ 순서 Fool proof	일련의 생산작업에서 표준작업을 따르지 않고 생산 누락을 일으킨 경우에 작업이 불가능해진다. 예) 일정량 조립누락 검지
	⑥ 횟수 Fool proof	작업의 회수나 부품의 개수 등 이미 수가 정해진 경우 이것을 기준으로 하여 그 차이로 인식한다. 예) 구멍뚫기 누락 검지
	⑦ 조합 Fool proof	몇 개의 부품을 조합하여 1세트를 가지 는 경우, 세트 수만큼 각 부품을 준비하여, 세트 완료 후 부품의 유무에 의해 이상이 발생한 것을 확인한다.
제조기술, 생산기술부문 에서 실시	⑧ 범위 Fool proof	압력 · 전류 · 온도 · 시간 등 미리 정한 범위 수치를 초과/미달되면 작업이 불가능하다. 예) 에어압력 이상검지

리지 않는다고 재인식해야 할 것이다.

5.4.2 실수발생 원인과 구분

① 설비, 환경요인에 관계되는 대책(환경), ② 인적 요인에 관한 대책(작업), ③ 매니지먼트 요인에 관한 대책(관리시스템)이 필요로 하고, 부끄럽게도 관리 감독자의 일부는 무심코 다른 사람(작업자)의 책임이라 할 것인가, 그 결과 작업자에 더 확실한 지시를 한다든가 모두 모아서 표준작업이 중요함을 교육하든가, 또는 출하검사를 강화하는 등으로 끝내고 마는 것인지, 원칙은 진짜 원인을 추구하여 재발방지까지 실시해야 한다.

사람은 실수를 범하면, 이것을 보완할 수 있고, 그것에는 '**품질을 공정으로 기여**'로 하여, 자공정의 품질은 책임을 지고 전수 공정으로 체크를 하여, 후 공정에는 절대로 불량품을 흘리지 않는다고 재인식해야 할 것이다.

구체적인 진짜의 원인을 추적한 보고에 의하면, 태반이 다음 7가지로 구분된다.

① 작업지시의 미비와 틀림

② 지시 · 시방의 미비와 잘못,

③ 3S(정비 · 정돈 · 청소) 미비

④ 설비 · 기계의 미비,

⑤ 공구의 미비

⑥ 레이아웃의 미비,

⑦ 작업방법의 미비

등에 의한 것들이 약 80%를 차지하고, 순수하게 사람의 실수에 의한 것이 약 20%로, 그 이전에 관리·감독자가 개선·개혁을 해야 할 항목이 많이 있다고 보여진다.

작업자의 표준작업으로 기여하는 것에 있어서는 사람·제품·설비를 효율적으로 조합한 표준작업으로 실수가 없는 좋은 품질의 제품을, 안전하고, 싸게 만들기 위한 일이다.

철저하게 사람동작이 중심이 되어, 리듬이 있는 반복작업이 표준작업이고, 바보방지장치로 매듭을 짓는다. 현장의 감독자가 책임을 2가지로 보면, 바보방지장치와 표준작업조합표로 레벨을 향상시키는 데에는 숙련과 관리적인 면에서 작업지도와 훈련이 중요하다.

그림 3-19 바보방지 8가지의 비법 프로세스

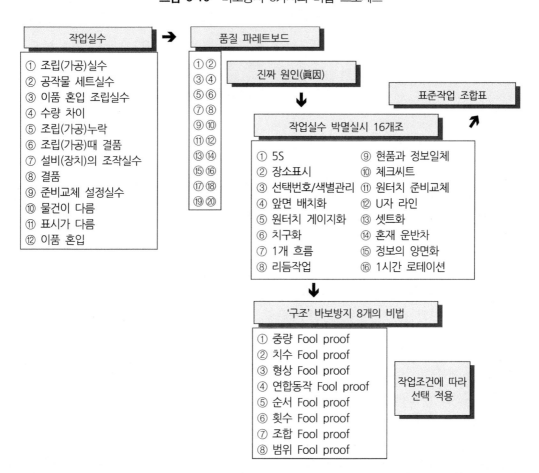

5.4.3 실수방지 기능 사례

1) 정지기능

① **이상정지** : 불량과 관련된 이상이 발생할 때, 기계설비 동작과 기능을 정지시켜 불량을 사전에 방지하는 장치와,

② **불량정지** : 불량이 발생되면 기계동작을 즉시 정지시켜 불량을 막는 장치가 있고,

2) 규제기능

① **실수규제** : 표준작업에서 멀어지거나 실수를 하려고 해도 할 수 없는 규제적인 방안과,

② **흐름규제** : 발생한 불량품이 후 공정으로 전달되지 않는 규제의 방안이 있다.

3) 경보기능

① **예지경보** : 불량과 관련된 이상과 실수가 발생하려고 할 때, 사람의 눈과 귀를 통해 알수 있도록 알려주는 장치와,

② **감지경보** : 불량이 발생한 것을 사람의 눈과 귀를 통해 알 수 있도록 알려주는 장치가있다.

제6절 양산용 도구 Total Tooling시스템의 개발과 적용

제품을 효율적이고 원활히 생산하는데 필요로 하는 부수장치로, 치구류, 공구류(절삭용, 조립용, 측정용), 금형류, 각종 보조 장치류(Attachments)는 소정의 기능을 가진 형태로, 필요로 할 때, 필요한 양을, 생산현장이 사용할 수 있도록 관리하는 활동 전반의 것을 말하며, 효율적이고, 작업의 능률을 올리기 위하여 필수적으로 갖추어야 하는 것들이다.

이들 공구류, 금형류, 그 중에서도 이것들은 다른 제품에 공용이 되는 경우가 적고, 오히려 한 제품의 전용으로 되는 경우가 많이 있는 것이 실태이다. 그래서 생산에서 요구가 있는 시점에서 필요한 치구류와 공구류, 금형류는 어느 부분이 고장이 났다든가, 파손이 되었다든가, 부족하든가 한 것이면, 해당 제품을 계획에 따라 원활하게 생산하는 것을 잊어버릴

수가 있다. 그렇기 때문에 언제나 정상, 양호한 상태로 사용이 될 수 있도록 갖추어 관리하는 것이 필요로 한다.

치공구의 관리는 작업성과 준비교체시간의 장단 등이 생산성에 직접 영향을 끼치고 있는 것으로, 기업에도 여러 가지 연구·검토를 하는 치구류를 관리하고 있다.

치공구관리의 진행 방법에는, 제품 전용으로 되고 있는 치구류와 금형류에는 고유의 관리번호를 붙여 다른 제품과 명확한 식별이 되도록 하는 것이 중요하다.

따라서, 각인을 한다든가, 색깔로 구별하는 눈으로 보는 관리가 되고 있다. 이런 방식으로 치공구와 금형류의 정기적인 점검기준과 교환기준을 작성하여 운용하는 것이 대단히 중요하다. 또한, 이들의 관리에서 현품관리로 로케이션(위치)관리로 지정 장소에 보관되어지는 상태로 관리하는 것이 중요하다. 그 관리방식이 다음 그림에 예를 나타낸 것이다.

생산에 필요한 지원 요소들인 치공구, 금형 등 장치들을 영문으로 표현하는 방식으로

그림 3-20 치공구관리(Tooling) 방법과 포인트

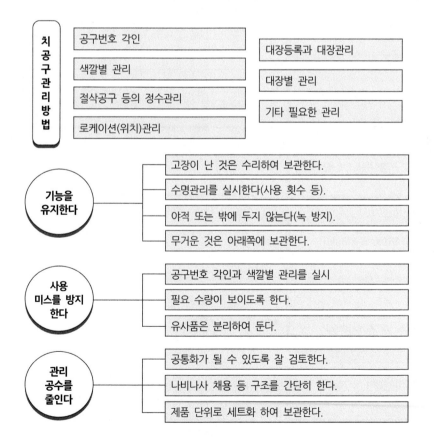

'Tooling 또는 Total Tooling'으로 말하기도 한다. 이는 생산의 주 설비를 제외하고, 나머지 지원 역할을 하는 것을 전반적으로 **툴링**이라 하기도 한다.

6.1 금형류(Die & Mold) 개발

6.1.1 금형류(Die & Mould)의 개요

금형의 종류는 소재 및 제품이 만들어지는 각 공정별로 구분이 되는데, 프레스금형, 단조금형, 주조금형(Metal Mould), 분말야금금형(Powder Metallurgy Die), 플라스틱사출금형(Plastic Mould), 유리금형, 고무금형, 요업금형 등, 여러 분야로, 금형설계는 제품의 모양만

그림 3-21   치공구의 종류와 기능

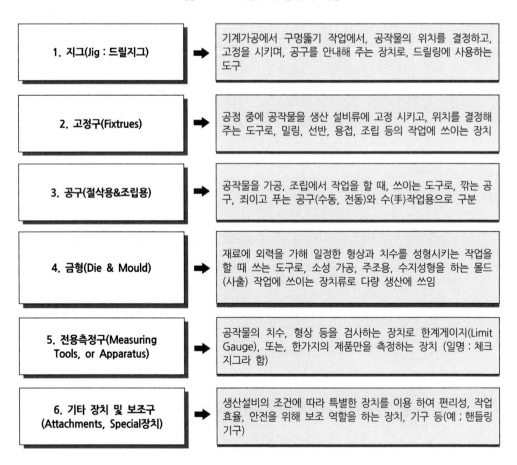

1. 지그(Jig : 드릴지그)	기계가공에서 구멍뚫기 작업에서, 공작물의 위치를 결정하고, 고정을 시키며, 공구를 안내해 주는 장치로, 드릴링에 사용하는 도구
2. 고정구(Fixtrues)	공정 중에 공작물을 생산 설비류에 고정 시키고, 위치를 결정해 주는 도구로, 밀링, 선반, 용접, 조립 등의 작업에 쓰이는 장치
3. 공구(절삭용&조립용)	공작물을 가공, 조립에서 작업을 할 때, 쓰이는 도구로, 깎는 공구, 죄이고 푸는 공구(수동, 전동)와 수(手)작업용으로 구분
4. 금형(Die & Mould)	재료에 외력을 가해 일정한 형상과 치수를 성형시키는 작업을 할 때 쓰는 도구로, 소성 가공, 주조용, 수지성형을 하는 몰드 (사출) 작업에 쓰이는 장치류로 다량 생산에 쓰임
5. 전용측정구(Measuring Tools, or Apparatus)	공작물의 치수, 형상 등을 검사하는 장치로 한계게이지(Limit Gauge), 또는, 한가지의 제품만을 측정하는 장치 (일명 : 체크 지그라 함)
6. 기타 장치 및 보조구 (Attachments, Special장치)	생산설비의 조건에 따라 특별한 장치를 이용 하여 편리성, 작업 효율, 안전을 위해 보조 역할을 하는 장치, 기구 등(예 ; 핸들링 기구)

을 만드는 것이 아니고, 고객이 원하는 금형이 되도록 설계 되어야 하고, 이와 같은 목적을 달성하기 위해서는 원료, 금형, 설비 등의 관계를 깊이 연구하여야 한다.

금형의 전용 기계화의 특징으로는,

① 양산체제가 가능(Mass Production : 대량 생산)하며,

② 품질보증이 가능한 호환성 유지(정밀도, 정확도)가 되며,

③ 능률향상 가능으로 작업의 신속화, 인원, 원자재 등의 Loss를 절감한다.

6.1.2 다이(Die : 주로, 프레스금형)

기계공업 분야에서 많이 적용하고, 취급하는 프레스 금형, 사출 금형이 많은 비중을 차지하고 있는데, 이들 금형은 전문적인 분야이므로 금형의 용도별로 설계, 제작, 각 공정별로의 구분한 기술, 전문 인력의 사용 및 관리 등의 핵심적인 내용들을 갖고 있어 필요에 따라 별도로 관리되어야 한다.

현재의 금형에 대한 설계 기술력이 발달되어, 만들고자 하는 제품의 사양을 입력하면 금형의 각 부품도까지 설계가 되어 나오는 설계 프로그램도 상품화되어 있다. 그래서, 고급인력을 고용하지 않고, 구입 또는 전문 업체에 의뢰하는 편이 더 좋을 수도 있다. 다음 표 3-16은 프레스 금형에 대한 기본적인 필요 기술에 대한 종류를 나타낸 것들이다.

표 3-16 프레스 금형기술의 구분

필요 기술			기술의 내용
대구분	중구분	소구분	
프레스 운영기술, 기본기술	생산성 기술	생산성 향상기술	① 시간당 생산고가 400개 이상과 흐름생산이 가능한 기술 ② 준비시간을 단순화하여 Man-Machine을 달성하는 기술
		재료사용률 개선기술	① 재료 사용률을 평균 63% 이상으로 관리할 수 있는 기술 ② 저가(低價) 재료의 사용률을 확대할 수 있는 기술
	소성가공 기술	성형성기술	① 트러블이 없는 프레스 방향과 Die face를 정하는 기술 ② Try out문제를 예지하고, 대책안을 세울 수 있는 기술
		소성 변형 제어기술	① 재료가 갖고 있는 탄성 변형을 금형 내에서 흡수 또는 제거할 수 있는 기술
	금형기술	공정계획, 설계기술	① 프레스 라인과 제품 형상을 고려, 공정 설정이 가능한 기술 ② 생산량, 프레스 가공량에 의해 금형 구조를 구분하는 기술
		Try out 등 현장 계획	① Try out의 바른 순서를 고찰, 회수 삭감을 만드는 기술 ② Try out 내의 문제를 실험하여 대책을 낼 수 있는 기술

필요 기술			기술의 내용
대구분	중구분	소구분	
금형 가공 기술	정밀도 향상기술	기계가공 기술	① 금형 도면이 요구하는 공차 이내로 맞출 수 있는 기술 ② 공구관리와 공작기계의 정도보증을 유지할 수 있는기술
		제품 형상 창성기술	① 제품 형상면(외판±0.15, 내판±0.20)을 가공 가능 기술 ② 3차원 형상면을 항상 디지털관리 가능한 기술
기본 기술	원가절감 기술	현장관리 기술	① 주 작업률을 55% 이상과 각 공정의 납기관리가 가능한 기술 ② 각 공정 간의 품질 포인트를 정하고 지킬 수 있는 기술
		표준화 기술	① 기계가공 표준, 금형 조합 표준, 모델 제작 표준 ② 각종 검사 표준 등을 작성, 개정할 수 있는기술
컴퓨터 응용 기술	CAD 기술	표준화 기술	① 매뉴얼 표준을 CAD 표준에 정리, 편집하는 기술 ② CAD 내 File을 사용이 쉽게 편집 가능한 기술
		조작기술	① 제품 도면의 면(面)의 창성(創成)이 가능한 기술 ② Lay out 도면을 제품 도면상에 설계가 가능한 기술 ③ 금형의 편집 설계
	CAM 기술	CNC프로 그램기술	① 2차원의 CNC 프로그램 데이터를 만들 수 있는 기술 ② 3차원의 CNC 프로그램 데이터를 만들 수 있는 기술
		설비개선 기술	① 기계 정밀도, 공구의 정밀도를 개선, 유지할 수 있는 기술 ② 자동 공구교환, DNC화 등의 개선 적용을 할 수 있는 기술

6.1.3 몰드(Mold : 주로, 사출금형)

사출금형의 종류로는 사출 성형용 금형, 압출 성형용 금형, 압축 성형용 금형, 블로우성형용 금형, 트랜스퍼형용 금형, 진공성형용 금형이 있는데 성형되는 재료들은 플라스틱을 비롯한 가소성 재료들로 열에 의한 용융 상태를 금형 안에서 성형이 되는 구조로, 자동차 부품, 전자제품, 생활용품, 산업용품 등 생활 속에 수많은 플라스틱 제품들이 이 사출 성형에 의해 만들어진다.

금형의 설계기술은 프레스 금형과 외형은 유사하지만, 열과 압력에 의해 재료가 성형되므로 냉각기능이 들어가는 구조, 제품이 형성되는 전체에 재료의 투입과 안착 등이 용이해야 하며, 양쪽 금형에서 제품이 분리가 잘 되기 위한 구조, 제품면의 표면조도의 정밀도 등 프레스 금형에 비해 조금 복잡한 면이 있다.

6.2 치구류(고정구 : Jig & Fixture) 개발

6.2.1 고정구(Jig & Fixture)

① 드릴지그(Jig) : 기계가공에서 구멍뚫기 전문 작업에서, 공작물의 위치를 결정하고, 고정을 시키며, 공구를 안내해 주는 장치로, 드릴링에만 사용하는 작업 장치이다.

② 고정구(Fixture) : 공정 중에 공작물을 생산 설비에 고정시키고, 작업 위치를 결정해 주는 장치로, 밀링, 선반, 용접, 조립 등의 작업에 쓰이는 장치로, 현장에서는 전체를 지그라 부르고 있는데, 원칙적으로는 이와 같이 구분하여 사용한다.

그림 3-22 Bracket, Shaft 가공용 치구의 예   **그림 3-23** 기계부품 가공용 밀링치구의 예

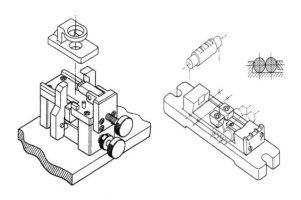
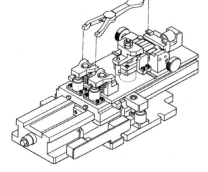

그림 3-24 Boss가공용 선삭용 치구의 예   **그림 3-25** Hub Drum가공용 치구의 예

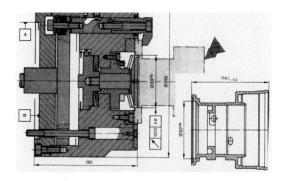
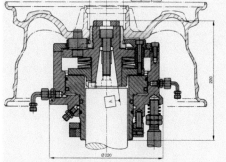

그림 3-26 Gear가공용 치구의 예

그림 3-27 Pully가공용 치구의 예

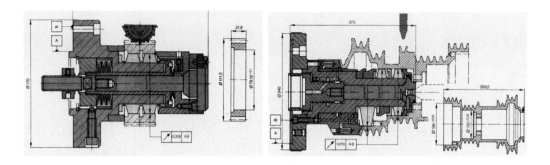

6.2.2 전용 측정구(Gauge, Measuring Tool or Apparatus)의 적용

양산 제품의 작업 결과에 대한 전용 측정 도구로, **형상 공차 측정용**으로는, 진직도, 평면도, 진원도 원통도 등이 공차 이내에 가공이 되었는지, **자세 공차 측정용**으로는, 평행도 직각도 경사도를, **위치 공차 측정용**으로는 정위치도, 동심도, 동축도, 대칭도 등의 측정과, **흔들림 공차 측정용**으로는, 원주 흔들림, 전체 흔들림 등을 하나의 부품에 대한 작업 결과가 정해진 공차 이내에 들어오는지 측정하는 도구이다.

그림 3-28 GO & NO-GO(Ring, Plug) Gauge 예

그림 3-29 Sub Assa'y 제품 복합측정기의 예

그림 3-30 전용 검사구(CF : 체크지그)

6.3 절삭공구(Cutting Tools)의 적용

6.3.1 공구의 표준화

1) 공구 재질 및 메이커의 표준화

현장에서 사용되는 공구는 될수록 성능의 산발도가 적은 공구를 지급하는 것이 좋다. 그것을 위해서는 공구재종과 메이커를 충분히 검토되어야 하는데, 흔히들 현장에서 "저 메이커의 공구는 비싸고 이쪽은 싸다"라는 말이 있는데, 이 말 속에는 공구로서 가장 중요한 품질에 대한 것을 잊고 하는 말이다.

자기공장과 같은 가공물 소재, 기계설비, 가공조건에서 일하고 있는 공장은 이 세상에 오직 하나뿐이므로 사용할 수 있는 데이터는 자기공장에서 만들어야 하는 것이다. 비싼 공구를 사용하는 편이 제품을 싸게 만들 수 있었던 예가 많이 있으며, 제품을 값싸게 만들기 위해서는 양질의 공구의 실용시험에 대하여 인색해서는 안 된다.

2) 공구의 형상과 치수의 표준화

공구의 재질 다음에 정해야 하는 것은 형상과 치수, 그리고 정밀도이다. 특히, 전용 공구에 대해서는 신중하고 엄격해야 하며, 이런 것이 지켜지지 않으면 공구 수명도 결정할 수 없다. 따라서 목적에 알맞은 공구의 선정이 중요하다.

3) 가공조건의 표준화

공구가 표준화가 되어 있어도 가동 방법이나, 조건이 표준화가 되어 있지 않으면 **공구의 수명**이 불안정할 뿐만 아니라, 제품의 품질, 제품의 수량도 안정되지 않는다. 양산에 사용되는 전용기에 관해서도 그 이송장치가 기계적인 경우에는 이송 조건도 안정되지만, 유압 이송의 경우에는 약간 불안정해질 우려가 있다.

가공이란 '기계×공구×가공물' 그리고, 여기에 '**가공조건**'이 혼합된 것이므로 트러블이 발생한 경우에는 이 4가지 항목을 조사 검토가 되어야 한다.

현장에서 적용하고 있는 가공조건이 표준화가 된 다음에, 그 조건을 유지하는 일이다.

4) 공구수명의 표준화

날끝의 재연삭은 절삭날이 아직 잘 깎기고 있다고 할 때에 실시하는 것이 종합적으로 볼 때 경제적이다. 공구의 마멸은 초기마멸이 시작되면서 약간 급속히 마멸이 진행되고, 그 뒤에 서서히 진행하고, 어느 점에서 또 급속히 마멸이 발달되고, 파손으로 이어지는 것이다. 따라서 2차로 급속적인 마멸이 진행되기 직전에 교환하는 것이 바람직하다. 재연삭을 필요로 하는 공구는 당연히 이와 같이 실시를 해야 하지만, 가령, 재연삭을 하지 않는 팁(Throw away)이라도 그 팁의 파손에 의해서 손해를 입을 수 있으므로 일찍 교환을 해야 할 것이다.

또한, 공구수명을 표준화하기 전에는 반드시 가공방법, 가공조건이 표준화가 되고, 꼭 유지되어야 하며, 그래서 '**표준이란 내일의 보다 좋은 표준을 만들기 위한 준비**'이다.

6.3.2 고능률 절삭가공을 위한 방안

절삭가공기술의 Hard ware는 절삭공구와 공작기계 2가지에 의하여 구성되어진다. 고능률 절삭의 기술적 요건도 절삭공구와 공작기계의 양면에서 논해야 할 것이며, 여기에서는, 절삭공구의 측면과 공작물관리, 가공조건, 기계의 구조와 지원 조건에 따라서 능률과 효율이 좌

그림 3-31 고성능 절삭가공기술 확립을 위한 요소

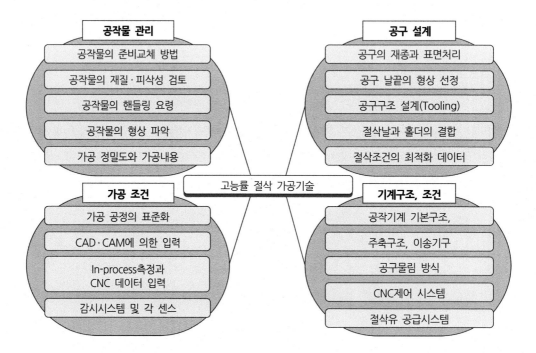

우될 수도 있다.

6.3.3 경제적인 절삭조건

가공비용 절약을 위한 절삭조건의 개선으로 다음 3가지의 조건을 적용한 결과 절삭속도를 올리면 이에 비례하여 생산성이 향상된다는 실제 시험을 한 결과로 나온 중요한 수치이다. 절삭공구의 합리적 활용에 따른 절삭조건(속도)의 응용 측면에서 가공비용 계산으로는 다음과 같이 표현이 된다.

① 공구 비용을 30% 인하하여 사용하면(예 ; 싼 메이커, 저품질 공구 적용) ⇨ 공구비가 30% 절감되는 것을 적용하면, 생산 제품의 **가공비용 절감**은 1%가 된다.

② 공구비에서 50%의 공구수명을 향상시켜 사용하는 조건으로는(예 ; 저속절삭 적용) ⇨ 공구수명을 50% 늘리는 조건으로 사용할 때, 제품 **가공비용 절감**은 1.5%가 된다.

③ 공구 사용조건에서 20%의 절삭속도를 올려 사용할 때(예 ; 고속절삭, 가혹한 사용) ⇨ 가공속도를 20% 상승할 때, 제품의 **가공비용 절감**은 15%가 향상된다는 것이다.

6.4 생산 지원용 보조 장치류

설비의 Option기능 장치, 또는, Attachment(부착물), Material Handling Device(제품 취급용), 운반대차, 제품 보관대, Accessory 등은 공정에 따라 설비 자체에서 필요로 하는 보조 장치들로 인덱스, 방진구, 제품을 담는 파렛트류, 대차 등 다양한 장치들이 생산라인에 보조 장치로 쓰이고 있다. 특히, 양산작업에서 제품의 핸들링 등 취급, 운반에 필요한 장치들이 그림과 같은 기구로 운반할 때 편리하게 사용할 수 있다.

이것들의 장치들은 작업성을 편리하게 할 뿐 아니라, 생산성에도 영향을 줄 정도로 중요한 부품들이다.

그림 3-32 생산 제품별 핸들링 기구

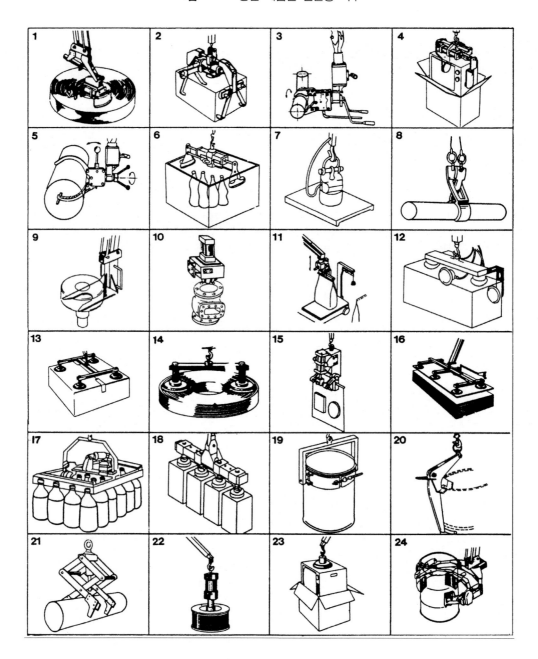

제7절 제조용 설비의 관리와 유틸리티(Utility)의 공급관리

7.1 기존 설비의 정기점검

7.1.1 설비관리 프로세스

① 설비관리 프로세스는 기업이 사용하는 설비를 설치 전의 기획·조사·설계 단계에서 부터 제작·설치·운전 단계를 거쳐 최종적 폐기에 이르기까지 가장 효율적으로 관리하는 것을 말하며,

② 설비의 자동화, 대형화, 복잡화와 생산활동에 있어 정보기술의 접목 등으로 인해 기업 활동에 있어서의 중요도가 매우 높아지고 있다.

③ 최근에는 환경에 대한 관심과 연계된 에너지절감 차원에서 기업 제조현장의 에너지 발생 및 흐름과 설비의 효율 등을 분석하여 최적의 효율로 설비가 운전될 수 있도록 하는 노력이 시도되고 있다.

설비운영 및 보전에서는 최근에 더욱 중요성이 높아지고 있는 생산요소인 설비의 운영 및 관리에 있어 체계적이고 효율적인 관리가 가능한 체계를 구축하는 활동으로,

1) 주요 문제와 포인트

① 예방보전보다 임기응변식 대응 : 발생한 고장에만 눈을 돌리고 있고, 정비계획이 계획대로 추진되지 못하며 돌발 고장대응 위주의 설비보전을 수행하고 있다.

② 보전작업의 표준화 미비 : 보전작업 시 수리의 대부분이 자신의 경험으로 진행되어 지고(표준화를 통한 작업수행은 미비한 수준), 고장에 대한 원인 규명이 서투르다.

③ 설비이력관리의 미흡 : 설비이력 카드를 관리하지 않을 뿐만 아니라 설비의 이력관리도 되지 않고 있고, 수리 작업 실수, 수리 품질이 명확히 되어 있지 않다.

④ 일상관리 부재로 인한 설비 열화(노후화) 가속 : 설비 사용부서에서 설비의 청소, 점검, 급유 등의 일상관리가 부실하여 설비열화가 가속화 되고 있다.

⑤ 추진 포인트 : 보전체계 구축 및 평가, 현상파악과 정보관리체계의 구축, 열화복원 및

약점을 개선하며, 정기적인 보전관리체계를 구축하는 것이다.

2) 현상파악과 정보관리체계의 구축

① **설비대장을 작성 · 정비** : 계획보전 활동을 전개하기 위한 기본정보와 설비사양 등 설계 데이터와 운전, 보전 기록, 개량 정보 등 현재까지의 설비 경력관리를 한다.

② **보전대상 설비를 선정** : 보전 대상 범위를 명확히 하여, 공장별, 공정별, 설비별로 대상 설비를 분류한다.

③ **설비관리 업무의 명확화** : 보전부문과 제조부문 간, 보전부문 간(기계, 배관, 전기, 계기 등)

④ **설비평가를 실시** : 설비 중요도 평가 기준 작성은 정성적 평과와 절대적 평가를 하여 중요도별 등급을 부여하여 A, B, C급으로 분류한다.

⑤ **보전방식의 설정** : 설비의 중요도 및 열화 요인에 의해 분류를 하여 TBM, CBM, BM관리와 예방정비 대상 설비 및 부위를 설정한다.

⑥ **고장 등급의 정의** : A/B/C급 고장에 대한 정의와 고장 등급 분류로 기준을 작성한다.

⑦ **보전정보시스템의 도입** : 도입목표로는, 관리의 합리화, 품질의 고도화, 업무의 성력화, 기능의 종합화와, **도입목적은** 고장의 감소, 보전비의 절감, 관리레벨의 향상, 기술향상 등을 고려하여 도입한다.

그림 3-33 신뢰성이 높은 설비가 되기 위한 조건

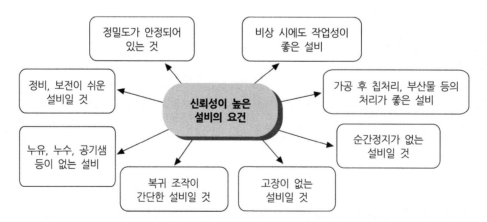

7.1.2 설비의 신뢰성관리

신뢰성이 높은 설비의 유지를 위해서는, 그림 3-33과 같은 조건으로 개선, 개조하여 보전이 쉬운 설비의 확보와, 보전이 쉽도록 개조를 하여 누유, 누수, 공기 샘 등이 없는 조건으로 기계 부품들을 관리해야 한다.

7.2 설비의 열화(劣化)대책

7.2.1 설비의 고장

① 수리란, 고치는 것의 원인을 추구하지 않고, 부서진 곳만 고치면, 또 곧 고장이 난다.
② 수리란, 이치에 들어맞는 것과 같이 실행하는 것이다. 설비는 원래 부서지지 않는 것이니, 왜를 반복해서 진인(근본원인)을 추구해서 대책을 세워 재발방지를 해야 한다.

7.2.2 착안점

① 설비 이력에는 반드시 재발 방지책을 써 넣을 것이며,
② 오늘 하지 않아도 내일하면 된다는 마음을 갖지 않으며,

그림 3-34 설비 열화의 대책

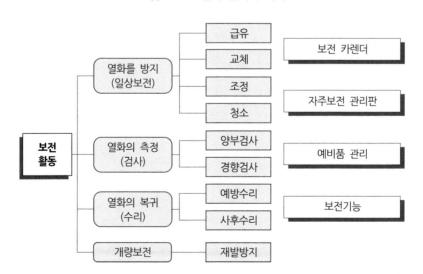

③ 고장이 나도 실제 장해가 없는 설비·대체 설비가 있는 것 같은 것은 안 된다.

④ 고장이 나면 즉시 대응해서 근본 원인에 손을 쓰고 "고쳤다", "고쳤다"라는 주고 받음의 확인을 해야 한다.

표 3-17 고장대책의 5가지 중점항목

1) 기본 조건 정비	2) 사용 조건의 준수	3) 열화 복원		4) 약점 대책	5) 인적오류 방지	
- 설비 청소 발생원 대책	- 설계 능력과 작업부하의 한계치 설정 - 과부하 운전에 대한 약점 대책	열화의 발견과 예지 - 공통 유니트의 오감 점검과 열화 부위의 적출	수리 방법의 설정 - 분해 조립측정, 규제 방법의 표준화	- 수명 연장을 위한 강도 향상 대책 기구, 구조 재질 형상 치수 정도 장착 정도 장착 강도	조작오류의 방지 - 조작오류의 원인 분석 - 조작반의 설계 개선	수리오류의 방지 - 수리오류의 원인 분석
- 더 조이기 풀림방지 대책	- 설비조작방법의 표준화	- 설비고유항목의 오감 점검과 열화부위 적출 - 일상점검기준의 작성	- 사용부품의 공통화	내마모성 내부식성 표면거칠기 용량	- 인터록의 부가 - 풀푸르프 대책	- 실수하기 쉬운 부품의 형상 조립방법의 개산 - 예비품의 보관방법
- 급유 급유점 적출 급유방식의 개선	- 유니트부품 사용조건 설정과 개선 - 시공기준의 설정과 개선 설치배관, 배선	- 고장 소개별 MTBF분석과 수명 추정 - 점검검사교체 기준 작성	- 공기구의 개선, 전용화 - 수리하기 쉬운 설비로 구조면에서 개선	- 동작스트레스의 경감 대책 - 초과 스트레스에 대한 여유 설계	- 눈으로 보는 관리의 연구 - 조작조정 방법의 기준화 - 실무자의 OJT 교육	- 도구공구의 개선 - 트러블유팅의 순서화, 용이화 대책
- 청소 급유 기준의 작성 - 일상점검 후 작업착수	- 회전 습동부의 방진방수 - 환경조건의 정비 먼지, 온도, 습도, 진동, 충격	- 이상징후의 발견방법의 검토 - 열화예지 파라 메터의 측정방법 검토	- 예비품 보관 기준의 설정	- 과부하 운전에 대한 약점 대책	- 전문 트레이닝	- 눈으로 보는 관리의 연구

운 전 기 능	보 전 기 능
- 운전조작 - 준비교체 조정 - 점검급유 - 이상 징후의 발견	- 점검검사(측정)진단 - 수리, 정비 - 트러블슈팅 - 고장해석

7.3 생산 지원용 Utility관리

기업이 사용하는 제조 직·간접부문의 에너지 발생과 흐름을 효율적으로 관리와 통제를 함으로써 에너지절감과 환경보전에 적극적으로 대응할 수 있는 체계를 구축하는 활동과, 주요 과제로 관리의 기본 개념은 다음과 같은 항목들이 있고, 그 대상으로는, 전력·용수·기름류·가스·압축공기·스팀·소모성 자재·설비용 부자재 등이 제품 제조에서 원가에 직접 반영이 되는 요소이다.

1) 에너지 사용 실태에 대한 인식 부족
① 제조 직·간접 설비의 에너지 소비에 대해 의미를 부여하지 못하는 실정이다.
② 에너지소비 현황에 대한 조사 및 분석이 이루어지지 않고 있다.

2) 에너지 효율 측정기술 및 계측설비 부재
① 생산 및 유틸리티 설비 운영에 대한 효율화 개념이 부족하다.
② 설비 유형별 효율 측정 기술이 없다.
③ 효율측정을 위한 진단 계측설비를 보유하지 못하고 있다.

3) 에너지 절감 개선 및 관리 체계 미흡
① 에너지 절감을 위한 시스템 개선기술이 부족하다.
② 에너지 효율 최적화를 위한 에너지 관리시스템 구축기술이 부족하다.
③ 에너지 손실에 대한 예방 관리체계가 없다.

4) 개선 실행 및 성과관리 체계 구축 필요
① 에너지 효율개선 실행에 따른 사양설계 및 투자적정성 판단 역량이 부족하다.
② 에너지 효율화 지표 및 성과관리 체계가 없다.

5) 추진 관리 포인트
① 에너지 사용실태 조사 및 분석
② 에너지 효율 운전 상태 측정

③ 에너지 효율 개선안 도출 및 관리방안 수립

④ 개선시방 설계 및 경제성 분석

⑤ 개선실행 지원 및 성과관리

6) 에너지 효율화와 간접비 절감

① 에너지 효율화란 기업이 사용하는 제조 직·간접부문의 에너지 발생 및 이송과 사용설비를 대상으로, 각 설비들의 제작 시 결정된 정격효율과 부하효율 등의 에너지 맵 상의 계통을 면밀히 분석하여 최적의 효율 운전이 가능하게 시스템을 개선하는 일련의 과정을 말한다.

② 에너지 효율화의 대상은, 유틸리티를 중심으로 한 계측 및 진단뿐만 아니라 이를 포함한 제조 현장의 Total 에너지 코스트를 삭감하기 위한 방법으로 제조라인을 중심으로한 에너지관리 측면과 설비의 각각의 유닛, 공정의 효율 메커니즘을 분석 개선하고, 작업자의 에너지사상을 개혁하여, 지속적인 에너지 효율화를 위한 제조환경 구축을 해야 한다.

③ 따라서, 전력·용수·기름류·가스류·압축공기·스팀·소모성 자재·설비용 부자재 등이 있고, 제조 분야의 간접부문의 유틸리티 설비들로는, 공조장치, 보일러, 냉동기, 컴프레서 등을 말하며, 제조비용에서 간접비로 원가에 부가가 된다.

7.4 원자재 · 부자재 · 소모품의 공급관리

7.4.1 자재의 종류와 제품에 미치는 영향

1) 원자재 또는 원재료

이 부품으로 작업이 되어 제품을 완성하는데 필요한 주된 자재로, 완성품의 품질과 성능에 영향을 주는 것으로, 정해진 규격에 맞추어 선정하거나, 지정된 시방에 따라 적용을 한다.

흔히 사용하는 규격의 예로, KS규격 B 0000, MIL STD 0000 규격, 메이커 지정 및 규격집 등이 있다.

2) 부자재

용접봉과 같이 주 재료와 함께 작업이 되는 부수 자재로, 이것은 작업성, 부품 품질에 영향을 주는 부문으로, 선택에는 정확한 시방의 조건을 알고 적용해야 한다.

또한, 주 재료와 혼합이 되는 만들어지는 보조 역할의 예로, 소재 제조의 합금 원소(C, Si, Mn, P, S) 등이 이에 속한다.

3) 소모성 보조 자재

전기, 용수, 유류, 절삭유, 가스류, 스팀, 압축공기 등의 작업 지원에 필요한 요소로, 작업성에 영향을 주는 자재로 특히, 공급 자재의 순도(純度), 압력, 온도, 에너지 등은 사용 조건을 만족되도록 공급하여, 생산 제품의 품질에 영향을 주지 않도록 하는 공급과 관리를 해야 한다.

7.4.2 자재 사용 수율(收率)의 관리

그림 3-35와 같이, 총 자재의 양에서, 테스트에 의한 로스(Loss), 리턴로스, 이론 수율로스, 작업 중 불량 폐기로스, 운반·포장 로스, 반품과 폐기 로스를 제외하고 나면, 실제로는 부가가치로 되는 재료는 그림과 같이 많은 양이 손실로 되고 있다. 생산 제품에 따라 차이가 있으나, 판재류의 원소재를 필요한 크기로 절단하는 사용하는 분야가 많아 그 절단작업을 네스팅(Nesting)이라 하는데, 절단 프로그램을 작성 기법의 수준을 올려, 그 수율이 85%～

그림 3-35 소요되는 자재의 로스의 구분(재료 수율관리)

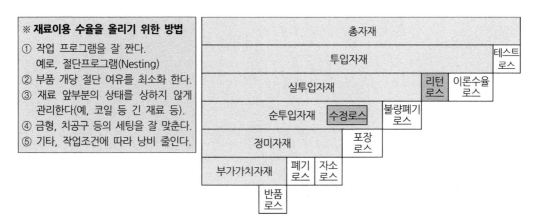

90%이면 양호한 수준이다.

표 3-18 자재공급시스템 개선 추진 스텝 개요

단계	추진 Flow	추진 요령	적용 양식	결과물
[제1단계] 준비단계 (진단 및 전략수립)	1. 자재업무 흐름 분석	• 자재 유형별 분류 • 하역에서 공용기 회수 프로세스 조사	• 업무 프로세스 (Value Stream MAP)	• 자재 업무 흐름도 • VSM
	2. 창고 배치 및 보급 물류 동선 조사	• 창고/현장 스토어/라인 적치대 배치 • 자재 하역, 입고/ 불출/빈 용기 회수 동선	• Layout 도표	• 물류 흐름선도
[제2단계] 스토어 및 용기 준비단계	3. 부품 기본 정보조사	• 부품 기본 정보조사 • 용기 정보 조사 및 표준화	◇PFEP : 각 부품 공급계획(Plan For Every Part)	• PFEP
	4. 최대/최소 재고 조사 및 통로 조사	• 창고/라인 적치대 주소번지 표시 • 창고 내 입고/피킹 통로와 보급로 파악	• Layout 도표	• PFEP • 물류 흐름선도
[제3단계] 소로트 다빈도 운반체계 설계	5. 운반도구 및 운반경로 조사	• 운반도구 및 대차 조사 • 운반 경로와 정거장조사	• Layout 도표	• 물류흐름선도
	6. 운반 정보 및 운반 표준작업 구축	• 자재 유형별 운반 지시 방법, 주기 • 운반 작업자의 운반 표준 작업 설정	• 표준작업지도서 • 표준작업조합표	• 운반 표준작업 지도서
[제4단계] 개선실행 및 유지관리	7. 실행 및 유지 관리	• 파이롯트 실행 및 표준화 • 눈에 보이는 관리 및 유지 관리체계구축 • 평가 및 확산 준비	• 표준작업조합표 • 계층별 중복 점검표	• 표준작업 • 눈에 보이는 관리 지침 • 계층별 중복 점검 표

제조활동에서 사회적 환경변화에 대응

제1절 생산시스템의 조건변화에 따른 대응

1.1 제조업의 환경변화

산업구조의 변화와, 니즈(Needs)의 다양화에 따른 다품종 소량생산 제조업에서는 환경변화는 글로벌 경제로 이행되고 개발도상국의 추종에 따라 외적 요인과 가치관의 변화, 노동인구의 고령화 등이 현재화가 되고 있고, 제조업에 종사하는 취업자들이 서비스산업으로 비중이 증가되고 있다는 것이다.

그러나, 21세기를 맞이하여 사회 환경은 가치관의 다양화와 경제적 자유의 확대 아래 성숙화, 저출산·고령화, 글로벌화, 경계의 무의미화, 고도 정보화가 되어, 산업에 있어서 이들에 대응하는 형태가 경쟁촉진·국제 조화형·순환 공생형 산업으로, 정보인프라를 활용하며 변화하지 않으면 안 된다는 상황이 되었다. 특히, 일찍이 산업주도의 공급체제에서 탈피하여 니즈(Needs)의 다양화에 맞추고, 이때 종래의 산업분류는 의미가 없어지고, 제조업은 서비스산업이라 하는 정신이 더욱더 필요로 하게 되었다.

이러한 다양한 요구에 의해 다품종 소량생산을 해야 하는 의미는 가치의 다양화는 필연적인 다양화를 촉진하는데, 이것은 다른 사람과 다르게 개성을 발휘하고 싶은 인간 본래의 희망의 차이이므로 생활이 풍부함에 따라 나타난 시대의 흐름이라 볼 수 있다.

니즈(Needs)에 따른 3가지의 영향을 받는 요인은 다음과 같다.

1) 생활수준의 향상에 의해 소비자 요구의 다양화

지금은 필요한 것이 있으면 무엇이든 돈으로 살 수 있는 시대로, 이와 같은 때에 소비자는 가격 이상의 신규성, 고급성, 고유성에 동경하는 다양함에 따라 제품이 다양해질 수밖에 없다는 것이다.

2) 성자원(省資源 : 남는 자원을 타 부문에 이용)으로 환경에 맞는 산업의 요망

화석연료의 고갈과 근간 환경에 관한 의식을 많이 받아서, 기업 활동도 자원의 재활용, 지식집약화에 크게 변환이 추구되고 있다. 종래형 인프라에서, 정보형 인프라의 이행, 중후장대(重厚長大)산업에서 경박단소(輕薄短小)산업으로 이전, 소재산업에서 정보서비스산업으로 전환 등이 다양화를 촉진하고 있다.

3) 해외 제조업과의 차별화와 국제적 협조

NIES(신흥공업경제지역), ASEAN(동아시아제국연합), BRICs(브라질/러시아/인도/중국), VISTA(베트남/인도차이나/남아프리카/터키/아르헨티나) 등으로 불리는 나라의 기술개발이 현저하게 나타나, 우리나라의 입장은 더욱더 신규 분야의 제품 전환, 전략 등을 검토하지 않을 수 없게 되어 있고, 어우러지는 산업의 글로벌화의 중에 효율적인 국제 분업이 불가결하게 되고, 고부가가치의 제품을 추구한다면 필연적으로 다양화에 이어져야 한다는 것이다.

1.2 생산시스템의 종류와 특성

1.2.1 생산제어시스템

생산의 자동화로 최고 빠르게 손이 닿는 곳은, 메카트로닉스에 의한 생산기계의 자동화였다. 이 생산에 직결되는 것이 하드웨어의 자동화시스템 또는 협의의 CAM이 불리고, 마이크로 프로세스를 핵심으로 한 각종의 컨트롤러의 이용에 의해 급속도로 발전한 그 대표가 산업 로봇과 CNC공작기계 등을 구성요소로 한 FMS(다품종 소량생산)이다. 생산제어시스템은

그림 4-1의 아래 부분과 같이, 소재 ⇨ 가공 ⇨ 조립 ⇨ 검사 ⇨ 출하로 이어져, 『물류』, 재료의 변환(프로세스)에서 자동화가 된다고 본다.

1.2.2 기술정보시스템

제품 흐름 자체의 자동화만으로는 생산은 잘 움직이지 않아 여기에는 생산정보의 지원이 불가피하여, 기술에 관한 정보는, 설계부문으로 만들어지는 제품설계 데이터가 시작점으로 되어, 여기서 새로 만들어진 정보에서 제조를 위한 생산설계가 된다. 생산설계는 공정설계와 여기에 계속되어 작업설계로 나누어진다.

제품설계에서부터 생산설계에 이르기까지 일련의 정보처리시스템이 기술정보시스템으로 되어 이것이 즉 CAD/CAM시스템으로 불리고 있다.

1.2.3 관리정보시스템

생산제어시스템에는 고객의 요구에 맞추어 『필요한 것을』, 『필요한 때에』, 『필요한 만큼』 공급될 수 있도록 소프트웨어의 백업이 필요로 하고, 이 일련의 처리시스템을 관리정보시스템이라 불리고 있다.

그림 4-1과 같이 생산계획에서 일정계획까지 대일정 ⇨ 중일정 ⇨ 소일정의 흐르는 정보화가 그 임무가 되고, 부하계획, 자재계획을 실행하며 최종적으로는 스케줄 정보를 생산제어시스템에 전달되어 간다. 여기에 진도관리와 재고관리를 하면서 생산현황을 파악한다.

생산시스템을 구성하는 3가지의 소프트웨어 서브시스템이 정보를 받는 것을 정확히 실행하여 유기적인 결합으로 이상(理想)적 전사적 디지털생산체계가 완성이 된다는 것이다.

그러나, 대기업에 있어서도 완전한 정보의 통합화가 완성되기는 어렵다. 원인은 여러 가지 서브시스템이 미발달되어 있다는 점도 있는 것은, 생산관리시스템은 오피스 컴퓨터화가 되어 있어 CAD용 컴퓨터와의 연결이 되지 않아 기업 내에서 뿐만 아니라 관계 기업 간의 연결도 포함되어 3가지의 서보시스템이 통합한다는 것은 서로 다르기 때문이라 보여진다.

그림 4-1 자동화된 생산시스템의 흐름 체계도의 예

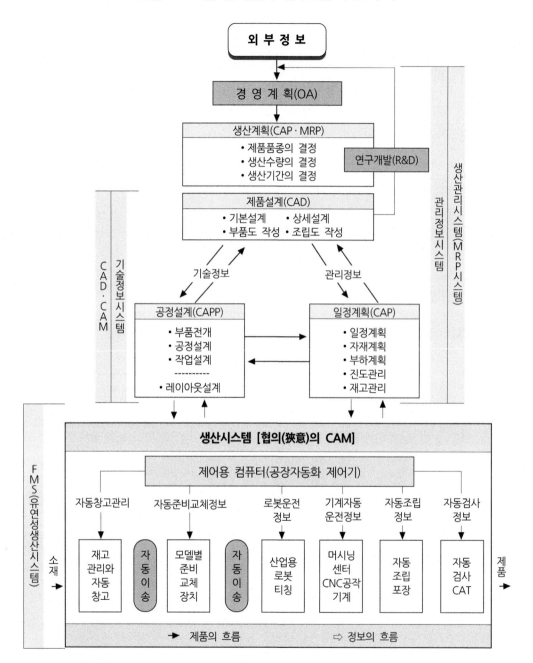

1.3 신 개념의 생산운영의 변화

1.3.1 신 품질의 마인드

제품과 서비스에 대한 발전으로 품질관리에 대한 새로운 개념이 달라지고 있어 즉, 신 품질에 대한 사고의 개념은 물적 개념에서 경영의 개념으로 바뀌고 있다. 이 패러다임은 새로운 패러다임의 '신 품질 마인드'가 필요함으로 물적 개념에서 전체 경영개념(시스템)으로 가야만 하는 것이다.

따라서, 다음 3가지의 마인드가 적용되고, 복합화가 된 기능이 있어야 한다.

① 매력적이고 독특한 제품이나 서비스를 고객의 요구를 충족시키고, 가치를 창조하는 '창조 품질'과
② 품질과 비용, Speed화, 가치성, 차별성을 포괄하는 '경쟁 우위 품질'로
③ 공정, 시스템, 기업문화 등을 혁신하는 '경영 품질'로써, 구분이 된다.

1.3.2 경영패러다임의 변화와 추이(推移)

기업경영의 새로운 패러다임의 변화는 지배주의와 종업원 이익 중시에서 주주 이익의 중시로, 외형 중시에서 시장가치 중시로, 매출 중시에서 이익 중시로 바뀌어 가고, 이익의 존재 영역에는, ① 제품 혁신성의 영역, ② 고객 친밀도 영역, ③ 자원 운영력 영역으로 구분할 수 있다.

이에 따른 이익창출시스템적인 면으로는, ① 목표 고객 설정, ② 이익모델 설정, ③ 사업시스템 재설계, ④ 전략적 이익거점의 구축, ⑤ 종업원 보상으로 구분을 하며, 이익은 경영 목표이고, 통제 가능한 변수이며, 끊임없이 이동하는 고객의 가치를 추적하여, 이익 원천을 위주로 사업을 재설계하고, 이익 유형에 따른 차별화된 관리방식을 적용해야 하며, 동종 업종이 아닌 기업을 이익 유형의 회사를 선택한다는 것이다. 그 대표적인 예가 자동차 사업 분야가 아닌 기업들이 '토요타생산시스템'의 도입과 연수를 하고, 기업의 관리 철학을 적용하고, 많은 개선과 변화로 이익을 창출하는 예가 많이 있다.

또한, 패러다임의 변화의 과정을 보면 90년대는 '품질경영', 외환위기 때에는 '환경경영', 2000년부터는 '윤리경영' 그 이후에는 '지속가능경영'과 '융복합화시스템'의 개념으로 바뀌어 가고 있다.

　여기에서 지속가능경영이란 환경경영, 윤리경영, 기업의 사회적인 책임, 혁신 등 개별적으로 추진해 온 경영전략을 통합, 안정적이고 지속적인 성장을 말하는데 40년 전에 유엔에서 논의가 시작된 '지속가능한 발전' 개념을 기업경영에서 차용한 것으로 '사회적 책임경영'과 비슷한 개념이다.

　환경에 관심이 큰 유럽지역에서는 지속 가능한 발전 개념에 사회적 책임이 추가되어 '지속가능경영'으로 불리게 됐다. 저명한 경영자 및 학자들의 말로는,

　① 지속가능성은 21세기 기업에 있어 가장 큰 기회이며 경쟁 우위의 원천이며,

　② 지속가능경영은 장기적 기업 가치를 창출하는 사업의 똑똑한 길이다.

라고 말한, 월마트 최고경영자 리스콧과, 앤드루 사비츠 PwC 컨설턴트는, 우수한 경쟁력과 경영자의 철저한 윤리의식, 이 두 가지를 동시에 가질 때 그 기업은 진정한 의미에서 좋은 기업, 장수하는 기업이 될 수 있다는 것이다.

　또한, 기업경영이란 경쟁이 되지 않는 기업이 없다. 더구나 글로벌경영과 경쟁 속에서 운영되기 때문에 그 존속이나 유지는 어려운 실정이다. 최근 우리나라에 30년 사이 규모가 있는 100개의 회사가 20개 정도밖에 남지 않았다는 사실과, 기업의 수명도 갈수록 짧아지고 있어, 근간에는 10년에서 더 단축되고 있다는 것은 건실하지 못한 기업은 빨리 퇴출, 인수합병이 된다는 것이다.

　따라서, 기업의 경영은 개척정신, R&D활동, 인재육성, 국제적인 경제여건 등의 환경에 맞추어 나아가야 한다. 이러한 여건 속에 제품과 서비스에 있어서도 융복합화를 고려하지 않을 수 없는 것은, 이는 사회와 문화의 발전으로 고객이 요구하는 것에 대한 대응과 신제품, 신사고의 개념으로 앞서 나아가자는 것이다.

1.3.3 경영관리상 문제 해결과 과제의 달성 기법

　기업이 직면하고 있는 경영과제에서 여러 가지 요인들이 있지만, 그 중 법규, 제품 규격 등을 준수하고 달성해야 하는 기업에는 문제(Problem)의 현상은 특히 문제가 되지 않을까 하고, 미래의 비전과 목표를 달성해야 할 과제(Issue task)가 있다.

　이러한 측면에서, 그 해결 방법에는 2가지로 구분하여 현상의 경영을 혁신하는 것으로 이노베이션의 시점에서는, 전자의 문제해결은 기본이 되는 경영의 시스템, 즉 업무시스템과 비즈니스모델을 바꾸지 않고서 그 체제에서 모순과 이상(異常)한 상태를 해결하고자 하는 것

이다. 이에 문제 해결방법으로, 기업에서 하고 있는 방법에서 『QC적 문제해결법(문제해결형 QC Story)』라는 것으로, 이 방법에는 잘 알고 있는 것과 같이 문제의 원인을 분석하고, 추출하여 원인에 대책을 수립하는 방법으로, 『개선활동』의 방법이다. 이것은 문제해결형으로, 먼저 확인된 과학적 방법이지만, 실제로는 원인을 발견한 후에 대책을 강구하는 것으로, 대책의 효과와 그 부작용의 모순, 효과와 투자비용의 모순, 효과와 대책의 기술적인 난해성 등, 효과와 그 실현성에 관련되는 양립이 되지 않는 여러 가지 모순이 생길 수 있다. 이러한 모순점들을 어떻게 해결할 것인가를 풀어 본다면, 혁신적 과제해결법에 의해 모순을 해소하여 새로운 대책을 고안하는 접근이 유용하다고 볼 수 있어, 이 2가지의 이노베이션에서 각각의 해법을 찾는 방식은 다음과 같은 것이 있다.

1) 문제해결형(Incremental Innovation)

해석적(분석적) 접근방식으로, ① 문제의 요인(원인의 후보)을 열거하여, ② 요인 중에서 진짜 원인을 특정하고, ③ 진짜 원인을 제거하는 것으로, 잘못된 것을 해결하고 재발방지를 한다.

현상의 수준과 미래의 수준 간의 차이가 있을 경우, 기존의 방식(제품 콘셉트, 관리시스템, 비즈니스모델)을 전제로 문제를 해결한다.

해결 방법의 접근 단계로는, ① 문제의 발견과 해결해야 할 테마를 선정하고, ② 현상의 파악(문제의 확정)과 목표의 설정, ③ 요인의 해석, ④ 대책의 입안, ⑤ 대책의 실시, ⑥ 효과의 확인, ⑦ 표준화 적용, 정착, ⑧ 반성과 미래의 대응 순으로 추진한다.

2) 과제해결형(Radical Innovation)

설계적 접근방식으로, ① 비전을 달성하는 방책을 입안하여, ② 방책을 평가·선정하여, ③ 방책에 대하여 상세(시나리오)한 대안을 결정하는 것으로, 신규 분야의 개척(신규 업무로의 대응)과, 현상 타파로 매력적인 품질을 창조하는 방식으로, 비전을 달성하기 위해서 기존의 방식에 구애받지 않고 새로운 방식(제품콘셉트, 관리시스템, 비즈니스모델)을 창출하여, 과제를 해결한다.

해결 방법의 접근 단계로는, ① 경영환경의 인식, 비전의 설정, 과제의 발전, ② 과제의 설정, ③ 방책의 입안·선정, ④ 과제 해결 시나리오 추구, ⑤ 시나리오 실시, ⑥ 효과의 확인, ⑦ 정상업무로의 이행(관리의 정착), ⑧ 평가와 미래의 과제를 발견 순으로 추진한다.

3) 이노베이션을 실현하기 위한 과제 해결법

기업에서의 이노베이션의 중요성은 『기존의 제품 · 서비스 · 기술의 차이로, 새로운 제품 · 서비스 · 기술이 만들어지고, 그 시장에서 보급하는 과정』에서 이노베이션의 대상으로는 신제품과 서비스의 개발 · 창출을 다음과 같이 구분할 수 있다.

① **재화(財貨) 즉, 제품 · 서비스의 혁명** : 브라운관 TV에서 박형 모니터로의 혁신, 인터넷에 의한 안내와 정보제공 등

② **생산방법의 혁신** : 벨트컨베이어에서 셀(Cell) 생산으로 전환, 리사이클 프로세스, 제로 에미션(Zero Emission)의 생산방식의 개발

③ **판매망의 혁신** : 슈퍼마켓, 컨프런스스토어(편의점)의 등장

④ **원료 · 반제품의 공급원에 관한 혁신** : 석유원료에서 바이오원료로의 전환, 솔라에너지의 개발 · 도입

⑤ **조직의 혁신** : SBU(Strategic Business Unit : 전략적 사업단위) 도입, Cross Functional Team(다기능 보유팀)의 설치를 하고 운영을 해 나간다.

4) 과제 달성법 8단계

① **경영방침의 인식** : 상위 직위와의 커뮤니케이션, 달성해야 하는 목표 레벨의 확인, 경영방침 설정의 배경의 이해, 활용 가능한 경영자원 및 기한의 확인

② **과제의 설정** : 사내 · 사외의 관련 정보수집과 동향분석, 과제 후보의 열거, 경영방침에 대하여 효과 예측, 과제의 평가와 압축, 목표의 설정

③ **방책의 입안과 선정** : 관련되는 기존 시스템의 수준 파악, 장애요소, 현재 차이의 파악과 해결점의 설정, 다면적인 방책의 열거, 문제해결과 과제달성의 접근방법 찾아보기, 평가항목 설정과 효과 예측의 확인, 방책의 평가와 압축하기 선정

④ **성공 시나리오의 추구** : 장애요소의 파악과 그 대책의 추구, 방책 실현을 위한 시나리오 열거, 시나리오의 평가(내용 압축), 실행계획의 입안

⑤ **시나리오의 실시** : 경영자원의 조직화의 계획, 실시

⑥ **효과의 확인** : 목표와 실적의 비교, 활동프로세스의 실시 상황의 평가

⑦ **정상업무로의 이행** : 정상업무로 담당 조직의 명확화, 표준화와 관리의 정착

⑧ **향후 대응** : 미대응 부문과 미해결 과제의 정리, 구체적인 대응방법의 명확화, 과제의 인식과 그 해결책의 검토를 한다.

설계에서 혁신적인 과제 해결법의 역할에 있어서는, 표 4-1과 같이 개발설계의 5단계에 따른 목적, 입력 정보와 대응하는 수법을 나타낸다.

표 4-1 개발설계의 5단계

설계개발의 단계	목 적	입력 정보	대응하는 수법
1. 개발의 개요 (Concept)	• 대상 고객을 결정한다.	• 시장 신장률	• 포트폴리오
	• 개발의 방향성을 정한다.	• 기술 예측, 시장 예측	• 수 세대계획
	• 신제품의 개발계획을 정한다.	• 프로젝트 멤버	• 프로젝트 차트
	• 개발의 상세 순서를 계획한다.	• 프로젝트 차트	• PDPC법
2. 개발의 전개	• 고객의 소리를 듣는다.	• 고객의 생생한 목소리	• 인터뷰
	• 고객의 소리를 정량화 한다.	• 앙케트 집계 결과	• 앙케트
	• 개발의 기술과제를 찾는다.	• 경합 제품의 기술특성	• 기획 품질표
	• 설계 특성의 기대치를 정하기	• 기술과제	• 손실함수
3. 구상설계	• 과제의 근본 원인의 발굴	• 기술과제	• 왜 왜 왜 전개
	• 공학적 모순의 전개	• 기술특성	• 공학적 모순 매트릭스
	• 과제 해결의 방법을 내놓다.	• 발명원리	• TRIZ의 발명원리
	• 과제 해결의 해법을 내놓다.	• 표준 해(解)	• TRIZ의 표준 해
	• 과제 해결의 해법을 선택과 결합한다.	• 복수의 아이디어	• 아이디어 매트릭스
	• 과제 해결의 해법을 평가한다.	• 선택된 아이디어	• 평가 매트릭스
	• 설계의 목표치를 바꾸어서 파라메타를 설계한다.	• 선택된 아이디어	• 동 특성의 파라메타 설계
4. 상세설계	• 설계의 목표치를 정해 파라메타(모수, 매개변수)를 설계한다.	• 개발 제품의 아이디어	• 정 특성의 파라메타 설계
	• 설계의 목표치에 실험치를 합한다.	• 결정된 파라메타(母數)	• 튜닝(조정)설계
	• 트러블을 사전에 검증한다.	• 제품 도면	• 설계FMEA
	• 설계 파라메타의 허용되는 차이를 정한다.	• 부품의 차이	• 허용차설계
5. 설계의 검증과 도입	• 시험 제작의 중요 항목을 짠다.	• 시험 항목	• 시험계획의 매트릭스

여기에는, 설정된 과제에 대하여 풀이를 가시화 하고, 생산하는 프로세스에서 이행하기까지 작업이 설계이다. 이것은 신제품의 개발, 설계를 목적으로 하는 단계로, 전략적으로 제품의 향후 방향을 정하는 제품 및 개발 콘셉트 단계에서 시작되고, 고객 요구의 파악이 제품목표와 개발과제의 설정(개발 전개)으로, 구체적인 설계 단계로 이행한다. 설계는 과제 해결의 사고를 고려하여 구체적인 해결을 창출하는 구상설계이고, 해결안을 제품 특성에 반영하는

상세설계의 2단계에서 시작된다. 이 중에서 혁신적 과제 해결 방법은 구상설계를 실현하는 수법이다.

제2절 제품을 값싸게 만드는 10가지 방법론

2.1 기본 지키기와 개선활동

2.1.1 기본 질서 지키기

① 근무시간 지키기(시작, 종료), 업무 강도 및 효율 높이기, 낭비 없애기 등

② 작업자 기술 수준 저하, 훈련 미비 ⇨ 작업자 숙련도 분석, 작업자 및 감독자 실무 교육(OJT, TWI 실시 여부)이 있고,

③ 인력의 적정 배치문제 ⇨ 근무사기 조사, 조직 검토, 채용기준 검토 ⇨ 인사고과, 임금제도 개선, 교육 · 훈련, 보험금제도 확립, 적성검사 등의 문제와,

④ 납기, 품질, 대금, 결재 등의 부적합 ⇨ 구매 단위의 적정화 분배 ⇨ 구매 Lot별 가격 변동, 사용실적 비교검토, 재료 보유액, 회전율 및 가격 상관분석 등 금전적인 문제와,

⑤ 구매시스템의 제도적 문제 ⇨ 생산, 판매, 구매, 자재부서 업무분장 및 업무추진의 제도적 개선, 직무분석, 조직 개편의 외부와의 관계가 있고,

⑥ 모럴과 조직 ⇨ 모럴조사, 조직검토 ⇨ 조직의 합리화, 인사고과 제도도입, 성과급 제도도입, 연봉제 도입 등의 조직의 내면적인 관리와,

⑦ 기타, 판매관리비, 금융비용, 매출채권, 재고자산, 과잉투자, 불용자산 과다, 자금조달 등 많은 관리 대상이 있다.

2.1.2 현장의 개선활동

1) 가동률 저하의 개선

원인 분석, 작업 방법 검토, 애로공정 검토, 운반구 경로분석 등의 분석과, 해결 방향의 개선활동으로, ① 생산일정 계획 개선(JIT생산, 평준화생산, 흐름화, 동기생산), ② **작업연구**

(동작분석 개선, 1인 다기능화, 3D 작업 개선 등), ③ Line Balancing 개선(공정별 사이클 타임 분석과 조정 등), ④ Lay out 재 구상[시스템 레이아웃 계획(SLP : Systematic Lay out Planning)], 가치흐름체계(VSM : Value Stream Mapping), 공정편성, 작업편성, 생산계획, Material Handling(부품 취급), 생산지원에 관한 Utility부문) 등이 가동률 향상에 도움을 주는 요소들이다.

2) 개선 · 제안활동

현장 자율에 의한 개선활동으로, 현장 스스로가 진행하는 대표적인 것이 분임조활동, 제안제도가 있는데, 어느 기업이나 잘 알고는 있으나 실천과 성과를 내면서 꾸준히 실행하는 것이 잘 되지 않고 있는 것이 우리의 현실이다.

이러한 활동은 회사에서 인센티브 제공이 따르면 그나마 유지가 될 수 있는데, 적극적인 활동이 되도록 한다면 기업으로서는 개선에 대한 효과는 더 큰 이익을 가져올 수 있다고 본다.

표 4-2 현장 레이아웃의 개선으로 생산성 향상 추진

분 야	추진 항목	중점 추진 내용

시스템 레이아웃 계획
(SLP : Systematic
Lay out Planning)
	1. 제품 자체 분석(정도, 특성)
	2. P-Q 분석(품목, 수량)
	3. 경로 흐름도 분석
	4. FTC(From To Chart)
	5. Flow Process
	6. 관계(Relation Ship) Chart
	7. Space study
		• 제품군별 생산량 분석
		• P-Q 분석을 통한 제품별
		  Focus 및 공정별 Focus
		  Lay-Out 전개를 위한 분석
		• 공정의 흐름 및 양에 대한 분석(1)
		• 공정의 흐름 및 양에 대한 분석(2)

가치흐름체계
(VSM : Value
Stream Mapping)
	1. Process Focus
	  (As-Is & To-Be)
	2. Group Focus
	  (As-IS & To-Be)
		• 주요 제품군에 대한 Line화 Lay-Out 검토
		• 소량생산 제품군에 따른 공정화 Lay-Out검토
		• 저장 디자인(Store Design)
		• Outsourcing에 대한 검토

공정편성	1. 공정속도와 설비능력 분석 2. Buffer 분석	• Line화에 따른 동기화생산 체제구축 • 공정별 속도 및 생산능력에 대한 검토 • 고객의 Order 변경 대응에 따른 Buffer 확보 • N공정 및 설비가동에 따른 buffer 분석 • Buffer 확보 수단의 검토

분 야	추진 항목	중점 추진 내용
작업편성	1. M-M(사람-기계)Chart 분석 2. 표준작업 조합표	• 작업대기 감소를 위한 분석 • 작업편성 최적화 검토 • 작업표준의 재설정 • 비 부가가치시간의 제거 및 표준작업 • 적정 인원의 검토 및 산정
생산계획	1. 생산계획 및 생산지시 체계구축 2. 생산 Lot 최적화	• 생산계획 및 지시의 분리 • 공정속도와 생산능력을 고려한 생산지시 • 소 Lot화 • 납입 단위 및 용기에 의한 Lot Sizing 검토
Material Handling (부품 취급)	1. 부품공급 Cycle 개선 2. 부품의 적정 운용량 3. 공정별 Rack 합리화 4. Handling체계 구축	• 다회(多回) 부품공급체계 구축 • 공장 내 부품의 적정 운용 재고 검토 • Rack개선을 통한 공장 내 부품재고 축소 • 소요량 전개 및 Shortage 예방관리 체계
생산 지원용 Utility부문	1. 전력공급(적정 용량) 2. 용수, 가스, 유류, 스팀 등 3. 생산지원용 소모품류	• 안정적인 공급과 절감방안 • 비상 시 수급대책(예 ; 발전기) • 용량 증설 대책안

2.1.3 설비고장, 정비의 불량 개선

1) 설비의 정기적 수리

① 공정별, 기계별 고장률 개선 ⇨ 고장률 분석, 고장시간, 수리시간, 수리공수, 고장에 의한 미가동, 재료 손실을 분석하여 낭비를 확인한다.

② 예방 보전제 도입, 정기보수 실시 설비계체 경제성 분석이 필요하다.

2) 운반설비 및 방법의 문제는 운반설비, 운반방법, 작업의 안전성 검토로,

① P-Q분석(제품의 종류와 양)으로, 생산관리의 합리성과 타당성을 검토한다.

② 자재 흐름은 공정별 이동에 따라 동선 분석 등을 개선하고, 안정화 한다.

③ 공장 전체의 레이아웃 개선으로, 제조 과정의 흐름을 원활하게 하고, 리드타임을 개선한다.

3) 수선비의 과다 소요

고장률 분석, 설비 노후 정도 분석, 수리 시간, 수리 인원 분석으로, ① 설비 개체의 경제성 검토, ② 예방보전, ③ 예측보전, ④ 수리, 수선 방법 개선 등이 있다.

2.1.4 생산지원 부문의 개선

① **효율 저하** ⇨ 설비 효율 측정, 기술면에서의 효율측정 ⇨ 경제성 분석, 보수, PM 교육, 유자격자 확보가 필요로 하며,

② **누수방지, 폐수, 폐유의 관리** ⇨ 누수체크, 이용여부체크, ⇨ 방지 및 보수, 경제성 검토가 필요로 하며,

③ **에너지 낭비의 개선** ⇨ 열효율 검토, 대체여부 검토 ⇨ 대체 에너지, 경제성 검토가 따라야 한다.

2.2 JIT 생산방식에 의한 관리

2.2.1 JIT(Just In Time) 생산의 개요

양산을 하는 자동차부품, 전자제품 등의 생산라인과 기업에서 필히 적용해야 할 생산관리 시스템으로, JIT생산을 확립하기 위해서는, 다음 그림 4-2와 같은 순서로 현장의 관리체계를 정리할 필요가 있고, 여러 가지 개요를 설명한다.

① 우선은 전사(全社)를 들여다 보며, 현장 개선을 향하는 의식개혁이 필수이며, 그 위에 현장 개선의 기초가 되는 5S(정리, 정돈, 청소, 청결, 습관화)의 실행을 베이스로 개선에 들어간다.

② 몇 개를 묶어 만드는 방법을 롯트(Lot)생산이라 하고, JIT 생산에서는 롯트생산에서 흐름생산으로 변경된다. 흐름생산에서 내체하는 로트생산을 할 때 숨기고 있던 낭비가 표면에 나타나, 이를 제거할 수 있게 되고, 생산 속도는 유지하며 동기화하면서 작업을 진행한다. 생산 속도는 고객의 요구량에서 정해지고, 가능한 1년을 통해서, 또 직장을 통해서 이상이 없는 평준화 한 상태로 생산을 한다.

③ 작업자는 정해진 기계가 없이, 그 작업의 전후 공정을 맡는 **다공정 갖기**로 하며, 이것을 실현하는 생산형태가 생산라인이 U자 형의 배치이다. 이런 라인으로 꾸미면 인력의 **소인화(少人化)**를 할 수 있고, 이 중에 몇몇 작업자 또는 그룹으로 다공정 갖기에 의해 제품을 완성시킬 수 있고, 생산량에 따라 작업자를 변동, 관리할 수 있다는 이점이 있다.

④ 다공정 갖기에 있어서, 기계에 대하여 검토가 필요로 하여, 즉, 작업자가 다른 공정에서 작업을 하고 있는 사이에는 기계는 자동운전을 하고 있으니까, 이 시간에는 트러블이 있어서는 안 된다. 그 때문에 단순한 조작 실수를 방지하는 장치로, 센스에 의해 불량 발생을 알 수 있도록 하는 검토를 한다. 기계는 스스로 움직여 기계가 아니면 안된다는 것으로, JIT로는 이것을 **자동화**(自働化, 動 : 움직이지 않음)로 불리고 있다.

⑤ 라인 내에서 불량품을 만들지 않도록 하기 위해서는, 이상이 발생했을 때 라인을 정지하는 것이 제일이다. 거기에서 JIT는 라인을 정지 하도록 하며, 이것에 의해 이상을 발생시킨 원인을 규명하고, 같은 문제가 일어나지 않도록 조치를 취하는 것이다.

그림 4-2 JIT의 구성

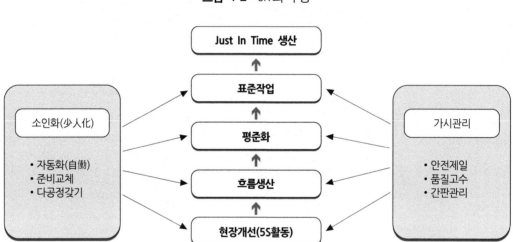

2.2.2 JIT 생산의 목적

JIT 생산의 주 목적은 재고를 없애는 것으로, 재고가 생산에 있어서 낭비가 된다는 것은 상식으로, **필요로 한 것을, 필요로 할 때에, 필요한 만큼 구입한다든지**, 제조하기 위한 수배의 방법으로, 늦는 것은 문제 밖이고, 빨라도 안 되는 조건이다.

조금 필요로 할 때에도 공급되어야 하는 체제가 중요하다는 것이며, 이렇게 하여 여분인 재고도 없앨 수 있다는 것이다.

생산에 있어서는, **품질 Q, 코스트(가격) C, 납기 D**가 중요한 것은, 어느 시대에도 변하지 않는다. 여기에 오늘날에는 **다품종소량에 대응**(P : Products)과 **안전성**(Safety)이 요구되고 있다. 옛날에는 생산자 측에 본 시점에서 해 왔지만, 지금에는 고객의 요구에 대응을 제일로 생각하는 생산체계가 요구되고 있다.

2.3 제조 기술력의 수준 제고

2.3.1 기본조건

기술의 종류에는 기반기술, 고유기술, 요소기술로 크게 분류가 되며, 이 3가지의 의미는 다음과 같이 요약 하여 표현을 한다.

① **기반기술** : 국민경제 또는 국민생활의 기반을 강화하는데 상당히 기여하는 기술이며,

② **고유기술** : 어떤 기업의 사업에 주가 되고 있는 기술이며,

③ **요소기술** : 어떤 제품 또는 시스템을 개발·생산 또는 운용하는데 필요로 하는 각각 의 기본적인 기술을 말한다.

제조를 하는 기업에서는 제품이 만들어지는 과정에서 품질을 만족하면서, 경제적이고, 얼마나 합리적으로 잘 만드느냐에 달려있다. 이것은 품질, 원가, 납기, 유연성을 만족시키면서 생산성을 최대로 올리는 것이다.

따라서, 제조기술의 기본이 되는 4가지의 의미를 구분하면 다음과 같이 표현할 수 있고, 이 모두를 만족하고, 수준을 갖춘다면 선진기업이라고 할 수도 있다.

① 어느 누가 해도 생산이 잘 될 수 있도록 해 주는 기술 ➡ **양산 기술력 확보**

② 값이 싸고, 빠르게 생산될 수 있도록 해 주는 기술 ➡ **원가 경쟁력, JIT화 구축**

③ 도면Spec 요구에 맞게 만들어지도록 해 주는 기술 ➡ **품질보증체계 구축**

④ 다품종 생산의 작업교체(모델변경)가 빠르게 되도록 해 주는 기술 ➡ **작업능률 향상**

2.3.2 수준 향상을 위한 실현

전문 교육과 현장의 훈련으로 배우고, 많은 경험을 하는 과정에서 발전이 되어가는 것이고, 제조 기술력의 수준 제고를 위해서 기본적인 내용이다.

① 생산 프로세스에 관한 기술 전반

② 생산시스템에 관한 기술 전반

③ 제품에 관한 기술 전반

④ 공정계획과 공정설계에 관한 기술 전반

⑤ 생산 설비의 사양에 관한 기술 전반

⑥ 가공 방법에 관한 기술 전반

⑦ 치공구(Jig & Fixture, Gauge, 절삭공구, 전용 측정기구, 금형류 등) 기술 전반

⑧ 조립 방법에 관한 기술 전반

⑨ 생산 설비류의 사용에 관한 기술 전반

⑩ 기타(각종 관리기술들이 포함)

⑪ 생산 설비류의 메인트넌스에 관한 기술 전반

⑫ 설비 레이아웃에 관한 기술 전반

⑬ 기존 시스템의 통폐합과 폐기 등에 관한 기술 전반

그 외 제조기술이 다루는 기술로는 기반기술, 고유기술, 요소기술(금속가공기술, 계측기술, 제어기술, 메카트로닉스기술, 해석기술, 관리기술 등 각각의 기본적 기술), 제품기술, 제조기술, 제품의 QCD 향상기술, Cost down기술, 양산기술, 안전 관련기술, 성력화에너지, 환경 관련 기술 등이 있다.

그리고, 제품기술과 생산기술의 영역의 다른 점은 전자는 어떠한 제품을 만드느냐를 하는 것으로 기술 전반을 다루고, 후자는 어떻게 하여 만드느냐의 방법으로 기술전반을 다루는 것이다. 여기에서 제조 경쟁력의 원천은 ① 제품개발과 설계력은 **제품기술**이며, ② 제조 능력(양산)은 **제조기술**이며, ③ 이외 다른 **관리기술**(관리기술을 포함)들이다.

요즘 생산 현장이 갖고 있는 환경에서 고령화, 노동력 부족으로 개발도상국으로 기술이전과 기술혁신으로, 소인화(少人化) 생산의 추구와 최소의 사람으로, 생산 목표를 달성하는 것이다.

2.4 불량품을 만들지 않는 것

불량이 발생하는 자체가 낭비를 만들고, 비용이 들어가는 여건이라, 어느 기업이나 다 문제를 삼는 것들이다.

생산 활동에서 주체가 되는 요소가 4M을 기준으로 구성하는 것들로, 품질이 안정되도록

하기 위해서는, 여러 부문이 완벽하게 갖추어져야 하는 조건이므로, 각 요소들이 영향을 주지 않도록 하는, 불량방지를 위한 구체적인 실시 내용으로는,

① 사람(Man)에 있어서는 작업자 교육, 작업훈련, 숙련도관리, 작업자 변경관리 등,

② 재료(Material)에는 원재료와 부품·제품 등의 QCD관리, 간접 자재의 관리 등,

③ 기계(Machine)에 있어서는 설비의 점검, 검사(정밀도검사, 정기검사 등) 조정, 정비, 청소, 급유, 개조 등의 보전활동, 치공구의 보조장치(정밀도와 수명관리), 가동상황관리 등이 해당되며,

④ 방법(Method)에 있어서는 풀프루프장치 적용, 표준작업서, 공정의 안정화, 공정검사(초품/중품/종품), 생산정보관리, 설계변경관리 등이 있다.

2.4.1 작업 공정의 표준화

① 작업표준화(작업방법, 동작의 미비) ⇨ 부품, 공정별 작업표준 설정 실시여부(작업방법, 표준시간, 가공설비, 치공구 검사) → 사내 규격 표준화(공정별, 제품별), (공정분석, 작업연구, 애로공정 제거, 치공구 개선, 설비 반자동화 추진)

② 자재관리 불량 ⇨ 자재 분류 코드화 여부, 보관시설 검토 등에서는 → 자재 분류코드 시스템 도입, 자재관리 시스템 도입 보관 및 운반설비 개선 등.

③ 불량 재고 문제[사장(死藏)품, 열화품 등] ⇨ 자재 수불 제도 및 업무 Flow검토, 불량 상태 분석 → ABC분석, 적정 재고 보유 상태를 정기적 점검의 감사로,

④ 공정 배치 및 재공품관리 ⇨ 공정배치의 적합성, 운반구 검토 → 계획적 공정배치 계획 SLP, 운반경로 분석개선, 작업장 관리

⑤ 외주(가공)품의 품질관리 문제 ⇨ 외주(가공)품의 검사 기준, 거래처별 불량 실적 분석, 외주 거래처별 관리체계 도입

⑥ 애로공정의 문제 ⇨ 라인 밸런싱 검토와, 풀프루프(바보방지)장치를 설치하고 → 라인 밸런싱, MRP

⑦ 불량과다 ⇨ 불량률 분석, 요인 분석, 특성요인도, 재료검사 기준체크를 → 공정관리 표준화, 품질관리 표준화, 검사기준 표준화

2.4.2 풀프루프장치로 실수방지

제조공정의 신뢰성을 향상시키는 데는 품질부적합 제품을 흘리지 않고, 만들지도 않으며, 받지도 않는 Fool Proof장치를 설치하여 실수를 방지하는 것으로, 제조공정에서의 Fool Proof는 재료나 기계, 장치, 치공구 등을 공정설계의 검토를 통해 전체 공정의 불량 체크가 자연히 되게 하고, 불량 재발방지 장치를 공정 내에 부착하여 즉시 불량을 발견하게 하는 것으로, 작업자가 일정한 작업을 할 때 일으킬 수 있는 실수를 범하지 않도록, 하나하나 신경을 쓰지 않아도 불량을 발견, 파악할 수 있는 장치를 연구하여 공정 내에 설치한 것이다.

예로, 에러를 일으키지 않도록 하는 장치, 에러없이 작업할 수 있는 장치, 실수를 범해도 미스가 발생하지 않는 장치 등을 적용하여 품질 불량을 사전에 막는다. 앞장의 3장 5절에 자세히 수록되어 있다.

2.4.3 공정검사, 자주검사와 게이지(Gauge) 적용

품질부적합 제품의 유출로 후 공정에 의혹을 사지 않기 위해서는 QC공정표 등에 공정검사를 포함시켜, 확실한 확인을 하여 공정 완료품의 품질을 보증하는 것이 중요하다.

생산 중에 제품은 전부가 품질 적합 제품밖에 없다고 생각하지만, 구성 부품에서 품질의 차이와 우연 변동 등의 영향으로, 품질 부적합 제품이 발생하는 것이 있어, 이들의 품질부적합 제품을 해당 공정 내와, 사내 후 공정에서 발견한 흠집이 사외로 유출되면 품질크레임의 원인이 된다.

따라서, 품질부적합 제품의 후 공정 유출을 방지하기 위해서는 생산 중에 해당 제품의 합격 · 불합격을 조사하는 것이 유효하여, 즉, 생산 중에 제품을 어떠한 방법으로 측정하여 그 결과가 품질 요구사항을 만족하고 있는지, 말하자면, 품질적합 제품인가 부적합 제품인가를 판정하는 것이다. 또한, 어떤 제품을 생산하는 공정 중, 재공 중에 있는 인라인(In Line) 등의 상태로 가는 부분적인 검사를 공정검사(In-Process Inspection) 또는 공정 내 검사라 한다.

공정검사의 필요성으로는, 어떤 제품의 가공과 조립이 꽤 진행된 단계로 검사하여, 부적합 제품을 발견하여 후 공정 유출을 막았다고 하지만, 여기까지의 생산에 투입한 경영자원의 많은 낭비가 되어 버리는 것이다. 말하자면, 품질 부적합 제품을 생산의 **빠른** 단계에 발견하여 대처를 하면, 이 만큼 경영에 미치는 영향은 적다는 것이다. 이 때문에 각 공정이 끝나면 바로 검사를 하는 것이 부적합을 조기 발견이 되고, 후 공정에 낭비를 없애는 것이다. 또한,

부적합 원인의 추구와 그 대책에 신속히 피드백 하는 것이 된다. 3장 6절에 자세히 설명이 수록되어 있다.

자주검사는 실제의 생산 활동이 기준류에 기초로 적절하게 되고 있는지 아닌지를, 자신이 체크하여 부적합 사항을 빨리 시정하는 것이 자주공정검사라 하여, 자주검사에는 공정검사, 라인검사에서 내부검사와 자주검사로 구분이 된다. 업무의 기준에 따라 적절하게 되고 있는 가, 되었는가를 객관적으로 평가하는 것이며, 검사 결과 지적된 부적합 사항에 있어서는 적합하도록 대책을 입안하여 보고하는 동시에, 실행에 옮기는 적절한 상태로 시정하는 것이다.

자주공정검사 실시상의 유의점으로는 다음 4가지가 있다.

① 기준 그 내용도 체크를 한다.

② 선입관을 버리고, 제3자의 눈으로 체크를 한다.

③ 고객에게 과거에 지적된 부적합 사항이 피드백되어 있는가를 확인한다.

④ 현장 작업자의 의견을 잘 듣고, 필요가 있다면 기준류에 피드백하고, 합리적인 기준을 개정한다.

2.4.4 수명관리(소모성 공기구와 부품들)

생산에 필요한 장치들 중에 마모에 의한 모든 부품들의 수명관리가 대상이 되는데, 정기적으로 교환하여 제품에 영향을 주지 않도록 하는 관리이다.

① 제조 설비의 부품에서 수명이 있는 마모성의 부품(필터, 기계 부착물, 보조장치),

② 공작물을 관리하는 치공구(Jig & Fixture), 절삭공구(Bite, Tip)와 금형(Die & Punch)의 마모성 부품류의 정기적인 교환, 수리 관리가 제품 품질에 많은 영향을 차지한다.

③ 전용 측정기기의 마모성 부품이 대상이다.

2.5 전사적 원가절감활동

제조원가를 절감하고 개선하기 위한 다음 5가지의 요소에서 기본원가로 들어가는 비용을 통하여 제조원가를 절감하는 데에는 시장조사와 경쟁사의 분석, 목표원가 계산, 각 부문별 상세 달성활동, 초기 원가계획에 의한 단계별 목표수립 등 핵심능력을 업무에 적용할 수 있도록 능력을 향상시키며, 원가절감활동의 자세가 되어 있어야 한다.

344 • 생산 · 설계기법과 공장관리 지침

2.5.1 목표원가의 수립과 검토

원가에서 3가지로 분류되는 **표준원가, 실제원가, 목표원가**의 차이를 분석하여 목표원가 계산을 위한 원가구성 요소파악, 개발 프로세스에 따른 목표원가에서 단계별 개선을 위한 원가 개선기법을 적용하며, 내부 프로세스 및 제품 품질의 정의와 가치에 따라 자사의 원가절감 과제를 실현한다.

2.5.2 제조원가의 상세 분석

재무제표를 활용하여 원가계산을 하여, 직접비, 간접비를 활용하는 제조원가 파악으로 제품별, 요소별 추이분석으로 표준원가와 실제원가를 비교 분석하여 목표원가의 설정을 연습하여 목표원가에 대한 관리지표 도출과 개선방안 토론을 한다.

2.5.3 노무비의 검토와 절감방안

노무비 절감을 위한 로스가 있는 구조를 분류하며, 작업방법의 개선과 모델변경에 사전준비교체로 시간을 단축하고, 부품들의 모듈화와 생산리드타임의 단축과, 공정의 간이자동화/자동화와 공정안정화, 표준시간과 작업관리로 낭비제거, 현장의 개선제안의 도출과 토론 등을 발표하여 전사적으로 원가절감·분위기를 만든다.

2.5.4 재료비의 검토와 절감방안

재료비 절감을 위한 재료의 로스의 구조를 분류하여 재료의 공용화와 표준화를 하고, 가공시간의 단축을 위한 원재료의 검토로 규격/수량 변경으로 구입 금액을 절감하며, 제품의 구조변경/설계변경으로 구입비용을 절감할 수 있으며, 선입선출에 의한 진부하 및 수명 저하방지를 위한 실행과, 개선·제안에 의한 방안으로 재질변경, 구조 변경을 반영할 수 있다.

2.5.5 제(諸)경비의 검토와 합리적인 개선

경비절감을 위한 경비 로스의 구조와 분류를 하여 관리를 하며, 소모품 및 비품류의 경비절감, 유틸리티 부문의 전기 · 물 · 가스류 · 압축공기 · 유류 · 스팀 · 공조장치 · 통신장치 · 공동구 등의 변동비를 절감하며, 차량/설비/건물관리의 경비절감과, 경비별 원가를 배부하여

원가절감활동을 기획하고, 각자가 맡은 부문의 활동계획을 수립하고, 실천하며, 개선·제안
활동, 등을 지속적으로 실시하면서 정기적으로 성과를 평가한다.

표 4-3 원가절감의 단계

	Level 1	Level 2	Level 3	Level 4
활동 수준	원가절감 활동이 가능한 범위 내에서 활동 전개	원가절감활동은 실시하고 있지만, 개별(개발, 생산)활동에 그치고 있음	System(원가구조)에 기초하여 체계화된 원가절감 활동을 전개	항상 전략 목표와의 정합을 기초로로 원가 절감 활동이 실시되고 있음
기획력	원가기획에 대해 이해가 부족하고, 현실은 도면, 사양의 완성 이후부터 Cost개선이 주체인 활동	기획 단계에서 Cost와 Spec 최적화를 행하고, 설계사양을 전개	전략기획 단계부터 사용 단계까지의 원가기획 등이 명확히 전개	중장기 기술전략에 맞추어 관계부문이 일체가 된 전략적 Cost 개발 활동
기술력	개개 개발 프로젝트마다 설계 단계에서 제품, 조달 등의 Cost Down 실시	개개 개발 프로젝트마다 선행 개발단계부터 Cost 혁신과제 해결	개발전략에 대응한 제품군 전체에 대하여 선행 개발 단계부터 과제 해결을 실시	중장기 기술전략에 맞추어 중점기술 등으로의 전략적 투자와 기술이 연계
조직력	프로젝트마다 원가절감 추진 Leader가 있지만, 목표 달성의식이 희박	프로젝트마다 수익목표 달성 과제가 관계부문 중심 전개되고 있음	프로젝트에서 수익목표를 지향한 지원부서가 조직적 활동전개	중장기 기술전략에 맞추어 관계자가 Matrix 연계를 도모하면서 활동 전개
수행력	활동 목표는 설정, 그 달성 방법에 대해서는 검토되어 있지 않음	목표달성을 위한검토, 최적방법 검토, 의사결정이 미흡	목표달성을 위한 체계가 명확히 되어 있고, 관련 부문이나 활동이 체계적으로 실시	목표달성을 위한 체계가 명확히 되어 있고, 관계(최적) 기법을 포함하여 체계적으로 실시

2.6 전문 부품의 아웃소싱처리

어느 기업이나 아웃소싱처리는 있으며, 이것은 제조 공정별 설비 확보 상의 어려운 점, 요
소별 전문성 부족, 전문 업체에서 만들어 가격 상의 염가, 기타, 여러 가지 관리 상의 이점이
있다.

요즘은 부품, 유닛 등의 구입을 할 대상이, 품질과 원가절감의 메리트가 있으면, 전 세계
를 대상으로 구매활동을 할 수 있어 생산 제품의 부품 숫자와, 기능이 많을 경우, 전문 메이
커에 의뢰하면 '외주처리가 더 싸고 빠르다'라는 조달 방식의 생각이 대부분이다.

잘 알고 있는 OEM(Original Equipment Manufacturing) 생산은 주문자 상표 부착 생산으

로, 상호 계약에 따라 주문자의 상표를 붙인 부품이나, 완제품을 제조하여 공급하는 것으로, 일종의 하청의 생산시스템이다.

또한, 아웃소싱은 무엇보다도, 품질에 대한 걱정을 할 필요가 없는 것은, 합격품만 받기 때문이다. 그렇지만 다른 관리문제도 있을 수 있다. 이에 따라, 제작을 하는 협력업체관리는 앞장 5항 3절에 자세히 기술되어 있다.

여기에서, 중요한 것은 설계를 어떻게 잘하는 것이 기술이고, 재료 기준표(BOM : Bill of Material)의 제작 구분에 따라, 부품 및 유닛의 구매관리만 하면 되는 것이다.

2.7 제조 공수(工數)의 절감

2.7.1 직접 공수의 단축

생산 라인에서 각 공정별로 소요되는 작업시간으로, 준비시간과 작업 종료 후의 정리시간, 사이클타임(실동시간), 준비교체시간으로 구분할 수 있는데,

① **작업준비시간의 단축**으로, 직접공수에서 원가계산 상의 적용된 시간으로, 처음 시작할 때와 작업 종료할 때 시간을 말하며, 또한, 표준시간(ST)에서 작업준비를 하는 부분의 시간에 해당되며, 평소 때에 관리를 하면서 개선하고 단축하여, 작업효율과 가동률을 높이기 위한 부분이다.

② **사이클타임의 단축**으로, 설비가 작동되어 1사이클이 끝나는 데에 걸리는 기간으로, 이 부분은 공정설계 및 작업프로그램의 개선, 성력화 공구의 적용, 작업에 필요한 보조 장치(부품 핸들링 기구, 기계 부착물, 액세서리) 등을 적용하여 각 공정마다 걸리는 시간을 단축하여 직접 원가 비용을 절감하는 요소이다.

③ **모델변경 때 작업준비교체**를 할 경우, 그 시간을 단축하기 위한 부문으로, 금형, 치공구, 작업프로그램, 설비 가동조건 등을 교환하고 조정하는 부문으로, '금형교환시간 단축', '치공구 교환', 'CNC Program 선택', '기계가동 조건 조정', '검사기구 준비', '생산정보 확인' 등의 조치에 필요한 시간을 단축하기 위한 부문이다.

2.7.2 간접 공수의 단축(생산 지원 관리부분)

주로, 관리 부문의 업무로, 7대 낭비를 배제하는 부문으로, ① 일 처리 속도, ② 업무 중복, ③ 일의 순서, ④ 불필요한 업무, ⑤ 부정확한 처리, ⑥ 수작업에 의한 더딤, ⑦ 실수 업무의 축소 및 배제 등의 생산 지원 부문에서의 개선해야 할 사항으로, 이에 대한 시간과 방법을 단축·개선을 해야 하는 것이며, 이들도 제조원가에 간접비로 반영이 되어 있는 부문이다.

2.8 부문별 사내 외주화

2.8.1 제조공정 및 부품 제작의 사내 외주화

이 제도는 '분사', '소사장제도'라 하기도 하는, 모기업으로부터 생산 현장에 필요한 작업장과 생산 설비를 지원받아 독립 법인으로 운영하는 경영 책임자가 부품, 또는, 제품을 만드는 제도로, 작업효율 향상에 결정적인 역할을 하는 부문으로, 대부분의 기업에서 생산하고 있는 것을, 능력이 있는 일부 사원들에게 부분적인 독립을 시켜서 관리를 하게 되면 그 효율이 10%에서 20%까지 향상될 수 있다고 보여진다. 이런 생산 여건으로 전환을 하면, 그 일을 받은 당사자는 주인의식과 책임감을 가지고 일하기 때문에 품질수준의 상승 효과와, 작업효율 향상, 관리비용 절감 등으로 큰 변화를 가져올 수도 있다.

'내 것이니 열과 성을 다 하는 자세'로 일하기 때문에, 시키지 않아도 잘 되게끔 하는 것은 우리나라 사람들의 자세와 심리라 볼 수 있다.

2.8.2 품질보증의 책임제화

품질관리 부서가 없다면 제품의 품질수준은 더 좋아진다는 표현이 있듯이, 실무를 담당하는 자신이, 그 공정이나 제품에 대한 품질보증을 해야 하기 때문으로, 책임감이 더욱 강해질 것이며, 합격품만 납품 받기 때문에 더욱 품질에 신경을 쓸 것이다.

작업장의 작업관리 규정, 작업표준화, 검사 등의 품질보증의 체계를 잘 지켜 좋은 제품이 나오도록 하는 것도, 일에 대한 주인의식과 마음가짐에서 비롯되지 않나 싶다.

2.9 제조 간접비의 최소화

2.9.1 직접비의 절감

직접비의 구성비율에서 원가구성 비율은, 제조원가(당기 총제조비용) 중 각 원가 요소의 직접 재료비, 자작 비용, 외주 가공비, 매입 부품비, 직접 노무비, 기타 직접 경비 등 각 원가 요소의 구성비를 산출하여 단위당 코스트와 비교 판단할 필요가 있고, 이를 절감하기 위한 방안으로는, 소요 공수(工數)의 절감, 각 요소별 정밀 계산과 합리적인 방법에 의해서 절감 방안을 수립하고 개선한다.

직접비 구성비율의 계산 방식은, 제조직접비/제조원가×100으로, 비율은 낮을수록 양호한 조건이다.

2.9.2 간접비의 절감

제품 전체의 또는 다수의 부품에 대하여 공통적으로 발생되는 비용으로, 특정 제품과 각 공정에 직접 부과할 수 없는 여러 경비로, 예를 들어, 간접 재료비, 간접 노무비, 간접 경비, 조세, 보험료, 감가상각비, 복리 후생비, 소모품비, 건물관련 비용, 수도 광열비 등이 이에 해당된다. 이 간접비를 절감하는 방안은 낭비를 줄이며, 설비 가동률을 향상하며, 말 그대로 간접경비를 개선하며 줄이는 것이다.

간접비의 구성비율은, 제조간접비/제조원가×100으로, 비율은 낮을수록 양호한 조건이다.

2.9.3 고정비와 변동비의 절감

제조원가의 발생 행태가 조업도(操業度)의 변화와 관계없이 일정한 비용으로 지급되는 것이 고정비라 하고, 변동비는 어떤 원가가 조업도의 변화에 비례하여 변동되는 원가를 말하며, 고정비는 간접비와 비슷하고, 변동비는 직접비와 유사하여, 채산성의 검토에 관리 항목으로 계산으로, 앞의 직접비와 간접비를 개선하는 방식대로 줄이는 방안이 필요하다.

① 고정비 비율 : 고정비는 조업도에 관계없이 일정하게 발생하는 비율로서, 이 비율이 높으면 조업도가 상대적으로 낮은 것을 의미한다. 경기 불황 시에는 매출액 감소에도 불구하고, 고정비 지출은 줄지 않아 이 비율이 전반적으로 높아지는 경향이 있다.

② 변동비 비율 : 변동비는 조업도의 변동에 비례하여 발생하는 비용이므로, 이 비율이 지나치게 낮으면 조업도가 낮거나 설비의 과잉을 의미하고, 반대로 과다하게 높으면 설비의 부족을 의미한다. 따라서, 이 비율은 적정 조업도 및 설비 투자 규모의 판단에 중요한 지표가 된다.

2.10 제품의 구조적인 개선(설계 변경)

2.10.1 제품 설계상의 개선

원재료 및 원료와 규격(치수, 성능, 성분 등)에서, 대체 재료를 검토하는 면에서, 어렵기는 하지만, 각 요소별로 개선을 하다보면 다음과 같은 부분을 검토해 볼 필요가 있다.
① 원자재 표준 소요량의 설정과 낭비 부분의 개선활동,
② 사내 규격의 제정 및 개정의 합리화로 내실을 다짐,
③ 작업표준화, VE활동, 대체 재료, R&D전략 등의 활동으로,
④ 제품 구조의 개선과 설계 변경을 하여, 기능·성능 향상과, 경제성을 도모한다.

2.10.2 제조 공법 개선으로 싸게 만들기

공법 개선은 제조 방법을 바꾸는 것으로, 예를 들어, 절삭가공을 소성가공으로 바꾼다든가, 재질 개선으로 작업성 향상은, 제조시간의 절감, 원가의 절감, 리드타임 단축, 제품 강도 향상, 양산작업을 위한 용이한 개선, 품질수준을 높이는 개신, 등 생산기술적인 면에서 고도의 기법이 많이 필요로 하는 부분이다.

제3절 생산과 품질경영에 기여하는 자세와 실천 도구

제조활동에서, 오래되고 검증된 지혜로 생존 부등식으로, **제품의 가치 > 제품의 가격 > 제품의 원가**로 나타내어, 제품의 가치가 가격이나 원가보다 더 중요하다는 의미를 말한다. 이에

제조를 하는 마음가짐과, 그 조직에서 사용하고 있는 관리 도구들의 특성을 분석한다.

한편, 생산에서 부르짖고 있는 Q(품질), C(원가), D(납기)에서, 그 세부적으로 갖추어져 있는지의 내용을 분석하면,

① **Q(품질)** : 원하는 기능을 가진 것인가, 신뢰성이 확보되어 있는가, 내구성이 확보되어 있는가, 안전성이 확보되어 있는가.

② **C(원가)** : 원가 배분을 파악하고, 조립성, 제조성을 검토하며, 부품점수(개수)를 최소화하며, 부품의 공유화와 표준화가 되며, 기존 부품을 응용하며, 재료의 최적화를 한다.

③ **D(납기)** : 조달이 쉬워야 하며, 생산 능력이 짧은 납기가 되어야 하며, 고객 요구에 대응할 수 있는 관리체계를 갖추는 여건 등이다.

3.1 제품을 만드는 장인정신

제조를 하는 사상(思想)에서 품질에 기여하는 제품 만들기의 근본은 품질우선이라는 생각과, 가치관으로 품질은 공정에서 만들어지고, JIT화, 사람의 지혜와 개선은 무한하다는 사고를 말하는데,

① **'장인의 기술을 기계에게 기억시킨다'**는 의미는 오랜 경험과 노하우를 기계와 대화를 나눌 수 있는 경지에 달한다는 뜻으로, 장인의 자세로 제품을 만든다는 것이다.

② **'제품을 만드는 기본적인 자세와 제조 철학의 사상(思想)'**으로 4가지로,

  ㉠ 3현(現)주의로, 현장에서, 현물을 보고, 바로 처리하라는 의미의, 감성의 IE 개념,

  ㉡ 3즉(卽)주의로, 즉시 실천하며, 즉석에서, 즉응하라는 의미는, **행동의 IE 개념**이며,

  ㉢ 3철(徹)주의로, 철두, 철미, 철저한 집념을 가져라는 의미는 **집념의 IE 개념**이며,

  ㉣ 숙련된 기술로, 많은 경험을 통해, 우수한 제품을 만든다는 의미는 **기업 선진화**를 위 한 목표와 슬로건의 의미이다.

③ 일본의 예를 들어보면, 일본사회 전체가 **'모노쯔꾸리(物作り)'**라는 사상(思想)과 철학적인 3가지의 의미는, **오랜 경험의 숙련된 기술과, 축적된 노하우를 가지고, 최고 수준의 제품을 생산한다**는 사고이다. 이러한 철학은 생산과정에서 철저한 장인정신과 완벽한 품질 등으로 최상의 제품을 고객에게 공급한다는 의미로, 사회 전체가 하나의 슬로건 아래 움직이고 있다는 것을 엿볼 수 있다.

3.2 생산관리의 사고(思考)와 보증체계 구축

생산관리의 사고는 양품 조건 확보를 지원하여 보증이 되도록 해주는 사고로, 현장의 자율화, 눈으로 보는 관리, 품질에 강한 사람들을 만들기에서, 제조사상(製造思想)의 확립에서는,

1) 품질기여 능력

제조를 하는 기본적인 사상(思想), 생산관리의 사고, 생산시스템의 구조, 관리 수법과 Tool들을 합쳐서, 품질 수준을 유지 개선하는 것이 품질에 기여하는 능력으로, 제조 현장의 총체적인 합력이라 볼 수 있다.

2) 생산수법 · 도구의 활용

기업별 제조 부문의 각각의 특성으로, 보유하고 있는 현장 관리용 도구를 잘 활용하여 실질적인 도움이 되는 수법과 도구로, 작업요령서, 양품조건관리표, 바보방지장치(Fool Proof), 품질파렛트보드, 또한, 생산현장의 능력강화를 위한 대응 등이 있다.

3) 생산시스템의 구조

생산관리 방식에서 작업착수, 중간관리, 완료 보고 및 고객 인도에 이르기까지 각 관리 요소들이 유기적으로 연결이 되고, 목표 달성을 위한 활동의 체계이다.

4) 생산매니지먼트의 사고방식

현장관리의 일선 관리자가 책임/권한을 가지고, 회사의 목표 달성을 위한 활동을 주어진 기간 내에 성과를 달성하면서, 조직관리 등의 업무를 병행해야 하는 관리자의 기본적인 사고와 행동이다.

5) 제조의 사상과 원칙

이러한 원칙을 확립하여, 품질 우선이라는 원칙과, 이에 기여하는 능력을 강화하기 위한 상세한 내용들의 수법과 도구들을 활용하는 기본적인 원칙들을 말하며, 따라서, 품질은 공정에서 만들어지고, JIT화의 구축과, 사람의 지혜와 개선은 무한하다는 사고이다.

3.3 생산시스템의 구조와 실천

생산시스템의 구조에서는 양품 조건을 촉진하고, 강화하는 구조 및 방법으로, 한 개 흐름화, 소로트(Lot)생산, 양산라인에서 불량이 나타나면 라인이 정지되는 조건으로, 개선이 진행되는 구조의 생산체계를 분류하면, 생산형태의 구분과 수주방식에 따른 구분을 대별하면 다음과 같이 표현이 된다.

3.3.1 생산방식

개별생산, 로트생산, 연속생산으로 대별할 수 있다. 개별생산은 말 그대로 하나씩 만드는 방식이며, 로트(Lot)생산은 경단이라고 말하는 일정량을 정리하여 만드는 것이며, 연속생산은 같은 것을 연속하여 만드는 방식으로 대표적인 제품이 자동차 부품 생산이다. 3가지의 구분이 그림 4-3과 같이 나타내며, 연속생산 ⇨ 로트생산 ⇨ 개별생산 순으로, 다양화에 대응하기 쉽게 된다. 그러나, 코스트다운의 관점에서는, 역으로 같은 제품을 흐름에 따라 연속으로 만드는 것이 유리하게 된다.

3.3.2 수주방식

수주생산, 부품주문생산, 주문생산의 조건으로는, 그림 4-3과 같이 배열이 되는데, 생산 방법을 수주 형태에서 분류하면, 수주생산, 부품주문생산, 주문생산으로 구분되어, 수주생산은 고객에서 수주가 발생하여 생산이 개시 되는 것이고, 주문생산은 어떤 기간의 수요를 예측하여 미리 생산하여, 이것을 재고로 축적하여 두고, 주문에 대하여 출하하는 방식이다.

납기 단축의 요청에 대해서는 수주생산 ⇨ 부품주문생산 ⇨ 주문생산의 순으로가 유리하게 된다. 역으로, 재고 절감의 관점에서는 불리하다. 많은 경우 수주생산을 할 때에는 개별생산으로 되고, 주문생산일 때에는 연속생산으로 된다. 그래서 그림 4-3과 같이 매트릭스에서 생산방식과 수주방식의 교차하는 곳에는 개별 수주생산 방식과, 연속 주문생산 방식(또는, 제품 충당 생산방식)의 생산 형태가 위치하게 된다. 개별 수주생산 방식은 **다품종소량생산**에 대응하고, 연속 주문생산 방식은 **소품종다량생산**에 적합한 것이 된다.

그림 4-3 생산 형태의 분류

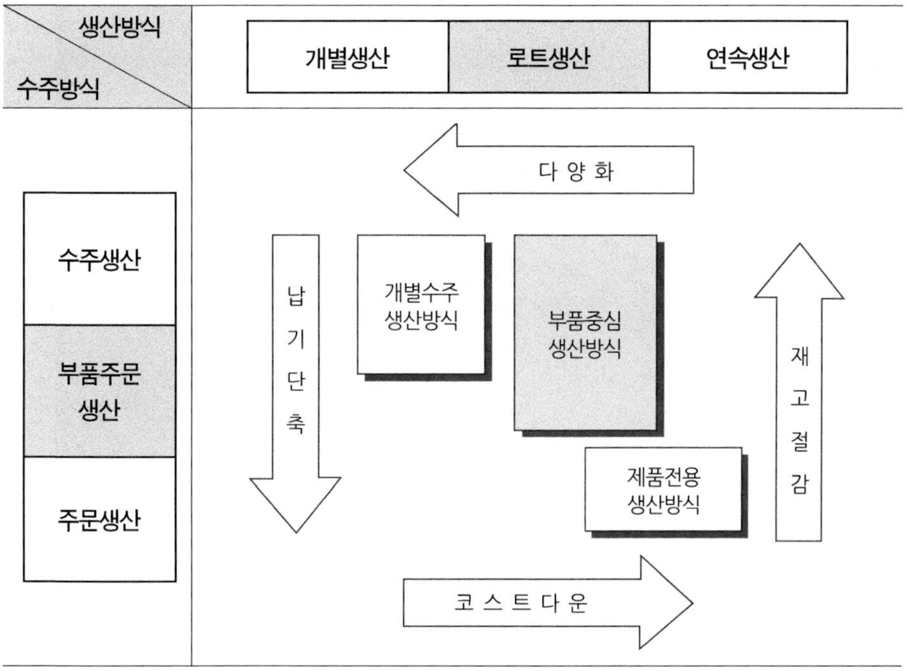

생산방식 / 수주방식	개별생산	로트생산	연속생산

다 양 화

납기단축

개별수주 생산방식

부품중심 생산방식

재고절감

제품전용 생산방식

코스트다운

수주생산

부품주문 생산

주문생산

표 4-4 품질기여의 수법과 도구 활용의 접근 요령

구 분	목 적		수법 · 툴(Tools)
I. 품질 상황의 파악	① 품질데이터의 수집과 분석		관리도, Cp값(공정능력지수) 및 Cpk QC 7가지 도구
	② 아이들타임으로 불량 발생 감지		라인을 정지하는 장치, 안돈(정위치 정지)
II. 양품조건의 확보	① 양품 조건의 해명		5번의 "왜", PM분석, 실험계획법 다변량 해석법
	② 양품조건의 설정과 유지	사람	① 表(標)준작업 조합표 ② 작업요령서 ③ 키포인트 레슨
		재료	① 스토어(Store) 표시 ② 파킹시스템 ③ Best Point화
		설비	① 양품 조건관리표 ② 설비점검표
	③ 양품조건의 이상 · 관리		① 품질파렛트 포인트(Feed Back System) ② 2시간 Feed Back
III. 조건관리의 불필요	① 바보방지시스템(Fool Proof)		① 각종 바보방지(8가지 방식)
	② 설정 변경		② 바보방지 · 체크시스템

3.4 현장관리 수법과 관리도구들

    수법과 도구들로는, 양품 조건 확보를 위한 기술 · 지식 · 노하우 등으로, 작업요령서, 양품 조건 관리표, 바보방지장치(Fool Proof), 품질 파렛트보드, 또한 생산현장의 능력강화를 위한 대응으로 다음 표와 같은 예를 들 수 있다.

표 4-5 현장 능력강화를 위한 제조 현장의 대응

	품질 기여 능력	⇔	생산 현장의 대응
1	양품 조건을 위한 기술, 지식 ➔ 수법과 Tools		- 작업표준화의 철저(작업요령서 등) - 요인분석, 원인 규명의 노우하우(PM분석 등) - 개선의 성과를 제조기술에 체계화
2	양품 조건 확보를 촉진, 강화 ➔ 생산시스템		- 불량 발생 시 라인을 정지하는 구조로 만들며 - 제조리드타임 단축에 의한 신속한 피이드백 - 눈으로 보는 관리로 품질 상황을 파악한다.
3	양품 조건 확보를 지원한다. ➔ 생산관리		- 평준화에 의한 생산조건 안정화 - 품질개선 액스파트(전문가 등)의 양성 - 신제품 개발의 쉬움을 반영
4	제품을 만드는 사상(思想), 제품을 보는 시각, 가치관, 비전 ➔ 제조사상		- 품질은 공정에서 만들어진다. - 팀제로 자율화와 창의성 발휘를 꾀하도록 유도 - 현장의 지혜를 『제조기술』로 나타낸다.

'품질에 기여하는 능력은 제조 현장의 총 합력(合力)을 나타낸다.'

PART

03

경영 기술력의 능력 배양

Realize to Quality Management
&
Futurama for the Organization

CHAPTER 05

경영품질체계 구축을 위한 경영철학과 실현

제1절 사고의 혁신과 업무 효율 제고

1.1 분위기 쇄신과 사고의 전환

1.1.1 근무자세와 분위기 조성

기업의 근무 분위기와 작업장의 환경 등을 쇄신하기 위해서 가장 기본이 되고, 잘 알고 있는 몇 가지를 소개하면 다음과 같다.

1) 3현주의

① 현장에 서서, ② 현물을 보고, ③ 현실을 개선하는 과정을 통한, 감성의 IE개념으로, 업무에 임하는 자세와,

2) 3즉주의

① 즉시 실천하며, ② 즉석에서, ③ 즉응하라는 행동의 IE개념의 사상으로, 일에 임한다는 의미이며,

3) 3철주의

① 철두, ② 철미, ③ 철저한 집념을 가지고 일에 임한다는 의미의, 집념의 IE개념으로,

이러한 3현주의, 3즉주의, 3철주의의 자세로 일을 한다면, 그 조직의 구성원은 어떤 것이든 다 잘할 수 있는 기업이라 볼 수 있다.

① 항상 전체를 보는 눈으로는, 회사의 목표, 자신의 역할과 일의 진행상태 등을 보며,

② 바른 방향을 찾는 능력으로는, 목적을 명확히 하여 조직의 목표와 일치되게 한다.

③ 지금 할 일을 지금 할 수 있는 지혜를 스스로 끌어 낼 수 있도록 훈련을 하며,

④ 현장관리와 현장 경영의 모든 문제를 해결을 대상으로 하여,

보다 빠르고, 보다 정확하고, 보다 체계적이며, 개선실천과 문제해결 활동이 가능하도록 진행해 나가는 것이다.

4) 선진화 및 선진기업

① 숙련되고 노련한 기술로,

② 많은 경험과 지혜를 통하여,

③ 우수한 제품을 만들어,

④ 선진기업으로 가자.

라고 하는 것은 제조활동에서의 기본자세와 철학을 가지고 임해야 한다는 것이, 기본 원칙이다.

1.1.2 개선 마인드의 변화

(1) 일일 단위가 아닌 일생 단위로 개선한다.

도달점을 출발점으로 한 사고(思考)로 하며, 무의식의 낭비를 의식적으로 보이게 한다.

(2) 지식보다 의식을 개선한다.

만드는 제품 전부가 합격품 100%의 의식개혁으로 하며, 가격이 떨어져도 이익이 있는 체질을 만들어 나가자.

(3) 회사의 암묵(暗黙) 룰(Rule)을 개선하기

언제까지 하는가를 머리가 바꾸어질 때까지 하며, 예산을 낮추는 만큼 지혜의 수준을 올리면서, 전부의 지혜를 기른다.

(4) 실패 후의 다음 조치를 개선한다.

중요한 것은 실패한 사실을 그대로 방치하는 이유이며, 기회손실을 잊고 있다는 것이며, 꼭 지켜야 할 것은 변하지 않도록 한다.

1.1.3 미래의 지속적인 성장을 위함

기업이 미래에도 지속적으로 성장하기 위해서는,

(1) 비즈니스 가설에 대한 지속적 업데이트가 필요하다.

오늘 고객과 경쟁자가 내일이나 일년 후에도 고객이고, 경쟁자일거라고 단정할 수 없다.

(2) 물질적 자산이 경쟁력이라는 생각을 버려야 한다.

단순히 자산에 기대는 것이 아니라 새로운 개념의 창의적 사고와 자산이 결합되어야 하고, 오늘의 투자가 내일의 발목을 잡는 결과를 초래하지 않도록 해야 한다.

(3) 고객이 절실하게 원하는 것에 대해 공감하여 상품 · 서비스를 창출해야 한다.

기업 활동을 통해 창출한 결과가 고객이 인정하는 효용성을 제공하지 못한다면, 시장에서의 성과도 역시 좋을 수 없다. 우리가 무엇을 할 수 있고 무엇을 할 수 없는지가 아니라, 시장과 고객에 초점을 맞추어 전략을 검토해야 한다.

(4) 경쟁에서 승리하는 다름을 만들어야 한다.

경쟁이 치열한 시장에서 자원의 열세를 극복하고 의미 있는 성과를 달성하는 기업들은 공통적으로 남과 유사한 전략이 아닌, 한계 극복을 위한 나만의 방식을 찾고 실행하는 특징을 보이며, 모든 것을 다 잘하고 싶은 유혹에서 벗어나 멋지게 잘할 수 있는 것에 대한 선택과 집중을 통해서, 왜 경쟁사 제품이 아닌 우리 제품을 구매해야 하는지를 명료하게 보여주어야 한다.

(5) 다양한 아이디어의 실험이다.

시장을 선도한 혁신적인 산출물들 중 많은 경우가 작고 사소한 것에서부터 남들과 다른 관점에서 의문을 제기하며, 기존의 생각과 방식에 도전하여 실행한 것에서 나왔다. 혁신을 이끌 아이디어가 없는 것이 아니라, 있는 아이디어를 제대로 실행시키고 발전시키지 못하고 있지 않은가를 살펴보아야 한다.

(6) 유연하고 스피드 있는 실행력을 갖춰야 한다.

예기치 못했던 사태에 의해서 경영 환경이 하루아침에 급격하게 변화될 가능성이 높아지고 있는 상황에서 이에 대응하여 신속하게 움직이지 못한다면 급속히 쇠퇴의 길로 들어설 수 있다. 시장의 변화를 감지하고, 대응 방식이 결정되면 혼신의 힘을 다해 목표했던 결과를 달성하기 위해 신속하게 움직이는 체제와 역량을 구축해 나가야 한다.

따라서, 개선을 하기 위해서 경영혁신의 방법에는 다양한 프로그램들이 있다.

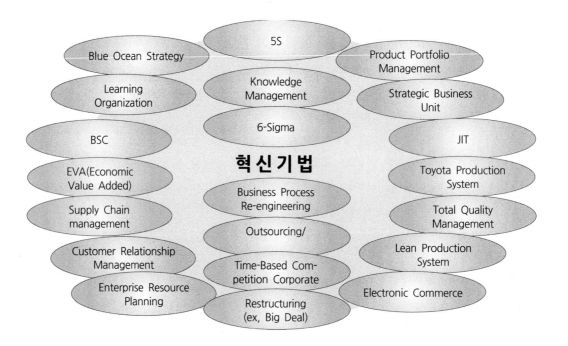

1.2 업무효율을 높이기 위한 활동

1.2.1 현장의 일상관리

생산 현장에서 근무를 한다면 언제나 문제시 되는 관리항목이 **작업생산성, 공정생산성, 설비생산성, 품질, 원가, 납기, 안전사고 예방** 등이다. 현장 경영자, 관리 감독자의 역할은 현장에서 발생하는 제반 문제를 해결하거나, 또는 문제발생을 사전에 예방하여, 생산관리를 원활하게 하는 것은 물론 언젠가 닥쳐올지도 모르는 문제를 예상하고 대비하는 일도 게을리 해서는 안 될 것이다.

이러한 일들로, 현장에서 문제라고 생각되는 것을 나열해 보면, 다음과 같은 것들이 우선 나타날 수 있고, 이들을 하나씩 개선하고, 해결을 해 나간다면 효율이 점점 올라가기 마련이다.

(1) 작업관리

쓸데없는 일 안하기, 이중 일 안 하기, 찾고 묻고 걷는 일 줄이기, 처음부터 잘하기, 작업범위 동작범위 줄이기 등이 개선되어야 하고,

(2) 공정관리

작업연결 잘하기, 재고 없이 영업하기, 공장 내에 재공품 적게 운영하기, 납기 줄이기 등이 현장의 관리 대상이며,

(3) 품질관리

불량을 출하되지 않도록 하기, 불량을 뒷 공정으로 안보내기, 불량을 만들지도 받지 않기, 처음부터 잘하기(초도품의 품질확인 등), 품질비용 줄이기 등과,

(4) 설비관리

고장 없애기, 모델교체 시간 줄이기, 설비능력 100% 가동하기, 순간트러블 없애기, 설비로 인한 불량 없애기, 수율 높이기, 설비 제대로 동작하기, 닦고 조이고 기름치기는 TPM활동하기 등이 제대로 관리해야 하며,

(5) 안전사고 예방

사람실수로 인해서 발생되는 잘못으로, 잊음, 오해, 잘못 봄, 미숙련 고집, 부주의, 판단

지연, 감독소홀, 놀람, 방심 등이 사고로 이어질 수 있다.

(6) 미해결 고질적인 문제

엔지니어들의 숙명적인 과제로, 만성 불량 해결하기, 만성 설비트러블 해결하기 등이 있다.

위 6가지의 문제들을 개선하고, 해결하기 위한 일환으로, 다음의 예를 제시하자면,

① 원인 도출 능력 보강으로, 문제의 명확한 이해로 스케치법, 머릿속의 VTR 촬영법과,

② 정보의 정확한 분석으로, 핵심정보 수집법과 활용 방안과,

③ 원인에 대한 원리 추구법으로, 원인＞과정＞결과 확인법으로, 트러블 방정식을 만들며,

④ 대책 수립으로 원인을 원천적으로 제거하여, 원인 흡수(최대 효과는 최소비용)한다.

1.2.2 이익 없이 분주함을 막자

기업이나 조직에서 제품을 만드는 메이커는 만들고, 출하를 하면 끝나는 것으로 아는 것은 잘못된 생각이다. 그것을 팔고 난 후, 사용하고, 최후에 리사이클이 되기까지 책임을 갖는 것이 메이커이다. 팔기 위해서는, 『상품의 특징을 정확히 전달하기』, 『고객이 원하는 것을 반영하여 잘 만들기』라는 제품을 설계에서 판매, A/S, 폐기에 이르기까지를 고려해야 된다는 것이다. 이런 과정에서 잘못된 관리로 인하여, 생긴 일에 다시 뒷손질이 가는 행동과 모순점을 줄여 나가자는 것이다.

옛날에 삼성에서 회장이 말한 제품의 품질에 대한 한탄의 뜻으로 "5만 명이 만들어 놓고, 그 제품의 A/S를 3만 명이 하고 있는 게 할 일이냐! 제발 제대로 만들자"라는 의미는 부가가치 있는 일을 하자는 것이다. 이와 같이, 지금 우리가 하고 있는 일들이 품질에 대해서는 책임을 끝까지 지야 한다는 것은 처음의 조건과 제조 과정들이 중요하다는 것을 깨우쳐야 한다는 것이다.

1.3 제조 환경변화에 대한 대응

국내외 기업환경의 변화 중에서 경영이 글로벌화가 되어가고, 제품의 복잡화, 비용절감의 압력등 복잡한 관계가 있어 관리상의 중요한 포인트는 ① 품질의 향상(Q), ② 원가의 절감(C), ③ 납기 또는 배송시간의 단축(D)이다. 이런 기업의 목표에서, 다음 4가지의 필요한 전

략으로 다음과 같은 추진이 필요로 한다.

1.3.1 서비스 기능과 산업의 중요성의 증대

제조업이 R&D, 마케팅, 물류 등 전문 서비스기업과의 기능적인 연계를 통하여 동반 성장을 도모하며, 제품, 서비스 제공에 따른 부가가치가 생산, 조립 분야보다, R&D, 유통, A/S 분야가 우위를 차지하므로, 관련된 전문회사끼리 협력하여 고객에서 서비스를 하는 것이다. 따라서, 많은 기업들은 상품 개발과 A/S에 많은 비용을 투자하고 있으며, 제조는 저렴한 노동력을 지닌 기업 또는 지역으로 아웃소싱을 하는 것이 유리하다는 것이다.

1.3.2 각종 비용 증가와 더불어 내수시장의 경쟁이 격화

내수시장 둔화 해외직접투자 가속화, 일부 업종의 수직 계열화 심화, FTA체결 등에 따른 국내외 시장개방, 환율 불안, 대기업의 글로벌소싱 확대, 국내 창업 활성화, 임금상승 및 생산성 향상 둔화, 유가 및 원자재 가격 상승 등이 중소기업의 사업기회를 축소시키는 요소들이다.

그림 5-1 각종 비용 증가에 따른 내수시장의 경쟁 격화 현상

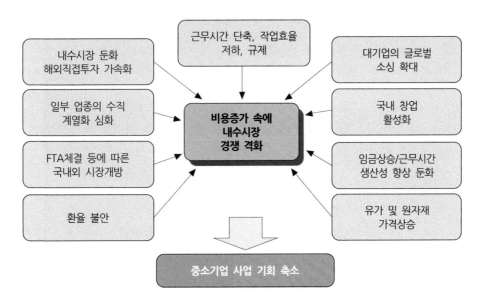

1.3.3 세계 경영환경 변화 속도를 따라가기 위해 제품, 서비스 및 비즈니스 모델의 혁신이 필요

McKinsey사의 자료에 의하면 세계 경영환경 변화속도를 가속화 하는 주요 원인이 ① 제품, 서비스, 비즈니스 모델 혁신이 24%, ② 정보습득 및 지식개발 용이성이 17%, ③ 풍부하고 저렴한 유동자산이 12%, ④ 무역장벽 완화가 11%, ⑤ 우수근로자 접근 확대가 11%, ⑥ 기술변화율이 10%, ⑦ 보다 많은 경쟁자가 8%, ⑧ 소비자 인지도 및 활동 강화가 5%로 나타난다고 한다.

1.3.4 환경변화에 대응하기 위해 선진 기업들은 전문화/모듈화, 대형화, 국제화 · 네트워크를 추진으로,

① 핵심역량의 강화(전문화/모듈화) : 무한경쟁에서 생존을 위해 자사의 핵심 경쟁력을 강화하는 방향으로 전략적으로 선택하여, 경쟁력이 약하거나 비 부가가치 부분은 과감히 포기 또는 아웃소싱으로 처리하며,

② 규모의 확대(대형화) : 전문영역에 유사사업의 다각화를 통한 규모의 확대와,

③ 기업 간 네트워크 형성(국내 및 국제화) : 전문기업 간의 네트워크 형성을 통해 다른 기업과 경쟁하는 체제로 발전하여, 글로벌 아웃소싱의 강화로 이어지도록 한다.

미래를 예측한다는 것은 쉬운 것이 아니니, 현재의 조건들과 필요로 하는 부문과 수준에서 발전을 거듭한다면 다음과 같은 방향으로 이어져 나갈 것으로 보여진다.

다음의 6가지 방향을 제시한 것으로, 제조의 변화에서는 효율 향상과 각 개체간의 융합화로 복합적인 관계를 이루어 나간다고 볼 수 있다는 것이다.

① 주력산업으로서의 '제조업'이 기술 프론티어(기술 경계)를 넘어 선도적 위치에 오르기 위해서는 새로운 경쟁력과 대응 전략이 필요하여,

㉠ 기술 프론티어에 다가 갈수록 성장률 둔화가 불가피하며, 국가산업과 경제 생태계 전 체에서 어렵고 더딘 혁신의 과정이 요구가 되며,

㉡ 이제는 중국의 추월을 기정사실로 받아들이고, 新넛크래커 위기 이후의, 다자간, 전방위 경쟁체제에 대응할 새롭고 차별화된 경쟁력을 구상해야 한다는 것이다.

② 최근 주요 국가들은 '타산업의 플랫폼' 역할과 '금융위기 극복의 핵심 동력'이라는 측면

에서 제조업을 재조명이 필요하여, 미국은 '리메이킹 아메리카와 혁신 제조업', 독일은 '인더스트리 4.0' 중국은 '중국 제조 2025' 등 제조업의 부흥에 정책과 투자를 집중하고 있고,

③ 제4차 제조혁명을 통해, 제조업의 주도 가치는 '노동과 효율'에서 '지식(아이디어)과 기술'로 이동 중이다.

④ 미래 제조환경 변화의 3대 핵심이슈는 Break-through(돌파형) 기술, 제조의 플랫폼화, Entity Dynamics(개체 간의 융합과 대체 혁신이 자유롭게 일어나는 현상)으로서, 이들은 향후 제조업 전체의 패러다임 변화를 가져올 것이며, Break-through 기술인 사물인터넷과 3D 프린팅 기술은 다양한 기술들의 집합체로서, ▶요소 기술의 혁신, ▶구현 비용의 축소, ▶IT 인프라 확대, ▶활용 아이디어 증가와 맞물려 제조업 혁신적 변화의 방아쇠가 될 것이다.

⑤ 스마트공장과 Fab-Lab으로 대표되는 제조의 플랫폼화는, 기업 내 생산성 향상뿐만 아니라, 공용 플랫폼으로 활용되어 제조업 생태계를 변화시키는 부문에 있어서는,

ㄱ 스마트공장의 경우, 최소의 비용과 인력으로 다양한 제품을 효율적으로 생산할 수 있으며, 공급, 수요 업체와의 생태계 효율 추구 및 표준화에 용이하고,

ㄴ Fab-Lab 등 공용 제조 플랫폼은 아이디어와 기술만 있으면 제품 제작과 창업을 할 수 있는 '아이디어 → 사업화' 혁신 생태계 환경의 핵심이며,

ㄷ 이들은 Mass Customization(주문제작), Long-tail(틈새시장)의 확대와 더불어, 생산, 물류 등 원가 중심의 부가가치가 축소되는 등의 변화를 가져올 것이다.

⑥ 산업, 기술, 시장 그리고 가치사슬 상에서 기존의 구분이나 경계가 파괴되고, 기술과 아이디어를 중심으로 융합과 혁신의 다양성이 확대되는 Entity Dynamics가 심화될 것으로 여러 기업들의 주도산업이 바뀌거나, 부가가치의 이동 및 수익모델이 변화할 수 있으며, 파괴적 기술 혁신과 혁신 아이디어 등으로 기존 제품과 기술, 산업의 대체가 빈번하게 일어날 것이라 보여진다(포스코경영연구원 '한국 제조업 First Mover전략' 참조).

1.4 인간심리를 이용한 생산성의 고취

1.4.1 주인의식 고취

조직이나 일의 등에 대하여 주체로서, 일에 책임감을 가지고 임해야 한다는 의식과, 근무 의욕이 일어나도록 독려를 하는 것은, 먼저 그 사람 자체에서 나오는 인성에 달려 있고, 조직의 대표나 관리자의 리더십에 의해 구성원들이 열정이 돋아나도록 동기부여를 하여, 주인 정신, 미래 비전을 바라보고 열과 성을 다 하는 마음이 생기게 하는 것이다.

여기에서, 업무적 자질, 대인 능력, 개인적 능력 자질과 태도 등을 고려하여 자발적 행동이 앞설 수 있게 해 주는 것이 무엇보다 우선이다.

1.4.2 자기를 알아주는 풍조

칭찬과 찬사를 자주하여, 자기의 가치와 역할이 회사나 조직에서 중요한 사람으로 알아주며, 그 사람에 대한 일의 분담, 권한의 범위를 명확히 하여, 인재라는 것을 인식시키며, 유효하게 활용되고 있다는 것을 인식시키고 믿어 주면 더욱 분발할 것이며, 상사의 격려와 인정을 받는 입장이라고 하면, 열정을 가지고 일을 할 것이다.

1.4.3 작은 수입(이득, 소득)에 약한 심리를 이용

인센티브에 의한 금전과 선물 제공 등으로, 마음을 사로잡는 방법으로, 기업에서 적용하고 있는 제안제도에 의한 포상, 생일선물 제공, 회사 중요 행사/기념일 등, 이러한 때에 작은 선물을 하여 조직 활동의 적극성을 유도하고, 능력을 발휘할 수 있도록 분위기를 마련해 주어, 일의 효율과 성과를 높이는 상식적인 방법이다.

1.4.4 미래의 비전을 보임

복지후생에 대한 기대, 기업 자사주에 대한 혜택, 자사의 기업문화 관련 혜택으로 자부심을 갖게 하며, 장기 근속에 대한 처우, 업무 분사에 의한 사내 외주화 등으로, 훗날 본인이 현재 맡고 있는 일을 회사로부터 독립할 수 있을 거라는 기대감이 생길 수 있게 하는 것이다.

또한, 비전의 역할은 기업의 분산된 역량을 결집해야 하는 이유와 이정표(Milestone)로, ① 회사의 존재 이유를 반영하고, ② 회사가 달성하려는 바를 구체적으로 표현하고, ③ 회사가 목표로 하는 바를 달성하기 위해 바꿔야 할 내용을 설명, ④ 변화에 대한 열의를 보여주는 것이며, ⑤ 의사결정은 개방적이고 분명해야 함과, ⑥ 개개인이 실제 행동을 취하도록 유도하여 기대감을 갖도록 하는 것이다.

1.4.5 감투 씌우기

직장생활을 하는 사람들의 심리는 회사에서 직급, 직책의 등급에 중요시 하는 우리나라의 풍조로, 월급을 받는 액수보다 겉으로 보이는 대외적으로 과시하는 면을 개인의 내면에는 누구나 갖고 있는 듯하다.

나는 회사에서 '과장이다', '팀장이다', '부장이다', '임원이 되었다'하는 면에서, 이를 잘 이용하여, 감투를 주면 그네들에게 책임을 갖고 업무의 분발, 역할과 능력을 발휘할 수 있는 조직을 만들 수도 있다는 것이다. 한편 큰 조직에서는 이런 명예적인 감투를 남발하면 책임자의 가치, 권한, 규율 등을 어지럽힐 수도 있는 단점도 있으나, 인간이란 자기의 체면을 중시하는 면을 조직관리 상에서 필요로 한다면 적용할 가치도 있다.

1.4.6 근무환경 개선

근무 환경에서, 쾌적한 작업환경의 개선과, 3D 작업조건의 개선과 해소, 품질문제에 실수방지장치의 설치, 설비와 작업 상에서 안전사고 예방을 위한 조치와 개선, 현장의 휴식 공간 개선, 노사화합적인 면의 개선 등을 해결해 준다면 생산성은 더욱 향상될 것이다. 이에 따라, 업무 효율이 올라 갈 수 있는 요소들을 대상으로, 적절한 개선과 투자가 따라야 한다.

1.4.7 기타, 혁신활동의 분위기 조성

제조 현장에서 혁신활동들이 많이 있지만 무엇보다도 중요한 것은 기초질서 확립과 기본 지키기라 볼 수 있다. 모든 일은 진행 과정이 중요하고, 그 과정들이 잘 되면 결과도 잘 나올 수밖에 없다. 짧은 기간 내 실행하여 조직의 관리수준을 한 단계 올리는 다음 5가지의 기본 조건들이 다음과 같다.

혁신활동의 제목과 슬로건이 딱딱하지만 '현장 혁신활동 100일 작전', '○○○○운동으로

○○목표를 달성하자' 등으로, 적절한 위치에 현수막을 걸어, 조직의 근무분위기에 알맞고, 세부적으로 실천이 가능한 내용으로, 전체가 공감이 가며, 내용 자체가 다짐을 같이 하자는 뜻이 들어간다면 더욱 효과적이라 보여진다. 이런 슬로건의 표현이 옛날 방식이긴 하지만, 그 조직과 현장에 맞는 익살스런 문구로 만든다면 재미도 있어 진행도 잘 될 것이다.

이러한 혁신운동을 실행하려면 가능성이 확실하고, 구체적인 계획이 먼저 나와야 한다.

① 100일 이내에 마칠 수 있는가?

② 우리의 노력으로 달성 가능한가?

③ 현실성이 있고, 비용 감당이 가능한가?

④ 성공에 대한 의미와 명분이 확실한가?

⑤ 실행하는 과정과 결과가 누구나 볼 수 있도록 가시성 확보가 가능한가?

이것에 기본이 되는 것들을 몇 가지 만들어 놓고 시작을 해야 할 것이다.

① 4P 3정 5행(S)운동 : 작업 현장의 기초질서가 정립되면 관리가 잘 되어 일의 효율향상, 감독이 편해지며, 안전사고가 없어진다.

　　4P – 원자재의 위치, 재공품의 위치, 불량품의 위치, 작업자 위치를 정한다.

　　3정 – 정해진 양을, 정해진 용기에 담아, 정해진 위치에 두고, 관리를 한다.

　　5행(S) – 정리, 정돈, 청소, 청결, 습관화 → 자기구역 설정, 책임제화 한다.

② 5가지 과제 개선 : Q(품질), C(원가), D(단납기), F(다품종), S(속도), T(시간)을 개선하자는 뜻으로 Q, C, D, F, S, T의 사상(思想)으로 생산한다는 의미로, 각 요소를 합리화하자.

③ 현장의 문제점 집중 개선 : 개선 대상, 현장 관리상의 문제가 되는 것들(인력관리, 외주업무, 안전사고 등) 품질문제인, 불량이 자주 일어나는 것을 찾아내어 해결을 한다.

④ 개선/제안활동과 포상제도 등의 활성화 : 인센티브를 적용하여 물질적인 보상이 가는 제도로 전사원 1인당 100일 동안 10건 이상을 제출한다든가, 소단위의 품질개선활동으로 "품질수준 목표 100PPM, 싱글PPM", "원가절감 ○○%", "개선활동 ○○건" 등으로 개인별, 조직별로 지속적으로 실행한다면, 제안제도의 포상 비용보다 개선 결과의 효과는 몇 배의 성과가 나올 수 있다는 것을 경영자는 알아야 한다.

1.5 손자병법을 응용한 현대적 시각

손자병법은 기원전 6세기 춘추전국시대에 만들어진 병법(兵法)으로, 군의 전략과 전술을 현대사회에 응용하여 생산 현장에서 관리용으로 적용하고자 하는 측면으로 다음 몇 가지 살펴보면 응용을 하자면, 승리(성공)를 알 수 있는 5가지 조건으로,

① 싸워야 하는지 싸우지 않아야 하는 지를 판단함[현실과 비교한 예로, 투자의 여부],

② 군대의 규모에 따른 용병법[기업 내부 인력관리, 교육·훈련, 배치],

③ 상하의 일치단결[관리와 생산의 목표의식 공감, 노사화합 등],

④ 주도 면밀한 준비[설계 기술력, 생산기술 능력, 협력회사 양성, 인프라 활용 등],

⑤ 유능한 장수[CEO의 의지, 리더의 자질] 등을 갖추면 성공할 수 있다는 것이다.

1.5.1 손자병법의 10대 원리

① **先知原理(선지원리)** : 반드시 천지(天地), 적 상황, 아군 상황 등 각종 정황을 파악한 후에 계획을 결정하고 행동으로 옮긴다. 知彼知己(지피지기) → 상황을 잘 판단하고, 자신의 입장을 잘 알라는 의미이다.

② **計劃原理(계획원리)** : 모든 작전계획은 주도면밀해야 하고, 승산을 따진다. → 사업의 추진은 면밀한 계획과 수익성을 계산해 본다.

③ **自然原理(자연원리)** : 노자(老子)의 사상에 기인하였다고 하는 손자의 병법원리. → 사업의 추진은 순리적이고, 원칙적인 면을 입각하여 추진을 한다.

④ **求己原理(구기원리)** : 먼저 자신을 충실히 한 후에 패배의 땅에선 적과 대적한다. → 사업의 전문 내용의 파악과 실력을 갖추며, 구성원들의 전문성 확보가 중요하다.

⑤ **全存原理(전존원리)** : 최상의 것은 피흘림 없이 적을 굴복시키는 것으로 부전승(不戰勝)과 전(全)의 사상을 의미함. → 불량품이 없는 품질이 나오도록 라인을 구성한다.

⑥ **主動原理(주동원리)** : 전쟁에서는 주도권(主導權)을 장악한다. → 설계기술력과 생산기술력을 갖추고, 브랜드가 있는 제품을 만든다.

⑦ **利動原理(이동원리)** : 병력을 기동 시킬 때에는 반드시 '체(이익)'를 좇아서 움직이게 한다. → 인력 투입에 대한 효율, 작업부하 등을 계산하여 합리적인 운영을 한다.

⑧ **迅速原理(신속원리)** : 속전속결, 단기전을 지향하는 손자의 전략으로, 철저한 장기전을

경고한다. → 빠른 생산(JIT생산 등 단납기, 리더타임 줄임 등)

⑨ 秘密原理(비밀원리) : 작전계획, 작전 행동 등 군사행동은 철저히 지밀을 유지한다. → 기업비밀, 영업비밀, 노하우 등의 정보 유출을 관리한다.

⑩ 變化原理(변화원리) : 다양한 변화를 구사하며, 임기응변적인 용병술로 승리를 추구한다. → 기업의 상황변화에 따라 대응할 수 있는 관리체제를 갖춘다.

또한, 손자병법 해석에서 13편으로 요점을 정리하면 다음과 같다.

① 1편 : 計(계) – 정확성 : 확실하게 준비한다.
- 전쟁은 국가의 최대 중대사로, 생사가 달려 있고 존망이 결정되니 깊이 고찰하지 않을 수 없다.
- **道天地將法(도천지장법)의 5가지를 잘 분석해야 한다.**
- 병법은 상대방을 속이는 道이다.

② 2편 : 作戰(작전) – 속도 : 속전속결로 처리한다.
- 용병은 다소 미흡해도 속전속결해야 하고, 교묘하게 오래 끌면 안 된다.
- 적의 식량 1종은 나의 식량 20종에 해당한다.

③ 3편 : 謀攻(모공) – 상황에 따라 최상의 용병을 잘한다.
- 최상의 전략은 적의 의도를 꺾는 것이고, 차선은 적의 외교관계를 끊는 것이며, 다음 차선은 적의 군대를 공격하는 것이고, 최하위는 적의 성을 공격하는 것이다.
- 적을 알고 나를 알면 백 번 싸워도 위태롭지 않다.

④ 4편 : 形(형) – 적을 압도하는 승리를 구한다.
- 먼저 적이 나를 이길 수 없게 만들어 놓고, 적이 잘못하기를 기다려서 승리를 얻고, 적이 나를 이길 수 없음은 나에게 달려 있고, 내가 이기는 것은 적에게 달려 있다.
- 승리하는 군대는 우선 승리의 조건을 다 갖춘 후 전쟁을 시작하고, 패배하는 군대는 일단 전쟁을 시작한 후에 승리를 구한다.

⑤ 5편 : 勢(세) – 다양한 전략적 옵션을 사용한다.
- 소리의 기본요소는 불과 다섯 가지, 색도 다섯 가지, 맛도 다섯 가지(이지만 변화무쌍)이다.
- 전쟁의 기세는 "奇正(기정 : 수단과 원칙적인 방법)" 두 가지 요소에 불과하나, 기정의 변화는 다함이 없다. 기와 정은 서로 상생하여 마치 둥근 고리가 끝이 없는 것 같다.

표 5-1 손자병법의 구성

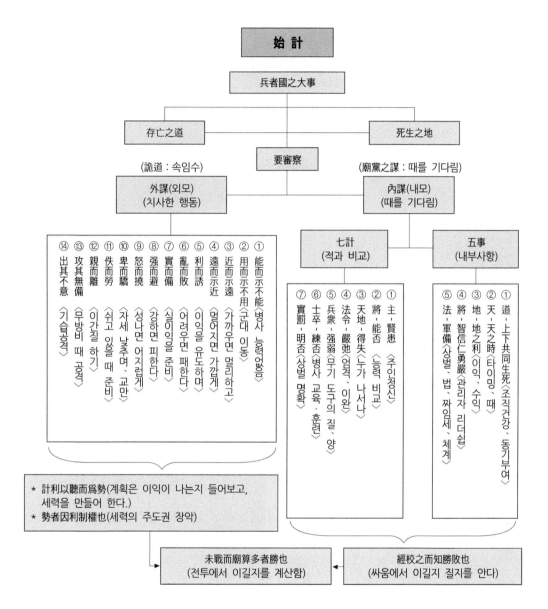

⑥ 6편 : 虛實(허실) – 시너지를 창출해야 한다.

　- 적의 모양은 드러나게 하고 나의 모양은 드러나지 않게 만드니, 나는 온전하되 적은
　　분산한다.

- 강점을 피하고 약점을 공격한다. 용병에 고정된 세가 있지 않으며, 물은 고정된 형상을 갖지 않는다.

⑦ 7편 : 軍爭(군쟁) – 기동의 속도를 발휘한다.

- 우회하는 것으로 결국 직행하는 결과를 만들고, 어려운 상황을 바꾸어 이로운 결과를 만든다.
- 전군을 한꺼번에 기동시켜 이기려 하면 (기동 속도가 느려져 제시간에) 이르지 못한다.

⑧ 8편 : 九變(구변) – 군사 판단의 정확성을 기한다.

- 통과하지 말아야 할 길이 있고, 공격하지 말아야 할 군대가 있으며, 공격하지 말아야 할 성이 있고, 다투지 말아야 할 땅이 있으며, 따르지 않아야 할 군주의 명령도 있다.
- 장수의 5가지 위험한 일은, 반드시 살고자 하면 사로잡히게 되고, 분을 이기지 못하여 급하게 행동하면 수모를 당하고, 지나치게 성품이 깨끗하면(적을 속일 줄을 모르면) 치욕을 당하고, 병사들에 대한 사랑이 지나치면 번민이 많아진다.
- 어려운 상황에서 이로움을 생각하면 업무를 무사히 잘 마칠 수 있고, 이로운 상황에서 해로운 요소를 함께 고려하면(이에 대한 대비책을 마련함으로써) 어려운 것이 풀릴 수 있다.
- 적이 오지 않을 것이라고 믿지 말고, 적이 올 때 대처할 방책을 갖고, 적이 공격하지 않을 것이라 믿지 않고, 적이 공격할 수 없게끔 해놓는다.

⑨ 9편 : 行軍(행군) – 적의 상황에 따른 행군 전략을 잘 한다.

- 유리한 곳을 살펴서 높은 곳에 머물고, 하천을 도화한 후에는 반드시 물에서 멀어져야 하고, 오른쪽과 뒤쪽이 높고, 앞에는 사지(死地)가 있게 하고 뒤에는 생지(生地)가 있게 한다(등 뒤에 유리한 지형으로 위치한다).
- 병력이 많다고만 좋은 것이 아니다. 무작정 진격하지 않고, 나의 힘을 온전하게 발휘하게 하며, 적정을 살피고 인심을 얻을 수 있으면 족한 것이다. 생각 없이 적을 쉽게 여기면, 적에게 사로잡히게 된다.

⑩ 10편 : 地形(지형) – 지형을 활용한 완전한 승리를 노린다.

- 확실히 승리할 수 있으면 군주가 싸우지 말라고 해도 싸울 수 있으며, 승리할 수 없으면 군주가 싸우라고 해도 싸우지 않을 수 있다. 나아가되 명예를 구하지 않으며, 물러나되 죄를 피하지 않고 오로지 국민을 보호하고 군주에게 이익 되게 하는 장수

가 국가의 보배이다.

- 적을 알고 나를 알면 승리는 위태롭지 않고, 여기에 하늘과 땅의 변화를 알면 그 승리가 완전하다.

⑪ 11편 : 九地(구지) – 다양한 전략적 옵션의 혼합을 활용한다.

- 그러므로 용병을 잘하는 것은 솔연에 비유할 수 있어, 솔연은 상산에 사는 뱀인데 이 뱀은 머리를 치면 꼬리로 달려들고, 꼬리를 치면 머리로 달려들며, 몸뚱이를 치면 머리와 꼬리로 동시에 달려든다.

- 위험한 땅에 던져진 후에야 건재하고, 죽음의 땅에 빠져본 후에야 살아날 수 있다.

⑫ 12편 : 火攻(화공) – 화공을 일으키는 최적 조건(시너지)을 발휘한다.

- 발화(發火)에는 적절한 시기와 기화(起火)에는 적절한 날이 있다. 시간은 공기가 건조할 때이고, 날짜는 달이 기(箕), 벽(壁), 익(翼), 진(軫)에 있을 때이니 이런 날짜가 바람이 일어날 수 있는 가능성이 높은 날이다.

- 유리하지 않으면 움직이지 말고, 이득이 없으면 군대를 사용하지 말며, 위태롭지 않으면 전쟁을 하지 말라.

⑬ 13편 : 用間(용간) – 명확한 목표와 효율 경영을 꾀한다.

- 다섯 가지(鄕間, 內間, 反間, 死間, 生間)의 간첩을 적절하게 활용해야 한다.

- 무릇 10만 명의 병력을 일으켜 천리에 걸쳐 출정하는 데에는 백성들의 전비 부담과 정부의 재정 조달에 날마다 천금의 돈이 소용된다(효율경영이 목적이다).

- 백금을 아까워하여 적의 정황을 모르는 것은, 백성에 대한 사랑이 없음의 극치이니, 국민의 진정한 장수가 아니며, 군주에 대한 진정한 보좌가 될 수 없으며, 승리의 주인이 될 수 없다.

제2절 기업 활동에서 조직별 리스크(Risk) 관리와 대응책

2.1 조직의 상황 분석

2.1.1 조직의 상황분석

1) 일반 환경분석

경영에 영향을 주는 외부환경 파악으로, 외부 환경별 변화 요소 중 경영에 영향을 주는 주요 요소를 도출하여, 각 요소별 파급효과를 도출한다.

2) 경쟁 환경분석

회사 자신의 경쟁 환경요소 도출에서, 5-forces 모형 또는 3C(고객/자사/경쟁사) & FAW (Force at Work) 등과 같은 산업 환경분석 기법활용과, 각 요소별 환경변화 내용을 도출하고 정리한다.

3) 내부 역량분석

경영에 영향을 주는 내부 환경 요소 파악으로, SWOT분석 등을 통해 기업의 핵심 역량과 내/외부 고객과의 관계를 정립한다.

4) 비전/전략분석

회사의 비전/전략/과제를 중심으로 핵심 성공요소(CSF)를 도출하는 데에는, 환경분석 내용과 기업내부의 강점을 조화시켜 대안을 개발하고 전략을 결정한다.

2.1.2 기업 경영에서 리스크의 의미

리스크관리에 관한 국제인증으로 ISO 31000 리스크관리시스템(리스크 평가기법 : IEC/ISO 31010)이 있는데, 리스크(Risk)란 기업에서는 다음 5가지로 분류를 할 수 있다.

① 조직의 목표 달성에 부정적인 영향을 미칠 가능성(경영상의 저해요소)
② 업무나 작업운영자의 안전, 건강에 나쁜 영향을 미칠 가능성(열악한 작업환경)

③ 조직활동 및 결과로 인하여 재해/오염/사고 및 민원제기의 가능성(위험요소)

④ 재산상 손실발생, 이익창출에 저해와 지장이 발생할 가능성(운영상의 저해요소)

⑤ 사내 사외 고객불만, 협력업체 불만, 클레임을 유발할 가능성(품질결함 등)

표 5-2 조직의 리스크의 발생 가능성과 영향과 등급 구분

발생 가능성 ＼ 영향도	사소한 (1)	낮은 (2)	일상적 (3)	중대한 (4)	치명적 (5)
Rare : 1 발생이 희박한	1	2	3	4	5
Unlikely : 2 발생할 것 같지 않은	2	4	6	8	10
Possible : 3 발생할 수 있는	3	6	9	12	15
Likely : 4 발생할 것 같은	4	8	12	16	20
Almost Certain : 5 발생이 거의 확실한	5	10	15	20	25

등급	의 미	등급	의 미
1등급 (20~25)	- 매우 위험 - 수용할 수 없음	2등급 (15~19)	- 위험 - 바람직하지 못함
3등급 (10~14)	- 통제조건으로 수용 가능 - 위험을 감소 활동 필요	4등급 (6~9)	- 현 상태로 수용 가능 - 때로 모니터링 필요, 추가 조치가 필요하지 않음
5등급 (1~5)	- 현 상태로 수용 가능		

표 5-3 조직의 리스크 평가지수

수준	발생가능성(Probability)	영향의 크기(Impact)	Value
V	발생이 희박한(Rare)	사소한(Insignificant)	1
IV	발생할 것 같지 않은(Unlikely)	낮은(Minor)	2
III	발생할 수 있는(Possible)	일상적(Moderate)	3
II	발생할 것 같은(Likely)	중대한(Major)	4
I	발생이 거의 확실한(Almost Certain)	치명적(Catastrophe)	5

표 5-4 항목별 리스크 관리지표

구분	항 목	내 용				
목표 및 진도 관리	① 과도한 목표(계획)	I	II	III	IV	V
		2개월 이상	2개월 이내	1개월 이내	2주 이내	0
		• 납품일정 지연 평균 일수＝전체 출하 지연일수/출하 장비 수				
		I	II	III	IV	V
		20% 이상	20%	15%	10% 이하	5% 이하
		• 목표 제조원가 절감률＝[1 － (실제조원가/예산제조원가)]×100				
		I	II	III	IV	V
		20% 이상	20% 이하	15% 이하	10% 이하	5% 이하
		• 목표 제조원가 변동률＝(목표제조원가 － 실적제조원가) / 실적제조원가				
		I	II	III	IV	V
		10% 이상	10 이하	5% 이하	2% 이하	0
		• 목표 부가가치시간 미달성 비율＝[1 － (순제조시간 / 총제조시간)]				
	② 목표 생산수율 저하	I	II	III	IV	V
		96% 이하	97%	98%	99%	100%
		• 목표생산수율＝(생산량 /투입량)×100				
	③ 감독 부재/관리자 리더쉽부족	I	II	III	IV	V
		2개월 이상	2개월 이내	1개월 이내	2주 이내	0
		• 납품일정 지연 평균 일수＝전체 출하 지연일수 / 출하 장비 수				
인력	① 작업중 사고	I	II	III	IV	V
		10% 이상	1% 이하	5% 이하	3% 이하	0
		• 미숙련 또는 부주의로 인한 사고 시정조치 미완료율 ＝(미완료건수 / 발생건수)×100				
	② 전문 인력 수급 어려움	I	II	III	IV	V
		30% 이상	30% 이하	20% 이하	15% 이하	10% 이하
		• 1년 이상 경력자 퇴직률＝(1년 이상 경력 퇴직자수/현장직원수)×100				
	③ 생산/노무 인력문제 야기	I	II	III	IV	V
		3회 이상	2회	1회	0	0
		• 노사분쟁 발생빈도				
	④ 외국인 노동자 의사소통	I	II	III	IV	V
		10% 이상	10% 이하	5% 이하	3% 이하	0
		• 외국인 노동자 비율				

구분	항목	내 용				
설비	① 장비 보전 및 보수	I	II	III	IV	V
		20% 이상	20% 이하	15% 이하	10% 이하	5% 이하
		• 설비 미가동율＝(미가동시간 / 부하시간)×100				
		I	II	III	IV	V
		21% 이상	20% 이하	15% 이하	10% 이하	5% 이하
		• 설비보전일수＝(비가동 공수 / 총CAPA)×100				
	② 고장	I	II	III	IV	V
		7회 이상	5회~6회	3회~4회	1회~2회	0
		• 고장빈도(년)				
	③ 생산 시설/장비 노후 및 정비불량	I	II	III	IV	V
		20% 이상	20% 이하	15% 이하	10% 이하	5% 이하
		• 설비 미가동률＝(미가동시간 / 부하시간)×100				
협력사	① 원활 하지 못한 원자재 공급	I	II	III	IV	V
		16% 이상	11%~15%	6%~10%	2%~5%	1% 이하
		• 납기 미준수 협력사 비율 ＝(전년도 미준수 기업수 / 전년도 전체 협력사수)×100				
	② 협력사의 불성실	I	II	III	IV	V
		8% 이상	6%~7%	4%~5%	2%~3%	1% 이하
		• 공급자 불성실도 ＝(계약위반, 부적합 시정 명령을 받은 공급자 수 / 전체 공급자수)×100				
	③ 노사분쟁	I	II	III	IV	V
		11% 이상	5%~10%	3%~4%	1%~2%	0
		• 협력사 노사분쟁 발생률＝(노사분쟁 발생 협력사 수 / 전체 협력사수)×100				
	④ 부도	I	II	III	IV	V
		5% 이상	4%	3%	1%~2%	0
		• 협력사 부도율＝(부도 발생 협력사 수 / 전체 협력사 수)×100				
품질	① 원자재 품질 불량	I	II	III	IV	V
		4% 이상	3%	2%	1%	0
		• 수입검사 불합격률＝(검사불합격률 / 검사건수)×100				
	② 부적절 한 품질 관리	I	II	III	IV	V
		4% 이상	3%	2%	1%	0
		• 납품검사 불합격률＝(불량수 / 납품검사수)×100				
		I	II	III	IV	V
		8회 이상	6회~7회	3회~5회	1회~2회	0
		• 평균 공정검사 불량 빈도＝검사 불합격 횟수 / 공정수				

구분	항목	내 용				
품질	③ 품질관리 전문성 부족	I	II	III	IV	V
		80% 이하	80% 이상	85% 이상	90% 이상	95% 이상
		• 3년 이상 경력자 보유율=(3년 이상 경력자 수 / 품질관리 인력수)×100				
		I	II	III	IV	V
		4% 이하	3%	2%	1%	0
		• 납품검사 불합격률=(불량수 / 납품검사수)×100				
	④ 관리 감독자 부재	I	II	III	IV	V
		8회 이상	6회~7회	3회~5회	1회~2회	0
		• 평균 공정검사 불량 빈도=검사 불합격 횟수 / 공정수				
		I	II	III	IV	V
		4% 이하	3%	2%	1%	0
		• 납품검사 불합격률=(불량수 / 납품검사수)×100				
	⑤ 검사 장비 신뢰성 부족	I	II	III	IV	V
		4회 이상	3회	2회	1회	0
		• 검교정 미실시 계측장비 사용 발생 빈도				
공정 리스크	① 비효율적인 생산 공정	I	II	III	IV	V
		2시간 이상	2시간	1시간	30분	10분
		• 준비시간				
		I	II	III	IV	V
		8회 이상	6회~7회	3회~5회	1회~2회	0
		• 공정별 평균 불량 발생 빈도수=불량 발생수 / 전체 공정수				
	② 작업 조건관리 미흡	I	II	III	IV	V
		20% 이상	11%~20%	4%~10%	3%	1%~2%
		• 초도품 불량률				
	③ 작업자 숙련도 부족	I	II	III	IV	V
		8회 이상	6회~7회	3회~5회	1회~2회	0
		• 공정검사 불량발생 빈도				
	④ 공정 점핑(누락)	I	II	III	IV	V
		5회 이상	3회~4회	2회	1회	0
		• 공정 누락 발생 빈도				
	⑤ 타부서와 부적절한 협업	I	II	III	IV	V
		4회 이상	3회	2회	1회	0
		• 작업지시 빈도				

2.2 상황분석과 리스크 기반 사고(思考)

2.2.1 리스크 등급 구분

리스크의 평가 기준에서, 리스크＝발생가능성×발생 결과/심각도로 계산하는데,

1) 발생 가능성(Likelihood)

사건(Event)의 발생 확률에서, ① 과거의 발생 빈도를 고려하고, ② 현행 관리방식과 대응 수준을 고려하며, ③ 동종 산업 분야의 통계를 활용한다.

2) 영향의 크기는 발생 결과(Consequence)/심각도(Severity)

① 영향이 미칠 우려가 있는 대상(부문, 기능 등)을 고려하고, ② 조직 및 브랜드 신뢰도, 이미지 등에 미치는 영향을 고려하여, ③ 법적 요구사항도 고려한다.

리스크에서 발생 가능성은 3단계로, 낮음, 보통, 높음으로 구분하고, 발생 결과에서는, 약간 심각, 심각, 매우 심각의 수준으로 분류한다. 다음 표에서 각 조건에 따라 구분한다.

표 5-5 리스크 등급 판정 기준

발생 가능성 \ 발생 결과	약간 심각	심각	매우 심각
낮음	사소한 리스크	수용할 수 있는 리스크	중간 리스크
보통	수용할 수 있는 리스크	중간 리스크	실질적인 리스크
높음	중간 리스크	실질적인 리스크	수용할 수 없는 리스크

표 5-6 리스크 등급 판정 기준

No	발생 가능성	심각도	총 리스크	관리 수준	최종 리스크
R1	High	High	High	Low	High
R2	Low	High	Medium	Low	Medium
R3	Medium	Medium	Medium	High	Low

2.2.2 SWOT에 의한 분석의 예시(참고용)

강점(Strength)	약점(Weakness)
1. 유리한 시장 점유율 2. 독점적 기술 3. 높은 생산성 4. 높은 직무 만족도 5. 안정적 공급 채널 6. CEO의 경영 능력 7. 자금조달 능력	1. 협소한 제품군 2. 낙후된 설비 3. 연구개발 부족 4. 수익성 저하 5. 낮은 광고 효율 6. 불리한 공장입지 7. 종업원 이직율, 고령화
기회(Opportunity)	위협(Threaten)
1. 높은 경제 성장률 2. 신시장 등장 3. 시장의 빠른 성장 4. 새로운 고객 집단 출현 5. 새로운 기술의 등장 6. 유리한 정책, 법규, 제도 7. 경쟁 기업의 쇠퇴	1. 새로운 경쟁 기업 출현 2. 무역규제 3. 불리한 정책, 법규, 제도 4. 대체 상품 개발 5. 시장 성장률 둔화 6. 경기 침체 7. 구매자, 공급자 파워 증대

2.2.3 분석 결과 대안 수립

표 5-7 SWOT 분석과 해결 과제의 예시

RISK 해결 과제(ST)		장기 보완 과제(WT)	
강점(Strength)	위협(Threaten)	약점(Weakness)	위협(Threaten)
• KT 건물경비 지속 시행으로 안정적인 매출 • 2,500여명의 경비인력 확보 및 전국 6개 사업본부 등 지역 Net-work 구축 • 전기, 설비 등 각 분야별 시공면허 보유 • KT 경비업을 기반으로 하여 시설관리, 시설공사 등 건물 종합관리 역량 확보 • 전사적인 신규사업 추진의욕	• 획기적인 기술이나 Know-how를 발휘하기 힘든 사업분야로 초기 위탁관리자가 계속적으로 관리하는 경향 • 직접관리(자회사) 또는 인과관계자에게 위탁관리 하는 사례가 많음 • 시장 진입 장벽은 높지 않으나 시장 확장은 곤란 • 기존 사업자간의 경쟁치열 • 경비사업분야는 비용절감을 위한 기계화 추세	• KT에 대한 의존도가 상대적으로 높음 • 외부사업 투자에 따른 재무지표 저하-정부, 지자체, 공기업에 대한 입찰참가 곤란 • 신규시장 개척을 의한 마케팅 역량 미흡-인력 및 조직, 네트워크 확보 필요 • 신규사업 추진을 위한 조직체계 미흡	• 획기적인 기술이나 Know-how를 발휘하기 힘든 사업분야로 초기 위탁관리자가 계속적으로 관리하는 경향 • 직접관리(자회사) 또는 인과관계자에게 위탁관리 하는 사례가 많음 • 시장 진입 장벽은 높지 않으나 시장 확장은 곤란 • 기존 사업자간의 경쟁치열 • 경비사업분야는 비용절감을 위한 기계화 추세

차별화된 Know-how

내부 직원 역량강화 및 전문가 확보
(사업 추진 과정에서 지속적인 추진 및
보완 필요 - 모든 사업과 병행 추진)

표 5-8 업무 기능별 주요 리스크의 예

No	업무기능	주요 리스크
1	경영전략/기획	전략오류/실패(미래예측/해외진출/M&A), 집단소송 피소(IR : 이해관계 실패)
2	인적자원	파업/폭동, 부정행위/독직/부패, 성희롱, 부정행위 횡령독직, 해외출장 사고(실종 피납), 핵심 경영자-사고/건강이상
3	재무/외환	원자재 가격 폭등, 유가 급등, 이자율/금리 급상승, 세무조사 추징, 환율 급변동
4	영업/마케팅	제품 가격하락(고객요구/과당경쟁), 고객이탈/계약해지, 계약조건 오류, 견적오류, 해외 판매선 중단/이탈
5	기술/개발	신기술/신제품 개발/설계오류/실패, PL/PS(제품안전) 대책실패, 기술유출, 기술자 이탈
6	구매/외주	공급업체 생산중단(부도/도산/폐업, 파업/노사분규), 자재/부품 품질사고, 운송업체 파업
7	생산/설비/물류	생산중단(설비고장), 운송 중 파손, 이물질 독극물 발암물질, 식중독 영향, 에너지(전기/가스/열) 중단, 용수 오염, 건물 붕괴, 지반 침하
8	품질/성능	리콜/품질사고, Claim, 반품(시방/규격 미준수)
9	환경/안전/보건	유독성 화학물질/오염물질 유출, 발암물질/중금속(Pb, Cd 등) 검출, 근로자 안전사고/사망(산재사고)
10	IT/보안	개인정보누출, 해킹, 전산망/서버 마비(DDoS공격), DB손상/오염(바이러스), 인터넷/통신 두절/장애, 중요 정보(기밀/원가) 공개
11	재난/재해	화재, 폭발, 자연재해(태풍, 지진, 해일, 홍수, 폭설, 산사태, 낙뢰 등), 질병/전염병(SARS/신종플루/조류독감/구제역)
12	법규 준수	기타, 직원 테러/납치, 해외법인/현장폐쇄(정치적 불안/소요, 폭동 내전, 테러), 법규 위반(탈세, 불공정거래/담합, 비자금 조성), 이미지 실추(언론/SNS)

표 5-9 조직상황의 분석과 관리표의 예시

부문	현 황	내외구분	주요 이슈(ISUE)	중요도	관리방법
개발	1) 당사 제품군은 고객 요구 대비 라인 업이 양호함 2) 현재까지 신규 분야의 제품 개발 계획은 없다.	내부	신제품 개발 필요	낮음	N/A
개발	3) 현재 진행 중인 제품개발 PJT는 8건으로, 선행 및 후행 개발 단계의 개발 인원이 각각 5인으로 업무 부하가 70~80% 수준임	내부	제품 개발 인력충원 필요성 낮음	낮음	N/A
생산	1) 생산량 증대 목적으로 선반, 연마기 등 장비 도입 및 운영 중이며, 현재 공정 부하 95% 수준임	내부	성수기 도래 시 공정 능력 초과 가능성 있음	보통	성수기 공정부하 분석 및 장비 도입 필요성 검토 및 후속조치
생산	2) 당사 공무와 외주 유지 보수업체를 통해 생산장비 보수유지 업무를 수행 중임	내부	긴급 상황 발생 시 생산 중단으로 납기 지연 가능	낮음	N/A

부문	현 황	내외구분	주요 이슈(ISUE)	중요도	관리방법
구매	1) 일부 자재 공급 업체의 품질 수준이 낮으나, 독점 공급으로 인해 공급 업체 변경이 어려움	외부	기존 공급자의 원료 공급 중단/축소 가능성	보통	국내외 신규 자재공급 업체 개발 추진
	2) 최종 제품의 품질 유지를 위해 수입 검사 강화 및 공정간 제품검사를 강화함	내부	낮은 품질 수준으로 인한 제품 품질 저하 가능성	높음	공급 업체 품질수준 향상 지도 및 신규 업체 개발 필요
관리	1) 운영 및 투자자금 부족	내부	자금 확보 방안 수배	보통	공적 자금 신청
	2) 전문 인력 확보		적정 인력 확보를 위한 전략		대학, 연구소에 의뢰
영업	1) 당사 경쟁사는 국내 5개 사, 해외는 20개 회사 2) 품질 경쟁력은 있으나 단가 경쟁력이 없음으로 인해 기존 고객들이 저가 공급 업체로 이탈 추세임	외부	경쟁사로의 고객 이탈 가능성이 크고 높음	높음	원가절감을 통한 제품 단가 인하 추진계획 수립 및 이행(경영 지원팀 주관)
기타	(해당 부문의 현상)				

표 5-10 기업의 리스크 분석

리스크 분류	세부 리스크	발생빈도/가능도	영향도			
			매출 손실율	대응 비용	고객 만족도 감소율	법적 비용
목표 및 진도관리	• 과도한 목표(계획)	3	2	3	2	1
	• 목표 생산수율 저하	3	4	4	2	1
	• 감독부재/관리자, 리더십 부족	3	3	4	4	1
인력	• 생산/노무인력의 문제야기	2	4	4	4	3
	• 작업 중 사고	2	3	3	2	2
	• 전문인력 수급 어려움	4	3	3	3	1
	• 외국인 노동자 의사소통	3	3	3	2	1
설비	• 시장비 보전 및 보수	2	3	2	2	1
	• 고장	2	3	2	2	1
	• 장비의 노후 및 정비 불량	2	2	2	2	1
협력 회사	• 원활하지 못한 원자재 공급	2	2	2	2	2
	• 협력사 불성실	2	4	4	4	3
	• 부도	2	4	4	2	3
	• 노사분쟁	2	3	3	3	2

리스크 분류	세부 리스크	항 목					
		발생빈도/ 가능도	영향도				
			매출 손실율	대응 비용	고객 만족도 감소율	법적 비용	
공정 리스크	• 비효율적인 공정과 리드타임	2	4	4	4	1	
	• 작업조건 관리 미흡	2	3	3	3	1	
	• 작업자 숙련도 부족	2	3	3	3	2	
	• 공정 점핑(누락)	2	3	3	2	1	
	• 타부서와의 부적절한 협조	3	3	3	2	1	
품질	• 원자재 품질불량	3	3	3	4	2	
	• 부적절한 품질관리	2	5	4	5	1	
	• 품질관리 전문성 부족	2	3	4	4	1	
	• 관리감독 부재	2	3	3	3	1	
	• 검사장비 신뢰성 부족	2	3	4	3	1	

참고) 영향을 미치는 정도 - Very High : 5, High : 4, Middle : 3, Low : 2, Very Low : 1

2.3 리스크 발생 가능성 평가

2.3.1 리스크 사건의 발생 빈도 평가기준

발생빈도의 구분에서, ① 동일 또는, 유사한 리스트 사건의 발생 가능성이 낮다(1점), ② 동일 또는, 유사한 리스트 사건의 발생 가능성이 보통이다(2점), ③ 동일 또는, 유사한 리스트 사건의 발생 가능성이 높다(3점)로 분류가 된다.

2.3.2 관리수준 평가 기준

① 리스크 사건의 발생예방을 위한 관리수준이 높은 편의 경우(1점), ② 리스크 사건의 발생예방을 위한 관리수준이 보통인 경우(2점), ③ 리스크 사건의 발생예방을 위한 관리수준이 낮은 편의 경우(3점), ④ 리스크 사건의 발생예방을 위한 관리수준이 극히 낮은 편의 경우(4점)로 분류된다.

2.3.3 발생 가능성 등급 산출방법

발생 가능성 등급을 1등급(2점 이하), 2등급을 (3~4점), 3등급을 (6~8점), 4등급을 (9점 이상)으로 하여, 총 점수(C)=발생빈도(A)×관리수준(B)으로 계산한다.

표 5-11 리스크 발생 가능성 평가

A	리스크 사건의 발생 빈도 평가기준	
No.	발생빈도 구분	점수
a	• 동일 또는 유사한 리스크 사건의 발생 가능성이 낮음 • 현재까지 발생되지는 않았으며 미래에도 발생 가능성이 아주 낮음 • 최근 3년 이내에 당사나 동종업계에서 동일 또는 유사한 리스크 사건이 거의 발생되지 않음	1
b	• 동일 또는 유사한 리스크 사건의 발생 가능성이 보통임 • 현재까지는 발생되지는 않았으나 미래에는 발생 가능성이 보통임 • 최근 3년 이내에 당사나 동종업계에서 동일 또는 유사한 리스크 사건이 5건 미만 발생됨	2
c	• 동일 또는 유사한 리스크 사건의 발생 가능성이 높음 • 현재까지는 발생되지는 보통이었으나 미래에는 발생 가능성이 높음 • 최근 3년 이내에 당사나 동종업계에서 동일 또는 유사한 리스크 사건이 5건 이상 발생됨	3

B	관리 수준 평가 기준	
No.	관리 수준 구분	점수
a	• 리스크 사건의 발생예방을 위한 관리수준이 높은 편임 • 발생 방지를 위한 관리 프로세스가 있으며, 프로세스에 따라 잘 이행하고 있음	1
b	• 리스크 사건의 발생예방을 위한 관리수준이 보통인 편임 • 발생 방지를 위한 관리 프로세스가 있으며, 부분적으로 이행하고 있음	2
c	• 리스크 사건의 발생예방을 위한 관리수준이 낮은 편임 • 발생 방지를 위한 관리 프로세스가 없으며, 부분적으로 이행하고 있음	3
d	• 리스크 사건의 발생예방을 위한 관리수준이 극히 낮은 편임 • 발생 방지를 위한 관리 프로세스가 없으며, 전혀 이행하고 있지 않음	

C	발생 가능성 등급 산출방법			
총 점수 산출방법	총 점수(C)=발생빈도(A)×관리수준(B)			
등급별 총 점수 범위	2점 이하	3~4점	6~8점	9점 이상
발생 가능성 등급	1	2	3	4

2.4 리스크처리 기준과 대책

리스크 수준의 등급을 3등급으로 나누어, ① 낮음(수용 가능), ② 보통, ③ 높음(중대한 리스크)으로 나누고, 그때의 처리 기준과 처리 대책을 다음 표 5-12에 예를 들어 나타낸다.

표 5-12 리스크 처리 기준과 대책

등급	리스크 수준	처리 기준	처리 대책
1	낮음 (수용 가능)	- 약간의 리스크가 있지만 수용 가능한 리스크로서, 현행 관행 또는 운영 프로세스에 따라 관리 및 유지	- 현재의 관행, 프로세스 및 지침 등에 따라 업무 수행 - 기존의 모니터링 계획에 따른 지속적인 관리가 필요
2	보통	- 필요 시 기회를 얻기 위한 리스크 채택 - 비용, 효과 측면을 고려하여 발생 가능성을 낮추거나 영향을 감소시킬 수 있는 방안을 적용, 리스크 처리 - 또는, 의사결정에 의해 현재 리스크 유지	- 현재의 리스크를 유지 - 필요 시 리스크 제거, 예방 및 완화를 위해 조치계획 및 이행
3	높음 (중대한 리스크)	- 반드시 조차가 필요한 리스크 - 리스크 발생원 제거, 가능성 또는 영향의 감소 등 처리하기 위한 조치가 필요함 - 필요 시 리스크가 적정 수준으로 감소되기 전까지 관련 신규 업무/프로젝트 착수를 금지함	- 리스크 제거, 완화 및 예방하기 위한 조치계획을 반드시 수립 및 이행 - 필요 시 리스크 조치계획을 이행하기 위해 필요한 프로세스를 수립하고 이행이 필요로 함

처리기준으로는, 약간의 리스크가 있지만 수용 가능한 리스크, 필요 시 기회를 얻기 위한 리스크 채택, 반드시 조차가 필요한 리스크로 3가지로 구분을 하며, **처리대책**으로는, 현재의 관행과 프로세스 및 지침 등에 따라 업무 수행, 현재의 리스크를 유지, 리스크 제거, 완화 및 예방하기 위한 조치계획을 반드시 수립 및 이행을 해야 하는 것으로 구분이 된다.

표 5-13에 **품질부문**(17가지), **환경**(10가지), **고객**(6가지)로 각각 나누고, 각 이슈(Issue)에 대한 내용을, 가능성/심각도를 합계하여 계산하고, 법규 적용도 확인하며, 예를 들어 대응한다.

표 5-13 품질, 환경, 고객 부문의 이슈(Issue)목록의 예

구 분	ISSUE	가능성	심각도	합계	법규적용
품 질	1. 출혈경쟁으로 인한 판가 인하				
	2. 안전보건/안전사고				
	3. 직원(인원 퇴사)				
	4. 안전/위생 : 시설/보안				
	5. 소량다품종으로 인한 라인가동률 및 생산성 저하				
	6. 교육훈련 기회 부족				
	7. 4M변경에 따른 정보 전달 부족으로 과다재고 Loss				
	8. Press공정 불안전으로 고객사 합격률 저하				
	9. 개발단계 시간 부족으로 양산 품질 저하				
	10. 금형 유지 보수 설비 부족				
	11. 의사소통(내/외부)				

구 분	ISSUE	가능성	심각도	합계	법규적용
품 질	12. 설비고장(주요설비)				
	13. 설비 Spare Parts 미 보유(중요)				
	14. Spare Parts 미 보유(일반부품)				
	15. 설비동작 이상(생산 중)				
	16. 제품 생산(규격 미 준수/부적합 식별 안됨)				
	17. 유틸리티(정전/단수/화재)				
환 경	1. 탄소배출				
	2. 폐기물				
	3. 운송차량				
	4. 오염물질				
	5. 의사소통(내/외부)				
	6. 친환경 제품				
	7. 직원/지원요청				
	8. 지역 자연환경				
	9. 포장				
	10. 소음/진동				
고 객	1. 출혈경쟁으로 인한 판가 인하				
	2. 신기종 개발품목 부족				
	3. 개발단계 시간 부족으로 양산 품질 저하				
	4. 고객사 생산기지의 해외이전				
	5. 주 고객사 미등록으로 영업력 한계				
	6. 영업전략 부족				

표 5-14는 리스크의 구분에 따라 원인을 찾아내고, 그에 따른 현상과, 발생도/영향도/등급/리스크레벨의 목록을 만들어 관리한다.

표 5-14 품질, 환경 리스크 분석관리 대장의 예

RISK ID	RISK 구분	원 인	현 상	발생도	영향도	등급	RISK LEVEL
RI-01	설비	Process 진행 중 Utility Down 발생	생산량 감소	3	3	B	Middle
RI-02		설비고장(주요설비)	생산 정지	3	4*	A	High
RI-03		설비Spare Parts 미 보유(중요)	생산 정지	2	3	B	Middle
RI-04		Spare Parts 미 보유(일반부품)	생산량 감소	2	2	C	Low
RI-05		설비동작 이상(생산중)	생산량 감소	2	2	C	Low
RI-06	제품	제품 규격 미 준수	납품 중단	2	4	A	High
RI-07		부적합 식별 안됨	부적합품 납품	2	3	B	Middle
RI-08		부적합 혼입	부적합품 납품	2	3	B	Middle
RI-09	사람	인원 부족(퇴사)	생산 저하	2	2	C	Low
RI-10		안전사고	생산 저하	3	4*	A	Hign

RISK ID	RISK 구분	원 인	현 상	발생도	영향도	등급	RISK LEVEL
RI-11	유틸 리티	정전	생산 중단	2	4*	A	Hign
RI-12		단수	생산 저하	2	2	C	Low
RI-13		화재	생산 중단	2	4*	A	High
RI-14	환경 관리	폐기물	생산 중단	5	5	S	High
RI-15		소음	생산 중단	5	5	S	High
RI-16							

표 5-15 이해 관계자의 니즈와 기대 이해

이해관계자	요구사항	품질	환경	사회	경제
이사회/ 주주	투자성과(배당금), 안정된 수익, 법률 준수, 벌금 회피	- 관련법규 준수	- 관련법규 준수	- 해당 분야의 발전	- 정부 및 사회지원
지역주민/ 사회	사회적 책임(안전, 환경, 윤리)	- 관련법규 준수	- 안전하고 쾌적한 지역 조성 - 폐기물 적법처리	- 지역경제 활성화	- 지역경제 활성화 - 일자리 창출
법 집행/ 규제기관	제품과 서비스에 적용 법적 및 규제 요구 사항의 식별 제공, 요구사항에 대한 이해의 QMS 내에서 응용 프로그램 및 업데이트	- 해당 관련 법규 준수	- 에너지 절약 - 환경보호 - 해당 관련 법규 준수	- 법규준수, 안전보건 - 사회적 기반시설 구축 - 화합과 배려, 질서	- 지역경제 활성화 - 사회적 투자 - 경제적 성과
고객	비용, 품질, 납기관리, 인도 후 서비스 만족	- 고품질 제품 공급 - 품질방침 준수 - 도면Spec 준수	- 친환경 제품 공급 - 고객사 친환경 방침 준수	- 사회적 이미지 향상 - 지역공동체 발전 - 계약 성실이행	- 기업홍보를 통한 매출 향상 - 기업경쟁력 향상
은행/금융	좋은 재무성과	- 관련법규 준수	- 관련법규 준수	-해당 분야의 발전	- 정부 및 사회지원
종업원	경력만족(자질향상, 능력개발), 업무만족(적성), 삶의 질(작업환경, 사교/교제), 적절한 보수	- 품질의식 교육 - 내·외부 의사소통	- 환경인식 교육 - 내·외부 의사소통	- 근로시간 준수 - 안전교육, 의식향상 - 근무여건 향상	- 성취도
보험사	지불/위험관리 없음	- 관련법규 준수	- 관련법규 준수	- 해당 분야의 발전	- 정부 및 사회지원
외부제공자	지속적인 사업 참여, 적절한 수익	- 고품질 제품 공급 - 품질 방침 준수 - 도면Spec 준수	- 친환경 제품 공급 - 친환경 방침 준수	- 사회적 이미지 향상 - 지역공동체 발전 - 계약 성실이행 - 최저비용 보장	- 기업홍보를 통한 매출 향상 - 기업경쟁력 향상
노동협의회	근로기준법 준수(최저임금제, 주 근로시간)	- 관련법규 준수	- 관련법규 준수	- 해당 분야의 발전	- 정부 및 사회지원

제3절 외주 구매의 합리화와 핵심적인 영역관리

3.1 구매업무의 본질

3.1.1 구매관리의 정의

구매(Purchasing)라고 하는 것은 제품이나 용역의 대가를 지불하는 것으로, 이에 조달을 하는 것은 외부로부터 무상으로 취득하는 경우도 있고, 내부에서의 출고에 의한 취득이나 제작에 의한 취득도 있다. 또한, 생산계획의 달성을 위해 생산에 필요한 자재를 적정한 거래처로부터 적정한 품질을 확보하여 적정한 시기에 적정한 수량을 최소의 비용으로 입수하기 위한 일련의 모든 활동이다.

기업이 목적이 이윤 추구이라면, 기업이 행하는 구매의 목적도 동일하고, 생산활동과 밀접히 관련되어 구매관리 그 자체에 목적이 있는 것이 아니라, 생산 활동의 흐름 속에서 생산계획을 차질 없이 달성하는데 목적이 있다.

3.1.2 외주관리

1) 외주관리의 의의

내부에서 해야 할 생산 활동의 의무를 회사방침에 따라 발주하는 회사의 규격, 시방서, 도면 등에 의해 제품 또는 그 일부의 제조나 서비스를 외부에 보수를 주기로 약속하고, 위탁하기 위한 관리활동이다.

2) 외주관리의 목적
① 제조원가의 인하
② 수요변동을 조절하는 안전핀
③ 발주하는 회사의 고용관계 원활화
④ 발주하는 회사의 설비능력 기술의 보완
⑤ 기술혁신에 대응하는 위험 분산
⑥ 타사 자본의 유효 이용에 의한 투자의 효율화

⑦ 특허권이나 법률 등의 제약으로 인해 자사 생산이 불가한 경우

3) 외주관리의 12원칙

① 공정한 경쟁, ② 적정한 이윤, ③ 대등한 존중, ④ 공정한 배분, ⑤ 부담은 공평하게, ⑥ 적극적인 지도, ⑦ 의사소통, ⑧ 약화시키는 회사는 배제, ⑨ 상호 발전, ⑩ 조직화, ⑪ 신뢰성, ⑫ 일체감 등

이러한 내용들은 상생의 의미와, 투명한 관리를 위함이다.

4) 외주관리의 조건

① 필요로 하는 품질, 서비스를 확보하되 최저의 비용으로,
② 조직의 활동 계획에 차질이 없도록 공급을 계속하고,
③ 재고 비용을 최소로 줄이되 안정적이고 경제적인 이익을 최대한 고려하여,
④ 중복, 낭비, 폐품화를 방지하고,
⑤ 다른 구매자에 비하여 유리한 구매를 하는데 그 목적이 있다.

적절한 품질과 합리적인 원가의 자재를 적정한 시점에 확보하여 생산계획을 성공적으로 달성하고 수익을 기여할 수 있도록 외부에서 조달하는 과정과 관리방식의 하나이며,

(1) 구매/외주의 중요성이 갈수록 증대

① 갈수록 재료비의 비중이 커지고, 이에 따라 구매/외주의 중요성은 증대되고 있으며,
② 원가혁신을 체계적으로 전개할 필요성이 증대되고 있다.

(2) 구매/외주가 신속대응(QR)과 원가의 핵심으로 부상

① 아웃소싱 역량의 경쟁의 바탕이 되는 시대가 되고 있으며,
② 신속한 대응의 핵심역량이 구매/외주에서 비롯되고 있다.

(3) 생산의 선행활동으로서의 자재수불 및 재고관리 중요성 증대

① 자재수불 & 재고관리는 제조업 운영의 기초적인 활동이며,
② 창고관리는 중요한 선행 생산 활동으로 간주되어진다.

(4) 구매/외주/자재는 품질형성의 원류점

① 협력회사들의 수준이 제품의 품질보증 수준을 좌우하고,

② 품질 형성 원류점으로서 협력회사의 경쟁력 강화가 필수적이다.

(5) 추진 POINT로는

① 코스트 경쟁력을 위한 투명한 관리수준이 회복되어야 하고,

② 신속대응(QR)을 위한 프로세스 상에서 낭비를 제거하고,

③ 완벽한 선행 생산준비로 생산성/품질 확보가 중요하며,

④ 품질 원류관리 강화로 글로벌 리스크 예방도 중요한 사항이다.

3.2 구매 합리화를 위한 분석

3.2.1 원가관리 시스템의 필요 배경

1) 시대적 배경

무한한 경쟁시대에서, 원가 혁신의 시대에서, 정밀 원가계산가 필요로 하는 시대로, 상생 협력의 시대로 바뀌며, 여기에서, 제조기술의 변화는, 대기업은 중견, 중소기업으로, 대기업 에서도 원가계산 능력부족이 심화되고 있고, 중견, 중소기업도 계산능력이 부족하여, 이 부 분의 공동화 현상이 우려되고 있다.

2) 사회적 배경

고숙련 사전원가 경력자의 퇴임으로, 숙련된 원가계산 경력자의 공동화 현상이 발생되고, 숙련된 원가계산 인력의 고임금화로 경영자의 부담 가중, 고기술 인력의 편중화로 심화가 우려되고, 상생 협력을 중시하면서, 정부의 대기업, 중견, 중소기업 간의 상생협력이 중요한 이슈화가 되면서, B2B의 원가 경쟁력의 중요성을 확인하며, 즉, **상생협력 = 원가협력**이 된다 는 것이다.

3) 시스템적 배경

고도화가 된 사전원가 자료의 요구, 논리적이고 체계화된 원가 자료의 생성 지원 요구, 수

작업 대비 최소 10배 이상의 원가 계산 생산성 향상이 요구되고 있어, 최소의 기술로 시스템 운용능력이 요구되어, 구시대적인 계산 방식에서, 제조업용 사전원가 시스템 부족 현상, 컴퓨터 시대에 계산기로 사전원가 계산 현상, 특정 개인의 경험에 의존하는 원가계산 현상, 단순한 엑셀 수준의 원가계산 현상에서, 정밀 사전원가 계산과 시스템화가 필요하며, 요구되고 있다.

3.2.2 합리적인 발주가의 결정

구매원가의 분석에서는, 먼저 대상 **기업의 업적 평가**를 기준으로, 경영자의 자세, 품질보증 능력과 납기 관리, 재무능력, 생산기술력, 기업 환경평가 등을 하고, **가격 평가**에서 합리적인 계산이 되었는가를 보고, 다음 **종합 평가**에서 업적 평가+가격 평가를 2로 나누어 차액을 해석하고, 구입선의 관리 구분별 이용 전략을 실천한다.

그림 5-2는 구매합리화를 위한 기존품의 원가절감을 위한 절차의 예를 나타낸 것으로, 체계적인 분석이라 볼 수 있다.

그림 5-2 자사 원가와 타 기업별 비교로 경쟁에 대비한 전략의 예

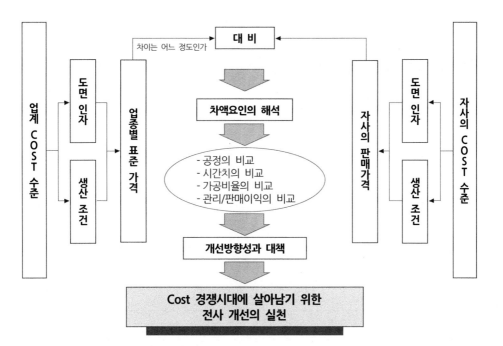

그림 5-3 구매합리화를 위한 기초품의 원가절감(예)

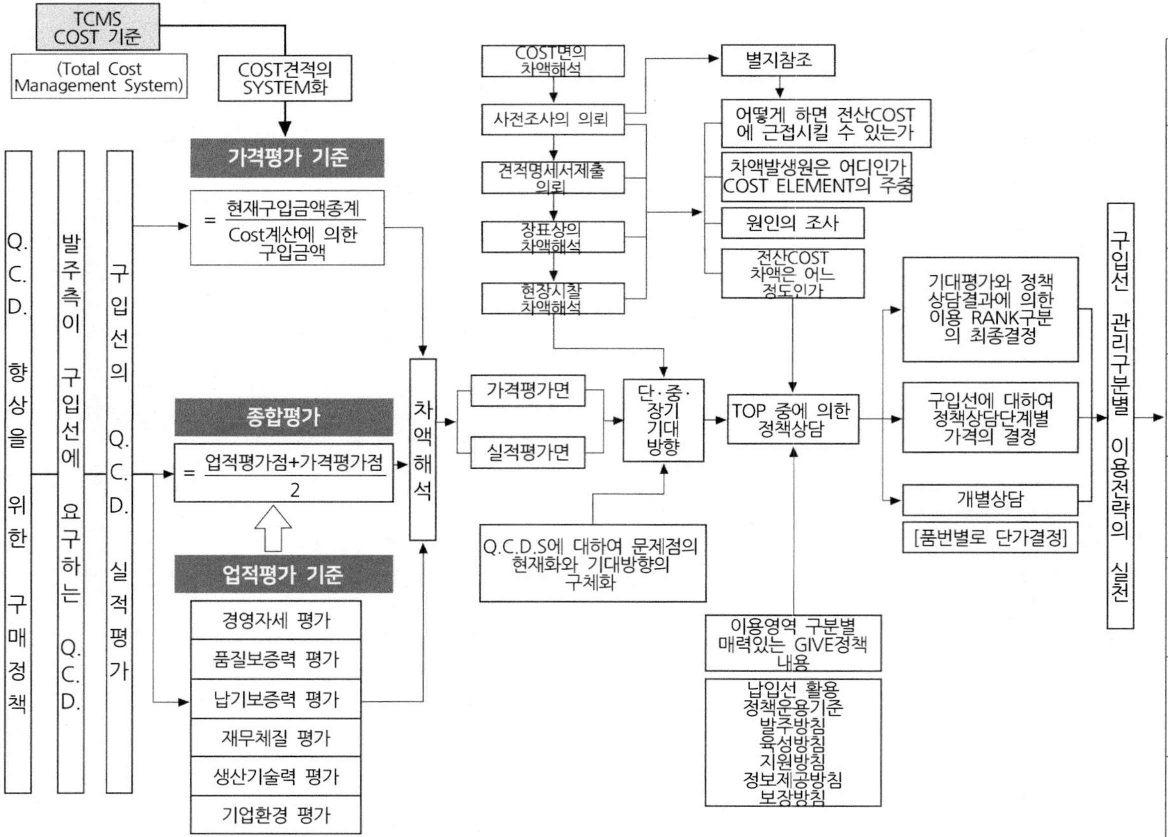

[구입선 이용정책 내용]

정책항목	정책내용	영업가~세일즈	영업이익율	의 영업이익 매출손익 영업손익	영업이~매출액
이영력					
발주력	견적입찰권 발주액보증 변경도				
육성력	경영지도 인재육성 실천지도				
지급력	지급비율 현금비율 어음SIDE				
정보제공력	생산정보 생기정보 자동차업계 동향				
서비스제공력	EOP의 활용 복지시설 이용 구입선의 PR				
버취공력	TOP의 교류 방문 협력회 참가자격				

구입선 관리구매를 이용전략의 실천

기대평가기준 상담결과와의 이영율의 최종결정 RANK구분	구입선에 대하여 정책상담단계별 가격의 결정	개별상담 [품번별로 단가결정]

TOP 중역에 의한 정책상담

별지참조	어떻게 하면 전산COST에 근접시킬 수 있는가	이용영역 구분별 매력있는 GIVE정책 내용	납입선에 활용 정책아이구분 여유가동능력 목적생산능력 지원생산능력 정보제공능력 보장능력
	자력발생요원 어디인가 COST ELEMENT의 구성		
	원인의 조사		
	전산COST 차액발생 어느 정도인가		

COST면의 차액해석		단·중·장기 기대 동향	Q.C.D.S에 대하여 판매정책의 현재화와 기대방향의 구체화
사전조사의 이력			
견적명세서제출 이력	가격평가면		
차표상의 차액해석	실적평가면		
환경시장 차액해석			

차 액 해 석

TCMS COST 기준 (Total Cost Management System)	COST견적의 SYSTEM화	**가격평가 기준** 현재구입금액 ÷ Cost계산에 의한 구입금액

종합평가 = (업적평가점+가격평가점) / 2

업적평가 기준

경영자세 평가	품질보증력 평가	납기보증력 평가	재무체질 평가	생산기술력 평가	기업환경 평가

구 입 선 의 Q. C. D. 실 적 평 가

발 주 측 의 구 입 선 에 여 구 하 는 Q. C. D.

Q. C. D. 향 상 을 위 한 구 매 정 책

이러한 내용으로 보아서, Cost절감을 하려면 Cost의 구조를 알아야 하는데, 지금까지 많은 기업의 구매자는 원가절감 방법으로써 "업계의 가격 수준을 베이스로 하여 5%~10% 깍자주의"가 30년 이상 계속되어 왔기에 기본적으로 접근 방법이 바뀌지 않고 있다. 또한, 신규품의 최적 가격 설정에 있어서도 최소 Cost를 아는 것이 가장 중요한 일이다. 이러한 사고를 언제까지나, 개당 얼마, 재료비, 가공비, 관리비를 모두 합해서 얼마/Kg, 얼마/m² 등의 뭉뚱그린, 주먹구구식 계산을 해서는 진보가 없을 뿐더러, 혁신적 사고와 동떨어지고 변화하지 않으려는 자세와 같다는 것이다.

3.3 구매원가의 불합리 부문개선

3.3.1 발주 금액과 구입처 결정의 절차

1) 경영의 불안과 생산의 불안이 원가에 영향을 주는 요소

① 외주업체 경영에 대한 불안감

② 조업도 및 가동률에 대한 불안

③ 불량 발생에 대한 불안

④ 원재료 가격에 대한 불안

⑤ 생산시간 차이에 대한 불안

2) 비 논리적인 계산방법, 비표준이 원가에 영향을 주는 요소

① 견적 계산의 오류

② 주먹구구식의 비논리적인 견적 계산

③ 견적 계산의 기술력 부족

④ 과다 계산, 여유를 많이 한 임의 계산 오류

⑤ 생산기술력/제조기술력 부족

3) 비 인식 코스트를 추가하여 원가에 영향을 주는 요소

① 향후 Nego에 대한 코스트 감안

② 인지할 수 없는 코스트 항목 추가 등이 있다.

3.3.2 신규 발주품의 합리적인 가격결정

그림 5-4에는 신규 발주품의 합리적인 가격결정과 업체 선정에 대한 분석 절차가 자세히 나열되어 있어, ① 구입선(구입처)의 평가 기준에 의한 검토와, ② 등급별 구입선 이용정책에 반영을 위한 검토에서, 구입 가격의 견적을 검토하여 결정한다.

그림 5-4 정밀 원가계산에 의한 절감 항목

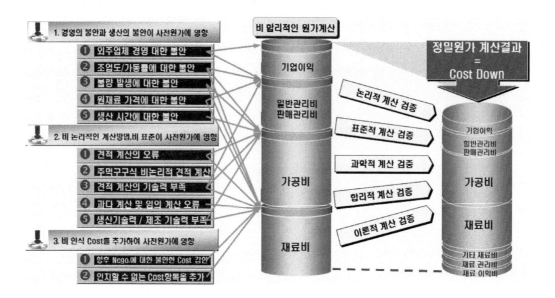

또한, 그림 5-5는 발주 금액과 구입선 결정의 절차에서는, 도면 시방서에 대응, 구입선 개선에 대응, 구입선 재편성에 대한 대응, 제품 기종의 정리 종합의 대응, 협력업체의 협의 편성과 운영강화 등에 대한 대응을 한 후에 가격을 등록한다.

그림 5-5 신규 발주품의 합리적인 가격결정과 업체 선정(예)

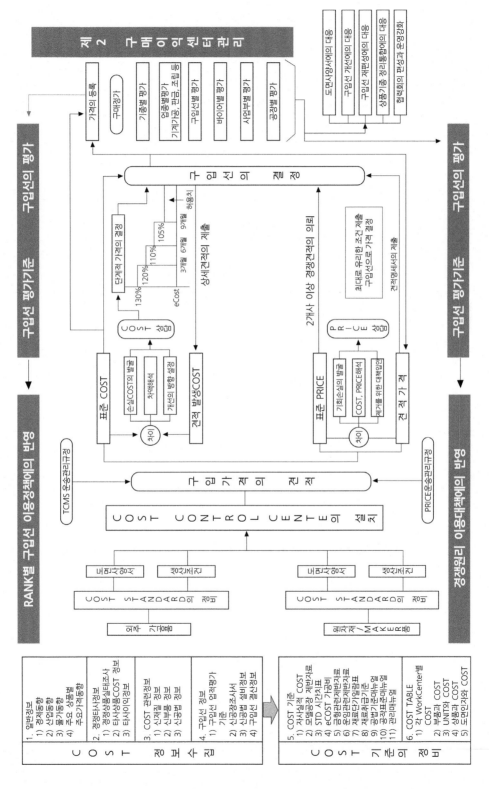

그림 5-6 발주 금액과 구입처 결정의 절차(예)

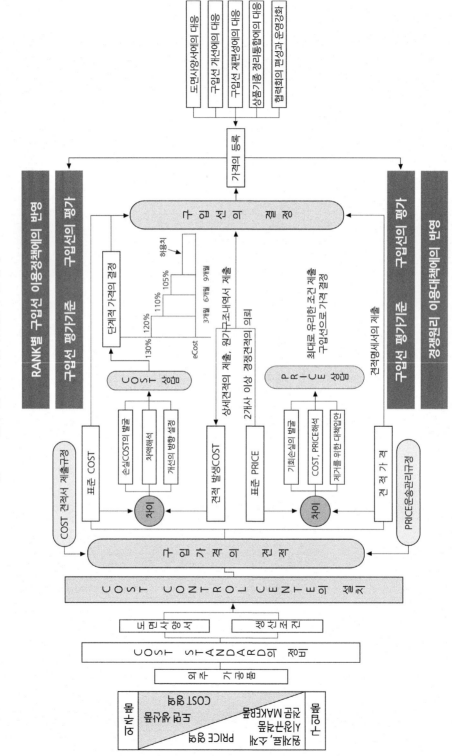

3.4 구매관리의 선진화와 협업관계 조성

3.4.1 구매 선진화를 위한 여건

'구매의 예술화'라는 말을 자주 사용하고 있는데, 이는 서로의 이익을 위한 입장에서 합리적인 윈윈(Win-Win)전략이라 볼 수 있으며, 협력의 관계에서 다음 몇 가지를 살펴보면, 기업의 외부환경에 대한 지속적인 추적을 하면서, 기업 외부에서 발생하는 다양한 환경 변화에 대한 정보를 수집하고, 환경요인 중 우리 회사에 유의해야 할 요소인 기회와 위협의 요인을 선별하여 적용을 하며, 자사의 시장과 제품에 영향을 미치는 환경요인(Deep Factor)에 대한 분석을 해야 하며, 중장기 전략의 개발과 수정이 항상 따라야 할 것이며, 산업 환경의 변화와 경쟁 환경의 변화에 대한 분석, 고객요구와 고객관리 차원에서의 분석도 하면서 협력의 관계를 유지해야 하며, 기업윤리적인 내용은 4.3항, 4.4항에 수록되어 있다.

1) 5가지 Forces에 의한 분석법
① 잠재적 경영자의 진입 위험성
  ㉠ 진입 장벽이 높으면 잠재적 경쟁자가 있으며, 진입 위험성이 낮으면 기회가 된다는 것이며,
  ㉡ 진입 위험의 요소들로는 브랜드의 충성도, 절대비용 우위, 규모 의 경제 고객 교환 비용, 정부 규제가 있다.
② 산업 내 기존 업체와의 경쟁
  ㉠ 합병(Consolidated)과 단편회사(Fragment Industry)가 될 수 있는 현상과,
  ㉡ 산업 내 회사의 수가 많으면 경쟁이 높고 위협이 되며,
  ㉢ 산업 수요가 많으면 경쟁이 낮고 기회가 있다는 것이다.
  ㉣ 퇴출 장벽이 높으면 위협이 된다는 것이다.

2) 공급자의 가격 교섭력
① 생산요소를 제공하는 공급업체의 가격 교섭력으로,
② 공급자의 가격 교섭력이 높으면 위협이 된다는 것이다.

3) 구매자의 가격 교섭력

① 회사가 설정한 가격이나 제공하는 서비스에 대한 구매자의 영향력으로,

② 구매자의 가격 교섭력이 높으면 위협이 된다는 것이다.

4) 대체 상품의 위협(Substitute)

① 보완재에 해당되며,

② 기능과 성능이 약간 다르거나 떨어지지만 가격으로 공약해 올 수 있는 것이다.

그림 5-7 구매활동의 5가지 요소에 의한 관계

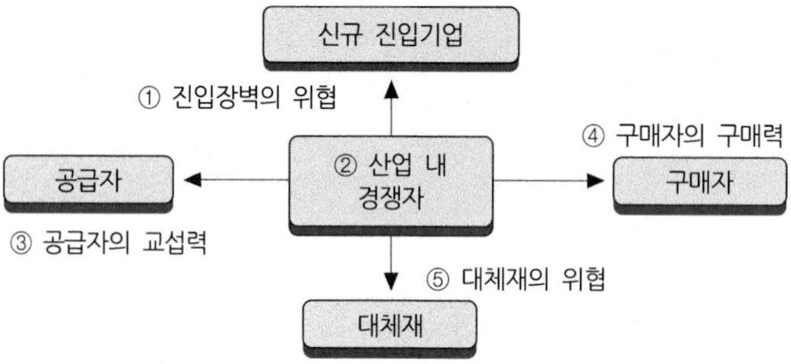

3.4.2 협업의 관계 조성

기업 간의 협력의 동반자 관계를 만들어가는 데에는 서로의 신뢰성과 전문성을 갖춘 입장에서 협력이 되어야 가능한데, 협력 관계의 모델을 소개하면, ICMS(Integrated Contract Manufacturing & Service)모델로 개발하여 오랜 전에 법제화하여 중소기업진흥에 관한 법률 제2조 9항, 37조항에서 40조항까지를 Hollywood Model이라 한다.

1) 협업관계의 활성화를 위한 전제 조건

① 협업 문화의 확산 : 경영자나 CEO의 이해와 의지로, 기업 간의 상호 협력 관계를 얼마나 잘 유지하며 상생하느냐에 달려, 기업의 참여와 상호 신뢰를 구축을 위한 장을 마련하며, 상시적인 대화와 정보의 교환의 관계를 유지하는 것이다.

② 협업 추진 시스템의 효율화 : 상호 관련된 자원의 확보와 조직의 구성으로 예산, 인력, 추진체계와 지원 가능 시설 등의 연계성으로 효율을 올리는 것이다.

그림 5-8 전문 분야별 역할과 협력관계의 구분

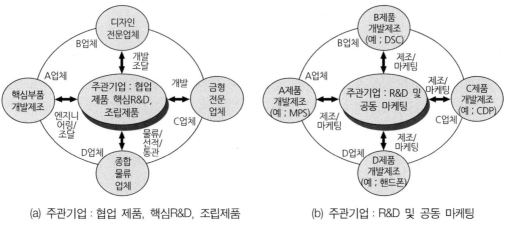

(a) 주관기업 : 협업 제품, 핵심R&D, 조립제품   (b) 주관기업 : R&D 및 공동 마케팅

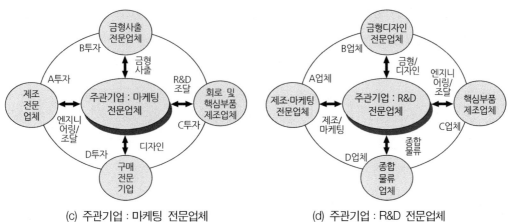

(c) 주관기업 : 마케팅 전문업체   (d) 주관기업 : R&D 전문업체

③ **협업 사업의 국제화** : FTA가 가속화 되어 가는 추세에 따라 각국과의 제휴로 글로벌화 하는 관계의 네트워크를 구축한다.

2) 협업에서 혁신의 중요성

사업의 합작이나 제휴를 하는 사업들의 가시적인 성과를 조기에 창출하고 융합화, 신성장 사업의 성공적인 추진을 위해서는 협력적 혁신의 제고가 필수적으로, 파트너 사이의 협력이 중요하다.

개방적 혁신과 **폐쇄적 혁신**의 이점을 모두 보유하기 때문에 내부 성장 한계를 넘어 산업 생태계 내에서 시장 창출과 경쟁우위 유지에 효과적이라 볼 수 있다.

협력적인 혁신이 획기적인 성장방식이 될 수 있으나 협력하는 방식에 따라 기업별 성과에는 차이가 있는데, 의사결정에 따라서 3가지 유형으로 구분한다.

① **일방 통제형**은 하나의 파트너가 의사결정을 통제하고, 목적과 협력에 참여할 인력들을 한 쪽이 일방적으로 의사결정을 하는 방식이다.

② **상호 합의형**은 공동의 초기 목표는 물론이고 협력의 매 단계마다 상호 합의하는 방식으로 참여하는 인력들도 상호 합의하에 결정하며 협력하는 방식이다.

③ **역할순환 분담형**은 협력 진행에서 단계별로 역량을 가진 파트너가 해당 단계를 리드하는 방식으로 의사결정 통제권은 단계별로 상호 교환되고 인력들도 리드를 하는 파트너 측에서 번갈아 가며 지명하는 방식이다.

이 방식들 중에서 역할순환 분담형은 협력 단계별로 전문성을 가진 파트너가 해당 단계를 리드하고 필요 인력들도 지명하는 방식으로, 파트너 간 역량의 활용과, 시너지의 극대화, 목표 세분화 및 실행 집중화와 인력 및 자원의 원활한 교차 지원도 가능하다.

또한, 역할순환 분담형에서는 단순히 협력하는 것이 부족하여 성공을 위한 조건들이 필요로 하여,

① 모든 협력은 파트너 간의 상호 보완 영역과 기여할 수 있는 자원을 명확히 규명하는 것에서부터 출발을 해야 하고,

② 협력의 진행 과정에서도 단계별 세부 목표와 필요 자원을 수시로 규명하고, 협업자 간의 강점에 따른 역할과 책임을 부여해야 하며,

③ 내부 이해관계 및 조율 하는 데는 전문 인력과 자원의 적절한 동원을 통해 협력을 밀착 지원할 수 있는 내부 협력의 기반을 조성해야 한다.

3) 협업을 하는 이유

경영환경의 변화에 대응하기 위해 선진 벤처 중소기업들의 전문화(매각), 대형화(인수합병)를 추진하는 것은 대기업의 모듈화, 내재화하고, 세계화에 대한 대응능력을 높이는 데에 있어. 이러한 목적인 국제화, 전문화, 대형화 및 기업 간의 협업을 위해서 다음과 같은 특성들과 역할이 있다.

① **핵심역량의 강화(전문화/모듈화)** : 치열한 경쟁에서의 생존을 위해 자사의 핵심역량을 강화하는 방법으로 전략적 선택으로, 경쟁력이 약한 부분, 비부가가치 부문은 과감히

포기하거나 아웃소싱처리를 하며, 전문 기업으로 다시 탄생한다는 의미이다.

② **규모의 확대(대형화)** : 대마불사(大馬不死)의 논리 퇴색과 전문 영역에 있어서 새로운 기업의 진입과 사업을 전환하자는 데에 있다.

③ **제휴의 확산(국제화)** : 기업 간의 네트워크 형성을 통해 다른 네트워크와 경쟁하는 체제로 발전하여 글로벌 오픈 소싱에 부응하고자 하는 목적이다.

④ **역할분담**으로 영업과 판매, 생산, R&D, 구매 등의 협업을 분담한다.

4) 협업의 성공 조건

① 협업 추진 주체의 건강한 비전이 있어야 하고,

② 협업 추진 대상의 합리적인 선정으로 이루어져야 하며,

③ 참여 기업 간의 신뢰와 적극적인 참여가 있어야 하고,

④ 실현 가능한 협력사업의 계획서가 작성되어야 한다.

5) 협업에서 실패 이유

① 협업 참여 기업 간의 이해득실 견해차와 협약서의 구체성 미흡할 경우와,

② 협업 참여 기업 간의 역할 분담이 불합리 할 경우와,

③ 실현 가능한 협업사업 작성 미비와 전문가에만 의존할 경우,

④ 참여 기업 간의 신뢰 및 참여가 부족할 경우에 실패할 수도 있다.

제4절 투명사회에서 개인과 기업의 윤리 조명과 실천

4.1 기업윤리의 개념과 중요성

4.1.1 기업윤리의 의미

기업윤리(Business Ethics)란 기업 경영활동에서 나타나는 행동이나 태도에 대하여 옳고 그름의 정도를 체계적으로 구분하는 판단 기준 또는 이를 관리하는 것으로, 사회생활을 하

는 사람들이 근본적으로 부딪힐 수밖에 없는 윤리문제를 기업경영이라는 특수한 사회적 상황에 적용한 것으로, 흐름상으로 두 가지로 구분할 수 있는데, 첫째는 규범적 접근이며, 둘째로는 실용적 접근이다.

① **규범적 접근** : 윤리의 본질, 기업 목적과 윤리, 윤리의 주체, 윤리적 가치판단의 기준
② **실용적 접근** : 조직이론과 행동과학의 의사결정에 주안점을 두고, 도덕적 가치보다 구체적인 이해관계자나 사회적으로 이익을 주거나 해를 줄 수 있는 행동으로 이에 관련된 의사결정에 해당되는 부문이다.

4.1.2 기업윤리의 중요성

기업윤리를 지키는 여부에 따라 문제는 기업경영의 본질 내지는 목적과 연관하여 제기되는 가장 근본적인 문제라고 지적하고 있다. 기업의 본질적인 기능면에서 이윤추구라는 경제적 목적만을 인정할 경우는 기업윤리의 개입 여지는 줄어들 것이다.

기업윤리는 조직구성원의 행동규범을 제시해 주며, 하나의 인간, 또는 건전한 시민으로서의 구성원의 윤리적 성취감을 충족시켜 주는 것이다. 기업이라는 조직이 윤리적 행위와 비윤리적 부도덕한 부패행위 등을 구분함으로써 사회의 이득이 되는 행위의 기준을 제시하면 기업내부의 최고 경영자로부터 구성원, 관리자에 만족감과 기업성장의 발전을 저해하는 문제점을 해소시켜 주게 될 것이다.

우리나라는 국제투명기구(TI)가 발표한 내용으로, 세계 50위의 부패공화국이라는 평가를 받고 있는 부끄러운 사실이다. 실상으로, 과거 IMF사태의 원인도 경영의 투명성 결여, 관리 금융, 탈세, 뇌물수수, 비자금조성, 가격조작, 공해배출, 부동산투기, 부당한 금융관행, 외화도피 등 기업의 비윤리적이고 부패한 행위의 결과와 무관하지 않다고 평가하고 있다.

선한 기업 또는, 착한 기업이 사회적 가치를 창조하는 기업, 이익의 질을 중요시하는 기업 사회의 일원인 정직한 기업으로, 인간성 기업, 환경 친화적 기업, 기업 지배구조가 건전한 기업, 전사적 윤리기업 등으로 정의할 수 있어, 기업윤리의 중요성은 다음과 같다.

① 기업윤리는 기업의 **경쟁력** 강화에 필요하다.
② **사회적 가치를 창조하는 기업**이 되기 위해서는 필요하다.
③ 사회의 일원인 **시민기업**이 되기 위해서는 필요하다.
④ 인간성 기업 즉 **근로의 질(QWL)**을 향상시키기 위해서는 필요하다.

⑤ 환경 친화적 기업이 되기 위해서는 필요하다.

⑥ 자유시장 경제체계를 유지하기 위해서는 필요하다.

⑦ 기업지배구조가 건전한 기업이 되기 위해서는 필요하다.

4.1.3 조직윤리체계 정립의 필요성

1) 국내외 윤리환경의 변화

기업 등 조직의 건전한 경쟁력에 의한 공정하고 투명한 경쟁과 업무처리를 요구하며, 조직윤리 체계구축에 의해 건전한 경쟁력을 확보해야 생존이 가능하다.

2) 조직윤리에 의한 장기적 건전한 경쟁력 확보

윤리의 철저한 실천은 조직의 정신과 문화를 형성하고, 조직이미지를 향상시키고, 전 직원의 힘을 결집시키며, 이해관계자들의 동참을 유도하여 건전하고 강한 경쟁력 상승효과를 얻게 하여 글로벌시대에 맞는 조직이 갖추어야 할 필수경쟁력이며 기본원칙이다.

3) 직원의 직무윤리 의식개혁과 부패비용 감소

조직윤리는 직원에게 직무윤리를 확립하고 의식개혁을 통하여, 애사심, 자긍심 및 보람을 느끼게 하며, 세계적 윤리환경의 변화와 선진국의 '의식 글로벌화'에 기여하고, 철저한 내부 감시장치를 구축하며 임직원과 관련된 부패비용을 절감시키는 효과가 있다.

4) 21세기 건전한 기업이 되기 위한 조건

현대사회 기업의 윤리적 경영은 건전한 기업의 조건으로는,

① 기업의 목적으로 사회적 가치를 창조하는 기업이 되어야 하고,

② 이익의 질을 중요시 하는 기업으로, 재무회계와 환경보고서, 윤리감사보고서가 정직해야 한다.

③ 시민기업으로 사회적 책임을 다하는 기업이 되어야 하고,

④ 인간성의 기업으로서 사람은 비용이 아닌 자산으로서 복지향상에 목적을 두어야 하며,

⑤ 환경 친화적 기업으로서 Reduce, Reuse, Recycle, Recreate 등의 실천이 필요하다.

4.2 윤리경영의 환경변화와 사회적 책임

기업의 윤리경영을 '기업의 사회적 책임'이라 하여 경제적, 법적, 윤리적, 자발적 책임을 포함한 것으로, 그 책임을 4가지로 구분하여 이들을 잘 지키며 실행이 원만히 될 때 우리사회는 밝아지고 선진화가 되어 국가 전체가 선진국으로 거듭나게 될 것이다.

① **경제적 책임**은 기업 자체가 존재하는 목적, 투자자들에게 보상이 가는 한 이윤 또는 수익을 창출하는 책임을 말하며,

② **법적 책임**으로는 공정한 규칙 속에서 기업을 경영해야 하는 책임을 말하고,

③ **윤리적 책임**으로는 사회가 기대하고 요구하는 바를 충족시킬 수 있어야 하며, 법적 강제성을 띠고 있지는 않는다.

④ **자선적 책임**으로 자발적인 책임의 수행과, 윤리경영과는 다른 개념의 책임으로 사회에 공헌하고 기여를 하는 책임이다.

이러한 윤리경영과 청렴의 중요성에 있어서 조직이 명성을 얻는데 60년이 걸리지만, 그것을 잃는 데는 60초가 걸린다고 할 정도로, 윤리와 청렴은 아주 중요한 것이다.

4.3 기업윤리의 의사결정과 실천

4.3.1 기업윤리의 의사결정체계

기업에서 중요한 의사결정을 하는 시스템에서 합리적 의사결정을 해 가는데 있어 어떠한 상황 속에 존재하는 불확실성을 제거해 가는 과정으로, 다음 3가지의 단계가 있다.

1) 문제의 포착

문제 발생에 대한 정황을 확실히 파악하는데 있어서, '확실한 상태하의 의사결정'과 '불안전 내지 불확실한 상태하의 의사결정'으로 구분이 되는데, 후자의 경우가 더 복잡하고 일반적이다.

2) 문제의 분석

문제를 분류하는 다음 단계로, 분류의 원칙으로서, 결정의 장래성 정도(장래에까지 미칠 영향 정도), 타 부문에의 영향 정도, 문제되는 실적 요소의 수, 결정의 성질(일시적, 주기적인지 여부)로 나누어 전체를 달관함이 필요하며, 한 문제의 원인과 결과를 먼저 분석하고, 다음 상황 분석이 시작되어야 하는 것이다.

3) 상황분석

의사결정은 어떤 특정의 구체적 상황 아래 내려지며 관련된 여러 상황의 정보의 유무, 정확성의 정도가 결정의 내용을 규정하는 중요한 요소로, 이를 위해 정보 수집의 평가에서 상황분석이 필요하다는 것이며, 분석 후 이용 가능한 것으로 만들어야 결정에 가치있는 사실 전체가 될 수 있다.

4) 택일적 수단의 검토

상황분석의 결과 여러 해결 방안이 나타나게 되어, 분석 결과의 장·단점, 이해득실 문제, 간과된 점 등이 나타나므로, 이를 근거로 가능하고 합리적인 수단이 결정에 도달하기에 앞서, 택일적 수단이 검토되어야 하는, 환경변화에 대응하여 다음 문제를 해결하는 과정이 밝혀진다.

5) 해결책의 결정

여러 해결안에서 가장 유익한 것으로, 해결책이 제시되었을 때 몇 가지 방법으로, 각 해결책이 지닌 이득과 위험비교, 경제적 방안의 모색, 적시의 선택, 인적·물적자원의 절약 등이다. 한편, 의사결정 과정이 목표 지향적인 인간의 행동으로도 기본적인 프로세스를 밟는 것으로, 목표의 집합, 대체안의 집합 및 대체안의 실행으로부터 목표·가치·의사결정능력·성격·기타 정보활용 등이 내포된다는 것이 포함된다.

4.3.2 기업윤리 실천 프로그램 도입

기업윤리의 실천에는 기본 원칙으로 다음 표 5-16과 같이, 최고경영자의 확신과 명확한 윤리 강령과 구체적 행동준칙, 이해관계자 원칙 존중, 기업문화화, 윤리관리의 제도화, 평가

표 5-16 기업윤리의 성공적인 관리방법의 요약

기본 원칙	구체적 내용
1. 최고 경영자의 확신	1. 기업윤리는 시정경제 유지 발전에 필요 2. 기업윤리는 강력한 경쟁력 보유 3. 기업윤리는 기업의 장기적인 이익 4. 기업윤리는 부가가치를 창조
2. 명확한 윤리강령과 구체적 행동준칙	1. 정의론에 입각한 판단기준 2. 내부 고발자의 의무화 3. 행동강령 위배 시의 명확한 처벌규정 4. 경영책임과 윤리책임의 분리 5. 윤리강령은 범세계적이라야 한다.
3. 이해관계자 원칙존중	1. 이해관계자의 이익중시 2. 장기적인 관점에서 보아야 한다. 3. 윤리적 사고는 사전조치해야 한다. 4. 여론과 협력해야 한다.
4. 건전기업의 기업문화화	1. 경영계획 속에 윤리가 포함되어야 한다. 2. 종업원 업적 평가기준에 윤리 포함 3. 무리한 원가절감 요구나 가격 인하 회피 4. 자원봉사활동의 장려 5. 교육강좌
5. 윤리관리의 제도화	1. 윤리위원회의 설치 2. 윤리설과 윤리담당 임원 배치
6. 평가와 개선	1. 윤리관리제도의 개선 2. 윤리강령과 종업원 행동준칙의 개정

참고자료 : 기업윤리실천매뉴얼, 한국기업윤리학회, 전경연.

그림 5-9 기업의 사회적인 책임들의 구분

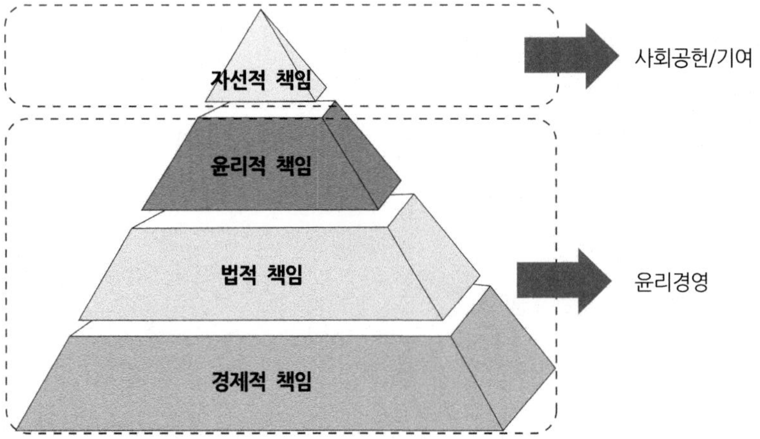

와 개선 순으로 진행된다.

4.4 부문별 윤리의 지적사항

4.4.1 생산 활동에서의 윤리 구분

생산관리적인 윤리는, 물리적 측면으로, 자원의 투입과 산출 과정에서 사용되는 생산기술력이 직결되어, 그 방법은 도용, 모방, 개량, 라이센싱, 창조, 5가지 중에 도용과 모방이 윤리적 문제를 일으킨다. 인간적 측면의 윤리로는, 각 개인에 관한 문제로 경영자와 관리자 윤리, 근로자 윤리 등이 포함되어 사회제도의 문제로까지 영향을 미친다.

경제적 측면의 윤리로는, 투입과 산출과정에서 소요되는 자원을 최소화하거나 물리적 측면의 윤리와 인간적 측면의 윤리가 관련되는 제비용을 최소화하는 것을 고려해야 한다.

또한, 생산관리윤리의 목표는 양질의 제품을 공급하는 것이고, 저렴한 원가로 생산하며, 생산 활동의 신속화로, 시간 단축과 매출이익을 향상시키는 효과가 있다.

1) 생산 활동에서의 윤리

(1) 설계관리

신기술의 개발에서 지식기반 정보화 사회에서, 첨단 생산기술, 벤처기술의 도용, 모방이 문제가 되며, 제작될 시방을 결정하는 중요한 단계로, 담당자가 결정해야 하는 설계의 원칙, 양심적인 계산, 지식적인 면에서 내용을 잘 숙지하여 설계에 임해야 하는 등의 윤리가 있다.

(2) 공정관리

작업이 계획대로 진행되도록 통제하는 윤리적인 관리활동으로, 3요소로 시장과 고객의 요구에 적용하는 품종과 품질을 제공하며, 적정한 시기에 적정한 수량을, 시장이 요구하는 가격으로 서비스로, 생산하는 활동의 기초단위의 윤리를 말한다.

(3) 자재관리

생산에 필요한 재료의 계획, 자재통제관리로, 적정한 자재를 구입하고 생산성을 높이는데 있어서, 자재 구입의 검사기준, 기타의 표준설정, 리드타임의 개선과 유지, 불량 감소, 표준품과 규격품의 사용, 자재 보관의 적절화, 파손의 방지, 생산 및 출하 판매의 적정 재고관리를 기해야 한다.

(4) 품질관리

고객과 소비자를 만족시킬 수 있는 제품을 경제적으로 공급하기 위해 수행되는 제품의 질에 대한 윤리적 활동으로, 품질표준의 설정, 제품의 검사, 품질의 유지와 향상을 위한 활동으로, 최근에 윤리적 품질관리에 의해 전사적으로, 각 분야에서 품질향상의식을 고취시키는 추세로, 신제품의 개발, 품질보증과 불량품 제조방지, 품질의 지속적인 개선 내지 고급화를 하는 면으로 목적으로 부각되고 있다.

(5) 재고관리

재고 통제에서, 원재료, 부품, 재공품 및 제품 등의 형태로서 기업 내부에 존재하고 있는 재고품의 양과 질을 최적하게 유지함으로써 생산 활동이 원활하게 진행되어, 기업의 수익성의 향상과, 재고 투자가 적정화가 되도록 계획·통제하는 관리활동이다. 이에, 역할과 목적이 재고 보유의 손실을 비교·평가하여 적절한 양과 질의 재고를 적정시기에 보유하고, 안전재고의 유지와 표준재고 등을 결정하는 관리 활동이다.

(6) 원가관리

기업 평가에서 기초가 되는 부문으로, 업적을 담당자에 대해 업적을 측정하고 평가하는 것이며, 현장에서부터 전제가 되어, 작업의 표준화, 조직의 정비, 원가인식의 확립이 있다. 역할과 목적으로는 시장가격에 대해 기업의 적정 이윤, 견적원가대로 생산 수행이 유지되도록 통제를 하는 것이며, 각 분야의 개선성과를 집약하여 원가개선에 반영한다.

(7) 근로자 윤리

생산 활동에서 중심적 역할을 하는 근로자의 직무만족의 여부의 근로자들의 책임에 대한 논의에서, 근로자의 권리를 주장은 노동자의 소외, 노동조건에 자신의 통제 부족, 노동자의 비인간화를 최소화 할 의무사항 등이 있으나, 근로자의 윤리문제는 생산성 향상의 여부가 중요한 부문으로, 이는 기업 이윤과 연관이 되고 고용 증대, 노동시간 단축, 임금 인상, 복지 후생 등이 개인의 저축으로 연결되어 생활안정을 촉진시킨다.

(8) 기타

경영계획과 실적의 투명성의 부족과 이면성, 각종 대외 보고서 작성에 있어서는 제출 대상, 용도에 따라 가식적이고, 실제와 다르게 작성하는 경우도 있다.

2) 인사 조직관리의 윤리

지식 경영사회에서 조직체계 상으로 중요한 인적자원에 대한 기능과 활동의 인사관리는 채용, 배치, 승진이 기본적이고, 이 과정에서 직무평가, 인사고가, 교육훈련, 임금관리, 복리후생, 징계와 해고관리가 있고, 인적자원 관리 면에서는 인간관계관리, 노사관계관리, 행동과학 등의 도덕과 윤리로 취급한다.

이런 지식경영 및 지식기반 사회에서 인적자본의 계획·협력·지휘를 포함하는 기능과 개인으로서의 종업원에 관한 선발, 교육, 배치, 직무분석, 고가, 면접, 승진 등이 포함되며, 관리자와 노동조합과의 관계, 단체교섭과 임금제도, 노사협의회와의 활동에 관심사를 갖고, 이를 전략적으로 사용되며, 조직의 구성원들이 내·외부 환경변화에 자발적으로 대응하면서 윤리적 경쟁력을 위한 조직의 목적 달성에 기여하도록 자율성과 책임성이 강조되고 있다.

3) 제품의 윤리

제품의 윤리는 사회적 관심이기 때문에 비윤리적인 문제는, 우선 법적 규제를 받아 소비자의 안전과 건전한 거래질서의 유지를 위하여 **제품안전문제, 제조물책임법(PL법), 제품보조문제**로 구분이 되며, 제품안전문제는 제품자체의 결함, 제품이 위험하게 만들어진 상태, 건강에 해로운 요소가 있는지 여부와, 제품 회수의 리콜제도, 모조제품으로 불법 제조, 상표모방, 원산지 허위표시, 상표등록권 침해 등이 있다.

제품인증인 유럽인증마크 CE마크의 기본이 제품안전에 대한 내용이 70%를 차지한다. 또한, 제품의 가격 윤리, 유통의 윤리, 판매원의 윤리, 제품 광고의 윤리, 광고 대행사의 윤리가 사회적으로 문제로 나타나는 것이 종종 발생한다.

4) 재무·회계의 윤리

재무윤리의 영역으로는, 자금조달에 관한 윤리와 기업의 소유 구조에 관련된 윤리문제로, 자금조달은 금융기관으로부터 조달에서의 관계, 사채조달 상의 관계, 증권시장과 관련된 문제로 이에 주가 형성에 미치는 윤리적 문제로 투자자의 신용도 하락으로 기업에 영향을 준다. 이러한 자본조달과 운용의 재무관리는 자본의 수익성 목표, 재무유동성 목표, 재무안전성 목표를 추구하는 재무관리의 3가지 목표에 의해서 이루어져야 한다.

또한, 회계부문에는 기업의 재무적 수입과 지출을 기록하고 이에 수반되는 기업의 수익과 비용을 명확히 기록·관리하는 것으로, 이에 경영성과에 대한 손익계산과 재무상태를 나타내는 대차대조표의 형태를 정리하는 과정에서, 기업의 자금조달부문의 **기업공개**로 회사가 발행한 주식을 일반 투자자에게 균일한 조건으로 공모 또는 이미 발행되어 대주주가 소유하고 있는 주식의 일부를 매출하여 다수의 주주에게 주식이 분산되는 것과, **기업내용 공시**로 특정한 유가증권의 투자판단에 필요한 기업내용과 관련된 정보를 보다 신속하고 정확하게 투자자에게 알려주는 것과, **내부자거래**로는, 유가증권의 가격에 영향을 미칠 수 있는 공개되지 않은 중요한 정보를 직무와 관련하여 취득하고, 이용하여 내부자가 당해 증권을 거래함으로써 부당하게 이득을 얻는 것을 말하는 거래를 말한다. 이는 불공정 거래행위로 이런 정보들이 투자자들에 공개되어야 한다.

5) 금융기관의 윤리

보통 금융기관이라 것은 자금의 수요와 공급을 매개하는 기관으로 여러 종류가 있어 은행과 은행 이외의 금융으로 구별되어, 금융기관은 기업이나 개인의 자금을 맡아서 관리하고 필요한 사람에게 제공하기 때문에 이러한 기능을 수행하는 과정에서 윤리적 문제가 발생하고 있다.

이러한 기능을 수행하는 과정에서 윤리적인 문제로, ① 금융기관의 자금조달 문제, ② 자금운영 문제, ③ 불공정 증권거래 문제, ④ 특혜금융과 구제금융 문제, ⑤ 기업의 금융기관 소유 문제, ⑥ 편법적인 채무불이행 문제, ⑦ 사금융 문제, ⑧ 예금자보호와 투자자보호 문제 등이 대상이 된다.

그 외에 관련이 되는 회계사 윤리, 공인회계사 윤리, 투명성 제고와 회계제도의 개선 등이 대상이 된다.

6) 정보관리의 윤리

컴퓨터와 인터넷의 활용과 의존이 높은 정보화 사회에서, 기존의 수작업으로 생산된 정보와 자료들이 컴퓨터로 변환되어 하드에 저장되고 네트워크를 통해 필요한 사람들에게 배포된다. 이러한 정보사회에서 정보보완의 기본욕구로, 비밀성은 문자 그대로 정보의 소유자가 허락하지 않는 한 그 정보의 비밀이 유지되어야 한다는 것으로, **암호화와 접근통제**를 하는 것이고, 무결성에 있어서는 인가받지 않은 사람이 정보의 내용을 변조하는 것으로부터 정보를 보호하는 것을 말한다. 특히 전자문서는 변조 후에도 흔적을 발견하기가 어려워 비인가자의 의도적인 변조행위 뿐만 아니라 네트워크를 통한 전송변경 방지도 포함이 된다. 인증은 본인확인 요구사항으로 어떤 문서가 전자적으로 작성되어 보관되거나 전송되었을 때 본인에 의해 작성된 것임을 확인하는 조치의 인증이다.

가용성에는 정보시스템이 필요한 때 언제든지 가동상태에 있어 서비스를 제공할 수 있어야 하는 것을 뜻한다.

정보화 사회의 윤리문제로, 프라이버시 문제, 전달의 정확성 문제, 정보의 소유권 문제와 재산권, 접근성에는 취급기술, 정보의 저장, 처리, 전달기술이 있어야 하고, 정보 그 자체에 접근을 할 수 있어야 한다.

중요한 내용으로, 정보화의 범죄와 해킹문제가 자자한, 자금절도에서는 컴퓨터시스템에 침입, 돈을 빼내는 절도행위, 정보절도에서는 컴퓨터를 통해 기업의 영업비밀, 각종 자료를 몰래 복사하는 행위, **시간절도**에서는 회사의 컴퓨터시간을 회사업무 이외의 목적으로 회사의 허락을 받지 않고 사용하는 경우에는 **컴퓨터시간의 절도**에 해당되는 것이다.

또한, 해킹의 문제에서는 취약점 정보수집, 버퍼오버플로우 취약점, 사용자도용, 전자우편 관련 공격 등이 있고, 정보윤리의 영역문제로는, ① 정보에 대한 권리와 의무 및 프라이버시, ② 지적소유권, ③ 컴퓨터 관련 범죄와 보안, ④ 책임과 통제, ⑤ 시스템 및 소프트웨어 품질과 정확성, ⑥ 컴퓨터 전문가들의 직업윤리, ⑦ 컴퓨터의 사회적 의미 등이 있다.

우리나라의 정보윤리기준에서는 관련되는 여러 기관들이 많이 있는데, 정보통신윤리위원회에서는 다음과 같은 정보심의기준을 가지고 있다.

① 반국가적 내용, ② 인권침해 내용, ③ 인명경시 내용, ④ 법과 질서의 존엄성저해 내용, ⑤ 공개금지를 어긴 내용, ⑥ 음담패설 내용, ⑦ 위화감조성 내용, ⑧ 비과학적 생활태도조장 내용, ⑨ 공중도덕과 사회윤리저해 내용, ⑩ 국민정서에 반하는 내용, ⑪ 신앙의 자유에 반하는 내용, ⑫ 저작권침해 내용, ⑬ 의약 등의 오남용조장 내용, ⑭ 불건전오락물 등의 내용이 있다.

7) 환경관리의 윤리

우루과이라운드 협상에서 그린라운드에 의해 세계무역기구(WTO)가 만들어진 그린라운드의 기본내용이 ① 정부의 환경관련 규제조치 — 투명성 보장, ② 제품의 생산방식 및 공정에 관한 규제기준-규제기준, ③ 환경보조금, 환경마크, 포장규제 등의 시행기준-시행기준, ④ 환경 비용차이의 상계관세 부과-상계관세부과로 되어 있고, ISO 14001의 환경경영시스템을 인증으로, 제품의 개발, 설계, 생산, 유통, 폐기물처리의 전 과정을 대상을 관리하는 환경경영시스템이 적용되고 있다.

환경문제의 유형에서 국내에서 배출되는 관리 대상으로는,

① **대기오염** : 아황산가스, 일산화탄소, 질소산화물, 분진 등

② **수질오염** : 각종 유기물질, 중금속, 부유기물질 등

③ **폐기물** : 일반폐기물, 산업폐기물, 핵폐기물 등

④ **기타** : 토양오염, 해양오염, 자연환경파괴 등

지구환경에서는,

① **기후변화** : 탄산가스, 메탄, 질소산화물, 프레온, 오존 등

② **오존층파괴** : 프레온, 할론, 사염화탄소

③ **산성비** : 아황산가스, 질소산화물

④ **기타** : 유해 폐기물의 국경 이동, 사막화, 생태계 파괴 등이 있다.

이러한 관리대상의 **환경개선**의 분야와 **대책**으로는,

① **공해방지** : 대기오염, 수질오염, 소음, 진동, 악취, 토질오염, 지하수 오염방지, 환경사고대책, 제품사용의 오염방지, 공장신설에 따른 오염방지가 있다.

② **폐기물 배출의 억제** : 폐기물의 축소(Reduce), 다시 쓰기(Reuse), 폐기물의 적당한 처리, 사용 후의 폐기물 회수, 재활용(Recycle) 처리

③ **자연환경 보고** : 공장 신설관련 환경영향 축소에서, 지형, 지질, 식물, 동물, 경관, 야외오락지역에 대한 환경영향 축소, 산림녹화운동

④ **용수에너지 효율화** : 용수, 전기사용절약, 효율화

⑤ **지구환경대책** : 이산화탄소, 메탄배출억제, CFC, Halon 사용금지

⑥ **환경관리** : 전담부서 설치, 환경 각서제 실시, 환경관리의식, 전문 교육 · 홍보 등이 필요

8) 하도급 계약윤리

불공정거래로 이면계약, 리베이트, 비자금 수수 등등 많은 비리가 있는 관계의 윤리문제가 우리사회에 팽배되어 있는 것이 현실이다. 특히, 외주 하도급자의 관계에서 발주를 받기

위한 비윤리적인 행위, 발주 받는 측에 불리한 조건(2중 계약), 덤핑계약, 담합관계 등이 있다. 이러한 불합리한 계약들은 투명사회에서 멀어져야 하지만 관형의 잔재가 아직 남아있다.

9) 국제경영의 윤리

글로벌사회에서 국제적인 비즈니스를 만들어 가는 데에는 기본적으로 갖추어야 할 사항이다. 수출, 기술이전, 해외생산 등의 모든 국제거래형태에서 유엔에서는 "다국적기업에 대한 윤리강령"을 제정하여 적용하고 있다.

이에, 비윤리적 행위에 대한 분류에서는, 다국적기업의 윤리의 기본적인 기준은 현지국의 기업과 동일하게 현지국의 법규위반, 현지국의 사회적 규범의 위반 여부가 중요한 사항이다. 이에 관련되어 마찰이 되는 ① 법규간의 마찰형, ② 사회적 책임간의 마찰형, ③ 법규와 사회적 책임간의 마찰형이 있고, 또한 현지국의 법규의 위반에서의 뇌물제공, 세금포탈, 정부 전복기도, 비합법적 정권의 지지가 있고, 규범의 위반에서는 불평등계약, 불공정한 노사협정, 불공정거래의 강요, 특혜조치 요구, 전략산업/특화산업/육성산업의 지배 등의 규범위반 사례가 생길 수 있다.

10) 청탁금지법

고객과의 관계에서 발생 가능한 비윤리 행위로, 누구나 잘 알고 있는 다음 4가지로 근절되어야 하는 것들이다.

① 금품, ② 향응, 접대, ③ 편의, ④ 제3자 부당개입 등은 공정한 경쟁과 사회적 신뢰를 저해하여 불필요한 사회적인 비용을 발생하는 낭비 요소들이다.

이에, 미국 존스홉킨스대학의 프랜시스 후쿠야마 교수는 "사회 전반에 광범위하게 퍼진 불신은 모든 형태의 경제활동에 세금을 부과하여, 그 세금은 신뢰가 높은 사회라면 지불하지 않아도 된다"는 것이다.

4.4.2 청탁금지법의 범위

사회적인 청렴문화를 정착시키기 위해서 국민권익위원회에서 나온 법으로, 부정청탁 및 금품 등 수수의 금지에 관한 법률로 공직자뿐만 아니라, 그 외 업무와 관련된 사람들도 이 15가지에 해당이 된다.

(1) 인 · 허가 등 업무 처리

인 · 허가 등 직무 관련자로부터 신청을 받아 처리하는 직무에 대하여 법령을 위반하여 처리하도록 하는 행위

(2) 행정처분 · 형벌부과 감경 · 면제

인가 · 허가의 취소, 조세, 과태료 등 각종 행정처분 또는 형벌부과에 관하여 법령을 위반하여 감경 · 면제하도록 하는 행위

(3) 채용 · 승진 등 인사 개입

채용 · 승진 · 전보 등 공직자 등의 인사에 관하여 법령을 위반하여 영향을 미치도록 하는 행위

(4) 공공기관 의사결정 관여 직위 선정 · 탈락에 개입

법령을 위반하여 각종 심의 · 의결 · 조정 위원회의 위원, 공공기관이 주관하는 시험위원 등 공공기관의 의사결정에 관여하는 직위에 선정, 탈락되도록 하는 행위

(5) 공공기관 주관 수상 포상 등 선정 탈락에 개입

공공기관이 주관하는 각종 수상, 포상, 우수기관 선정 또는 우수자 선발에 관하여 법령을 위반하여 특정 개인 · 단체 · 법인이 선정 또는 탈락되도록 하는 행위

(6) 입찰경매 등에 관한 직무상 비밀 누설

입찰 · 경매 등에 관한 직무상 비밀을 위반하여 누설하도록 하는 행위

(7) 특정인 계약 선정 탈락에 개입

계약 관련 법령을 위반하여 특정 개인 · 단체 · 법인이 계약의 당사자로 선정, 탈락되도록 하는 행위

(8) 보조금 등의 배정 지원, 투자 등에 개입

보조금 · 장려금 · 기금 등의 업무에 관하여 법령을 위반하여 특정 개인 · 단체 · 법인에 배정지원하거나 투자 · 출자 등을 하도록 개입하는 행위

(9) 공공기관이 생산·공급하는 재화 및 용역의 비정상적인 거래

공공기관이 생산·공급·관리하는 재화 등을 특정 개인단체법인에게 정상적인 거래관행에서 벗어나 매각사용 등을 하도록 하는 행위

(10) 학교 입학·성적 등 처리·조작

각급 학교의 입학·성적·수행평가 등의 업무를 법령을 위반하여 처리·조작하도록 하는 행위

(11) 징병검사 등 병역 관련 업무 처리

징병검사, 부대배속 등 병역 관련 업무에 관하여 법령을 위반하여 처리하도록 하는 행위

(12) 공공기관이 실시하는 각종 평가·판정 업무 개입

공공기관이 실시하는 각종 평가·판정 업무에 관하여 법령을 위반하여 평가 또는 판정하게 하거나 결과를 조작하는 행위

(13) 행정지도·단속 등 결과 조작, 위법사항 묵인

법령을 위반하여 행정지도·단속 등 대상에서 특정 개인단체법인이 선정·배제되도록 하거나 그 결과를 조작 또는 묵인하게 하는 행위

(14) 사건의 수사 재판 등 개입

사건의 수사·재판 등 또는 이에 준하는 업무를 법령을 위반하여 처리하도록 하는 행위

(15) (1)~(14) 유형에 대한 지위 권한 남용

위 (1)~(14)까지의 업무에 관하여 공직자 등이 법령에 따라 부여받은 지위·권한을 벗어나 행사하거나 권한에 속하지 아니한 사항을 행사하도록 하는 행위

예외 사유로 7개 가이드라인이 있는데,

① 법령·기준에서 정하는 절차·방법에 따라 특정한 행위를 요구하는 행위

② 공개적으로 공직자등에게 특정한 행위를 요구하는 행위

③ 선출직 공직자·정당·시민단체 등이 공익적 목적으로 제3자의 고충민원을 전달하는 행위

④ 공공기관의 직무를 법정기한 안에 처리해 줄 것을 신청·요구하거나 확인·문의 등을

하는 행위

⑤ 직무 또는 법률관계에 관한 확인 · 증명 등을 신청 · 요구하는 행위

⑥ 질의 또는 상담형식을 통하여 직무에 관한 · 제도 · 절차 등에 대하여 설명이나 해석을 요구하는 행위

⑦ 그밖에 사회상 규범에 위배되지 아니하는 것으로 인정되는 행위가 있다.

4.4.3 ISO 37001의 반부패 경영시스템인증

국제표준화기구에서 ISO 37001의 반부패경영시스템에 있는 목차의 주요 내용으로 다음 5가지를 소개하면, 이는 조직상에서 최고경영자 또는 권한이 주어진 사람들의 부패방지를 위한 제3자의 평가를 받는 시스템으로 국제적으로 공인화가 되어 있다.

① 조직은 뇌물수수 등 부패 행위가 일어날 수 있는 대상 또는 리스크를 식별 · 평가하고 예방 · 탐지 · 대응 계획을 수립 · 시행한다.

② 최고경영자가 부패방지 경영의지를 표명하고 주기적으로 실행 여부를 점검 · 감독한다.

③ 부패방지준수 책임자를 임명하여 부패행위에 대한 모니터링체제를 갖추고 지속적으로 평가 · 개선을 한다.

④ 최소 1년에 1회씩 시스템적으로 작동되고 있는지 자체점검하고, 제3자(인증기관)에 의한 적합성을 받는다.

⑤ 국제표준화기구(ISO)에서 만든 규정을 따르는 것으로 국제적 신뢰를 받는다.

우리나라 『김영란法』에서 정한 조직의 부패방지 노력의 증거(사업주 면책)도 될 수 있다.

제5절 기록보존문화의 조성과 실패 경험의 관리

5.1 기술 자료의 등록과 보존

유네스코에 등록된 국보 제32호인 우리의 '고려팔만대장경'의 기록문화는 우리민족의 위대한 유산이다. 왜 이런 엄청난 기록물을 만들어 남겼을까, 이것은 고려시대 때 원나라의 침입에 맞서서 국운이 어려울 때 불경의 심오한 뜻을 불심의 힘을 모아 난국을 극복하려는 것으로, 고려 고종, 서기 1236년에서 1251년 사이 16년간에 걸쳐 제작을 하였으며, 투입된 연인원이 2만 명에, 1,000여명의 목각수들이 공동으로 제작한 대장경은 총 86,340의 경판으로 5,200여만 자로, 구양순체로 표준화가 되어 있고, 완벽한 목차(indexing)를 갖추고, 오자와 탈자가 하나도 없는 완벽한 대작이며, 780여년이 지난 지금도 변화가 없는 목판으로 된 기록물이다. 그러니 우리 민족은 문화 민족임이 틀림없다.

한편, 성경(聖經)은 총 66권으로, 1,600여 년 동안에 걸쳐 만들어졌으며, 40여 명의 저자인 왕(王), 시인, 선지자, 정치인, 철학자, 어부 등 많은 사람들이 참여하여, 내용 구성 등이 인간 생활과 완벽하게 일치하는 세계 최고의 베스트셀러이며, 신앙의 최고 법전이 되는 책이다.

이러한 '기록보존문화'의 유산들을 볼 때, 기업에서 일어나는 일의 기록과 보존의 사고(思考)를 달리하여, 후배들이나 다음 세대가 봐서 참고가 되는 자료를 남겨야 할 것이며, 현대 사회는 컴퓨터의 발전과, 첨단기술, IoT, AI 등으로, 엄청난 자료들이 쏟아져 나오고 있어, 필요한 자료들의 정리, 기록과 활용, 보관하는 습관을 길러야만 할 것이다.

그림 5-10 '고려팔만대장경' 경판의 하나

경판 하나의 크기는 가로 70㎝, 세로 24㎝ 내외,
두께는 2.6~4㎝, 각 판의 무게는 3~4㎏,
글자는 각 판의 앞뒤 양면에 440자 내외,
각 글자의 크기는 가로·세로 2.0㎝ 정도

5.1.1 기술 자료의 정리와 표준화(Data Base)

표준화에서 하는 여러 가지 업무, 제품의 품질과 형상, 제조방식 등을 자유방임적인 상태로 두고, 어떤 약속에 기초로 공통화, 단계화를 하여 일정의 질서를 유지하면서 업무수행의 정확성과 통일성, 속도 등을 올리기 위해 규정을 확립하는 것이 필요로 하며, 가종 업무를 표준화를 함으로써 다음에 만든 생산시스템은 기존의 시스템에서 얻은 기술 · 노하우가 반영 · 활용되어지고, 보다 강한 제조기술력을 쌓기 위함으로 조직적으로 실시하는 것이 중요하다.

5.1.2 쉽게 찾을 수 있는 파일과 Index화

도서관의 서적관리시스템, 서점에서의 책배치는 분야별 구분 안내, 이러한 관리는 자료 찾기의 기본으로, 누구나 쉽게 찾도록 되어 있는 것과 같으며, 여기에서 간단한 전산관리시스템을 적용하면 많은 자료관리도 쉽게 할 수 있으며, 보안관리 측면에서도 안심이 될 수 있는 것이 된다. 또한, 자료의 가치에 따라 보존과 폐기 등의 관리도 쉽게 할 수 있다.

5.2 실패 경험에서 쌓는 기술력

실패는 그 자체로 배울 점이 많기에 비난해서는 안 되며, 실패의 다음은 성공이라는 사실을 잊지 말아야 한다. 창조는 갑자기 되는 것은 아니고, 수없이 실패를 거듭하는 데에서 이루어지고, 목표에 관한 체계적 사고를 하면, 이윽고 성공의 결실로 이어지는 것은 옛날부터 전해오는 말이다.

학습에는 실패가 따르기 마련이고, 자기자신이 실패한 것은, 다음에는 어떻게 하든 실패를 회피하려고, 자신의 행동을 어떻게 수정하면 좋을지 생각하고 실행하면, 숙달할 수 있다는 것이다.

한편, 실패는 누구든 하고 싶지 않은 것으로, 특히, 자신이 조직의 일원이라면 실패가 드러냈을 때, 큰 실패라면 처벌의 대상이고, 그에 대한 영향이 크지 않아도 월급의 사정에 영향과, 회사 평판이 떨어지며, 떠들썩하는 여러 사람들의 화젯거리가 되고, 회사에 다니는 것도 싫어지게 될 수 있다. 그 때문에 자신의 실패에 남들이 눈치 채지 않을 때는 그것을 숨겨

버리고 싶어 하는 것은, 인간으로서의 자연적인 반응이다.

상사로 있는 사람의 입장도 자신의 실패는 물론, 부하의 실패를 숨기려 하는 동기는 같고, 자신의 관할 범위 내의 실패는 자신의 실패가 된다.

실패에 관한 정보가 숨기고 버리면, 조직으로서는 큰 마이너스(−)가 되고, 실패가 된 상태에 있어서, 거기에서 최고 좋은 수단으로 복원을 하고 싶어 하고, 그 복원은 해당 조직이 한마음으로 대응을 취하는 것이 좋다.

5.2.1 실패의 주요 원인

실패 원인 분석 대책안과 수립과 방지책, 이를 계기로 하여, 자극(刺戟 : Stimulation)과 분발(奮發 : Exertion)을 할 수 있는 기회로 만들자는 것이다. 따라서, 가장 기본적인 것으로,

① 현장, 현물을 잘 보지 않고 문제를 해결하려 한다.

② 정보를 잘 남겨두는 방법이 매우 서툴다.

③ 문제를 복잡하고 어렵게 생각하려고 하는 경향이 있다.

④ 문제를 보는 순간에 이미 선입견에 사로잡힌다.

⑤ 알고 있는 범위 내에서 결론을 도출하려고 한다.

⑥ 개선에 돈을 많이 들이려고 한다.

⑦ 한번 개선에 실패하면 완전히 포기하고 만다.

5.2.2 실패하기 쉬운 생략행위와 억측판단

1) 생략행위

생략 행위에서 일어나는 실수 또는 사고는, 작업 순서를 빠뜨린다든가, 규정을 무시한 동작과 행위가 관련되는 것이 많아, 이것을 『생략행위(省略行爲)』라고 말한다. 현장에서 일어나는 안전사고들은 대부분 생략하는 행위에서 일어난다고 볼 수 있고, 휴먼에러를 일으키는 것은, 자신이 숙달한 재량이라 생각하여 이 같은 행위를 저지르는 것이다. 생략행위를 방지하는 데에는, 자기중심적인 감정을 억제하는 힘을 강한 트레이닝을 하거나, 풀프루프장치 적용, 작업 중간에 정기적 점검 등으로 관리를 하면 개선될 수 있다.

2) 억측판단

억측판단에서, 명백한 근거도 없는 것으로 하여,『괜찮다』,『문제 없어』,『이 정도면 충분해』하는 본인 주관으로 결정을 내려 진행하는 것을『억측판단(憶測判斷)』이라 한다. 이에 4가지의 이유가 있을 수 있다.

① **강한 원망(願望)** : 위험성이 있는 곳에서 경보가 울리는 데에도 괜찮겠지 하며 진행을 하다 사고를 일으키는 유형이며,

② **정보와 지식의 불확실한 이해** : 안전율을 무시하거나, 막연한 이해를 기초로 하여 억측스런 행위에 의해 일어나는 사고와 실패이다.

③ **과거의 경험** :『이 정도면 될거야』하는 자기경험을 비추어 결정해 버리는 행위이며,

④ **선입관** : 어떤 대상에 대하여 자기가 이미 마음속에 가지고 있는 고정적인 관념을 적용해버리는 행위로, 안전과 실수에 대한 배려를 가로막고 사고에 이르게 한 행위이다.

5.3 실패의 교훈과 방지책

5.3.1 실패가 주는 교훈

제조업 분야에는 여러 가지 실패들이 있는데, 이것들이 주는 교훈의 대표적인 4가지로,

① 설계 계산의 실수로 한, 제품의 일부에 강도가 부족하거나, 잠깐 사용으로 바로 망가져 버린 경우

② 제조 공정에서, 도면에 지정된 이외의 싼 재료를 사용하여, 바로 약해서 제품 자체가 사용하지 못하게 된 경우

③ 하청 공장의 제작 정밀도가 나빠서, 완성된 제품의 절반도 시장에 못나갔을 경우

④ 애프터서비스로, 신제품에 구형 모델의 부품을 유통시켜 맞지 않았을 경우

등의, 실제로 많은 사고 사례가 있어, 그것에 대한 하나하나에서 우리는 배우는 게 많다. 실패 사례는 그것에서 얻는 교훈이 있고, 배우는 사람에 있어서는, 교훈을 정리하여 남겨 두면 다음 사람이 실패를 반복하지 않는 교훈을 살리고 싶은 것이 있다. 그런데, 교훈 그 자체는 담당자에게는 잘 전해지지만, 사용자의 의식 탐층부를 메우는 것은 쉽지 않다.

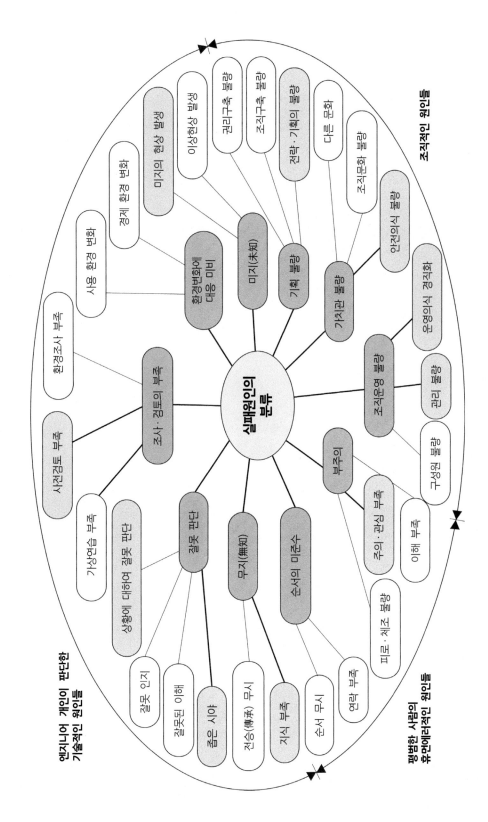

그림 5-11 실패지식 데이터베이스의 시나리오 검색용 원인들

5.3.2 실패 방지책

실패를 하지 않도록 하는 것은 먼저 원인을 분석하면 이들의 해결책이 나올 수 있다고 본다. 2장 1.5항의 표 2-2(148, 149쪽) 설계와 관련된 실패의 시나리오군(群)에서 나온 봐와 같이 자세한 내용을 구분하여 3가지로 나누고, 부문별 상세 원인을 추적한다.

① 엔지니어 개인이 판단한 기술적인 원인으로, 무지(無知), 잘못된 판단, 조사 · 검토의 부족, 환경 변화에 대한 대응 미비 등이 있고,

② 조직적인 원인으로, 미지(未知), 기획 불량, 가치관 불량, 조직운영 불량 등이 있고,

③ 평범한 사람의 휴먼에러적인 원인으로는, 부주의, 순서 미 준수, 개인 역량 부족 등이 있다.

제6절 기업문화 정착을 위한 사풍 조성과 비전

6.1 기업문화의 개념과 조성

기업문화란 기업의 전통이나 관습이며, 구성원인 경영자와 근로자가 공유하는 가치관, 신념, 이념, 규범 및 지식과 기술을 모두 포함하는 종합적인 체계이다.

구성원을 갖춘 기업에서 오랜 기간에 걸쳐서 구성원들의 가치관과 행동에 의식화, 또는 체질화된 전통이면서 문화적 성격으로서, 기업의 경쟁력이 개발되고 정착되어 오면서 각각의 문화적 특성은 밀접한 관계 속에서 각 조직의 조직행동과 기업성과에 절대적으로 영향을 주는 힘인 것으로, 이러한 속성을 **기업문화**(cooperate culture)라 하며, 조직의 이런 성격이 기업경영 문제를 해결하는 데에 도움이 되는 접근 방법이다.

6.1.1 기업문화의 기본 프레임

기업문화에는 기본적인 7가지의 개념에서 조직에 실질적인 도움을 주는 요소들을 보면,

(1) 공유가치

기업체의 구성원 모두가 소유하고 있는 전통적인 가치관과 기업의 목적이며, 다른 기업문화 구성요소에 지배적인 영향을 줌으로써 기업문화형성에 가장 중요한 요소이다.

(2) 전략

기업의 장기적인 방향과 기본성격을 결정하는 경영전략으로서, 장기적인 목적과 계획에서 실행성과의 달성을 위한 자원배분패턴으로, 기업의 이념과 목적, 기본가치를 중심으로 기업 운영에 장기적인 방향을 제시하며 다른 구성요소들에 영향을 주는 요소이다.

(3) 구조

기업체의 전략을 수행함에 있어 필수적인 도구로, 조직구조의 직무설계, 권한과 방침 등 구성원들의 역할과 상호관계를 지배하는 공식요소이다. 여기에는 관리시스템과 더불어 구성원들의 일상업무 수행과 행동에 많은 영향을 주는 요소이다.

(4) 관리시스템

경영에서 의사결정과 일상운영에 틀이 되는 관리제도와 절차로, 기본가치와 일관성이 있고 장기적인 전략목적달성에 적합한 보상제도와 인센티브, 경영정보와 의사결정시스템, 목표설정, 성과에 대한 측정과 조정 · 통제 등 각 분야의 관리제도와 절차를 포함한다.

(5) 구성원

기업문화의 구성요소로서 인력구성과 구성원들의 능력, 전문성, 가치관과 신념, 욕구와 동기, 지각과 태도, 행동패턴 등을 의미하며, 인력구성과 전문성은 기업이 추구하는 전략에 의해 영향을 받는다.

(6) 기술

기업문화를 형성하고 있는 중요요소로, 기계설비 장치와 함께 생산 및 정보처리분야의 물리적인 하드웨어와, 이를 사용하는 소프트웨어기술이 포함되며, 구성원들에 대한 동기부여와 행동강화, 갈등관리와 변화관리, 목표관리, 예산관리 등이 경쟁력에 적용되는 관리기술과 기법이 포함되는 요소이다.

(7) 리더십 스타일

조직의 구성원을 이끌어 가는 전반적인 조직관리의 스타일로서 구성원들의 행동조성과 그들 간의 상호관계와 조직분위기에 직접 영향을 주는 요소이다. 기업의 개방적, 참여적, 온정적, 유기적인 성격 등이 일상경영에 적용되는 관리 및 리더십 스타일로부터 많은 영향을 받는 요소이다.

미국의 실리콘밸리의 넷플릭스(자유와 책임의 의미)라는 인재 경영철학으로 이 이론을 만든 패티매코드는 기업의 5가지의 새로운 개념의 사상과 문화가 있는 곳으로 '**자유와 책임**'이다. 그 원칙은 우수한 인재들에게 최대한 자유를 주고 규율은 최소화 하면 뛰어난 성과를 낸다고 보는 것이다.

(1) 자유를 누리되 책임을 져라

기업의 규모가 성장할수록 직원의 자유가 줄어들지만 반대로 회사가 클 때 자유를 늘려, 창의적인 사람을 계속 끌어들이면 지속 가능한 성공을 누릴 수 있다는 논리이다.

(2) 최고의 인재가 모인 곳이 최고의 직장이다

"훌륭한 일터는 비싼 점심 제공, 고급 사무실을 제공하는 곳이 아니라 최고의 동료를 가득히 제공해 주는 곳"이라 하여 각 분야에서 최고의 인재들을 모으고 직원들의 인력풀을 A급으로 유지하기 위해 정기적으로 솎아 낸다는 것이다.

(3) '**열심히**'보다 '**잘**' 해라

회사에 충성하고 열심히 일하는 것은 덜 중요한 요소로, A급의 노력을 기울였는데 성과는 B급에 머문다면 조직을 떠나도 좋다는 것이며, 최소한의 노력으로 A급의 성과를 내면 권한을 늘리고 월급을 올려 주는 얼마나 빨리, 많이, 잘했는지가 중요하다.

즉, 정해진 시간에 일의 결과가 질적인 면, 양적인 면, 처리시간의 3가지 결과를 따지는 것이다.

(4) 내 **몸값**을 알아라

조직의 모든 직원의 월급을 업계 최고 수준에서 유지하여 A급 엔지니어가 입사하면 업계에서 가장 잘 나가는 엔지니어들이 받는 보수에 맞춰 준다는 것이다.

(5) 자기계발을 회사에 맡겨두지 말아라

현재 직장이 평생직장은 아니라 사람에 따라 같은 회사에 머무는 것이 성장의 기회를 저해하는 것이 될 수도 있다는 것이다. 그래서 직원들이 스스로의 경력관리에 대한 회사에 의존하거나 맡겨두는 것을 원하지 않는다는 것이다.

6.1.2 조직문화의 구분과 역량 발휘

혁신의 요구 속도는 점점 빨라지는데 기업 내의 역량에는 한계가 있기 때문이다. 이러한 변화는 집단주의가 강한 조직에서는 다소 어려울 수밖에 없다. 왜냐하면 집단주의는 내가 속한 집단에 대해서는 자기 이익을 희생할 정도로 애정을 보이는 반면, 다른 조직에 대해서는 개인주의보다 더 경쟁적이거나 공격적 성향을 보이기 때문이다.

개인주의는 집단주의보다 타인에 대해 더 신뢰를 보이고 다양성에 관대한 경향이 있다. 외부인과 업무 중심으로 신뢰 관계를 구축하여 협업하는 것이 중요해지는 환경에서는 집단주의가 한계를 보일 수밖에 없다. 다양성과 창의성이 성과 창출의 주요 요인으로 부상하고 있는데, 집단주의에서는 창의성 발현에 다소 한계가 있다는 점이다.

그림 5-12 트라이언디스(Triandis)의 4가지 문화 구분 모델

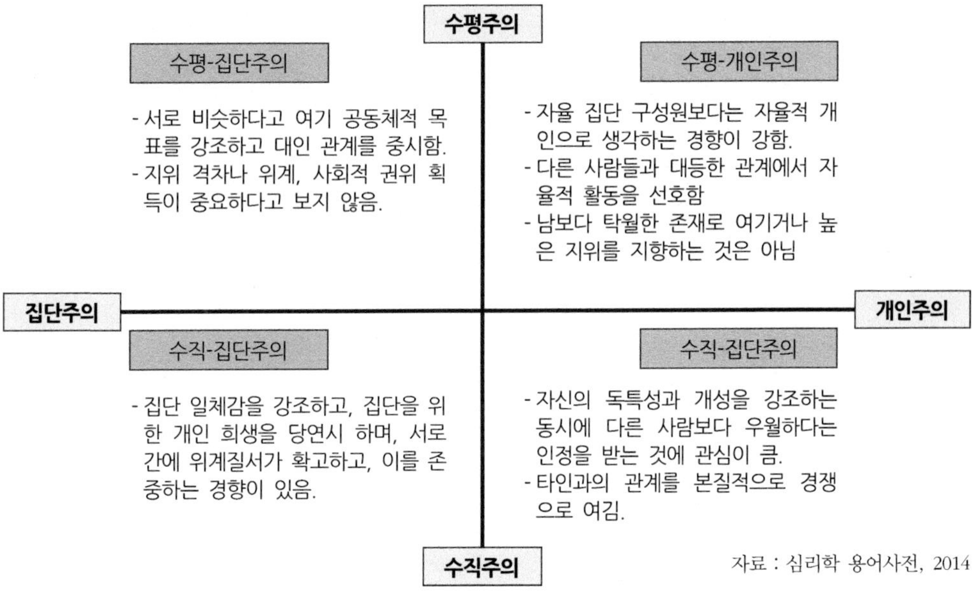

자료 : 심리학 용어사전, 2014

1) 트라이언디스 문화적 구분

위 그림 5-12에서 이 집단주의 문화에서 강하게 나타나는 구성원 간에 동조 압력 때문이다. 창의적 성향이 높은 사람들은 독립적이고 자율성을 지향하며 자신감이 넘치는 특징을

보인다. 그런데, 집단주의 조직에서는 다수의 견해에 따르고 권위에 순종적이며 동질성을 지향하기 때문에 창의성 발휘가 어렵다.

연구에서 집단주의는 조화와 협력을 촉진하긴 하지만 혁신을 촉진하는 창의성은 제대로 작동하기 어렵다고 한다. 따라서 창의성을 조직의 핵심적 가치로 지녀야 할 조직은 모든 구성원을 평등하게 대하고, 각자의 독창성을 인정하는 수평적 개인주의 문화를 개발하는 것이 효과적이라 볼 수 있고, 경직된 조직 논리나 전통(legacy)을 깨고 유연함을 갖추기 위해서도 개인주의를 고려해볼 수 있다.

집단주의가 강한 조직은 집단의 힘이 매우 강해서 조직 논리를 혁신적으로 깨뜨리기가 상당히 어렵다. 오히려 다양한 생각이 공존하고 있는 개인들이 집합된 형태라는 면보다 유연하고 빠른 변화를 꾀하기 쉬울 수 있다. 조직 내에서 합리적 개인주의를 싹을 틔우려면 집단주의가 보이는 장점에도 불구하고, 최근 여러 가지 병폐를 보이듯 개인주의가 자칫 이기주의로 전락되면 기업의 존폐에 위협을 느낄 것이라는 두려움 때문이다.

그런데, 우선 개인주의와 집단주의는 서로 반대의 개념은 아니다. 이 조건은 한 조직 내에서도 공존할 수 있고, 다만 상황과 조건에 따라 변할 수도 있다는 것이다.

또한, Triandis의 연구에 따르면 개인주의와 집단주의에 수직주의, 수평주의 개념을 더한 변형된 모습들도 소개되고 있다. 즉, 집단주의의 장점을 취하면서도 그 속에서 합리적 개인주의를 싹틔움으로써 새로운 문화를 만들 수 있다는 것이다.

2) 디지털적인 문화

조직문화는 현대 사회에서 보는 시각으로는, 디지털 문화(digital culture)로 시스템의 변화에 따라서, 조직의 팀, 절대 평가 방식의 강화 등은 조직문화의 변화가 없이는 성공하기 어려우며, 아무리 좋은 제도를 도입한다고 해도 사람들이 활용하지 않으면 무용지물이 되고 만다. 새로운 조직문화는 새롭게 변하는 조직 구조와, 시스템과 정합성(整合性)을 가져야 한다. 미국 MIT의 '디지털 시대에 적합한 조직' 보고서에 따르면, 디지털화에 적극적인 기업들은 조직 구조와 시스템뿐만 아니라 '디지털 문화'를 배양하기 위해 많은 노력을 기울이고 있다는 것이다. 이들은 과거에 '효율성을 높이고, 마진을 개선하며, 리스크를 최소화'하는 데에 주력을 했다면, 지금은 '실험과 속도를 중시하고, 리스크를 두려워하지 않으며, 협력과 수평적인 커뮤니케이션을 장려하며, 데이터에 기반한 의사결정'을 강조한다.

조직문화에 영향을 주는 핵심적인 레버는 리더십으로, 연구 결과들에 따르면 기업에서 리

더십을 바꾸는 방법은 2가지로,

　① 사람을 바꾸는 인적 쇄신의 방법이고,

　② 교육 · 훈련 · 학습이다.

　많은 전문가들은 인적 쇄신의 방법이 더 효과적이라고 하지만, 대체 인력 확보의 한계, 조직의 사기 저하 등 현실적으로 적지 않은 어려움이 있다. 몬산토의 CIO(최고 정보장)인 짐 스완슨은 "요즘 대부분의 시간을 디지털 혁신 교육에 쏟고 있고, 나의 중요한 역할은 디지털 기술의 중요성을 사람들에게 일깨우는 것이다"라고 말하니, 앞서 가는 사람의 말을 새겨들어야 할 것이다.

　따라서, 디지털 시대에 따라 조직의 문화도 자연적으로 바뀌어 간다는 것이다.

　기업의 경영환경에서 일반적으로 분석하는 방법은 다 알고 있는데, 혹자는 4C(Customer, Channel, Competitor, Company) 분석, CFS(Critical Success Factor) 분석, 경쟁 환경(5 Force Model), 핵심역량 분석(7S Model), SWOT 분석, 가치사슬 분석, 정보화 ROI(투하자본) 분석, 추진전략수립 등이 있는데, 대부분 MIS교육과정의 교과서 내용의 수준이고, 진행 단계도 환경 분석, 현황 분석, 미래의 모형 정의, 실행계획수립 등의 단계로 진행되지만 이런 단계를 이행하고 시스템을 코딩하는 개발자는 드물다.

그림 5-13 기업들의 디지털화 하는 수준별 조직문화의 양상

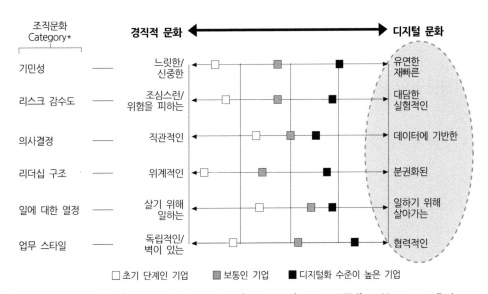

자료 : Kane. G. et al. (2016) Algning the Organization for its Digital Future. MIT Sloan Management Review.

그림 5-14 디지털전략계획(DSP)에 의한 계층구조의 구분

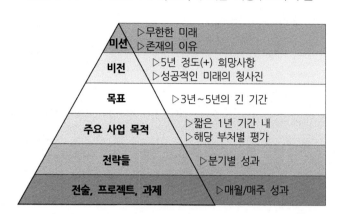

지금의 디지털 변혁의 환경에서는 정보전략계획 ISP(Information Strategy Planning)는 효용이 떨어지고 이제는 전사적 자원관리시스템 하나로 기업이 경쟁하는 시대는 아니나, 불변하는 것은 기업의 미션과 비전, 그리고 목표와 전략의 가치이다. 이러한 변화의 환경에서 기업의 비전은 5년 정도이지만, 목표는 3년에서 5년이며, 주요 사업목표는 1년이다. 그리고 디지털 변혁시대에서는 이런 유효기간들이 짧아지고 있다는 것이며, 특징은 다양한 디지털기술도 중요하지만 이전의 것과 다른 것은, ① 변화의 속도, ② 기술이나 지식의 수명주기가 짧아져 3년~5년 이상에 중장기 상황에 대해서는 예측이 어려워 지속적인 변화 대응 자세가 필요하며, ③ 모든 체계가 파괴적이라는 것으로, 새로운 제품이나 서비스가 기존의 생태계를 바꾸어 놓으니, 트렌드 분석과 위험관리가 필요로 한다.

6.2 기업문화의 변화와 개발

6.2.1 환경변화에 따른 기업문화의 방향

기업 환경이 당면한 문제를 중심으로 경쟁력을 가지기 위해 기업문화를 개발하고 연구를 하는 것은 각 기업체가 추구하는 목적과 처해 있는 환경이 달라서 구체적으로 어떠한 기업문화를 어떻게 개발하고 전개시켜 나가야 하는지 기업마다 다르다. 그러나 우리나라의 대부분의 기업들이 처해 있는 공통된 경영환경과 국내외 변화에 대하여 경쟁력을 발휘할 수 있는 새로운 기업문화 개발에 대하여 공통된 문제의식을 갖고 있다.

1) 기업 환경의 변화 추세

우리사회는 유교사상에 전통적인 가치관과 근대 산업화에 따라 합리적이고 개인주의적인 가치관이 혼합된 문화와, 정치적으로 민주화로 정치체계와 권력 구조에 사회 변동과 개혁을 거쳐 가면서 경제적으로 가속화되는 무한계 환경의 추세로, 세계화로 기술들이 고도화되고 정보사회로 빠른 발전이 되고 있다. 이에 정부의 역할이 민간주도의 자율경제체계를 조성하는데 역점을 두는 기업 환경에 많은 변화가 일어나고 있다.

2) 기업 경쟁력의 약화현상

그동안 우리나라 기업의 성장은 정부 주도로 경제개발과 독과점 경쟁 하에서 이루어져 왔으나, 산업 육성계획과 수출 지향적 정책으로 전략 산업에서 정부의 특혜와 지원 속에서 성장을 해 왔다. 이에 기업은 시장경쟁을 염려하지 않고 대량 생산만 하면 되었고 기술도 자체개발보다 선진국에서 도입과 모방으로 의존해 오며, 저임금과 노동력을 이용한 해외시장에 저가·저기술 제품에 성과를 올리는데 기여해 왔으나, 그러나 근래에는 민주화운동으로 의식수준과 욕구수준이 높아져, 임금상승과 더불어 직업윤리에 영향을 주면서 기업경영에 많은 영향을 주고 있고, 국내시장 경쟁을 심화와, 해외시장에서는 선진국 기업과 치열한 경쟁, 개도국의 염가의 공세로 도전을 받고 있다. 이런 상황에서 민주화에 의한 개혁의 영향이 우리기업들에게는 취약점이 많고, 기술축적도 빈약하여 세계시장에서도 경쟁력이 얼마나 약한지를 절실히 느끼고 있다.

6.2.2 기업문화의 단계적 개발 과제

산업사회가 고도화가 되면서 사회의 다원화, 사회개혁, 민간주도의 자율경제, 개방경제와 세계화, 정보사회화와 기술의 고도화로, 다음과 같이 기업문화가 바뀌어 경쟁력을 강화하기 위한 방향으로 간다는 것이다.

① 경영과 기술의 분리, ② 소규모문화, 전문화, 이원화경쟁, ③ 품질, 고부가가치화, ④ 고객중심, ⑤ 자율경영, 참여적 경영, ⑥ 합리성, 신축성, ⑦ 인간존중, ⑧ 신뢰성, 팀워크, ⑨ 개방성, 평등감, ⑩ 능력주의, 업적중심, ⑪ 기술개발, 창의성, ⑫ 도전적, 적극적, ⑬ 열린 친화적 문화, ⑭ 친환경적, 윤리 경영문화, ⑮ 협력적 노사관계문화 등이 있다.

1) 기업문화의 순차적 개발

① 기업문화의 진단과 계획을 수립은 최고경영자의 의지와 결단으로 개발의 전략과 행동 계획을 수립하는 단계가 먼저이며,

② 다음 단계가 개발을 위한 분위기 조성으로 구성원들의 토의와 교육·훈련을 통하여 새로운 공유가치에 대한 공감대를 형성하는 과정을 거치면서,

③ 다음 단계는 실제 개발로서 개인과 집단, 조직체의 전체 수준에서의 바람직한 행동을 개발하고 유도하여, 이 분위기를 강화하는 경영조직 환경을 설계하고 실천하는 것이다.

④ 다음이 개발활동의 효과를 측정하고 보완하여, 향후 대책과 다음 단계의 계획을 수립하여 나가며, 기업이 만족할 만한 성과가 달성될 때까지 반복하며, 지속적인 유지관리로 이어가는 것이다.

2) 최고경영자의 결단과 추진

기업문화를 형성하기 위해서는 최고경영자의 철학이 담긴 전략수립이 우선이다. 이 문화를 형성하기 위한 상위 단계인 개발이, 기업문화 정립을 위한 조성, 구성원의 교육·훈련, 표어/슬로건/일화 등 개발, 행동 모형화, 실무 담당자의 전문 교육·훈련·학습, 현장지도와 모범행동, 구조와 시스템 개선, 강화작용, 문화망 형성, 유지와 관리, 지속적 개선 등이 필요로 한다.

기업문화의 형성에는 경영자의 의지도 중요하지만 구성원들의 가치관과 태도, 실제 행동의 변화와 협조가 없이는 이루는 데에는 어려운 면이 있다. 특히 우리나라는 근간의 정치, 경제, 기술 등 사회 전반에 걸쳐 일어나고 있는 변화는 각 구성원들에게 일시적인 요구가 아니라 그들의 가치관, 의식구조, 사고방식에 변화를 요구하고, 공유가치와 전체 기업문화의 차원에서 근본적이고 영구적인 문제해결이 요구되고 있다.

따라서, 기업문화를 만들고 정립하기 위해서는 기업체의 기본 성격과 체질을 변화시키는 요소이므로 오랜 기간이 필요로 하며, 자원 투입과 조직원들의 꾸준한 노력이 따라야 하며, 경영자의 강한 의지와 집념, 꾸준한 노력의 결정적인 역할이 요구된다.

3) 기업문화 변화관리 프로세스의 실례(존 코터의 변화 관리 8단계 프로세스)

① 위기 의식 고조 : 상황이 긴급하다는 사실을 절실히 느끼게 함으로써 실천적인 행동으로 유도한다.

② **변화 선도팀 구성** : 능력과 기업에 대한 애착을 가진 사람들로 하여금 지도자 그룹을 형성시킨다.

③ **올바른 비전 정립** : 나갈 방향에 대한 큰 그림(비전)과 이를 이루기 위한 전략을 수립한다.

④ **소통과 비전 전달** : 조직 구석구석에 반복적으로, 솔선수범을 통해 비전을 전파한다.

⑤ **권한 부여** : 직원들이 넓은 범위에서 의사결정권을 가지도록 과감한 임파워먼트를 준다.

⑥ **단기성과 확보** : 단기적으로 눈에 보이는 성공 체험으로 사기 진작과, 도전적인 열정으로 자극을 준다.

⑦ **변화의 속도 유지** : 성공에 대한 자만과 안주를 경계하고, 후속 변화에 대한 과제에 도전한다.

⑧ **변화를 기업문화로 정착** : 위 일곱 단계가 확고한 조직문화로 정착이 되도록 한다.

(LG경제연구소, 2017.8. 자료 : John P. Kotter, Leading Change, HBR Press, 1996)

6.3 조직문화의 진단과 활성화

6.3.1 조직문화의 상세 진단

① 조직 내의 문제점 도출
② 구성원들의 실태조사 : 가치관조사, 문화격차의 분석, 조직원의 사기·분위기조사
③ 조직문화와 리더십
④ 업의 특성에 따른 조직문화

1) 전체의 지혜를 모은다

① 제조기술은 인력 육성이다.
② 팀워크가 기업의 역량 차이다.
③ 개선을 사풍으로 하는 풍조

2) 지식보다 의식을 개선한다

① 양품 100％의 의식개혁

② 가격을 낮추어도 수익이 있는 체질 만들기

③ 무의식의 낭비를 의식적으로 보이게끔 한다.

6.3.2 조직문화 형성을 위한 활동

① 실제 사례연구 테마로 선정하여 실행해 본다.

② 실사례 테마에 대한 문제 해결 트레이닝을 하며,

③ 실사례 테마에 대한 리드 및 경영자의 지도(전원참여 공개 해결 방식)

④ 문제 해결 능력 실력 향상 확인 및 보완을 유지하며,

⑤ 자사 품질, 설비 트러블에 적용할 12스텝 선별작업을 실시하며,

⑥ 자사의 품질트러블 해결 활동 시뮬레이션을 통해 진행을 하며,

⑦ 자사 트러블 해결 방향에 대한 조언(간부, 관리자와의 질의응답)

⑧ 전체 과정을 총 마무리하고 복귀한다.

6.3.3 개선책과 조직의 소통 및 해결안

① 생각하는 방법과 방향, 속도의 중요성을 재인식하자.

② 자신의 생각 패턴을 분석하고 보완하자.

③ 생각을 하려면 반드시 정보수집 활동이 필요하다.

④ 소극적인 정보수집 활동과 적극적인 정보수집 활동의 차이를 이해하고 진행한다.

⑤ 원리에 입각한 생각을 지혜라고 한다.

⑥ 원리를 스스로 찾아가는 훈련을 하자.

⑦ 풀프루프(바보방지)라는 개념의 원리를 이해하라.

⑧ 사람이 생각하는 힘의 변화를 휴먼에러라고 한다.

⑨ 생각의 에러를 막는 12가지 보조 사고방식을 접하자.

6.3.4 기업문화의 평가

① 각 부서 내 직원 간의 의사소통이 공개적으로 잘 되고 있는가?

② 상사와 부하직원들은 상호 의사소통을 잘 하고 있는가?

③ 상사는 부하의 반대 의견도 귀담아 들어주는가?

④ 상사는 부하의 정직성을 묵살하지 않는가?

⑤ 각 부서는 가족끼리 서로 위하는 것처럼 서로 위하는 분위기인가?

⑥ 임직원 모두는 소비성 지출 접대비를 절감하는 노력을 가지고 있는가?

⑦ 임직원은 소비자의 피해 불안을 해소하기 위한 노력을 하고 있는가?

⑧ 산업 평화적 노사관계 안정을 위해서 노력하고 있는가?

⑨ 회사는 종업원의 건강과 복지를 깊이 생각하고 있는가?

⑩ 회사는 고객과 지역주민들에게 좋은 이웃이 되었는가?

6.4 기업문화의 사례와 비전 제시

6.4.1 대기업 기업문화의 실례

1) 삼성의 기업문화

질(質)경영의 문화로 재계의 제일의 위치에서 세계적으로 우수한 기업이 되기 위하여 기업문화에 큰 변화와 개혁을 하고 있는 조직으로, 세계적인 초일류기업을 목표로 강력히 추구하는 그룹이다. 경영혁신의 강한 의지가 담김 "마누라와 자식만 빼고 전부 바꿔라"라는 사고는 새로운 것에 대한 도전과, 전통적인 경영이념으로, **사업보국의 이념**으로 기업을 통하여 국가사회와 인류사회에 공헌하고 봉사한다는 경영이념이며, **인재제일의 이념**으로는 인간을 존중하고 개인의 능력을 최대로 발휘할 수 있는 여건을 만들어 그것이 조직과 사회의 원동력이 되게 하는 정신이며, 우수한 인재의 선발과 육성이 제일이라는 의미이다. **합리추구의 이념**은 합리추구는 모든 일을 수행함에 있어서 합리를 바탕으로 하여 끊임없는 발전을 추구하는 정신을 의미한다. 사업운영에서 합리화는 기업환경과 환경변화를 정확하게 통찰하며, 과욕이나 요행을 바라는 투기는 하지 않으며, 직관력을 기르고 항상 제2와 제3의 대안을 강구하는 접근방법을 뜻하며, 이러한 여건을 바탕으로 **질(質) 위주의 경영**으로, 경쟁력을 키우면서 **신경영의 비전**은 21세기의 초일류기업으로 인류사회에 공헌하자는 것이 목표이다.

이에 따른 시대의 가치관과 경영이념의 변화에서,

▷**전통적인 경영이념** : ① 사업보국, ② 인재제일, ③ 합리추구

▷**삼성정신** : ① 창조정신-새로운 것을 탐구하고 개척하는 창조정신,

② 도덕정신-진실되고 바르게 행동하는 도덕정신,

③ 제일주의-모든 면에서 제일을 추구하는 제일정신,

④ 완전주의-확실하고 완벽하게 일하는 완전주의,

⑤ 공존공영-서로 존중하고 돕는 공존공영의 정신

▷제2 창업정신 : ① 인간존중, ② 기술중시, ③ 자율경영

▷신경영의 이념 : ① 인류사회에 공헌, ② 인간존중, ③ 기술중시, ④ 자율경영

으로 목표를 내걸고 활동하고 있다.

2) 현대(그룹)의 기업문화

(1) 현대 기업문화의 정의

현대의 문화를 가장 잘 나타낼 수 있는 문장은 현대는 새로운 사업을 시작할 때 경제경영의 큰 흐름을 판단하여 감(느낌)이 잡히면 밀어붙이는 스타일이다. 이러한 기업의 대표적인 기업문화가 정착하기까지 우선 처음의 정주영 회장이 기업문화에 대한 마인드가 가장 큰 명향을 미쳤을 것이다. '길이 없으면 찾으면 되고 찾아도 없으면 만들면 된다'라는 자세로, 대부분의 사람들은 '내 생각이 언제나 옳다'라고 생각하기 때문에 아이디어의 70%쯤은 해보지도 않고 포기하게 되는데, 포기한 것의 절반 가량은 될 수 있는 것을 해보지도 않고 너무 일찍 포기한 것이었다.

행동주의적인 일화로, "해 보기나 했어?"라는 현장을 중요시하는 현장제일주의 의미이다.

(2) 정주영 회장을 통해 본 현대의 기업문화

정 회장을 통해 현대의 기업문화를 좀 더 자세히 말해보면 한국경제발전사의 과거로 영원히 떠나버린 정 명예회장, 그는 이후 한국전쟁을 계기로 건설 분야에서 독보적 위치를 구축한 현대는 50여 년이 지난 오늘날 최대 재벌의 하나로 우뚝 섰다. 하면 된다는 불굴의 도전정신과 창의적 노력, 진취적 기상의 이러한 기업문화로 한 해 매출액이 100조 원, 종업원 20만 명, 협력업체 1만 6,000개를 자랑하는 대그룹을 일으켜 세운 것이다. 이렇듯 현대그룹은 반세기에 걸쳐 당대의 세계적 기업으로 성장했다.

우리나라의 가족기업은 대부분 창업자를 중심으로 유지되어 왔으며, 이들의 주된 관심사는 자신이 소유권을 유지하면서 기업의 계속적인 성장, 발전의 길을 모색하는 것이었다. 한국 전통문화에 바탕을 둔 우리 기업문화의 특성 중 하나는 기업을 가족집단으로 파악한다는 것과 공동 운명체로서의 기업관을 갖고 있다는 것이다. 지난 역사 속에서 원래부터 기업이

라는 개념을 갖고 있지 않았기 때문에 우리의 1세대 기업인들은 기업을 집이나 가족의 확대된 개념으로 파악할 수 있었던 것이다.

(3) 현장중심의 경영

3현주의 개념에서 현장에서, 현물을 보고, 현실적으로 행한다는, 감성의 IE개념이다. 현장중심의 운영도 마찬가지로, 콘크리트 정신, 불확실성과의 싸움과, 저돌적인 자세로 업무에 임하는 자세는, 경영의 문제점으로 인해 미치는 영향 및 해결을 위한 방법에서는, 현대기업문화의 장·단점이 많이 있다. 또한, 그 문화에서 약점이라 할 수 있는 족벌경영도 있다.

3) LG의 기업문화

LG그룹의 **정도경영**은 지식경영의 경영이념을 표방하고 실천하는 기법으로 경영정책과 전략을 가진 조직으로, 바른 마음, 투명한 경영, 정경유착이 없는 경영을 의미하며, 경영자는 **정행사상(正行思想)**으로 시작한 **정심(正心)**으로, **정각(政覺)**, **정도(正道)**로서 **정행(正行)**하는 기업경영의 이념을 실천하는 조직이다.

또한, 정도경영은 고객과 인간을 신앙으로 여기며, 사회적 약속과 책임을 제일로 하는 경영, 기업윤리를 준수하는 기업으로, 신용과 정직을 으뜸으로 사회적 가치창출로서 사회성과를 동시에 창출하는 기업이며, 노사 공존 공영기업으로 사용자와 종업원의 책임이 이익으로 이루어지도록 사회성과로서 사회적 책임이 수반되고 존경을 받는 기업으로 경영을 하고 있다.

4) GE의 무한계 경영문화

무한계(boundaryless)의 개념은 변화하는 세계화 속에서 현대의 기업경영에서 가장 중요한 것 중의 하나이다. GE 회장이 새로운 기업문화로 창달하고 강력한 경영혁신과 구조조정에 적용하여 세계 최강의 경쟁력이 있는 기업으로 변신시킨 것은, GE의 전통적인 기업문화에서는 **신기술개발과 사업의 다각화**로 기업의 성패는 신제품개발에 달렸다는 신념하에 특허와 신기술개발에 최우선 목표를 두었고, 경영층과 구성원들 간의 의사소통을 활성화와 구성원들에 대한 이윤배분, 보너스제도, 보험 등 복지후생에 대한 지원조건이 좋았으며, 경쟁업체 간에 공정한 기업행위를 위한 윤리강령을 제정하여 확실한 실천을 해 온 기업이며, **자율적 분권경영**으로는 사업부중심의 자율적 분권경영체제를 도입하여 회사의 경영이념과 조직경영에 큰 변화를 가져왔으며, 때맞추어 세계대전 직후의 수요가 늘어나 시장증가와 사업 다양화로 급성장을 한 셈이다.

이러한 기업 환경에서 **전략적 사업본부조직**을 두어 보쉬 회장은 장기전략 경영과 장기투자결정을 효율화시키고 수익성을 높이기 위해 맥켄지 컨설팅회사의 자문을 받아 구조조정과 전략적 사업단위로 분류하고, 전략경영체계를 도입하면서 그 일환으로 수익성 요인분석기법이 이때 개발되어 적용하였고, 존스 회장은 장기 전략계획과 투자계획에 대한 심의 절차를 강화하여 장기투자와 자원 배분의 우선순위 결정에 회사 차원의 영향력을 증가시켰다. 또한, 장기성장을 위하여 유망한 사업기회를 탐색하고 기술개발 활동을 하는 전략적 사업본부 체계를 형성시켜 왔으며, **워크아웃의 조직개발**은 시대에 따른 변신 전략으로, 과거의 경영방법은 계층적 구조적이며, 통제중심의 관리, 관료적이고 권위적인 면과, 경쟁적 우위 요소인 규모 경제, 하향적 리더십, 전문화, 세분화 등과, 신시대의 경영 방법에서 유기적이고 네트워크로 연관되는 사회의 신축성과 적응력의 신경영방식과 경쟁적 우위 요소에서 기술 습득, 개방적 리더십, 신속성 등의 문화적인 격차를 줄이고 없애기 위한 방법인 조직 개발에는 구성원들 간의 신뢰감을 가지도록 하며, 권한이양과 자율경영체제 및 업무의 개선과 간소화로 새로운 비전과 가치관을 만들어 가는 조직을 3단계로 ① 해빙과정(신뢰적 분위기, 경영참여), ② 시스템개선, ③ 변화의 과속화로, 경계가 없는 조직의 기업문화 개발로 변신하였다.

5) 휴렛 팩커드의 'HP Way'문화

경영요건과 공유가치의 면에서 기본철학으로 "HP는 결코 엄격한 군대식 조직이 아니라, 구성원들 자신이 스스로 맡은 책임영역에서 선택한 최선의 방법으로 목표를 달성할 수 있는 자유를 보장해 주는 조직"이라 하여, "HP의 성과는 실제적인 결과로서 구성원들 모두의 공동목표와 공동노력에 의하여 달성된다"라고 신념을 제시하였다.

이 기업의 3대 경영요건으로, ① 능력주의와 인력개발, ② 사기앙양, ③ 자율적 공동목표추구로, 기업체 전체의 최대의 효율성과를 달성하려면 모든 계층의 구성원들이 공동목표를 위하여 노력과, 자신의 책임경영에서 기업목적을 자율적으로 달성하도록 하는 것이 HP의 기본정책이다.

이에 따른 경영목적, 전략, 기본가치 간의 상호 연관성으로, 이익증대, 고객서비스, 중점사업의 육성, 각 부문별 성장, 인적자원의 구성과 개발 및 안정화, 경영관리의 합리성, 사회적 책임이 경영의 목적이다.

10가지의 **공유가치**로는, ① 고객중심성, ② 고품질 생산능력, ③ 가족적 분위기, ④ 개인의 중요성, ⑤ 부서 간의 협조, ⑥ 사업 개발적 정신, ⑦ 경영스타일의 열성, ⑧ HP(휴렛)의 긍지, ⑨ 사회적 책임, ⑩ 이익 창출이다.

이 공유가치에서 인적자원관리 부문을 중요시 하고 있으며, 또한, 환경변화에 따라 사업의 확대로, 제품의 통합, 사업규모의 대형화, 새로운 고객창출, 전문경영 등의 경영방식이 기업문화의 변화에 따라서, 사고방식이 소규모 자율적 사업단위로 감소, 상위 계층에서의 전략경영을 강화, 신형 유통시스템의 개발, 고품질의 강조, 상위계층의 합의적 의사결정이 증가, 과다한 창업정신을 지양, 기본가치의 변화보다는 구성원의 행동변화를 강조하고 있다.

6) 토요타의 가이젠(개선)문화

세계적으로 명성이 있는 TPS(토요타생산방식)를 다른 많은 기업, 조직, 개인별로 연수를 받았으며, TPS이론도 잘 알고 있고, 그 사상을 실천하여 개선의 효과와 수익을 만들고 있는 예가 많다. 토요타의 가이젠은 구성원들 모두의 공유가치로 강하게 정착되어 그들의 마음가짐에 깊숙이 박혀 항상 그들의 사고방식과 행동의 가이드로 작용하고 있다.

또한, 가이젠은 토요타생산방식과 토요타경영방식을 결합하여 상호간의 조화를 이루어 토요타 생산시스템의 여러 가지 기법도 항상 보완과 조정이 필요하고, 여기에 보완·조정에 나서는 중심 역할을 함으로써 토요타의 경쟁력이 항상 발휘되도록 한다는 것이다.

토요타는 세계적인 초우수 기업으로 인정을 받으며 전 세계의 많은 기업으로부터 모방의 대상이 되고 있고, 이렇게 되기까지 가이젠(개선)문화를 중심으로 토요타의 고도성장과 막강한 경쟁력에 기여하고 있는 요인들을 살펴본다면 다음과 같은 현장문화이다.

생산시스템과 경영방식으로,

(1) 낭비제거와 부가가치의 극대화로 7가지의 낭비를 제거하는 노력이

① 과잉생산의 배제, ② 작업대기를 없애며, ③ 불필요한 수송과 운반 배제와, ④ 과도한 공정처리 또는 부정확한 공정을 관리하고, ⑤ 과잉재고를 없애며, ⑥ 불필요한 동작을 없애고, ⑦ 품질결함 등에 따른 시간과 노력을 줄이는 것이다.

(2) 일체형 생산흐름의 린생산시스템으로

적시(적기)의 JIT생산, 자동화(自働化), 평준화생산 등의 기법은 낭비제거와 고부가가치화에 도움을 주고, 낭비를 제거한 토요타의 린생산방식은 고객가치를 중심으로 생산시점까지의 가치흐름을 끌어당기면서 끊이지 않고 연속적인 일체형 흐름 속에서 부가가치를 최대화하는 Pull시스템에 의해 효율이 높은 시스템이다.

(3) 토요타 경영방식의 4P모델로 분류하면,

① 경영철학 : 단기적 재무성과를 희생하더라도 장기적인 관점을 강조하는 경영 가치관,

② 경영과정 : 토요타 14원칙을 실천하는 경영방식 전체를 묶어 말한 것이며,

③ 구성원과 이해관계 동반자와의 관계 : 가치관 실천의 리더 양성과, 구성원의 존중과 개발, 이해관계자들의 존중하고 지원하는 경영방식,

④ 문제해결 : 개선을 통한 끊임없는 조직학습과 **겐지겐부츠**(現地人物 : 현장에 가서 상황을 정확히 파악), 네마와시(根回し : 사전교섭)에 의한 의사결정과, 결정된 사항을 신속하게 실행하고 추진하는 방식이 있다.

(4) 토요타 경영방식의 14원칙으로 4개 단위로 나누어 관리하는데,

A. 장기적인 경영철학 부문으로,

① **기본 가치관에 관한 원칙**으로, 단기적인 재무적 목표를 희생하더라도 장기적인 경영관점에서 의사결정을 한다. 이에 단기시일을 초월하여 장기 목적의식으로 돈보다 더 큰 공통목적을 위하여 일하고 전체 조직을 연계시키며, 고객과 사회, 국가경제를 위하여 부가가치를 창출하며, 자신의 행동에 책임감을 갖고 운명을 결정하려고 노력하며, 행동하고, 부가가치를 창출할 수 있는 능력을 기르고 유지하라.

B. 올바른 결과를 위한 올바른 경영과정 부문으로,

② **지속적인 업무흐름의 원칙**으로, 문제를 표면화시키기 위하여 지속적인 업무과정을 만들며, 고부가가치를 달성할 수 있도록 지속적으로 업무과정을 재설계하며, 문제가 바로 드러날 수 있도록 가시화시키며, 구성원과 연계시켜 정보자료의 흐름을 가속화시킨다. 또한, 업무흐름을 조직문화화 하는 것이 진정한 지속적인 개선과정이며 인재개발의 핵심이다.

③ **풀시스템의 원칙**으로 과잉생산을 피하기 위해 이 시스템을 사용하여, 생산 공정에서는 다음 단계의 고객(공정)이 필요한 것을, 필요할 때, 필요한 만큼 제공하며, 소비에 의해 이루어지는 자재 보충이 바로 **적기생산(JIT)**의 기본 원칙이고, 제품마다 최저의 재고를

보관하고, 관리하는 재고업무를 최소화한다.

④ **평준화(平準化)의 원칙**으로 생산량을 평준화하는 것은 인력과 장비에 과중한 부담을 제거하고 생산스케줄의 기복을 없애는 것은 린생산시스템을 1/3 성공시킬 만큼 중요하다.

⑤ **자동화(自働化)의 원칙**은 문제해결과 품질 최우선을 위하여 스톱문화를 구축하는 것으로, 고객을 위한 품질이 가치 있는 제안을 만들며, 이용 가능한 모든 최신의 품질보증 방법을 적용하고, 기계 자체가 문제를 발견하고 기계를 정지시킬 수 있는 기능을 갖추도록 하며, 기계나 일 진행과정에 문제를 감지·예견할 수 있는 가시적 시스템을 만들고 문제를 조속히 해결할 지원시스템을 구축한다. 또한, 장기적인 생산성향상을 위하여 처음부터 품질을 올바르게 유지하고 언제라도 작업을 중단할 수 있는 조직문화를 정착시킨다.

⑥ **업무 표준화의 원칙**은, 끊임없는 혁신(개선)과 권한이양(자율적 업무수행)의 기초로, 업무과정의 예측성, 정규시간, 적정 생산량 유지를 위한 방법을 설계하는 것이 정상적인 업무흐름과 풀시스템의 기본이다. 이러한 학습을 통하여 최선의 업무방법을 표준화하고 창조적인 방법으로 개선하여 보다 새롭고 높은 수준으로 적용하고 후계자에 학습이 전가되도록 한다.

⑦ **문제 표출의 원칙**은 어떤 문제라도 숨겨지지 않도록 시각적 관리기법을 사용하여 업무가 정상인지 아닌지 쉽게 판단할 수 있는 단순하고 가시적인 지표를 사용하고, 현장 중심으로 업무흐름과 풀시스템에 도움이 되도록 간단한 시각적인 시스템을 사용하고, 모든 보고서는 되도록 한 페이지로 요약하고, 중요한 재무결정을 위해서도 마찬가지이다.

⑧ **검증된 기술 활용의 원칙**은 구성원과 업무과정에 도움이 되는 신뢰할 수 있고 철저히 검증된 기술만 사용하며, 새로운 기술은 신빙성이 부족하고 표준화가 어려워서 일의 흐름을 해칠 수 있어 검증되지 않은 기술보다 일반적으로 검증된 기술을 우선적으로 사용한다. 그리고 업무과정, 생산시스템, 제품 등에 새 기술을 적용할 때는 실제로 실험을 실시해 보고, 회사의 문화에 맞지 않거나 안정성, 신뢰성, 예측가능성 등을 훼손시킬 우려가 있을 시에는 그 기술은 배제하거나 수정을 해야 한다. 그러나 업무에 새로운 접근방법을 추구할 때에는 구성원들이 새로운 기술을 활용할 것을 적극 권장하고 새 기술이 실험에서 철저히 검증되어 업무흐름을 개선할 수 있다면 이를 신속히 적

용하라.

C. 인적자원과 이해관계 동반자 부문으로,

⑨ 인재개발의 원칙은 업무를 철저히 이해하면서 철학을 가지고 살며 그것을 다른 구성원에게 가르치는 리더를 개발하고 육성을 하라. 리더의 할 일은 단순히 주어진 과업을 완수하고 부하를 다루는 것만이 아니고, 회사의 경영철학과 토요타방식의 역할 모델이 되어야 하며, 우수한 리더는 일상적인 과업을 자세히 알고 회사 철학에 대하여 최고의 선생이 되어야 한다.

⑩ 회사의 철학을 실천하는 뛰어난 인재와 팀을 개발해야 하는 것은, 회사의 가치와 신념을 널리 공유하고 영원히 존속할 수 있는 강하고 안정된 문화를 창달해야 하고, 회사의 경영이념 속에서 뛰어난 성과를 달성할 수 있는 탁월한 인재와 팀을 기르고, 기업문화를 지속적으로 강화시켜나가야 한다.

품질개선과 생산성향상을 위하여 복합기능팀을 활용하고 어려운 기술문제를 해결하여 업무의 흐름을 촉진시켜야 하고, 구성원들 자신이 경영수단과 기법을 활용할 때 자율경영이 이루어진다. 따라서, 구성원들에게 항상 공동목표를 위하여 팀으로 함께 일하는 방법을 가르치고 팀워크는 배워서 습득되는 것이다.

⑪ 이해관계 동반자 및 협력회사들과의 연장하여 네트워크를 존중하고, 그들을 자극하는 동시에 그들의 개선노력을 적극 지원을 해야 한다. 이해관계 동반자와 부품업자들을 존경하고 그들을 우리 사업의 연장으로 생각해야 하며, 또한 그들이 성장하고 발전할 수 있도록 그들을 자극하고 가치를 이해해주며, 도전적인 목표를 설정하고 달성하도록 적극 지원하라.

D. 문제 해결과 조직 학습 부문으로는,

⑫ '현장 확인 파악(現地人物)' 직접 현장에 가서 상황을 정확히 파악해야 하는 것은, 듣는 이야기나 컴퓨터에 나타난 정보에만 의존하지 말고, 현장에 직접 가서 문제의 원천을 이해하고 상황을 정확히 파악하여 문제를 해결해야 한다. 이에 자신이 직접 확인한 정보자료를 가지고 생각하고 문제를 분석해 보아야 한다.

또한, 고위 관리자나 임원이라도 자신이 직접 현장에 가봐야 상황을 정확히 이해할 수 있다.

⑬ 합의 경영의 원칙은 모든 대안을 철저히 검토하고 천천히 신중히 합의에 의하여 결정

하되 그러나 실행은 신속히 하라. 모든 대안을 철저히 검토할 때까지 어느 한 방향에만 치중하지 말고, 일단 결정이 나면 정해진 결정은 신속하지만 조심스럽게 진행시켜라. '사전 교섭'은 모든 구성원들의 아이디어를 수집하고 함께 합의점을 찾는 과정으로서 시간은 걸리지만 다양한 문제해결방안을 모색하는데 도움을 주고 합의가 이루어지면 신속한 실행에도 도움이 된다.

⑭ 개선과 조직 학습의 원칙은 냉정한 반성과 끊임없는 개혁을 통하여 학습조직을 만들어 안정된 업무과정을 설정한 다음에는 비효율의 근본원인을 규명하고 이에 대한 효과있는 대응책을 적용하도록 지속적인 개선방법을 적용하라.

재고가 불필요하도록 업무과정을 설계하여 시간과 자원낭비를 가시화 하고, 낭비하는 경우에는 개선을 통하여 이를 제거하도록 한다.

안정된 인력구성과 신중한 승진정책 및 계승시스템으로 조직의 지식기반을 유지해야 하며, 중요한 프로젝트를 완료한 다음에는 **반성**을 통하여 모든 경험을 공개하고 같은 과오를 범하지 않도록 조치를 취하라. 새로운 프로젝트나 새로운 관리자마다 새로운 방법을 만들려고 하지 말고 최선의 방법을 표준화하고 학습하도록 하라.

6.4.2 비전과 미션

1) 비전의 의미

① 우리회사가 5년에서 10년 후의 미래에 마땅히 있어야 할 모습(미래상)을 희망하는 뜻으로 표현한 것이며,

② 비전은 추상적이어서는 아니 되며, 가능한 한 원하는 미래의 모습(그림)을 명확한 말로 표현하고, 위로는 미션(Mission)과 아래로는 전략(Strategy)의 연관관계를 설명할 수 있어야 하고,

③ 강력한 비전은 조직의 미래에 대한 윤곽을 제시한 것으로, 모든 구성원들이 공유하는 정신적인 틀을 제공하는 것이다.

④ 비전은 조직원 모두의 방향성을 제시해 주는 것이며, 멋진 캐치프레이즈에 머무는 것이 아니라, 조직 구성원 한 사람 한 사람이 해야 할 바를 잘 제시해 주어야 한다.

⑤ 비전 제시는 위대한 리더십의 핵심요소이다. 경영혁신의 기본 방향을 명백히 해 주고, 개인의 단기적 이익보다 회사 전체에 도움이 되는 행동을 유발하여 경영혁신을 촉진

시키며, 개개인의 힘을 한 방향으로 모아 각기 다른 행동을 가장 효과적으로 조화를 이루는 것이다.

또한, 사업의 영역, 고객만족의 정책, 제품/서비스 정책, 시장/고객, 기술, 회사수치 목표, Public Image 등을 위한 의미도 포함되며, 동시에 조직구성원들에게 동기를 부여함으로써 영속기업(Going Concern)으로서 존재 및 성장을 촉진하게 하는 것이어야 한다.

2) 효과적인 비전의 특징

① 상상할 수 있는 것이어야 한다 – 미래에는 해당조직이 어떻게 될 것이라는 그림을 보여 주어야 한다.
② 모두 원하는 것이어야 한다 – 해당 조직과 이해관계가 있는 모든 사람들(정부, 시민, 기업인, 직원, 협력회사, 기타 이해관계가 등)의 장기적 이익을 대변할 수 있어야 한다.
③ 실행할 수 있어야 한다 – 실제로 달성할 수 있는 목표들이어야 한다.
④ 구체적이어야 한다 – 의사결정에 도움을 줄 수 있도록 명료해야 한다.
⑤ 융통성이 있어야 한다 – 환경변화에 적응할 수 있도록 각 개인의 독자성을 인정해야 한다.
⑥ 쉽게 전파될 수 있어야 한다 – 쉽게 전달할 수 있어야 하고, 5분 이내에 알아들을 수 있도록 설명할 수 있어야 한다.

3) 비전의 평가

미션 · 비전 선언문의 구성 요소별 key word 도출, 미션 · 비전 선언문 및 슬로건 안 도출, 미션 · 비전 선언문 및 슬로건에 대한 워크 숍 참석자의 이해 제고 및 대안 도출 방안 제시와 미션 · 비전 선언문 및 슬로건 안에 대한 설문조사 결과를 종합적으로 분석하여 최적 대안을 도출, 선정한다.

4) 비전을 만들기 위한 조건과 역할

조직의 시스템이냐, 마인드냐에서, 개인이 할 수 있는 일은 한계가 있어 해도 안 되는 것이 있다. 그래서 틀(제도, 장치)이나 시스템이 갖추어진 조직으로 가야 한다는 것으로, 다음 4가지가 있다.

① 일을 하라고 말할 것이 아니라, 열심히 할 수밖에 없도록 만드는 것이다. 예로, 연봉제, 능력급, 팀 성과제, 인센티브, 신상필벌의 원칙 등을 적용한다.

② 고객을 다시 찾아오라고 말할 것이 아니라, 다시 찾아올 수밖에 없도록 만드는 것으로, 마일리지제도, 쿠폰, 적립금, 회원제 등을 적용한다.

③ 부정하지 말라고 말할 것이 아니라, 부정을 아예 없도록 만드는 것으로, 부패 방지법, 감사제도, 투명 유리화의 구조 등이 있을 수 있다.

④ 불량을 내지 말라고 말할 것이 아니라, 불량을 아예 내지 않도록 하는 것으로, 작업 방법의 개선으로, 작업표준화, 바보방지장치, 감시시스템, 간판시스템, 작업 매뉴얼 게시, 절차서 교육, 라인스톱 제도 등을 적용한다.

또한, 비전의 역할은 기업의 분산된 역량을 결집해야 하는 이유와 이정표(Mile stone)로, ① 회사의 존재 이유를 반영하고, ② 회사가 달성하려는 바를 구체적으로 표현하고, ③ 회사가 목표로 하는 바를 달성하기 위해 바꿔야 할 내용을 설명, ④ 변화에 대한 열의를 보여주는 것이며, ⑤ 의사결정은 개방적이고 분명해야 함과, ⑥ 개개인이 실제 행동을 취하도록 유도하는 것이다.

6.4.3 슬로건과 강령 만들기

기업의 윤리와 경영목표달성을 위한 지침을 제정하는 데에는 종업원들에게 전 부문에 걸쳐 윤리적으로 옳고 그른 판단기준을 정하고, 동시에 어디까지, 얼마만큼 할 일과, 해서는 안 될 일을 구별하는 기준을 정하여 주는 것으로, 이것을 통하여 종업원들이 윤리적 문제를 객관적으로 판단하고 행동하며 목표달성을 위한 노력의 지침을 천명하고 운동을 펼치는 것이라 할 수 있다.

각자의 임무와 기본 행동의 지침으로 경영방침, 인간존중, 품질문제, 기술중시, 경영관리, 원가관리, 개발문제 등에 대한 내용들로, 기업체에 많이 사용하고 있는 품질관리를 위한 슬로건들의 모음으로, 싱글PPM 품질혁신활동에서 품질인식 제고를 위한 표어들을 참조한 내용으로, 해당되는 업무와 연관이 되고, 담당자의 입장에 맞는 문구를 만들어 사용하는 것이 적당할 것이다(총 42가지).

만개 생산 자랑말고 한개 불량 반성하자.
전사적인 품질경영 신뢰받는 우리회사.
세계화의 첫걸음은 제품혁신 품질혁신.
마음마다 품질관리 손길마다 품질혁신.
도전하자 완벽 품질 성취하자 최고품질.
정성담긴 우리제품 세계속에 우뚝선다.
내가 이룬 부품 품질 국가경제 초석된다.
싱글PPM 의지속에 달성되는 세계품질.
시작은 정성으로 마무리는 완벽하게.
한개 불량 방치하면 만명 고객 외면한다.
싱글PPM 확산하여 품질문화 꽃피우자.
싱글PPM 만족말고 무결점에 도전하자.
완벽품질 달성하여 품질한국 이룩하자.
싱글PPM 실천기업 새천년을 주도한다.
고객만족 첫걸음은 싱글PPM 달성으로.
싱글PPM 달성하여 고객감동 이어가자.
눈길마다 품질확인 손길마다 품질관리.
내가 이룬 품질개선 회사발전 앞당긴다.
내가 쏟은 작은 정성 완벽품질 앞당긴다.
싱글PPM 달성하면 고객만족 회사발전.
내손에서 시작되는 세계속의 으뜸품질.

손끝마다 품질관리 마음마다 품질보장.
내가 이룬 품질혁신 세계화를 앞당긴다.
불량없는 한국제품 믿고 쓰는 세계국민.
마음으로 품질혁신 정성으로 완벽 제품.
손길마다 장인정신 세계속에 일등품질.
믿음으로 찾는 고객 품질로서 보답하자.
달성하자 완벽 품질 도전하자 세계최고.
내가 만든 불량하나 만명 고객 외면한다.
품질관리 따로 없다 원칙준수 표준준수.
달성했다 만족말고 지켜가자 품질보장.
천번손길 하나같이 마무리는 시작같이.
달성하자 싱글PPM 극복하자 경제난국.
공정마다 품질문화 새시대의 기업문화.
품질개선 기쁨두배 고객만족 보람 두배.
내가 지킨 작업표준 공정품질 앞당긴다.
방심하면 고객불만 집중하면 고객만족.
내가 지킨 작업표준 품질만족 고객만족.
나의 손은 품질창조 나의 눈은 품질확인.
내공정이 최종공정 내손에서 완벽하게.
싱글PPM 실천기업 품질안정 고객감동.
내가 지킨 품질약속 높아지는 고객만족.

(대한상공회의소 싱글PPM 품질혁신추진본부)

6.4.4 한국 중소기업의 기업문화 개발

우리나라의 기업환경은 과거의 전통적 사고에서 미래지향적으로 바뀌어야 하는 조건이 산업사회의 고도화, 정치적인 변화와 사회다원화로 사회개혁이 필요하며, 기업 스스로가 주관하는 민간주도의 자율경제체제 확립과, 자유개방경제로 세계화와, 기술고도화와 정보사회화로 급변하고 있다.

이에 따른 새로운 기업문화의 방향이 전문경영체계와 소규모문화, 생산 제품의 고품질과 고부가가치화, 기술개발의 창의성으로 신제품의 개발, 고객중심의 관리, 자율경영과 참여적 경영으로 합리성과 신축성을 적용하며, 인간존중의 사고와 신뢰성의 팀워크 구축, 개방화시대에서의 평등감과 글로벌화, 개인별 능력주의와 업적중심의 관리, 도전적이고 적극적인 사고방식이 요구되는 것은 결과적으로 경쟁력을 강화하는데 목적이 있다.

1) 전문 경영문화와 투명 경영문화

소유와 경영을 분리하여 시장경쟁이 치열한 여건에서 이해관계자 만족과, 기업환경이 복잡할수록 전문성이 필요하고, 계속적인 성장과 성공적인 성과를 기대하는 데에는 필수적인 요소이다. 이러한 소유경영문화가 완전 전문경영문화로 바뀌는 과정은 오랜 기간도 걸릴 것이다.

2) 소규모의 기업문화

전문성을 중요시 하는 면에서 소규모 문화로의 전환은 다양화, 고급화가 되어가는 고객들의 요구와, 심화되어 가는 국내외의 환경변화로, 이제 우리기업의 성과는 저(底)기술·저가(低價)보다는 성과요인과 경쟁력 제고를 위해서는 고도의 기술과 부가가치, 다양한 고객에 고수준의 요구를 충족시키는 전문성의 소규모와 고부가가치를 강조하는 의식으로 바뀌어야 한다.

3) 품질제일과 고객제일의 문화

제품의 질적인 면의 기본이 되는 품질유지는 당연하며, 고객만족에 대한 의식도 높기는 하지만, 품질과 고객의 개념은 단순한 제품과 소비자에 제한되지 않고 선진 우수기업과 같이 경영 전반의 질과 내부 구성원들 간의 관계에도 적용된다는 점에서 기본 가치관의 변화에서도 큰 의미를 갖고 있다.

4) 기술개발의 R&D활동 문화

신제품의 개발과 생산은 시장경쟁에서 필수적인 것으로 기업의 전략의 하나이다. 이것은 제품의 Life Cycle관리에서 수명에 따라 새로운 것을 내놓지 않으면 안 되는 과제이므로 기업의 사활에 관계되고, 모기업의 주문 생산인 조건도 마찬가지로 정기적으로 신제품 적용이 되고 있다. 이에 따라, 제조공법 개발부터 신상품의 개발이 계속적으로 이어지고 있다.

5) 인간존중과 자율경영의 문화

기업문화 개발에 강조되어야 할 새로운 방향은 인간존중과 자율경영으로, 지금까지 집권적 통제와 권위주의적 관료체계에서 성장위주의 경영과 효율적인 생산관리를 우선적으로 강조하고, 효율적인 인적자원관리에는 노력이 부족하여 구성원들의 창의력 발휘와 자아실현이 제한되어 왔다. 또한, 변화하는 사회의 요구와 고객욕구를 만족시키는 데에는 적합지 않으니, 고도의 전문성과 기술개발이 필요하고, 창의력이 최대로 발휘되어야 하며, 사업단위중심의 자율적인 경영이 이루어져야 한다. 따라서, 구성원들의 능력개발과 자발적 성과달성에 대한 약속과 자율경영에 대한 경영이념의 전환이 요구되고 있다.

기업 환경변화에서 국제 경쟁력을 확보하고 성과를 달성하려면 구성원들을 인간적으로 존중하고 보람 있는 일을 하도록 하여 그들의 능력이 최대로 발휘하여 높은 성과에 기여하도록 인적자원관리에 배려가 있어야 한다.

6) 열린 친화적 문화

조직의 화합을 중요시하는 전통적 사회문화가치에 기초로 하여 일반적으로 공식적인 기본가치로 강조해 왔는데, 우리나라 기업에서 인화 또는 친화적 문화성향이 근래에 와서 국제경쟁 하에서 실제로 기업성과에 이바지를 했는데 알 수가 없다. 따라서 인화의 개념을 재정립하고 새로운 기업문화 개발에서 그 중요성을 재평가할 필요가 있다. 선진 우수기업들 중에는 인화는 인간존중, 인간관계, 상호협조 등 여러 가지 표현을 하고 있지만, 근본적으로 인화는 구성원들 간에 신뢰감과 친밀감, 평등감을 바탕으로, 강한 응집력과 협조정신, 그리고 공동체의식을 통하여 개방적인 의사소통과 진지한 상호관계로 강한 팀워크에서도 나타난다. 우리의 전통적인 인화개념을 현대 산업사회의 새 가치관에 잘 융화시키어, 집단의식에서 개방성과 평등감을 고취시켜 구성원들 간에 신뢰감과 팀워크를 강화하고 위계 질서의식을 개발하고, 평등의식으로 전환시키며 권위적 · 온정적 성향을 인간존중의 가치관으로 전향시켜 상하계층 간에 벽이 없고, 보다 진지하고 완전히 열린 친화적 문화를 형성해 나가야 한다.

7) 친환경과 윤리경영 문화

새로운 기업문화 개발의 방향으로 우리나라에서도 사회시민으로 책임의식이 널리 인식되고 있어 친환경적 윤리적 문화는 기업의 경쟁력 강화에 필수적인 요건이 되고 있고, 최근 소비자들의 세계적인 자동차 메이커들의 윤리경영에 대한 일반사회 시민들의 의식이 얼마나 강한지 보여 주고 있어 세계적으로 급격히 확산되는 환경 친화적인 제품생산에 주력을 하고 있다. 이것은 기존 제품과 차별화하여 더 많은 가치를 줄 수 있다는 것이며, 기업의 경쟁력을 강화할 수 있다는 전략적 사고이다.

8) 협력적 노사관계 문화

기업이 지속적으로 안정이 되고 강화가 되려면 협력적인 노사문화는 필수적이고, 조속히 이루어져야 하는 우선적인 과제이다. 경쟁력을 지속적으로 강화해 나가는 세계적인 우수기업들은 모두가 노사 간에 상호 협력적인 관계를 유지하고 있다.

무한계 경영이념 하에 워크아웃을 통한 노사가 공동으로 작업현장의 문제해결의 참여, 인간존중의 경영이념과 신바람 나는 직장분위기 속에서 조직원들 간에 자발적인 협조가 잘 이루어지는 분위기인 기업, 이해관계자들과의 동반관계 이념 하에서 노사화합이 잘 이루어지는 기업의 본보기를 참고해야 할 것이다. 여기에 기업의 투명경영, 장벽없는 열린 친화적 문화의 구축과, 윤리경영 문화의 실천은 모두 협력적 노사관계를 조성하는 데에도 도움이 될 것이다.

이러한 부문들의 기업문화를 구축하기 위한 단계로, ① **진단과 계획의 수립**, ② **분위기 조성과 협의**, ③ **본격적인 기업문화의 개발로**, 구성원의 교육훈련, 표어 일화, 전설개발, 변화담당자 교육훈련, 개인부터 집단의 행동과 리더, 경영조직의 설계, 구조·시스템 개선, 강화작용, 문화망의 형성, 유지관리, ④ **효과 측정과 평가**와, 또한 현재 계획의 보완과 **향후 대책**을 수립하여 발전시켜 나가야 한다.

그림 5-15 공장 혁신활동 MAP의 예

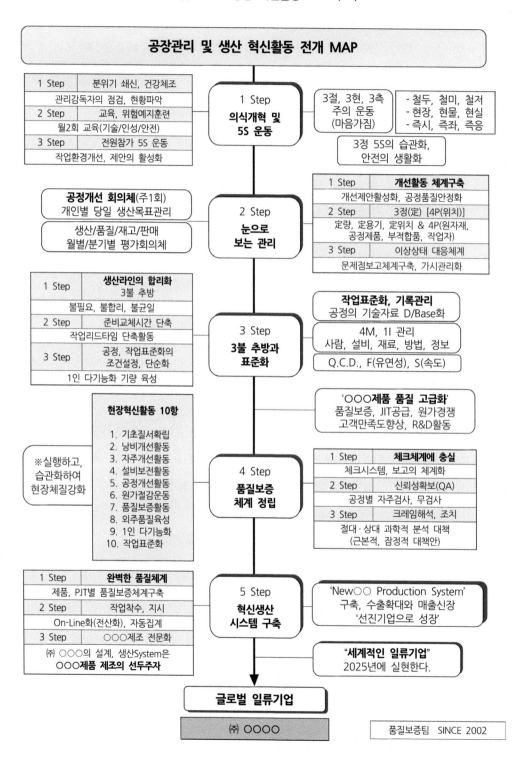

공장관리 및 생산 혁신활동 전개 MAP

1 Step	분위기 쇄신, 건강체조
관리감독자의 점검, 현황파악	
2 Step	교육, 위험예지훈련
월2회 교육(기술/인성/안전)	
3 Step	전원참가 5S 운동
작업환경개선, 제안의 활성화	

1 Step
의식개혁 및
5S 운동

3절, 3현, 3측
주의 운동
(마음가짐)
- 철두, 철미, 철저
- 현장, 현물, 현실
- 즉시, 즉좌, 즉응

3정 5S의 습관화,
안전의 생활화

공정개선 회의체(주1회)
개인별 당일 생산목표관리

생산/품질/재고/판매
월별/분기별 평가회의체

2 Step
눈으로
보는 관리

1 Step	개선활동 체계구축
개선제안활성화, 공정품질안정화	
2 Step	3정(定) [4P(위치)]
定量, 定用器, 定位置 & 4P(원자재, 공정제품, 부적합품, 작업자)	
3 Step	이상상태 대응체계
문제점보고체계구축, 가시관리화	

1 Step	생산라인의 합리화 3불 추방
불필요, 불합리, 불균일	
2 Step	준비교체시간 단축
작업리드타임 단축활동	
3 Step	공정, 작업표준화의 조건설정, 단순화
1인 다기능화 기량 육성	

3 Step
3불 추방과
표준화

작업표준화, 기록관리
공정의 기술자료 D/Base화

4M, 1I 관리
사람, 설비, 재료, 방법, 정보

Q.C.D., F(유연성), S(속도)

'○○○제품 품질 고급화'
품질보증, JIT공급, 원가경쟁
고객만족도향상, R&D활동

현장혁신활동 10항

1. 기초질서확립
2. 낭비개선활동
3. 자주개선활동
4. 설비보전활동
5. 공정개선활동
6. 원가절감운동
7. 품질보증활동
8. 외주품질육성
9. 1인 다기능화
10. 작업표준화

※실행하고,
습관화하여
현장체질강화

4 Step
품질보증
체계 정립

1 Step	체크체계에 충실
체크시스템, 보고의 체계화	
2 Step	신뢰성확보(QA)
공정별 자주검사, 무검사	
3 Step	크레임해석, 조치
절대·상대 과학적 분석 대책 (근본적, 잠정적 대책안)	

1 Step	완벽한 품질체계
제품, PJT별 품질보증체계구축	
2 Step	작업착수, 지시
On-Line화(전산화), 자동집계	
3 Step	○○○제조 전문화
㈜ ○○○의 설계, 생산System은 **○○○제품 제조의 선두주자**	

5 Step
혁신생산
시스템 구축

'New○○ Production System'
구축, 수출확대와 매출신장
'선진기업으로 성장'

"세계적인 일류기업"
2025년에 실현한다.

↓

글로벌 일류기업

㈜ ○○○○

품질보증팀 SINCE 2002

경영관리의 재설계와 차세대 유망기술

제1절 업무목표 수립과 성과관리의 체계화

1.1 기업진단 시스템

1.1.1 진단의 기본 절차

기업진단은 다음과 같은 차례로 분석을 해야 함에 전문성이 있는 지식을 갖고 접근 분석해야 한다.

① 기업현황과 진단 배경, ② 진단기업의 재무제표, ③ 재무제표의 이해, ④ 경영개선 권고사항과 세법이 기업행태에 미치는 실무, ⑤ 재무비율 분석, ⑥ 경제적 부가가치(EVA)분석, ⑦ 미래손익과 현금흐름분석과 투자경제성 분석으로 순으로 분석에 들어간다.

따라서, 진단의 종류와 전체 흐름은 일반적으로 다음과 같이 진행한다.

표 6-1 기업진단의 3가지 분류

구 분	표 준	종 합	심 층
대상	일반자금	일반자금 사후관리 재창업	특화자금 성과창출형 기업 (직접대출 고액/수출금융 글로벌 진출기업

구 분	표 준	종 합	심 층
적용 트랙	표준모델(신규)	트랙 Ⅰ, Ⅱ, Ⅲ	트랙 Ⅰ, Ⅱ
특징	기업평가연계	기업부문별 진단 개선방향 제시 연계지원	기업부문별 진단 개선방향 제시 문제해결
목적	신속한 자금집행	기금 건전성 제고	기업성과 창출
주체	지역 본 · 지부	지역 본 · 지부	(광역)기술경영센터

(중진공 기업건강진단운영)

1.1.2 표준진단의 프로세스

표준진단의 프로세스로, 기업활동에 있어서 기본적인 사항들을 파악하여 평가하는 과정으로 4단계를 거쳐 결론적인 보고서가 전산으로 형성되어 결과가 나온다.

① 1단계[기술사업성 진단 및 평가] : 기업의 기술성, 사업성, 경영능력 재무분석(업력 3년 이상 기업에 한함)

② 2단계[시각화] : 레이더 차트로 공장진단, 기업경영능력, 기능별 역량분석, 취약점 표시

③ 3단계[표준솔루션 제공] : 진단 결과가 보통 이하인 경우 개선대상 자동선택 표준 솔루션 DB에서 최대 3가지를 선택한다.

④ 4단계[연계지원 및 보고서] : 기업현황, 경영성과분석(재무제표 보유기업), 핵심역량분석, 표준솔루션

1) 진단 준비

대상 기업체의 현황과 동종업계 등의 정보를 미리 파악하여 준비한다.

2) 진단 실시(예시)

① 기업현황, ② 기술 및 산업분석, ③ 핵심역량분석, ④ 경영성과분석-심층 분석으로 미래성장성평가(비용성격별), 경제적 부가가치(EVA), 설비투자회수기간 검토, 생산관리수준평가 ⑤ 기업분석요약, ⑥ 전략 및 로드맵, ⑦ 연계지원 ⑧ 종합의견 순으로 실시한다.

이 중에서 중요한 경제적부가가치(EVA)의 의미와 계산방식은, 경제적 부가가치(Economic Value Added : EVA)란 기업의 영업활동 결과 창출한 세전순영업이익(EBIT)에서 그에 해당

하는 법인세부담액을 차감하여, 세후순영업이익(NOPLAT)을 산출하고, 이것에서 영업활동을 위해 제공된 투하자본(IC : Invested Capital)에 대한 자본비용을 차감하여 계산한 이익이다. EVA 산출의 단계는 1단계는 투하자본의 측정, 2단계는 자본비용의 측정, 3단계는 세후순영업이익의 계산이며, 4단계는 EVA의 계산과 평가로, 계산식은 다음과 같다.

$$\text{EVA} = \text{세후순영업이익(NOPAT)} - \text{자본비용(Capital Cost)}$$

$$= \text{세후순영업이익(NOPAT)} - \text{가중평균자본비용(WACC)} \times \text{투하자본(IC)}$$

$$= \text{투하자본(IC)} \times \{\text{투하자본 수익률(ROIC)} - \text{가중평균자본비용(WACC)}\}\text{이 되어,}$$

여기에서, 양(+)의 EVA가 0보다 크다는 것은 기업의 세후순영업이익이 총자본비용보다 크다는 것이며, 기업 영업활동상의 모든 비용은 물론 자본에 대한 대가(이자 및 배당)까지 지불하고도 해당 기업에 유보되는 경제적 이익이 있다는 것을 의미한다. 반대로, 음(-)의 EVA가 0보다 작다는 것은 기업의 세후순영업이익이 총자본비용보다 작다는 것으로, 기업이 영업활동상의 모든 비용은 지불할 수 있었다 하더라도 최종적인 자본에 대한 대가를 충분히 지불할 수 없는 손익구조이다.

EVA 증대방안으로는,

① 세후순영업이익 증대 방안으로는, 매출액의 증대, 제조원가의 절감, 판매비와 관리비의 절감을 해야 하며,

② 투자자본의 절감을 통한 자본비용의 감소에서는, 적정수준의 고정자산 투자, 적정 수준의 재고자산 유지와 유휴설비 등 비효율적 자산을 매각한다.

③ 저수익성 투자자본의 축소에서는, 저수익성 사업의 투자자본 회수와, 저수익성 사업부문의 철수와 저수익성 제품을 철수하는 것이다.

④ 고수익성 투자자본의 증대로는, 고수익성 사업의 투자자본 확대와, 고수익성 사업부문 확대와, 고수익성 제품생산을 증대한다.

⑤ 총자본비용의 개선으로는, 재무구조개선을 통한 조달비용의 절감, 기업안정성 향상을 통한 자기자본비용을 절감한다.

3) 진단보고서 작성(입력), 보고서 완성(출력)

4) 진단 결과의 브리핑(완료)은 대표, CEO, 임원, 간부 대상으로

(1) 기업평가 실태 조사서의 상세사항

① 신용위험평가표

② 업체별 공단지원, 금융거래 현황

③ 신용통합정보조회

④ 기업일일여신조회(일보)

⑤ 중소기업 기업진단 및 정책자금 융자신청서

⑥ 표준재무제표증명

⑦ 부가가치세과세표준증명

⑧ 법인등기부등본(말소사항 포함)

(2) 기업 현황 파악

① 기업 소개(설명 또는 문서)

② 기업홍보자료(기업 소개용 PPT파일, 연혁, 제품사진 등)

③ 기업현황(품목, 기술, 조직, 공정, SWOT 등)

④ 재무계획(매출계획, 인력계획, 투자계획 등)

⑤ 인터뷰[KPI(성과지표), 4가지 Stage, Value Chain Gap, 기업문화 등]

(3) 경영자(대표자)와 직접 면담

학력, 경력사항, 사업 동기, 기술 전문성, 시장 이해도, 사업전망 및 투자계획, 자금조달 계획, 대외활동 여부, 등을 파악하여 진단에 참고로 한다. 이 과정에서 경영자 입장에서의 프라이버시 및 비밀 등을 꼭 지켜준다.

(4) 현장 확인 시 주요 점검 항목

① 사진 촬영 : 주요 공정 및 설비 등은 허락 하에

② 의식수준 : 게시물, 인사, 경비직원 태도

③ 현장 5S 수준 점검 : 복장, 화장실, 창고 등

④ 생산성 : 가동률, 유동인력, 잡담, 작업속도, 일의 결과, 생산능력

⑤ 물류 : 유동인력, 운반용기, 운반도구와 동선 등

⑥ 창고 : 재고 규모(품종, 보관량)

⑦ **품질** : 불량 발생률, 불량 구분관리, Tag부착

⑧ **눈으로 보는 관리** : 치장관리, 생산 진도, 문제 가시화

⑨ **게시물** : 부착내용, 날짜, 현수막

※ 위 모습들을 있는 그대로 볼 뿐, 자기 생각으로 넘겨 집지는 않는다.

(5) 관련 산업정보의 사전조사

① 국가통계포탈(KOSIS)

② 협회, 학회, 단체

③ 인터넷 검색

④ 한국은행 기업경영분석 자료 등을 참고하여, 사전에 정보를 확인한다.

(6) 기업체 정보

① 중소기업 현황정보시스템

② 기업정보 Data Base(약 23만개 기업이 등록되어 있음)

(7) 기술정보

① 중소기업 통합기술 로드맵

② 인터넷으로 검색

1.1.3 심층진단의 프로세스

기업성과 창출을 목적으로 트랙Ⅰ, Ⅱ진단프로그램으로, 특화자금, 성과창출형 기업(직접 대출 고액, 수출금융 글로벌진출기업 대상), 기업부문별 진단으로, 개선방향 제시하여 문제를 해결하고자 하는 진단이다.

① **1단계 진단** : 진단 대상 업체의 제품과 기술력, 경쟁력, 시장 및 산업동향과 기업의 핵심역량을 분석하여, 성과 창출 가능성이 있을 때 부문별 상세 진단을 하고,

② **2단계 단기 컨설팅** : 성과 창출의 로드맵을 수립하여 전략과 실행방안을 제시하여 문제점 해결을 위한 솔루션을 실행한다.

③ **3단계 지원 및 성과관리** : 연계지원(자금/컨설팅/R&D)과 세부 진척사항을 점검하여 성과를 모니터링 한다.

그림 6-1 심층진단의 절차

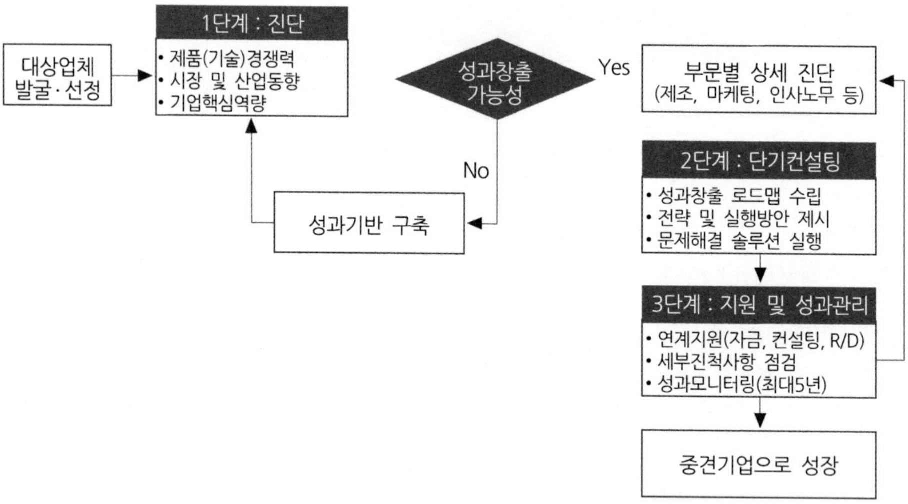

1.1.4 평가에 대한 오해(Misconception about Valuation)

① 근거 없는 믿음 1 : 평가는 진정한 가치에 대한 객관적인 조사이다.

사실 : 모든 평가에는 선입견이 있다. 다만 얼마나 많이, 어떤 방향으로 하느냐가 문제다.

② 근거 없는 믿음 2 : 좋은 평가는 가치에 대한 정확한 판단을 제공한다.

사실 : 정확한 평가는 존재하지 않는다.

③ 근거 없는 믿음 3 : 더 많은 사례는 더 나은 평가를 이끌어 낸다.

사실 : 단순한 평가는 복잡한 것보다 훨씬 낫다.

1.1.5 전략적 치유

1) 바람직한 현금흐름의 방향

① **영업** : 영업활동에서 충분한 현금의 창출과, 영업활동 현금흐름에서 많은 순유입이 더해지도록 한다.

② **투자** : 영업활동에서 창출된 현금을 재원으로 지속적인 투자와, 투자활동 현금흐름에서 순유출이 감소되도록 한다.

③ **재무** : 영업활동에서 창출된 현금을 재원으로 차입금을 상환하며, 재무활동에서는 현

금 흐름은 순유출이 감소되도록 한다.

2) 현금흐름표 상의 기업 부실징수

① 영업활동에서 유입된 현금흐름이 감소하는 경우

② 현금흐름이 부족하여 신규 단기차입금으로 만기 도래한 장기차입금을 상환하는 경우

③ 단기차입금으로 고정자산 혹은 투자자산에 투자하는 경우

④ 자금조달의 주된 원천이 단기차입금인 경우

⑤ 배당금을 과다하게 지급하는 경우

그림 6-2 단계별 전략의 예

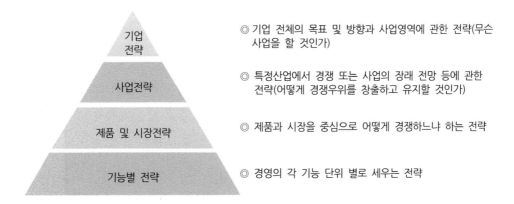

◎ 기업 전체의 목표 및 방향과 사업영역에 관한 전략(무슨 사업을 할 것인가)

◎ 특정산업에서 경쟁 또는 사업의 장래 전망 등에 관한 전략(어떻게 경쟁우위를 창출하고 유지할 것인가)

◎ 제품과 시장을 중심으로 어떻게 경쟁하느냐 하는 전략

◎ 경영의 각 기능 단위 별로 세우는 전략

표 6-2 BPR(Business Process Reengineering)의 최종 품질관리체계의 구축 단계의 예

단 계	추진 요령	적용 도구	결과물
[1단계] 품질검사 체계 구축	• 종합 품질관리 검사체계 구축 • 출하검사 체계 구축 • 공정 자주검사 체계 구축 • 초/중/종물 검사 체계 구축 • 공정 모니터링 체계 구축 • 롯트관리 체계 구축 • 이상관리 체계 구축	• 통계적 공정관리 • 측정시스템 분석	• 검사성적서 • 식별관리표
[2단계] 공정 품질관리 체계구축	• 관리계획서 재정립 • 제조 공정 자주관리	• 관리계획서 • 5S와 VM • 작업표준	• 관리계획서 • 표준 정착도 지수

단 계	추진 요령	적용 도구	결과물
[3단계] 통계적 공정관리	• 로트 선정 및 대상 파악 • 관리도 유형 선정 • 측정기준 선정 • 샘플크기 선정 • 관리도 및 데이터 수집 양식설계 • 교육 및 실행	• 관리도 • 측정시스템 분석 • 공정능력 평가	• 공정 불량률 • 공정능력 • 이상처리 기준
[4단계] 외주품질 관리	• 외주 품질관리 실태 진단 • 업체 선정 및 평가 • 부품 승인 운영 기준 내실화 • 시정 및 예방조치 체계 구축		• 4M 변경 관리 절차 • 품질뱅크 운영 절차 • 품질회의 운영 절차 • 클레임처리 기준 정립

1.2 성과지표 설정과 실적관리

1.2.1 성과관리의 개념

성과관리(Performance Management)란 개인, 팀 또는 조직의 업의 결과를 극대화하기 위하여 조직의 과정을 확보하는 목표 지향적인 과정으로 설명되고, 상세한 내용으로는 개인 일의 결과가 조직의 전략적 목표를 달성하는 데 기여하도록 목표를 설정, 연계한 인사고가, 개발 등을 하나의 단일 시스템으로 통합한 과정이라 볼 수 있다.

그림 6-3 성과관리의 기본 개념

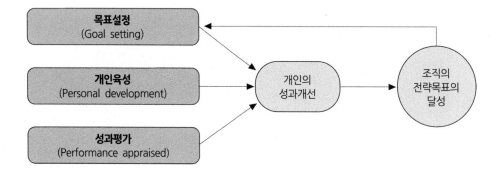

1.2.2 KPI(Keep Performance Indicator)의 설정

KPI의 측정방법을 계산식이나 단계별 순위 등으로 표현한 것을 말하며, KPI 및 측정방법의 종류는 다음과 같이 계량지표를 기준으로 한다.

① **목표유형** : 당해년도 목표 대비 실적으로 성과 달성률을 평가하는 지표로, ○○의 달성률이며, 예를 들어, 매출목표 달성률 이익목표 달성률 등이 있고,

② **추세유형** : 전년 실적 대비 금년도 실적의 향상률이나 감소율을 평가하는 지표로, ○○의 성과 향상률, ○○의 전년대비 감소율로, 예를 들어, 매출액 향상률, 원가 감소율 등이 있다.

③ **절대유형** : 실적치와 비교하지 않고 달성 실적을 표준대비로 평가하는 지표로, ○○의 건수, 예를 들어, ○○의 절감액으로, 예로, 신규 고객 개척 수, 예산대비 비용 절감액 등이 있다.

1.2.3 기업 경영상태의 정기적인 점검

기업은 정기적으로 진단, 평가를 받으면서, 전략을 수립해야 미래에 대한 위험성과 불확실성에 대비하면서 경영을 해야 된다고 본다. 이러한 과정은 공적인 프로그램에 의해 지원을 받을 수 있어, 체계적인 평가에 의해 결과를 볼 수 있다.

그림 6-4 경영상태의 레이더차트의 예

[실선 : 1차년도, 점선 : 2차년도]

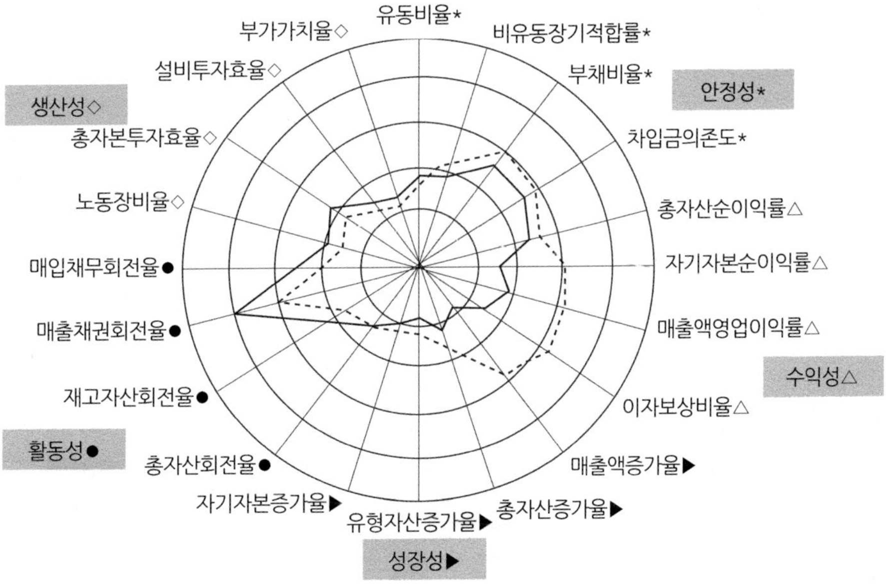

따라서, **경영상태의 분석**으로, 각 부문별로, 생산성, 활동성, 안정성, 수익성, 성장성으로 이어가는 전략이 될 수 있을 것이다.

기능별 역량 분석으로, 경영자의 능력과 신뢰, 회계, 인사, 유통, 영업, 생산, 구매/자재, R&D활동 등과, **기업 경영능력 분석**으로, 경영전략, 제품 서비스전략, 경영성과관리, 마케팅/영업관리, 연구/개발력, 제조능력, 조달/납기능력, 품질능력, 조직역량/인적자원, 정보 활용력 등이 있다.

그림 6-5 기업의 수익창출을 위한 주력활동(Enterprise Value Map)

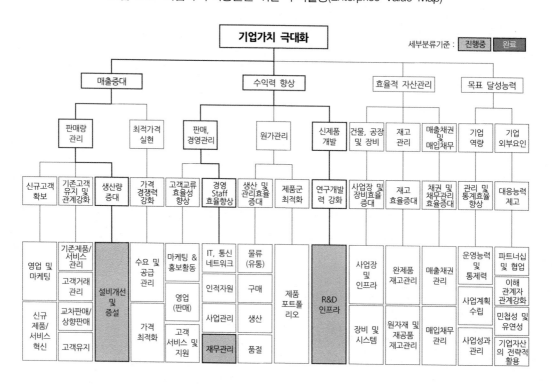

한편, 토요타(TPS) 방식으로는 최종 목적은 사용자본이익률(ROI)의 향상을 위하여, 초기 투자비용 및 고정비(설비 감가상각 비, 인건비)가 감소되며, 동일 조건에서 생산기간 과 자본회수기간이 단축되어 상대적으로 소자본 투입으로 단시간 내에 회수가 가능하다. 이로 인해 투자회수기간이 단축되고 고수익 창출이 가능하다.

그림 6-6 TPS의 사용자본이익률(ROI)의 향상을 위한 활동 전개

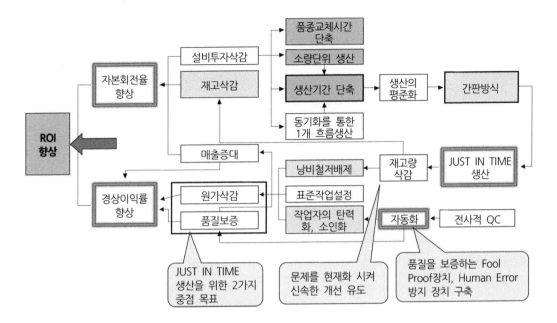

1.3 업무 효율성 재고의 관리지수

1.3.1 점검사항

① 우선 철저한 자기반성이 올바른 예측을 가능하게 한다.

② 결산/평가를 통해 스스로 추구해야 할 메시지를 얻을 수 있다.

③ 새로운 메시지는 올바른 행동을 위한 모티브로 작용한다.

④ 함께 공유하고, 공감하고, 의지를 다지므로 실체변혁을 일으킬 수 있다.

⑤ 기간 내에 몰입하여 자료를 만들고 토론하고 방향을 잡아야 한다.

⑥ 올바른 Data가 정확한 방향성을 추구한다.

⑦ Data와 평소에 느끼는 감이 다를 경우는 반드시 악착같이 끝까지 확인해야 한다.

⑧ Data와 느낌이 일치하면 전체 최적화를 위한 방향성을 추구해야 한다.

⑨ 전부보다는 핵심을 찾아 자원을 집중해야 한다.

⑩ 권한이양(Empowerment)과 지원을 통한 문제해결에 몰입도를 높여야 한다.

⑪ 반드시 성공체험을 해야 한다.

⑫ Loss방지는 십시일반(十匙一飯)으로 방어 하고, 실체변혁은 중점지향 하여야 한다.

1.3.2 뉴패러다임과 TPS식 문제해결

1) 토요타의 관리 철학

JIT생산시스템으로 적소, 적량, 적시에 맞추어 생산하는데, 택트타임 계획, 작업흐름의 지속성 유지와 균일한 생산량으로 평준화생산, 풀시스템, 신속설비 대체, 통합물류의 관리를 하며, 자동화(自働化)로 문제의 가시화에서는 문제가 발생 시에는 안돈신호, 사람-기계의 분리, 에러방지, 공정별 품질관리와, 낭비요소 제거에는 현장을 조사하고, 낭비요소를 감시하며, 문제 해결을 위해 5번의 '왜(Why)'의 분석과 원인을 추적하여 지속적인 개선으로 안정된 표준 프로세스를 지켜나가며, 인력과 팀워크의 구성에는 품의형 의사결정, 목표의 공유, 교차적인 교육 · 훈련실시로, 최상의 품질, 최저의 원가, 최소의 리드타임, 작업의 안전제일, 사기앙양으로 관리하는 방식이다.

2) 토요타방식의 4가지 P에 따른 14가지의 원리

(1) Problem Solving(문제 해결로 지속적 개선과 학습 : 현지 견학)

① 개선을 통한 지속적인 조직학습활동

② 상황을 철저히 이해하기 위해 직접 가서 눈으로 보아라(현지 견학)

③ 합의가 될 때까지 모든 대안들을 철저히 고려하며, 결정은 천천히 하고 실행하도록 하고 도와주라.

(2) People and Partners(종업원들과 파트너십으로, 도전, 양성 : 존중과 팀워크)

④ 철학을 실천하는 지도자들을 육성하라.

⑤ 사람들과 팀들을 존중하고 개발하고 도전하게 하라.

⑥ 부품업체들을 존중하고 도전토록 하고 도와주라.

(3) Process(공정 : 낭비제거, 대부분의 기업들이 위치한 곳)

⑦ 문제를 표면화시키는 프로세스 흐름을 창출하라.

⑧ 과잉 생산을 피하기 위해 풀 시스템을 사용하라.

⑨ 작업량을 표준화 하라(평준화).

⑩ 품질 문제가 있을 때 중지하라(자동화).

⑪ 지속적 개선을 위해 작업을 표준화 하라.

⑫ 문제 은닉을 방지하기 위해 시각적 관리 도구를 활용하라.

⑬ 신뢰할 수 있고, 철저히 시험된 기술만 활용하라.

(4) Philosophy(철학으로 장기적인 사고 : 도전정신)

⑭ 단기적인 재무 목표를 포기하더라도 전략적 의사결증은 장기적 철학에 기초하라.

1.3.3 각 부문별 변경점관리 및 성과 지표관리

과거, 현재, 미래를 보고 핵심을 찾아내는 통찰력과 핵심에 집중하여 몰입할 수 있도록 하는 의사결정력과 성공될 때까지 끝까지 추진하는 강한 돌파력이 성공의 지름길이다.

다음 표 6-3의 관리 항목별로 자세히 설명한 지표관리로, 생산계획과 품질관리 부문의 변경점관리와, 생산관리, 생산과 설비관리 부문에 각 요소별 관리 지표의 항목들이 나타내고 있다.

표 6-3 생산계획과 품질관리 부문(변경점관리)

프로세스	NO	모니터링 및 측정 항목	측정주기	담당부서	모니터링 기록	비 고
사업계획관리	1	품질/환경목표의 달성 실적분석	매년기 초	경영지원	분기 목표달성 실적표	
인적자원관리	1	교육훈련 실시율	매년 12월 말	총무	연간교육훈련계획서	(교육수료자수/계획인원)×100
제조설비관리	1	고장률	매월 초	생산	보전작업일지	(고장시간/총 가동시간)×100
제조설비관리	2	설비보전계획 대비 실적 달성률	상 동	생산	설비정기점검표	(설비보전 실적/설비/보전계획)×100
치공구 및 금형 관리	1	Retooling 제작 건수	매반기 6개월	생산	발주서	(Retooling 제작 건수/연간)
치공구 및 금형 관리	2	금형 및 치공구 수정 건수	매반기 6개월	생산	수정지시서철	(수정 건수/연간)
제품개발업무	1	연간 설계 및 개발 건수	매년 12월말	개발	사업계획서	(설계, 개발 건수/연간)
제품개발업무	2	프로젝트별 설계변경 건수	PJT 완료시	개발	ECI No. 등록대장	(설계, 개발 변경 건수/PJT)
제품개발업무	3	제품개선 계획 대 실적 달성률	매년 12월 말	개발	보고서	(개선건수/개선계획건수)×100
제품개발업무	4	개발프로젝트별 개발기간(일수)	PJT 완료시	개발	제품 개발첩	제품개발 소요일수/개발프로젝트
구매업무	1	업체별 납기 준수율	매월 말	구매	자재관리대장/월별실적보고서	(납기준수횟수/총 납품횟수)×100
구매업무	2	자재 재고 회전율	매월 말	구매	마감품의서/월별실적보고서	(매출액/자재 재고액)×100
협력업체관리	1	연간등록 및 등록 탈락업체수	매년 12월 말	구매	협력업체승인보고서	협력업체승인보고서
측정장비관리	1	Gauge R&R 실행률	매년 12월 말	품질	교정검사 관리대장/성적서	(교정검사 장비수/교정검사 계획수)×100
이사소통관리	1	내/외부 환경불만 접수건수	매월 초	환경	이사소통보관리대장	(등록/탈락업체수/연간)
생산관리	1	생산실적(생산계획 대비 달성률)	매월 초	생산	일일 가동일지(반조립/완성)	(생산실적/생산 계획)×100
생산관리	2	설비종합효율	상 동	생산	생산실적 보고서	(시간가동률×성능가동률×양품생산율)
생산관리	3	인당 시간당 생산량(Unit Per Hour)	상 동	생산	일일 가동현황	(총생산량/(조업시간×작업자수))×100
생산관리	4	제품 재고 회전율	상 동	생산	재고조사 결과보고서	(매출액/제고 제품금액)×100
변경점관리	1	변경점 발생 건수	반기 말	품질	변경점 관리대장	
비상사태관리	1	사고 및 비상사태 발생 건수	매년 1월 말	환경	비상사태경과보고서	
모니터링 및 준수평가	1	부서별 관리대상 성과지표 수	매월 초	환경	부서별 성과지표	
제안제도	1	제안 채택률	매월 말	품질	제안 관리대장	(제안체택 수/제안건수)×100
검사업무	1	협력업체별 인수검사 부적합률	매월 말	품질	인수검사 품질보고서	(부적합품 발생 수량/총 납품수량)×백만
검사업무	2	공정 부적합률(반조립/총립/완성)	매월 말	품질	공정검사 품질보고서	(월 부적합품 수량/월 생산수량)×백만
검사업무	3	고객사 납입 부적합률	매월 말	품질	고객사 납입 실적	(부적합품 수량/납품수량)×백만
검사업무	4	출하검사 부적합률	매월 말	품질	출하검사 현황	(월 부적합품수량/월 출하수량)×백만
부적합품관리	1	고객 반송품률	매월 말	품질	고객 불만관리대장	(월 반송품 수량/월 납품수량)×백만

표 6-4 생산관리 부문 성과관리(1/2)

No.	관리 항목	단위	정 의	산 출 식	용 도
1	일정 준수율	(%)	수주 후 계획된 일정 내 추진계획서 작성 준	∑일정준수건수/∑정성대상건수×100	일정관리
2	공정 부하율	(%)	공정의 총보유Capa 대비 공정에 부가된 Load비	(공정Load/공정Capa)×100	자재관리
3	원가율	(%)	계약금액 대비 실행 원가비율	(투입원가/계약금액)×100	공정부하관리
4	출하건수	(건)	월별 출하 된 Item실적	∑출하item수	원가관리
5	납기 준수율	(%)	총출하 Item 납기준수 비율	(납기준수item/대상item)×100	출하관리
6	PJT 정산 일정 준수율	(%)	PJT완료 후 정해진 일정 내 정산완료 준수비율	(일정준수건수/정성대상건수)×100	납기관리
7	내부 거래율	(%)	견적 PJT(Project) 수주의 내부거래 비율	(내부거래금액/견적PJT수주금액)×100	PJT수주관리
8	재공 금액	(원)	공정 내에 있는 PJT의 재공금액	∑PJT재공금액	재공실적관리
9	견적금액	(원)	견적 PJT의 견적금액	∑견적금액	견적PJT수주관리
10	내부거래금액	(원)	본부 간 내부거래 실적금액	∑내부거래금액	내부거래관리
11	머신/H(시간)생산성	(%)	제품별 표준머신/H(시간) 대비실적 머신/H비율	(실적머신/H/표준머신/H)×100	생산성관리
12	하자처리비용	(원)	Site에서 발생된 하자처리 비용	∑하자처리비용	Site의 Claim관리
13	제조L/T 단축율	(%)	표준제작기간에 대한 Lead Time단축비율	(표준제작시간-실작기간)/표준제작기간×	납기관리
14	생산부하율	(%)	월간, 중, 장기 부하율	(계획Capa/생산능력)×100	재공품관리
15	납기 달성률	(%)	생산제품의 납기 달성률	(실생산납기건수/계획납기건수)×100	인당생산성
16	재공품율	(%)	총투입자재 대비 재공품 비율	(재공금액/총투입자재금액)×100	표준공수 선정 및 생산성
17	인당 생산력	(BHP)	직접인원 1인이 생산하는 마력	(총생산마력/직접인원)×100	생산실적관리
18	작업공수효율	(%)	표준공수 기준 실작의 공수비율	(표준공수/작업공수)×100	금형사용관리 및 재공품관리
19	생산실적 달성률	(%)	생산계획대비 생산실적 달성도	(생산실적/생산계획)×100	조립, 생산튜임
20	재공률	(%)	계획재공금액 기준 현재 공급액 비율	(현재공급금액/계획재공금액)×100	생산계획수립
21	입고 달성률	(%)	계획입고건수 대비 실입고 건수비율	(∑입고건수/계획건수)×100	납기관리 및 부하관리
22	Man Hour 부하율	(%)	생산부유MH기준 대비 계획MH비율	(계획MH/생산부유MH)×100	고객납기관리
23	공정 진도율	(%)	계획공정대비 실공정정진도 비교	(실적/계획)×100	생산실적관리
24	외주인력 활용율	(%)	총투입 인력 대비 어주투입 인력의 비율	(∑어주투입인력/총투입인력)×100	공정Loss관리
25	납기 준수율	(%)	총발산완료 건수 중 납기 준수율	(∑납기준수건수/생산완료건수)×100	공정품질관리
26	재품 일출고 금액	(원)	생산제품이 입고 및 출고	∑일·출고	전략사용량관리
27	재열처리율	(%)	열처리 후 불량 발생분에 대한 재열처리비	(∑재열처리량/생산량)×100	재해관리
28	품질관련 손실액	(원)	공정에서 발생하는 불량손실금액	∑불량손실금액	공정Loss관리
29	전략 원단위	(Kw H/Ton)	단위 생산량에 대한 전략사용량	∑전략사용량(1)/생산량(Ton)	전략사용량관리
30	재해율	(%)	연간 재해발생비율	(∑재해건수/평균근로자수)×100	재해관리
31	5S활동 평가점	(점수)	5S활동의 평가기엄	∑평가기엄	공정 청정활동관리

표 6-4 생산관리 부문 성과관리(2/2)

No.	관리 항목	단위	정의	산출식	용도
1	생산능률	(%)	표준공정시간 대비 투입시간비율	(계획MH/직접투입MH)×100	생산실적분석
2	Man Hour 직접능률	(%)	총투입MH 대비 직접투입MH비율	(Σ직접MH/총투입MH)×100	MH활용률분석
3	간접 Man Hour 율	(%)	총투입MH 대비 간접투입MH비율	(Σ간접MH/총투입MH)×100	MH활용률분석
4	손실 Man Hour율	(%)	총투입MH 대비 손실MH비율	(Σ손실MH/총투입MH)×100	손실물관리
5	설비가동률	(%)	주요 설비Capa에 대한 가동시간비율	(Σ가동시간/Capa시간)×100	주요설비관리
6	제공량	(Ton)	Shop내 보유 재공품량	(Shop투입원자재중량-Shop Out제품중량)	재공품관리
7	소모품 사용량	(원)	소모성 자재사용 금액	Σ소모성 자재투입금액	소모성자재관리
8	인당 제안건수	(건)	개인별 제안제출건수	총제출건수/총인원	제안활동관리
9	SPR 발행률	(%)	계획대비 실적 SPR발행비율	(실발생 SPR건수/계획SPR건수)×100	납기관리
10	인당 생산금액	(원)	1인당 생산금액	(생산금액(기성)/투입인원수)×100	생산성파악
11	도장, 포장(장기)부하율	(%)	배관도장, 포장(장기) 부하비율	(계획수량/생산능력)×100	공정도/포장부하파악
12	도장, 포장(단기)부하율	(%)	배관 도/포장 단기 부하비율	(계획수량/생산능력)×100	공정도/포장부하파악
13	배관출하장비 기동률	(%)	출하용 장비기동률	(실사용시간/장비Capa시간)×100	장비기동률파악
14	제작 인도율	(%)	배관Spool의 계획대비 제작투입률	(제작완료수량/계획투입수량)×100	제작진도관리
15	자재 투입률	(%)	제작용 자재의 계획대비 제작투입률	제작완료수량/계획투입수량)×100	제작진도관리
16	Man Hour당 Utility사용금액	(원/MH)	1인당 Utility 사용금액	사용금액/투입MH	공장경비절감
17	전략조업도	(%)	특정시간대 전기사용률	1-(Loss시간/조업시간)×100	인적가동률관리
18	작업서류 지연율	(%)	사전작업서류의 계획 대비 지연비율	(Σ지연건수/계획건수)×100	사전작업준비관리
19	자재투입 지연건수	(건)	자재투입 지연건수	Σ지연건수	사전작업준비관리
20	인당 용접봉 사용량	(Kg)	1인당 용접봉사용량	Σ용접봉소모량/평균용접자수	생산실적관리
21	불합리 개소 발견건수	(건)	불합리개소 발견건수 합계	Σ발견건수	설비기동률 증가
22	정점 촬영건수	(건)	정점촬영건수 합계	Σ촬영건수	설비기동률 증가
23	5S활동 평가점	(점수)	배점기준에 따른 점수 합계	Σ항목별 평가점수	작업환경개선
24	소일정 납기 준수율	(%)	소일정별 납기 일정 준수비율	(납기준수item/대상item)×100	납기관리
25	주간 작업계획 달성률	(%)	주간 작업계획비율	(주간납작업실적/주간작업계획)×100	납기관리
26	불량률	(%)	생산 제품불량률	(불량건수/생산제품수)×100	품질향상
27	생산실량	(Ton)	기간별, 공정별, 생산실적	Σ생산실량	생산실적집계
28	실기공능력 향상률	(%)	연간 기공능력기준 대비 실기공실적비율	(실기공실적/연간기공능력)×100	생산능력향상
29	근데률	(MH)	해당인원의 출결사항관리	결근율/정규 출근일	부하관리
30	검사대기 손실시간	(Hr)	외부검사를 받기위해 대기로 인한 손실시간	Σ대기손실시간	손실공수관리
31	부하율	(%)	생산부하기준 대비 계획생산능이 비율	(계획생산량/생산능력)×100	생산계획수립

표 6-5 생산 및 설비관리 부문 성과관리

No.	관리 항목	단 위	정 의	산 출 식	용 도
1	예산 실행률	(%)	연도 실행예산의 실행비율	(실적금액/실행예산)×100	시설공사 단가 표준화
2	공정률	(%)	시설공사의 진척도 비율	(실행공정/계획공정)×100	시설공사의공정진도관리
3	공기 준수율	(%)	시설공사의 계약공기 준수율	(실작업 일수/계획일수)×100	계약공정의 관리
4	진도율	(%)	작업의 진척도비율	(진행중+완료건수/작업의뢰건수)×100	의뢰작업 미결사항조사
5	긴급작업률	(%)	긴급작업의 해결비율	(긴급작업건수/총 작업건수)×100	긴급작업의 대처
6	정비율	(%)	설비정비에 소요된 수선비 금액비율	(수선비용/설비취득 금액)×100	설비 및 시설의 운영관리
7	설비운영비율	(원)	설비를 운영하는데 소요되는 비용 합계	Σ설비운영비	설비운영비 원단위관리
8	연간 Over-haul 수	(대)	전체 설비의 Over-haul수	ΣOver-haul건수	설비관리
9	재 수리율	(%)	설비수리 후 재발생된 수리비율	(재수리건수/총 수리건수)×100	설비신뢰성 파악
10	MTBF(평균고장시간)	(Hr)	설비의 평균고장시간 죽(가동시간의 합계/정지회수)	가동시간/고장건수	설비보존성 파악
11	MTTR(평균수리시간)	(Hr)	고장설비의 평균수리시간	고장수리시간/고장건수	설비관리
12	정기검사 불합격건수	(건수)	동력설비, 증기의 법정정기 검사 시 불합격	Σ불합격건수	설비관리
13	사고시간	(Hr)	난방, 온수, 냉방용수 설비의 사고로 인한 정지시간	Σ정지시간	설비관리
14	고장강도율	(%)	고장으로 인한 설비의 정지시간비율	(고장정지시간/Capa시간)×100	설비관리
15	고장도수율	(%)	부하시간 대비 고장회수 비율	(고장회수/Capa시간)×100	설비관리
16	고장률	(%)	가동시간 대비 고장시간 비율	(고장시간/가동시간)×100	설비관리
17	연료사용량	(l)	보일러 및 증기의 연료 사용량	Σ사용연료량	보일러 및 증기의 가동효율 측정
18	냉난방, 온수비용	(원)	냉난방 및 온수의 사용 비용	Σ사용비용	에너지관리
19	효율	(%)	보일러의 입열과 출열 비율	(출열/입열)×100	보일러 운전효율
20	Utility중단 계획일수	(일)	Utility의 중단계획	Σ연간 중단 계획일	전기, 유류 등
21	중합역률	(%)	총 전력량대비 유효 전력량 비율	유효전력량/√(유효전력량)2+(무효전력)	전력비 절감
22	사고 손실액	(원)	설비고장으로 인한 손실금액	(고장정지시간×시간단가)	설비관리
23	정비 수행률	(%)	계획정비의 계획 대비 실행비율	(실행건수/계획정비건수)×100	설비관리
24	설비계획 가동률	(%)	설비계획 및 정지 Loss를 고려한 가동률	(Capa시간-정지시간)/Capa시간	설비의 효율관리
25	설비 실적률	(%)	설비목표가동률 대비 설적 가동률 비율	(실적가동률/목표가동률)×100	정비부하율 관리
26	가동 실적률	(%)	단전 단수 중단 시간	Σ공급중단시간	단전, 단수관리
27	에너지 총사용량 금액	(원)	에너지의 사용금액	Σ에너지사용량 금액	에너지관리

1.4 전사적 경영관리 프로그램

기업의 시스템경영에서 업무의 계획수립부터 실행과정의 체계화와 효율적인 관리가 되도록 추진하는 체계인 SPS, 그 업무의 성과관리시스템을 도입하여 목표 달성을 위한 실행관리시스템으로 BPR의 도입, 임직원들의 업무실적에 대한 성과를 분석하고, 그 결과 대안을 찾는 시스템으로 BSC의 도입이 필요함에 따라, 4가지 관리시스템의 개요를 간단히 소개한다.

즉, SPS(Strategy Plan System : 전략계획시스템), BPR(Business Process Reengineering : 경영프로세스개선 또는, 고효율업무실행시스템), BSC(Balanced Score Card : 전략적 성과관리시스템), QM(Quality Management : 품질경영)이 시스템경영에서 용도별 관리요소이다.

표 6-6 경영관리시스템의 기본 프로그램들의 체계

구 분	SPS (Strategy Plan System)	BPR (Business Process Reengineering)	BSC (Balanced Score Card)	QM (Quality Management)
의미	전략계획시스템	경영프로세스개선 (고효율업무실행시스템)	전사적 경영 성과관리시스템	품질경영시스템
시스템 기능	회사 비전설정	주요 업무 프로세스설계	전사적 경영 성과지표개발	전사적 품질경영
활용	명확한 경영방향과 목표설정	시스템적 업무실행 매뉴얼 작성	부서별, 개인별 평가지표 개발	생산을 중심으로 부서 전체 적용
도구	年단위 종합진단	시스템경영 솔루션개발	성과관리 솔루션	공정관리 품질유지도구
전략 Map	① 중장기전략계획 ② 연도별 전략계획	① 업무실행시스템 ② 업무실행관리 ③ 핵심과제관리	① 전사적 성과관리 ② 부서별 업무평가관리 ③ 개인별 업무평가관리	① 품질정책(QP) ② 품질관리(QC) ③ 품질보증(QA) ④ 품질개선(QI)
과정 관리	부서, 개인, 월별, 분기, 실행계획	온라인 문서관리	근무평점 다면평가	공정검증, 작업자 교육과 기량향상
결과 관리	예산계획	지식경영관리	월별, 분기별 성과평가관리	지속적인 개선활동

1.4.1 SPS(Strategy Plan System : 전략계획시스템)

1) SPS의 정의

계획은 그 일을 실행을 할 수 있도록 설계되어야 하는데, 여기에 비전의 설정, 경영종합진

단, 중장기경영전략 수립, 연도별 경영전략 수립, 월별/분기별 부서 실행계획, 개인별 목표수
립 및 실행계획 등의 업무프로세스를 시스템화하여야 하는 것이다.

(1) 제1단계 : Vision설정/관리 시스템

명확한 경영방향과 목표를 설정하여, 선택과 집중의 경영으로 전사원들이 한방향으로 나
아가기 위해 각자의 역할과 미션을 가지고 업무에 임하는 관리체계가 되어 있어야 한다.

(2) 제2단계 : 경영종합진단관리 시스템

현재 우리 회사가 처해 있는 여건, 사회적/국제적인 변화, 이슈분석, 대안을 탐색하여, 기
업에 대하여 제3자의 전문가가 미래에 예측될 수 있는 기업경영의 방향이나 기업활동의 실
태를 조사 및 분석하여, 그 결과에 대하여 경영의 합리적인 발전이나 개선책을 제공하고, 경
영을 지원하는 것이 필요한 것이며, 경영 및 경영활동상의 당면과제 문제점, 결함의 발견과
개선, 권고에 의한 기업의 발전 향상 설정하며, 경영 및 경영활동상의 좋은 점의 발견 · 발굴
확인으로 포상하고, 계속 노력의 요청과, 기업의 방침 방향설정의 조언, 기타 부수적 효과
(사내커뮤니케이션에 대한 기여, 교육효과, 정리적 효과 등)유도하여 경영방침 및 경영계획
을 수립하는 단계이다.

(3) 제3단계 : 중장기 경영전략계획과 연도별 경영전략계획 시스템

중장기적인 경영목표와 전략의 설정, 연도별 경영전략과의 연계로, 관계되는 부문의 준비
와 육성을 장기적인 계획 단계로 2년, 3년, 5년, 10년 후를 예측하며 기획을 하는 단계로, 각
연도별 실행할 수 있는 업무의 계획 경영을 수립하는 단계이다.

(4) 제4단계 : 기간별 실행계획 및 개인별 목표와 실행계획

그 해의 시기별(월/분기/반기) 실행을 위한 업무의 목표를 설정하여, 부서와 개인단위의
Action Plan을 상세하게 수립하는 업무계획과, 고효율을 달성할 수 있는 실행관리시스템으
로, 주간단위의 업무계획과 실적관리, 실행업무의 등록 관리를 체계적으로 관리해야 하는 단
계로, 이러한 업무의 성과를 관리하고 평가하는 종합성과 관리시스템으로, 전사 경영성과 기
능과, 부서별 개인별 성과평가 기능이 갖추어져야 한다.

1.4.2 BPR(Business Process Reengineering : 경영프로세스개선, 고효율업무 실행 시스템)

1) 프로세스의 기본 개념

① 하나 이상의 Input을 받아들여 고객에게 가치있는 결과를 산출하는 행동들의 집합체,

② 어떤 목적에 이르게 하는 일련의 활동, 또는 연속된 작업으로,

③ 자원 또는 외부 고객을 위하여 유용한 결과를 도출하는 것으로,

④ 자원 및 정보를 특정 제품, 또는 Output으로 변환시키는데 필요한 활동과, 그 직무들의 집합체로,

⑤ 특정 고객 혹은 특정시장을 겨냥하여 특정 상품을 생산하도록 계획되고, 구성된 측정 가능한 일련의 행위로,

⑥ 공급자(Input을 제공하는 측)와, 수요자(Output을 제공받는 측)를 가진 업무의 구성과,

⑦ 조직 내에서 2개 이상의 종적기능 단위를 거쳐서 처리되는 업무의 횡적 흐름이라 할 수 있다.

2) 특징과 필요성

① 조직의 구조개편으로, 계층 축소, 고객중심의 기능과 작업집단으로 재편성하여 일선에 권한 위임으로,

② 업무 재설계에서, 업무 과제에 대해 '고객에게 가치를 부가'시키는 프로세스 분석과 실시로 업무 범위에 따라 주인의식을 확대시키기 위한 다기능팀의 역할로,

③ 기술의 재정비에서는, 병력적으로 이루어지는 프로세스 업무과제 강조 고객 관련자료 수집/공유하여 모든 구성원의 정보 접근을 용이하도록 하는 활동들이다.

필요성으로는, 사업팀 중심의 조직력 강화를 위한 Business Process 기능을 강화하여, 업무 프로세스의 업무 스피드 대응형의 인프라구축과, 업무프로세스 상의 중복 업무의 표준화 및 단순화를 위함이며(중점과제 집중 해결), 또한 사업팀 중점 기능 및 공동기능의 분리 및 통합(분리/통합 기능 IT지원)을 하기 위함이다.

3) 성공 가능요소

경영진의 지원과 적극적인 참여로, 기업의 비전 및 명확한 목표 설정하면, 적절한 프로세

스 범위에서 추진 전담 조직의 역할로, 신프로세스의 적용으로, 조직의 혁신과 정보기술의 활용과 경영전략과 정보전략을 연계시켜, 변화관리의 필요성을 인식하고 그에 따른 대책을 마련하며, 보상 및 교육의 기회를 제공하며, 성과 측정에는 기준을 설정하여 추진 목표의 달 성여부를 점검함과 동시에 지속적으로 필요한 사항을 follow-Up한다.

4) BPR도입의 로드맵

① **경영진의 지원과 참여** : 조직의 관리자 층이 열의를 갖고 지속적인 지원과 참여를 하여야 한다.
② **비전 및 명확한 목표 설정** : 조직의 전략적 비전과 명확한 목표를 설정한다.
③ **적절한 프로세스 범위** : 재설계를 계획하고 실행하는 데 있어서 적절한 프로세스 범위를 설정한다.
④ **추진 전담조직의 역할** : 프로젝트를 효과적/효율적으로 추진하기 위한 전담조직의 역할을 설정한다.

그림 6-7 BPR의 개요와 대상 블록

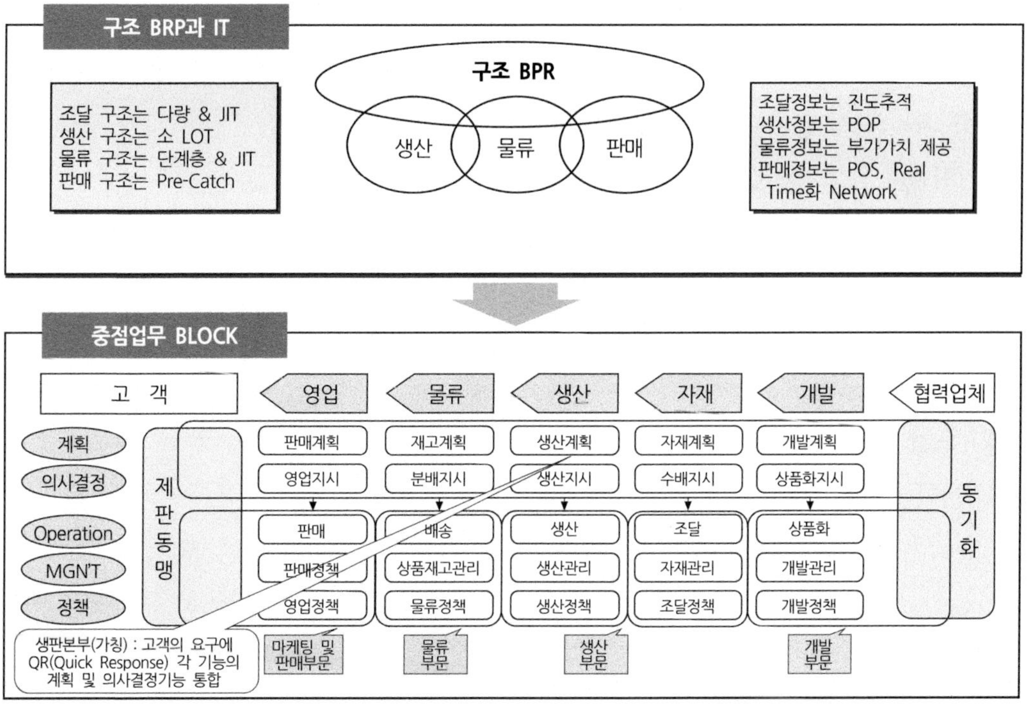

⑤ **신프로세스의 적용** : 설계된 업무프로세스를 현업에 새롭게 적용하도록 유도한다.

⑥ **조직의 혁신** : 재설계된 결과를 실행하도록 업무조직의 신설이나 폐지, 통합 등으로 조직형태를 변형시키거나 적정인원의 재배치를 통하여 업무처리의 효율화를 도모한다.

⑦ **정보기술의 활용** : 리엔지니어링 수행 시 다양한 정보기술을 활용한다.

⑧ **경영전략과 정보전략 연계** : 경영전략과 정보전략 간의 연계에 의해 추진한다.

⑨ **변화관리** : 변화관리의 필요성을 인식하고 그에 따른 대책을 마련한다.

⑩ **보상 및 교육** : 추진팀 및 프로젝트에 적극적으로 참여하는 조직구성원에 대한 적절한 보상 및 교육을 실시한다.

⑪ **성과측정** : 성과를 명확하게 측정할 수 있는 기준 설정하여, 추진목표의 달성여부를 점검함과 동시에 지속적으로 필요사항을 Follow up한다.

1.4.3 BSC(Balanced Score Card : 전사적 경영성과 관리시스템)

1) BSC의 의의(意義)

BSC는 전통적인 성과관리에서 더 나아가 균형된 시각의 성과관리의 틀이라는 의미와 전략을 조직 내에 전파하고, 전략수행을 검증하는 관리도구로서의 의미를 가진다. 또한, 모든 조직단위에서 전략의 전사적 공유를 통해 전략적 목표를 전조직에 정렬시키고, 목표의 정렬과 조율을 통하여 조직전체의 역량을 전략적 목표에 집중함으로써 각 조직 단위의 성과향상이 전사차원의 성과 극대화로 연결 되도록 한다.

① 지표의 균형성 : 균형잡힌 성과지표의 작성

② 전략의 공유 : 전략의 공유와 정렬과,

③ 지표간의 인과관계 : 지표와 지표간의 인과관계

④ 효과적인 BSC : 조직의 성과 극대화를 꾀한다.

2) 도입 목적

(1) 목표전략의 달성 촉진

전략 달성을 촉진시키기 위한 BSC의 역할은,

① BSC는 기업의 근본적 가치 창출을 원천을 관점(Perspectives)으로 구체화 하여,

② 비즈니스현상 및 결과에 대한 원인을 조기에 파악하여 적절한 전략적 조치를 하며,

③ 핵심역량에 자원을 집중하여 전략달성을 효과적으로 지원을 한다는 것이다.

(2) 균형된 성과평가

과거에 수행한 결과와 미래에 달성하고자 하는 성과의 예측으로, BSC의 균형(Balanced)이란 다음의 5가지가 있다.

① 재무성과 중심에서 재무/비재무성과를 모두 고려하고,

② 단기성과 관리에서 장기/단기성과를 동시에 관리를 하며,

③ 결과 중심의 성과평가에서 원인에 대한 근본적 관리를 하여,

④ 재무적 관점, 고객 관점, 내부프로세스 관점, 학습과 성장 관점 등 다양한 관점을 통하여 기업성과 평가 기준을 균형되게 조절한다.

⑤ 선행지표와 후행지표를 균형되게 설정한다.

(3) 책임경영의 구현

전략 달성을 촉진시키기 위한 BSC의 역할은 나무뿐만 아니라, 숲도 보여준다.

① 나무만을 보여주는 성과평가는 구성원들이 수행한 전략적 성과들이 서로 어떻게 연관을 가지고 있으며 다른 조직과 연관성을 설명하지 못한다.

② 숲을 보여 주는 BSC는 자신의 성과가 타 조직과 어떻게 연관관계를 맺고 있는지 보여줌으로써 결과에 대한 책임 소재로 인한 조직 갈등을 방지한다.

(4) 조직변화의 촉진

경영혁신이 성공하기 위해서 조직 구성원의 적극적인 참여가 필수적이다.

① 내가 그리고, 우리조직이 왜 변해야만 하는가? 당위성을 제시하며,

② 전략과의 통합을 통해 유기적인 변화를 가능케 하고, 경영전략 방향과 일치시키며,

③ 조직원이 BSC도입 사유를 명확히 이해함으로써, 기업전략에 대해 더 많이 이해하고, 기업의 방향에 맞춰 업무 방식을 스스로 조정하는 학습력이 발생한다.

(5) 의사소통 활성화

BSC는 개별 조직들에게 공동의 언어를 제공한다.

① 조직의 비전과 전략을 달성하기 위해 이루어지는 공식적이며, 목표지향적인 의사소통을 활성화하는 역할을 한다.

② 상호 조직 간에 발생할 수 있는 상충된 목표를 조정하는 역할을 한다.

③ 조직 및 개인이 성과에 대한 피드백을 통해 지속적인 성과달성을 촉진한다.

(6) 신뢰도 확보

기업의 가치를 외부의 이해 관계자들에게 알리는 역할을 수행하는 데는,

① 재무적 수치에 의존하던 투자자들에게 기업의 미래가치를 기업가치의 창출 근원부터 보여줌으로써 기업가치의 극대화를 유도한다.

② 기업의 지적자산 및 이에 대한 외부 공시를 통해 신뢰도를 확보한다.

3) 전사 전략방향 및 전략과제(조직의 가치를 최대화)

(1) 사업역량 강화(Competence)

핵심기술력 확보, 제품 경쟁력 강화, 시장의 다변화

(2) 경쟁력 차별화(Strength)

원가, 제조 경쟁력 제고, 품질 경쟁력 차별화, 시장 Leadership 강화

(3) 미래성장 기반구축(Growth)

연구개발 역량 강화, 사업 다각화(신규사업), Process 인프라 고도화

(4) 글로벌 조직문화(Collaboration)

대(對)합작사 전략적 파트너십 강화, 기업문화(핵심가치, 기업문화 비전), 글로벌 인재양성 등이 회사 전체의 전략과 방향이 경영방침과 같이 목표를 수립한다.

4) 전략경영의 핵심 구성요소

(1) 전사 전략 Communication 체계 확립

전사 전략에 대한 Communication 언어 정립 및 수단 강화를 통하여 전략의 실행력을 향상시키는 것으로,

① 경영관리 기준 정립
  - 의사결정 기준 및 통합된 기준정보 정립
② 책임기반의 전략전달체계 확립
  - 전략적 방향성 및 성과에 대해 공유할 수 있는 프로세스 정립
  - 경영목표, 이니셔티브, 자원 배분 간 연계

③ 신속한 경영정보체계 구현

- 사용자별, 목적별 차별화 된 전략커뮤니케이션 Tool 도입

- 다양한 경영정보지원 infra 구축

(2) 경영관리 프로세스의 통합성 확보

전략을 근거로 장기, 단기 계획의 일관성을 확보하며, 계획 분야 간 통합성을 확보한다.

① 통합 프로세스 개선

- 전략경영 통합 운영 프로세스 정립

- Rolling Plan 체계 정립

- 전략경영 통합 시스템 구축

- ERM

② 매출관리 프로세스 개선

- 신규 사업관리 체계 구축

- 매출계획의 로직 완성(PQ 로직의 고도화)

- 매출계획 Level별 상관관계 정립

- 매출 추정시스템 고도화

③ 투자관리 프로세스 개선

- 투자계획 프로세스의 재정립

- 투자 이력관리 체계 수립

- 투자 성과관리 체계 수립

④ 비용/이익관리 프로세스 개선

- 비용계획기관별 PQ 로직의 고도화

- PM 관점의 분석 체계 구축

- 고객/서비스 관점의 수익성 분석 체계 구축

- 통합 보고서 구축(재무회계 B/S, P/L, C/F) 등을 개선한다.

5) 관리목표

관리목표는 전략적 목표, 전략적 측정지표, 활동핵심 및 프로그램들이 다음 표와 같이 관리되고 있다.

표 6-7 관리목표별 측정지표와 활동프로그램

구 분	전략적 목표	전략적 측정지표	핵심활동 및 프로그램
재무적 시각	- 매출액 성장률 향상 - 수익성 제고	- 매출액 - 고객 1인당 매출액 - 영업이익, EVA	- 신규고객 및 시장 획득 - 고객에 대한 서비스 제고 - 원가 및 판관비 절감
고객 시각	- 시장점유율 제고 - 고객 만족도 제고 - 지역별 시장 확대	- 시장점유율 % - (해당 사항 적용)	- (해당 사항 적용)
내부 비즈니스 프로세스 시각	- 생산성/품질 제고 - 제품 Lead Time 단축 - 유통채널 혁신 - 경영정보시스템화	- 공정의 Cp값 제고	- 공정관리, 자주검사 - 개선 · 제안활동 - POP, SCM, IMS
학습 성장 시각	- 1인당 생산성 제고 - 종업원 만족도 - 핵심인력 퇴직률	- (해당 사항 적용)	- (해당 사항 적용)

1.4.4 QM(Quality Management : 전사적 품질경영시스템)

① **품질정책(QP)** : 회사방침의 한 요소로, 최고경영자에 의해 공식적으로 표명된 품질에 관한 조직의 총체적인 의지와 방향을 나타낸다.

② **품질관리(QC)** : 품질에 대한 요건 충족을 위한 운영 기법과 활동으로 경제적 효과를 위한 공정을 감시, 불만족한 성과의 원인 제거를 위한 운영기법이며, 관리 도구들로는, 공정관리 품질조사의 도구로, SQC, QFD, QC 7가지 도구, 실험계획법, 다변량해석, 6 시그마활동, 싱글PPM 품질혁신이 있다.

③ **품질보증(QA)** : 공정검사 품질유지 도구로, ISO 9001품질경영, 출하검사체계, 공정능력 Cp(k)관리, 공정관리 전산화(POP, SCM 등)가 해당된다.

④ **품질개선(QI)** : 품질을 형성하는 각 단계에서의 행동과 과정의 유효성을 증가시키는 활동으로, 공정개선, 품질개선의 도구로, 다구찌이론(Parameter설계, 허용차 설계, 현장 분임조활동) 등이 있다.

품질경영의 핵심적인 포인트는, 공정의 검증, 작업자 교육과 기량 향상, 실수방지법의 적용, 작업표준화, 설비의 정기점검, 오염관리, 외주업체의 품질보증, 지속적인 개선활동 등이 품질보증 체계로 이어져 품질경영으로 나아가, 전사적인 경영의 질을 높여 간다는 관리시스템이다.

1.5 조직개편과 업무의 재설계

1.5.1 구조조정의 의미와 원인

① 시스템이나 조직을 새로운 방향으로 조정하는 것으로, 사업포트폴리오의 개편, 부채비중 감소와 같은 자본구조의 변화를 주는 것이다.

② 일반적인 구조조정의 모습은 오랜 기간 동안 변화가 지연되다가 어느 한 순간 모든 기존 시스템이 붕괴되면서 새로운 시스템으로의 변혁이 한꺼번에 이루어진다. 이것은 기업이나 경제가 변화를 추구하기보다, 변화에 저항하고, 현 체제를 고수하려는 관성을 가지고 있다가, 구시스템이 한계에 이르렀을 때 한 순간에 변화가 이루어지는 속성을 가지고 있기 때문이다.

③ 국가적인 면에서 구조조정을 겪게 되는 이유로는, 정부의 과도한 규제(산업과 기업의 비효율성과 부패), 금융산업의 비효율성(기업의 부실화에 직접적인 영향을 초래) 운영과, 경영지식의 부재와 관료주의적 기업조직과 문화(연공서열 중시의 보수 적인 기업문화, 전략적 사고의 부재 등)의 폐단으로 인한 원인이다.

1.5.2 구조조정의 방법 및 유형

① **사업구조조정**(Business Portfolio Restructuring)으로, 기업의 다각화된 사업 포트폴리오에 있어서의 변화를 말하며, 일부 사업 또는 자산의 매각, 해체, 분사화를 말한다.

② **재무구조조정**(Financial Restructuring)은 기업자산의 구성비율의 조정으로, 부채 대 자기자본 비중의 조정과 부채발행 인수 등과, 부채를 줄이고 자기자본에 의한 투자자금조달을 통한 자산의 구성비를 조정하는 것이다.

③ **조직구조조정**(Organizational Restructuring)는 기업의 조직구조를 단순한 형태로 조정하거나, 조직의 규모를 축소시키는 변화(통폐합), 기업문화의 혁신적인 개혁 등을 하는 조정을 말한다.

1.5.3 구조조정의 단계의 예

대부분 기업들은 위 3가지 구조조정을 함께 추진하나, 한 번에 모든 변화를 시도하기 보

다는 어느 정도 시차를 두고 추진을 하는 것이 보편적이다. 미국의 GE사의 예로는,

① 제1단계 : 최고경영자의 교체, 또는 담당임원의 경질로 지도자를 교체

② 제2단계 : 사업포트폴리오의 조정으로, 퇴출사업 및 적자사업의 과감한 정리, 유사업종
의 통폐합을 하고, 핵심사업을 강화하여 추진

③ 제3단계 : 조직의 슬림화, 통폐합화, 권한위임 등으로 조정(겸업, 감원 등)

④ 제4단계 : 새로운 기업문화의 창출로, 워크아웃제도, 업적별 인센티브제도, 주식옵션제
도, 복리후생의 개선 등을 적용한다.

제2절 공장 지능화와 차세대 유망기술의 전망과 준비

2.1 차세대 핵심기술과 전망

2.1.1 핵심기술의 예시

각 분야별 신기술들이 많이 소개되고 있는데, 인공지능이 감미된 제조업이 앞으로 많은
추세를 보일 것으로 사료된다. 이에 관련된 예로, GE의 Next List에서 차세대를 밝힐 6가지
의 기술들이 이미 소개하였지만, 그 내용을 보면 다음과 같이 제시한 유망한 기술들이다.

① **전천후 에너지**(Energy Everywhere)는 어떠한 상황과 극한 조건에서도 문제없이 작동
하는 에너지의 인프라 기술로, 기존에는 중앙 발전소에서 전력을 생산하여 공급하는
형식을 미래에는 소규모의 발전 시설이 보다 보편화될 것으로 전망하는데 이는 어디
서든 에너지가 필요하면 '전천후 에너지'의 개념으로 에너지저장장치(ESS), 연료전지
(Fuel Cell), 소규모 발전시설 등을 의미하는 에너지 공급 기술을 말한다.

② **마인드 매핑**(Mapped Minds)은 뇌의 언어와 구조를 이해하며 뇌 관련 질병을 극복하는
기술로, 건강과 질병에 대한 연구로 앞으로는 인류의 중요한 연구 주제로, 인간의 육체
에 대한 이해도는 상당히 높아졌지만 뇌에 대한 이해도는 여전히 초보 단계이다. 이
기술은 세포분석, 뇌회로, MRI장비를 이용하여 인간의 뇌를 자세히 연구하여 그 기능
을 이해하려는 시도의 기술이다.

③ **생각하는 공장**(Brilliant Factories)은 발전된 클라우드 기술의 도움으로 어떤 부품이라도 언제 어디서나 제조가 가능한 기술로, 공장의 모습이 새롭게 변하고 있는 시점에서 차세대 공장으로 불리는 생각하는 공장은 제품 설계, 제조의 모든 과정과 운영에 새로운 방식을 적하는 것으로 산업인터넷을 통해서 모든 과정을 디지털화 하고, 엔지니어링, 제조, 공급망, 서비스 등의 과정을 통합 관리하는 지능 시스템을 구축하며 또한, 3D 프린팅, 신소재의 사용 등의 첨단 제조 기법을 적용해 품질 및 제조 속도를 혁신적으로 높이고자 하는 기술이다.

④ **극한의 기계**(Extreme Machines)는 가혹한 외부 환경에서도 안정적으로 최고의 성능을 발휘할 수 있는 기계 기술로, 재난 상황, 에너지 발굴, 우주 탐사 등에 대처하기 위한 기술 및 과학적 진보를 위해 우주, 심해, 고산지대 등 가혹한 환경에서도 안정적으로 최고의 성능을 발휘할 수 있는 기계의 기술을 말한다.

⑤ **슈퍼 소재**(Super Materials)는 가벼우면서도 뛰어난 내구성, 내열성 등, 물리적으로 좋은 특성을 가진 슈퍼 소재를 개발하는 경량화 기술로, 미래 산업의 패러다임을 바꿀 것으로 전망하며, 심해, 땅속, 고온에서 문제없이 작동하며 무게가 가벼워 전체 시스템을 경량화 하는 것에도 기여를 하여 슈퍼 소재로 각광을 받고 있는 대표적인 소재가 탄소섬유이다.

⑥ **산업인터넷**(Industrial Internet)에서는 기계와 사람, 기계끼리 소통하면서 스마트한 의사결정을 지원하는 기술로, 세계 산업의 핵심 트렌드인 사물인터넷은 대규모의 산업으로도 그 영역을 넓혀가고 있다. 또한, 영역이 항공, 헬스케어 등 보다 큰 산업영역에서 사물인터넷의 개념을 적용하고 있는 사례들이 많고, 차세대 기술로 거대한 기계들 간의 소통을 가능하게 하는 산업인터넷을 통한 효율성 제고가 또 하나의 성장 동력이 될 전망이다.

2.1.2 4차 산업혁명의 진입

산업발전의 단계를 역사적인 개념으로 표현한 추상적인 용어로, 실체가 없는 이미지만의 단어로 혁명의 단계에서 1차는 18세기 후반으로, 증기기관으로 책과 신문, 기계화에 사람이 생산의 주체가 된 시기이며, 2차는 20세기 초반으로 전력에 의한, 노동의 분업화, 전화기 TV, 대량 생산이었고, 3차는 70년 이후 전자기기와 ICT혁명으로 인터넷, SNS 등, 부분 자동화로 여기까지가 사람에 의해 관리되어 왔다.

신세대인 4차는 2020년 이후로 가상의 세계에서 ICT와 제조업의 융복합화로 사물인터넷 (IoT)과 시뮬레이션을 통한 자동 생산시스템과 기계 자율에 의한 생산이 주체가 되는 세대로 이어질 전망이다. 4차 산업혁명에서 구성되는 핵심으로 3가지의 특징이 있다.

첫째, 빅데이터(Big Date)의 접근과 연결로 플랫폼에서 필요한 데이터를 활용하는 시스템과 연결하여 필요한 정보를 이용하는 것이며,

둘째, **빠른 속도**로 처리하는 수준이 빛의 속도가 1초당 약 30만 km에 가까울 만큼 빠르며, 전자의 이동속도도 마찬가지로, 이러한 속도로 움직여 다른 사이트 또는 매개체와 접촉을 하여 필요한 정보를 가져오고 볼 수 있는 것으로, 통신체계에서는 5G(Generation)의 수준으로 갈수록 빠른 처리로 발전되고 있다.

셋째, **사람**으로 구성되어, 전문기업, 관계자까지가 전부 사람으로 이루어져 있다는 것이다.

2.1.3 다양한 연결성과 특징

4차 산업혁명은 인공지능에 의해 자동화와 연결성이 극대화되는 산업환경의 변화를 의미하며, 생산 공장에서는 혁명적 변화를 가져오고 있어, CPS(Cyber-Physical System)로 현실의 물리적인 세계가 사이버세계처럼 움직일 수 있도록 조절하는 기술로 스마트팩토리로 각각의 개체가 주체가 되어 서로 의사소통하며 생산이 가능하다는 것이다.

현재도 IT 부서들이 인공지능(AI)을 많이 사용하고 있지만 2018년 이후에는 더 많이 늘어날 것으로 예상되고 있다. 아직 AI 프로젝트에 한 번도 참여하지 않았다고 하더라도 이제는 말을 행동으로 옮길 때라고 말한 딜로이트사(社)의 전무 데이비드 샤츠키는 AI를 도입하는 회사의 수가 증가하고 있다고 덧붙였다.

1) 더 많아질 기업 규모 AI(인공지능)파일럿 프로젝트

현재 일상적으로 사용하는 애플리케이션과 플랫폼에도 이미 정기적으로 AI가 통합되고 있다. 하지만 이 외에도 머신러닝과 자연어 처리 등을 통해 특정 문제를 해결하거나 데이터 이해를 돕고 내부 프로세스를 자동화하거나 자사의 제품이나 서비스를 개선하려는 회사들이 증가하고 있다.

이런 추세를 넘어 기업들이 AI를 활용하는 강도는 더 늘어나고 있으며, AI 도입을 빠르게

추진하여 5개 혹은 그 이하의 AI프로젝트를 추진하는 얼리어댑터(새로운 제품이 나올 때마다 남들보다 먼저 구매하여 쓰는 사람)들이 있으며 10개 혹은 그 이상의 파일럿 프로젝트를 수행하는 기업의 수가 늘어날 것으로 예상된다. 그 이유 중에 하나는 AI기술이 더 향상되고 사용하기 쉬워지고 있기 때문이다.

2) 데이터 과학자 구인난을 도와 줄 인공지능

데이터 사이언스에 있어 가장 큰 문제인 인재난으로 대부분의 대기업들은 필요한 데이터 과학자를 고용하는데 어려움을 겪고 있다. 하지만 샤츠키는 AI가 이 문제를 어느 정도 해소할 수 있을 것으로 본다.

데이터 사이언스의 수행방식이 스타트업과 대기업의 제공하는 도구 및 공급사들의 확립한 기술을 통해 점점 더 자동화되고 있고 있다. 데이터 사이언스의 많은 작업들이 반복적이고 지루하기 때문에 자동화에 안성맞춤이다. 데이터 과학자들이 사라지지 않을 것이지만 훨씬 더 생산적이 될 것이다. 따라서 소수의 데이터 과학자만으로도 많은 분석을 수행할 수 있어 데이터 과학자를 고용할 수 없더라도 더 많은 일을 할 수 있게 된다는 것이다.

3) 병목 현상을 완화해 줄 합성 데이터모델

머신러닝 모델을 훈련하기 전에 그것을 훈련시키는데 사용할 데이터를 얻어야 한다. 하지만 이것이 항상 쉬운 일은 아니다. 생산과정이 아니라 이 지점에서 종종 병목현상이 발생하는 것이다. 건강기록 및 재무정보와 같은 데이터는 규제로 인해 데이터를 가져올 수 없는 경우도 있다.

4) 더 투명해질 인공지능의 의사 결정

비즈니스에서 AI의 문제는 종종 그 과정이 블랙박스 형태로 이루어진다는 점이다. 일단 모델의 학습이 끝나면 설명할 수 없는 방식으로 답을 제공한다. 머신러닝은 데이터가 너무 많고 복잡하기 때문에 사람이 볼 수 없는 패턴을 데이터에서 찾아낸다. 이후 AI는 찾아낸 패턴을 이용하여 새로운 데이터를 바탕으로 예측을 할 수 있는 것이다.

문제는 때때로 AI의 발견이나 예측의 이면에 있는 이유를 알아야 할 필요가 있다는 점이다. 의료용 이미지를 입력하고 받은 AI의 결과가 종양이 있을 확률 90%라고 했을 때, 그 이유를 물어보면, 데이터가 그렇게 제안했다는 것이라는 답밖에 얻지 못한다.

이 데이터를 따른다고 하면, 환자에게 수술이 필요한 이유를 설명해야 한다. 하지만 이유를 설명할 수 없을 때 어려운 일이 될 수 있는 것이다. 많은 경우 매우 정확한 결과를 모델이 제시했다고 하더라도, 왜 그런 결과에 도달했는지 설명할 수 없다면 아무도 그것을 믿으려 하지 않을 것이다.

또한, 규제상의 이유로 설명할 수 없기 때문에 그 결과를 그대로 사용할 수 없는 경우도 있다. 은행이 대출 신청을 기각하면 그 이유를 설명할 수 있어야 하듯이 적어도 미국에서는 규정에 따라 전통적으로 사람이 그 일을 수행해 왔다. 머신러닝 모델이 더 정확해질 수도 있지만 그 답을 설명할 수 없다면 사용할 수 없는 것이다.

대부분의 알고리즘은 그 이유를 설명하지 않도록 설계되어 있다. 따라서 AI가 그렇게 결정한 이유를 알려주고 어떤 변수로 인해 환자가 종양을 가지고 있을 확률이 높아지는지 설명할 수 있게 하는 연구가 진행되고 있다. 이 문제가 해결된다면 사람들은 AI의 결과를 보았을 때 그렇게 결정한 이유를 알 수 있게 될 것이다.

이것은 AI의 발견이나 결정이 현재 적용되지 못하는 많은 영역까지 사용될 수 있다는 것을 의미한다. 이러한 투명성은 모델의 신뢰성을 더욱 높여주고 비즈니스에서 가용성도 높여줄 것이다.

2.1.4 산업핵심기술 개발사업의 대상

이에 인공지능이 적용된 제조업과 공장이 **스마트공장**(Smart Factory)이 될 것이다. 이런 공장은 제품의 기획 · 설계 · 생산 · 유통 · 판매 등 모든 과정을 IT(정보통신) 기술로 통합되어 최소의 비용과 시간으로 고객 맞춤형 제품을 생산하는 공장으로, 생산성 향상, 품질보증, 에너지 절감, 인간 중심의 작업환경, 개인 맞춤형 제조와 제조 · 서비스 융합 등을 실현하는 공장이 될 것이다.

또한, Soft Power에 의한 기술의 발달과 시장 전체를 내다보는 관리로, 인공지능형, Big Data, 사물인터넷 등의 기능과 프로그램들이 나날이 가속화 되어 갈 것이다.

여기에다, 정부의 자금지원과 민간기업의 지원으로 2020년까지 스마트공장이 1만 개까지 될 전망이다.

1) 창의 산업 분야

(1) 엔지니어링 부문

① 3D 스캐닝기반 플랜트 3D모델 생성 및 활용을 위한 엔지니어링, ② FEED(Front & End Engineering & Design) 역량강화를 위한 사례 기반의 플랜트공정 엔지니어링 안전설계 훈련시스템, ③ 산업폐열 이용 발전계통 설계를 위한 엔지니어링 기술, ④ 플랜트 RAM분석 및 경제성 평가 연동을 통한 공정설계 엔지니어링 기술, ⑤ 자기 주도형 휴대용 생활환경 안전진단 키트 및 앱(Application)기반 서비스 시스템 등을 말한다.

(2) 지식서비스 부문

① 중소기업의 신상품 개발을 위한 발명/디자인 아이데이션 협업지 원 서비스 시스템, ② 데이터기반 제조현장 상황분석 및 최적화 의사결정 지원 SW라이브러리 및 서비스 시스템, ③ 지식기반 소비자 마케팅을 위한 빅데이터 분석 지원 서비스 시스템, ④ 체험 시뮬레이션을 통한 지식기반 창업학습 및 운영지원 서비스 시스템, ⑤ 중소기업의 제품 및 서비스 사용성 검증을 지원하는 크라우드소싱 테스팅서비스시스템, ⑥ 효율적 현장업무 수행을 지원하는 웨어러블(Wareable) 디바이스기반 지식서비스 시스템, ⑦ 개인생활패턴 정보기반 사용자 맞춤형 라이프케어서비스시스템 등이다.

기타, 나노융합, 바이오 등(본 분야들은 해당 이외 것으로 설명을 생략함)

2) 소재 부품 분야

(1) 금속재료 부문

① 제조원가 절감을 위한 희소금속 생산용 친환경 고체 산화물 멤브레인(SOM) 제련기술 개발, ② Ti 입상금속 연속제조 기술개발, ③ 사회 안전확보를 위한 700MPa급 철근 활용 내진용 철근콘크리트 개발, ④ 항공용 Ti합금 소재 및 대형 성형부품 제조기술 개발, ⑤ 자동차 다종소재 일체화(Multi-Materials Integration)기반 경량화 기술 개발, ⑥ 극한환경용 ICE 내충돌, 고인성, 해양플랜트 강재 및 적용 기술 개발, ⑦ 재난 안전 인프라용 고성능 내화내진 강재 개발, ⑧ 탄소계 분말소재를 이용한 반용융 주조 및 압축용 고강도 마그네슘 융복합소재 부품 개발, ⑨ 내마모/내피로 우수한 극저온 베어링용 신합금, ⑩ 전기로 제강 슬래그의 환경 무해화를 위한 불소계 플럭스 절감기술, ⑪ 팔라듐 대체 저원가 합금, ⑫ 제강 슬래그 내유기금속 회수 및 재활용 기술, ⑬ 대직경 Round Bloom을 활용한 고품질 단조품 개

발, ⑭ LNG 산업용 고망간강 부품, 이용기술 솔루션 개발, ⑮ 친환경 자동차 추진체용 초경량 타이타늄 부품화 기술이 있다.

(2) 주력산업 IT 융합 부문

① 클라우드 컴퓨팅 기반의 실시간 상황정보 수집 및 정보 제공을 포함하는 사용자 맞춤형 니포테인먼트시스템 개발, ② 해양플랜트 지식기반 설계 엔지니어링(DEK)시스템 개발, ③ 해양플랜트 지식기반 설계 엔지니어링(DEK)시스템 개발, ④ WBG 전력반도체 소자를 적용한 고효율/초소형 Hybrid 태양광 인버터 시스템 개발 ⑤ 가상화 플랫폼기반 통합선박 항해지원시스템(INS) 개발, ⑥ 확장유연 구조의 조합형 자동화 I/O를 지원하는 비전 블록 개발, ⑦ 인포테인먼트 및 편의성 극대화를 위한 차량 연계 웨어러블 디바이스 및 서비스 개발, ⑧ IT기술과 패션기능이 접목된 사용자 보호 및 유해인자 감지용 전자섬유 기술의 개발이 있다.

(3) 첨단뿌리기술 부문

① 내열온도 300℃ 이상 가능한 전력변환모듈용 접합기술 개발, ② 자동차 내장부품 고감성화를 위한 리얼소재 적용 인몰드 클리어 코팅(In-Mold Clear Coating) 복합금형 및 성형기술 개발, ③ 패턴 폭 150㎛급 금속 및 세라믹 마이크로 구조체부품 제조를 위한 분말사출 금형 및 성형기술 개발, ④ 용접부 강도 300MPa 보증용 비열처리형 5xxx계 알루미늄 용접와이어 및 용접공정기술 개발, ⑤ 회로 불량률 5% 이하 자동차용 레이저 직접성형 입체회로부품 표면처리 기술 개발, ⑥ 고진공 알루미늄 합금 다이캐스팅 및 열처리 제어기술에 의한 강고-연성지수 2,500MPa%급 자동차 기능부품 주조 기술 개발, ⑦ 철계 구동부품의 미세조직제어를 위한 정밀 온간단조기술 개발, ⑧ 에너지 사용량 30% 절감 고효율 가스침탄 공정기술 개발, ⑨ 용탕 주입중량 1톤 이상급 대형 고품위 알루미늄 사형주조기술 개발, ⑩ 외경 10mm 이하급 타이타늄 튜브제조를 위한 공정 단축형 주조-압출 복합 성형기술 개발, ⑪ 800MPa급 고강도 스테인리스강의 인발 기술 개발, ⑫ 자동차부품 적용 초고강도강 아크 및 스폿 용접부 인라인 품질평가 및 네트워크 기반 품질관리기술 개발 등이 있다.

그 외 섬유의류, 세라믹, 퍼블릭디스플레이, 화학공정 등의 설명은 생략한다.

3) 시스템 분야

(1) 그린카 부문

① 전자기적 다단변속기능을 가진 80KW 전기구동시스템 개발, ② FCEV 수소저장시스템 주변장치(Balance of Tank)수소누설 최소화기술 개발, ③ 5KW급 비희토류 와 희토류 자석 혼용 방식의 고출력 전동기 개발, ④ 수소연료전지차 전극층 구조설계 및 모델 개발, ⑤ 동적내구 시험모델을 통한 차량용 연료전지 스택수명 예측 및 신뢰성 향상 기술개발, ⑥ (P)HEV 연비 향상을 위한 도로정보 활용 및 동력분배 제어기술 개발, ⑦ 승용 수소-LPG 혼용엔진 연비향상 기술개발, ⑧ 고효율 냉각방식을 적용한 전기자동차용 고출력 밀도형 전기구동시스템 개발, ⑨ 중저속 디젤엔진 성능향상을 위한 전동과급 기술개발과,

(2) 로봇 부문

① 경도 인지장애 및 치매환자의 정서 행동 안정 및 인지기능 증진을 위한 로봇기술 개발, ② 환경변화에 강인한 실내외 통합 자율주행을 위한 학습형 로봇이동지능 기술 개발, ③ 실내용 음성대화 로봇을 위한 원거리 음성인식기술 및 멀티 태스크 대화처리기술 개발, ④ 작업자 공간공유 및 스마트공장 적용을 위한 차세대 제조용 로봇기술 개발, ⑤ 제조로봇용 실시간 지원 SW 플랫폼 기술 개발, ⑥ 신발갑피 열용융 접착재봉(Fuse Sewing) 공정용 로봇시스템 개발, ⑦ 에너지 회수용 하이브리드 로봇 제어기 개발, ⑧ 비행 등반 복합형 초소형 드론 플랫폼 및 제어기술 개발, ⑨ 로봇윤리 특성을 갖는 인공윤리 에이전트(Artificial Moral Agent) 기술개발, ⑩ 곤충모방 초소형 비행로봇 기술개발, ⑪ 초소형 드론에 적용 가능한 저가형 전자동 3D 데이터 획득 시스템 개발, ⑫ 고속 기동 밸런싱 주행로봇 플랫폼 설계 및 제어기술 개발, ⑬ 마이크로 카테터의 능동적 조향기술 개발, ⑭ IORT를 위한 지능형 서비스 로봇 소프트웨어 원천기술 개발, ⑮ 고감속비를 갖는 로봇용 신구조 감속기 개발, ⑯ 스트링 꼬임 경량 감속기 구조 및 제어기술 개발, ⑰ 초저가 제조용 구동 센싱모듈 및 로봇시스템 기술 개발, ⑱ ICT 기술연계, ⑲ ICT 기술연계 POC(Point of Care) 서비스 지원을 위한 원격 존재 로봇시스템 개발, ⑳ 의료용 로봇의 경쟁력 확보를 위한 핵심기술 개발이 있다.

(3) 산업용 기계 부문

① 에너지 절감형 굴삭기용 유압시스템 기술 개발, ② 신재생에너지 연계 자가발전 시스템용 5KW급 다단 축류형 엇회전 펌프수차 개발, ③ 건설기계 엔진룸 총합 열관리 시스템

및 소음저감기술 개발, ④ 정밀 농작업관리를 위한 IoT기반 상복합 전 장시스템 개발, ⑤ 75KW급 이상 트랙트용 LCD방식 전방 차축 및 지능형 현가시스템 개발, ⑥ 트랙트용 농작업 부하 DB 구축 및 동력전달시스템 시뮬레이션 모델 개발, ⑦ 전자유압 구동시스템을 적용한 소형(3톤 이하) 전기굴삭기 개발, ⑧ 땅속작물 자주식 승용 수확기 개발, ⑨ 방폭형 엘리베이터 핵심 안전부품 개발이 있다.

(4) 생산장비 부문

① 에너지빔을 이용한 고세장비 미세 홀 가공공정 및 장비기술 개발, ② CNC 공작기계용 Unified HMI 및 스마트 가공시스템 운용기술 개발, ③ 롤투롤 유연박막 저온·저손상 패턴 증착 장비, ④ 수직형 머시닝센터의 고신뢰화 핵심기술 개발, ⑤ ±0.25μm 정밀도 유지가 가능한 대형물 정밀가공용 유연자동화 시스템 패키지 개발, ⑥ 다관절 로봇을 이용한 다품종 양산체계 대응 복합가공시스템 개발, ⑦ 탄소섬유 다이렉트 프리폼(Direct Preforming) 제조 시스템 개발, ⑧ PCB/FPCB용 미세 패터링을 위한 LDI(Laser Direct Imaging), ⑨ 공작기계 에너지 소비 절감을 위한 장비 운용 최적화기술 개발 ⑩ 광에너지 기반 유연기판용 소재 소결 패터닝 기술, ⑪ 피치계 탄소 단섬유 복합재료 제조기술 개발, ⑫ IT부품 제조용 모듈러 생산시스템 개발, ⑬ 고성능 융복합 패키지 제조용 초정밀 스택 장비 개발, ⑭ 차체 부품 고속생산을 위한 탄소섬유기반 SMC시스템 개발이 있다.

(5) 스마트카 부문

① 최대 측정거리 50μm급 CMOS기반 차량용 TOF(Time of Fight) 센서, 송수신 광학계 및 신호처리 원천기술, ② 파노라마 영상과 사각지대경보(BSD) 기능을 제공 하는 카메라 기반의 측후방 통합안전지원 시스템 개발, ③ 레이저 투사방식의 차량용 HUD(Head Up Display) 시스템 개발, ④ Euro-NCAP 2020 대응을 위한 도로 이탈방지시스템(Road Departure Protection System)개발, ⑤ 차량용 스캔 LDAR센서 신호처리 원천기술, ⑥ 거리 정보 획득을 위한 이종 카메라 간 스테레오 매칭 원천기술 개발, ⑦ 교차로 충돌방지를 위한 시나리오 분석 및 차량안전 원천기술 개발, ⑧ 환경인식센서 및 V2X 기반 주변 객체(차량, 보행자, 이륜차)의 경로예측 원천기술 개발, ⑨ 자율주행자동차의 안전한 제어권 이양을 위한 HMI 원천기술 개발, ⑩ 자율주행 주변환경 인지모듈의 안전도 평가기법 및 차량 안전 제어(Fail-Operation) 원천기술 개발, ⑪ 저속주행(협로주행, 주차, 출차) 상황에서 위험 대응 통합안전제어 시스템 개발, ⑫ 주행 안전성 향상을 위한 전방도로 정보기반 능동형 섀시제어

시스템 개발이 있다.

(6) 연구장비 부문

① 고대역폭 디지털 신호계측 및 분석장치, ② 디지털 다기능 미세전류 계측기, ③ 접촉식 프로브 기반 고속/고반복능 3차원 형상측정, ④ 레이저 간섭계 기반 나노급 이송거리측정시스템, ⑤ 고분해능 영상 스펙트로스코피 장치, ⑥ 고해상도 형광발광/형광 수명 현미경, ⑦ 가스 크로마토그래프 질량분석 시스템, ⑧ 고감도/고분해능 에너지분산형 X선 성분 분석장치가 있다.

(7) 조선해양 부문

① 실해역 실선의 추진 성능 계측을 기반으로 한 모형선-실선 상관 관계 정확도 향상 기술 개발, ② 선박의 운항요율 향상을 위한 부가저항이 고려된 선형 설계 향상 기술 개발, ③ 위치유지와 계류시스템을 적용하여 ARC7 조건에서 연중운용이 가능한 북극해 기반 부유식 해양구조물 형상(Hullform) 개발, ④ 내항성능 향상을 통한 해상상태에서 쾌적 운항이 가능한 초쾌속 여객선 개발, ⑤ ARC7 극지 환경용 해양플랜트 내빙구조 설계기술 개발, ⑥ 해양 시추용 15,000psi급 머드시스템에 대한 제어시스템 개발, ⑦ 신개념의 재질 또는 형상 등을 가진 선박용 추진 프로펠러 개발, ⑧ 선박 또는 해양 플랜트용 후판의 비용 효율적 하이브리드 용접법 개발, ⑨ 단열성능 및 공간효율이 향상된 극저온 단열재료 개발, ⑩ 심해용 Flexible Raiser의 거동해석 기술 개발, ⑪ 해양 플랜트용 친환경 고효율 경량 차음 패널 개발, ⑫ LNG 연료추진 선박의 연료탱크 개발, ⑬ LNG 연료 추진선으로 개조(Retrofit)하는 엔지니어링 기술개발 등이다(기타 분야의 설명은 생략함).

4) 미래에 나타날 제조기술 사례의 특징

① 빅데이터를 활용한 제조 생산관리(Big Data Quality Control)

  실시간으로 제조과정의 품질 문제 및 이슈의 파악과, 불량 및 폐기의 축소 가능.

② 로봇에 의한 생산 작업장(Robot Assisted Production)

  다관절 로봇이 전 산업분야에 확대 보급되어진다.

③ 무인 자동 이송장치의 적용(Self Driving Logistics Vehicle)

  필요한 소프트웨어 기반의 이송으로, 인공지능으로 독립적 판단, 제어를 한다.

④ **실시간 시뮬레이션**(Production Line Simulation)

생산 계획과 실행, 재고 등의 정보를 실시간으로 파악하며 대응한다.

⑤ **제조 공급 네트워크의 연결**(Smart Supply Network)

실시간의 모니터링과 의사결정으로 경영에 반영한다(일부 사용 중).

⑥ **사전적 유지보수와 사고 예견의 사전방지**(Predictive Maintenance)

대형 또는 중요 설비의 24시간 제어와 통제, 모니터링으로 사전적 유지보수체계

⑦ **서비스로서의 시스템**(Machine As Service)

하나를 빌리면 여러 가지 솔루션이 따라 온다(고객관리, 견적, 주문관리, 작업관리, 모바일).

⑧ **자기 조직 생산**(Self Organizing Production)

생산관리, 품질관리, 재고관리 등, 스스로 판단하며 경영 전반에 걸친 관리가 가능

⑨ **적층형 제조**(Additive Manufacturing)

복잡한 제품의 다품종 소량 제조에서 단계적 다품종 대량생산 시대로, 3D 프린팅을 출현

⑩ **가상 현실, 증강 현실로 기술기반 작업**(Augmented Work)

실제처럼 생각하고 보이게 하는 현실, 사람들이 보는 현실 세계에 3차원의 가상 물체를 띄워서 보여주는 기술로, 비즈니스 모델에 적용된다.

5) 첨단기술시장의 특징

① 발전의 속도가 빠르며, 기술 · 제품의 수명주기가 짧다.

② 대기업이 꼭 유리하다는 것은 아니다.

③ 공급 주도형 마케팅이 중요하며, 일반 시장에서는 수요 주도형 마케팅이 중요하다.

④ 초기에 공급할 때는 우선순위 파악이 필요로 한다.

⑤ 산업구조가 변하면서 여러 진입자 생기며, 수요 주도형으로 전환된다.

⑥ 기술변화에 따라 수요자들의 결정을 망설이고, 구매 후 금방 구형이 아닌지 걱정이 되는 수요자 불안감이 초기 수요 형성에 영향을 끼친다.

⑦ 첨단기술의 발전이 사회적 저항을 가져올 수 있고, 기술발전이 장기적으로 새로운 일자리 창출로 증대할 수 있으나, 단기적으로는 저항을 불러올 수 있다는 점이 있다.

⑧ 첨단기술 발전이 정부의 과도한 규제를 불러일으킬 수도 있다.

⑨ 첨단기술은 자국의 이익을 우선하는 전통적인 기술민족주의의 성격이 있다.

⑩ 첨단기술의 수요가 당장 나타나지는 않지만, 많은 사람들은 첨단 기술개발로 인한 당장의 시장 잠재력을 과대하게 평가를 한다.

2.2 Big Data관리와 적용영역

2.2.1 Data Base 소개와 부문별 데이터 분석

1) Data Base의 기본 개요

개인이나 조직 또는 기관에서 사용하는 자료들의 범위와 크기가 어마어마하다. 복잡하고 다양화에 의해 데이터는 더욱 커지고 있다. 이에, 빅데이터(Big Data)라고 할 정도의 많은 데이터를 분석하고, 새로운 가치를 찾아내고, 활용하는 이 규모는 이제는 수백 테라바이트(TB)를 넘어서고, 데이터들의 형태도 문자, 숫자, 신호, 이미지, 영상, 시스템적인 처리 등을 서버라 하는 대용량의 컴퓨터에서 빠르게 처리하고, 여러 가지 분석기술을 통해 해석을 하는 것이다. 먼저 데이터베이스에 관한 주요 내용을 보면, 가장 기본적인 역할은 데이터를 저장하고 이 데이터로부터 유용한 정보를 얻어내기 위한 효율적이면서도 편리한 방법을 사용자에게 제공하는 것이다. 데이터베이스는 동시에 여러 사람들이 사용하며 하나의 데이터베이스가 동시에 여러 사용자, 여러 장소에서 사용될 경우, 한 명의 사용자가 사용할 때와는 다른 문제점이 발생할 수 있어 두 명 이상의 사용자가 같은 데이터를 보기를 원하거나, 한 사용자가 데이터를 수정하는 도중 다른 사용자가 그 데이터 보기를 원할 때 어떻게 보여야 하는지 등은, 다중 사용자 환경에서 발생할 수 있는 가장 일반적인 문제이다.

데이터가 기업자산이라는 관점에서 데이터를 보관하고 있는 저장소이자 마케팅전략의 원천으로 활용할 수 있는 데이터베이스는 기업의 미래를 결정할 수 있을 정도로 매우 중요하다. 특히, 모바일과 사물인터넷의 발전은 전통적인 오프라인 시장을 온라인으로 흡수되는 움직임으로 이어지고 있고, 과거에는 버려졌던 사용자 트랜젝션 데이터와 같은 소비자 행동 정보가 시스템에 의미 있는 정보로 기록되어 기업의 수익 발굴과 마케팅을 위한 주요 정보로 활용되고 있다.

주요 데이터베이스를 상품화 한 회사로, **오라클, 마이크로소프트, IBM, SAP**[한국의 자동차(부품)회사가 많이 사용 중], 테라데이터 등이 있다.

다음은 기본적으로 구분되어 사용하는 대용량의 컴퓨터를 이용한 장치와 구성 요소를 갖추는 것을 간단히 구분하면,

① 스토리지(저장 공간) : 자료들을 저장하고, 필요에 따라 사용할 수 있는 창고 역할,

② 소프트웨어 : 기초 자료, 프로그램 등의 데이터들,

③ 서버 : 구역 또는 일정한 범위 내에서 시스템을 가동할 수 있도록 하는 하드장치,

④ 서비스 : 시스템에 필요한 관리적의 기능들의 제공과, 장치들이라 볼 수 있는 것,

⑤ 네트워크 : 대외적으로 정보를 주고 받을 수 있고, 유기적인 연결과 통신을 할 수 있는 시스템을 말한다.

2) 기초 Data 생성의 요소별 구분

(1) 생산관리시스템(MES/POP)

각 공정에서 발생되는 대표적인 데이터 요소들로, 생산 수량, 생산 무게, 제품 자체 상태[가공치수 · 정밀도(공차) · 반사율 · 도장상태 · 강도(强度)], 생산 시점 데이터(온도 · 습도 · 전압 · 전류 · 압력 · 탄성) 등이 있다.

(2) 설비관리시스템(PLM/CCMS)

각 설비에서 나타나는 상태와 조건에는, 가동 전압, 가동(부하) 전류, 설비 부속(오일상태 · 전압상태 · 주변온도 · 주변습도 · 자재데이터), 시스템 데이터(동작 상태 · 에러 상태 · 동작 이력) 등이 있다.

(3) 설비 진단

설비별로 특수 진단에서 나오는 데이터들의 예로, 진동 주파수, 입력 전압/전류, 소음 주파수, 특정 지점 온도, 특정 지정 압력, 오일/가스/온도/pH(수소이온농도), LBS/GPS 위치 데이터 등의 기초 데이터이다.

이러한 데이터와 정보들은 정량화된 수치를 계측 · 수집하여 저장하며, 가공 처리하고, 정보들(Big Data)을 분석하여, 그 정보들에 의미를 부여하여, 위험/적정/미달 등의 구분을 한다. 예측 제안의 예로, 불량 진단, 기후(태풍) 예측, 어종 분포 예측, 해류 예측, 장애 선(先) 대응 등을 미리 추측하고 조치를 취한다.

3) 데이터를 보호를 위한 보안기술

데이터베이스는 회사의 중요 데이터를 저장할 뿐만 아니라 각종 고객 정보와 금융거래 정보들이 저장되어 외부 유출 시 엄청난 피해를 볼 수 있어서, 엄격한 사용자의 접속 관리와 조회, 수정에 대한 권한 관리, 각종 암호화 기술 등이 적용되어 있다.

이에, 각 사용자는 주기적으로 비밀번호를 변경하도록 설정할 수 있으며, 데이터베이스에서 수행하는 모든 동작이 별도의 파일에 기록되어 향후 사고나 내부 직원 감사 때 데이터베이스 조작 내역이 검사될 수 있다. 디스크에 저장되어 있는 데이터는 외부 해킹이나 내부자에 의해서 데이터 파일 전체가 유출될 수 있는데, 이런 경우를 대비하여 중요 데이터는 암호화 하여 디스크에 저장할 수 있다. 암호화 한 데이터는 암호를 풀기 위한 키를 획득하지 않는 한 원래 데이터로 복원할 수 없어 최근 개인정보 유출이나 해킹에 의한 정보 유출에 대비하여 중요도가 크게 증가한 기술이다.

2.2.2 Data 수집에서 연결과 통합

1) Data 연결성과 통합관리

① 생산 APP(Application Program : 응용 프로그램으로 사용자가 구체적인 일을 처리하는 데에 쓰도록 만들어진 프로그램)의 기능 : 생산 관련 지표를 빅데이터 기반의 플랫폼에서 Total 모니터링을 라인 ⇨ 공정의 Top-Down 방식으로,

② 품질 APP의 기능 : 생산에 중요한 영향을 미치는 품질데이터를 실시간으로 파악하며,

③ 설비 APP : 설비의 주요 지표를 통해 설비점검, 보전관리, 금형관리 및 설비 상태 추이 관리에 최적화하며,

④ 에너지 APP : 빅데이터 기반으로 공장에너지관리 시스템, 에너지흐름 모니터링, 비용 환산 등을 최적화한다. 그리고, 이 4가지를 인터페이스시켜 활용한다.

표 6-8 부문별 데이터 추출과 통합

생산 APP 주요 기능	품질 APP 주요 기능	설비 APP 주요 기능	에너지 APP 주요 기능
① 금일 목표 대비 생산 진척 현황	① 측정항목 관리 및 현황	① 보유 설비 등록/관리	① 계측정보/계통정보
② 팀별 가동 현황	② 측정장비의 등록/삭제	② 설비점검 결과조회	② 전력사용량 현황
③ 라인별 가동 현황	③ 측정계획관리(구간, 전수, 타임체크)	③ 설비점검 양식관리	③ 라인별 전력사용량

생산 APP 주요 기능	품질 APP 주요 기능	설비 APP 주요 기능	에너지 APP 주요 기능
④ 공정별 라인 현황	④ 측정실적 조회/자주 검사/실적조회	④ 보전작업처리 관리	④ 분기별 전력사용 현황
⑤ 시간당 생산 현황	⑤ 기본SPC 분석	⑤ 종합가동현황(팀>라인>공정)	⑤ 에너지 비용 정보 현황 (라인/분기별)
⑥ 불량 현황	⑥ 품목별 필터링	⑥ 평균 가동률	⑥ 에너지소비 트렌드 현황
⑦ 가동률	⑦ X-Bar, R분석	⑦ 사이클타임 준수율	⑦ 전력사용량 기초통계량
⑧ 비가동 원인 TOP 10	⑧ 공정능력분석(Cp, Cpk, PP, PPk)	⑧ 에러발생 빈도/시간 관리	⑧ 전력사용량 트렌드 분석
⑨ 사이클타임 준수율	⑨ 측정값 히스토그램	⑨ 설비가동현황 모니터링	⑨ 에너지품질
⑩ 에러발생 빈도, 시간	⑩ 측정데이터 자동수집	⑩ 설비상태 추이분석	⑩ 전력품질 Event 발생현황

2) 클라우드 서비스

데이터들의 저장과 관리를 위한 클라우드 서비스의 활용면에서, Big Data Platform에는, ERP System, MES System, SCM System, SCADA System, Robots System, PLC System, Maintenance System, Barcode System, Sencer류 등등으로 구성되어 클라우드 서비스에 정보를 APP System으로 전달이 된다.

3) 각 벤더별 시스템의 주요 특징

데이터를 주고 받는 것을 목적으로 하는 것이 공통된 사항이므로 약간의 방식과 시스템이 다르다. 데이터의 종류와 특성에 따라 파일의 관리 및 호출 등이 메이커마다 특징이 있다.

그림 6-8 Oracle Pluggable Database Architecture

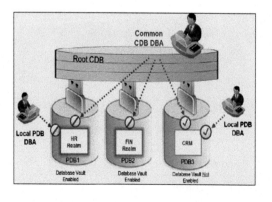

그림 6-9 MS SQL 2014 Data Platform

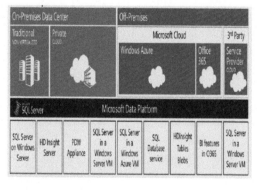

그림 6-10 DB2 PureScale Architecture

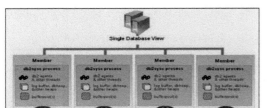

그림 6-11 Sybase IQ Multiplex Architecture

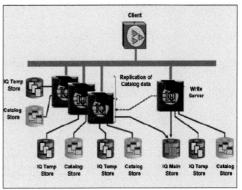

2.2.3 Big Data의 적용 영역과 통합시스템의 구현

1) 최종 Data들의 가시화

최종적으로 나온 결과의 자료를 시각화하는 방법으로, 데이터마이닝 작업에 있어 가장 직관적으로 데이터의 상태를 파악할 수 있는 방법이 다양하다. 데이터의 특징에 따라 상태를 시각적으로 결과의 이해가 빨라야 하는 점이다.

3차원차트, 기본차트, 바(Bar)차트, 컨트롤차트, 파레토차트, 히스토그램, 다변량관리도, 멀티차트, 평행좌표차트, 관리도, 매트릭스차트, 컨튜어차트, 통계차트, 파이(π)차트, 산포차트, 공정기여차트, 매트릭스분포도 등이 있다.

2) 통합시스템의 구현

최종적으로 현황을 나타내는 통합시스템의 집계된 결과물의 내용으로, 시나리오 기반의 다양한 대시보드 운영과 제조 데이터를 활용하여, 데이터 기반의 의사결정 체계, 공정관리 체계를 만들어 Digital Transformation을 실현할 수 있는 스마트공장의 Industry 4.0의 플랫폼의 하나로, 사용자가 원하는 현황들을 알기 위한 시스템의 예시이다.

각 라인별 현황, 공정별 현황, 에러코드 분석, 생산APP 종합화면, 생산 진척 현황, 생산계획 대비 진척현황, SPC 분석, Cp · Cpk 분석, 품질 상세현황, 에너지APP 통합화면, 라인별 에너지 사용현황, 분기별 에너지 사용량, 에너지 사용 트렌드 분석, PQ Event 발생현황, PQ Event 상세현황, 설비 데이터 모니터링, 설비 상세 현황, 금형관리 현황과 모니터링, 설비종합효율(OEE), 생산APP+설비APP 통합시스템, 그 외 작업자관리 현황, 교육훈련현황이 있다.

3) 인터페이스 기술

데이터베이스를 활용하여 정보시스템을 개발할 때는 일반적으로 외부 애플리케이션에서 데이터베이스에 접속하여 필요한 데이터만 주고 받는 형태로 개발하는 것이 일반적이다. 이에 따라, 외부 애플리케이션과 데이터베이스가 서로 데이터를 주고 받기 위한 규약이 필요한데, 모든 데이터베이스가 표준화된 규약을 지원하여 애플리케이션 개발자가 각 데이터베이스마다 고유 인터페이스 규약을 적용하는 부담이 감소되었다.

데이터베이스는 독자적으로 한 개만 구성하여 사용될 수도 있지만, 다수의 데이터베이스가 서로 데이터를 교환하거나 조회하면서 시스템이 구성될 수도 있다. 동일한 데이터베이스가 아니더라도 데이터를 조회하고 처리할 수 있는 연결기술을 DB Link기술이라고 하는 데, 이 기술을 사용하여 다수의 데이터베이스를 연결하여 한꺼번에 데이터를 처리할 수 있으므로, 애플리케이션 관점에서 편리하게 프로그램을 개발할 수 있으며, 복잡한 데이터 처리를 간편하게 해주는 장점이 있다.

2.2.4 Big Data 시장 동향과 적용

빅데이터의 시장동향에 있어서는, 점차 스마트공장으로 가는 시점에 데이터의 양과 질을 관리하는 대상이며, 사용자 측의 확보를 위해서 많은 관심이 가고 있다. 이에 기업들의 현재 전략을 보면 다음과 같은 지향을 하고 있다.

① 기업들이 빅데이터의 처리속도를 높이기 위해 가장 먼저 도입하고 활용하는 기술로는 In-memory 기술이며, 관련 기술은 끊임없이 개선되고 있으며, 이를 지원하는 솔루션에 각광을 받고 있으며,

② 일부 기업에서는 이미 머신 러닝에 투자하기 시작하였으며, 초창기에는 조직에서 데이터를 돌아보고 무슨 일이 일어났는지 확인한 다음 나중에 분석 툴을 사용하여 그 이유를 조사하기 시작했으나 예측 분석을 통해 미래의 상황을 예측하는 단계로 확대되는 양상이다.

③ Intelligent Security는 기업이 보안 전략에 빅데이터 분석 기능을 통합하고 있으며, 사이버공격 시도에 대한 귀중한 정보를 제공하기 위해 조직의 보안 로그 데이터를 분석하고 조직이 위협적인 접근이나 시도를 예측, 예방하고 완화하는데 사용을 하고 있다.

④ 사물 인터넷 또한 빅데이터에 대한 향후 기대 이상의 영향을 미칠 가능성이 대두되고

있으며, 기업이 IoT 및 빅데이터를 처리하는 데에 도움을 줄 수 있는 새로운 기술 중 하나는 에지 컴퓨팅과 클라우드 서비스 기능이다.

2.3 국가별 미래산업의 전략

우리가 관심을 가지고 있는 나라의 산업정책의 전략을 조사하여 미래전략을 어떻게 수립하고 이끌어 나가는지 알아야 하는 면에서, 세계경제와 시장을 지배하는 강대국들의 산업의 형태는 주력 산업이고 고부가가치이며, 자국을 보호하는 당연한 정책들이다.

이에 세계적인 트렌드로는 신흥국의 중산층 빅뱅으로 아시아 신흥국의 중산층의 급증에 의해 글로벌 수요 성장이 예상되며, 인터넷과 연결된 사물인터넷(IoT)사회로 효율성이 있는 자동화의 진전과 디지털 경제 통합으로 새로운 기회가 대두되고, ICT산업에 의한 전 산업계에 걸친 영향력이 넓혀지고 있으나, 한편으로 고령화 사회로 글로벌 경제 성장률과 생산성이 떨어지고 노동복지 등의 전체 정책의 새로운 변화가 요구되고 있으며, 한정된 자원에서 인류가 쓸 자원의 고갈로 에너지, 물, 원자재 등 수요의 폭발적 증가로 자원 가격의 상승에 의한 고비용 산업구조는 새로운 위협으로 나타나고 있다.

우리나라도 미래의 먹거리가 될 수 있는 산업을 위해서 많은 전략과 다양한 분야를 연구하고 있고 있지만, 우리의 입장은 'Fast Follower'적이어서 고부가가치의 산업에 빠른 추진이 필요로 하고 있다.

1) 미국 : Start-up America, Remaking America의 슬로건

새로운 미국 혁신전략으로, 9대 전략에 집중으로 투자하여 국가 우선과제를 해결하기 위하여, 첨단 제조업, 스마트시티, 정밀의학, 청정에너지와 에너지효율, 브레인 이니셔티브, 교육기술, 첨단자동차, 우주산업, 신기술컴퓨팅로 하여,

① 국가 제조업 혁신 Net Work 구축으로 첨단산업 주도권 확보 및 신규 고용 창출,

② 리쇼어링(Reshoring) 정책으로 '고용과 생산을 자국에서' U-턴 기업 첨단산업 금융지원 강화

③ 통상강화를 위한 'ITEC'을 설립하여 자국을 보호하는 정책을 만들었으며,

또한, 미국 국가 경쟁력을 위한 위원회의 제조업 경쟁력을 위한 결정 요인으로, 인적 자

본, 원가경쟁력, 생산성, 공급업체 네트워크, 법 제도(규제)시스템, 교육 인프라, 물리적 인프라, 혁신정책과 인프라, 에너지 정책, 지역시장의 매력도, 헬스케어 시스템 등을 전략으로 세우고 있다.

또한, 제조업 경쟁력 지수에서 중국, 인도, 한국에 뒤처지고, 로우테크, 하이테크 산업 모두에서 경쟁력이 하락하여, **혁신기반 지원**으로, 벤처, 창조아이디어 창출, **첨단제조로는**, 전문가 양성지원과, **중소 제조기업**을 위한 기술사업화 역량지원에 중점을 두어, **첨단 제조업 국가 전략 계획**(NSPFAM)을 내세우고 있다.

2) 독일 : Industry 4.0

독일은 오래 전부터 '**제품의 질**' 향상에 역점을 두어, 뉴하이테크 전략으로, 6대 목표를 설정하여 기반기술에 집중 투자하며, 디지털 경제, 건강한 생활, 지속가능 경제에너지, 지능 모바일, 혁신적 일자리, 국민안전을 기반으로 하여, 신흥국과의 저가 경쟁 과열 및 기술추격에 대응하여 제조업 혁신 강화 정책을 추진함에 있어,

① **첨단기술전략**으로 2020년까지 공장의 90% 이상 스마트화로 하는 것을 달성하며,

② **디지털 독일**의 제조공정의 **디지털화** 전략의 개선, 표준화 데이터 보완, 제도정비 및 인력육성을 골자로 한 Industry 4.0정책(제4 산업혁명의 의미)을 추진함과,

③ **중소기업 R&D지원의 강화**와, 사물인터넷기반 CPS와 제조업을 접목하여 경쟁력 강화와 세계표준을 주도하는 노력을 하고 있다.

또한, 17가지 핵심기술로, 공통 분야에서는 나노기술, 바이오, 마이크로시스템, 광(光), 소재, 생산시스템, 이동성과 통신분야에서는 ICT, 교통, 항공, 우주, 해양, 서비스가 있고, 보건안전분야는 보건의료, 보안, 식품, 에너지, 환경, 등의 기술전략을 세우고 있다.

따라서, **제조업 리더**로, 높은 기술력, 전통적인 제조 강국, **임베디드시스템 리더**로, 인베디드 강자, IT기술 융합, **스마트 팩토리**로는, 사물인터넷, 사이버-물리시스템(CPS), ICT+제조업으로 하여, High Tech Strategy 2020 Industrie 4.0이라는 정책을 내세우고 있다.

3) 일본 : 신성장전략

산업 경쟁력 강화법과 아베노믹스 정책으로 부흥한다는 전략 규제 완화 및 엔저 기반 제조업의 경쟁력을 회복에는 대도시 전략 특구 지정 등 제조업의 활성화에 노력을 한다는 것

이다. 이에, **일본산업 재흥계획**으로, 산업기반의 강화와, **전략시장 창조계획**으로, 신시장을 창조하며, **국제전개 전략**으로, 국제시장을 확보하여, 제조업 부흥 독려로, **일본재흥전략**을 내세우고 있다.

① 전략적 Innovation+혁신적 R&D 추진 Program을 창설하고,
② 미래투자를 통한 생산성 혁명으로, 사업 재편성, 첨단설비도입 혜택 확대와,
③ 성장전략 가속화로 민관프로젝트로 개혁 2020이란 슬로건을 내걸어 나가고 있다.

또한, 일본의 **모노즈꾸리**(物作り)의 3가지 의미(정신)는 **숙련된 기술**로, **축적된 노하우**를 가지고, **최고 수준의 제품을 생산**한다는 것이다. 이는 혁신적인 아이디어로 시행착오를 경험하며, 사람과 기업에 축적되는 역량을 말하는 일본의 사회적인 슬로건이라 볼 수 있다.

4) 중국(G2)의 꿈

중국의 야심으로는 정부 주도 산업 · 지역 클러스터의 정책으로,

① 세계의 공장 거대 내수시장은, 창조의 중국으로 2025년까지 독일, 일본 수준까지를 목표하며,
② 10대 산업으로 차세대 정보기술, 고정밀 수치제어 및 로봇, 항공우주장비, 해양장비 및 첨단기술 선박, 궤도교통설비, 에너지절약 및 신에너지 자동차, 전력설비, 농업기계장비, 신소재, 바이오의약 및 고성능 의료기기
③ 자주혁신 시범단지 활성화로, 중관촌, 상하이 장강지구 等의 특구화와 해외 M&A증가 등의 전략을 가지고 있으며,

한편, 중국의 추격 가시화로 제조 대국을 넘어 제조 강국으로, 물량 공세인 철강, 석유 화학, 휴대폰, 기계, 조선, 철도차량 등이 한국을 비롯하여 여러 나라가 가격경쟁력 상실이 되고, ICT 관련 정보화 분야는 혁신역량의 격차가 축소되어 가고, 앞서가는 기술로는 드론, 우주항공기술, 3D 프린팅, 생각만으로 움직이는 자동차는 머지않아 세계시장을 점유하리라 보여진다.

5) 한국의 전략 : 뿌리산업을 기초로, '창조경제', '수출 주력산업' 등을 기본으로,

한국은 기계산업 분야로는 세계 6위 생산국으로, 제조업이 많은 비중을 차지하며, 이는 대부분 수출로 이어지고 있다. 현재의 추세로는, 2020년에는 세계 5위를 예상하고 있고, 국가

별 GDP와 제조업의 양적 비교로는, 중국이 1위, 미국이 2위, 일본이 3위, 독일이 4위, 우리가 5위이다(2012년 기준).

① **창조경제의 실현과 정책**[선진국 진입을 위한 GDP 3만불 진입 (2019년)]

② **신성장동력산업의 지원**(첨단산업, 뿌리산업, 바이오산업 등), 이 중 뿌리산업에서 금형산업의 위치는 세계 금형생산의 6.1%의 비중을 차지하는 수준으로 5위를 지키고 있다.

③ **미래성장동력 분야**로, 스마트자동차, 5G이동통신, 심해저/극한환경해양플랜트, 고속수직이착륙 무인항공기, 지능형로봇 착용형 스마트기기 착용형 스마트기기, 실감형 콘텐츠, 스마트바이오 생산시스템, 가상훈련시스템, 맞춤형 웰니스케어, 재난안전관리 스마트시스템, 신재생에너지 하이브리드 스템, 직류송 · 배전시스템, 초임계 CO_2 발전시스템, 지능형 반도체, 융복합소재, 지능형 사물인터넷, 빅데이터, 첨단소재 가공시스템이 있다.

표 6-9 제조업 혁신 3.0 전략 개요

3대 전략	6대 과제
융합형 신제조업 창출	IT / SW 기반 공정혁신
	융합 성장동력 창출
주력산업 핵심역량 강화	소재 / 부품 주도권 확보
	제조업의 소프트파워 강화
제조혁신기반 고도화	수요 맞춤형 인력 / 입지 공급
	동북아 R&D 허브 도약

자료 : 「창조경제 구현을 위한 제조업 혁신 3.0 전략」 중(산자부 보도 자료, 2014)

④ **뿌리산업**으로,

　㉠ **주조산업** : 주철관 제조업, 선철주물 주조업, 강주물 주조업, 알루미늄주물 주조 업, 동주물 주조업, 기타 비철금속 주조업, 금속 주조 및 야금용 기계 제조업이다.

　㉡ **금형산업** : 주형 및 금형으로 다이와 몰드를 설계에서 정밀제조까지의 업

　㉢ **열처리산업** : 금속 열처리업, 산업용 오븐노 및 노용 버너 제조업

　㉣ **표면처리산업** : 도금업, 도장 및 기타 피막처리업, 인쇄회로기판 제조업, 그 외 금속 가공업, 기타 분류 안 된 화학제품 제조업

ⓜ 소성가공산업 : 분말야금 제품 제조업, 금속 단조제품 제조업, 금속 성형·압출·인발형 제품 제조업, 금속 성형기계 제조업 등

ⓑ 용접접합산업 : 접착제 및 젤라틴 제조업, 플라스틱 적층 도포 및 기타 표면처리 제품 제조업, 기타 1차 비철금속 제조업, 설치용 금속 탱크 및 저장 용기 제조업, 핵반응기 및 증기 발생기 제조업, 그 외 분류가 안 된 금속가공 제품 제조업, 전자부품 실장기판 제조업, 기타 전자부품 제조업, 그 외 전기장비 제조업, 그 외 일반 목적용 기계 제조업, 반도체 제조용 기계 제조업, 자동차 제조업, 자동차 차체 및 트레일러 제조업, 자동차 차체용 부품 제조업, 선박 건조업, 철도장비 제조업, 항공기, 우주선 및 보조장치 제조업, 항공기용 엔진 및 부품제조업, 전투용 차량 제조업이 이에 속한다.

또한, 우리나라 미래산업의 전략으로 미래 신산업, 주력산업, 공공복지와 에너지산업 분야, 기반 산업으로 나누어 19가지의 소분야로 나누어 연구가 되고 있다.

⑤ 정부지원 대상의 혁신형 중소기업

㉠ 기술혁신 분야 : 매출액 대비 연구개발비중이 5% 이상인 기업, 신기술(NET, NEP) 인증기업, Inno-biz 선정기업, 최근 3년 이내 산·학·연 공동기술개발 컨소시엄 사업완료 기업 또는, 정부출연 연구개발사업의 기술개발 성공 기업, 주력업종 또는 향후 주력업종으로 전환하고자하는 분야에서 최근 3년 이내 특허 등록기업, 벤처기업, 녹색기술인증기업, 뿌리기술 전문기업, 지식재산 경영인증기업(특허청 인증)이다.

㉡ 경영혁신 분야 : 매출액 영업이익률(영업이익/매출액)이 동종업계 중소기업 평균 영업이익률의 2배 이상인 기업, 경영혁신형 선정기업, 수출유망중소기업 지정기업, 정부지정 우수 프랜차이즈 기업(프랜차이즈 가맹점은 제외), 우수 Green-Biz 선정기업, 특성화고·마이스터고 산학협력기업(채용협약 체결), 우수 물류기업, 인재 육성형 중소기업, 가족친화인증기업, 일·학습 듀얼시스템 참여기업 직전년도 정책자금 지원 후 10인 이상 고용창출기업, 중소기업청 인증 명문 장수기업이다.

이에, 생산기반기술의 정의는 주조, 금형, 용접·접합, 소성가공 등을 통해 소재를 부품으로, 부품을 완제품으로 제품의 형상을 제조하고, 제조된 제품의 물성 및 내구성 등을 향상시키기 위하여 열처리, 표면처리 등의 공정을 통해 소재에 특수 기능을 부여

하는 공정을 포함하는 제조 산업의 기반기술로 일반적으로 뿌리산업을 의미하며, 그 범위는 주조, 금형, 용접 · 접합, 소성가공, 표면처리, 열처리 기술 및 융복합 기술을 포함한다.

표 6-10 뿌리기술의 범위와 전문분야의 기술들

기술 부문	전문 분야	기술 부문	전문 분야
주조 부문	사형주조	열처리 부문	전(全)경화열처리
	금형주조		국부열처리
	다이캐스팅		침탄열처리
	정밀주조		질화열처리
	연속주조		복합열처리
	저압주조		비철, 특수금속열처리
	소실모형 주조	표면처리 부문	전기도금
	특수주조		무전해도금
금형 부문	사출성형금형		양극산화
	다색다중성형금형		화성처리
	블로우성형금형		도장
	복합성형금형		표면경화
	프레스성형금형		스퍼터링
	프로그레시브성형금형		화학기상증착
	파인블랭킹금형	용접접합 부문	아크용접
	특수성형금형		저항용접
소성 가공 부문	단조		특수용접
	압연		브레이징
	압출		칩레벨 접합
	판재성형		보드레벨 접합
	특수성형		구조용 접합

표 6-11 미래성장산업의 분류

미래 신산업	주력산업	공공복지 · 에너지산업	기반산업
① 지능형로봇	⑥ 스마트자동차	⑩ 맞춤형 웰니스케어	⑮ 융복합소재
② 착용형 스마트기기	⑦ 심해저 해양플랜트	⑪ 신재생 하이브리드	⑯ 지능형 반도체
③ 실감형 콘텐츠	⑧ 5G 이동통신	⑫ 재난안전시스템	⑰ 사물인터넷
④ 스마트바이오 생산시스템	⑨ 수직이착륙무인기	⑬ 직류송배전시스템	⑱ 빅데이터
⑤ 가상훈련시스템	-	⑭ 초소형 발전시스템	⑲ 첨단소재 가공시스템

그림 6-12 생산시스템 분야 기술의 범위

표 6-12 생산시스템 분야 기술의 대상

정밀가공 시스템	고속/복합 가공시스템	**섬유 기계**	방사/방적/사가공기
	초미세 가공시스템		제직/편직기
	하이브리드 가공시스템		염색/가공설비
	대형 절삭/성형시스템		편성/자수시스템
	3차원 적층제조시스템		부직포 및 산업용 제조설비
	재구성 유연 생산시스템	**건설 기계**	친환경 고효율 동력전달시스템
	사출성형시스템		지능형 작업시스템
	디지털 생산운영/서비스 솔루션		극한작업 및 특수목적용 건설기계
마이크로/ 나노생산 시스템	기능성 마이크로/나노 구조체 생산시스템	**농업 기계**	고성능 고효율 농업용 동력시스템
	롤투롤 연속 생산시스템		지능형 융복합 농업용 자동화시스템
	융복합 디바이스 생산시스템		농작업기계 및 부품
	고속/대면적 측정/검사 시스템		
에너지 기계	고효율 히트펌프/냉동시스템		
	열구동 냉방시스템		
	산업용 냉동공조시스템		
	극·초저온 냉동시스템		
	고효율 유체기계		
	산업용 보일러 및 공업로용 연소시스템		
승강기	친환경 승강기시스템		
	지능형 운영시스템		
	초고속, 초고층용 승강기시스템		

2.4 제4차 산업혁명 시대에 준비와 대응

2.4.1 4차 산업혁명의 개념과 대응

1) 개념(概念) 상의 4차 산업혁명

지금까지의 산업혁명들은 전체의 경제 구조를 근간에 바꾼 농업혁명과 기계화와 대량생산에 따른 산업혁명과, 디지털혁명이라 일반적으로 말한다. 또한, 이 개념은 산업발전의 단계를 역사적인 개념으로 표현한 단어로, 실체가 없는 이미지만의 추상적인 용어라 볼 수 있고, 인공지능(AI)과 공장자동화(FA) 등이 20년 전에 이미 시작되어 기존의 **디지털산업의 진화**로 볼 수가 있다.

이에 따른 지식 기반경제는 지식의 생성, 확산, 활용을 중심으로 한 새로운 경제 구조를 말하며, 기본적인 전략적 메커니즘으로 **제품 제조 생산의 단순화, 제품 설계의 단순화, 제품 가치를 극대화하는 가치로** 새로운 비즈니스 및 기존 제품, 서비스, 제조기반 역량과 경쟁력을 향상시키는 것으로, 대표적인 업종이 컴퓨터 관련 산업, 전자부문, 우주항공 등 첨단산업과 지식 집약의 교육산업, 정보화 관련 산업, 고객서비스에 대한 물류산업 또한 인공지능이 적용된 제조업과 공장이 스마트공장(Smart Factory) 등으로 구분할 수 있다.

한편, 현재의 시각으로는, 4차 산업혁명은 개념적이고 허상이며, 혁명적인 진화이고, 목표 또는 수단이라 보는 견해도 있다. 그러나 우리나라의 입장은 글로벌화에 대응하면서 경쟁력을 잃지 않고 생존하는 것이 무엇보다 중요하다.

이런 상황에서, 기술력 강화, 원가 경쟁력, 품질 수준의 제고, 적기 공급의 JIT화, 생산 모델의 유연성(Flexibility)에 대응하는 능력을 갖추어야 할 것이다.

이 산업혁명에서 생산성 향상에 기인한 여러 가지의 개선이 되는 전략인 면에서는, 생산성 증가와 품질개선 원가 축소에 따른 마진(Margin)의 증가로, 재고원가 삭감(30~50%), 제조원가 절감(10~20%), 인건비 개선(10~30%) 물류비 개선(20~30%), 품질관리비 개선(10~20%), 생산계획 및 공정 등 비용 절감(20~30%), 제조시간 및 리드타임 개선(20~30%)으로 기대할 수가 있다.

2) 대응 안의 일원

미국 하버드대의 린다 힐 교수의 집단천재성 전략의 논리로,

① **양방향 소통** : 경영자(CEO)는 직원들이 경영진이나 회사 정책에 대한 의견을 인터라 넷을 통해 자유롭게 밝혀 CEO가 받은 질문에 대한 답변들을 전 직원에게 공개 한다는 것으로, 상사가 부하직원들을 일방적으로 평가하는 고가 방식을 다면평가로 바꾸고, 직원 들이 CEO까지 평가하도록 한다는 것으로, 기획부서에는 직속 상사에게만 계단식 으로 사업계획서를 보고하는 대신 온라인 포털에 올리도록 하고, 동료끼리 기획안을 평가하게 하는 상하와 수평의 소통이 원활하게 한다는 4차 산업혁명의 경영논리 이론 이다.

② **디자인 씽킹**(Design Thinking) : 상품 디자인에 대한 소비자의 취향과 반응이 중요한 소비재 기업들은 제품 개발단계에서부터 고객의 의견과, 외부 인력의 재능을 활용하는 전략을 구상하는 것으로, 어떤 면으로는 공급자(재료 공급, 외주업체, 전문가 등)들을 잘 이용하여, 수요자(소비자, 고객, 모기업)에 공급해 주면 여러 가지의 비용 절감과 관리의 이점들이 많다는 이론이다.

③ **창조적 마찰** : 과거에는 다양한 아이디어를 찾기 위해 브레인그토밍을 도입하는 것이 인기였지만, 최근에는 아이디어를 한 단계 발전시키는 토론의 중요성이 커지고 있으 며, 팀원이 낸 아이디어를 자유롭게 평가하고 비판해야 부족함을 보완할 수 있다는 점 을 인식하는 것이고, 전혀 다른 분야 전문가에게 의견을 구하면, 새로운 시각에서 제 품을 개발할 수 있다는 것이 혁신 전문가들의 공통적인 조언이다.

이러한 상황에서 조직의 **집단천재성**의 전략을 구축하는 시스템을 만들어 낸다는 것이다. 집단천재성이란 기업이나 조직의 구성원들이 각자 역량을 발휘하여 조직 전체로서 혁신을 이뤄내는 능력을 말하며, 개인은 천재가 아니래도 아이디어를 교환하고, 조직을 함께 발전시 키면 천재적인 결과를 낳을 수 있다는 개념이다.

2.4.2 제조업과 첨단 과학기술

① 사물인터넷, 3D 프린팅 등의 Break-through(돌파형) 기술은 미래 제조업의 '제조와 생 산'단계를 혁신적으로 변화시킬 것으로 예상되고,

② 제조의 플랫폼화는 기업 내에서는 모듈화된 공정 운영 및 시스템적으로 자율 제어가 가능한 제조 형태는 '제조와 생산'의 효율을 높일 뿐만 아니라, 전후방 가치사슬이 연 계되어 그 접점에서 새로운 비즈니스 모델이 창출되고, 부가가치가 지식과 기술, 서비

스 중심으로 이동하게 할 것이며,

③ 기존의 구분이나 경계가 파괴되고, 기술과 아이디어를 중심으로 융합과 혁신의 다양성이 확대되는 Entity Dynamics(개체 역동)는 개체 간 융합과 대체 혁신이 자유롭게 일어나는 현상이 심화될 것으로 보여,

    ㉠ 인공지능과 빅데이터를 활용한 기계산업 스마트화를 위해 자율주행 농기계, 스마트 컨스트럭션 등 3개 인공지능 프로젝트에 앞으로 많은 투자가 예상되며, 소재 및 제조 공정 전반에 혁신을 가져올 '3차원 프린팅산업 육성방안'을 상용화를 위한 적용과 투자가 이루어지며,

    ㉡ 주력산업 구조조정, 신산업 전환 등 급속한 산업변화에 기계부품 기업이 선제적으로 대응할 수 있도록 기계산업에 대한 진단을 바탕으로 기계부품 경쟁력 강화 전략을 마련되며,

    ㉢ 수출 회복세를 견고하게 유지할 수 있도록 기계산업의 품목 · 주체 · 시장 · 방식의 수출구조 혁신을 가속화할 계획이다.

아울러, 기계산업이 과거 70년대 중화학공업에서부터 최근의 첨단산업에 이르기까지 중추적 역할을 해왔음을 강조하고, 4차 산업혁명과 신산업 흐름을 주도해 우리 산업이 한 단계 도약하는데 중요한 역할을 해야 하는 과제를 안고 있다.

2.4.3 정보통신기술(ICT)의 융합화

1) 연계 부문

4차 산업혁명에 의한 연계되는 부문으로, 디지털로 물리적 공간과 사이버 공간의 연계와, 사물인터넷으로 세상 모든 만물이 인터넷으로 연계, 연결이 되며, 로봇공학에서 인공지능 로봇이 인간 영역을 대체하게 되며, 디지털 제조 혁명에 의한 생산성 혁신이 이루어지며, 합성 생물학적인 인간의 DNA 염기서열의 연구로 불치병을 치료를 할 수 있으며, 인간의 수명을 연장하는 혁명 등의 변화는 것들의 공통점이 빅데이터이다.

2) 시기별 산업혁명의 구분 예상(상용화 시기)

2018년 무렵에는 디지털 저장 공간(클라우드시스템), 2021년에는 로봇과 서비스의 상용화, 2022년 무렵에는 사물인터넷 정착, 웨어러블(착용하는) 인터넷, 3D 프린팅과 제조. 2023

년에는 이식기술, 의사결정을 위한 빅데이터, 새로운 시각기기, 디지털 존재, 정부와 불록 체인, 휴대형 슈퍼컴퓨터 등이 실용화가 되고, 2024년 무렵에는 유비쿼터스 연산, 3D 프린팅과, 의료 컨넥티드 홈이 시현되고, 2025년에는 3D 프린팅과 제조, 인공지능과 사무직, 공유경제 등이 있고, 2026년에는 자율주행 자동차, 의사결정의 인공지능, 스마트 시티가 실현되며, 2027년에는 비트코인(전자화폐)과 블록체인으로 지폐가 없어지며, 원하는 매개체와 연결이 되는 시대가 온다는 것이다. 이것들은 지금의 발전 속도를 감안하면 2년에서 3년은 당겨질 전망도 보인다.

그림 6-13 미래 제조업의 원동력 요소

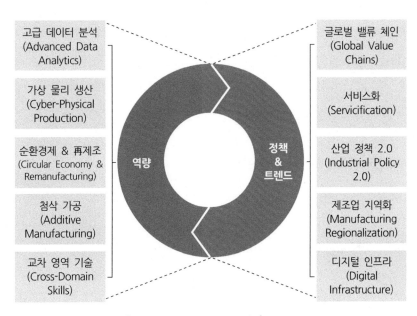

자료 : World Economic Forum. Manufacturing Our Future, May, 2016.

2.4.4 4차 산업혁명에 영향을 미칠 기술

다음 10가지 기술들은, 앞으로 첨단 기술 분야에서 일하고자 하는 학생들과 관심이 있는 사람들은 특히 주목할 만한 기술들이다. 이러한 기술들은 현실 영역을 넘어 엔지니어링 문제를 해결할 수 있도록 도울 것이다.

① 가상현실(VR)과 증강현실(AR)

② 첨단 로봇(Advanced Robotics)

③ 적층 제조(Additive Manufacturing : 3D Printing)

④ 클라우드 컴퓨팅과 빅데이터

⑤ 데이터 보완시스템

⑥ 인공지능(AI)과 사물인터넷(IoT)

⑦ 머신 러닝을 통한 지식 자동화

⑧ 자율 시스템(자율 주행 등)

⑨ 블록체인

⑩ 유전학 및 나노기술의 발전

이러한 새로운 기술 분야가 발전하는 가운데 각국 및 기업들이 직면하는 큰 문제는 우수한 인력을 확보하는 일이며, 현대에는 일명 STEM이라 불리는 과학, 기술, 교육, 수학에 초점을 두고 육성하는 국가들이 있으며, 세계 경제 포럼이 제시한 일자리의 미래 보고서에는, 고용에 가장 큰 변화를 몰고 올 원동력은 바로 기술이며, 향후 큰 성장을 이룰 것으로 기대되는 분야가 STEM 관련 직종이 될 것으로 예측하고 있다.

2.4.5 산업혁명과 핵심 범용 기술들

4차 산업혁명은 3차 혁명을 주도한 ICT 기술을 기반으로 물리학, 생물학 분야의 기술이

그림 6-14 지능정보기술과 다른 산업기술의 융합의 예

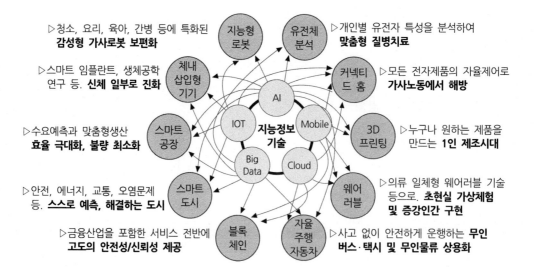

상호 교류하고 융합되면서 새로운 변화를 가져올 것으로 예상되어, 획기적인 생산성의 증대와 생산방식의 변화가 예상 또는 현재 진행 중으로, 이전 보다 전략적 지향점으로서 사전적(辭典的)으로 제시되고 있다는 점에서 정의나 개념이 다소 모호하며 현재 진행 중이라는 점에 유의할 필요가 있다. 이 과정의 핵심 주도 기술로 가장 유력한 후보 기술은 소위 지능정보기술이라고 할 수 있어 이 기술은 인공지능기술(AI)과 사물인터넷(IoT), 클라우드, 빅데이터, 모바일(Mobile) 등 데이터 활용기술을 융합하여 기계에 인간의 인지, 학습, 추론능력을 구현하는 기술을 말한다.

2.4.6 세상을 바꾸는 100가지 기술

최근의 첨단기술의 개발과 실용화는 서로 다른 분야의 기술의 상승작용에 의해 가속화 되고 있다. 센서와 인공지능(AI), 그리고, 3D프린터의 급속한 진보가 정보의 입·출력처리와 판단을 한 번에 뒤바꾸어 벼렸다. 자율주행과 게놈해석과 빅데이터, 어떻게 보면 전혀 무관계한 것 같지만 떼어낼래야 떼어낼 수 없는 관계인 것이다.

여기에서는 근간에 크게 비약할 기술, 실용화에 가까워진 첨단기술 100선을 소개하는 것이다. 첨단 분야를 비롯한 전자기계, 컴퓨터, 네트워크, 의료, 건설 등의 각 기술 분야의 전문기자들이 「세계를 변화시키는 기술」에서, 그 중 100개의 기술에 대해서 선정한 것이다.

(1) **1장 – 모든 것이 변화한다(지금까지 온 현대의 기술에 영향으로).**
- **사람에 가깝게 하여,**
    (001) 채팅 로봇, (002) 손 흔들림 제어 스푼, (003) 전기 미각 포크, (004) 소형 서열분석기(Sequencer), (005) 스마트폰 화상진단, (006) 제스처 인터페이스, (007) 왜곡 없는 음성강조,
- **사람의 능력을 확대시켜 나아가는 부분들,**
    (008) 냄새 센서, (009) 생체 삽입기기, (010) 반신 마비로도 움직이는 휠체어, (011) 계단을 올라가는 휠체어, (012) VR(가상현실), (013) AR(증강(확장)현실), (014) 드론(Drone), (015) 3D 프린터,

(2) **2장 – 교통이 변화한다(자동차는 마차가 되어 버리는 걸까).**
    (016) 자율주행, (017) 자율주행 소프트웨어, (018) 정체상황을 자동판정, (019) 주행

중 급전(전기차의 충전작업 불필요), (020) On-Demand형 배차서비스(급성장 Ride Share), (021) 3D(3차원)계측(지형, 구조물, 배치까지 파악),

- **도로가 변한다.**

(022) 심도 지하터널 굴착(10층 건물까지 들어가는 지하공간), (023) 교량의 상판 갱신(통행금지를 최소화하는 급속 시공)

(3) 3장 – 주거가 변화한다(목조의 시대가 다시 온다).

(024) 도로의 물리적 디바이스(생활도로의 교통사고방지),

- **이동이 변한다.**

(025) 미래의 항공기(투명 · 3D인쇄 · 전기동력), (026) 재활용 가능 로켓(실험성공, 실용화 초읽기) (027) 초소형 로켓(수 Kg의 위성을 저가격에 발사),

- **건축 자재나 공법이 바뀐다.**

(028) 목조천수각의 복원(기계가공으로 비용절감), (029) 목조 초고층빌딩(80층을 목조로), (030)건축 CLT(직교 집성판, Cross Laminated Timber: 10층 건물도 건조), (031) 목질 하이브리드 빌딩(부위에 따라 성질이 다른 수종을 사용), (032) 내화 목재(내화성능에 목재의 매력), (033) CNF(Cellulose Nano Fiber : 펄프를 이용, 포스틀 탄소섬유),

- **주택 · 건축설비가 바뀐다.**

(034) 사이폰 배수시스템(주방을 자유롭게 배치), (035) NEH(Net · Energy · Hause : 주택의 소비에너지를 태양광발전으로 100% 해결, (036) 건자재 일체형 태양광 발전(BIPV : Building Intergrated Photovoltaic System),

- **거리가 바뀐다.**

(037) 어디에서 보아도 동일하게 보이는 표시, (038) 녹화의 새로운 공법(가로수 화단의 흙이 시원하게 함),

(4) 4장 – 의료가 변화한다(재생의료는 어디까지 왔는가).

- **치료가 변한다.**

(039) 면역 체크포인트 저해약(자기(磁氣) 활용이 키워드), (040) 장내 세균의 이용(장내 세균을 조정, 질환을 치료), (041) 게놈을 편집(유전자 재배치), (042) 재생의료(타가 재생의 료를 목표), (043) 장기의 3D프린팅, (044) 동물에서 사람의 장기 생성,

- **현장이 변한다.**

  (045) 스마트 치료실(기술이 현장을 바꾼다), (046) 차세대 수술지원 로봇(수술기구의 선단에 감촉을 전달), (047) Micro Needle(사진 필림 기술응용), (048) Liquid Biopsy (채혈에 의한 진단과 치료효과 예측 등을 생체검사에 상당하는 진단), (049) 네트워크 헬스 키오스크(부스형으로 자신이 조작, 병원 수진 여부 판단), (050) 네트워크 원격 진료,

(5) 5장 – 산업이 변화한다(내일은 어떻게 될까).

  (051) 농업용 드론(정밀 농업 가능), (052) 생산자 지원 클라우드(수집데이터의 분석지원), (053) 축산 IoT.

- **돈이 변한다.**

  (054) 핀테크(Fintech : 가상 통화가 보이는 상식의 쇄신), (055) 블록체인(분산대장).

- **제조가 변한다.**

  (056) Mass Customization(개별생산을 싸고 빠르게), (057) Digital Twin(디지털 재현하여 산업기기를 효율화).

- **장사가 변한다.**

  (058) 접객 빅데이터(인재배치의 최적화), (059) 서비스 로봇, (060) 드론 배달, (061) 인공지능에 의한 부동산 감정평가(정보격차의 해소).

(6) 6장 – 위험에서 지킨다(집 지킴이부터 설비점검, 지진대책까지).

- **엔터테인먼트가 변한다.**

  (062) 스마트 스타디움(스포츠 관람), (063) 스포츠 클라우드, (064) 셰어링서비스, (065) 고령자 지킴이 시스템(개호부담 경감), (066) 인프라 모니터링(센서 등에 의한), (067) SNS에 의한 재해정보 활용(주민의 작은 목소리도 방제에 활용), (068) 방범 카메라.

- **정보를 지킨다.**

  (069) Web/메일 무해화(표적형 공격을 방지), (070) 사이버 인텔리전스(적의 정보를 파악, 공격을 미연에 방지).

- **재해를 방지한다.**

  (071) 장주기 지진대책(먼 곳의 흔들림에 대비), (072) 목조주택의 진동 제어, (073) 비구조 부재의 내진, (074) 단지 별로 내진, (075) 교량의 지진대책, (076) 액상화 대책,

(077) 경량 침수방지 설비

(7) 7장 – 보다 빨리, 보다 편리하게(모든 것을 지원하는 ICT와 에너지)

- **프로그램이 변화한다.**

   (078) 인공지능(AI), (079) 기계학습, (080) 어린이용 프로그래밍 언어, (081) 초소형 컴퓨터(교육용).

- **컴퓨팅이 변화한다.**

   (082) 사물인터넷(IoT), (083) 엣지컴퓨팅, (084) 클라우드 네이티브(데이터베이스 기능의 3분할), (085) 이벤트 구동(클라우드 서비스의 일환), (086) 마이크로 서비스 아키텍처(클라우드 네이티브의 설계방법), (087) 불휘발성 메모리(STT-MRAM ReRAM), (088) 락스케일 아키텍처(RSA, 실리콘 포트닉스기술), (089) 양자컴퓨터, 네트웍이 변한다, (090) LPWA(성(省)전력 광역통신), (091) NB-IoT(영 보다 폰 중심 유럽계), (092) IEEE 802. 11 ah(IoT특화 무선랜), (093) Bluetooth 5, (094) 5G/Network Slicing, (095) 멀티 기가비트 인터넷, (096) 멀티코아 화이버(MCF, 광케이블).

- **에너지가 변한다.**

   (097) 전기차량용 포스트 리튬이온전지(전고체전지), (098) Virtual Power Plant, (099) 인공 광합성, (100) 응집계 핵반응(저에너지 핵반응).

(8) 8장 – 이제 남은 과제를 겨냥하며, 사각(死角)지대는 없는지

다음에 또 발굴하고, 적용할 과제들이 나올 것이다.

제3절 스마트공장 구축을 위한 준비와 사례

3.1 스마트공장의 의미와 특징

스마트공장이란 기존 또는 신공장에서 제조업 기술인 제조기술에 ICT(Information and Communication Technology : 정보와 통신의 기술)를 결합하여 모든 생산 데이터 · 정보를 실시간으로 공유하고 활용하여 최적화된 생산운영이 가능한 공장이라 하며, 스마트제조 시스템, 스마트제조 플랫폼, 스마트제조 디바이스, 센서, CPS, 빅데이터, 사물인터넷, 클라우드 시스템, 홀로그램, 3D 프린팅, 에너지 절감시스템 등을 포함하는 범위이다.

또한, 사물인터넷 기술을 기반으로, 공장 안에 있는 모든 요소가 유기적으로 연결하여 생산성을 향상시키며, 고객과의 맞춤형 제품을 생산·공급하는 가치사슬의 전 과정(기획, 설계, 생산, 유통, 판매)을 관리하고, 모든 단계를 자동화하고 정보를 관리하여 데이터화 하여, 최소의 비용과 리드타임의 단축, 등의 제조환경을 구현하여 지능화한 공장을 말한다.

스마트공장은 말 그대로, 똑똑하여 사람을 대신하여 관리할 수 있는 3가지의 기능으로,

① **감지(Sensor)** : 생산조건(질량, 온도, 위치, 압력 등) 및 변화량, 재고위치, 실행결과 등과 관련된 정보를 감지하고 관리하는 기능과,

② **제어 또는 판단(Control)** : 감지된 생산현황 정보에 의거한 의사결정(감지 정보와 의사결정 간에 상호 매핑(Mapping 또는 이를 위한 조건 등이 사전 정의될 필요)이 있고,

③ **실행(Actuator)** : 판단 결과가 생산 현장에 반영시키는 기능으로, 사람을 대신하여 관리하는 공장이라 볼 수 있다.

3.2 생산기술력의 강화와 고도화

기존 생산 공정에 대한 이해와, 스마트공장 구축 시의 생산기술력의 고도화가 필요하여,

① 관련 기술은 대부분 IT에 속하지만 공장 내 사물인터넷 구현 및 최적화 등 핵심적인 공정 인프라 개선을 위한 공정기술 자체에 대한 심도 있는 이해가 필요하다.

② 단순한 공장자동화를 넘어서는 진정한 의미에서 스마트공장을 달성하기 위해 기존 장비의 설계 개념부터 혁신 및 개선이 요구된다.

③ 엔지니어링 서비스의 고도화에 있어서는, 스마트화 수준이 낮은 기존 공장을 중간 수준 이상의 스마트공장으로 개선하기 위한 가상공장(Virtual Factory)을 통한 시뮬레이션 등이 요구되고, 공장가동 중단이 어려운 기업은 가동 중인 상태에서 스마트공장 기술 도입에 현실적 어려움이 존재하며, 시뮬레이션 등을 통한 사전 검증이 이루어진 후에 일괄적인 공장 업그레이드 및 즉시 운영이 가능한 방안이 필요하다.

④ 담당 인력의 확보와 능력 배양에서 고교에서 대학원을 연계한 인력 양성은 스마트 공

장을 운영하기 위한 많은 현장인력이 필요함에 대응하기 위해서는 고도의 기반기술 개발과 운영설계를 하기 위한 능력 배양이 무엇보다 중요하다.

인력개발을 위한 정부의 지원도 각 소관부처별, 시기별로 구분이 되어 국가적인 차원에서 기획을 하고 있다.

그림 6-15 스마트공장 생산공정관리시스템(MES/POP) 구성의 예

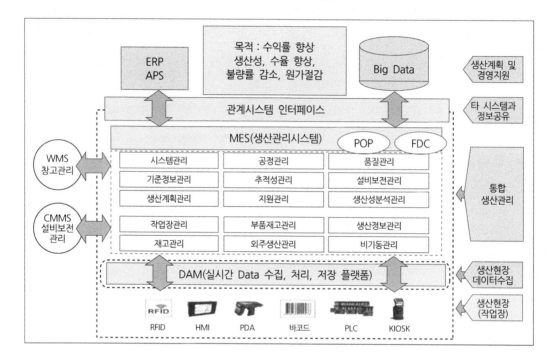

위 그림 6-15는 스마트공장의 생산공정관리시스템(MES/POP)의 구성에서 각 요소별 기능들이 연결되어 그 역할을 하여 원하는 목적을 수행하는 일종의 정보시스템이다.

이런 시스템을 구축하여 눈으로 보는 디지털제조환경을 확보하기 위한 목적의 이유로 다음 10가지를 나타낸다.

① 시스템에 의한 실시간의 문제인식, 실시간 의사결정을 하여 실시간에 실행한다.

② 실시간으로 공정의 품질관리 및 제품별 제조이력을 추적 관리한다.

③ 현장의 4M 상황 정보를 이용한 생산지시로 생산계획의 안정화를 구축한다.

④ 실시간으로 생산활동 전반을 최적화할 수 있도록 조정과 통제를 한다.

⑤ 계량화 · 계수화를 통한 제조상의 문제점을 도출하고 개선의 기회를 제공한다.

⑥ 시스템 지원을 통한 작업 오류의 근본적인 방지로 작업부담을 경감한다.

⑦ 정확한 실적 데이터 제공을 통한 작업자의 의식을 변화시킨다.

⑧ 제조운전의 노하우에 대한 Data Base화로 객관적인 기술관리를 한다.

⑨ 수작업에 의한 문서작업을 개선하여 Paperless의 제조환경을 만든다.

⑩ 생산성 향상, 리드타임 단축, 낭비 제거, 작업효율 향상 등 이익확대에 기여함.

이러한 요소 기술과 시스템 상의 기술력을 먼저 갖추어야 스마트공장으로 갈 수 있다는 것이다.

3.3 실행을 위한 추진 포인트

1) 국내 현황을 고려한 차별적 추진 전략 마련이 필요함에는,

스마트공장은 제조업의 생산성 향상에 기여는 할 것으로 전망되고 있으나, 산업 간의 융합을 위한 인력확충, 자본 확보, 핵심기술의 부재는 다소 걸림돌로 작용할 있으며, 우리나라는 IT 인프라 환경은 뛰어나지만 기업 간 격차와 중소기업의 스마트화 역량이 취약하며, 관련 기술경쟁력도 미흡한 실정이다.

따라서, 정부의 지원으로 향후 5년까지 우리나라 중소기업 1/3을 스마트공장으로 혁신하는 전략과, 일자리 75,000개를 창출하는 경제를 실현하고자 함에 따라 추진 전략은 다음과 같다.

① 민간 주도의 보급과 확산으로, 개별기업 위주에서 지역 중심 보급체계를 강화하며,

② 현장이 필요로 하는 기반 맞춤형 고도화와 한국형 첨단 스마트공장의 모델을 구현할 수 있는 수준으로 고도화하고 첨단화를 해야 하고,

③ 운영인력의 양성에는 직무전환의 교육을 통해서, 고교 · 대학 · 대학원을 연계한 운영과 개발인력을 통한 근로자 직무전환과 전문성을 강화하여 인력자원을 확충해야 한다.

이와 관련된 개발인력의 육성을 위한 과제로는, 과학기술정보통신부, 통산산업부, 중소기업벤처기업부가 관계하여 제반 지원을 하고 있다.

표 6-13 스마트공장 수준별 플랫폼(참고 모델)

	현장자동화	공장운영	기업자원 관리	제품개발	공급사슬 관리
고도화	IOT/IOS 기반의 CPS화				인터넷 공간상의 비즈니스 CPS 네트워크 협업
	IOT/IOS화	(모듈)화 빅데이터 기반의 진단 및 운영	빅데이터/설계 · 개발가상 시뮬레이션/ 3D프린팅	
중간수준2	설비제어 자동화	실시간 공장제어	공장운영 통합	기준정보/기술 정보생성 및 연결자동화	다품종 개발 협업
중간수준1	설비데이터 자동집계	실시간 의사결정	기능 간 통합	기준정보/기술 정보개발 운영	다품종 생산 협업
기초수준	실적집계 자동화	공정물류 관리(POP)	관리가능 중심가능 개발 운용	CAD 사용 프로젝트 관리	단일 모기업 의존
ICT 미적용	수작업	수작업	수작업	수작업	전화와 이메일 협업

기초수준 : 기초적 ICT를 활용한 정보수집 및 이를 활용한 생산관리 구현

⇩

중간수준1 : 다양한 ICT를 활용한 설비 정도 자동 획득, 협력사와 고신뢰성 정보를 공유하여 기업운영 자동화 지향

⇩

중간수준2 : 협력사와 공급사슬 및 엔지니어링 정보공유, 제어자동화 기반 공정운영 최적화, 실시간 의사결정

⇩

고도화 : 사물/서비스/비즈니스 모듈 간 실시간 대화체제 구축, 사이버공간상에서 비즈니스 실현

자료 : 대한상공회의소(2014), KBIT(2014)

표 6-14 스마트공장 촉진요인 및 저해요인

	촉진 요인	저해 요인
글로벌 동향	- 정보통신기술(ICT)의 발달로 실시간 네트워크 교류가 가능한 모바일 기기 및 센서 활용 기능 - 3D 프린팅과 같은 새로운 디지털 제조기술을 활용한 제품 및 공정혁신 가능 - 제조공장의 에너지 소비증가로 에너지 비용절감에 대한 제조기업의 수요 증가 - 정책당국의 친환경 규제 강화와 지속가능한 친환경 공장 트렌트 확산 - 최종수요자의 특정한 요구를 충족시킬 수 있는 복잡한 모델링 소프트웨어 활용 가능	- 스마트공장 구축을 위한 자금 조달 어려움(특히 시제품, 초기제품의 경우) - 스마트공장 구축 기술 대부분을 선진국이 보유하고 있어, 대부분의 국가는 해외 기술도입 필요 - 뿌리산업 숙련기술자 확보의 어려움 - ICT 등에서 빠르게 등장하는 새로운 기술 활용에 필요한 인력부족 및 직원훈련 한계 - 중소기업의 경우, 최근 정책당국의 환경 및 에너지 규제강화에 대한 대응이 어려움 - 지식재산권 등 기술혁신의 결과물을 적절히 보호하기 위한 보호방안 미흡
국내	- 뿌리산업 품질 및 공정개선 혁신을 위한 정책적 노력 지속 추진 - 세계 최고 수준의 공장을 보유한 국내 제조 대기업과의 협력을 통한 스마트공장 구축 가능 - 다양한 첨단 제품 및 공정 시장이 풍부한 국내 제조시장을 기반으로 기존 제조공정 한계 돌파	- 스마트공장 구현 기술의 해외의존도가 높고 첨단 뿌리산업의 기술경쟁력 및 숙련도 부족 - 열악한 제조공장 근무환경 및 인식으로, 젊은 전문인력 확보가 매우 어려움 - 복잡한 모델링 소프트웨어 등 제조 엔지니어링 관련 개발역량이 미흡하고, 소프트웨어 부문은 선진국 의존도가 높은 편

산업연구원(2014)

2) 스마트공장의 성공적인 구현 및 제조경쟁력 강화를 위한 정책과제

① **기술개발** : 제조공장 종속화의 회피와, 원천기술 확보를 위한 첨단기술의 R&D 추진을 위해서 제조선진국이 관련 핵심기술과 표준화 등을 선점하고 있어 스마트공장 도입 확대로 인한 국내 공장들의 해외 종속화가 우려되어 공급기술에 대한 국내경쟁력 확보가 시급하고, 관련된 응용기술 개발이 요구되고 있다.

② **시장창출** : 스마트공장 도입과 확산을 위한 국내 시장기반 구축을 위해서, 소비자 맞춤형 유연생산(FMS), 스마트 디바이스 기반의 서비스 경쟁, 공장 없는 비즈니스 등 제조업의 새로운 트렌드를 뒷받침할 것으로 예상되지만, 국내 시장은 관련 사업모델 및 서비스 시장이 왜소하여 대상 시장이 부족하며, 또한, 직접 연계되는 사업뿐 아니라 소프트웨어 중심의 스마트 서비스 등 직·간접적으로 파급되는 다양한 분야에 대응한 사업모델 창출의 노력이 필요로 한다.

3) 성장동력화의 촉진요인과 장해요인

경제적, 기술적, 사회적으로 촉진요인과 장해요인이 중첩되는 환경 속에서 촉진요인이 강화되고 장해요인이 극복된다면, 고성장 고수출 경쟁력 확보, 고용창출의 도모가 되는 전망이 있으나, 다음 표와 같은 촉진요인과 애로요인들을 들 수 있다.

① 이러한 조건 하에서 차세대 성장동력 제조업이 기술 집약화와 융합화를 통해 현재의 성장률로 지속적으로 발전하고, 지식기반서비스업이 현재보다 빨리 성장 하면서 제조업과 접목되어 순환의 고리가 형성될 수 있도록 전략을 세워 나가야 할 것이다.

② 이에, 우리나라 제조업의 업종별 세계시장점유율은 주력 기간산업과 미래전략산업의 생산 및 수출의 증가를 기반으로 상당히 증가할 것으로 전망되며,

③ 생산과 수출이 세계시장점유율 등의 전망을 바탕으로 한국제조업은 향후 10년 후 세계 산업구조에서 4위에 진입할 것으로 전망하고 있다.

④ 이에 따른 발전의 전략으로는, 산업구조의 고도화 모색과 국제 분업 속에서 세계적 경쟁력 확보를 위한, 창조성(Creativity), 협동성을 바탕으로 해야 한다.

표 6-15 각 산업분야별 성장동력화 사업의 촉진요인과 장해요인

구분	촉진 요인	애로 요인
주력 기간산업군	① 생산성 높은 공정기술 확보 ② 전후방 연관산업의 발달 ③ 해외시장 진출경험 풍부 ④ 업체간 경쟁구조 정착 ⑤ 세계적 수준의 IT 인프라 보유 ⑥ 신기술과의 융합	① 원천기술 미확보 ② 부품업체의 기술경쟁력 미흡 및 취약한 기반 ③ Brand Power 부족 ④ 내수시장의 한계 ⑤ 업체 간 과도한 경쟁, 협력체제 미흡 ⑥ 제품차별화, 시장다변화 미흡 ⑦ 높은 인건비 ⑧ 환경규제, 통상마찰
미래 유망산업군	① 세계적 수준의 IT 인프라 ② 풍부한 벤처기반 ③ 국내외 신규 수요 창출 ④ 전후방 연관 산업들의 기술 및 생산기반 축적 ⑤ 연구개발의 지속적인 확대 및 기술융합화 추세와 성장촉진 간 Feedback의 선순환구조 형성 전망	① 국내시장 협소 ② 선진국의 기술보호 장벽과 후발국의 저급기술 제품사이에서 압박 ③ 국제표준화 및 지적재산권 대응 미흡 ④ 고급인력 수급 불균형 ⑤ 국내 기업간 협력 및 산업화 미흡 ⑥ 국제적 제휴의 미흡 ⑦ 핵심부품 높은 수입의존도
지식기반 서비스업	① 인식 및 중요성 확대 추세 ② 시장개방에 따른 자극 ③ 높은 교육수준과 풍부한 잠재 인적자원 ④ 잠재적 수요 증가 ⑤ 높은 성장률	① 기술개발 및 상업화 능력취약 ② 기업 간 협업에 대한 인식부족 ③ 세계화 미흡 ④ 시장개방에 따른 잠식 ⑤ 저생산성 업태 존속 ⑥ 지식 및 노하우 축적 부족

4) 스마트 제조의 가상현실(VR)과 증강현실(AR)의 출현

스마트 제조에서 가상현실(VR : Virtual Reality)과 증강현실(AR : Augmented Reality)의 기술을 제조업에서 각 공정에서의 과정을 계획하고 적용함으로써 효율적인 설계를 하거나 공정 상의 추가 정보를 가상현실과 증강현실로 구현하여 물류관리, 장비점검 등 추가적인 서비스를 제공할 수 있는 기술이다.

이러한 기술개발 트렌드에서는 VR은 몰입감, AR은 정보전달력과 같은 특장점을 콘텐츠에 접목시켜 각각의 활용영역을 구축하며 성장 중에 있다. VR은 완벽한 가상세계를 눈앞에서 구현함으로써 몰입도 높은 환경을 제공하여 실감형 콘텐츠에 주로 사용하고, AR은 현실세계를 배경으로 그 위에 추가적인 정보를 덧입힐 수 있어 정보 전달형 콘텐츠에 적합하다. VR, AR과 더불어 현실과 가상의 정보를 융합하여 현실세계를 반영한 가상세계를 구현하는 융합현실(MR : Mixed Reality)이 주목받고 있다.

그림 6-16　스마트 제조 가상현실(VR)과 증강현실(AR)의 기술 로드맵

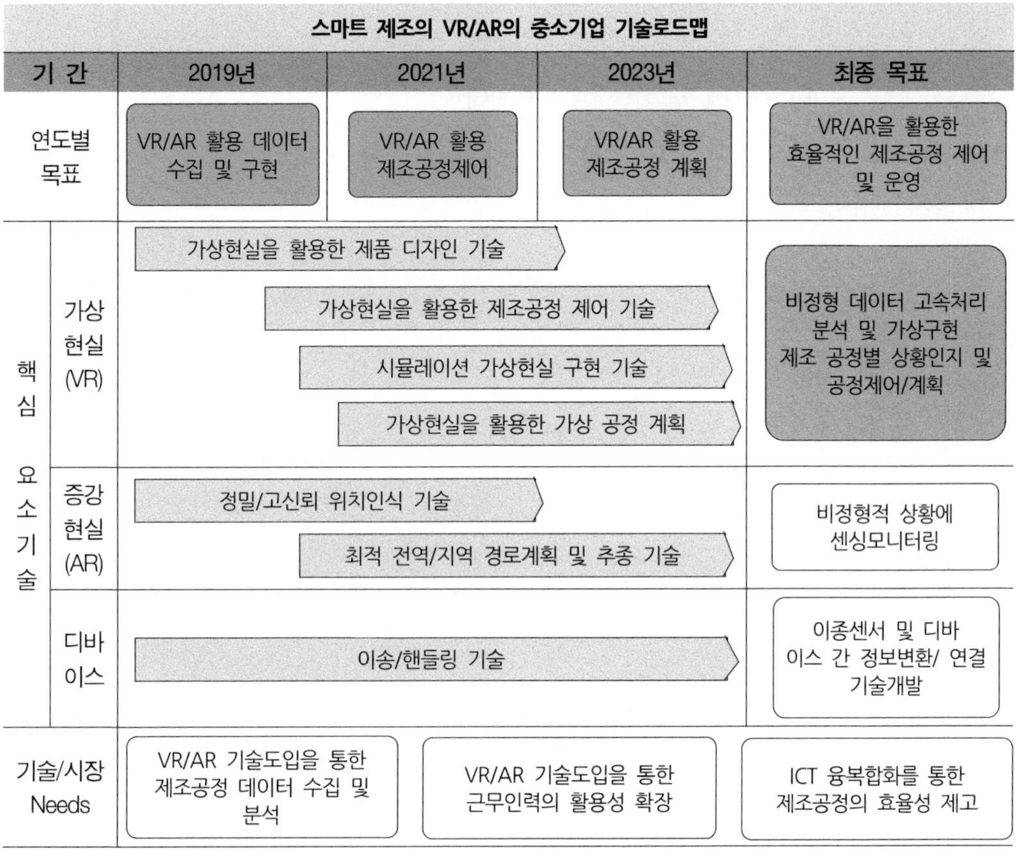

스마트 제조의 VR/AR의 중소기업 기술로드맵			
기 간	**2019년**	**2021년**	**2023년**	**최종 목표**

연도별 목표	VR/AR 활용 데이터 수집 및 구현	VR/AR 활용 제조공정제어	VR/AR 활용 제조공정 계획	VR/AR을 활용한 효율적인 제조공정 제어 및 운영
핵심 요소 기술 / 가상 현실 (VR)	가상현실을 활용한 제품 디자인 기술 / 가상현실을 활용한 제조공정 제어 기술 / 시뮬레이션 가상현실 구현 기술 / 가상현실을 활용한 가상 공정 계획			비정형 데이터 고속처리 분석 및 가상구현 제조 공정별 상황인지 및 공정제어/계획
증강 현실 (AR)	정밀/고신뢰 위치인식 기술 / 최적 전역/지역 경로계획 및 추종 기술			비정형적 상황에 센싱모니터링
디바 이스	이송/핸들링 기술			이종센서 및 디바이스 간 정보변환/ 연결 기술개발
기술/시장 Needs	VR/AR 기술도입을 통한 제조공정 데이터 수집 및 분석	VR/AR 기술도입을 통한 근무인력의 활용성 확장		ICT 융복합화를 통한 제조공정의 효율성 제고

3.4 선진국의 표준화 동향과 추진 사례

3.4.1 미국의 스마트공장 표준화 동향

미국은 NIST를 중심으로 국가 차원에서 산학연관 역량을 결집하여, 전통적인 유기적인 관계로 모델을 구축 중으로, Field Functions, Automation Functions, MoM Functions, Enterprise Functions(ERP, PLM, SCM, CRM)이 Safety/Real time Critical Node와 IoT Node로 이어져 있고, 이러한 표준화 체계와 동향은 실증중심의 표준화 프로세스로,

① 제조업체에서 실제 운영 중인 시스템과 NIST에서 제시한 표준맵과 대조하여,

② 변경 또는 추가가 있을 때는 표준에 대해 정리한 것을 적용 예정인 User Case를 NIST에 제출하게 되면,

③ NIST는 유관 연구그룹 활동을 통해 표준안을 도출하여,

④ Issue를 제기한 업체에 재적용하여 실증하여,

⑤ 해당하는 Use Case 표준을 등록하여,

⑥ 유사 업종에도 배포한다.

여기에서, 제조 시스템 생애주기, 제품 생애주기와 연관된 표준, 생산 생애주기 와 연관된 표준, 비즈니스 생애주기와 연관된 표준이 있다.

그림 6-17 미국 NIST 모델의 제조시스템 생애주기

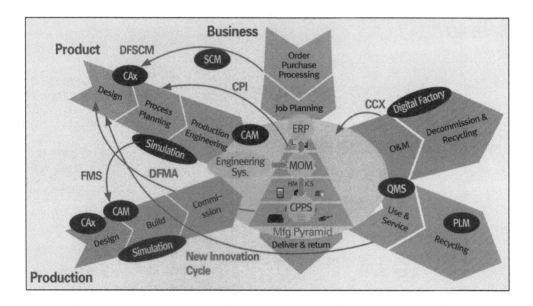

3.4.2 독일의 스마트공장 표준화 동향

독일은 표준화 로드맵 3.0을 만들어 표준화 영역을 공장이나 기업 내에서 서로 연결하여 확장하고 있다. 또한, 제조업 혁신전략 인더스트리 4.0의 추진 성과를 분석하고 실용성과 실행력을 강화하기 위해 이 조직은 기업/기관의 인더스트리 4.0 현황 이해와 기술과 정보 공유를 위해 구축하였으며, 경쟁 이전에 정보공유를 통해 선행적 협업을 이끌어 내는 것을 목표로 하며, 표준화 또한 기업들이 특정 위원회가 구축한 표준을 따라가는 것이 아닌 표준화

에 필요한 부분을 기업이 인지하고 먼저 제안하는 것에 의의를 두고 있다.

플랫폼 인더스트리 4.0의 추진목표는 5가지로 모든 이해관계자 사이의 매개자 역할을 수행하는 데에 맞추어져 있다.

① 산업계 및 최종 사용자 니즈에 집중하여,

② 국제협력 및 파트너를 위한 접촉 창구를 일원화하여,

③ 투명성, 참여 제고를 통한 시장성을 확보를 위함과,

④ 공통 언어, 목적과 핵심 메시지를 개발하여,

⑤ 플랫폼 제반 업무의 명확한 구조와 신뢰할 수 있는 프로세스를 구축한다.

이 플랫폼 인더스트리 4.0의 구성은, 5대 핵심 분야인 작업그룹에는 창조 아키텍처, 표준화, 리서치 및 이노베이션, 네트워크 시스템의 보안, 규제 프레임워크, 직업과 훈련으로 기술의 실무 전문가로 구성되고 정부 관계 부처에서 주도로, 편성과 해당 업무를 담당한다.

추진 의장으로는 부총리, 교육부, 노동계 관계자, 과학 분야 대표의 참여와, 운영기구(기업체), 전략그룹(정부/산업/조합/과학), 시장활동의 산업단체 및 이니셔티브, 국제표준화기관, 학술 자문위원회, 서비스 운영사무국이 구성되어 있다.

3.4.3 일본의 스마트공장 표준화 동향

일본은 4차 산업혁명을 이끌어갈 스마트제조 추진을 이해관계자와 비전을 공유하고, 3개 분야의 전략적 플랫폼을 구축하여 실행을 하고 있다.

① 사물인터넷의 이용을 촉진하기 위해 사물인터넷 가속화 컨소시엄을 구축하여 산업, 학계 및 정부 간 프레임워크의 모든 분야에서 비즈니스로 연계하여 재정 지원 및 규제개혁을 강화하며,

② 제조 분야부터 가장의 일상생활까지 다양한 공간에 로봇 혁명을 연계하는 프레임워크(Robot Revolution Initiative, RR)로 제조 분야의 중소기업과 국제표준화에서 유스케이스 발굴에 초점을 두고 독일의 플랫폼 인더스트리 4.0과 협력을 하면서,

③ 인공지능연구센터(AIST)를 설립하여 국내외 인공지능 분야의 최고 수준 연구자들을 결집하여 운영하고 있다.

또한, 일본은 2000년대에 들어서면서 최고의 제품을 만들기 위해 심혈을 기울이는 자세로

'모노쯔쿠리'와 '코트쯔쿠리'라는 일본 사회의 장인정신을 의미하는 제조업의 강점을 그대로 녹아든 모노쯔쿠리는 제조업을 세계 최강의 수준으로 유지시키는 원천이 되고 있는 것은, 전자 재료 분야의 수익성과 경쟁력이 강하게 만들었으며, 첨단 부품과 소재분야의 성공 기업들은 기반기술과 첨단기술을 혼합하며 오랜 기간 동안에 심화시키고 압도적인 우위를 구축하였다.

체험을 강조한 **코트쯔쿠리**는 기업은 점차 체험 창조를 통해 새로운 가치를 찾아내려는 것으로, 차별적 부가가치를 추구하게 되었고, 제조업체와 고객의 관계는 제품을 판매 직후에 끝나는 것이 아니라 고객이 제품을 사용하는 사이에 계속되는 관계 속에서 서비스 부가가치를 높이는 것을 제조업의 서비스화, 즉 **코트쯔쿠리**로 강조하는 있는 것이다.

표 6-15 일본의 스마트제조 정책

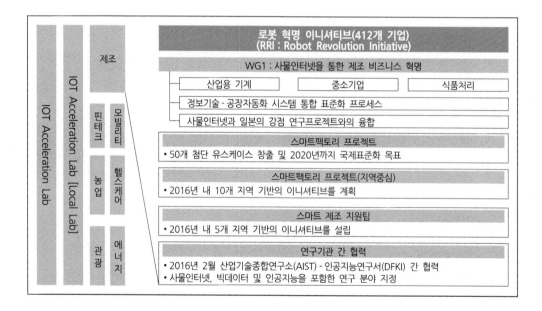

3.4.4 중국의 스마트공장 표준화 동향

2015년 중국은 지능형 제조 5가지 프로젝트 중 하나인 "China Manufacturing 2025" 전략을 발표하여, 중국의 산업정보기술부(MIIT)와 과학기술부(MOST)는 "제13차 5개년 주요 프로젝트", "지능형 제조 종합 표준화 프로젝트" 및 "지능형 제조 시범 시연 프로젝트"를 발표하여, 2025년에는 독일, 일본의 기술수준으로 올리겠다는 야심이다.

다음 해에는 표준화관리기구(SAC)와 MIIT가 공동으로 중국 지능형 제조 표준화 전략계획, 표준시스템 구축, 핵심 기술 표준, 표준검증, 기업 시범 및 국제화 등을 담당하는 국가 지능형 제조 표준화 협의체, 행정 그룹 및 전문가 자문 그룹을 구성하였다.

또한, 중국의 국가 지능 제조 표준시스템 구축 지침이 발표되어, 지능형 제조시스템 아키텍처 및 표준시스템이 제시되었다.

3.4.5 한국의 스마트공장 표준화 대응현황

국내에서는 국가기술표준원의 정책적 주관에 따라 전개되고 있으며, 국제표준에 대응하기 위해 산·학·연 전문가들로 구성된 스마트제조 표준코디네이트, 스마트제조 표준기술연구회, IEC TC 65 전문위원회 ISO/TC 184 전문위원회 등을 운영하고 있다.

또한, 산·학·연의 스마트공장 개념 정립과 산업계 확산을 촉진시키기 위해 KS 국가표준 개발을 지원하여, 2016년에 KS표준을 발간하였다.

KS X 9001-1, 스마트공장－제1부 : 스마트공장의 기본 개념과 구조

KS X 9001-2, 스마트공장－제2부 : 스마트공장의 용어로, R&D 및 보급 확산의 지원

KS X 9001-3, 스마트공장－제3부 : 스마트공장의 운영관리시스템 요구사항으로, 경영시스템 인증제도와 연계(진단 평가 모델)

이에 따른 TTA PG 609(CPS)를 제조와 융합한 사이버-물리 생산시스템(CPPS, Cyber-Physical Product System) 관련 스마트공장과 연계하여 개발하고 있다.

TTAK. KO에서 11.0199, 11.0200, 11.0201, 11.0198로 스마트팩토리 관련 모델과 요구사항, 자동차 부품산업 및 전기전자 부품의 제조공장의 적용 지침들이 구분되어 개발되었다.

아울러, 국가기술표준원은 스마트공장의 구성 모델, 관련 기능요소, 상호 간의 정보교환 모델, 표준화 항목, 표준화 현황, 신규 표준화 항목 등의 KS 표준화 로드맵을 개발하여 단기/중기/장기 표준화 목표 설정 및 추진 전략을 수립하고 있다.

또한, 스마트제조 국가표준코디네이터 지정 및 민간역량 결집을 위한 표준화 포럼 등을 운영 중이며, 정부 R&D 및 스마트공장 추진단을 중심으로 한국형 참조모델 및 인증체계 개발을 추진 중이며, 표준모델의 국내 적용 모델들이 산업 분야별로 개발되고 있다.

따라서, 스마트공장에 대한 기술개발, 도입 및 확산 대응이 증가하고 있으나, 국내 표준화

대응 기반이 미비한 상황에 있어 기본 용어들이 다른 의미로 쓰이고 있으며, 스마트공장 지원사업을 시작으로 관련 표준화 로드맵, 표준화 프레임워크, KS 표준안, 표준 기반 R&D 로드맵 등의 작업들이 진행되면서 해당 기술 분야에 대한 개념 정립을 시작하고 있다. 스마트공장 국제표준 개발은 ISO/TC 184와 IEC/TC 65가 주력으로 대응하고 있으며, IEC/SMB/SG8에서 스마트 제조 참조모델에 대한 표준화 연구가 진행 중에 있으며, 우리나라의 지속적 참여를 통해 스마트 제조에 대한 국내 이해 및 의견에 대한 반영이 필요로 하며, 또한, 국내 스마트공장과 제조 참조모델 개발에 국제 동향을 반영하여 국제 흐름과 맞추어 나아가야 할 것이다.

그림 6-18 우리나라의 표준화 추진현황

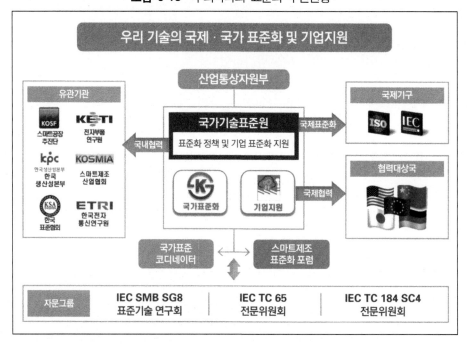

한국 기계공업 분야의 미래를 위한 준비

제1절 인적자원의 양성을 위한 HRD(인력개발)시스템의 기본

1.1 인사제도 체계의 중요성

인력개발의 필요성을 강조하는 측면에서 교훈적인 이야기를 하나 소개하면, 기업을 한자로 쓰면 **企業**으로, 앞 자 企에서 사람 인(人)을 없애면 멈출 지(止)로 되고, 止業(지업)으로 되어 사업이 멈춘다는 것이니, '기업은 곧 사람이다'라고 말할 수 있을 정도로 사람이 중요하다는 의미이다.

어떤 큰 조직에서는 '인재제일주의'를 경영이념으로 삼고서, 인력개발(교육과 훈련), 인재양성, 인재영입 등에 큰 비중을 두어 관리를 잘하고 있다.

이러한 전략적 인적자원의 관리는, 기업의 경영전략은 경쟁 환경에서 기업 내부의 강점과 약점을 분석하여 예컨대, 범위의 확대, 비용절감, 다각화를 해 나가는 측면에서 기업의 인사전략에서 인사부서가 경영전략을 지원하기 위해 충원, 선발, 훈련, 보상, 인사시스템과 관련하여 추구해야 할 행동은 무엇인가를 전략을 세우는 중요한 업무이다.

인적자원의 관리에서 변화하는 동태적인 환경이, 경제여건의 변화에서는 고도 성장기를 지나 저성장기에 들어서는 경우에 많은 변화가 일어남에 대응해야 함과, 경제여건의 변화

중 중요한 것이 기업의 시장특성의 변화이며, 또한 경제 환경변화 중 경쟁의 심화는 인적자원관리에 여러 측면에서 직접적인 영향을 미치고 있다.

이러한 여건에서 노동시장의 특성, 노동력 구성의 변화, 정부개입으로, 채용 · 임금 · 근로시간 등의 개선과, 성별 · 종교 · 학력 등에 차별 철회정책이 전개되고 있고, 법규의 시행 강화 등의 요구가 계속적으로 진행되고 있다.

그 외, 개인 가치관의 변화, 기술혁신의 가속화, 경영혁신의 요구, 경쟁시대의 신제품 개발 대응, 글로벌화에 대응 등이 연관되어 있어 사람을 관리하는 인사제도는 정말 중요한 부문이다.

1.2 직무분석과 부문별 인력양성

1.2.1 직무분석과 목적

1) 직무분석의 개념

직무분석의 개념은 사람을 중심으로 한 업무와 계급상의 인적자원관리가 주류를 이루는 것으로 직업과 같은 의미로, 직위를 나타내는 말과 업무와 관련된 일의 과업, 직종과 직군 관련 관계로, 종업원에게 할당된 일의 단위인 **과업**(Task), 한 개인에게 할당된 과업의 집합으로 한 사람이 맡고 있는 여러 가지 과업이 합쳐져서 하나를 이루는 것이 **직위**(Position)이며, 직무는 작업의 종류와 수준이 비슷한 직위들의 집합으로 인적자원관리의 필요성으로 생성된 개념이 **직무**(Job)이다. 직무보다 넓은 개념으로 유사한 업무 내용을 가진 직무들의 집합을 **직종**(Occupation) 또는 **직군**(Occupation Group)이라 한다(예로 사무직, 기술직).

또한, 직무분석은 책임, 권한, 직무 간의 권한관계를 명확히 함으로써 조직의 합리화 및 업무개선의 기초 자료로도 활용이 된다.

2) 직무분석의 목적과 절차

담당자가 맡은 직무에서 직무기술서와 직무명세서를 각 부문별로 구분하여 분석하면,

① **모집과 채용** : 직무분석의 결과 직무명세서는 직무수행을 하는데 어떤 종류의 사람을 뽑아야 할 것인가의 기준을 정하여 제공한다.

② **인사고과** : 한 개인의 실제 업적을 업적기준과 비교하여 직무분석은 이러한 업적기준

설정의 기초가 되는 자료이다.

③ **직무평가 보상** : 직무분석에서 직무급의 도입을 위한 직무평가의 사전작업으로, 직무 분석결과를 기초로 직무평가가 이루어지고, 이 직무평가에 기초로 직무급이 결정된다. 한편 연공주의의 성격이 강한 급여체계에서는 직무평가와 직무분석의 의미는 제한이 된다.

④ **훈련요건** : 직무기술서는 직무상 해야 할 구체적인 의무와 필요한 숙달을 적시하고 있는데 이것은 훈련을 위한 필요사항을 알려준다.

1.2.2 직급별 능력강화 교육

계층별, 직급별, 실무 분야별, 전문교육이 정기적(연간)으로 수립하여, 구성원들의 자질함 양과 전문지식을 쌓아가는 인재육성계획이 기업에서는 필수적이라 본다. 우리나라의 사원들의 교육은 '시간이 없다', '무얼 배우려고', '다음에 기회가 되면 가봐' 등 현업에 바쁜 핑계로 교육의 기회를 갖기가 힘든 것이 우리의 현실이다.

그러나, 미래를 생각하고, 새로운 창의의 기회를 생각하는 기업은 다를 것이다. 연간 교육·훈련계획을 수립하여 인재를 키우면서 일을 시켜야 하는 것이 조직의 기본관리이다.

한편으로, 교육의 기회를 넓게 보면 그 의미는 다양하고, 정성적인 효과도 있다.

① 전문적인 지식을 배우는 기회가 되어 기업의 능력을 확보하는 것이며,

② 사내 교육일 때에는 조직원들과의 대화의 장을 만드는 계기가 되며,

③ 기업 내부 조직원들과의 합심과 다짐의 약속을 하는 자리가 되며,

④ 사외 교육일 때 유사한 기업체 간의 사람들과 정보교류가 되며,

⑤ 외부 전문분야의 참여에서는 자사와의 벤치마킹도 할 수 있으며,

⑥ 공적 기관(정부)의 정보가 필요할 때 도움이 될 수도 있으며,

⑦ 교육을 받는 개인은 전문지식의 터득으로, 기술력의 발전과 조직에 도움이 된다.

이러한 유리함을 얻기 위해서, 교육을 가기 전에 당사자에게 주문을 하는 것으로, '교육을 받으면서 우리 회사에 적용할 것들이 있는지 잘 파악해 봐', 교육을 받은 후에 '다른 사람들에게 전달교육을 해야 하니까 제대로 배워 와', 이런 지시를 한다면 그 교육자는 더욱 알차게 교육에 임할 것이다.

융복합 인재육성의 측면에서는 인재육성의 측면에서 인력양성의 의미는 전문성+창의성+

유연성+소통능력 등의 능력을 갖추어야 하므로, 경영학원론을 학교의 모든 과에서 가르쳐야 하고, 이공계에도 인문학을 가르쳐야 하며, 경영계열도 기술과 공학을 가르쳐야 한다는 것이다. 따라서, 전공 교육과 산업연계 수업은 현대사회에서는 필수 과목이라 볼 수 있다.

글로벌 경쟁시대에 진입한 현대시대에는 능력주의 강화가 필요로 하며, 이에 따라 신인사 시스템과 신인사고과를 도입하여 경쟁시대에 대응하고 있다.

표 7-1 직급별 교육체계도의 예

대상 자격	직무	계층별	실 무 교 육				
			사무, 실무	영업실무	기술실무	기능실무	자기계발
임 원		임원경영연수	전산시스템 기본	글로벌경영 대비 활동	신기술 · 신제품 동향	어학, 취미	건강관리, 인맥관리
관리 자층	고급	관리직 연수	고과자 훈련 연수	• 전략회계 • 원가관리 • 회사운영실무 • 정보화과정 • 고객관리 • PPT, 코칭 스킬	• 구매관리 • 영업활동 • 글로벌쏘싱 • 계약문화 • 마케팅강좌 • 국제무역	• R&D활동 • 융복합화 • 지적재산권 • 개념설계 • 4차산업혁명 • 기타 신기술	• 리더십함양 • 실무어학 • 신상관리 • 조직문화 • 생산관리 • 지역전문가	• 국가기술 자격 취득 장려
	중급							
	신임							
중견 사원 층	고급	중견 사원 연수	실무자 전문 연수	• 공정관리 • 물류관리 • 품질관리 • 납품관리 • 성과관리	수준에 적절한 관리과목 : • A/S관리 • 상품기획 • 고객관리	수준에 맞는 기본과목 : • 생산기술력 • 문서기록보존 • 레이아웃설계	각자 직무에 적합한 기능 : • 보고서작성 • 벤치마킹 • 직업윤리	• 각종 교육 제도, 면허 • 개인역량 개발, 어학, 체력 관리, 등
	중급							
	초급							
일반 사원 층	고급	일반 사원 신입 연수	초보자 여사원 실무 연수	• 전산, 사무 자동화 • 신입사원 • 인성교육 • 파일링체계	• 견적관리 • 국제영업 • 기초어학 • 각 전문별 초급, 중급 관리과목 • 기타 과목	• 설계제도 • TPM관리 • 에너지관리 • 표면처리 • 제어기술 • 각 전문별 관리과목	• 동급자경쟁 • 검사기술 • 현장경험 • 각 직급별 초급, 중급 기량 습득 • 기타 기량	• 재테크 • 봉사활동
	중급							
	신입							

참고) 표 7-2 '기술인력 육성과 직무교육의 예'
　　　[기술인과 기업의 기술수준 향상을 위한 시기별 직무교육 및 연구과제]

1.2.3 직무수행의 능력 배양

직무수행능력을 키우는 프로세스에는 대처능력, 터득능력이 있고, 결과능력에는 정확도, 신속도, 달성도로 구분되고, 직무수행능력상의 중요한 능력들이 프로세스 측면에는,

1) 대처능력

① **규율성** : 직무수행에 있어서 규율을 바르게 지켰는가?

② **협조성** : 동료 상사와의 인간관계는 원만한가?

③ **적극성** : 부여된 직무에 대해 적극적으로 대처했는가?

④ **도전성** : 업무진행상의 위험 요소에 도전하며 현상을 혁신하려는 의욕이 있었는가?

⑤ **수행성** : 직무수행상의 문제와 장애에 자발적 대처로 완수에 대한 의욕이 있었는가?

⑥ **책임성** : 업무운영상의 곤란 극복과 타부문과의 조정과 완수에 대한 의욕이 있었는가?

2) 터득능력

① **지식 기능력** : 직무수행상 필요한 지식 기능력이 어느 정도 있었는가?

② **창의 연구력** : 직무와 관련하여 개선연구에 어느 정도 있었는가?

③ **지도력** : 소속원을 지도할 수 있었는가?

④ **통솔력** : 소속원을 장악하고 육성할 수 있었는가?

⑤ **판단력** : 정확한 상황판단 아래 임기응변의 판단을 할 수 있었는가?

⑥ **계획력** : 계획 책정한 것에 대하여 구체화 하고 실시할 수 있었는가?

⑦ **조직력** : 회사방침, 목표를 이해하고 소화하며, 조직에 대한 침투를 할 수 있었는가?

⑧ **창의력** : 새로운 테마, 새로운 착상에 도전할 수 있었는가?

⑨ **전문 지식력** : 전문적 지식, 최신 지식은 있었는가?

1.2.4 토요타의 사원교육방식의 예

'프로인재'에게 요구되는 7가지 기량으로 토요타의 인재관리에서 나온 항목들이다. 현대는 프로의 세계이고, 실적을 만들어 내야 능력이 있다고 인정하는 사회로, 자기관리에 힘을 써야 하는 현실적인 일들이다.

① **비전 매니지먼트** : 업무영역 구조의 위상을 설정해 성과산출을 하기 위해 중장기적인 생산성을 극대화 하는 기량

② **영향력 개발** : 업무 관계자에게 적절한 영향력을 행사하여 목표를 달성하기 위해 상재의 행동을 독려함으로써 보다 넓은 공간에서 성과산출을 실현하는 기량

③ **정보개발** : 정보의 양과 질 및 수집의 효율성을 높이기 위한 기량

④ **가설 구축** : 정보를 분석하여 개별적인 실행의 답(문제 해결 수법)을 도출하는 기량

⑤ **프레젠테이션** : 업무 관계자에 대하여 자신이 의도나 아이디어를 간결하고도 인상적으로 표명하여 다른 사람을 설득해 가는 역량

⑥ **타임 매니지먼트** : 가장 유효하고 효율적인 시간자원의 활용방법을 설계하여 성과산출의 단기적 생산성을 극대화하는 기량

⑦ **셀프 모티베이션** : 스스로 동기를 부여하여 성과로 이어질 만한 행동으로 전개해 나가는 기량을 갖추어야 한다.

1.2.5 호기심 경영의 예

미국의 브라이언 그레이저 회장은 회사에서 호기심과 질문하는 습관을 활용해 직원들에게 동기를 부여하고, 창의력을 발휘할 수 있는 분위기를 만들 수 있다고 한다. 다만, 질문만큼 남의 말을 주의 깊게 들어 주는 것도 중요하고, 누군가를 시험하고자 질문하는 것은 오히려 직장에서 신뢰를 떨어뜨린다고 조언한다.

호기심 경영에서, '**명령보다 질문으로 경영**'하여, 창의성 있는 인재를 키우기 위해 질문에 관대해지라는 것으로 경영자 관점에서 질문하는 문화를 어떻게 활용하느냐 하는 것이며, '**여러 우물을 파야 아이디어가 나오는 것**'으로, 시야를 넓혀 나와 전혀 무관한 분야의 전문가들이 하는 얘기도 열심히 들어야 한다는 것과, '**전혀 모르는 사람을 만나려 쫓아다니자**'는 측면은, 지금도 호기심 대화를 위해 전혀 모르는 사람들을 찾아 다녀야 한다는 것은 아예 동떨어진 세상에서 배울 때 나만의 생각을 벗어날 수 있다는 것이다.

또한, 사람을 키우는 방법의 하나가, '**부하 직원을 리더로**' 대하면, 일을 해결할 때 권한을 주면 책임감을 가지게 되어 동기 유발이 되고, '**일에 익숙함은 창조적 사고(思考)의 적**'이라 할 수 있어 창의가 덜 나올 수 있다는 것이다.

이러한 호기심을 유발하여 **호기심 경영 6계명**이라는 것을 소개하면,

1) 하루 하나씩 좋은 질문과 협의를 하라

이것은 이스라엘 사람들의 자녀 교육방식의 하나로, **호기심도 연습하면 좋은 습관이 되고**, 평소에 질문을 잘 하지 않거나 질문을 '**방해물**'이라고 생각한다면 의식적인 노력을 하여 변해야 한다는 것이다. 또한, 이 사람들은 토론의 자리가 많은 교육과 연구 석상의 회의를 하

는 과정에서는 다른 사람들의 생각을 묻고, 파악하면서 '당신은 어떻게 생각하느냐'라는 질문을 많이 하는 분위기는 각자의 정보교류와 느낌이 서로 다른 것을 토론하여 그 연구가 전문성 있는 좋은 결과를 만들고 있다.

2) 명령 대신 질문을 하라

사람은 무조건 시키는 대로 할 때보다 자기 스스로 판단하여 내린 결정에 더 책임감을 느끼고, 더욱 열정적으로 일을 하며, 리더가 명령만 하는 것이 아니라 함께 일하는 사람들 의견을 이해하고자 질문해야 하며, 주변 사람들의 관점을 이해하지 못한다면 그들에게 감명을 주는 리더가 되지 못한다는 것이다.

3) 심문 하듯이 묻지 말라

이미 답을 다 알고 있다는 말투로 질문을 해서는 안 되며, 빨리 다음 질문을 하려고 안달복달하지 말아야 하고, 누군가를 냉소적으로 테스트하려는 질문은 신뢰를 잃게 한다.

4) 상대의 대답에 진심으로 귀 기울이라

진심으로 귀 기울이는 뜻은 다름을 인정할 자세를 갖추라는 것이다. 질문을 해놓고 대답에 관심이 떨어지면 아무도 당신 질문을 진지하게 생각하지 않고 모든 사람이 당장 상황을 모면할 형식적 답변만 할 것이다.

5) 내 이야기는 그만하라

높은 자리에 있을 때만 질문이 중요한 게 아니라 어느 위치에 있든 무엇인가를 배우기 원한다며 리더의 의견과 다른 의견이 자유롭게 오갈 기회를 만들어야 한다는 것이다.

6) 상대가 질문한 것에 성심껏 답하라

다른 사람들이 묻는 말에 성심껏 답하는 것은, 초보자들이 질문했는데 답을 모를 때는 직접 끈질기게 답을 찾을 수 있게 도와줘야 호기심을 키울 수 있다는 것이다.

1.3 경력관리와 인사고가

1.3.1 경력관리와 개발

각 개인별 인적자원관리에서는 조직에서의 필요한 인재의 체계적인 육성과 활용에 도모하기 위하여 경력개발제도를 운영하여 조직과 개인의 새로운 관계를 만들어야 한다.

경력관리에 대한 개념은, 이제는 글로벌시대에 따른 환경변화와 심리적 계약으로 이어져 일의 경력은 전적으로 조직에 달렸고, 조직의 필요에 의해 결정되어진다. 이에 따라 경력개발을 위하여 **경력개발제도**(CDP : Career Development Program)로 종업원 각자에 대하여 조직의 인재 니즈(Needs)와 본인의 희망사항을 조화시켜 장기적인 경력계획을 만들고 이 계획과 결부시키는 직무로테이션, 교육훈련을 행하는 제도로, 개인의 욕구와, 조직이 원하는 능력의 발전으로 개인과 조직의 목표를 일치를 시키는 제도이다.

또한, 개인의 경력욕구를 고려하면서 경력개발의 방향과 초점이 변화하여, 평생직장 개념이 없어져 일에 대한 몰입과 충성심을 유지할 수 없어져 조직이 고용을 보장하는 시대는 끝나지만, **심리적 계약**으로 문서화는 하지 않고 쌍방이 상호에게 믿음이나 신뢰를 가지고 연속이 되는 경우도 있지만, 대부분이 자신을 스스로 돌봐야 된다는 것을 알고 있고, 그래서 스스로의 장기적 경력욕구를 도와주는 방향으로 경력관리 내지 인적자원관리를 모색해야 할 필요성이 점차 커지고 있다. 그래서, 요즘에는 나의 'Spec쌓기'와 스펙의 업그레이드를 위한 노력을 하고 있다.

조직에서의 인력개발활동에서 경력개발의 초점에서는,

① **인적자원계획** : 직무의 스킬과 과업의 분석과, 개인의 관심과 선호에 대한 정보를 추가할 수 있는 계획

② **충원과 배치** : 개인과 조직의 필요에 따른 연결로 사원의 경력관심과 적성을 포함한 변수들에 기초하여 개인과 직무를 연결

③ **훈련과 개발** : 직무 관련 스킬 정보, 태도를 학습할 수 있는 기회의 제공으로, 경력 경로 정보를 제공하고, 개인별 개발계획을 추가를 위함

④ **인사고가** : 근간의 평가와 보상으로, 개발계획과 개인별 목표설정의 추가를 위함

⑤ **보상과 복리후생** : 재능에 대한 생산성 등의 보상으로, 학비 환급계획의 추가와, 자선단체 활동과 같은 직무에 무관한 활동에 대한 보상을 위함이다.

1.3.2 성과관리와 인사고과

조직에서 인적자원을 선발하여 개발하고 활용한 후에 그 인적자원이 조직에서의 가치를 평가하여, 공식적이고 체계적으로 관리를 하는 것이 인사고과인데 보상의 기초가 되면서 현재 직무에 있어서 요구되는 능력과 실적을 비교하여 인적자원관리에 중요한 역할을 한다. 이러한 인사고과가 지금까지는 독자적으로 이루어진 측면이 있었지만, 근래에는 성과관리로 광범위하게 이루어지고 있는 경향이 있다.

성과관리의 근본적인 개념은, 조직의 목표설정, 개인육성, 성과평가 등이 개인의 성과개선이 조직의 전략목표의 달성을 위한 것으로, 일상적인 활동이며 모티베이션과 능력이 어우러져 이루는 것으로, 직무를 수행하는 데 필요한 역량을 유지할 수 있도록 필요한 교육과 훈련을 받도록 관리해야 한다.

여기에서, 인사고과와 성과관리의 개념 차이는, 전자는 **과거 지향적**이며, 하향적 사람에 대한 평가이며, 후자는 **평가미래 지향적**으로 육성을 강조하는 면이다.

따라서, 성과관리는 결과에 따라, 보상하고, **사람을 육성**하며, **사람의 가치평가**를 하며, 관여(關與)로의 확보(Involving)로 연결이 되고, 인사고과의 용도는, 보상과 승진, 교육훈련과 개발, 성과관리, 경력계획과 개발, 인적자원계획, 내부 종업원 관계, 종업원의 잠재력 평가에 활용된다.

1.4 리더 양성과 전문가의 기질

1.4.1 내부적 양성 방안

1) 집중 육성

인력을 양성하는 면에서, 향후 리더가 될 수 있는 몇 사람들을 집중하여 육성하는 것은 미래를 내다보며 사람을 키우는 것으로, 전문 교육·훈련을 정기적으로 보내고, 시기에 맞추어 경영자교육 이수 등, 많은 경험을 시키면서 육성하는 것이다. 어떤 한 기업에서 후계자로 만들려고 할 때에는 당연히 당사자를 위한 경험을 쌓는 일들을 많이 시키겠지만, 현대사회는 전문 경영인이 담당하는 면에서는 전문성이 먼저가 되는 조건이 될 것이다.

따라서, 조직의 리더의 자질을 갖추기 위해서는, 실무의 기초부터 다양한 경험과 지식을 두루 습득해야 한다는 것이다.

2) 순환배치로 리더 키우기

조직에서 직무별 여러 부서를 일정한 기간 동안 업무를 담당하면서 그 업무에 대한 지식을 확실히 파악하고, 실행을 하면서 전문능력을 습득하는 방법으로, 각 부서의 기능을 고루 갖춘 관리자가 되도록 하는 인력 육성의 하나이다.

이러한 과정에서, 서로의 부서 간 애로점을 이해하고, 협조를 하며, 조직의 목표를 위한 추진 방법 등을 이해하고 이끌어 나갈 것이다.

1.4.2 외부 기관에 의한 양성 방안

1) 정기적 전문교육 이수

교육과 훈련은 누구든 끊임없이 받아야 하는데, 외부 전문기관에 의뢰한다면, 정부기관 등에 연수를 하는 방식으로는, 중소기업진흥공단 연수원의 전문 연수프로그램 활용과, 생산성본부, 능률협회, 각 대학별의 전문가 육성과정, e-러닝 연수 또는 사이버 교육, 인터넷온라인 학습(국내 · 외), 사설 전문교육기관 등 다양한 연수프로그램을 이용하여, 그 조직에서 개인들에게 필요로 하는 자질을 향상시키는 방법이다.

2) 장 · 단기 파견 교육

MBA과정과 같은 공인 교육기관에서 학습, 인성교육과 관리자를 위한 카네기교육과정, 선진사에 일정기간 수습으로 근무하는 방식, 또한, 회사의 연구과제를 가지고, 전문기관에 가서 일정기간 동안 교육을 받으면서, 프로젝트도 함께하는 산 · 학 · 연의 연구과정도 있다.

1.4.3 혁신을 리드하는 전문가의 6가지 능력과 기질

조직에서 구성원들과 조직 간의 연결 능력과 교류 능력, 업무관찰 능력, 해결을 위한 질문 능력, 실행 능력, 확인, 피드백, 이러한 관계를 이끌어 가는 리더십이 있는 사람이 전문가로서 자질을 가진 관리자이다. 이러한 자질의 조건은 타고난 성격, 자란 환경, 교육의 혜택 등 여러 변수들에 의해 결정이 되고, 조직을 리드하는 데에는, 무엇보다도 활달한 성격과, 일에 대한 열정이 있어야 하는 것이 우선이고, 그 다음이 업무에 대한 전문지식을 갖추는 것이다.

그림 7-1 혁신 전문가의 6가지 능력

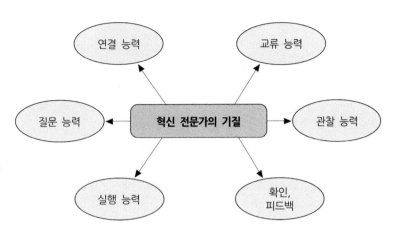

1) 업무의 연결 능력

업무와 관련하여 몰입을 항상 생각하고, 고민하고 있는 것들은 기억해 어떤 현상이나 질문들을 듣게 되면 그것들과 연결해서 생각하는 능력이다.

2) 해당사항의 질문 능력

문제를 해결하기 위해서 중요하고 힘든 일에서 정답을 찾는 것이 아니라 올바른 질문을 찾아 가는 과정이라 볼 수 있고, 올바른 질문을 찾는 일은 그만큼 어렵다는 의미이다. 해답이나 원인을 찾기 위해 '왜'라는 것을 반복하며 근본 원인을 확인하고, 상반된 의견과 제약의 상황을 가정하며 하나의 생각에 빠지지 않도록 유지해야 한다.

3) 협조부문의 교류 능력

자신의 생각과 일의 결과들을 묻어 두지 않고 공유를 통해서 더욱 발전시켜 나가며, 또 다른 사람들과의 소통과 공유는 자신의 생각을 더욱 깊이 있게 이해하고 더욱 발전시킬 수 있는 것이 훌륭한 능력이다.

4) 세심한 관찰 능력

혁신을 하는 리드들은 문제점들을 생각으로 그치지 않고, 관찰과 과학적인 분석을 통해서 원인을 발견하고, 실험을 통해 아이디어를 검증하며, 이러한 과정을 반복하며 지속적으로 발전시켜 나가는 것이다.

표 7-2 기술인력 육성과 직무교육의 예[기계공업분야이의 '기술인과 기업의 기술수준 향상을 위한 시기별 직무교육 및 연구과제]

전문분야 단계별	공통 부문 일반관리	소재제조, 절단, 소성가공, 열처리	용접기술 & 구조물제작기술	절삭가공기술 초정밀가공	도장기술 & 코팅기술	조립기술 & 포장기술	제어기술 & 전기·전자	치공구, 금형, 기계설계
인재: 초보자 (3년 미만 사원) / 기업: 초보기업 투자단계	▲기술의 발전, 미래상(꿈) ▲인간, 인성 ▲신응용과학 ▲물리, 화학 ▲기술인의 역활, 임무 ▲인성교육音品語 ▲국제화音品語	▲생산관리, IT ▲금속재료학 ▲절단가공 ▲소성가공기초 ▲열처리기초 ▲CAD기술기초 ▲품질관리기초 ▲표면처리기술 ▲Nesting Prog	▲생산관리, IT ▲금속공학기초 ▲금속재료학 ▲기계설계 ▲전기전자기초 ▲CAD기술기초 ▲품질관리기초 ▲현장응용 용접실무	▲생산관리, IT ▲절삭가공기초 ▲금속재료학 ▲기계공작법 ▲공작기계운용 ▲전기전자기초 ▲CAD/CAM활용 ▲품질관리기초 ▲가공시간견적학	▲생산관리, IT ▲도장개론 ▲금속재료학 ▲CAD기술기초 ▲품질기초 ▲공업화학 ▲도료의 특성 ▲도장설비 개론	▲생산관리, IT ▲체결이론 ▲기구설계 ▲CAD기술활용 ▲포장기술 ▲유연자기초 ▲전기전자기초 ▲품질관리기초 ▲Inverter Cont	▲생산관리, IT ▲전기역학 ▲자동제어기초 ▲CAD기술기초 ▲품질관리활용 ▲Mechatronix 기초 ▲기구와 구조 ▲PLC기초	▲생산관리, IT ▲기계요소설계 ▲재료역학 & 기구학 ▲CAD활용(3D) ▲소성가공기초 ▲기하학공차론 ▲가공·용접, 조립·공정 이해
인재: 실무자 (3년~6년) / 기업: 지속성장 일반기업	▲IT, 기술관리 ▲뿌리산업 6종 ▲벤처마킹 ▲작업윤리 ▲전문별학회 ▲전시화참관 ▲협력사품질 ▲벤처·이노비즈 ▲기록보호	▲Bending 전개이론 ▲유효압력이론 ▲CNC, Nesting ▲CAD/CAM 기초 ▲금형설계 및 가공기술 ▲주단조응용 ▲품질기법운용	▲유압응용 ▲Spot용접응용 ▲용접Robot기초 ▲용접결함과 대책 ▲Layout설계 ▲용접설계시공학 ▲생산기법운용 ▲Teaching기 Prog-	▲열처리처리 ▲유효가공응용 ▲기계공정설계 ▲절삭공구이론 ▲In-Process측정 ▲Tool설계, 개발 ▲작업효율 평가 ▲생산기술력제고 ▲고숙기공훈련	▲도료공학 ▲유효압력 ▲부식과 대책 ▲로봇응용 도장 ▲생산기술력 제고 ▲도장분석 ▲도장공법	▲조립 5대 원칙 ▲CAD/CAM 기초 ▲조립의 가시화 ▲공정설계 개선 ▲조립양산기술 ▲유연化응용 ▲내부방지시스템 ▲작업효율 평가 ▲생산기술력Up	▲Sensor개론 ▲PLC, 컨버터 ▲Motor제어 & ▲Processor응용 ▲유연제어 ▲Lab View활용 ▲자동측정기초 ▲제어시스템ID ▲CAD/CAM응용	▲금형설계이론 ▲Jig& Fixture 설계 ▲전기전자기초 ▲유연제어 ▲Motor제어 ▲기초, 응용 ▲생산기술력 반영
인재: 실무숙련자 (6년~10년) / 기업: 성장기술 혁신형 기업	▲창조의 영감 ▲정보보안Sy ▲신제품개발 ▲원가관리 ▲구매화술 ▲영합화술 ▲수출전략화 ▲글로벌 소싱 ▲R&D기획신성권 ▲성과관리(KPI)	▲CAD/CAM응용 ▲IE전문과정 ▲Mechatronics응용 ▲Laser응용기술 ▲유압응용 ▲FA 입문 ▲금형설계응용 ▲소성가공응용 ▲원가신출Progr	▲용접Robot응용 ▲특수용접실무 ▲구조물 설계시공 ▲Mechatronics응용 ▲용접변형대책 ▲공정자동화입문 ▲TPM활동과 정착 ▲물류와 리드타임 ▲원가공법혁신 ▲원가신출Progr	▲CNC/CAM/CAE Programming응용 ▲Mechatronics응용 ▲공정자동화입문 ▲TPM활동, 전공기 ▲MCT 다축가공 ▲M/Center복합화 ▲가공공법 혁신 ▲원가신출Progr ▲POP, SOM, IC	▲도료의 응용 ▲도장설비 응용 ▲도장포장 ▲환경관리(오염방지) ▲코팅기술 UCD, PVD, CVD ▲사전원가Pro ▲원자재유도장	▲물류의 응용 ▲CAD/CAM/CAE ▲PLC응용 ▲Mechatronics응용 ▲Lay out설계 ▲공법개선 ▲CAE시뮬레이션 분석 ▲원가신출Progr	▲PLC응용설계 ▲Mechatronix 응용 ▲Motor제어- ▲Processor응용 ▲Computer 응용&로직설계 ▲유연제어응용 ▲인베디드화	▲유공압제어응용 ▲산업기계의 유니트 설계 ▲PLC/Inv-응용 ▲Mechatronics 응용 ▲공정자동화 입문 ▲원가신출Pro
인재: 핵심전문가 (10년 이상) / 기업: 글로벌, 혁신성숙	▲리더십 함양 ▲브랜드화 상품 ▲기업윤리 ▲계약문화 ▲국제화사업 ▲조직文化 ▲3D 프린팅 ▲첨단기술연 ▲BPR(경영) ▲스마트공장	▲절단설비 ▲자동화설계 ▲CAD/CAM 응용 ▲메가트로닉스응용 ▲전공장치설계 ▲특수재질 연구 ▲제조(신소재) ▲스마트공장	▲자동용접장치 ▲설계와 가공 ▲자동화라인구축 ▲메가트로닉스응용 ▲전공장치설계 ▲특수용접 상용화 ▲대로공정 ▲스마트공장 ▲차세대 전환기술	▲경제성분석 ▲DNC응용, CAE ▲FMS전라인무 CIM ▲전공기개발적용 ▲Total Tooling ▲초정밀나노가공 ▲3D Printing ▲비정상가공 기술 ▲스마트공장	▲공해방지 기술개발 ▲환경관리 & 법규 ▲특수도료 개발 ▲나노 코팅 ▲기술개발 ▲다물질 코팅기술	▲Mechatronics응용 ▲포장자동/전산 ▲조립자동화Sys ▲모듈화/유니트 ▲IT물류自 양산 ▲자동검사System ▲특수분리(생체) ▲모상, 조제(족사) ▲스마트공장	▲Computer응용 ▲제어기술System Programming & 설계System화 ▲제어System화 ▲On Line통신 관리(GW) ▲설계분석응용 ▲CAE/PDM/등	▲생체모방응용 기술 ▲장비설계Prog ▲자동화치구 설계, 제작 ▲소성공법개발 ▲설계의 System ▲금형설계표로 그림화

※지식의 종류에는 ① 값이 있는 신념의 지식, ② 일렬하게 잔머리 굴리는 지식이 있으며, "목표달성을 위한 ① 밥(노티), ② 눈물(자존심), ③ 파(신뢰, 의지)가 따라야 한다."

5) 실험과 실행 능력

계획을 잘 만들어 그대로 실행으로 옮기면 원하는 결과가 나올 수 있다고 보지만, 시행착오를 줄이기 위해서 세심히 모의실험 등을 해본 이후에 실행으로 들어가는 과정 등을 거치는 세심한 능력도 필요하다.

6) 결과의 확인과 피드백

일의 추진과정인 PDCA 사이클에서, 마지막 부분의 확인과 피드백은 결과를 어떻게 처리하느냐 하는 것으로, 원하는 만큼의 결과가 나오지 않을 때 분석하고 보완하여, 전체가 알 수 있게 공유, 보고, 표준화 등의 마지막 처리까지를 깔끔히 하는 능력이다.

따라서, 인력양성의 측면에서는, 국가경쟁력은 제조 경쟁력이 핵심에서 전문 인력 확보가 최고 중요하고, 제조 경쟁력은 적정 설비의 갖춤, 높은 기술력, 전문 인력 확보의 3가지 요소가 핵심이고, 재구조화사업은 수요기업의 경쟁력을 강화하는 산업인력양성의 산실이 목적이라 할 수 있으며, 이에 따라, 조직 활성화와 인력의 양성에서 기본적인 시스템이 NCS(국가직무능력표준), 과정평가형 자격제도, 도제학과사업, 재구조화사업 등으로 이어져야 하는 것은, 정부-기업-학교는 공생관계로 각자가 '자기역할'에 충실해야 한다는 것이다.

제2절 기술경영(MOT)과 기술기획으로 기술력 축적과 계승

2.1 기술경영의 중요성

'품질이란 외부의 간섭을 많이 받을수록 더욱 좋아진다'라고 하는 측면에서 제품의 질적인 수준을 높이기 위해서는 여러 분야의 평가를 받아, 고객과 소비자의 의견들이 반영된다면 더욱더 품질은 좋아질 것이다. 이에 제조활동에서는 자원을 제품 또는 서비스로 변환하는 과정에서 필요한 모든 것이 해당되며, 이에 목적 달성에 필요한 자원과 지식, 방법론이 포함된다. 이러한 과정에서 설계, 공정, 새로운 탐구에 적용될 수 있는 공학적 지식의 구성체를 잘 적용하고자 하는 것이다.

이와 같이 기술의 경영은 인간생활의 질적인 향상을 위하여 끊임없이 노력하며, 경제의 성장과 발전을 위함과, 기술의 기반을 구축하려는 사업기회 창출의 원동력이기 때문이다.

2.1.1 기술경영과 기술혁신의 의미

기술경영은 기업의 생산활동에서 목표달성과 기술경쟁력을 배양하고 경영자원이 가지고 있는 기술적 기능의 유기적인 통합과정으로, 조직의 경영계획, 기술전략, 생산전략, 인사전략, 재무회계, 마케팅 전략을 총괄하는 연속적인 통합경영시스템이라 할 수 있다.

근래에 기업경영의 큰 쟁점은 조직을 구성하고 있는 구성원의 지식과 기술을 어떻게 활용하고 이것을 관리해 나갈 것인가의 문제로 대두되고 있어, 이러한 문제를 해결하기 위한 새로운 경영분야가 바로 기술경영이다.

이것은 공학과 경영을 통합하여 기술 중심의 기업 성공을 다루는 학문이며, 조직이 보유하고 있는 기술 및 경영의 노하우 등 제반 지식을 기업의 생산제품, 서비스 생산에 적용하는 과정을 효율적으로 관리하기 위한 제반의 경영활동이다.

기술혁신은 기술발전을 위하여 행동과 실현을 하는 측면에서 경제주체들에 의한 기술의 발전 · 활용 측면을 강조한 것으로, 현대의 산업화가 점점 다양해지고 복잡함에 따라 문제점들이 나타나고 있는 점을 볼 때, 기술혁신의 개념을 단순히 기업 생산자원의 새로운 조명과 합심의 개념에서 나아가, 기업이 구성하고 있는 다양한 주체들이 새로운 무엇을 창출하고 개선하여, 경영 능력을 발전시켜 나가며, 규모를 확대할 필요가 있다는 것이다.

이에 기술혁신의 유형으로,

① **제품혁신과 공정혁신** : 제품의 변화와 새로운 제품 도입과, 제조 상의 더 좋은 방법

② **당장혁신과 점진적 혁신** : 실행이 빠르면 성과가 높고, 후자는 천천히 해도 되는 조건

③ **주요혁신과 부차혁신** : 중요성에 따라, 높은 혁신과 낮은 혁신으로 구분하여 시행

④ **연속적 혁신과 불연속적 혁신** : 연속적인 것은 점진적이며 하부구조 내에서 시행, 불연속은 필요에 따라서 시장수요와 기술능력 간의 새로운 지식의 발견될 때 이어진다.

⑤ **파괴적 혁신과 비파괴적 혁신** : 파괴적인 것은 조직의 경쟁우위 및 사회에 영향에 따라 혁신의 정도가 높고 크며 광범위한 경우로, 기존산업을 파괴하여 새롭게 전개하고, 창출하는 사회적 영향력이 매우 높은 혁신이다.

2.1.2 기술경영의 접근과 전략

기술경영은 국제화 시대에 다양한 차원에서 경쟁력을 창출하고 유지하는데 중요한 역할을 담당하며, 경쟁력의 구분에는, 국가경쟁력, 산업경쟁력과 지역경쟁력으로 나누며, 기업경쟁력의 입장에서는 기술수준의 확보와 유지, 제고에 핵심적인 역할을 담당하고 있는 것을 의미한다.

따라서, 경쟁력과 관련된 모든 부문에서 전략적 기술경영의 필요성이 제기되고 있고, 기업 차원의 미시적 기술경영의 접근에서는 각 부서 즉, 생산, 구매, 재무, 인사, 마케팅, 정보, 연구개발과 디자인부서 등에 영향을 미치며, 이러한 기술경영이 미래의 선진조직으로 가기 위한 협력을 바탕으로 하여 성공적인 기술혁신을 창출하고 활용을 해야 하는 것이다. 기존의 경영시스템의 취약점을 보완하고, 효과 및 효율, 생산성 등의 증대를 유도하여 수익성 제고로, 장기적으로 경쟁력 우위의 강화에 목표를 두고 있다.

다음 4가지는 기술경영의 다양한 접근에 따른 유의점을 나타낸다.

① 생산관리 또는 전반적 운영관리의 일환으로 기술경영을 다루어야 하고,

② 인사조직의 관점에서 창의성을 촉구하는 조직 구조 및 연구개발조직의 관리라는 면에서 기술경영을 다루어야 하며,

③ 영업전략, 마케팅의 관점에서도 기술경영에 대한 접근을 해야 하고,

④ 기업의 핵심기능으로서 R&D관리를 장기적으로 내다보며 독립적으로 파악해야 한다.

한편, 기술경영의 영역으로는, 경영활동의 대상을 의미하는 것으로 기술의 해석문제와 직접 연관이 되어 기술경영의 범위에 대한 것은 두 가지 방향으로 나타낸다면,

① 기술 활동의 범위를 확대하여 기술경영의 범위나 대상도 넓게 파악하려는 경향과, 전통적으로 강조되어 온 연구개발뿐만 아니라 광범위한 혁신으로 기술경영의 대상과 범위를 확대시키는 의도와 연결되고 있다.

② 기술경영을 시스템적으로 접근하여 기존연구가 소홀히 한 부분에서 거시적 차원과 미시적 차원의 연결고리를 보완하는 방향을 추구하는 경향이다.

2.1.3 전략적인 사고의 함정

① 크면 클수록 좋다는 사고, ② 어정쩡한 상황, ③ 고객감동이 무슨 소리인가! ④ 가격이 쌀수록 좋다, ⑤ 경쟁, 별거 아니다! ⑥ 고장 나지 않았다면 손대지 말라, ⑦ 고객이 몰라도 상

관없다. ⑧ 형편없는 의사전달, ⑨ 능수능란한 언변이 모든 것! ⑩ 목표는 달성할 수 없다? ⑪ 목표설정은 숫자 놀음! ⑫ 뛰어난 달리기 선수라면 어떤 시합에서도 잘 뛸 수 있다, ⑬ 무엇이든 분석! 분석!(분석 맹신증), ⑭ 기업문화가 별거(그것은 중요한 게) 아니다! 이러한 사고방식들이 전략적 사고의 함정이다.

2.2 신제품의 개발과 조직관리

2.2.1 신제품 개발

첨단기술은 사람의 능력을 증폭시킨다는 말의 의미에서, 신제품을 개발하여 상품화하여 먼저 출시하려는 입장은, 시장의 선점과 신제품에 의한 매출 성장으로 수익성 면으로는 우선이고, 기술의 경쟁력을 결정하는 입장에서는, 핵심기술 요소로 제품과 서비스는 경쟁사 기술에 대비하여 자사의 기술의 강점과 약점을 분석하여 기술능력의 우위와 수준을 지속적으로 향상시키고 유지하기 위해 개발에 많은 투자를 하고 있는 것이다.

또한, 기술의 생명주기와 대체 기술의 상황에서도 발전의 패턴과 방향, 새로운 기술의 원천 개발로, 기술 자체가 브랜드화가 되고, 대명사로 불리며, 특정 기술의 상용화 가능성과 시기는 경쟁 기술을 평가하는 관점의 시각으로 볼 때 앞서 가기 위한 신기술과 신제품의 개발은 끝없이 숨은 노력으로 진행이 되고 있다.

신제품의 개발을 촉진하는 역할의 요인으로,

① 새로운 아이디어가 꺾이지 않도록 하는 조직의 자율성이 발휘되는 메커니즘의 형성으로, 일선 관리자로부터 거절된 아이디어를 상위 관리자에게까지 전달하는 정당한 수단으로 신제품 품평회와 같은 기능과, 간단한 표현절차의 서식 작성이 되어야 한다.

② 대내외적인 네트워킹 및 활성화와 기술정보 채널이 개방되고 연결성이 활성화 된다.

③ 조직의 여유 있는 자원의 보유에 따른 호기심, 지적인 유연성, 위험신호 자극(중첩성)

④ 구성원들의 업무에 대한 높은 참여와, 강한 횡적 유대감을 강화한다.

1) R&D란?

R&D의 의미는 지식의 사용을 증가시키기 위해 수행하는 창조적인 모든 활동으로서 '연구(Research)'는 새롭고 과학적이며 기술적인 지식으로 독창적으로 계획적인 조사를 하여, 기

초연구와 그 응용화를 하는 연구를 뜻하며, '개발(Development)'은 제품(생산, 신규, 개량) 및 서비스, 시스템 등으로 연구 성과와 다른 지식을 적용하며, 그 성과들을 기초로 새로운 제품을 만드는 것이다.

2) R&D의 일반적인 유형

R&D의 일반적인 유형은 **기초 연구, 응용 연구, 개발 연구**로 구분되어,

① **기초분야**에서는 어떤 특수한 응용이나 사용 계획이 없이 현상들이나 관찰 가능한 사실들의 근본 원리에 대한 새로운 지식을 얻기 위해 행해지는 실험적 또는 이론적인 작업이고,

② **응용분야**에서는 새로운 지식을 얻기 위해 독창적인 연구로 주로 특정 실천 목표나 목적에 포커스를 두고 하는 작업이며,

③ **개발분야**에서는 체계적 작업 새로운 재료, 상품, 혹은 장치를 만들어 내거나, 새로운 공정체계, 그리고 서비스를 설정하고 행하는 것들로, 이러한 모든 것들을 본질적으로 향상시키는 연구를 말한다.

또한, 제품만 개발하면 끝나는 것이 아니고, 새로운 제품과 양산 공정을 개발하기 위한 시제품 생산, 서비스와 서비스 전달체계의 개발 등까지 사업화 전까지의 모든 과정을 맡아야 한다.

그림 7-2 미래 솔루션이 필요한 분야

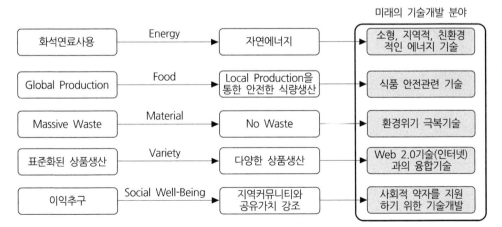

참고 : Way of Thinking의 패러다임 변화(Peter Senge교수, MIT)

한편, 개발전략에서 개발하는 입장에서 한정된 제원으로 모든 부문을 다 한다는 것은 불가능하여, 외부환경 분석과 내부 역량을 바탕으로, 선택과 집중으로 경쟁우위를 확보해야 한다.

3) R&D의 성공률

연구기관에서 신제품 개발을 위한 R&D의 최종 성공률은 약 3,000 : 1의 확률로, 이처럼 낮은 성공률은 급변하는 외부환경의 변화로, 변동성과 불확실성, 모호성과 복잡성으로, 개발을 착수하여 1차 300가지의 아이디어를 내어, 여기에서 125가지로 작은 프로젝트로 다시 재검토가 되어, 9가지의 개발아이템으로 좁혀지며, 다시 4가지의 주요한 것으로 압축되고, 나중에 1.7개의 상업적인 선정이 되어, 최종에 가서는 한 개의 상업적인 성공이 나온다는 것이다.

4) R&D의 전략수립

경영전략과 기술전략의 체계적인 면에서는, 목적과 범위에 따라 구분 가능하도록 하여, 기업의 정체성과 미션 등을 바탕으로 비전과, 계량적인 성장 목표, 사업영역과 구체적인 사업모델로 이루어지는 전략수립이 필요하다.

① **기업전략** : 기업 전체의 목표 및 방향과 사업영역에 관한 전략으로, 무슨 산업을 할 것인가?

② **사업전략** : 특정산업에서 경쟁 또는 사업의 장래 전망 등에 관한 전략으로, 어떻게 경쟁우위를 창출하고 유지할 것인가?

③ **제품 및 시장전략** : 제품과 시장을 중심으로 어떻게 경쟁하느냐 하는 전략이며,

④ **기능별 전략** : 경영면에 있어서 각 기능 단위별로 세우는 전략이 있다.

신제품의 구분으로는 다음 표 7-3과 같이 시장의 신규성과 기술의 신규성으로 각 위치를 파악할 수 있다.

표 7-3 신제품 개발의 시장성과 기술성의 구분

시장의 신규성	새로운 시장 (시장변화 큼)	신규용도 개발	시장 확대	제품 다각화
	강화된 시장	상품 확대	제품 개선	제품계열 확장
	기존의 시장 (시장변화 적음)	신상품 아님	기술 보완	기술 대체
시장 측면		기존의 기술	개선된 기술	새로운 기술 (기술변화 큼)
	기술 측면	기술의 신규성		

2.2.2 R&D의 환경분석과 과제

어느 기업이나 기술 중심의 투자를 목적으로 민간 역량을 고려한 정부지원을 효율적인 지원으로 신산업의 성장을 위하여 많은 노력을 하고 있는데, 이를 자세히 분석을 하면,

(1) 혁신역량의 부족
새로운 성장엔진 발굴을 위한 전략적인 투자가 부족하고(인재 부족, 기술력과 자금력 부족),

(2) 기술사업화의 정체
공공기술의 산업계 이전이 수년째 답보 상태로, 초기사업화 단계의 리스크 분산 자금 등이 부족한 실정이며,

(3) 소극적인 기술협력
글로벌 R&D 등 외부역량 활용에 소극적 면의, 벤치마킹, 해외시장조사 등.

(4) 인프라의 미비
공동자원의 활용이 비효율적이고, R&D 지원을 위한 법, 제도적 환경이 미비했다고 볼 수 있고,

(5) 지역 산업의 경쟁력 부족
일자리 창출, 인재 부족, 지역 산업 경쟁력 제고 한계의 문제점 등.

그림 7-3 기업전략의 구분과 업무 Follow

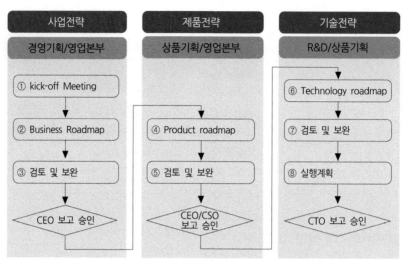

출처 : 한국산업기술진흥협회, R&D 기획 가이드북, 2016.

(6) 중소기업의 인력 부족

중소기업의 인력부족난 지속, 수급의 불일치는 질적인 차원까지 확대되었으며, 산업인력 육성관리 시스템을 선진화하고, 고용과의 연계성을 강화하여, 인력의 눈높이 맞추기 인력정책과, 공대교육을 개선하는 혁신적인 방안 등이 필요하다.

(7) 산업기술 저변확충의 미비

산업기술에 대한 평가절하 및 이공계 기피 지속과 기술문화 확산의 활동이 부족했다고 본다.

이에, 향후 세계시장을 선점할 수 있는 주력의 먹거리 품목을 창출하는 것이 목표이니 대안으로,

① 정부와 민간의 공동 R&D투자를 활성화 시키며,

② 다양한 기술획득 수단을 종합적으로 고려하여 공동개발, 해외 기술도입 M&A 등과,

③ 제도개선 및 Track Record 등 병행 확보와,

④ 추진 단계별 목표를 설정하여 마일스톤식의 전략방식을 채택하여 구매연계, 경쟁연구형, 그랜트형, 혁신 도약형 등을 활용한다.

또한, 이에 문제점과 당면 과제들에 대한 대책안으로는,

① R&D 공급자 위주의 과제기획을 연구자의 창의성 및 효과성 제고 중심으로 개편하고,

② 경직된 과제 수행방식을 창의적 아이디어의 기술개발을 연결하는 체계를 마련하고,

③ 관리중심의 R&D사업을 성과창출을 지원하는 방향으로 관리 규정을 개선하며,

④ 보여주기 위한 양적인 건수, 정부 지원금 의존 등은 배제하고, 실용적이고, 수출을 위한 개발을 염두에 두어야 한다.

Technology Tree(기술 분류)에 의한 신사업 발굴방법에서는, Logic Tree와 기술 Tree에 의한 개발기획을 전개하는 방법에서 다음과 같이 구분할 수 있다.

① R&D과제의 기본원리에서부터 세부 기술까지를 체계적으로 전개하는 방법과,

② 선택과 집중으로 핵심기술을 도출하여, PERT수립, 아웃소싱(Outsourcing)기술을 선정하여 신제품을 개발하는 방법으로 다음 절차대로 진행을 한다.

2.2.3 신제품 개발과정의 접근 방법 3가지(발굴 방법)

1) 고객의 수요 인식에서 출발(Consumer Driven)

① 아이디어 창출,

② 개념개발,

③ 경영분석,

④ 제품개발,

⑤ 실험실 테스트,

⑥ 시장테스트,

⑦ 출시, 과정이 있고,

2) 경쟁사 분석 또는 경쟁사에 대한 대응에서 출발(Competition Driven), 특허조사에서,

① 시장분석,

② 개념파악,

③ 제품개발,

④ 출시, 확인해야 할 업무 등.

3) 신기술의 응용방안 모색에서 출발(Technology Driven)

① 기술 확보,

② 기술적 타당성조사,

③ 경영분석,

④ 시작품 개발,

⑤ 생산 테스트,

⑥ 본격 개발,

⑦ 출시, 부수적인 사전 조사와, 확보해야 할 기술 등이 있다.

그림 7-4 신사업 탐색의 6가지 유형

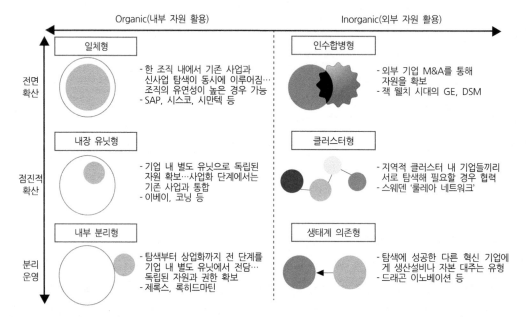

출처 : 양손잡이 기업의 비밀, 황종덕, 정진우, 조철회 저

2.2.4 제품 R&D 기획부서의 역할

1) 기획부서의 임무

개발의 역할을 하는 조직에 있어서 변화해야 하는 환경변화의 방향은, ① 경쟁적이고, ② 수요자를 중심으로 하여, ③ 최종 목적인 사업화를 하기 위해 무형의 자산을 만드는 역할을

해야 하고, **조직체계**에서는, ① 개발부서의 신속한 지원 및 도전의 조화와, ② 경영층에 프로젝트추진의 방향 제시와, **수행업무** 상에서는, ① 개발의 효과성 증대를 위한 전략적 프로젝트관리 및 관련 업무의 역량강화 업무를 맡으며, ② 필요한 역량을 확보하기 위해서 폭넓은 기술과 제품에 기반으로 한 프로젝트분석 능력과 기획 역량을 갖추는 것이다.

2) 기획부서의 역할

개발의 유효한 효과를 내기 위한 측면에서는, 제품의 기술기획으로 기술력, 시장상황, 경쟁자에 대응과 산업예측을 하여 특허가 될 수 있는 결과를 만들며, 전략적 프로젝트 관리에서 프로세스의 혁신과 마케팅과 기술센싱(Technology Sensing)과 신개발방법을 만들어 내는 것이다.

① **전략가(Strategist) 역할** : 개발 과정에서 아이디어의 창출, 선별관리와 기획수립, 개발 추진과 상품화와 사업화로 이어지도록 하는 역할

② **발기인(Initiator) 역할** : 개발 착수 단계에서 각 과정의 중요 사항을 정리하여 최종 목표를 위해 프로젝트를 추진하는 역할

③ **상대(Opponent) 역할** : 개발의 각 단계에서 핵심 사항들에 대응하며 진행을 맡는 역할

3) 기획부서의 의사소통과 산출물의 역할

조직에서 창출되는 제품이나 서비스가 다양하거나 혹은 조직 환경이 불안정하고 조직의 규가 큰 경우 기획의 유용성이 높으며, 의사결정에 대한 불확실성의 제거와 감소, 사업 혹은 조직의 운영에 대한 효율성의 향상과, 목표에 대한 불확실한 이해, 작업 혹은 활동을 모니터링하여 통제하기 위한 기반을 제공하는 것이다.

① **비전제시** : 새로운 기회를 발굴하여 잠재적 위험요소를 제거하여 기업의 비전을 제시

② **계획수립** : 현재 역량과 시장을 분석하고, 현재의 전략을 진단하여, 향후 계획을 수립

2.2.5 양산 제품의 개발 타당성 검토

개발 타당성 검토를 수행함에 있어 타당성 평가를 위하여 제시된 도면 및 사양은 모든 규정된 요구 사항을 분석과 규정된 요구사항들이 충족되어야 한다.

① 제품은 충분히 타당성을 평가하기위해 정의(적용요건 등)되었는가?

② 요구된 모든 성능사양은 문서화같이 충족될 수 있는가?

③ 제품은 도면에 규정된 공차대로 제조될 수 있는가?

④ 제품은 요구된 양산 공정능력(Cpk's)을 충족하여 제조될 수 있는가?

⑤ 제품을 제조하기 위한 충분한 생산능력을 보유하고 있는가?

⑥ 설계된 자재는 수급 및 기술적으로 문제가 없는가?

⑦ 제품은 다음의 추가적 필요성 없이 제조될 수 있는가?

　　㉠ 고정 장비에 대한 비용,

　　㉡ 치공구에 대한 비용,

　　㉢ 제조방법의 선택 가능한 대안

⑧ 제품 생산에 통계적 공정관리는 요구되는가?

⑨ 현재 본 제품과 유사제품에 통계적 공정관리(SPC)가 사용되는가?

⑩ 통계적 공정관리(SPC)가 유사제품에 사용될 경우 다음 사항은 만족되는가?

　　㉠ 공정은 관리 및 안정 상태인가?

　　㉡ 양산 공정능력(Cpk, k는 치우침)는 1.33보다 큰가?

2.2.6 R&D 사업별 체계구분

정부기관인 중기청, 중소기업기술정보진흥원에서 지원하는 R&D의 사업별 구분과 적용 범위를 다음 표와 같이 나타낼 수 있다. R&D의 과제 평가체계의 구분으로는, ① **초보형**, ② **일반형**, ③ **전략형** 3가지 사업별 평가체계가 차별화되어, 초보형은 1단계 평가만을 통한 신속한 R&D 지원, 일반형은 서면평가를 온라인 평가로 대체하여 공정성, 적시성을 제고하자는 것이며, 전략형은 사업성 심층평가를 위해 '**사업성평가 전문가**'를 운영하고, R&D 전체 주기를 성과관리 하는 것이다.

다음 그림은 사업별 지원체계의 구분과 범위를 나타낸 것으로 기업역량과 성장 단계별로 구분한 것이다.

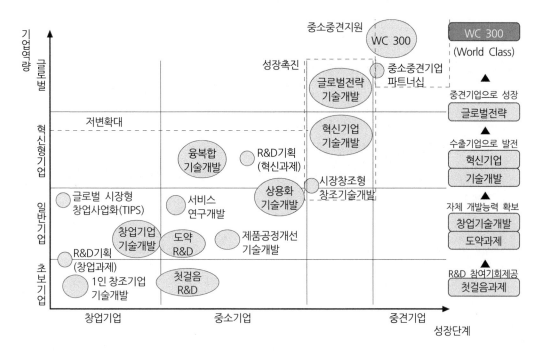

그림 7-5 기업 구조별 R&D사업의 체계

2.3 중장기 업무기획과 전략

2.3.1 전략경영의 정의와 도출

1) 목표설정

기업이 사업의 방향과 목표를 결정하고, 그것을 달성하는 과정에서 경쟁우위를 점유하기 위한 여러 가지 계획을 세우고, 달성 가능하도록 효율적인 자원의 분배를 하는 과정으로, 주어진 자원과 내부·외부환경의 창의적인 적합성을 이루도록 자원을 분배하여, 계획 수립에 있어서 조직의 목표달성을 위하여 경영여건의 환경을 분석하여 자원 활용을 극대화 하는 것이라 볼 수 있다.

또한, 주관적인 표현을 한 정의의 8가지를 소개하면,

① '전략은 조직의 가장 근본적인 장기 목적과 그 목적을 이루기 위해서, 어떤 행동방식을 취할 것인가 하는 것이며, 목적을 달성하는데 필요한 자원의 배분을 결정하는 것이다.' (Chander)

② '전략은 기업이 성취하고자 하는 목적, 목표, 정책, 계획들과 기업이 관여하고자 하는 제품—시장의 영역, 그렇게 결정된 제품—사장영역에서의 경쟁방식을 결정하는 의사결정의 유형이다.'(Andrew)

③ '전략은 조직에서 일어나는 일련의 주요 의사결정이나 행동에서 나타나는 어떤 유형이다.'(Mintzberg)

④ '전략은 환경의 제약 하에서 목표달성을 위하여 조직이 사용하는 주요 수단으로 서, 환경과 자원동원의 상호작용의 유형이다.'(Hofer & Shendel)

⑤ '전략은 기업의 기본적인 목표를 달성하기 위한 종합적인 활동계획이다.'(Glueck)

⑥ '전략의 핵심은 고객을 위한 가치창출이다.'(Ohmae)

⑦ '전략은 기업의 경쟁우위를 구축하고, 구체적인 경쟁방식을 선택하는 의사결정이다.'(Porter)

⑧ '전략은 한정된 경영자원을 효과적으로 배분하는 의사결정의 패턴이다.'(Barney)

2) 전략과 부문별 과제 도출

① 전사적인 전략경영체계를 검토하여 이를 실행하기 위한 전략, 조직/인사, 성과관리, 재무/회계, 기반시스템과의 유기적인 연계에 의해 전략실행을 위한 전략과제가 도출되어야 한다. 이에 따라서, ㉠ 기반시스템에 관한 각 부문의 업무시스템이 유기적으로 이루어져야 하고, 그 다음 레벨로는, ㉡ 각 프로세스들의 운영과 진행이 이루어지면서, ㉢ 핵심적인 경영관리의 요소인 조직관리, 재무회계/관리회계, 원가 등을 관리하고, ㉣ 종합적인 성과관리를 하여 목표를 달성하기 위한 전략에 따라 미션과 비전을 제시한다.

② 과제 도출과 추진 순서에는 긴급도가 높고 낮은 정도, 전략적 중요도에서 높고 낮음을 구분하여, 초점을 맞추고, 우선순위를 결정한다.

개선 기회의 내용에서는 ㉠ 전사적 사업비전 수립, ㉡ 중장기 성장전략(신규수익사업 발굴/기존사업의 강화), ㉢ 관리회계제도의 수립, ㉣ 리더십 모델의 개발, ㉤ 마케팅 실행전략 수립, ㉥ 책임경영체계 수립, ㉦ 조직의 재설계, ㉧ 전사적 성과평가 및 보상체계 수립, ㉨ 교육훈련체계 수립, ㉩ 인사제도 수립 등 관리항목에 대한 제시를 기준으로 관리한다.

3) 실행과제 도출의 예

핵심적인 요소들에 대한 실행 과제를 도출하여 실행의 시급성, 투자효과를 기준으로 4개의 핵심추진과제, 전략과제, 선택과제, 운영과제그룹으로 구분하여 우선순위를 정한다.

표 7-4 기간별 전략과제

단기 추진과제 (6개월 이내)	중기 프로젝트 과제 (1년~2년)	장기 전략과제 (2년~3년)
① 제품 포트폴리오 재구축 - Product Mix전략 등 ② 수익 극대화 위한 원가 및 제조 경비 절감 ③ 품질 개선 및 품질경영 활동 활성화, 안정화 ④ 고객과 시장별 차별화 된 가격 정책 수립	① 매출 증대 방안 수립 - 수출, 판로 확대 등 ② 기업가치 증대를 위한 자산관리, 투자 전략 수립 ③ 설계 및 해석능력 배양 - CAD/CAE 시뮬레이션 등 ④ 기능별 당자의 전문성 및 업무 역량 강화 ⑤ 설계(CAD), 생산에 대한 아웃소싱 전략 추진 ⑥ 실적에 대한 평가 및 보상 체계 수립, 시행	① R&D 역량 확보 - 독자 설계능력 확보 - Soft Ware 최적해석 능력 ② 고수익형 신제품 개발 ③ 신제품개발 방법론 구축, 프로젝트 관리능력 향상 ④ 임직원 업무역량 향상, 관리/통제능력 제고 ⑤ Value Chain Process Innovation 추진 ⑥ 협력업체 동반 성장을 위한 전략 구축

4) 개선방안 및 Roadmap의 수립

현장에서 당장 주요 이슈가 되는 것으로, 낭비요소 제거, 생산성향상, 원가절감, 수익성 개선, 품질보증, 업무역량과 전문성의 강화, 신제품 개발능력의 확보 등이 관리 대상이다.

이에 따라, 개혁과 발전을 위하여, 현상을 파악하고 실현을 한다.

① 발전의 속도를 높이자, 한 걸음만 먼저가자.

② 내가 맡은 분야의 임무와 책임을 다 한다.

③ 명확한 목표관리를 한다.

④ 목표와 현상의 Gap(차이)율이 얼마인가? (계획 vs 실적)

⑤ Gap이 발생하는 이유가 무엇이며, 어떻게 하면 해결되나?

⑥ 실천 과제로, 작업환경 개선, 숙련에 필요한 교육 & 트레이닝, OJT, 특히, 신입사원들 설계관리 체계화, 기계장치에는, 기계점검관리, 생산의 필요한 부수적인 장치 점검 등.

표 7-5 과제도출의 예

대분류	중분류	상세 실행안
내부 역량의 확보 (Capability)	전문 역량의 확보	1. 주관 부서 전문인력 확보
	조직 효율화 추진	2. 조직 역량의 제고
		3. 조직 효율성 강화
	평가제도의 고도화	4. 목표관리(MBO)의 상세설계
		5. 직무 역량의 상세설계
성과 문화의 확산 (Culture)	사원의 이해도 제고	6. 조직 구성원의 제도 이해도 제고 교육
	성과주의 문화 교육	7. 성과주의 문화에 대한 기본교육
		8. 직급별 성과 혁신 교육
	내부 혁신 사례 확산	9. 내부 혁신사례의 작성 및 보급
		10. 변화관리 교육
의사소통의 활성화 (Communication)	상생적 노사관계 형성	11. 성과 기반의 노사관계 정립
	경영층 리더십 강화	12. 정기적인 사원들과 전략 미팅
		13. 회사 비전 및 전략의 명확한 제시
	정보시스템 구축 및 운영	14. 다면 평가시스템의 개선
		15. 성과평가(BSC)시스템의 구축
		16. 통합 인적자원 관리시스템(e-HR) 구축 및 운영

2.3.2 전략경영의 특징

1) 전략경영의 결정의 특징

① 선례가 드물어 전략적인 결정은 발생빈도가 적고, 내부의 경험과 정보 또한 부족한 경우가 많다. 따라서, 누구도 경험하지 못한 사안에 대하여 의사결정을 해야 한다.

② 파급효과 면에서는 그 성공과 실패 여부에 따라서 기업전체에 미치는 파급효과가 매우 크다.

③ 상당한 자원의 재분배를 수반하여 전략적인 결정은 기업의 목적과 방향을 바꿀 잠재력을 가지고 있기 때문에 사업의 규모, 범위 등에 있어서 중요한 변화를 초래하게 된다.

④ 다른 모든 결정을 통제하고 범위를 정해 주고, 실행하기 위해 구체화하고, 하위 결정들은 전략적 결정에 의해 그 범위가 결정되고 조정통제 된다.

2) 전략경영의 핵심적인 성공요소들

① 전략경영은 최고경영자의 주요 역할이며, 기업전체의 목표설정과 이를 위한 대규모의 자원동원을 필요로 하여 최고경영자의 주된 임무가 된다.

② 전략경영은 미래지향적으로 조직의 장기적인 목표달성을 추구하고, 미래의 환경을 예측하고, 이에 따라, 기업의 활동영역을 규정하며, 경쟁우위의 획득을 위해 지속적으로 내부능력을 개발하는 등의 기본적으로 미래의 바람직한 상태를 달성하기 위한 경영과정이라는 것을 나타낸다.

③ 전략경영은 환경적응, 환경창조의 지속적 과정으로, 외부환경과 상호 작용하는 개방시스템으로 효과적으로 적응을 해야 하며, 새로운 활동영역의 선택이나 기존 활동영역으로부터 철수 또는 외부환경요인에 영향력을 행사함으로써 자신이 활동할 환경을 선택하거나 창조할 수가 있다.

④ 전략경영은 통합적인 것으로, 조직의 목표를 달성하기 위해 조직 전체의 관점에서 자원의 개발과 활용을 다루고, 각각의 기능간의 상호관계와 통합에 초점을 둔다.

⑤ 전략경영은 전략적 계획과 전략적 사고의 조화를 추구하는 것으로, 합리적인 계획과 객관적인 분석이라는 요소 외에도 경영자의 통찰력이나 직관을 포함하는 경영 과정이다.

2.3.3 전략경영의 실행계획 수립

1) 실행계획의 수립개요와 원칙

(1) 필요성

실행을 위한 체계적인 지침의 수립과, 장기간에 걸친 업무의 일관성 있는 추진을 위함과, 사전에 필요한 역량 및 과제의 파악을 위함과, 목표 수행의 중간 점검 및 결과에 대한 성과 관리를 하기 위함이다.

(2) 예상효과

계획 실행의 목적 및 향후 활동에 대한 명확한 기술을 확보함과, 작업수행의 효과성과 원가 효율성에 대한 측정의 기초를 제공함과, 작업진도 측정 및 책임감의 제공을 위한 기본적인 자료를 확보하는 의미가 있다.

(3) 수립 단계

프로젝트 수행에 필요한 모든 작업단계를 파악해서 정리를 하고, 실행에 참여해야 할 책임부서와 인원을 파악하여 위험 및 불확실성에 대하여 파악하고 정리를 하며, 계획을 사전에 시뮬레이션하고, 이에 따라, 발생할 수 있는 위험 및 불확실성에 대해 파악하고 정리를 하며, 파악된 작업 단계별 추진목표를 실행할 수 있는 최적의 전략을 설정하여 정리를 하며, 계획을 수행하기에 적합한 작업기간을 설정하고, 기간별로 작업을 배분하여 정리를 하며, 실행계획을 위해 필요한 관련 자료를 파악하여 계획에 포함시키는 과정을 거치며 진행한다.

(4) 수립의 원칙

① 계획과 관련된 모든 조직이 참여해서 작성을 해야 하며,

② 강력한 리더십이 사전에 확보되어야 하며,

③ 참여하고 있는 조직을 대표하는 관련 담당자가 계획의 실행에 대한 의지를 명확하게 제시하여야 하며,

④ 계획실행단계가 요구하는 절차를 충실히 수행해야 하며,

⑤ 어떠한 정치적인 요소의 개입도 배제해야 한다는 것이다.

2) 수립 및 실행의 성공조건

① Top의 의지가 중요하며, 임원진들의 협조, 감독자와 집행자의 협조체제와,

② 공감대 형성이 되어야 하며, Top이 조직적으로, Staff이 Line으로,

③ 변화에서의 선도자 역할이 되어야 하며,

④ 조직 내 원활하고 끊임없는 의사소통(Communication)이 이루어져야 하며,

⑤ 크고 넓게 보는 시각으로, 주변의 일, 과거의 책임은 사실에 입각하고, 미래를 향하며, 기업 전체 차원의 경영패러다임을 설계해야 하며,

⑥ 실행시스템의 설계를 구축해야 한다.

2.3.4 바람직한 전략경영의 방향

(1) 자원 중심에서는 무엇을 할 수 있는가를 하는 생각에서, 조직에서의 역량은,

① 환경에 적응하여 어떻게 경영할 것인가?

② 갖고 있는 역량을 어떻게 최적으로 활용할 것인가?

③ 주어진 경쟁의 룰(Rull)에 순응하며,

④ 환경 적응형과 고객 대응형의 양면을 가진다.

(2) 기회 중심에서는 무엇을 하고 싶은가를 생각하여, 의지, 비전, 목표설정은

① 원하는 위치, 목표를 설정하고, 이를 달성하기 위해 어떻게 할 것인가?

② 고객의 만족도 제고를 위해 어느 수준의 목표와 무엇이 필요한가?

③ 자신이 블루오션형 경쟁의 룰을 창조하며,

④ 환경창조 및 시장창출형의 양면을 가져야 한다는 것.

표 7-6 전략경영의 진단 설문(30가지)

	문 항	1 전혀 아니다	2 아니다	3 보통 이다	4 그렇다	5 매우 그렇다
1	산업의 변화를 예측하고 성장 목표를 명확히 해주는 전략을 가지고 있는가?					
2	변화하는 시장 환경에 대응하기 위한 마케팅 및 판매 전략을 가지고 있는가?					
3	조직의 성장 전략을 뒷받침하는 전략적 제휴관계를 맺고 있는가?					
4	핵심역량 집중 및 원가절감을 위해 비 핵심기능에 대해서는 적절히 아웃소싱을 실행하고 있는가?					
5	고객의 요구를 만족시키고 시장점유율을 증가시키기 위한 때의 적절하게 신제품 및 새로운 서비스를 개발하고 있는가?					
6	성장전략을 측정 가능한 행동들로 제시하고 있는가?					
7	고객자료 분석을 통해 고객요구의 변화를 효과적으로 이해, 이에 대응하는가?					
8	고객관계 관리를 위한 프로세스를 지속적으로 강화시키고 있는가?					
9	주주의 가치를 관리하고, 증대시키는 방법과 절차를 보유하고 있는가?					
10	기업의 합병과 통합을 통해 의도했던 목적을 달성하였습니까?					
11	유능한 인재를 확보하고 유지할 수 있는 인적자원관리 방법을 보유하고 있는 가?					
12	조직의 요구에 부합하는 일련의 역량을 창출하는 인적자원관리 프로그램을 가지고 있는가?					
13	경영층은 회사의 성장 단계에 따른 변화 관리를 효과적으로 수행하고 있는가?					
14	조직은 직급 간, 부서 간에 효과적인 의사소통이 이루어 있는가?					

문 항	1 전혀 아니다	2 아니다	3 보통 이다	4 그렇다	5 매우 그렇다
15 특정 경영활동, 즉 합병이나 아웃소싱 계약을 완료하기 전에 이를 확인하기 위한 실사프로세스(관리프로세스)를 보유하고 있는가?					
16 조직 성과지표는 조직의 전략적 목표와 부합합니까?					
17 효과적인 의사결정을 지원하기 위한 IT시스템을 가지고 있는가?					
18 내부 업무프로세스를 최적화할 수 있는 IT기술을 이용하고 있는가?					
19 자본을 효과적으로 획득하고 유지할 수 있는 능력(자본조달, 현금흐름관리, 운전자본관리)을 가지고 있는가?					
20 지적재산을 보호하고 리스크를 최소화 할 수 있는 시스템을 가지고 있는가?					
21 리스크 최소화를 위한 전사 차원의 모니터링 및 통제 절차를 보유하고 있는가?					
22 경쟁우위를 유지하기 위해 타사의 선진 사례를 확보하고 조직 내에 확산시키고 있는가?					
23 새로운 아이디어들을 지속적으로 창출해 낼 수 있는 혁신적인 문화를 적극적으로 육성시키는가?					
24 조직문화가 조직의 성장 목표 달성을 충분히 지원할 수 있다고 생각하십니까?					
25 조직의 미션, 기업가치, 전략을 직원들이 충분히 이해하고 공유합니까?					
26 회사의 비전, 미션 선언문과 핵심가치를 가지고 있는가?					
27 해외시장에 진입하기 위한 경험과 자원을 보유하고 있는가?					
28 성장전략을 달성하기 위한 최적의 자본 구조를 갖추고 있는가?					
29 자본을 효과적으로 활용하는, 즉 자본 비용보다 큰 수익을 주는 새로운 프로젝트에 대한 투자에 적극적인가?					
30 핵심역량에 대한 중요성을 충분히 인지하고 이를 보호하고 발전시키는데 노력을 기울이고 있는가?					
합 계					

2.3.5 기술의 예측과 전망

'기술은 살아있다'는 의미는, 생명체처럼 태어나서 살다가 사라지는 과정은 제품 시장에서 보면, 주기적으로 연구개발, 도입기, 성장기, 성숙기, 쇠퇴기로 이어지며, 또 새로운 개발에서, 기술의 발전적인 면으로 기술이 S커브 모양의 패턴으로 성장하고 혁신이 일어나며 발전한다는 S커브이론이다. 기술의 확산의 면에서는 시장에서 상이한 사용자가 집단 간에 확신되는 구조를 볼 수 있는 **기술수용 주기이론**이며, 기술의 기대 측면으로는 시간에 따른 대중의 기대수준을 나타낸 가트너의 **하프 사이클이론**은 시간의 흐름에 따라 대중의 기술에 대한 기대수준은 ① 소개 단계인 기술/혁신촉발(태동기), ② 기대 충만 단계인 과장된 기대의 정점(거품기), ③ 실망 단계인 환멸 단계(거품 제거기), ④ 확산 단계의 계몽 단계(재조명기), ⑤ 안정 단계의 생산성 안정 단계(안정기)로 구분된다.

기술의 예측은 단순한 '**감(感)**'이 아니고 연구방법론에서 중요시 하는 **타당성과 신뢰성**으로 기반을 하여, 올바른 측정 방법에 따라서 개념과 속성을 얼마나 정확히 반영하느냐의 정도이며, 타당성 있는 도구와 방법으로 신뢰할 수 있게 사용했느냐를 말하며, 대상이나 현상을 반복 측정을 해도 동일하거나 비슷한 결과를 얻을 수 있는 정도를 의미한다.

미래를 내다보기 위해서 기본적으로 기술의 발전, 확산, 기대심리에 대한 이해를 먼저하고, 이를 바탕으로 예측을 하여 전망하며, 현재의 시점에서 과거 데이터를 바라보는 방법으로 '기술예측'과 미래에 대한 정보를 통해 현재의 전략을 고민하는 '기술전망'이 균형적으로 이루어져야 한다. 따라서 신사업에 대한 계획서에는 예측과 전망의 분석 자료가 있어야 하고, 신사업 아이템의 3요소로 ① 창조적인가, ② 구체적인가, ③ 경쟁력이 있는가를 갖춘 제안이라면 훌륭하고 채택도 될 것이다.

또한, 포트폴리오의 시장 분석에서, **시장 성장률, 시장 점유율**의 관점을 기본적인 사업 **포트폴리오분석** 방법으로 전략평가를 하는 방법도 있다.

2.4 기업체 간의 융복합화사업의 연계

산업 패러다임의 변화가 전 세계적으로 기술, 제품, 산업, 과학 융합이 빠르게 진행이 되고 있는 분야가 자동차산업이다. 이에 **경쟁 패러다임의 변화**에서는 삼성의 바이오와 미국의 테슬라(Tech. Company)가 새로운 경쟁자로 진입하여 비즈니스모델을 변경하여 내놓고 있다.

또한, 구글, 애플이 2009년부터 자동차, IT, 에너지 등 다양한 전문가를 영입하여 자동운전 프로젝트에 가속화를 하면서, 2019년을 목표로 타이탄프로젝트로 I-Car를 구상하고 있고, 한국은, 전자부품 등을 이용한 다양한 신제품 개발, 자동차 제조에서 수소차 제조, 전지 제조기술 등과, 글로벌 생산시스템에서 세계적인 수준이다.

이에 따른, **성장 모델의 변화**에서는 Big Data, Soft ware, IoT, 3D Printing 등에서, 상호 보완적인 기능, 경쟁업체 간의 협업으로 토요타+도시바, 파나소닉과 BMW가 서로 협력하며, 첨단기술인 소프트웨어 업체들의 출현이 되고 있다(모빌아이 등).

2.4.1 산업 패러다임의 변화

지금까지의 시장의 형태로 양산체계에서 정보화로 가면서 디지털화로 쉽게 활용할 수 있는 여건으로 바뀌고, 비즈모델의 혁명으로 변화되어 가고 있다.

이런 빠른 변화에 따라 **고유영역**이 파괴되고, 새로운 것이 등장하여 많은 부문들이 **융합화**로 바뀌어, 시장의 트렌드의 변화는 개인화와 차별화, 고령화로 인한 생산인구의 감소로 자동화에 대응하며, **환경부문**에 있어 온난화에 대한 대안을 제시하여 실행이 시작하였고, 융합화로 바뀌는 면에서는 맞춤형의 니즈, 안전 · 편의성, 친환경과 제조+서비스로 연결되어 사람들에게 보다 편리한 조건으로 바뀌고, 기술의 변화도 스마트화, 하드웨어 적용의 유연성과 자동화, 에너지의 고효율과 온실가스배출의 절감을 위한 설계와 제품들이 나오고 있다.

1) 융합의 의미와 배경

융합(融合 : Convergence)이란, 일반적인 정의로는 서로 다른 것이 녹아 들어가 새로운 것을 창조하는 의미로, 기술적으로는 독특한 기능과 특성을 갖고 있던 기술들이 공통점을 가진 하나의 기술로 진화되는 것이다.

또한, 융복합화란, 협력관계의 사업들이 합쳐지어 새로운 사업 또는 제품으로 이루어지는 것으로, 정보와 지식의 신경영의 시대로 도래되는 새로운 가치창조이다.

2) 융합의 등장과 배경

① 문제의 복잡성 증대(예 ; 복합화된 상품으로 차량, 전자제품 등, 우주 개발 등에 적용이 되는 관계)

② 기업 간 경쟁의 심화(예 ; 핵심역량 부족으로 경쟁력이 저하됨)

③ 기대/욕구 증대(예 ; 휴대폰에 수 많은 기능들이 들어 있는 조건)

④ 기술의 한계(예 ; 아날로그 통신의 품질속도 제약)

등의 적용으로 융합화가 확산이 되어가고 있다.

3) 융 · 복합화와 유사한 용어

① 복합(Complex)/패키지 : 두 가지 이상이 물리적으로 결합되는 것

② 머지(Merge) : 두 가지 이상이 하나로 병합 또는 통합되는 것

③ 퓨전(Fusion) : 두 가지 이상의 이질적 요소들을 섞는 것

④ 하이브리드(Hybrid) : 두 가지 종류가 결합되는 것(예 ; 라이거, 하이브리드카)

⑤ 메쉬업(Mash—up) : 이질적 요소들을 하나로 재구성하는 것

⑥ 크로스오버(Cross—over) : 여러 가지 영역을 초월해서 새로운 영역을 창출

⑦ 컨버전스(融合 : Convergence) : 이질적 요소들이 한 군데로 모여 새로운 특성을 가진 가치를 창조 하는 것

⑧ 다이버전스(Divergence) : 여러 가지 이질적 요소들을 여러 곳으로 분산

⑨ 통섭(統攝 : Consilience) : 자연과학에 의한 통합으로, 상호 연계로 수직적, 수평적, 통합의 의미로 임의적인 결합을 뜻한다.

2.4.2 전문기업 간의 기술의 융합화

① 시장과 고객의 니즈(Why) : 에너지 절약 요구의 증가, 환경보호 의식 강화, 관리에 대한 편리를 요구

② 적용기술(기회) (How) : 사업의 연속, 3D 설계기술, 인간 공학적인 디자인, 정밀가공, 산업기계 제조기술, 전기전자 제어기술

③ 제공 서비스(What) : 에너지 절약형의 친환경기계, 최저의 운전비 및 관리비용, 상시 관리가 용이한 기계

④ 새로운 시장(Whom) : 산업기계에 녹색기술 적용, 에너지 절약과 환경보호, 유연성(능력 향상), 근로자 건강보호

2.4.3 융합 경영전략

① 차별화된 사업 목표와 모델로, 시장/고객에게 꾸준한 가치 제공하며, 모방 난이도와 기술, 제품, 서비스를 제공한다.

② 선두주자(First Mover)의 사업개발로, 빠른 추종자(Fast Follower) 사업보다 우선. 개방형으로 협력 체계를 구축한다(직원, 외부전문가, 고객, 파트너 등).

③ 부가가치가 높은 사업 위주로 하여, 완제품만이 아닌 부품, 소재, 콘텐츠, 솔루션, 서비스 등을 고려한다.

④ 융합기술을 이해하고 구현이 가능한 인재 확보하여, 창의성, 목표 지향성, 소통능력, 네트워크 능력 등을 확보한다.

⑤ 전 · 후방 협력업체(기술)의 네트워크 구축(신뢰/다양성)하여, 혼자보다 함께한다.

그림 7-6 기업 간의 공동개발과 사업화의 예

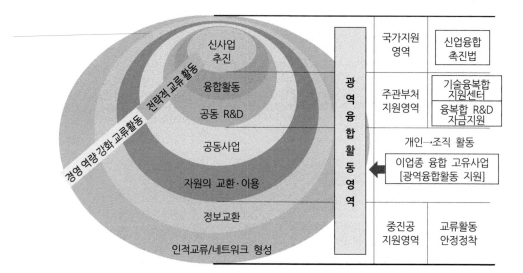

2.4.4 융합화 제품의 상품화의 예시

제품과 정보의 변화에 있어서 발전의 속도와 기능은 다양하다. 실제 예를 들어 보면,

① 인쇄기술의 변화 : 마스터인쇄로 대량과 짧은 기간, 전자서적 등 다양한 기능으로 발전.

② 외국어 활용 : 만능 번역 기능으로 해석과 표현을 자유로이 구사.

③ 카메라의 변화 : 디카에서 휴대폰으로, 촬영 실시간 전달, 공유 등.

④ 인터넷의 활용 : 시간 공간을 넘어 정보의 이용과 전달을 마음대로 활용하는 시대.

⑤ 이공계 기피 : 작은 Chip 속에 첨단기술을 사용자가 구매하여 활용.

⑥ 창의력 저하 : 기초 부문의 설계 개발에서 Long-term memory가 퇴화, 인용하여 사용.

⑦ 단문정보 : 긴 문장 해석 불편으로 Read가 아닌 Scan으로 처리.

⑧ 정보의 홍수 : 넓은 선택의 폭이 넓고 다양해 짐.

⑨ 휴대폰의 기능 : 너무 다양한 기능의 앱(Application)들.

⑩ 기타, 복합기능의 제품들 : 복사기, 3D 프린트, 인베디드 제품 등.

2.4.5 융·복합화를 할 때 주의점

1) 시장을 정확히 판단한다

① 중소기업에게 적정한 시장규모인지 판단하여,

② Targeting을 명확하게 한다.

2) 소비자가 선택하는 제품을 기획한다

① 기술개발 기획은 마케팅 기획에서 시작하여,

② 소비자의 Needs를 명확하게 판단하며,

③ 주기능과 부기능을 명확하게 구분하여,

④ 생명의 진화가 '자연의 선택'에 좌우된다면, 제품의 진화는 '시장의 선택'으로 한다.

3) 사업성을 냉철히 판단한다

① 참여 회사의 역량에 맞게 냉철하게 판단,

② 선행기술조사는 철저히 한다(전문가의 조언, 우회전략 마련).

③ 개발기술에 대한 보호는 철저히(특허 출원),

④ 특별한 기술에 대한 집착 탈피한다(사업은 반발 앞선 기술과 제품).

4) 최상의 파트너를 선택한다

① 신뢰하는 협력으로 시작하여,

② 융·복합의 장점을 최대한 실현할 수 있는 파트너 발굴에서는 사업기간 및 시행착오

축소, 상호보완, 사업수행 능력 제고와,

③ 투입요소의 구체적인 분석(물량) 및 역할 분담을 명확히 하여,

④ 성과물 활용에 대한 협의는 구체적인 서면으로 하여 분쟁을 방지한다.

그림 7-7 융합기술에 의한 융합경영이 발전되는 과정

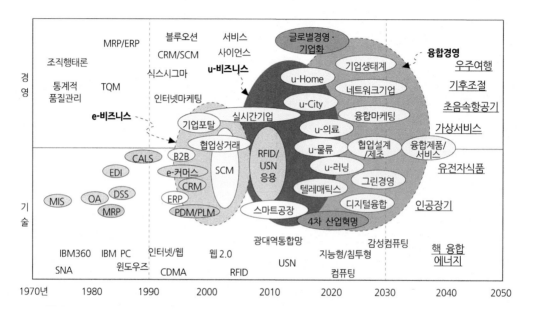

2.4.6 장수기업의 전략

기업의 중요한 전략의 하나로, 단기간에 급성장으로 가는 것보다 끊임없이 새로운 연구와 테마를 만들어가는 기업일수록 오래 간다는 것으로, 경쟁이 치열한 여건에서 내실이 튼튼하며 경쟁력을 갖춘 기업이라야 장수기업이 된다는 것이다.

기업의 수명이 30년으로 보아 오던 것이 갈수록 짧아지고 있어, 20년이 10년, 7년으로까지 단명화 되어가는 부분도 있다.

한편, 100년을 싸워 이긴 기업은 어떤 문화를 가지고 유지해 왔는가를 다른 나라를 보면 100년이라는 긴 시간 동안을 존속하려는 **의지, 기업전략, 기술론** 거기에 **사풍** 등에 관해서 조명을 해 보면, 일본에는 100년 이상 존속한 회사가 10만 개나 있고, 중국에는 1,000개 회사, 우리나라는 5개 회사 밖에 없다. 100년 기업은 다음의 3가지 조건을 만족하고 있어, 100년 이상 영업하고 있을 것, 현재도 세계 최첨단 기술로 승부하고 있고, 그 외에 세계 제일의 시

장 점유율을 가지고 있을 것 등이다. 이 3가지 조건을 만족하고 있는 기업은 많지 않다.

① **존속하려는 의지** : 창업자의 확실한 경영철학, 의지 등이 확고해야 한다는 점

② **기업전략** : 우수한 인력육성과 배출, 체계적인 관리체계의 구축과 미래의 비전 등

③ **기술론** : 세계시장을 공략할 수 있는 신기술과 신제품 연구와 양산, 서비스 등

④ **사풍** : 기업이 갖고 있는 전통의 기업문화, 조직원의 정신적 자세와 사고 등

이러한 여건과 전략을 갖춘 기업이 장수한다.

2.5 선진사 대비 벤치마킹 요령과 수준차이 따라잡기

2.5.1 벤치마킹의 필요성

① 회사의 경쟁적 성과를 개선하고, 핵심 능력을 유지할 목적으로 어디에서라도 최선의 실무를 파악하여 이를 실행하고 회사 내부에 전파시키는 하나의 통합된 수단으로서 회사의 전사적 품질개선 프로젝트의 일부이며,

② 남보다 우수한 경영성과를 달성하고자 하는 목적에서 현격히 우수한 실무를 끊임없이 찾아내고 도입하여 활용하는 것이다.

③ 체계적이고 지속적인 측정의 프로세스로서 자사의 성과 개선에 유용한 정보를 얻기 위해 자사의 업무방식을 측정하고, 해당 방식을 전 세계 어느 곳, 어느 조직이든 선도자적 위치에 있는 조직의 프로세스와 비교하는 과정이라 볼 수 있다.

④ 상대적 성과 측정치인 '벤치마크'와 프로세스의 성과 창출에 관한 인과 고리를 설명해주는 '실제 행동인'을 산출해 내는 과정이며, 인간의 학습 과정을 토대로 만든 조직의 학습 과정이다.

⑤ 벤치마킹은 단순한 모방 이상의 것이며, 전혀 부끄러움을 느끼지 않고 훔치는 것이다.

한편, 우리기업들의 입장에서 벤치마킹의 필요성으로 다음 4가지의 측면으로 보면,

① 개발 과정에서 일어나는 시행착오를 줄일 수 있고,

② 선진사, 선진국보다 잘 만들어야 경쟁이 되기 때문이니까,

③ 불리한 여건인 한국의 입장은 앞서 나갈 수 있는 제품과 기술을 만들어야 하니까,

④ 국민성으로 보아 짧은 기간에 새로운 상품을 만들어 내는 성격이기 때문으로,

⑤ 회사 여건과, 이기적인 분위기 때문이라 볼 수도 있다(단기 성과 위주, 내가 맡은 임기 내에 끝낸다 등의 이유가 해당이 됨).

2.5.2 벤치마킹의 구성과 진행

자료의 수집과 분석에서 산출물, 결과, 성공요인과 프로세스, 실무, 경영방식 등을 대상으로 자사와 타사(선진사)의 조건을 비교하는 것으로,

(1) 자사의 입장을 고려하여

① 무엇을 벤치마킹의 대상으로 할 것인가?

② 우리는 어떻게 하고 있나?

(2) 타사의 상황 분석으로

① 누가(어느 회사) 잘 하며, 그리고 무엇이 최고인가?

② 남들은 어떻게 하고 있나?

(3) 벤치마킹의 프로세스

① 계획-조사계획을 수립,

② 실행-자료를 수집하여,

③ 검토-자료를 분석,

④ 시정-도입 적용과 개선으로 진행한다.

(4) 체계적인 실행의 투자와 정기적 평가

기간별 무엇을 실시해야 하는가에 있어서, ① 기술력 확보, ② 설비 보완투자, ③ 전문인력 확보, ④ 노하우 축적, 선진사 우위 등을 위한 노력과, 정기적인 정량치로 비교 분석한다.

2.5.3 벤치마킹 계획과 자료수립

1) 계획수립 절차

다음 순서대로 조사를, 계획수립, 자료수집, 자료분석, 실행과 성과 순으로 진행한다.

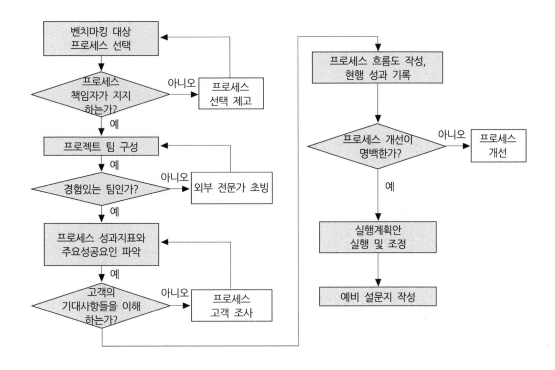

2) 자료수집 절차

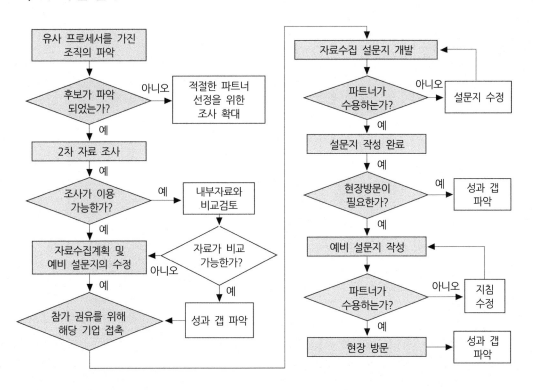

3) 자료 분석

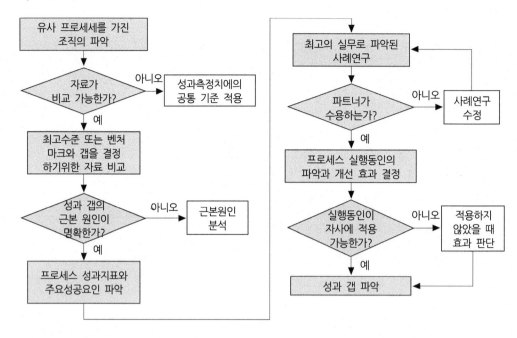

4) 벤치마킹 실행과 성과

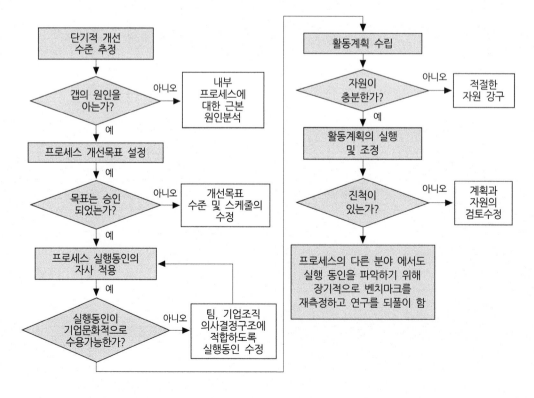

기술 수준차이의 따라잡기는, 상세한 계획 수립에서, 각 관리 대상 항목을 언제까지, 어떻게 하여 만회하겠다는 실행 계획이 나와야 하며, 여기에, 예산 배정과 투자, 추진 요령, 담당자 등이 배정되어야 한다.

제3절 수출을 위한 국제화시대에 대응할 국제인증과 전문자격

3.1 국제인증규격(ISO)의 관리

국제인증의 시스템인증(ISO : International Organization for Standard, 국제표준화기구)이 국제표준과 단체표준으로 분류되어 관리가 되고 있는데 ISO기구에서 제정이 되면, 우리나라는 KS Q(품질로 분류)로 명칭을 적용하고 있다. 지금까지 주요 국제 유명규격들의 인증은 권위가 없었고, 아무나 다 가지는 라이선스로 알고 있는데 이제부터는 엄격히 관리되고 있는 분위기이다.

경영시스템의 표준의 통합화 성공적인 기업을 경영하기 위해서는 지속 가능한 경제성장뿐만 아니라, 환경보존과, 사회적 책임까지도 요구되고 있다.

3.1.1 표준화 제정 주체에 따른 분류

① **국제표준** : 국제 표준화 기관에서의 제정 규격(ISO, IEC, ITU)

② **지역표준** : 특정 지역의 국가간 합의 표준(EN)

③ **국가표준** : 국가 표준화 기관이
   채택한 규격(KS, JIS, DIN 등)

④ **단체표준** : 단체가 합의한 표준
   (ASTM, UL)

⑤ **사내표준** : 기업 내에서 자체적으
   로 사용(사규)

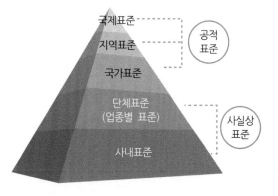

그림 7-7 ISO 9001(2015 규격)을 기본으로 한 시스템인증의 국제표준 규격들

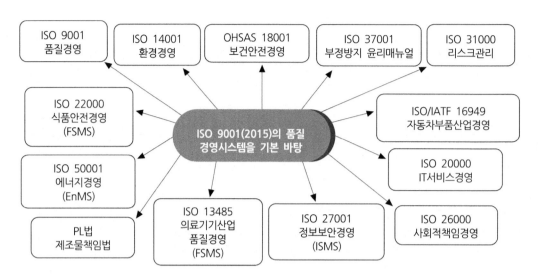

기타, 사업연속경영(ISO 22301), 물류보안(ISO/IEC 26000), 도로 안전(ISO 39001), 환경 (MS) 사용지침(ISO 14003), 온실가스검증(ISO 14064), 탄소발자국(ISO 14064), 자동차QMS (ISO/IEC 20000) 등이 있다.

그림 7-8 ISO 9001(2015년) 품질경영시스템의 기본 요건의 틀

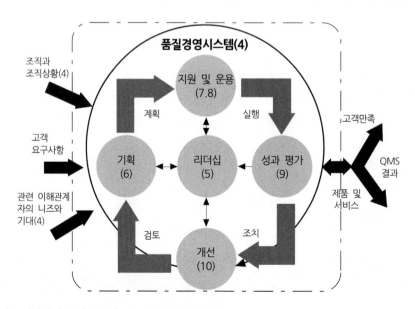

비고 : 괄호 안의 숫자는 이 표준의 각 절(요건 번호)을 의미

3.1.2 ISO 표준은 2015년도 개정 표준 배경과 핵심

ISO 표준은 가장 널리 보급된 글로벌 국제표준으로서 ISO(국제표준화기구)에서 표준 자체의 적절성과 타당성, 비즈니스 환경의 변화의 반영, 이해 관계자 요구 등에 의해 정기 적인 개정을 하고 있다. 2015년 개정 표준에서는 조직이 ISO 9001/14001 표준을 경영 관리 도구로서 활용할 뿐만 아니라 급변하는 경영 환경에서 조직이 당면한 리스크의 기회 에 대한 분석을 토대로 비즈니스를 유지하고, 업그레이드할 것을 요구하고 있다.

3.1.3 국제규격 ISO 9001과 ISO 14001의 개정(2015년) 배경

본 ISO 9001과 14001은 국제표준은 끊임없이 변화하는 비즈니스 환경에서 그 타당성을 유지하기 위해 정기적인 검토가 이루어지고 있다.

요구사항의 변경과 강화의 5가지로,

① 내·외부 상황 분석 및 이슈 결정/전략 및 실행 반영/경영시스템에 반영과,

② 이해 관계자 정의/요구 사항 파악/경영시스템에 반영과,

③ 조직의 리스트 및 기회를 결정/조치 방안 수립/경영시스템에 반영과,

④ 최고 경영자의 책임(Responsibility)을 책무(Accountability)로 변경하여 의무를 부여 - 최고 경영자는 경영시스템의 효과성, 고객 요구 사항 충족과, 경영시스템에 조직의 비즈니스 프로세스의 통합을 보장해야 한다.

⑤ 문서는 Documented Information을 Maintain(유지)로 표현하며, 기록은 Documented Information을 Retain(보유)로 표현해야 한다.

① ISO 9001(2015년) 품질경영시스템

ISO 9001 : 2015 요구사항(requirements)	
항목 No	주요 내용
4.1	조직과 조직상황의 이해
4.2	이해관계자의 니즈와 기대 이해
4.3	품질경영시스템 적용범위 결정
4.4	품질경영시스템과 그 프로세스
5.1	리더십과 의지표명
5.2	품질방침
5.3	조직의 역할, 책임 및 권한

② ISO 14001(2015년) 환경경영시스템

ISO 14001 : 2015 요구사항(requirements)	
항목 No	주요 내용
4.1	조직과 조직상황의 이해
4.2	이해관계자의 니즈와 기대 이해
4.3	환경경영시스템 적용범위 결정
4.4	환경경영시스템
5.1	리더십과 의지표명
5.2	환경방침
5.3	조직의 역할, 책임 및 권한

6.1	리스크와 기회를 다루는 조치
6.2	품질목표와 품질목표 달성 기획
6.3	변경의 기획
7.1	자원
7.2	역량/적격성
7.3	인식
7.4	의사소통
7.5	문서화된 정보
8.1	운용 기획 및 관리
8.2	제품 및 서비스 요구사항
8.3	제품 및 서비스의 설계와 개발
8.4	외부에서 제공되는 프로세스, 제품 및 서비스의 관리
8.5	생산 및 서비스 제공
8.6	제품 및 서비스 불출/출시
8.7	부적합 출력/산출물(output)의 관리
9.1	모니터링, 측정, 분석 및 평가
9.2	내부심사
9.3	경영검토/경영평가
10.1	일반사항
10.2	부적합 및 시정조치
10.3	지속적 개선

6.1	리스크와 기회를 다루는 조치
6.2	환경목표와 이를 달성하기 위한 기획
7.1	자원
7.2	역량
7.3	인식
7.4	의사소통
7.5	문서화된 정보
8.1	운용기획 및 관리
8.2	비상상태 대비 및 대응
9.1	모니터링, 측정, 분석 및 평가
9.2	내부심사
9.3	경영검토/경영평가
10.1	일반사항
10.2	부적합 및 시정조치
10.3	지속적 개선

3.2 국제 공인화의 기술자격(독일)

선진 공업국인 독일의 기술자격제도로, ISO 17024의 산업분야로 세계 최초 국제자격으로 전문가로 육성하기 위한 전문 자격제도의 하나로, 국제표준화규격에 맞추어 만들어진 자격 시스템이다. 각 분야별로 경력을 쌓아 전문 관리 능력을 갖추어, 객관적인 평가를 받아 일정 수준이 된 전문가에게 부여하는 자격증들이다. 독일연방공화국 소속 DAkkS로부터 한국의 (주)GERMAN CERT가 국제자격 운영기관으로 승인을 받았으며, 현업에 실제로 적용할 수 있는 실무위주의 자격 설계를 통하여 기업의 재교육이 필요 없도록 설계된 국제자격이다.

이런 국제화에 발맞추어 우리가 만든 '국가직무능력표준화(NCS)'도 표준화를 한 것은 직무능력의 기준을 정한 것이며, 이를 잘 활용하여 인력양성을 하고자 하는 것도 영국의 교육제도를 참고하여 만든 것이다.

따라서, 국제적인 전문자격의 내용을 소개하면 다음과 같다.

① 학력 및 전공에 관계없이, 경력을 일부 쌓으면 누구나 취득이 가능한 국제자격으로,

② 학교에서 배운 이론을 실무형으로 전환시킨 국제자격이므로, 자격취득과 동시에 현업에 활용이 가능하고,

③ 기업체에서 꼭 필요로 하는 자격증으로, 취업에서 우위를 점할 수 있는 국제자격이다.

1) 품질기법운용사 교육 프로그램의 주요 내용(6일간의 전문 학습프로그램)

품질경영총론	1. 품질경영일반 2. 품질경영시스템 3. 품질코스트	4. 규격과 공정능력 5. 측정시스템 6. 품질경영 혁신 활동	
공업통계	1. 확률과 확률분포 2. 검정과 추정	3. 상관 및 회귀분석	
관리도	1. 관리도의 개요 2. 계량값 관리도 3. 계수값 관리도	4. 판정 및 공정해석 5. 성능 및 수리	
품질기법실무	1. 기초통계량 2. 검정과 추정 3. 공정능력분석 4. 정규성 검정	5. 각종 그래프 6. 파레토도 7. 히스토그램 8. 산점도	
품질 경영 실무	공업통계	1. 데이터의 수집 및 관리방법 2. 확률 및 확률분포	3. 검정 및 추정 4. 상관과 회귀
	품질기법실무	1. 층별 2. 체크시트 3. 파레토 그림	4. 특성요인도 5. 히스토그램 6. 산점도
	관리도 활용 실무	1. 관리도 작성 및 해석 2. 관리도의 성능 및 수리	
	품질경영일반	1. 품질경영일반	

2) 품질통계분석사 교육 프로그램의 주요 내용(4일간의 전문 학습프로그램)

공업통계	1. 확률과 확률분포 2. 검정과 추정	3. 상관 및 회귀분석 4. 품질경영 혁신 활동
샘플링검사	1. 검사의 개요 2. 각종 샘플링법과 이론	3. OC곡선 4. 계량치, 계수치 샘플링
관리도 일반	1. 계량치 관리도 2. 계수치 관리도	3. 관리도의 판정 및 공정해석

통계분석 실무	1. 기초통계량		5. 요인배치법
	2. 검정과 추정		6. 1원 배치법
	3. 상관 및 회귀분석		7. 2원 배치법
	4. 공정능력지수		
품질 경영 실무	**공업통계**	1. 데이터의 수집 및 관리방법	3. 검정 및 추정
		2. 확률 및 확률분포	4. 상관과 회귀
	관리도 활용 실무	1. 관리도 작성 및 해석	
	실험 계획법	1. 요인배치법	
	샘플링 검사실무	1. 검사의 개요	2. 샘플링검사 설계
	품질경영일반	1. 품질경영일반	

3) 품질경영진단사 교육 프로그램의 주요 내용(4일간의 전문 학습프로그램)

품질 경영 총론	품질경영의 개념	- 품질경영의 개념과 리더십 - 품질경영 계획, 조직 및 운영	- 품질전략과 고객만족 - 품질비용
	품질의 시대적 발전단계 및 종류	- 품질 보증의 개요 - 품질 보증체계 구축절차	- 품질 관리의 개요 - 품질 진단 시스템
	사내 표준화	- 사내 표준 개요 - 사내 표준화 개요 - 사내 표준화의 목적 및 체계	- 사내표준화 작성매뉴얼, 제품 및 재료규격, 검사규격, 작업 표준서, 관리(QC)계획서
	품질개선기본도구	- 6 Sigma 및 Single PPM - 품질관리 7가지 도구	- 품질관리 신 7가지 도구 - 공정능력
품질 경영 총론	품질경영 상과 평가제도	- TQM 개념 및 요소 - 미국의 MB(말콤볼드릿지)상 유럽의 EOQM(유럽품질재단) 상	
	ISO 요구사항	- 인증제도 개요 - 품질경영 8 원칙	- ISO 요구사항
	진단 개요	- 품질 진단의 정의 - 품질 진단의 목적	- 품질 진단의 영역
	진단 방법 및 요령	- 품질 진단 영역별 수행 방법(시스템 진단, 프로세스 진단) - 품질 진단 방법	
품질 경영 진단	진단 절차의 이해	- 진단 계획 수립 - 진단 수행 - SWOT 분석 및 전략과제 도출	- 체크리스트의 이해 및 작성 - 진단 보고서 작성
	시스템 진단 프로세스의 이해	- 시스템 진단 개요 - 진단의 전 과정 이해	- 진단 기법 수행 이해
품질 경영 진단	품질경영시스템진단 계획 수립	- 품질경영시스템 진단에 대해 이해하고 진단계획을 수립할 수 있다.	
	품질경영시스템진단 수행 실습	- 품질경영시스템에 대한 진단을 수행할 수 있다.	
	품질경영시스템 진단 보고서 작성실습	- 품질경영시스템 진단 결과를 요약하고 부적합사항 및 개선 권고사항을 식 별하여 진단보고서를 작성할 수 있다.	
	품질경영시스템 진단 후속조치 실습	- 품질경영시스템 진단 결과 부적합사항에 대한 시정조치, 수행, 종결 및 예 방조치 사항에 대해 확인할 수 있다.	
	진단 설계 사례 연구 /실습	- 국내L사/H사, 해외 G사 진단 설계 사례 및 실습을 통하여 진단 내용을 이해 및 수행 할 수 있다.	

그 외, 설비보전관리사, 공정품질관리사, 생산관리사, Core Tool관리사, 환경영향관리사가 있고, 인성교육지도사, 컬러애널리스트, LED조명운용관리사, 할랄컨설턴트, 용접사 등 타 분야로는, 식품안전관리사, 식품경영관리사, 안전보전사 등이 있다.

그림 7-9 자격증 견본 형태(카드형과 원본A4)

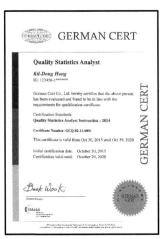

3.3 산업재산권의 등록과 관리

3.3.1 산업재산권(지식재산권)의 종류

기업이나 개인의 지적인 지식관리의 중요성은 누구나 잘 알고 있듯이 우리들의 주변에 지식이 너무 많이 널려 있고, 이것을 전부를 다 아는 사람은 없으며, 고도로 발달해 가는 산업 사회의 지식은 너무나 광범위하고 다양하다. 그러나, 많은 지식들을 이용하는 방법에서 조직이 열악한 경우일수록 미흡하고 빈약하다는 것이다.

이에, 지식과 기술을 분류하여 관리를 하며, 기업의 궁극적인 목표와 방향에 맞추어, 메인과 서브화로 구분하고, 생산효율을 올리는데 이용하며, 나아가 제품에 적용하는 융합화로 해나가자는 것이다.

이에, 지식의 축적을 시스템으로 만들어, 실용화에 이르기까지의 관리체계가 시스템화가되고, 가시화가 되어 있다면 실무에 큰 도움이 될 것이다.

21세기는 국경 없는 무한경쟁의 시대로, 지식기반사회에서의 지식재산권의 역할과 그 기능은 다음과 같다.

① 선진국은 지적재산권을 통한 후발국 견제를 강화하며,

② 옛날기술은 후발국과의 치열한 경쟁이 불가피하며,

③ 열심히 하는 것만으로는 한계에 도달한 시점이 되었고,

④ 특허가 없는 기업은 생존이 불가능한 시대로 변모해 가고 있으며,

⑤ 부가가치의 원천이 노동 · 자본에서 지식 · 정보로 이동하고 있다는 것이다.

이러한 상황에서 우리나라 기업들이 살아남기 위해서는 지식재산권의 관리가 필수적이므로, 연구개발의 활동에 소홀히 해서는 안 된다.

1) 지식재산권(Intellectual Property Right)의 개요

정부의 해당 부처인 특허청에서 관리하는 특허권(발명), 실용신안권, 디자인권, 상표권이 산업재산권에 해당되며, 저작권 정신적 작품으로, 저작인격권, 저작재산권, 저작인법권, 미래창조과학부에서 담당하는 신지식 재산권으로 반도체의 집적회로배치 등이 있고, 기타 지식으로, 영업비밀의 노하우, 부정경쟁방지법 등이 지적재산권에 해당이 된다.

일반기업에 해당되는 4가지 권리의 분류로, ① 특허(Patent), ② 실용신안(Utility Model), ③ 의장등록(Design), ④ 상표등록(Trademark)이 산업재산권에 해당되며, 처리 기간에서는, 특허와 실용신안은 20개월~24개월이고, 의장등록은 10개월~11개월(우선처리는 3개월), 상표등록은 10개월~12개월이 소요된다.

2) 지적재산권의 분류와 권리

① 기술독점을 통한 경쟁자의 도태에서는, 특허가 없는 기업은 로열티 부담으로 경쟁력이 상실되든가, 생산이 불가한 상태가 되고,

② 산업재산권으로 분쟁 해결의 용이함은 개량 특허를 무기로 Cross-Licence 계약이 용이하고,

③ 아이디어의 재산권화에 있어서는 권리화 되지 아니한 아이디어는 거래가 곤란 하며, 권리화 되지 않으면 출시 즉시 모방품의 출현이 된다.

④ 기업의 신뢰성이 증진되어, 직접적인 혜택으로, 벤처자금, 기술담보, 특허에 의한 생산

기반 자금지원, 등의 정책자금과 세재 지원 활용이 가능하며, 기업가치 형성에 결정적인 영향으로 기술패권주의, 기업 간 전략적 제휴에 있어서도 유리한 조건이 된다.

표 7-7 지적재산권의 분류와 내용

대구분	등록구분	권리기간	내 용
산업 재산권	특허	20년	기술적 사상의 창작인 원천·핵심기술(대발명)
	실용신안	10년	Life-Cycle이 짧고 실용적인 주변·개량기술(소발명), 공법상의 '공정실용신안'이 이에 해당
	의장등록	15년	심미감을 느낄 수 있는 물품의 형상·모양(외관의 디자인 등) 예 ; 'Good Design'
	상표등록	10년, 갱신	타 상품과 식별할 수 있는 기호·문자·도형 등의 등록
저작권 (정신적 작품)	저작인격권	사후 50년	문학, 학술, 예술 분야 창작물로 양도 불가
	저작재산권	사후 50년	창작물에 대한 복제, 배포, 전시, 공연 불가
	저작인접권	사후 50년	실연가, 음반 제작가, 방송사업자 권리 등
신지식 재산권	첨단산업저작권	25년	반도체 집적회로 배치설계, 생명공학, 식물신품종
	산업저작권	25년	컴퓨터프로그램, 인공지능, 데이터베이스
	정보재산권	25년	영업비밀, 멀티미디어, 뉴미디어 등

3) 지식재산권의 비교와 특성

이 권리들은 넓은 영역에서의 지식활동으로 얻은 정신적, 무형적 결과물에 대하여 재산권으로 보호받는 권리를 말하며, 현재 법으로 보호받을 수 있는 분야는 앞쪽의 표와 같이, 산업재산권, 저작권, 신지식재산권으로 구분된다.

권리를 보호받는 방법으로는, 산업재산권은 반드시 특허청에 출원 후 일정한 법적 절차를 밟아야만 권리가 형성되며, 법적 보호를 받을 수 있고, 반면 저작권은 저작물의 완성과 동시에 권리가 발생하므로 별도의 절차가 필요 없으나, 저작물 등록을 해두면 후일 법적으로 분쟁이 발생할 시 매우 유리하게 되고, 신지식재산권 분야는 분야별로 법적 보호 장치가 다르고 관할 부처도 상이하다.

또한, 지식재산권은 특허경영으로, 기술투자를 하여 사업화, 자금조달, 담보제공, 신용개선 등의 재산권을 행사할 수 있다.

그 중 특허권의 활용으로, 독점배타권, 기술거래, 대정부의 조달/우선구매 제품/정책 및 R&D자금의 혜택과, 무형자산의 자본화, IP펀드, 기술금융, 직무발명제도에 큰 혜택이 있다.

표 7-8 특허, 실용신안, 의장등록, 상표등록의 비교

	특허	실용신안	의장등록	상표등록
목적	발명의 장려	고안의 장려	디자인의 창작을 장려하여 산업발전	신용유지를 도모하여 산업발전, 수요자의 이익보호(품질보증)
보호 대상	고도한 기술적 사상	물품의 구조, 형상에 관한 기술적 사상	물품의 형상, 모양, 색체 또는 이들의 결합	기호, 문자, 고형, 형상 또는 이들 각각에 색채를 결합한 것
등록 방법	심사 후 등록	좌동	심사 후 등록, 무심사 등록	심사 후 등록
권리행사	특허증 제시	실용신안증 제시	의장등록증 제시	상표등록증 제시
존속기간	20년	10년	설정 등록일로부터 15년	설정 등록일로부터 10년(10년마다 갱신)
이중출현	특허결정 등본 송달 전	등록결정 등본 송달 전	보호범위로는 출원서에 첨부된 도면, 사진, 견본과 도면에 기재된 설계도	보호범위로는 출원서에 기재된 지정 상품과 상표로 구분
등록 소요기간	20개월~24개월	좌동	10개월~11개월	10개월~11개월

그림 7-10 특허정보 분석 Solution의 필요성

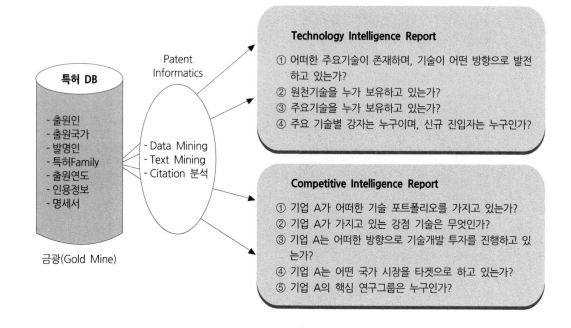

특허 DB
- 출원인
- 출원국가
- 발명인
- 특허Family
- 출원연도
- 인용정보
- 명세서

금광(Gold Mine)

Patent Informatics

- Data Mining
- Text Mining
- Citation 분석

Technology Intelligence Report
① 어떠한 주요기술이 존재하며, 기술이 어떤 방향으로 발전하고 있는가?
② 원천기술을 누가 보유하고 있는가?
③ 주요기술을 누가 보유하고 있는가?
④ 주요 기술별 강자는 누구이며, 신규 진입자는 누구인가?

Competitive Intelligence Report
① 기업 A가 어떠한 기술 포트폴리오를 가지고 있는가?
② 기업 A가 가지고 있는 강점 기술은 무엇인가?
③ 기업 A는 어떠한 방향으로 기술개발 투자를 진행하고 있는가?
④ 기업 A는 어떤 국가 시장을 타겟으로 하고 있는가?
⑤ 기업 A의 핵심 연구그룹은 누구인가?

3.4 수출용 제품인증과 선급협회인증

3.4.1 제품 인증(CE)

1) CE 인증

CE는 프랑스어 "Communaute Europeen"의 약자이며 영어로는 "European Communities" 이고 유럽공동체라는 의미이다.

CE 마크는 제품의 신뢰성 또는 품질보증을 의미하는 것은 아니며, 그 제품이 안전과 건강 그리고 소비자의 보호와 관련된 EU 규정 또는 지침 및 유럽표준 규격의 필수 요구사항을 준수한다는 것을 의미한다.

현재, EU 25개국, EFTA 4개국 등 총 20개국에서 CE 마크가 적용되며 그 국가들은 다음과 같다.

① EU(European Union) : 프랑스, 네덜란드, 그리스, 독일, 룩셈부르크, 이탈리아, 영국, 아일랜드, 덴마크, 벨기에, 포르투갈, 스페인, 오스트리아, 스웨덴, 핀란드, 헝가리, 폴란드, 체코, 슬로바키아, 슬로베니아, 에스토니아, 라트비아, 리투아니아, 말타, 키프러스 등

② EFTA(European Free Trade Association) : 노르웨이, 리히텐쉬타인, 아이슬란드, 스위스

CE 마크는 유럽에 상품을 수출하는 업체의 입장에서 보면 무형의 비관세 무역장벽으로 느껴질 수 있다. 이 마크를 부착한 제품이 유럽시장에서 문제가 발생하여 EC위원회에 제소되었을 경우 24시간 이내에 증빙자료를 제출하여야 한다.

마크를 부착하기 위해서는 설계 단계에서부터 제품에 사용되는 부품 선택을 신중히 고려하여야 하고, 중요 부품에 대한 인증서(선언서 포함) 및 관련 기술 자료를 보유하여야 하며, TCF 구성 시 부품 관련 자료를 첨부하여야 한다. 특히 관련되는 시험은 해당시험능력이 있는 시험소에서 실시하는 것이 좋다. 특히, 유럽승인기관(N.B. : Notified Body)의 승인이 필요한 경우 승인기관과 기술협정이 체결되어 있는 국내 시험소를 이용하는 것이 유리하다. 따라서 제품의 설계, 시험, 사용상의 안전 관련에 대해서는 전문적인 지식을 필요로 한다. 기타, 각 국가별 인증들의 요건들은 중소벤처기업부의 지원 프로그램을 참조하기 바란다.

표 7-9 CE마크 인증 단계

제1단계 사양의 확정	1) 해당 상품이 관련된 위험이 기술된 각종 규격을 파악 2) 관련 지침상의 필수 요건을 항목별로 정리 3) 관련 규격과 지침상의 필수요건이 적합함을 증명(문서화) 4) 사용상의 위험방지를 위한 기술적인 대응을 설명
제2단계 자료의 준비	1) 상품의 사용 설명서 작성 2) 기술문서(Technical Construction Files : T.C.F) 작성 3) 필요 시 샘플검사
제3단계 시험의 실시	1) 필요 시 시험기관은 기술 보고서 작성(기술문서 첨부용) 2) 관련 규격에 규정된 시험을 실시 3) 작동 검사 실시
제4단계 적합성 선언	1) 지침 상의 필수 요건의 적합성 선언서 작성
제5단계 CE마킹	1) 품목에 따라 생산자 성명 및 안전성 표시와 같은 명판 부착 2) CE마크 부착

기타, 해외 제품인증(수출용)으로는, ① CE 마크(유럽공동체마크 CE), ② UL마크(미국전기안전용품규격), ③ CCC마크(중국필수인증), ④ FDA마크(미국식품의약품국), ⑤ CSA마크(캐나다표준규격), ⑥ E-Mark마크(자동차분야 EU형식 승인제도), ⑦ FCC마크(전기전자제품 EMI규격), ⑧ FDA마크(미국의료기기 제품인증규격), ⑨ VDA마크(독일 전기기기와 그 부속품 안전규격), ⑩ GOST마크(러시아 제품인증), ⑪ RoHS마크(유럽 전기 및 전자장비의 특정유해물질 사용에 대한 지침), ⑫ NSF마크(미국환경/보건제품 안전규격), ⑬ NRTL마크(미국 제품 및 부품 안전규격) 등 각 국가 및 지역별로 제품 관련 인증이 120여 종이 있다. [http://www.certicenter.net/] 참조

3.5 국내 기술마크 인증

NEP(기술/제품), NET(기술), 장영실상(기술/제품), KS마크(품질/제품), 조달청우수제품인증(품질/제품), 성능인증(품질/제품), 녹색인증(품질/기술), 안전인증(KPS, 안전), Q-마크(품질/제품), GD(품질/제품), GR마크(제품, 재활용제품), K-마크(제품), 환경마크(기술/제품), 싱글PPM(시스템/제품), 환경신기술(NET, 환경부), 에코디자인(에너지기술, 환경부), 서비스품질(서비스), 기타 등 각 분야별 다양한 인증이 있다.

표 7-10 DNV(노르웨이 선급협회) 검사 신청서의 예

Job No.	
	☐ New number required

Ulsan Station, DNV Korea Ltd.
Dong Ulsan P.O. Box 30
Ulsan, 682-600
e-mail : UlsanStation@dnv.com
Tel   : 052-252-3406
Fax   : 052-252-3407

SURVEY APPLICATION (검사 신청서)

1.	Applicant (신청자)	
2.	Manufacturer (생산자)	
3.	Supplier / Dealer (공급자)	
4.	Purchaser (주문자)	
5.	Project Information	Ship yard : Hull No. :
6.	Applicable Rule / Standard / Specification	☐ DNV Rule ☐ Other Standard (내용기재) :
7.	Design Approval	☐ Case-by-Case Approval (Drawing No.) : ☐ Type Approval (TA) (TA No.) : ☐ waived ☐ Not Applicable
8.	Survey Arrangement	☐ MSA (Cert. No.) : ☐ Not Applicable
9.	Survey Place (검사장소)	
10.	Survey Date / Time	
11.	Contact Person (실무자)	Name :
12.	Contact Number	Office : Mobile Phone :

13. **Kind of survey (검사종류)**   :
   ☐ Initial Stamping   ☐ Load Test   ☐ Hydro Test
   ☐ Shift Stamp   ☐ Material Test   ☐ Final Inspection
   ☐ Fit-up Inspection   ☐ Non-Destructive Test : ☐ RT ☐ UT ☐ MPI ☐ DPT
   ☐ Others (기타검사 내용기재) :

14. **Particulars(제품상세):**

Product / Component	Dimension	Weight	Quantity	Remark

15. **Survey Comment (☐ see overleaf for more comment)**
Visit No. _____   ☐ Accepted (☐ DNV confirm   ☐ QC confirm)   ☐ Not Accepted

DNV Surveyor :

>> Applicant Information Address : Telephone No. : Telefax No. : E-mail :	
	Apply Date Signature

Form issued 2007-04-10

표 7-11 제품인증 CE 신청서(TüV) 양식의 예

Application (신청서)

"For your benefit"

△ TÜV

TÜV Rheinland Group

To (보내는 곳):	Seoul Head Office	Test Center	■ Daegu Office	Changwon Office
TÜV Rheinland Korea Ltd.		4F., E&C Venture Dream TowerVI	12F., KTMF Bldg.	7F., KTMF Bldg.
Attention (담당자) :	#505 City Air Terminal Bldg. 159-6, Samseong-dong Gangnam-gu, Seoul 135-728, R.O.K.	197-28, Guro-dong Guro-gu, Seoul 152-719, R.O.K.	177-4 Beomeo 2-dong Suseong-gu, Daegu 706-171, R.O.K.	93-2, Jungang-dong Changwon, Gyeongsangnam-do 641-742, R.O.K.
	Tel.: (02)551-0444 Fax: (02)551-0447 e-mail: info@kor.tuv.com	Tel.: (02)3016-6900 Fax: (02)3016-6901 e-mail: info10@kor.tuv.com	Tel.: (053)745-6411 Fax: (053)745-0907 e-mail: info4@kor.tuv.com	Tel.: (055)264-9234 Fax: (055)264-9240 e-mail: info5@kor.tuv.com

Applicant information (신청자나 인증서보유자)	Agent information (업무 대행사)
Company (회사명):	Company (회사명) :
Address (주소):	Address (주소):
	우)704-929 Mobile
Name (신청자명): Title (직위):	Name (신청자명): Title (직위):
Tel: Fax:	Tel: Fax:
e-mail:	e-mail:
Test Report, certificate & documents to: (시험보고서, 인증서 및 관련문서 송부)	◆ Applicant's contact person (신청자) ◆ Agent's contact person (대행사의 신청자)
Invoice to : (인증비용의 청구)	◆ Applicant's contact person (신청자) ◆ Agent's contact person (대행사의 신청자)

Product(s) (제품명): _____

Type Designation(s) (모델명): _____

Please tick box(es) below (원하시는 인증서비스를 체크하여 주십시오) :

CE (Low Voltage Directive)	TÜV GS mark	LifeCycle Management
◆ CE (EMC Directive)	TÜV Bauart mark	OEM Declaration
◆ CE (Machinery Directive)	CB Approval	Product Shipment inspection
CE (Toys, RoHS, WEEE)	Bluetooth, ZigBee	International Approval
CE (Personnel Protective Equipment)	Ergonomic ISO 13406-2	Country:
CE (R&TTE / Telecom)	Usability	Others (기타 인증/서비스)
CE (Medical Device Directive)	Chemical Services	Standard:
CE (Pressure Equipment Directive)	cTUVus, NRTL, FCC	

Date (신청일) 20 . .   Company Seal and Signature   대표이사

표 7-12 국내 기술마크 인증의 종류(1/2)

기술마크 인증	구분(품질 기술, 제품)	내용 설명	마크 (심볼)
NEP	기술/제품	New Excellent Product, 국내에서 최초로 개발된 신기술 또는 기존기술을 혁신적으로 개선된 기술이 적용된 신제품을 평가하여, 우수성을 인정하여 판로 확대 지원 및 기술 개발을 촉진하고자 하는 인증	
NET	기술	New Excellent Technology, 국내 기업 및 연구기관, 대학 등에서 개발한 우수한 신기술로 인정할 수 있는 상용화와 기술거래의 촉진하고, 적용제품의 신뢰성을 제고시켜, 구매력과 초기 시장진출 기반을 조성하는 신기술의 인증	
장영실상	기술/제품	신기술제품을 개발·상품화해 산업기술혁신에 앞장선 국내업체와 연구소의 기술개발 담당자에게 수여하는 상으로, IR은 산업연구의 약자이고, 52의 의미는 1년에 52주 동안 매주 시상한다는 뜻이다.	
KS마크	품질/제품	한국산업규격이 제정되어 있는 품목 중 소비자 보호를 위하여서, 지정한 품목을 대상으로 생산 공장이 기술적인 면에서 KS수준 이상의 제품을 지속적으로 생산할 수 있도록 하는 능력과 품질 요건을 갖추고, 제품의 심사 기준에 따라 엄격히 심사, 합격된 업체에 대하여 인증마크를 제품에 표시하도록 하는 인증	
조달청우수 제품인증	품질/제품	조달물자의 품질향상을 목적으로, 중소기업이 생산한 제품 중 기술 및 품질이 우수한 제품을 대상으로 한 인증으로, 국가계약법령에 따라 각급 공공기관에 물품을 공급하는 제도	
성능인증	품질/제품	기술개발 제품, 신기술 인증 제품에 대하여, 성능검사를 확인한 제품을 공공기관에 우선 구매할 수 있도록 지원함으로써, 중소기업의 기술 개발촉진 및 공공 구매확대를 지향하기 위한 제도	
녹색인증	품질/기술	저탄소 녹색성장의 일환으로, 녹색투자 지원대상 범위를 명확히 규정하고자 녹색기술 또는 녹색 사업이 유망녹색 분야인지 여부를 확인하여 인정을 부여하는 제도(3가지 : 녹색기술인증, 녹색사업인증, 녹색전문기업인증)	
안전인증 (KPS)	안전	제조업자 또는 외국 제조업자가 안전인증(제품검사와 공장심사를 하여 공산품에 대한 안전성을 증명하는 것)을 받은 안전인증 대상 공산품에 나타내는 표시와, 한국산업안전공단에서 인증하는 S-마크도 있다.	
Q-마크	품질/제품	소비자가 적정품질의 제품을 안심하고 사용할 수 있도록 생산자는 제품의 성과를 유지하고, 품질이미지를 고양할 수 있도록 6개의 시험연구원을 통해, 소정의 품질기준에 합격한 제품에 Q마크를 표시하는 제도	

chapter 07 한국 기계공업 분야의 미래를 위한 준비 • 577

표 7-12 국내 기술마크 인증의 종류(2/2)

기술마크 인증	구분(품질 기술, 제품)	내용 설명	마크 (심볼)
GD	품질/제품	Good Design, 우수산업디자인 상품으로, 산업디자인진흥법 시행령 제14조 구정하며, 상품이 디자인개발을 촉진하여, 우수한 디자인상품을 개발하고, 경쟁력을 통해, 소비자의 다양한 욕구를 충족하며, 수출증대와 경제에 이바지	
고효율 에너지	기술/제품	고효율시험기관에서 측정한 에너지소비율 및 품질시험규격의 진향목을 만족하고, 에너지관리공단에서 고효율에너지 기자재로부터 인증을 받은 제품 에너지이용합리화법, 고효율에너지 기자재보급 촉진에 관한 규정을 만족	
GR마크	제품 (재활용제품)	국내에서 발생된 폐자원을 재활용하여 제조한 우수품질 제품의 생산이용을 고취하고, 재활용제품에 대한 소비자의 인식개선으로 구매욕구를 유발하여 지구환경보존과 자원재정을 효과를 하고자 제정한 우수제품 품질인증마크이다.	
K-마크	제품	Korea Testing Laboratory, 공산품의 품질수준을 평가하여, 인증하는 제도로서 기술개발 촉진, 품질향상과 소비자 선택의 편리성 및 부실제작, 시공으로부터 사용자 보호를 위한 제3자의 객관적인 평가, 인증하는 제도	
환경마크	기술/제품	제품이 생산 및 소비과정에서 환경에 미치는 오염을 상대적으로 적게 일으키거나, 자원을 절약할 수 있는 제품에 환경마크를 표시하여, 제품에 대한 정보를 소비자에게 정확히 제공하고, 기업으로 하여금 소비자의 선호에 부응하여, 환경제품의 개발하고 생산을 유도하는 제도이다	
싱글PPM	시스템/제품	생산품에 대하여 품질혁신활동과, 품질의 무결점, 무결함의 완벽한 제품을 생산하기 위해 품질 경영시스템을 바탕으로 지속적인 개선을 통해 불량률 "0"을 지향하는 한국적 품질혁신운동과 인증제도	Single PPM QUALITY INNOVATION
환경신기술 N E T (환경부)		정부에서 환경기술을 평가하여 우수한 기술에 대해 신기술을 지정해 줌으로 기술사용자는 신기술을 믿고 사용가능하며, 기술개발자는 현장에서 신속하게 보급할 수 있게 개발선정 육성에 기여하는 인증제도	NET
서비스품질	서비스	서비스업을 대상으로 서비스품질 우수기업 인증을 신청한 기업 또는 기관에 대하여, 전문가가 공정하게 전반적인 서비스품질을 진단, 평가하여 그 성과가 탁월한 기업/기관에 정부가 인증을 수여하여 널리 알리는 제도	
기 타		MIC마크 : 정보통신신기기인증, EM마크 : 전기용품안전인증, GQ마크 : 우수 중소기업마크인증, 검 마크 : 안전인증, S마크 : 안전인증, 국방품질경영인증-군수품 품질경영시스템, 순환골재품질인증 건설폐기물의 재활용과 품질심사 등, 우수농산물인증 : 농축산물 위해요소차단, 자연재해저감신기술 : 해양부문 우수기술/신기술, HACCP : 식품위해요소중점관리기준 인증, ISO 22000 식품, 안전경영시스템 3종/GMP/GAP가 있다	

3.6 수출준비와 기관의 지원제도

어떤 제품을 수출을 할 수 있다는 것은, 더 나은 품질, 저렴한 제조원가, 차별화한 제품이면 가능하다는 이 조건을 알면 누구나 수출을 할 수 있다는 것이다. 그러나 신흥개발국의 가격 경쟁으로 수출은 그리 쉽지는 않다.

우리나라는 중앙정부, 17개 지방자치단체 및 수출지원기관이 유기적으로 협력하여 수출단계별로 다양한 지원제도 및 예산으로 우리나라 중소기업의 해외 마케팅을 지원하고 있는데, 중소기업청(지청), 중소기업수출지원센터, 중소기업진흥공단, 한국무역협회, KOTRA, 상공회의소, 창업진흥원, 한국소프트산업진흥회, 전시산업진흥회, AT센터, FTA활용지원센터, 테크노파크(TP)기초단체, 서울통상산업진흥원, 중소기업지원센터, 여성기업인협회, 업종별조합/협회, 무역보험공사가 있다.

수출마케팅을 함에 있어 가장 중요한 것은 마케팅 Planning을 먼저 하고, 계획에 맞춰 마케팅업무를 수행해야 하며, 수출마케팅을 함에 있어 가장 중요한 것은 마케팅 Planning을 먼저 하고, 계획에 맞춰 마케팅이 부진할 때는 항상 마케팅계획 및 실행에 관한 점검 및 통제가 반드시 이뤄져야 한다는 것이다.

3.6.1 수출마케팅의 정의

수출마케팅이란 수출아이템을 정한 수출상이 수출마케팅 계획을 수립하고 실행하고 점검해 나가는 일련의 과정으로, 실무적인 정의는 해외 Target Market를 선정하고, 시장조사를 한 후 바이어를 발굴하고 협상하는 일련의 과정이다.

시장 성장률과 시장 점유율의 관계

수출마케팅을 하는데 있어서 가장 중요한 것은 마케팅 계획을 수립하고 마케팅활동을 진행하며 마케팅 활동에 대한 모니터 등 3단계로 나누어 추진하는 것이다.

마케팅계획 수립(Planning) ⇨ 마케팅활동 진행(Do Action) ⇨ 점검 및 통제(Auditing)

3.6.2 수출마케팅의 주요 Point

① 소비자의 구매동기 : BCD원칙
  - Better Quality(더 나은 품질)
  - Cheaper Price(저렴한 가격)
  - Differentiation(차별화된 제품)
② 수출마케터의 자질
  - Consideration(사려 깊은 면)
  - Passion(열정적인 면)
  - Differentiation(차별화된 면)
③ 수출마케터의 전문성
  - 어학 : 영어를 기본으로 한 거래국의 기본 언어
  - Items : 취급 제품에 대한 깊이 있는 지식
  - 해외 시장 : 글로벌화에 맞는 시장을 간파하는 능력

3.6.3 수출 마케팅에서의 유의 사항

수출마케팅은 바이어를 발굴하기 위한 하나의 단계가 아니라 아이템 선정부터 시작하여 바이어를 찾고, 협상하기까지의 일련의 과정(Process)을 의미하며, 따라서 하나의 단계라도 소홀히 하면 수출성공이라는 결과를 얻기 어려워진다.

수출마케팅 실무적 업무처리 절차에 대한 정확한 이해 및 활용이 필요하고, 철저한 수출마케팅 계획에 의한 일관성 있는 마케팅활동이 요구된다.

마케팅 활동에 대한 정기적인 점검·통제(Monitor & Control)가 이뤄져야 하며, 마케팅활동을 함에 있어 직접마케팅을 할지 제3자의 도움을 받아 간접적인 방식으로 할지를 결정해야 한다.

무역실무 관한 지식이 필요하여 특히 무역 계약절차 및 방법, 대금 결제방식별 업무처리

요령, 수출마케팅 절차, 무역서식 작성 및 해석, 기타 포워더(forwarder)를 통한 수출 통관, 운송, 보험 등에 관한 실무지식이 요구된다.

바이어와의 무역 조건협상 시 상대방을 배려하고 'Win-Win'하려는 자세가 필요하고, 해외시장 정보 및 바이어 정보를 획득할 수 있는 많은 인터넷 사이트를 파악하고 있어야 한다.

3.6.4 전략적 마케팅 업무처리 절차

1) 아이템 수출경쟁력 평가

① 제품의 상품성(Quality) : 제품의 품질이 완벽한 상태이며 수입국에서 원하는 정도의 제품 현지화가 되어 있는지 확인해야 하고,

② 제품의 기술성(Technology) : 경쟁 품목과 비교하여 기술적 우위가 있는지 여부를 확인한다.

③ 제품의 시장성(Price) : 수출가격이 경쟁력이 있는지를 확인한다. 상품성 및 기술성이 우수하더라고 가격이 높으면 마케팅이 불가능하다.

④ 제품의 디자인(Design) : 제품 자체의 디자인이 최신의 Trend에 부합되는지 여부를 확인한다.

그림 7-11 제품 특성별 수출 가능성 분석과 브랜드화 된 상품들

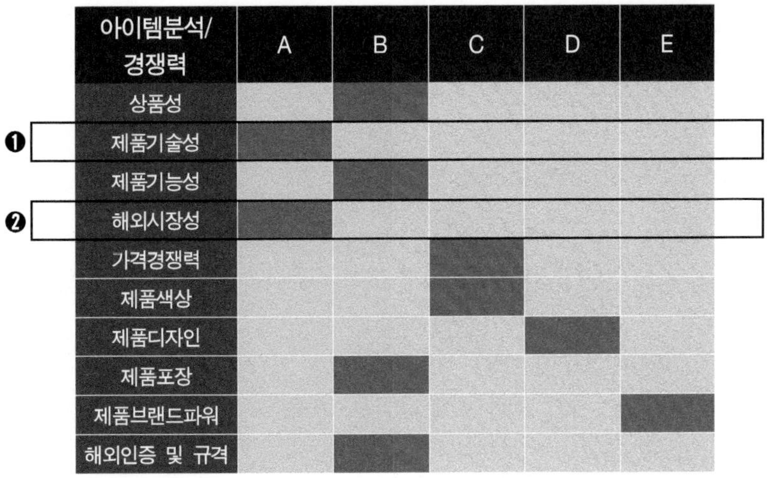

아이템분석/ 경쟁력	A	B	C	D	E
상품성					
❶ 제품기술성					
제품기능성					
❷ 해외시장성					
가격경쟁력					
제품색상					
제품디자인					
제품포장					
제품브랜드파워					
해외인증 및 규격					

2) 수출 아이템의 마케팅 콘셉트(Concept) 수립

(1) 제품 콘셉트 수립

제품의 특징, 장점 차별성이 나타날 수 있도록 해야 하며, 특히 경쟁회사의 제품과 차별화를 강조해야 한다. 바이어의 입장에서의 DO와 DON'T를 반영해야 하므로, Sample, Price, Brochure, Catalogue 및 제품 사양 및 기본적인 기술시방 등을 확보해야 한다.

(2) E-Catalogue 및 동영상 홍보물 제작

바이어에게 제품을 소개할 수 있는 전자카탈로그, 제품 콘셉트가 잘 살 수 있도록 제작하여 정부 지원제도 활용으로 홍보물 제작비용 부담에 관한 제조업체와의 협의도 필요하다.

(3) 국제마케팅 환경 분석

국제마케팅 환경 분석이란 글로벌시장의 현재와 미래의 마케팅 환경요인들을 기회와 위협의 관점에서 분석하는 것으로 내부 환경 분석과 외부 환경 분석으로 나뉜다.

내부 환경 분석으로는 가용자원에 대한 평가(자금력, 인력, 조직력, 제품력)로,

① 현행전략에 대한 분석은 현재까지 진행되고 있던 마케팅 방식에 대한 평가이고,

② 외부 환경 분석은 글로벌 제품시장 동향, 국제 경쟁분석이다.

※ 제품의 Position 파악 및 변경 가능성 검토

포지션이란, 제품의 품질 및 가격을 주요 변수로 봤을 때 국제제품시장에서 자사제품이 차지하고 있는 현재의 위치를 말하며, 마케팅 환경 분석 결과 국제제품 시장에서의 위치가 매우 경쟁이 치열한 지점에 있으면 제조업체와의 협의를 통해 위치를 인위적으로 변경시키는 방안을 강구해야 한다.

① 가격을 그대로 두고 품질을 높이는 방안

② 가격과 품질 모두를 낮추는 방안

③ 품질을 그대로 두고 가격을 낮추거나, 가격 및 품질을 모두 높이는 방안 등이 있다.

(4) 해외 Target Market 선정

Target Market 선정의 중요성은 국가에 제품이 잘 팔릴 수도 있고 안 팔릴 수도 있으므로 신중한 선택이 필요하다.

선정 시 유의 사항으로는 1인당 국민 소득 및 총인구수는 기본적으로 참고해야 하고, 약 US$ 5,000 이상, 인구수 약 2,000만 이상이어야 일반적으로 구매력이 있다고 볼 수 있다.

대상 국가의 선정에서는 마케팅 초기에는 초기에 2~3개국 선정하고, 반드시 품목별 국별 수출 통계자료 확인해야 한다. 대체로 수출금액이 많은 나라를 선택하는 것이 바람직하며 수출금액이 적은 나라가 오히려 기회가 있다고 생각하는 것은 오산이다. 또한, 연도별 수출금액이 늘어나고 있는 국가를 선정하는 것이 바람직하다고 본다.

(5) Target Market에 대한 해외시장조사

해외시장조사에서는 해외 어느 국가에 구매력을 가진 바이어가 있는 것인지를 조사하는 것으로, 해외 고객이 원하는 상품을 조사하는 것이므로 즉, 어느 나라에, 어떤 상품을, 언제, 어떤 방법으로, 어떤 가격으로 팔 것인가를 조사 분석하는 것이다.

해외거래에 있어서의 위험과 비용을 최소화 하고 판매의 기회 및 이윤을 극대화하기 위해서는 신속하고 정확한 해외 시장조사가 필요하다.

조사 내용으로는,

① 제품에 관한 사항으로 유통구조, 가격구조, 경쟁분석, 제품동향, 시장규모, 수입관리제도 및 요건 확인과,

② 일반사항으로는 정치, 경제, 사회, 문화, 관습, 상관습이 있고, 시장접근 방법으로는 수입상, 도매상, 유통회사, 중개상의 조건과,

③ 경제동향으로는 인구, 1인당 국민소득, 경제성장률, 임금, 고용 등이 있고,

④ 교역현황으로는 우리나라와의 전체교역량 및 해당품목의 수입량을 파악한다.

조사 방법으로는, 직접조사, 인터넷 검색을 통한 방법, 인터넷 유료사이트 통한 방법, 직접 현지출장을 통한 조사, 간접조사로는 무역협회, KOTRA 등 무역유관을 통한 조사, 무역 전문회사를 통한 조사(정부지원제도 활용) 등이 있다.

(6) 마케팅 전술(Tactic) 수립

마케팅 전술이란 마케팅 전략을 수행하기 위한 세부적인 실천 방안으로, 활용기법은 주로 4P's Mix Policy를 활용한다. 기본적인 이론이지만 실전에서 매우 유용하며 신중한 적용이 필요하다.

① 4P's Mix Policy(정책)으로는 마케팅 전략수립 시 확립한 제품의 Positioning(이미지 인식)을 구체적으로 실현하는 방법이다(②, ③, ④, ⑤의 4가지 P를 합한 정책).

② Product(제품) 전술은 제품 이미지에 맞는 제품을 선정하며, 필요시 제품의 현지화 여

부를 검토한다.

③ Price(가격) 전술은 제품의 이미지 및 현지에 적응 가능한 가격 책정이며,

④ Placing(유통)은 제품 이미지에 맞는 유통채널을 개발하는 것이며,

⑤ Promotion(촉진)으로는 제품이미지에 맞는 홍보전략 개발을 하는 것이다.

3.6.5 Marketing 지원제도와 기관들

주요 무역기관의 다양한 지원제도를 통해 바이어 발굴에 활용하고, 제조회사의 수출 마케팅 비용을 최소화할 수 있는 조건들을 검토하여 적용한다.

수출 지원 기관들이 정부기관, 사단법인, 금융기관, 협회, 지자체의 단체로 약 17개로 생산 기업체의 여건에 따라 선택하여 지원을 받는다.

대표적인 기관들의 안내는 다음 표에 있는 기관별 주요 업무와 기능이 제시되어 있으며, 각 기관별로 상세한 내용은 그 기관의 홈페이지에 자세히 수록되어 있다.

표 7-13 수출 Marketing 지원 기관들

No.	기관	주요 업무와 기능
1	KITA (한국무역협회)	빅바이어 상시 거래알선제도, 해외바이어 구매 오퍼 데이터, 해외비즈니스 매칭 서비스, 전시참가바이어 재매칭 서비스, e카탈로그 제작지원 등
2	KOTRA (한국무역투자진흥공사)	해외물류네트워크, 해외시장조사, 무역사절단 수출상담회, 온라인 수출마케팅, 해외시장 컨설팅, 글로벌브랜드, 월드챔프 등
3	SBA (서울산업진흥원)	하이서울브랜드, 해외전시 참가, 해외통상 사절단 파견, 인터넷무역 지원, 무역상담 및 서비스 지원, 바이어발굴 및 수출상담 지원, 하이서울트레이드, 북경서울무역관, 서울파트너스하우스
4	중소기업청	홍보디자인 · 통번역 지원, 해외 전자상거래몰 입점 지원사업 참가 시 우대
5	SBC (중소기업진흥공단)	해외전시회, 무역사절단, 수출상담회, 지역특화 해외 마케팅, 해외지사화(주요 지역별 현지 지사), 해외시장조사, 비즈니스출장, 해외 민간네트워크 활용, 온라인수출지원
6	중소기업중앙회	해외전시회 참가 시 우대, 해외출장 상담 사업 참가 시 우대 지원
7	기업은행	선정기업에 대하여 보증기관(기보, 신보) 추천 및 보증심사 후 수출 금융 지원
8	수출입은행	금리우대, 비금융서비스(국제계약, 해외수입자 신용조사 등) 지원
9	KEB하나은행	단체보험 가입 시 보험료 일부 지원, 무보 수출희망보증 시 신용여신 제공
10	전경련	경영자문단이 경영전반에 대한 멘토링 지원
11	기타 기관들	상공회의소, 창업진흥원, 한국소프트산업진흥회, 전시산업진흥회, AT센터, FTA 활용지원센터. 테크노파크(TP) 기초단체, 중소기업지원센타, 여성기업인협회, 업종별 조합/협회

제4절 한국의 제2 도약을 위한 산업혁신운동의 실현

4.1 우리나라 기술수준의 현실

1) 평가

우리의 기술수준을 냉철하게 평가를 한다면 일부는 세계 각국을 상대적인 비교를 해 볼 때 어느 정도의 수준에 와 있다고 본다. 그 척도로 OECD국가에서 중간 이상이라 보지만 세월이 갈수록 경쟁에서 뒤떨어지고 있는 느낌과, 미래에 대한 불안감이 없지 않다.

'Made in korea 신화가 저문다'라는 말이 이미 나왔으며, 이런 현상을 빨리 보완해 가야 하는 급박한 현실이다. 인력양성의 원천적인 면으로 교육체계부터 개선하여 실무적이고, 현장과 접목한 교육, 초기부터 전공의 방향을 어느 쪽으로 가야 하는지를 진단 평가하는 과정도 있어야 하며, 미래를 내다보는 공업선진화를 위한 전략이 절실하다.

2) 개선방향

미약한 원천기술과 설계 기술력에서는 다들 걱정만 하고 논평만 하고 있다. 이러한 실정을 이해를 했으면 이제는 개선의 실현 단계로 들어가야 하지 않는가, 결정적인 중요 기술들은 다른 나라에서 사올 수도 없으며 있다 해도 비싸고, 핵심적인 것은 돈이 있어도 살 수 없다는 것을 너무나 잘 알고 있다. 그러니 우리 스스로가 개발하고 발전시키지 않으면 안 될 처지이다.

지금 공대(工大) 등이 배출하는 인력이 10년 뒤 우리 경제에 얼마만큼의 영향을 줄 수 있을는지 의문스러우니 지금부터라도 국제화에 맞는 전문교육과, 전공 간의 융합화된 교육과 연구를 하면서, 실무적인 성과를 질적인 평가를 하는 등, 선진공업국을 잘 벤치마킹하는 전략도 필요로 하고 있다.

3) 현 상황

한국의 지식 실태에서, 경쟁이 되지 않는 시기에는 우리는 앞서가는 기술이고, 시장점유를 해 왔었지만 지금은 상황이 달라지고 있다. 신흥 개발국이라 하던 중국이 급성장을 하여

G2의 규모이며, 이미 한국을 추월하고, 2025년 무렵에는 세계 제조업 2강 대열에 들어가겠다는 목표를 밝히면서, 고부가가치의 제품을 만든다는 야심으로 산업 구조를 바꿔 나가고 있다. 이에 미국, 독일, 일본 등 기존 제조업 강국들이 첨단산업으로 대응하고 있으니 우리의 부담은 갈수록 커지고 있다.

4) 도약

기술인들의 경력관리의 측면에서 연륜이 쌓여 갈수록 깊이 있는 기술수준을 '나는 이 분야에서는 최고다, 전문가이다, 자부한다'라는 수준이 되어야 하는 데에는 우리의 능력을 다음 장 4.3항에 있는 한국 기술인의 자긍심에 나와 있듯이 우리는 능력이 있다고 보여진다. 이에 자극과 동기부여, 스스로 실행할 수 있는 여건만 만들어 준다면 우리는 다시 도약할 수 있다고 확신한다.

이제까지 우리는 밤낮으로 열심히 뛰기만 했을 뿐 일하는 방법을 개선, 개발, 혁신을 하여 이를 다시 활용하는 일에 소홀했다는 점도 있었으나, 지금부터 다시 시작하며 우리는 일을 해야 한다.

기술의 전문적인 전략의 수립과, 기존 것을 향상시키는 데에서의 조언은 2선으로 퇴역한 인재들이 얼마든지 있으니 이들을 이용한다면 많은 도움이 될 것이다.

5) 미래

한 곳에서 오래 머물러 전문가가 되는 것은 부족한 점이 있다. 엔지니어의 해당 지식의 영역은 넓어 학습과 연구는 끝없이 해야 한다. 이에, 우리의 기술수준을 10년 후를 내다보며 냉철하게 평가해 보면,

① 우리기업 중에 세계적으로 다섯 손가락에 들어가는 기업이 몇 개나 있을까?

② 우리나라 제품 중에서 세계적으로 우수하다고 볼 수 있는 것이 몇 개나 있을까?

③ 이러한 기업과 제품이 10년 후에도 그 명성을 지속할 수가 있을까?

④ 과거 10년 전에 세계 일등 기업과 제품들이 얼마나 남아 있을까?

⑤ 그 기업과 제품들은 지금은 그 위치를 지속하고 있을까?

⑥ 우리국민이 잘 된 기업의 부(富)를 축적한 것에 대하여 배가 아픈 것은 아닐까?

⑦ 미래를 위해 그런 기업과 제품의 지속성에 대해서 걱정을 해 본 적이 있는가?

⑧ 지금부터 10년 이후 글로벌 일등의 부국으로 될 우리나라를 상상해 보았으며, 그렇게 될

수 있다고 생각하는가?

이러한 우리의 입장을 미루어 보아 미래를 예측하면, 4차 산업혁명과 스마트공장시대로 가고 있는 치열한 경쟁과 급변하게 발전하는 국제사회 속에서 우리나라의 처지와 입장을 후손들을 위해 생각해 본다면 미래는 그렇게 밝지는 않다고 보여진다.

따라서, 국가 지도자나 기업의 CEO들은 10년 내지 15년 후의 미래를 위한 전략을 세우지 않을 수 없다.

그림 7-12 생산현장의 실태

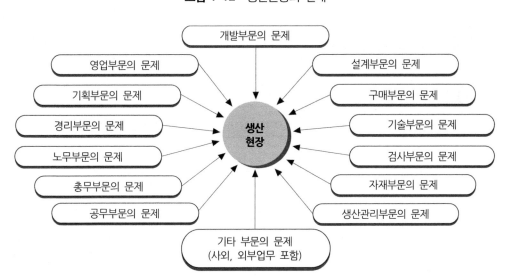

'생산현장은 기업전체의 거울이다'

한편, 신기술, 신제품의 개발은 기초기술을 먼저 다지는 것으로, 공업선진국의 기술의 역사를 보면 수십 년, 또는 거의 백 년이 넘게 걸리면서 연구기관을 이끌어 온 이력은 오늘날에는 앞서가는 입장이지 않는가, 개발도 끈기가 있어야 하고, 정부나 기업의 뒷받침의 역할도 중요한 요소이다. 이에 반대가 되는 면이 단기 성과주의이고, 일을 맡은 임기 이내에 성과를 내야 하는 목표는 좋으나, 시간과 노력이 필요한 부문을 졸속으로 처리하는 것은 오래가지 못한다는 것이다.

4.2 기술력 경쟁과 환경변화에 대응

4.2.1 산업패러다임의 변화

① 저성장과 저수익성 시대로 접어든 조건으로, 원가절감과 생산성향상이 절실한 시기,

② 제4차 산업혁명으로 모든 분야가 연계가 되고, 융합화로 이어져 디지털화와 정보화가 되어 다양한 기능 · 성능이 사이버 공간과 물리적인 시스템의 연계가 이루어지고 있고,

③ 지속적인 성장 기반의 강화가 필요하여, 혁신역량인 적정기술과 인적자본의 중장기적인 인력 확충이 절실한 입장이다.

④ 국내 산업들의 구조개편과 기업 구조조정이 필요한 시점에서, 경제 민주화, 선진화 국가산업의 미래 전략수립이 필요한 때이다.

4.2.2 산업의 경쟁력 저하

① 제조업의 위기감 : 수출 부진과, 제조업의 생산 감소로 인한 기업의 경쟁력 약화와, 주력 산업분야의 고임금과, 소득 양극화 현상으로 저생산성과 저효율이 원인이라 볼 수 있고,

② 빠른 추격자들의 전략의 한계 : 미래산업에서 선진국과 기술 격차의 확대와, 개도국인 중국의 연구개발 투자 증가세 등이 경쟁력에 영향을 미치며, 자동차 등 R&D부문의 집약도 비교하면, 독일(7.39), 일본(4.02), 한국(1.65)은 지난 자료이지만 열악한 입장의 투자 수치이다.

③ 주요 산업의 융합화와 협업화의 한계 : 주력 산업인 자동차산업의 높은 진입장벽으로 타산업과 협업이 미흡하며, 산업 간 업체 간 분산 투자로 역량 결집이 제한적이라 업종 간의 협업문화가 정착되어 있지 않아 성공한 사례가 드물다.

4.2.3 기업의 미래준비

기업은 미래의 변화를 읽어낼 수 있어야 하는데, 기업 전략을 유연하게 수립 · 수정하며, 적절한 자원을 배분하고, 신사업을 올바르게 관리할 수 있어야 한다. 또한, 기업들의 전례에서도 이러한 전략적 민첩성을 강화한 요소들을 살펴볼 수 있고, 기업들의 미래 준비 관련 프로세스를 통해 우리 기업들에게 주는 시사점을 보면,

① 미래를 내다보는 조직이나 기능이 있어야 하는데, 배의 망대에 올라간 선원은 불확실한 환경 속에서 앞을 내다보며 기회나 위험을 탐색하였고, 선장은 망대로부터 수집한 정보를 기반으로 의사결정을 하고 항로를 결정한 것이다. 누군가는 지속적으로 망대에 올라가 기업을 둘러싼 환경의 변화와 위기 및 기회 요인을 지속적으로 탐색하여 정보를 제공해줘야 한다. 특히 변화가 빠르거나 불확실성이 높다면 미래 환경이나 시장변화에 대한 탐색을 게을리 해서는 안된다. 그런데 아무래도 사업 책임자들은 당장의 사업성과 창출에 초점이 맞춰지는 경향이 있기 때문에, 먼 미래의 변화를 지속적으로 탐색할 별도의 기능을 두는 것이 필요하다고 본다.

② 최고경영진들이 주요 실무자들과 직접 미래 전략이나 신사업 등에 대해 논의하는 프로세스가 갖춰야 한다는 점에서, 미래 환경 변화를 탐색했다면 그 정보를 바탕으로 새로운 사업기회를 찾거나 전략을 모색하는 노력이 병행되어야 하며, 불확실성이 높은 환경 속에서 해보지 않았던 새로운 사업에 대해 의사결정을 하는 것은 최고경영자에게도 결코 쉬운 일이 아니다. 이를 극복하기 위해 해외 기업들의 주요 경영진들은 지속적으로 모여서 직접 학습하고 토론함으로써 그들 스스로 미래 기회를 포착하고 전략을 수립 하는데 필요한 감각과 전문성을 강화하여 미래사업에 대해서 냉철하게 도전할 점도 주목할 만하다.

③ 미래사업 준비는 작게 시작하되 훌륭한 자원과 독립된 권한을 부여한다는 점을 주목해야 한다. 미래 사업에 대한 준비는 사실 실패 확률이 높으며, 변화 속도가 워낙 빠르다 보니 철저한 계획하에 움직이는 것도 사실상 어렵다. 그래서 미래사업을 준비하는데 있어 조직이 갖춰야 할 핵심 역량이 바로 **'민첩성'**이다.

④ 미래사업은 기존 사업과 다른 방식으로 성과관리를 하고, 최고경영자나 그에 준하는 주요 임원들이 직접 챙겨야 하는데 미래사업은 사업이 정착될 때까지 수익률이 저조하고 경우에 따라서는 손해를 감수해야 하는 사업이다. 이러한 사업을 기존 사업과 같이 수익률이나 매출 등 재무지표로 비교 평가한다면, 사업이 제대로 본 궤도에 올라가는지를 판단하기가 어렵다. 글로벌 리딩 기업들의 경우 신사업에 대해서는 사업 단계별 주요 이슈들을 잘 수행했는지의 여부와, 각 과정을 잘 관리했다는 점을 볼 수 있다.

4.2.4 기업들의 미래 준비가 어려운 이유

많은 기업들이 환경 변화에 대응하기 위해 미래 사업을 준비해서 성공적인 사업 전환을 이루어야 한다는 필요성에는 공감하고 있다. 그럼에도 여전히 미래 변화를 예측하고 선제 대응하기보다는 현재의 주력 사업을 잘하는 데 집중하는 경향을 보인다. 불확실성 시대에 미래 준비가 기업들의 발전과 생존을 위해 필수적임에도 불구하고, 정작 기업들이 혁신적으로 미래 준비를 하지 못하는 이유는 다음과 같다.

(1) 미래 준비 위험을 감내할 체력과 뱃심의 부족

전문경영인들이 자신의 재임기간 동안의 성과 극대화에 치중하게 된다는 점을 들 수 있다. 미래 준비는 성공을 담보하기 어려울 뿐만 아니라 기존 사업에 쏟던 역량 일부를 미래 사업 준비에 전환해야 하고, 기존 사업의 이윤 감소, 시장 점유율 축소, 매출 증가세 둔화 등의 정량적 손실이 나타날 가능성이 있다는 점이다.

(2) 환경변화에 따른 위기 가능성을 과소 평가

지속적으로 변화하는 주위 환경과 위기 조짐을 제대로 파악하지 못하는 점도 들 수 있고, 대부분의 위기는 어느 날 갑자기 닥치는 것이 아니라 시간을 두고 천천히 신호를 보내며 찾아온다는 것이다.

(3) 발목을 잡는 성공 경험

잘나가는 기업들이 자신들의 성공 공식에 빠져 있다는 점도 제대로 된 미래 준비를 방해하는 요인이며, 제로베이스에서 넓은 시야로 미래사업을 검토하기보다 자신이 경험한 성공의 프레임에 갇힌 상태에서 미래사업을 준비하는 경향이 있기 때문이다. 특히 기업 규모가 클수록, 오랜 노하우를 축적하여 고착화되어 있을수록, 핵심 사업이 성공적일수록 큰 변화를 꾀하지 못하는 경향이 뚜렷하게 나타나기 때문이다.

4.2.5 기업의 생산성 강화와 경쟁력 제고를 위한 3요소

(1) 최적의 생산 시설의 확보

제품 생산에 적합한 최적의 설비와 소프트웨어 등을 활용하는 합리적인 제조기술력을 제고하여 경쟁력을 갖추면서, 경영환경, 투자환경, 인프라의 구축 등의 여건들을 고려하면서 경영을 한다.

(2) 신기술 개발로 기술 트렌드 변화에 대응

기업의 생존을 위한 노력으로, 경쟁사회에서는 신제품의 개발을 항상 앞서가야 하는 연구 활동은 필수적인 기업의 과제이다.

(3) 우수한 기술 인력의 확보

인력 확보관리가 기업에서는 최고 중요한 사항으로, 졸업생, 경력자 등은, 기업과 학교의 공동 노력이 필요한 부문으로, 원천적인 면에서 교육의 방법 개선, 주문식 교육 등으로 기업이 원하는 인력을 공급될 수 있도록 정부, 학교, 기업들의 협의들이 필요로 하며, 이러한 방법으로 채용한 인력들에 대한 성과보상, 비전 제시 등을 만들어 주어야 하는 기업의 책임도 있다.

4.3 한국 기술인의 자긍심

옛적부터 우리의 선조들은 양반의 계급이 으뜸이라 하여 책을 읽고 벼슬을 해야만 가문의 영광이고 전통이 있는 집안이라 여겨져 왔다. 그러나 세상이 바뀌어 사근대적인 사상(思想)이 이제는 기술이 최고이며, 나날이 달라지는 시대가 온 것이니, 이에 본보기가 되는 세계적으로 공업선진국들은 백 년 전부터 기술발전을 위한 전략을 세웠고, 기술자들은 머리카락이 백발이 되어도 연구를 계속하는 모습은 그 나라를 부강하게 만드는 역할을 하지 않았는가. 그러니 유명한 노벨상도 많이 받는 것은 기초기술과 고유기술에서 앞서지 않는가.

반면, 패쇄적인 사고와 단기간의 실적만 생각하며, 과시적이고 기회주의와 이기적인 사고는 발전을 더디게 하고, 결국 기초가 부족하여 튼튼하고 높은 탑을 쌓을 수가 없는 수준으로 되어 가고 있다는 것이다.

그렇지만, 우리에게는 지혜가 있고 음악적 감각의 흥이 많아 역사적으로 갑골문자시대에 기록된 것을 보면 '한민족은 노래와 춤을 좋아하는 민족'이라 하였기에 한류(韓流)라는 문화를 만들어 내는 기질을 보면 우리사람들 정말 대단하지 않은가, 솜씨와 머리로 대결을 한다면 따라 올 민족이 어디 있겠는가. 우리가 먼저 나아가고 재미있게 노는 모습이 인기가 있고 선호를 하니, 누가 봐도 관심이 있으니 우수한 문화 민족임이 틀림없다.

'새마을운동', '빨리빨리문화', '한류콘텐츠', '한다면 하는 사람들' 등등 우리에게는 이런 좋은 DNA를 갖고 있지 않은가?

인도의 시인 **타고르**가 우리를 보고 지은 예언의 시(詩)가 "일찍이 동방 아시아의 황금시대에 빛나던 등촉인 하나인 코리아, 그 등불 다시 켜지는 날 그대는 동방의 밝은 빛이 되리라, 마음엔 두려움이 없고 머리는 높이 쳐들인 곳, 지식은 자유스럽고, (중략) 나의 마음의 조국 코리아여 깨어나소서" 하였다.

그래서 우리에게는 희망이 있지만 그 영광은 그저 오지는 않을 것이다. 세계적인 경기악화, 남북의 대치, 안일한 사고방식 등의 사회적 불안의 조건에서 대한민국의 앞날을 걱정하지 않을 수 없는 현실에서 우리 기술인들 장인정신과 피눈물 나는 노력이 따르지 않고는 '**한강의 기적**'같은 제2의 도약이란 있을 수 없다는 것이다.

국가의 **기반기술**이 강해야 국력이 강해지고, 경제적으로 윤택해지니 이에 우리 기술인들이 발전시켜야 할 **고유기술, 요소기술**의 면을 생각하면, 그 역할과 임무가 막중하니, 미래를 보는 시각과, 기술인을 돌보는 측면에서 거시적인 전략이 없으면 우리의 앞날은 어두울 수밖에 없다.

연예계에서 연극하는 모습, 시청자들에게 인기가 조금 있으면 그 행동들을 '**작품**'이란 말을 많이 쓰고 있다. 이에 비해 기술인들이 밤늦게까지 머리를 싸매며 연구하고 일하는 것은 당연하다고 보며 그 가치를 몰라주고 있지 않은가, 흔히 일컫는 '**工돌이**'라는 가치 없고 무시 하는 말! 이제는 쓰지 않아야 하고, 앞으로는 이공계 출신의 이들을 육성하여, 국가공업 발전에 기여를 할 수 있도록 길을 만들어 주어야 할 것이다.

독일의 '**마이스트(Maister)**'는 세계적인 기능인 솜씨꾼들이지 아닌가, 그들이 있었기에 그 나라는 공업선진국이 되었고, 비슷한 수준의 공업선진국들을 우리는 너무 잘 알고 있지 않는가.

'**다시 뛰는 대한민국**', '**Made in Korea 신화**'를 생각하며, 우리는 각자 전문 분야별로 뛰어나는 **장인(匠人)**이 될 수 있도록 다짐을 해 보자는 것이다.

풍족한 현 시대에서 젊은이들은 기술 분야에 설계와 같은 일은 조금만 머리가 아파도 그런 일을 하지 않겠다는 생각이 대부분이니 누가 이런 일을 해야 할지 우리의 미래가 답답하다. 한 단계의 고비를 올라서는 그 순간은 고달프고 괴롭지만 그 다음은 자신과 우리들의 후손이 잘 살게 되지 않겠는가.

한편으로, 기술의 발전으로 사람이 덜 필요하여 젊은이들의 일자리가 모자라 실업에 허덕이는 현시대의 사회적 모순점과, 그들은 눈높이를 낮추어야 하는 면도 있지만, 우리의 입장은 새로운 기술 창조를 위해서 끊임없이 연구를 해야 한다.

기술의 대한민국, 우리도 앞으로 5년, 10년 안에 최고의 **노벨상**을 받을 수 있는 능력이 있다고 보여지니 기대도 하면서 각자의 마음의 각오가 있어야 된다고 본다.

"기술인들이여 다시 새로운 각오를 하여, 미래의 대한민국과 후손들을 위하여 각자의 전문성을 살려 세계적인 기술한국이 되도록 연마해 나아갑시다."

그렇지 않고서는 우리는 무슨 희망이 있고, 암울한 미래로 갈 수밖에 없으며, 먼 훗날에 저력이 있는 세계적 G2인 중국에 속국이 흡수가 되어 버리는 게 아닐까 두려울 뿐이다!

대한민국을 빛나게 하는 것은 우리 자신들이고, 또 기술 강국을 설계하기에 달렸으니 미래를 내다보며, 좌표를 다시 잡아야 하지 않겠는가.

4.4 역량강화로 '강한 현장 만들기'

4.4.1 생산 제품의 조건

우리나라의 중소기업 전체가 각자 회사들이 현재 제조하는 제품이 세계시장에 수출을 할 수 있는 조건으로 만든다면 한층 수준이 높아질 것이다. 이런 조건이 되어 간다면 우선 **잘된 설계구조, 경쟁력이 있는 생산비용, 품질의 보증, 기타,** 많은 조건들이 향상되어야 수출을 할 수 있을 것이다, 목표를 이렇게 높이 잡고 경영을 한다면 우리의 상품은 경쟁력이 더 해 나갈 것이고, 우리의 미래를 생각한다면 이 목표는 당연히 실행해야 할 것으로 보여진다.

(1) 잘된 설계구조

'Good Design'이라고 하는 수준의 제품의 설계, 기능, 성능, 내구성 등은 최초 설계에서 시작되는 것이므로 아주 중요한 요소이다.

(2) 경쟁력이 있는 생산 비용

제조기술력을 갖춘 현장에서 낭비가 없고, 제조경비(직/간접비)들이 최소로 들어가는 조건으로 생산한다면 경쟁력을 갖추었다고 볼 수 있다.

(3) 품질의 보증

부품 하나하나의 품질관리에서 시작하여 각 제조공정에서 품질을 보장할 수 있는 조건으로 만들며, 구입품, 외주가공의 품질관리도 함께하여 제품 전체의 품질이 보장을 될 수 있는 관리체계가 되어야 한다.

4.4.2 낭비 없는 현장

기초질서를 지키는, 전반적인 일상관리의 비법의 하나는 전부 보이게끔 하고, 점검을 정기적으로 하는 것이다. 제조 현장에서는 생산관리, 공정관리, 구매관리, 재고관리, 노무관리, 안전관리 등의 다양한 관리 항목이, ① 생산계획수립(주간, 월간), ② 원부자재 관리 ③ 작업지시서에 의한 생산, ④ 품질관리(초도, 중도품 품질확인), ⑤ 재공, 재고품관리, ⑥ 물류, 납기관리, ⑦ 생산성 향상, 설비가동률 향상, 공정안정화(매월 점검), ⑧ 금형, 치구 준비교체 시간단축, ⑨ 제품 성능, 외관, 출하, 포장 체계의 정착, ⑩ 협력업체 공정안정화 등 이들은 일상관리를 하지 않으면 안된다. 일정관리가 눈에 보여야 하며, 이상(異狀)에 대하여 빠르게 대응할 수 있다면, '상처'는 작게 된다.

또한, 해당되기 전의 일을 해당되기 전에 처리를 한다는 것은, 어차피 해야 할 것은 미리 하자는 의미이다.

1) 직장의 룰(Rule)을 정하고, 가시화한다

대부분의 기업들은 사규(社規)가 있어 규정에 따라 시행을 한다 하지만, 업무에 있어서는 잘 지켜지지 않는 면도 있다. 따라서, 눈에 보이도록 써서 붙이면 지켜질 수가 있다. 예를 들어, 중요한 업무의 규정을 문서화가 되어 있는가? 그 문서는 파일에 보관되어 있는 것만이 아닌, 현장에서 누가 보아도 알 수 있도록 되어 있는가? 그 규정은 바르게 가르치고 있는가, 지키지 않은 사람이 있다면 나무라는가? 이와 같이 우선은 룰(Rule)을 결정한다는 것은 시작이다. 특히, 주의해야 할 것 등 직장 중에는 많은 룰을 정해서, 해당되기 전의 것(일)을 해당되기 전에 처리할 수 있도록 하자는 것이다.

2) 시작시간과 종료시간의 관리

일상관리 항목에는 4M과 QCDS(Speed) 등에 관계되는 다양한 것이 있는데, 그것을 관리판 등으로 보이게 하여, 일상관리를 하며, 예를 들어, 시작과 종료 시간에는 동시에 라인이 움직이고, 정시 내에는 100% 가동하고 있는 상태를 만들도록 하는 것이다.

시작시간의 관리에 있어서는, 시간관리는 습관의 기본으로서, 조직이 정한 소정의 시간으로 100%의 움직임, 휴식시간과 식사시간에는 빈틈없이 휴식하는 것으로 On-Off 구별을 명확히 해야 한다. 이를 위한 작업에 시작시간 관리를 제대할 필요가 있다. 아침에 같이, 체조를 하며, 안전관리(위험예지훈련), 관리자의 지시, 작업자의 점호(点呼), 오늘 일의 준비 등을 하여, 정시가 되면(One Cycle) 동시에 양품이 나올 수 있도록 준비를 해야 한다. 또한, 워밍업이 필요한 설비는 사전에 기동을 시키고, 오늘 작업에 필요한 재료와 공구는 먼저 사용하기 좋게 갖다 두어야 한다.

특히, 초물(초품)은 품질이 안정이 안 된 것이 많기 때문에, 초도품관리를 초물처리 3점 세트(현품, 검사성적서, 초물수속서) 등으로 관리하여 양품률을 높인다.

종료시간의 관리에서는, 휴식시간에 들어갈 때와 종료시간은 완결하여 종료하는 것이 기본이며, 가령 도중에 끝났을 때, 작업중단 카드를 쓰든가, 작업과 설비의 정위치 관리로, 정위치를 정확하게 하여 두는 것이 중요하다. 재시동할 때까지 작업한 것이 불명확하다면, 예로, 피스의 조립을 잊어버리는 등 품질불량을 초래하는 위험이 나올 수 있다. 갑자기 작업자가 바뀌어도, 누가 해도, 틀리지 않게 재시동이 되도록 순서를 명확히 하여 두는 것이 중요하다.

또한, 종료시간의 관리는 일일 작업의 결과를 일보, 점검표, 인계서 등에 마무리 하여 생산량과 불량률을 종물(終物)로 하여 확인하는 것이 필요하다.

3) 작업순서(기준서)와 작업요령서

작업의 룰(Rule)을 명확히 하고, 작업의 착안점, 급소(중요 포인트) 이상처리 등을 분명히 하는 것으로, 작업순서(기준서)와 작업요령서는, 말 그대로, 작업의 표준 순서를 정하고, 누가 해도 틀리지 않고 빠르게 할 수 있도록 하는 것이다. 실수가 많은 작업자와 작업이 느린 작업자는 자기 마음대로 하므로, 표준에 따라 하지 않는 경우가 많이 있다. 기준서가 있으면, 작업을 신입사원, 외국인 작업자이라도 큰 차이가 없이 작업할 수 있도록 지도하는 것이 중요하다.

작업기준서의 작성에는 편하고, 빠르고, 안전하게, 실수가 없도록(正즘 · 안전 · 하기쉽게) 하는 방법을 기록해 두는 것으로, 작업의 순서와 중요 포인트를 써서, 감독자가 작업자에게 지도하는 것으로, 그 작성의 포인트는,

① 순서는 짧은 문장으로 간결하게 한다.
② 만드는 제품의 기능(움직임)을 생각한다.

③ 과거의 부적합의 재발 방지를 포함시키고, 이상처리를 넣는다.

④ 순서 기준서에는 부적합, 변경사항이 있으면 즉시, 개정한다.

이러한 것에는, 사진 등을 넣으면 이해가 빠르며, 보통, 라인 사이드에 두고, 필요에 꺼내 쓴다.

작업요령서의 작성은 작업순서 주에서 특히 중요한 포인트를 발취한 것으로, 불량 발생이 쉬운 곳과 작업순서의 급소의 요령있게 안내하며, 이상이 일어날 때 처리하는 방법을 기입한다. 작성의 포인트는,

① 작업순서의 기준서는 작업내용 중에서 중요한 포인트를 기입한다.

② +자 각인의 오른쪽에 안전에 관한 주의사항을 기입한다.

③ 과거 부적합의 재발 방지를 포함시킨다.

④ 작업요령서는 작업자가 보기 쉬운 곳에 게시한다.

4) 생산관리판(板)

생산관리 현황판은, 시간마다 설정된 생산 필요수에 대하여 생산실적을 파악하여 지연이나 진행 등을 가시화 하는 것으로, 그 목적은 다음과 같다.

① 이상(異常)을 빨리 현재화(顯在化)하고, 처리와 개선의 촉진을 꾀한다.

② 시간마다 생산 진척 현황을 파악한다.

③ 작업자에 목적의식을 갖게 한다.

④ Tact Time으로 생산하는 필요성을 인식시킨다.

작성의 요령에 있어서는 직종에 따라 약간 다르지만, 현황판의 표에서 종축에는 시간으로 하고, 횡축에는 계획수, 실적수, 정지시간, 부적합 내용 등을 넣는다. 시간 축은 제품의 완성시간에 의한 차이가 있는지, 보통 1시간 단위로 칸을 넣고, 시간당의 관리항목을 횡축의 공난에 작업자가 기입하도록 하여, 계획 대 실적의 차이를 기록한다. 이때에 관리감독자는 정기적으로 현장을 순회하면서 진도의 정상과 지연의 파악과, 부적합의 내용, 가동률의 저하 요인 등을 확인하면서, 개선 항목을 도출해 내고, 지원의 필요성 등도 가시화시킨다.

5) 변화점관리

공정관리=일상관리+변화점관리이다. 제조활동은 항상 변화점이 있고, 불확실한 문제가

발생한다. 거기서, 생산현장에서는 이 변화를 보이도록 하여, 대응하는 것으로 연속 불량이 나오지 않도록 하는 것이다. 그 변화점이 사람, 시설 · 설비, 방법, 원재료, 즉 4M이 변화할 때, 작업자가 바뀔 때, 품종의 바뀜과 롯드 바뀜, 설비의 바뀜과 메인트넌스 완료 후, 치공구의 교환, 등 지금까지 흘러온 작업이 일시 정지하여, 변경이 된 상태로 재 시동하는 때를 말하며, 이와 같은 변화점에 있어서는 이상과 불량이 발생하는 확률이 상당히 높아지는 것으로, 다음의 순서로 변화점 관리를 한다.

① 무엇이 『**변화점**』인가를 결정한다.
② 『**변화점**』의 관리 항목과 실시 내용을 정한다.
③ 『**변화점**』의 표준류를 정비한다.
④ 정한 것을 지켜 나간다.

변화점 관리판(板)은 변화하는 공정, 변경내용, 변경일자, 확인 사항 등을 기입하고, 어느 곳에서 어떠한 변화점이 생기는가를 분명히 한다. 또한, 변화점이 발생할 때에는 어디에 어떠한 변화가 발생하고 있는가를 품질확인 공정맵(Map)으로 명확하게 하고, 주의를 재촉한다. 특히, 변화점 후의 초도품은 꼼꼼히 검사를 하고, NG가 되면 라인에서 철거하여, 양품이 안정적으로 나오는 것을 확인한 후 작업을 재개한다.

4.4.3 현장의 기능능력 향상

① 작업표준화, 작업기준서(작업요령서) 등을 원칙대로 실현하는 현장
② 문제점에 대한 요인 분석, 원인 규명의 노하우(PM분석 등) 확보
③ 개선의 성과를 제조기술 수준과 능력에 반영, 체계화
④ 불량 발생 시 라인을 정지하는 구조로 만들 수 있는 작업장
⑤ 제조리드타임 단축에 의한 신속한 피드백
⑥ 눈으로 보는 관리로 품질상황을 파악하는 관리 능력
⑦ 평준화에 의한 생산조건의 안정화
⑧ 품질개선 액스파트(현장 전문가 등)의 양성
⑨ 신제품 개발의 동참과 쉬움을 반영함
⑩ 품질은 공정에서 만들어진다는 사고를 인식
⑪ 팀제로 자율화와 창의성 발휘를 꾀하도록 유도하는 관리

⑫ 현장의 지혜를 『제조기술』로 나타내는 능력

⑬ 기타, 현장에서 이루어지는 능력 배양

4.4.4 공정관리와 품질보증

품질에 기여하는 4가지 요소의 사고를 보면,

① 제조를 하는 사상(思想) : 품질에 기여하는 제품 만들기의 근본 품질우선이라는 생각과 가치관으로는, 품질은 공정에서 만들어지고, JIT화, 사람의 지혜와 개선은 무한하다는 사고와,

② 생산관리의 사고 : 양품 조건 확보를 지원하여 보증이 되도록 해 주는 사고로는, 현장의 자율화, 눈으로 보는 관리, 품질에 강한 사람들 만들기

③ 생산시스템의 구조 : 양품 조건을 촉진하고, 강화하는 구조 및 방법으로, 한 개 흐름화, 소 로트(Lot)생산, 불량이 나타나면 라인이 정지되는 조건으로 개선이 진행되는 구조

④ 수법과 Tool들 : 양품 조건 확보를 위한 기술, 지식, 노하우 등으로는, 작업요령서, 양품 조건관리표, 바보방지장치(Fool Proof), 품질파렛트보드 등으로, 생산 현장의 능력 강화를 위한 개선의 성과를 제조기술에 체계화시키며, 제조리드타임 단축에 의한 신속한 피드백, 눈으로 보는 관리로 품질상황을 파악하게 한다, 품질개선 액스파트(전문가 등)의 양성을 함께 하면서, 각 팀제로 자율화와 창의성 발휘를 꾀하도록 유도를 한다.

그림 7-12 지능형 서비스 로봇 관련 기술개발전략의 기본 프레임워크의 예

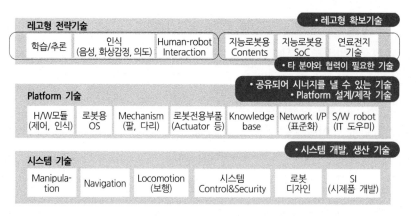

4.4.5 미래의 기술개발을 위한 현장의 준비

진화론적 관점을 실현하는 수단으로써, 모듈식 기술개발, 플랫폼 기술개발, 시스템 통합 기술개발 등의 기술개발전략을 수립함에 있어서는, 생산 현장의 관리 인원도 그 개념에 따른 신기술의 이해와 향후 생산을 위한 준비를 동참해야 한다. 이러한 기술과 현장이 따로 구분되는 것이 아니고 손발을 맞추어야 한다는 의미이다.

4.5 제2 새마을운동과 같은 '으뜸 만들기'로 사회적 산업혁신운동 전개

기업의 생존을 위한 전략으로, 경영활동에 관련된 기능별 업무들은 그 조직의 구조에 따라 다르고, 사업의 형태에 따라 그 기능도 다양하다. 그러나 목표는 한 방향이다. 수익을 내는 상식적인 이야기일 것이다. 이에 조직이 달라질 수 있는 개혁과 혁신운동을 벌려보자는 의미이다.

4.5.1 경영분석과 벤치마킹

경영분석기법에는 여러 가지가 방법이 있는데, 3C분석으로, 경쟁(Competition) 중심적 사고, 역량(Competence)의 중심적 사고, 고객(Customer)의 중심적 사고를 통해서 회사를 분석하는 방법, SWOT 분석(강점/약점/기회/위협), 5Force 분석으로 잠재적 기업의 진출, 대체상품의 위협, 구매자들의 교섭력, 공급자들의 교섭력, 현존 기업들 간의 경쟁, 이 다섯 가지를 산업의 매력을 결정하는 중요한 요소들로, 산업의 환경을 분석하는 툴(Tool)이며, 기업건강진단(중기청지원 프로그램)에 의한 분석과 평가로 경영전반에 걸쳐서 다양한 내용의 진단이 있으며, 7S 분석으로 조직풍토(Style), 인재(Staff), 조직능력(Skill), 운영체재(System), 조직구조(Structure), 공유가치(Shared Value), 전략(Strategy)의 분석기법 등 많은 기법들이 있으니 이들을 활용하여, 회사의 상황을 먼저 파악하고 분석해야 할 것이다.

기업이 살아남기 위한 전략의 하나로 자기회사의 수준 파악과 선진사와 선진국의 벤치마킹을 하면 자사의 전략이 나올 것이며, 남보다 우수한 경영성과를 달성하고자 하는 목적에서 현격히 우수한 실무를 끊임없이 찾아내고, 도입하여 활용하는 것이다. 이에 체계적이고 지속적인 측정의 프로세스에서 자사의 성과 개선에 유용한 정보를 얻기 위해, 자기회사의 업무방식을 측정하고, 해당 방식을 세계적인 유수기업, 앞서가는 조직, 선도자적 위치에 있는 조직의 프로세스와 비교하는 과정이 따라야 할 것이다.

4.5.2 연구개발(R&D) 활동

경쟁력을 갖추려면 앞서가는 신상품, 신기술의 개발과, 생산성(P), 품질(Q), 원가(C)의 측면에서 금방 따라오는 경쟁사들, 이에 앞서 가기 위한 연구개발이 중요한 것은 다 알고 있을 것이다. 또한 생산제품에 융복합화기술의 적용을 많은 기업들이 만들고 있으나, 기술부족, 경제적 투자여건, 전문기업과의 협업관계 등 어려움이 많은 것이 사실로 신제품 개발에 등한시해서는 안 될 것들이다.

제조기업이 연구개발에 투자하는 예산이 매출의 3%~5%(+) 정도의 예산 배정도 없다면 어떻게 신제품과 신기술이 나올 수 있겠는가? 미래의 제품을 설계하기는 쉽지는 않지만 필수적인 부문이다.

기술진보의 법칙에서도 기술의 성능과 가치의 가속적 진보로, 부품기술의 진보, 신기술의 효과, 기술네트워크 가치의 증가 등이 신기술 개발에 기본이 되는 것들을 감안하여 R&D에 역점을 두어야 한다.

위기가 조금씩 달라가는 모습이 있지만 적극적인 지원도 필요로 하고, 기업에서 2% 내외의 인력이 전체를 리드하고, 핵심 역할을 하는 게 인재이니만큼 그 중요성을 인식하여 인재양성을 하는 기업의 분위기가 되어야 한다.

역사적으로 봐도 기술자들에게 관용과 대우를 베풀지 않으면 그 나라는 패권을 잃게 되고 선진국으로 갈 수 없게 되고 하청업체와 같은 대우를 받을 것이니, 국가나 기업이나 기술력이 없으면 남의 지배를 받을 수밖에 없다는 것이다. 그래서 기술력이 중요하며 국가적인 기반기술, 분야별의 고유기술, 전문기업의 요소기술 수준이 갖추어져야 경쟁력이 있고 리더역을 할 수 있을 것이다.

4.5.3 기업 혁신을 위한 사회적인 운동을 전개(저자의 주장)

항상 경기가 어렵다고들 하는 근간의 사회적 분위기에서 조직에서 일하는 최하위 사람들로부터 시작하여 실천을 지속적으로 행할 수 있는 운동이 필요한 것으로 보여, 필자는 사회적인 운동으로 제2의 도약을 위한 산업혁신운동인 하나로 '으뜸 제품 만들기'라는 운동을 범

국가적으로 전개하여, 기업에서는 '으뜸 생산, 으뜸 품질'이란 슬로건을 만들어 솟산업분야에 적용하는 운동을 펼치고 싶다. 이는 우리나라 **기업체를 위한** '**제2 새마을운동**'으로, 사회적으로는 제2 건국을 위한 '**신바람운동**'과 같은 정신적인 혁신운동으로 전개한다면 우리의 기업들이 한층 발전과 도약의 분위기가 되지 않을까 생각되고, 또 이렇게 가지 않으면 안 될 여건이라 보여지며, 이대로 경쟁력을 잃어 간다면, 많은 중소기업들의 앞날이 걱정이 안될 수 없다.

이에, 눈에 보이는 중국 기술력의 발전하는 속도, 생산능력, 원가 경쟁력을 보면 앞으로 대부분의 제품을 중국에서 수입해야 하는 것이 뻔히 보이고 있다.

우리의 먹거리를 지켜나가고, 창출해야 하는 막중한 임무와 책임을 누가 지켜나갈 것인가

이에, 우리의 **국산품질!** 냉철하게 평가하여 세계시장에 자신 있게 내놓을 수 있는 것이 몇 개나 될까? 몇몇 제품을 제외하고는 부끄러운 면도 있으니 앞으로 제조를 하는 사상(思想)을 '**중국제만큼 싸게**', '**미국제, 독일제, 일본제만큼 좋게**' 만든다면 경쟁력은 확보될 것이나, 정말 이 수준만큼 잘 만들 수 있는 목표를 세우며 도전을 해 보자는 것이다.

4.5.4 정부지원의 활용과 투자전략

현재 우리기업들의 그나마 대기업에 의존하며 버티어 왔으나, 앞으로가 문제가 될 것으로 보여지는 것은 국제경쟁력에 얼마나 대응할 능력이 있겠는가 하는 것이다. 어느 기업이든지 공공기관, 정부지원을 거의 다 받아 온 입장에서 재정적 지원 면에서는 너무 혜택이 많은 나라가 아닐까 생각이 드니, 이 혜택을 잘 이용하여 기업의 투자에 긴요하게 이용해야 할 것이며, 특히, 앞에서 언급한 기술개발, 신기술, 신제품 개발에 역점을 두어야 할 것이다.

한편, 일부 기업들은 공적 지원에 의존하고 있는 좀비기업이 얼마나 많은가? 일부이지만 부채가 1,000% 이상 되는 기업들, 수익을 얼마나 내어야 그 부채를 갚을 수 있겠는지 의문스럽지 않을 수 없다.

이러한 상황에서 기업들은 자생력을 길러라 하며, 경쟁력이 있도록 여건 조성에서 우리는 다시 경영혁신, 기술혁신의 다짐과, 꾸준하고 지속적인 실천이 따라야 할 것이며, 무엇이든지 돈으로 해결하려는 사상을 배제해야 할 것이다.

이에 공적인 전문가들인 제3자가 회사를 정기적으로 평가하고, 역량이 부족한 조직은 전문가들의 조언과 지도가 따른다면 우리기업들은 선진사가 되고, 선진국으로 가게 될 것이다.

이에, 우리사회와 기업들의 각오로 현재의 시점은 매우 중요한 시기이다. 앞서 말한 기업혁신을 위한 사회적 운동을 전개해야 하는 입장에서, 이 시점에서 우리는 다시 도약을 하지 않으면 안 될 위기라는 것을, 다들 말로는 하고 있지만 행동으로 옮기는 것이 남아 있다. 자주 듣는 이야기로 '이대로 가면 얼마나 더 버틸 수 있을까' 하는 대표들의 걱정스런 마음들을 들어다 본다.

1960년대 후반의 '새마을운동'을 시작으로, 산업발전이 70년대 중반부터 시작한 시기가 불과 50여년 밖에 되지 않은 나라가 엄청난 발전을 해 왔지만, 여기서 우리는 자만을 해서는 안 되고, 선진국과 개발도상국들이 가속도로 발전을 해 가고 있는 지금이 결정적인 시기와 기간을 '골든타임'이라 하면, 지금 우리사회 전체가 어려움에 처해 있는 것은 다들 알고 있지만 이를 극복하고자 하는 공감을 실천과 실행으로 옮겨야 하는 때이다.

1997년 말 IMF관리시기 때의 '금모으기운동'과 비교하여, 지금부터 마음의 각오와 단합된 행동을 한다 해도 회복될까 걱정스럽다. 이대로 가면 일본과 같이 '잃어버린 10년'과 같이는 되지 않는다고 누가 말할 수 있을까?

다시 뛰는 대한민국! 거듭나는 대한민국! 제2 한강의 기적! 등으로 세계 속에 코리아, G7에 들어가는 국가를 목표로 함께 달려가야 한다.

한편, 우리나라의 많은 사람들은 일거리만 있다면 야근을 밥먹듯이 하는 부지런한 우리사람들! 이런 근면성의 DNA을 가진 국민은 드무니 새로운 먹거리와 과제를 만들어 가기 위한 창조를 우리는 끊임없이 해야 한다.

4.5.5 개인 각자의 역할과 책임

질적인 수준을 올리는 운동으로, 각자가 만드는 제품 전부가 수출을 한다는 목표로 수준을 향상시킨다면 기술력의 발전이 국력신장으로 이어지는 이 운동이 절실히 필요하다.

실행 가능하고 지침이 될 수 있는 상세한 계획을 수립하는 것이 절대 필요하며, 우리나라는 관리나 지시를 하는 사람은 너무 많고, 실무를 이행하는 실무자는 적은 편이니, 경력이 몇 년 되면 대부분 일에 대한 관리만 하는 경향이 현실이다. 직급 계급만 높아가고 일의 결과만 기다리고, 지시하는 사람들이 많다는 것이다. 이러한 사회적인 분위기를 개선해야 하지 않을까 싶다.

참고문헌

1. 국가직무능력표준(NCS) 기계설계부문.

2. ISO 31000 조직리스크관리, 37001 부정방지윤리매뉴얼, 9001/14001 품질/환경 2015년.

3. CAD Tools - AutoCAD, CATIA(V5), Solidworks, Unigrapics, SIMATRON. 소개 매뉴얼들.

4. 기계요소설계, 한국산업인력공단, 2015년, CAD/CAM개론, 한국산업인력공단, 2006년.

5. 불공정거래행위 규제와 예방, 중소기업청, 대·중소기업협력재단 발행, 2016년.

6. 생산현장 관리수법, 菅間正二 저, (주)秀和시스템, 2010년.

7. 서보기구의 책, 橫田川 昌浩 외 3명, 日刊工業新聞社, 2016년.

8. 현대인적자원관리, 한진수 저, 명경사, 2013.

9. 기술경영, 이영덕, 조석홍 공저, 도서출판 두남, 2015년.

10. 지식경영사회의 기업경영윤리론, 김성수 저, 삼영사, 2000년.

11. 산업혁신운동3.0 '한국형 제조혁신방법론', 산업통상자원부 & 생산성본부 저, 2015년

12. 기업 생존의 핵심전략, 상권 - 생산기술력제고와 품질혁신, 姜求鳳 저, 대광서림, 2013년.

13. 기업 생존의 핵심전략, 하권 - 경영관리시스템과 미래전략, 姜求鳳 저, 대광서림, 2013년.

14. 생산시스템공학입문, 朝比奈 奎一 저, 日本理工出版會, 2010년.

15. 안전관리의 인간공학, 長町三生 저, 海文堂出版(주), 2012년.

16. 기계설계의 기본과 구상, 大高 敏男 저, (주)秀和시스템, 2013년.

17. 설계자에 필요한 Soft Ware의 기초지식, 藤田 和彦 저, 日刊工業新聞社, 2011년.

18. 기업연계전문가양성교육, (사)중소기업융합중앙회, 2015년, 2016년도.

19. (주)저먼써트 품질경영관리시스템 관련 국제화자격 안내서, 2017년.

20. 신토요타식 改善敎科書, 若松義人 저, 2014년.

21. 기술, 경영을 만나다, 홍영표 외 2명, 에이콘출판(주), 2016년.

22. 기계설계의 책, 橫田川 昌浩 외 3명, 日刊工業新聞社, 2013년.

23. 기업진단 외부전문가역량강화 교재, 중소기업진흥공단, 2015년, 2016년도.

24. 공장관리 개선수법, 松井順一 외 1명, (주)秀和시스템, 2013.

25. 기계설계와 시스템설계, 吉本成香 외 4명 공저, (주)옴社, 2014년.

26. 『超』入門, 실패의 본질, 錦木博毅 저, 다이아몬드사출판, 2017년.

27. 알기 쉬운 설계수법 활용 입문, 大富浩一 저, 日刊工業新聞社, 2016년.
28. 제조 기업의 경쟁력 강화를 위한 산업플랫폼 구축전략, 한국스마트제조산업협회, 2018.
29. 기계설계법, 塚田忠夫 外 3명 저, 森北出版(株), 2015년.
30. 창조적 아이디어 발상 및 전개, 박지원 외 4명, 학문사, 2003년.
31. 대한민국 제조경쟁력 컨퍼런스, 한국능률협회컨설팅 저, 2015년.
32. ISO 9001/14001 품질경영 & 환경경영시스템 2015년 개정판.
33. 비즈니스로 실패하는 사람의 10가지 법칙, 山岡洋一 저, 日本經濟新聞出版社, 2012년
34. 기업체 건강진단 프로그램, 중소기업진흥공단 저, 2015년.
35. 설계수법 활용(입문), 大富浩一 저, 日刊工業新聞社, 2016년.
36. 제조현장의 품질기여능력, SPS경영연구소 저, 日刊工業新聞社, 2008년.
37. 현장개선의 준비교체수법, 菅間正二 저, (주)秀和시스템, 2011년.
38. 디자인의 마음, 加藤芳夫 저, 2013년. 日經디자인, 日經BP사 발행, 2016년.
39. 종합진단 추진기법, 중소기업진흥공단 연수원 저, 2016년.
40. CAD & Graphics 기계, 건축, 산업디자인 분야 엔지니어링 솔루션 전문지, 2018년 1월~12월.
41. 기계설계(기계의 요소와 시스템설계), 吉本成香 외 4인, Ohm社, 2014년.
42. 중소기업청 저, 기술보호 통합서비스(http://www.ultari.go.kr)
43. 마케팅 단계별 수출지원제도, 백상현 저, (주)코비존상사, 2016년.
44. 정밀사전원가시스템 구축을 위한 e‑Cost시스템, e‑Knowledge社, 2016년.
45. 생산기술력이 기업경쟁력, 강구봉 저, 도서출판 학촌, 2015년.
46. 실패백선(失敗百選), 中尾政之 저, 森北出版(株), 2010년.
47. 중소기업진흥공단 저 기업진단평가 부문, 손자병법 전략의 응용, 2015년.
49. 창조디자인공학, 田浦俊春 저, 東京大學出版會, 2014년.
50. 인재관리 육성과 기업발전, 현대경영연구소 저, 도서출판 승산서관, 2010년.
51. 싱글PPM품질혁신표준방법론(PASS), 중소기업청, 대한상공회의소 著, 2016년.
52. 서울대학교공과대학 최고산업전략과정(52기) 논문집 2015년. 정기학술세미나 2017년.
53. 혁신적 과제 해결법, 長田 저, 日科技連, 2011년.
54. 기업문화와 기업경쟁력, 이학종 저, 박영사, 2008년.
55. 설계의 과학 창조설계사고법, 飯野謙次 저, 養賢堂, 2016년.

찾아보기

ㅅ

저자
약력

강 구 봉 _ kang5160@naver.com

- 공학석사(慶南大産業大學院), 기계제작기술사, 신지식인, 달구벌명인(품질경영)
- 現) (주)KPL경영기술원 대표/원장, '지식산업의 서비스업'(SINCE 2002년).
- 現) 대한민국산업현장교수로 활동 중(생산기술력 제고와 R&D기획).
- 現) 중소벤처기업부/중진공 지원 경영기술지도사업 참여 중.
- 現) 한국산업기술평가원 심의위원, 한국직업능력개발원 지도사로 활동 중.
- 前) 삼성그룹 중공업/자동차 근무, 영남이공대학교 겸임교수로, 봉사 역임.
- 저서 : 기업 생존의 핵심전략(上·下) 단독 저, 대광서림, 총 660쪽, 2013년.
　　　　(상권 – 생산기술력과 품질혁신부문, 하권 – 경영관리시스템과 미래전략부문).
- 수상 : 2016년 대한민국기술대상 산업기술진흥 유공자로, 산업포장 수훈(KIAT).

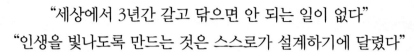

"세상에서 3년간 갈고 닦으면 안 되는 일이 없다"
"인생을 빛나도록 만드는 것은 스스로가 설계하기에 달렸다"

– 저자 言 –

Memo
_____

2019년 : _____

_____

2020년 : _____

_____

2021년 : _____

_____

_____

_____

_____

_____

_____

_____

_____